国家出版基金项目
NATIONAL PUBLICATION FOUNDATION

【第四卷】（1976—1992）

中华人民共和国通史

中宣部 2019 年主题出版重点出版物

郑谦 庞松 主编

武国友 著

SPM
南方传媒 广东人民出版社
·广州·

图书在版编目（CIP）数据

中华人民共和国通史. 第四卷，1976—1992 / 郑谦，庞松主编；武国友
著. —广州：广东人民出版社，2020.1（2024.10 重印）
ISBN 978-7-218-14151-0

Ⅰ. ①中… Ⅱ. ①郑… ②庞… ③武… Ⅲ. ①中国历史—现代史—
1976—1992 Ⅳ. ①K27

中国版本图书馆 CIP 数据核字（2019）第 292420 号

中华人民共和国通史·第四卷（1976—1992）
郑谦、庞松主编 武国友著 　　　　　　　　　　版权所有 翻印必究

出 版 人：肖风华

出版策划：钟永宁
责任编辑：卢雪华　曾玉寒　廖智聪　伍茗欣　李宜励
责任校对：王立东　梁敏岚　胡艺超　林　俏　吴丽平
装帧设计：书窗设计工作室
责任技编：吴彦斌

出版发行：广东人民出版社
地　　址：广州市越秀区大沙头四马路 10 号（邮政编码：510199）
电　　话：（020）85716809（总编室）
传　　真：（020）83289585
网　　址：http://www.gdpph.com
印　　刷：广州市豪威彩色印务有限公司
开　　本：787mm×1092mm　1/16
印　　张：301.25　字　数：3900 千
版　　次：2020 年 1 月第 1 版
印　　次：2024 年 10 月第 4 次印刷
定　　价：1380.00 元（全七卷）

如发现印装质量问题，影响阅读，请与出版社（020-85716849）联系调换。
售书热线：020-87716172

总　序

一

在中华人民共和国成立 70 周年之际，我们组织撰写了这部《中华人民共和国通史》。

本书所叙史事，始于 1949 年中华人民共和国成立，截止于 2019 年书稿完成。全书共分七卷，前后贯通共和国 70 年发展中政治、经济、文化、国防、外交等各领域，其中包括国体与政体、中央与地方、中国与世界相互关系的历史演变和不同时期人民生活的变化，以及经济变革、政治发展、社会变迁带来的人口、环境、教育、城镇化、社会分层、利益结构等相当丰富又复杂交织的历史内容，依时间顺序，分卷次予以叙述。

1949 年 9 月 30 日，中国人民政治协商会议第一届全体会议向世界庄严宣告中华人民共和国成立，中国人民从此站起来了。这一伟大事件，彻底改变了近代以来 100 多年中国积贫积弱、受人欺凌的悲惨命运，中华民族从此走上了实现伟大复兴的道路。

以中华人民共和国成立为起点，在中国共产党的坚强领导下，在第二次世界大战后并不宽松的国际环境中，依靠社会主义制度，依靠全国各族人民的团结奋斗，中国从一个近代史上不断走向衰败、贫穷落后的东方大国，发展成为独立自主、巍然屹立于国际社会、以坚定的步伐走向社会主义现代化的国家。这无论如何是一个奇迹。综观中华人民共和国70年历史发展，"我国相继实现了从半殖民地半封建社会到民族独立、人民当家作主新社会的历史性转变，从新民主主义革命到社会主义革命和建设的历史性转变，从高度集中的计划经济体制到充满活力的社会主义市场经济体制、从封闭半封闭到全方位开放的历史性转变"。这是执政的中国共产党站在时代的高度，对中华人民共和国历史发展主线的科学概括。

中国的成功有哪些独特的背景、内容、原因和经验？中国的崛起面临哪些问题和挑战？又是如何渐次解决的？中国的崛起向世界贡献了哪些独特经验？中国的复兴还会经历哪些考验，还需要进行哪些探索？这些问题对于中外有识之士始终具有特殊的魅力。

二

中国改革开放40多年来，共和国史研究出现空前活跃的局面，从官方到民间，从科研院所到高等学校，从资料发掘到专题研究，从宏观叙事到微观考察，从译介国外学术动态到向国外介绍国内研究成果，都有许多值得重视的新观点、新成果、新方法。经过多年的积累和提升，学界对共和国史的认识已经今非昔比。

历史学的发展，一是要靠史料的发掘和积累，一是要靠认识方法、分析方法的提高、更新。历史事实是既定的，一旦发生了就不可更改，历史研究必须忠实于史实。但是，认识历史的理论、方法、分析框架却是在不断发展、更新的。在不同的历史时期，人们对历史可以有不同的认识，不同的理论高度和深度。在理性的、专业的研究和写作中，应该注意学习、借鉴国外一些科学的历史研究方法和成果。但我们觉得，迄今为止，开放的、不断发展的马克思主义的历史唯物主义，仍被证明是观察和解释历史、经济、政治、文化及国际事务的科学、有效的分析工具，这是我们写作这部通史的理论遵循。中国特色社会主义理论作为马克思主义在当代中国的最新形态，不断开阔我们的研究视野，提升我们的认识高度，给我们与时俱进的勇气与追求。用它来审视当代中国史，会有许多新的视角，产生一些新结论、新认识。

国家的发展、规律性的揭示和对未来的正确把握，需要深刻的历史经验和历史智慧的支撑。谁在这方面做得好，谁就掌握了话语权和主动权，就能顺应历史潮流引领时代发展，就能真正让历史智慧之光照进现实。一个对历史浮光掠影、浅尝辄止、一知半解或采取虚无主义、实用主义态度的民族，无法企及"历史的高度"，无缘于历史的自觉。

三

这部通史为七卷本，按照历史的发展顺序及其内在逻辑，在总体结构上将中华人民共和国史分为三个大的阶段：

第一阶段——社会主义革命和建设时期（1949—1976），包括：第一卷（1949—1956）；第二卷（1956—1966）；第三卷（1966—1976）。

第二阶段——改革开放和加快现代化建设时期（1976—2012），包括：第四卷（1976—1992）；第五卷（1992—2002）；第六卷（2002—2012）。

第三阶段——建设中国特色社会主义新时代，以第七卷

（2012—2019）作为进入新时代及其后续篇章的开卷。

我们认为，通史采用这种历史分期法，既能较好地展现三个阶段各自的历史特点，又能贯通新中国成立 70 年发展脉络的内在联系，特别是反映建设中国特色社会主义新时代的由来及历史方位。当然，我们也注意到共和国史研究中其他一些有见地的分期方法及其所体现的治史理念。例如，在社会主义革命和建设时期，本书是按目前较通行的分期法，把新中国成立的头七年作为一个整体来叙述的。但我们注意到这七年中前三年和后四年明显的阶段性区分，即"新中国的成立和新民主主义建国纲领在全国的实施"（1949—1952）和"社会主义基本制度在中国的确立"（1953—1956）两个阶段。把头三年的"新民主主义建设"作为一个阶段，本是历来的分期法，是当时中央领导人的共识，党中央的文件也是这样表述的。过去中共党史、共和国史及经济史著作曾把这三年概括为"国民经济恢复时期"，但现在看来，这并不能充分反映这个时期的历史本质。按照历史的原貌，那时中国共产党就是以新民主主义的《共同纲领》来号召人民的，其实质内容是对新民主主义建国方略的稳健实施。本书虽然在形式上未将这头三年单独分期，但吸取了它的精华要义，即：突出而不是刻意淡化新民主主义建国论、新民主主义改革论及新民主主义建设论；强调新中国成立初期经历了一个由半殖民地半封建社会向新民主主义社会的转变过程，通过发展新民主主义经济、政治，为向社会主义过渡准备基本条件。由于 1949—1952 年坚持贯彻《共同纲领》进行新民主主义建设，新中国发生了翻天覆地的变化，政治昌明，经济迅速恢复，社会面貌焕然一新。正是在从半殖民地半封建社会到民族独立、人民当家作主新社会的历史性转变所创造的现实基础上，1953 年中国共产党提出党在过渡时期的总路线，团结全国各族人民为实现向社会主义转变的总任务而奋斗，反映了历史必然性。

又如，中华人民共和国历史发展的新时期应该从何时算起？历史学家胡绳先生在 20 世纪 90 年代提出并体现在《中国共产党历史》第二卷中的分期法，是以中共十一届三中全会为标志，把新中国的历史划分为两大时期，即"社会主义革命和建设时期"和"改革开放新时期"。胡绳强调这不仅是一个编写历史划分篇章的形式问题，其"实质意义是在把党的十一届三中全会的历史地位突出出来"，说明不是以 1976 年粉碎"四人帮"、结束"文化大革命"作为新时期的开始，而是以 1978 年中共十一届三中全会作为共和国发展史上具有开辟新时期、新道路，开创新理论意义的历史标志。这在编写中国共产党历史的分期上，当然是一种卓见。

但是在编写共和国史的时候，我们考虑到不妨有另一种叙史的角度，即如本书第三卷就写到 1976 年粉碎"四人帮"，这在客观历史上也标志着十年"文化大革命"时期的结束。第四卷书写开辟改革开放的新时期，首先是 1976—1978 年中共十一届三中全会之前徘徊前进的两年。这两年的历史进程非常重要，面对"文化大革命"十年内乱造成的重大损失，国家建设百业待兴，党内外强烈要求纠正"文化大革命"的错误，使党和国家从危难中重新奋起。随着党和国家正常政治生活的逐步恢复，国民经济的复苏，平反冤假错案的开始，关于真理标准问题的讨论在全党全国引发思想解放的大潮，批判因袭着历史重负的"两个凡是"错误方针，推动了党和国家工作重点转移思想的酝酿和提出。这两年安定社会政治秩序、恢复国民经济的举措和指导理论上的正本清源，都为 1978 年中共十一届三中全会实现伟大历史转折做了充分和必要的准备，这是促进理性回归、达成社会和解、逐步实现伟大转折不可或缺的客观历史进程，是开辟新时期、新道路，开创新理论的前奏。通观中华人民共和国史，这些内容不宜放到第三卷的末尾捎带来写，而应放在第四卷的开头作为实现伟大转折的历史背景来写。如同历史发展中存在多种选择一样，对历史的叙述也可以有不同的考虑，以上两种分期法各有侧重，各有所长，为新中国史的进一步研究提供了选择的多样性，体现了唯物史观在治史的切入点和叙述角度上亦当有所不同。

再如，关于建设中国特色社会主义新时代，2017 年 10 月，中共十九大报告对我国发展新的历史方位作了科学的判断，指出："经过长期努力，中国特色社会主义进入了新时代，这是我国发展新的历史方位。"这是基于我国社会主要矛盾发生新变化的新特点，与分两步走全面建设社会主义现代化国家的新目标有机结合起来而作出的重大政治论断。"进入新时代"最关键的理论和实践基础是，我国社会主要矛盾已经从"人民日益增长的物质文化需要同落后的社会生产之间的矛盾"，转化为"人民日益增长的美好生活需要和不平衡不充分的发展之间的矛盾"。这表明，人民美好生活的需要已经不再局限于物质文化层面，还包括民主法治、公平正义、公共服务、社会福利、生态环境等更多层面。同时，经济社会发展中还存在着城乡之间、地区之间、群体之间、行业之间及社会福利、公共服务等方面的不平衡，并且已成为经济社会发展新的制约因素。

社会主要矛盾发生新变化，针对发展不平衡不充分状况提出解决新矛盾的总任务，是中国特色社会主义进入新时代的重要标志，也是新时代的重要特征。这意味着中国特色社会主义站到更高层级的历史方位上，要求全面提升物质文明、政治文明、精神文明、社会文明和生态文明，实现国家治理体系和治理能力现代化，使中国成为综合国力和国际影响力领先的国家，中国人民基本实现共同富裕、享有更加幸福安康的生活，中华民族以更加自信、昂扬的姿态屹立于世界民族之林。历史起点和逻辑前提在这里结合起来得到统一。

第七卷（2012—2019）主要记述中共十八大以来，以习近平同志为核心的中央领导集体提出一系列新理念、新思想、新战略，出台一系列重大方针政策，推出一系列重大举措，推进一系列重大工作，推动党和国家事业取得全方位、开创性成就的历史进程。当然，第七卷所书写的内容，还仅仅是一个开端，必须随着人民共和国的新征程新发展而续写新篇章。

四

我们从哪里来，到哪里去？我们为什么会选择这样的发展道路和战略而不是别样的发展道路和战略？本书希望从对历史的学习、研究中，发掘历史的深层规律和意义，进一步接近历史演进的肌理和纹路。例如，对新中国成立初期选择重工业优先的发展战略，我们在书中强调了它并不只是简单地学习苏联模式，而是当时国际冷战环境和国内经济结构性矛盾演化的必然结果。朝鲜战争的爆发和美国为首西方国家的封锁禁运，使得中国领导人不得不把国家安全放在首位来考虑，不能不更多地强调国家工业化要以重工业（国防工业）为中心。优先发展重工业不是一种照搬外国经验的外源性战略，不取决于人们的主观意志，而是当时特定历史条件下中国政治、经济现实状况内生的需要，是历史背景决定的。如果新中国在成立之初不采取重工业优先的国策，而是像西方发达国家早期现代化那样采取农业—轻工业—重工业的发展路径，显然是一条不适合中国亟需改变落后面貌、迎头赶上的发展道路。历史上的选择从来不会只是在"全优"或"全劣"中进行的，有的只能是在反复权衡利弊后的次优选择。工业化道路如此，其他各方面的选择又何尝不是如此。

进一步的研究使我们发现，正所谓"牵一发而动全身"，当年工业化道路这个重大的战略选择又引起了经济基础和上层建筑领域一系列深刻的变化。而对这些变化，有些我们至今认识得还比较肤浅。例如，为保证重工业优先，必须加快经济的计划化，限制"看不见的手"的作用；强调运用行政权力来引导和推动经济发展；强调领导体制的高度集中；强调意识形态领域的集中统一领导，如此等等。所以，如同优先发展重工业是内生型的一样，社会其他方面的变革也是具有内生性的，是前者的派生物。当然，还有历史、人文等其他方面的各种因素的影响。半个多世纪过去了，当年中国工业化起步时起过重要历史作用的那些体制、机制，如今很多已成为改革的对象。如同恩格斯所论述："一切依次更替的历史状态都只是人类社会由低级到高级的无穷发展进程中的暂时阶段。每一个阶段都是必然的，因此，对它发生的那个时代和那些条件说来，都有它存在的理由；但是对它自己内部逐渐发展起来的新的、更高的条件来说，它就变成过时的和没有存在的理由了；它不得不让位于更高的阶段。"

本书还注重考察国际环境因素的变化对中国发展的影响，在各个发展阶段抓住中美关系、中苏（俄）关系、中日关系的折冲和演变的基本线索，包括中国与发展中国家、周边民族独立国家以及西欧发达国家之间关系的发展变化等，把中国的事情放在国际形势和全球环境背景下加以全面考量，以证中国不断融入国际社会和经济全球化的必然趋势，以及倡导构建人类命运共同体的历史逻辑。

许多中外学者在面对改革开放以来中国的巨变时，都会不约而同地发问：这种巨变从何而来？其原因何在？人们可以列出的原因很多，几乎所有人都注意到 1978 年中共十一届三中全会前后的思想解放运动对当代中国的影响。但是，迄今为止，对这场思想解放运动的深层原因、意义、影响的发掘似乎还欠"火候"。当代社会主义各国的改革从上世纪 50 年代就已开始，而且多是以不同形式、不同程度的思想解放为先导，并一度都取得一些成就，但这些改革又多以"改旗易帜"而告终。同样都有思想解放，为什么结果却如此不同？这就不能不考虑到中国的思想解放运动对"左"倾教条主义冲击的广度、深度和力度。如果再进一步思考，为什么这种思想解放只能产生于70年代末至80年代初？中国的改革开放的进程与之前的历史尤其是"文化大革命"刻骨铭心的教训有着怎样的深层关联？

中华人民共和国的主要缔造者毛泽东说过："人类的历史，就是一个不断地从必然王国向自由王国发展的历史。这个历史永远不会完结。""因此，人类总得不断地总结经验，有所发现，有所发明，有所创造，有所前进。停止的论点，悲观的论点，无所作为和骄傲自满的论点，都是错误的。"中国道路的成功，正在于以毛泽东为主要代表的中国共产党人，把马克思列宁主义基本原理同中国革命具体实践结合起来，团结带领全党全国各族人民，经过长期浴血奋斗，完成了新民主主义革命，建立了中华人民共和国，确立了社会主义基本制度，成功实现了中国历史上最深刻最伟大的社会变革，为当代中国一切发展进步奠定了根本政治前提和制度基础。在探索过程中，虽然经历了严重曲折，但党在社会主义革命和建设中取得的独创性理论成果和巨大成就，为在新的历史时期开创中国特色社会主义提供了宝贵经验、理论准备、物质基础。中共十一届三中全会以后，以邓小平为主要代表的中国共产党人，团结带领全党全国各族人民，深刻总结我国社会主义建设正反两方面经验，借鉴世界社会主义历史经验，顺应经济社会发展的规律和需要，成功开创了中国特色社会主义道路。

中华人民共和国成立70年特别是经过40多年的改革开放，极大改变了中国的面貌、中华民族的面貌、中国人民的面貌、中国共产党的面貌。中华民族迎来了从站起来、富起来到强起来的伟大飞跃！中国特色社会主义迎来了从创立、发展到完善的伟大飞跃！中国人民迎来了从温饱不足到小康富裕的伟大飞跃！中华民族正以崭新姿态屹立于世界的东方！

"为什么我的眼里常含泪水？因为我对这土地爱得深沉"。主编这部《中华人民共和国通史》的我们，同为共和国的同龄人，这是我们永远的骄傲。"中国应当对于人类有较大的贡献"——毛泽东的这句话，我们在中学时代就铭记于心。50多年过去了，它一直在我们这一代人的灵魂深处闪耀，成为我们精神世界的一部分，给我们以勇气、胸怀和力量。如今，青年时代的憧憬、梦想已成为现实，这是我们的荣耀与幸福。我们毫不怀疑，祖国的明天会更加美好。我们庆幸能生活在这样一个充满奋斗、巨变与希望的新时代。

与人民共和国同龄、同行，共同经历了风风雨雨、沧桑巨变，目睹了中国道路的曲折与辉煌。这种亲身的经历及长期的理性思考，使我们加深了一个认识，70年中，不论是巨大的成就还是发展中的曲折，都是中国人民在中国共产党的领导下，探索中国自己的建设社会主义道路过程中获得和发生的。正确地总结这些历史经验是非常必要的，因为它们无论是正面的还是反面的，都是中国人民的宝贵财富，都是中华民族贡献给世界文明的智慧结晶。

郑谦　庞松

2019 年 10 月

于北京·中关村西区

目 录 | Contents

第一章　粉碎"四人帮"和
历史在徘徊中前进

一、粉碎"四人帮"后的政治社会形势

粉碎"四人帮"后，消除了最大的政治障碍，中国政治经济本来可以快速发展，但"两个凡是"的提出，束缚了人们的手脚，再加上一些人思想转弯比较慢，因此历史仍然在徘徊中前进。

（一）粉碎"四人帮"，结束"文化大革命"

1976 年 10 月 14 日，中共中央公布了粉碎"四人帮"的消息。人们奔走相告，兴高采烈。从 21 日至 24 日，北京和全国各地举行了声势浩大的游行和隆重集会，热烈庆祝这一伟大胜利。粉碎"四人帮"标志着"文化大革命"的结束。在粉碎"四人帮"的过程中，华国锋、叶剑英、李先念等起到了决定性的作用，为党、为国家除了大害，立了大功。粉碎"四人帮"，从危难中挽救了党，挽救了国家，使中国避免了一次大灾难和大倒退，以这个历史事件为标志，"文化大革命"宣告结束，中国的历史画卷掀开了新的一页。

（二）"两个凡是"的提出和对"两个凡是"的抵制

一种思想的恢复或者产生，总要经历一场激烈的思想斗争，

这种斗争实际上就是一个思想解放的过程。大凡一个新时代的到来，总要伴随这样一个过程。欧洲的文艺复兴，孕育了一场伟大的资产阶级革命，中国的五四运动则孕育了近代中国新民主主义革命。国际共产主义运动之所以席卷全球，是由于马克思主义的诞生。粉碎"四人帮"后，中国的思想解放运动虽然不能与前者的磅礴气势相比，但它却孕育出一个改革开放的新时期。

粉碎"四人帮"之后，党和国家面临着"文化大革命"十年内乱造成的严重困难局面。为迅速扭转困难局面，实现全国安定团结，恢复和发展国民经济，党中央号召全党全军和全国各族人民团结一致，深入揭批"四人帮"。全国迅速掀起了揭批"四人帮"的群众运动。

粉碎"四人帮"之初，华国锋抓住揭批"四人帮"来解决问题，稳定局势，得到了党内外的拥护。全国陆续清查"四人帮"在各地的帮派体系，恢复正常的生产秩序、工作秩序，着手抓国民经济的恢复，取得明显成效。但是，华国锋作为中央主要领导人，没有满足历史的一个必然要求：既然打倒了"四人帮"，那么被"四人帮"打倒的邓小平就应该恢复工作。这本来是不难做出判断的，但华国锋却做出了错误的举动，从而陷入了自相矛盾的境地：一面开展揭批"四人帮"，一面又极力限制对"四人帮"极左路线造成的危害进行清算，特别是不允许触动毛泽东晚年的错误。这样，就使平反"文化大革命"中冤假错案的工作进行得很缓慢，一些重大问题的拨乱反正受到阻碍。这种违背党心、军心、民心的做法，究其实质，盖源于"两个凡是"的思想。

1976年12月26日，《人民日报》发表毛泽东的《论十大关系》。此时发表毛泽东在1956年的这篇讲话，既是表达对他的纪念，也是为揭批"四人帮"提供理论指导。28日，《人民日报》发表华国锋在第二次全国农业学大寨会议上的讲话。讲话明确提出,揭批"四人帮"要经过三个战役:1. 揭发批判"四人帮"篡党夺权的阴谋;2. 揭发批判"四人帮"的反革命面目和罪恶历史;3. 揭发批判"四人帮"的"反革命修正主义路线的极右实质及其在各方面的表现"。按照这个部署,在此前后,中央批发了关于"四人帮"反党集团罪证的三批材料,中央和地方报刊均用很大篇幅登载声讨和控诉"四人帮"罪行的文章。全国上下迅速出现了一个群众性的批判高潮。

同时,中共中央还陆续采取一些组织措施,加强和保证对党政军重要部门和全国各地的领导,以进一步稳定局势。1976 年10 月下旬,由耿飚负责的中央宣传口领导小组成立,统一领导整个宣传舆论部门。1977 年 3 月 3 日,中央政治局决定由胡耀邦出任中央党校副校长,主持常务工作。3 月 7 日,中央通知由叶剑英重新主持中央军委的工作。对那些受"四人帮"影响较深、阻碍揭批运动开展的省份,如云南、辽宁、甘肃、安徽等,中央对原先的领导班子加以改组,另派得力同志前去担任主要领导职务。

随着揭批"四人帮"斗争的开展,广大干部和群众越来越清醒地认识到:在肯定"文化大革命"的前提下,拨乱反正是难以深入的。党内外同志越来越强烈地要求,除了深入揭批"四人帮"外,还应认真地纠正"文化大革命"及其以前"左"的理论和政策,恢复党的正确路线方针政策和优良传统,这样,就不能不涉及毛泽东晚年所犯的错误。有没有勇气进行正确的自我批评,成为能否拨乱反正的关键。

但是,拨乱反正从一开始就遇到了严重的阻碍。其主要原因是:一方面,在客观上,20 世纪 50 年代后期开始滋生起来的"左"倾思想在"文化大革命"中有了登峰造极的发展,从而造成思想上、政治上的混乱,这种长期的"左"倾错误不易在短期内清除。另一方面,在主观上,华国锋没有从根本上认清"文化大革命"的问题，特别是没有认清"文化大革命"和毛泽东晚年错误的关系。他认为要继承毛泽东思想，就不能否定毛泽东在"文化大革命"中的重要意见和重要决定。

打倒"四人帮"后，人民日报社的同志很快将"天安门事件"的真相和当时姚文元指使人歪曲事实、炮制虚假报道的经过，整理成调查材料报送中央。后一个问题首先在党内高层提出，但反映的是许多干部群众的心愿。粉碎"四人帮"后，叶剑英即安排改善邓小平的处境，向他及时通报中央的决策，还在中央政治局会议上提出尽快让邓小平出来工作的建议，该建议得到李先念的支持。胡耀邦也在1976年10月12日，托人给华国锋带去口信："停止批邓，人心大顺；冤案一理，人心大喜；生产狠狠抓，人心乐开花。"

可是，要解决这两个问题，必然会涉及更深层次、更加敏感的问题，这就是毛泽东晚年的错误和对"文化大革命"的估计。处理这种事关全局的重大问题，需要超乎寻常的政治家的眼光、胆识和威望。然而，这却是当时担任党和国家主要领导职务的华国锋所难以具备的。

1977年1月，华国锋在一个讲话提纲中，进一步提出"凡是毛主席作出的决策，都必须维护，不能违反；凡是有损毛主席形象的言行，都必须制止，不能容忍"的观点。1月21日，由汪东兴布置、为华国锋准备的一份会议讲话稿中提出："凡是毛主席作出的决策，我们都必须维护，不能违反；凡是损害毛主席的言行，都必须坚决制止，不能容忍。"由于原拟召开的会议推迟，这份讲话稿的主要内容就先作为《人民日报》《红旗》杂志和《解放军报》两报一刊社论于2月7日发表了。这篇题为《学好文件抓住纲》的社论强调，揭批"四人帮"是"当前的纲"，要"抓纲治国"；同时公开提出，"凡是毛主席作出的决策，我们都坚决维护，凡是毛主席的指示，我们都始终不渝地遵循"。很快，这两句话就被概括为"两个凡是",作为当时必须坚持的指导方针。其实质是要把毛泽东晚年的"左"倾错误延续下来,这造成了拨乱反正工作的重重障碍。

3月中旬,中共中央召开粉碎"四人帮"以后的第一次工作会议,讨论了当年的国民经济计划,部署了当年的工作任务。华国锋在这次讲话中,除了再次强调"两个凡是"的错误方针外,还把"四人帮"以极左面目从事的种种倒行逆施,说成是极右,要求批判"四人帮"的极右实质,而不去批极左。他继续沿用"文化大革命"中的一些错误提法,继续坚持"批邓、反击右倾翻案风"是完全正确的,仍然认定"天安门事件"是"反革命事件"等等。这就严重阻碍了党的指导思想和指导方针的转变,使拨乱反正出现步履维艰、徘徊前进的局面。

推行"两个凡是"的方针,就不可避免地要维护发动和指导"文化大革命"的错误理论。4月15日,《毛泽东选集》第五卷出版发行。这一卷收入了毛泽东在新中国成立后到1957年的著作,其中大部分都表达了正确和比较正确的思想,但也有不少不符合实际的和带有"左"倾错误的内容。此前一周,中央发出了关于学习《毛泽东选集》第五卷的决定,提出:"在社会主义革命和社会主义建设时期,毛主席在马克思主义理论上最伟大的贡献,就是创立了无产阶级专政下继续革命的伟大理论。"5月1日,华国锋为《毛泽东选集》第五卷出版发表文章,再次确认了这种说法,并把"无产阶级专政下继续革命的理论"提升为贯穿《毛泽东选集》第五卷的根本指导思想,号召人们"把无产阶级专政下的继续革命进行到底"。当党和国家已经在"文化大革命"中遭受了一场空前的破坏后,这样的提法不能不引起人们更大的疑虑。

对于华国锋推行"两个凡是",坚持"左"倾错误的行为,党内的许多老同志都进行了抵制。早在粉碎"四人帮"不久,叶剑英、李先念就多次向华国锋提出要邓小平出来工作，华国锋没有立即同意。

1977年3月，在党中央工作会议上，陈云又指出：为了中国革命、中国共产党的需要，让邓小平重新参加领导工作是完全正确的，完全必要的。同时要查一查"四人帮"在"天安门事件"中的诡计。

为了推动解放思想、拨乱反正工作的开展，邓小平在未恢复领导职务的情况下，率先从理论上反对"两个凡是"。4月10日，他在致中共中央的信中，针对"两个凡是"和党内长期以来对待毛泽东思想问题上的僵化半僵化状态，明确提出："我们必须世世代代地用准确的完整的毛泽东思想来指导我们全党、全军和全国人民，把党和社会主义的事业，把国际共产主义运动的事业，胜利地推向前进。"这个观点，得到叶剑英、李先念的肯定和支持。5月3日，中共中央转发了此信，肯定了邓小平的正确意见。5月24日，邓小平在一次谈话中又指出："两个凡是"不行，它不符合马克思主义。马克思、恩格斯、列宁、斯大林没有说过"凡是"，毛泽东自己也没说过"凡是"。相反，毛泽东说，他自己也犯过错误，一个人能三七开就很好了。邓小平强调，"毛泽东思想是个思想体系"，"我们要高举旗帜，就是要学习和运用这个思想体系"。邓小平对"两个凡是"的批评及其对毛泽东思想本质的科学阐释，是中国共产党重新确立马克思主义思想路线的开端，是全党思想解放的先导。

"文化大革命"以失败告终，由"文化大革命"造就的思想樊篱也就不再是人们难以逾越的障碍。就在"两个凡是"提出不久后，一些"文化大革命"期间为害严重的"左"倾理论观点已开始受到批判。经济理论界先行一步。一些干部和理论工作者撰写文章，反对把按劳分配说成是产生资产阶级的经济基础，反对把强调发展生产说成是"唯生产力论"等。国务院召开的全国计划会议肯定了 1975 年邓小平主持整顿期间，有关部门起草的《论全党全国各项工作的总纲》《关于加快工业发展的若干问题》和《科学院工作汇报提纲》是三篇好文稿，绝不是"四人帮"所诬蔑的"三株大毒草"。① 中共中央党校创办了《理论动态》，在胡耀邦的组织和指导下，陆续就马列主义和毛泽东思想的一些重大问题发表文章，积极纠正多年来存在的理论混乱。当时，这份供省、军级以上领导干部和理论工作部门参阅的内部刊物颇有影响，是思想领域的一块活跃的阵地。这一切预示着思想路线的拨乱反正已为时不远了。

（三）国民经济开始恢复和新冒进的发生

粉碎"四人帮"后，争取早日实现现代化是全国人民的迫切心愿。中共中央相继召开第二次全国农业学大寨会议和全国工业学大庆会议，号召全国人民在揭批"四人帮"的同时，要掀起一个"抓革命、促生产"② 的高潮，努力把国民经济搞上去。毛泽东《论十大关系》一文的公开发表和被广泛学习，对调整经济关系，整顿经济秩序，发动广大群众努力搞好生产，也起到动员作用。不过，在"两个凡是"的影响下，当时经济工作的指导方针还无法摆脱"左"的指导思想的束缚。

在恢复国民经济的过程中，首先受到整顿的是对全局具有重要影响的铁路和煤炭运输行业。"文化大革命"后期，由于铁路运输堵塞，生产不能正常进行了；1975 年整顿后情况明显好转，但"反击右倾翻案风"开始后又急剧恶化。1977 年 2 月，国务

① 见国家计委《关于 1977 年国民经济计划几个问题的汇报提纲》，1977 年 3 月 8 日。

② 参见华国锋：《在第二次全国农业学大寨会议上的讲话》，《人民日报》1976 年 12 月 28 日。

院召开全国铁路工作会议，规定了铁路运输的任务，并明确指出中央于1975年发布的《关于加强铁路工作的决定》是正确的，仍然要贯彻执行。经过这次会议，混乱状况很快得到改善。当年，铁路货运日平均装车量从1月份起逐月增加，到4月份即超过历史最高水平，平均日卸车和煤炭运量也达到历史最好水平。

1977年3月3日至16日，全国计划会议在北京召开。针对当时经济领域存在的思想混乱，会议就要不要抓好生产，要不要规章制度，要不要社会主义积累，要不要实行按劳分配，要不要引进新技术等十个问题展开讨论，以澄清是非。同时，国务院还先后召开煤炭、冶金、农业等一系列专业会议，揭发和批判林彪、"四人帮"破坏生产的罪行，强调要狠抓企业整顿，恢复合理的规章制度，健全和加强各级领导班子和生产指挥系统，反对派性，加强职工队伍的团结，确保生产计划的完成。

通过上述工作，一批趋于瘫痪的企业面貌有所改变，生产上的混乱局面有所好转，经济战线的秩序逐步得到恢复。从1977年3月起，全国工业总产值逐月增加。到6月份，有24个省、市、自治区超过上年同期水平；80种主要工业产品的产量绝大多数已高于上年同期水平，其中26种创造了历史最高月产水平。1977年全年，工业总产值比上年增长14.3%，财政收入也扭转了连续三年完不成国家计划和支大于收的状况；全国60%的职工十多年来第一次不同程度地增加了工资。[①] 整个国民经济摆脱了急剧滑坡的危险局面。

在政治局面基本稳定和经济形势初步好转的情况下，全国上下急于挽回由于"文化大革命"而耽搁的建设时光。当时，人们还来不及对以往经济建设的经验教训进行反思和总结，在指导经

---

① 房维中主编：《中华人民共和国经济大事记》，中国社会科学出版社1984年版，第586页。

济建设时急于求成的情绪再度滋长起来。

粉碎"四人帮"后不久，中共中央在提出"普及大寨县"口号的同时，又根据毛泽东在1955年提出的用25年时间完成农业技术改造的设想，提出到1980年基本实现全国农业机械化的要求。甚至具体规划全国大中型拖拉机拥有量要在四年内由40万台增加到80万台。这个计划显然是脱离实际的。当时在全国范围内，农业生产基本以手工作业为主，拖拉机的年生产能力只有7万多台。为实现这一目标，与农业相关的不少部门开始提出不切实际的高指标，这又转而影响到工业领域。

1977年四五月间，全国工业学大庆会议召开。会议前夕，一些部门负责人头脑发热，华国锋也在没有掌握可靠的地质资料的情况下，向出席会议的各部门和各地区的领导贸然提出：石油光有一个大庆不行，要有十来个大庆。[1] 4月19日，《人民日报》发表《抓纲治国推动国民经济新跃进》的社论，重新提出"跃进"的口号。由于工业生产恢复较快，7月30日，中央转发的国务院的一份报告也乐观地指出："国民经济的新的跃进局面正在出现。"按照这一估计，各地区、各部门开始按照新的"跃进"的要求进行筹划。

新的"跃进"的蓝图很快被描绘出来。11月24日，国家计委向全国计划会议提交《关于经济计划的汇报要点》。其中提出：今后八年，即到1985年以前，在基本建设方面，全国要新建和续建120个大型项目。主要包括：30个大电站，8个大型煤炭基地，10个大油气田，10个大钢铁基地，9个大有色金属基地，十几个大化肥厂，基本建设投资规模将接近过去二十八年的总和。到2000年以前，全面实现农业、工业、国防和科学技术的现代

[1] 房维中主编：《中华人民共和国经济大事记》，中国社会科学出版社1984年版，第586页。

化钢产量由 2000 多万吨达到 1.3 亿吨到 1.5 亿吨；在各个生产领域多数接近、少数赶上或超过当时的世界先进水平；许多省的工业水平将赶上和超过欧洲的某些工业发达国家，中国国民经济将走在世界的前列。

这个匆匆提出的《关于经济计划的汇报要点》没有经过充分讨论和科学论证，当时人们对现代化的认识也有很大局限，从中不难看出以往经济建设中片面的"以粮为纲""以钢为纲"的指导思想的影响。华国锋对这个要点的内容给予充分的肯定，认为整个设想"是积极的，有雄心壮志的，经过努力是可以实现的"。1978 年 2 月，上述计划由华国锋提交第五届全国人民代表大会第一次会议讨论通过。会后，又通过新闻机构广为宣传。

经济工作中刮起新的冒进之风，使国民经济面临着重蹈 1958 年"大跃进"覆辙的危险。为实施上述庞大计划，国务院不得不一再追加基本建设投资。1978 年基建总规模由年初计划的 332 亿元追加到 415 亿元，比 1977 年增加 100 多亿元，增长 34.5%，1978 年的积累率由 1977 年的 32.3% 提高到 36.6%，成为 1959 年之后投资规模最大、增长最快的年份。当时，国民经济刚刚经历十年内乱的大破坏，此时发动这样的"跃进"，就像让一个亟须大修的机器开足马力运转，其后果可想而知。在提出这样的计划时，既没有总结中国以往经济建设的教训，更没有吸取国外发展经济的经验。按照这个计划，走的仍将是一条追求高投资、高积累，优先发展重工业的老路。从短期来看，这套办法只能进一步加剧在"文化大革命"中已经相当严重的国民经济各种比例关系的失调，给经济的正常发展造成新的困难；从长期来看，这种发展模式很可能会把中国的现代化建设引上一条死路。

（四）党和国家正常政治生活的恢复

粉碎"四人帮"后，广大人民群众期盼着党和国家的政治生活能够及早恢复正常。在这种形势下，1977 年 7 月 16 日至 21 日，中国共产党第十届中央委员会第三次全体会议在北京召开。

全会通过了《关于追认华国锋同志任中国共产党中央委员会主席、中国共产党中央军事委员会主席的决议》《关于恢复邓小平同志职务的决议》《关于王洪文、张春桥、江青、姚文元反党集团的决议》。

华国锋在全会上的讲话，没有再提"两个凡是"，但继续坚持"以阶级斗争为纲"和"无产阶级专政下继续革命的理论"，强调粉碎"四人帮"以来"中央的政治路线和组织路线，中央的决策和措施都是正确的"。鉴于党的十大以来国内形势发生了重大变化，全会批准三月中央工作会议关于提前召开党的第十一次全国代表大会的建议，并为大会做了必要的准备。

全会虽然没有直接回答"批邓、反击右倾翻案风"的是非问题，但决定全部恢复邓小平的职务，即：中共中央委员，中央政治局委员，中央政治局常委，中共中央副主席，中共中央军委副主席，国务院副总理，中国人民解放军总参谋长。在这次会议上，邓小平作了复出后的第一次正式讲话。他首先表达了对为中国革命做出伟大历史贡献的毛泽东的崇敬，对领导粉碎和揭批"四人帮"的党中央的拥护，表明了自己重新出来工作的态度。他说："出来工作，可以有两种态度，一个是做官，一个是做点工作。我想，谁叫你当共产党人呢。既然当了，就不能够做官，不能够有私心杂念，不能够有别的选择，应该老老实实地履行党员的责任，听从党的安排。"然后，邓小平把讲话的重点转向如何正确理解和坚持毛泽东思想的问题。他再一次强调："要对毛泽东思想有一个完整的准确的认识，要善于学习、掌握和运用毛泽东思想的体系来指导我们各项工作。只有这样，才不至于割裂、歪曲毛泽东思想，损害毛泽东思想。① 毛泽东同志倡导的作风，群众路线和实事求是这两条是最根本的东西……对我们党的现状来说，我个人觉得，群众路线和实事求是特别重要。"②

在十届三中全会刚刚开过不久，8月12日，来自全国各行业、各部门的1510名代表，代表全国3500多万党员，汇聚到人民大会堂。这是打倒"四人帮"之后的第一次党的全国代表大会，整个会议气氛十分热烈。由于依然存在"左"倾路线的干扰，会议争论也十分激烈。

华国锋首先代表第十届中央委员会向大会作政治报告。政治报告包括大会所担任的重大历史责任、党同"四人帮"的斗争、形势和任务、结束语等几部分。

8月13日，大会举行第二次会议，叶剑英作修改党的章程的报告。

与会代表一致赞同对原十大党章进行较大修改，并提交大会讨论通过。

18日，华国锋的政治报告、中国共产党第十一次全国代表大会关于政治报告的决议、修改党章的报告和新的党章，在进行了一定程度的修改后获得通过。

最后邓小平致闭幕词，他强调，一定要恢复和发扬毛泽东为中国共产党树立的群众路线、实事求是、批评和自我批评、谦虚谨慎、戒骄戒躁、艰苦奋斗和民主集中制的优良传统和作风。

代表们还以无记名投票的方式选举了中共第十一届中央委员会，当选的中央委员共201人，候补中央委员共132人。

党的十一大宣告了"文化大革命"的结束，重申了建设社会主义现代化强国的任务，这对于振奋全民精神起了积极的作用。

---

① 《邓小平文选》第2卷，人民出版社1994年版，第42页。
② 《邓小平文选》第2卷，人民出版社1994年版，第45页。

但是，由于当时历史条件的限制及"文化大革命"积习的影响，"文化大革命"中一些"左"的理论和方针政策，在十一大的政治报告和新的党章中仍然有所反映。华国锋在政治报告中宣布，以粉碎"四人帮"为标志，"文化大革命"宣告结束，并指出党在新时期的根本任务是："为在本世纪内把我国建设成为伟大的社会主义现代化强国而奋斗。"报告初步总结了揭批"四人帮"的斗争，批判了"四人帮"宣扬的"老干部是'民主派'，'民主派'就是'走资派'"等谬论，顺应了民心。但是，报告依然肯定"文化大革命"，没有从根本着手纠正"文化大革命"的错误。

本来，在这次大会上是有可能依靠党的集体智慧来纠正一些重大错误的。在政治报告交付讨论时，不少同志对报告中一些"左"的观点提出了批评。有的同志主张不要再用"取消资产阶级法权"等提法；有的同志反对提"无产阶级在各个文化领域实行专政"；有的同志提出报告对"文化大革命"全盘肯定，高度赞扬，是不合适的；还有的同志认为报告关于"整个社会主义历史阶段始终存在阶级斗争"的论断在理论上说不通。聂荣臻在书面发言中针对"两个凡是"的提法指出，学习和运用马克思列宁主义、毛泽东思想，一定要掌握精神实质，把基本原理当作行动指南，坚决反对把马克思主义、毛泽东思想的每一句话当作脱离时间、地点、条件的教条。然而，在政治报告定稿时，华国锋没有接受这些意见。大会通过的新党章，虽然对十大的党章做了一些必要修改，但却没有抛弃"文化大革命"的错误理论。

中共十一大结束后，根据新通过的党章，各省、市、自治区相继召开新一届党的代表大会，选举产生新的党委领导。在中央和国家机关及人民团体中，也陆续恢复建立党委或党组。在新的各级领导班子中，大批在"文化大革命"中被打倒的久经考验的老干部被重新起用，使党在各地区、各部门的领导得到充实和加强，而追随"四人帮"的帮派分子基本被清除出去。

同提前召开党的十一大一样，鉴于国家形势发生的巨大变化，提前召开第五届全国人民代表大会，对各级政权组织进行调整和更新也势在必行。根据中共中央的部署，从 1977 年 11 月起，各省、市、自治区先后召开新一届人民代表大会，选举了新一届领导人。

1978 年 2 月 26 日至 3 月 5 日，第五届全国人民代表大会第一次会议在北京举行。出席大会的代表共 3456 人。华国锋代表国务院作政府工作报告。大会选举叶剑英为全国人民代表大会常务委员会委员长，宋庆龄等 20 人为副委员长；任命华国锋为国务院总理，邓小平、李先念等 13 人为副总理；确定了国务院其他组成人选。经过这届人大，一批德高望重的老革命家重新回到国家领导岗位。

大会再一次重申实现中国农业、工业、国防和科学技术现代化的奋斗目标，通过了《发展国民经济十年规划纲要》和重新修订的《中华人民共和国宪法》。这部宪法基本恢复了 1954 年宪法中正确的原则和制度，并且用根本大法的形式规定全国人民在历史新时期的总目标就是实现农业、工业、国防和科学技术四个现代化，建设社会主义的现代化强国。但是，它未能彻底纠正 1975 年宪法中的错误，仍然把"坚持无产阶级专政下的继续革命"列入历史新时期的总任务中，还保留了公民有"运用大鸣、大放、大字报、大辩论的权利"和将"革命委员会"作为国家行政机关等条款。这次大会恢复了四届全国人大时撤销的最高人民检察院。会后，各地很快恢复建立了检察机关。

1978 年 2 月 24 日至 3 月 8 日，中国人民政治协商会议第五届全国委员会第一次会议也在北京举行。这样的政协大会，已经中断了十三年。出席会议的委员有 1862 人。会议听取了第四届全国政协常委会的工作报告；选举产生新一届政协领导成员。邓小平当选为第五届全国政协主席；乌兰夫等22人当选为副主席。政协组织在"文化大革命"期间基本停止活动。它恢复活动，对于加强中国共产党和各民主党派间的合作，加强人民民主统一战线，有着重要的意义。

随着政协会议的召开，在"文化大革命"中受到严重破坏的统一战线工作逐步得到恢复。各民主党派和工商联陆续调整或重建组织机构，逐渐恢复正常工作。违反党的统一战线政策的若干错误开始有所纠正。在侨务工作中，开始纠正因所谓"海外关系"而歧视、迫害归国华侨和侨眷的现象；在对待宗教的问题上，开始纠正违反宗教信仰自由政策的做法，恢复了信教群众正当的宗教活动。此外，被拖延了十多年的共青团、工会和妇联的全国代表大会也相继召开，选出新一届领导成员，恢复正常工作。随着各地少先队组织陆续恢复，"文化大革命"中成立的"红卫兵"和"红小兵"组织随之撤销。

中共十一大和五届全国人大相继提前召开以及上述一系列工作的开展，对揭批"四人帮"和动员全国人民进行现代化建设方面起了不可忽视的作用，并取得了一定的积极成果，党和国家的政治生活开始恢复正常秩序。但是，这个时候在总的指导思想上还没有根本摆脱"左"的理论和政策，没有纠正"文化大革命"的错误。这样，为实现历史转折制定正确的路线方针的重要任务仍未完成。

造成党的十一大未能完成拨乱反正任务的原因是多方面的。客观上看是受到当时历史条件的制约。这主要表现在以下几个方面：

第一，党的十一大召开时，粉碎"四人帮"仅仅10个月。消除长期"左"倾错误的影响，特别是十年"文化大革命"所造成的政治上思想上的混乱，需要有一个过程。不少同志一时尚难分清马克思列宁主义和"左"倾错误理论的界限，还不能从根本上看出"文化大革命"的理论、政策和口号的错误所在。

第二，过去盛行的个人崇拜和教条主义的精神枷锁，还严重束缚着党内许多人的头脑。特别是"两个凡是"方针的推行，又大大助长了教条主义的风气，一切以毛主席说过的话、作过的指示为准绳，根本抛弃了实践是检验真理的唯一标准这个马克思主义基本原则，结果形成了理论和实践上的许多无法突破的禁区。人们习惯地认为，凡是毛泽东说过和做过的，从大的方面来看，都是正确的，毋庸置疑。因而，不能以实践是检验真理的唯一标准去判明毛泽东发动"文化大革命"的错误，看不出毛泽东晚年的失误，还做不到像后来十一届六中全会那样，根据"文化大革命"十年内乱的实践结果，科学地分析毛泽东发动"文化大革命"的指导思想的错误以及带来的严重后果。

第三，一些老革命家和老同志，虽然较早地看出毛泽东发动"文化大革命"的"左"倾错误及其严重后果，但是这些同志当时或者还没有被解放出来，对这种涉及全党大是大非的问题得不到发言的机会；或者虽然解放了，参加了领导工作，可是在当时的条件下，他们的意见对于中央的决策不起主导作用。

比如，老一辈革命家陈云、邓颖超等那时还未参加中央政治局的领导工作；邓小平刚刚解放出来，他的正确意见往往不为华国锋所重视和采纳；叶剑英、李先念虽然处于政治局领导成员的地位，但在华国锋、汪东兴起主导作用的情况下，也难以发挥其应有的作用。

这些"文化大革命"带来的党中央领导不健全、政治生活不正常的情况，妨碍党的民主集中制和集体领导原则的贯彻，是党的十一大没能纠正"文化大革命"错误的一个客观原因。

当然，客观原因只是揭示了事物的一个方面，主观原因往往起更重要的作用。党的第十一次全国代表大会没有完成拨乱反正的任务，从主观原因看，当时担任党中央主席的华国锋要负主要责任。

华国锋在粉碎"四人帮"的斗争中起过关键作用,"四人帮"倒台后,他也曾试图结束"文化大革命"造成的混乱局面,并做过一些工作。但是,华国锋没有能力解决既要否定毛泽东晚年"左"倾错误,又要肯定毛泽东的历史地位和毛泽东思想作为党的指导思想这样一个看似矛盾的难题。他始终没有认识到"文化大革命""左"倾错误,的实质,始终没有认识到毛泽东晚年错误的危害性。因此,"文化大革命"结束后,华国锋在指导思想上就不可能摆脱"左"的错误理论的影响,就不可能对"文化大革命"这场内乱有一个清醒的认识,这就必然会妨碍到拨乱反正工作的开展。

当时亟待解决的拨乱反正工作主要是纠正林彪、"四人帮"所造成的混乱,纠正"文化大革命"的错误。但是,华国锋大谈"三个坚持",即要在剥削阶级作为一个完整的阶级在中国已经被消灭的形势下,坚持"以阶级斗争为纲"、坚持"无产阶级专政下的继续革命"、坚持"文化大革命"今后还要进行多次。他的这些观点与上述拨乱反正的内容是背道而驰的。

华国锋的错误认识,曾受到党内一些老同志的批评和质疑,但这并未引起他的足够重视。

在党的十一大召开前,按照华国锋的指导思想起草的政治报告原稿,曾给邓小平看过。当时邓小平还没出来工作,他对许多问题的提法、论述,提了不同意见。比如,原稿中讲了关于党内"走资派"问题、关于资产阶级法权问题、关于唯生产力论问题、关于无产阶级在各个文化领域专政问题等,其中有些观点是坚持毛泽东晚年的一些错误论点,有些是重复张春桥的谬论。邓小平认为这些错误论点应当拿掉。但华国锋仍然坚持党内有"走资派""资产阶级就在共产党内"的观点。在他看来,中国共产党内从上到下存在一批走资本主义道路的当权派,他们是复辟资本主义的主要危险，是革命要打击的重点对象。华国锋还坚持"无产阶级在上层建筑其中包括在各个文化领域的专政"的提法，这是延续了"左"倾错误论点。

党的十一大报告提交大会讨论之后，又有许多老同志对华国锋的政治报告及华国锋本人的工作作风提出了批评。许多代表认为，政治报告不应对"文化大革命"采取全盘肯定、高度赞扬的态度。毛泽东曾经说过，"文化大革命"有七分成绩、三分错误，具体错误有两条，即打倒一切，全面内战。因此，全盘肯定的态度是不符合毛泽东提法的，也是不符合实际的。对"文化大革命"应该有个实事求是的态度，只有这样，才能总结经验，吸取教训。有的代表提出，政治报告所讲的在整个社会主义历史阶段始终存在着无产阶级和资产阶级斗争的观点，是不符合马克思列宁主义基本原理的；报告中有关整个社会主义历史阶段要加强无产阶级在各方面专政的观点，从理论上看，是根本说不通的；关于"巩固和加强无产阶级在上层建筑其中包括在各个文化领域的专政"的观点，也是不科学的；代表们还对华国锋主持工作以来的许多做法，提出批评。他们指出，在华国锋主持中共中央和国务院工作的这一段时期中，对群众反思、批评"文化大革命"的行为采取了粗暴的压制手段，这是完全错误的，对于以"反革命罪"逮捕批评者的行动，应该加以制止。

代表们的意见都是十分中肯的，许多建议相当精辟，且切中要害，可是，这并没有阻止华国锋在新的历史条件下对"左"倾错误的继承和发展。

综观上述，除了客观条件以外，主要由于华国锋的错误干扰，使党的十一大没能完成应当完成的历史使命。但是拨乱反正的历史潮流，任何人都阻挡不住。在老一辈无产阶级革命家的带动和支持下，经过艰巨的斗争，终于突破了各种障碍和束缚，只经过一年多的时间，就在党的十一届三中全会上实现了具有伟大历史意义的转折。

党的十一届六中全会通过的《关于建国以来党的若干历史问题的决议》指出："一九七七年八月召开的党的第十一次全国代表大会，在揭批'四人帮'和动员全党建设社会主义现代化强国方面起了积极作用。但是，由于当时历史条件的限制和华国锋同志的错误的影响，这次大会没有能够纠正'文化大革命'的错误理论、政策和口号，反而加以肯定。"① 这个评价是完全正确的。

所有这些主、客观原因，最终使党的十一大未能抓住历史机遇，以推动中国社会的发展，这是足以让人惋惜的。当然，由此而铭刻在心的一连串的遗憾和教训，会让所有的人都深深地感到走向正确的道路是多么的重要。

二、宽松政治氛围的生成

"文化大革命"时期，尤其是"四人帮"的种种倒行逆施，造成了大量的冤假错案，全国范围党内外相当大的社会人群冤屈得不到伸张，基本政治权利、工作权利和基本生活得不到保障。因此，粉碎"四人帮"后，全社会最直接、最急迫的诉求是尽快平反冤假错案。这成为遭受过严重迫害的各级领导干部在内的广大社会阶层热切的企盼和强烈渴求。

----

① 中共中央党史研究室第一研究部、中共中央党史研究室第二研究部、中共中央党史研究室第三研究部编：《两个历史问题的决议及十一届三中全会以来党对历史的回顾（简明注释本）》，中共党史出版社 2013 年版，第 106—107 页。

（一）为"天安门事件"平反

恢复了邓小平的领导职务，被"四人帮"镇压的 1976 年"天安门事件"，即人民群众悼念周恩来、声讨"四人帮"的"四五运动"就应该被平反。然而，那些与邓小平"同难"的天安门广场"四五运动"的参与者，他们的政治身份及处境，却仍然晦暗不明。于是民间自发地兴起为"天安门事件"正名的运动：北京第二外国语学院汉语教研组 16 名教师（署名"童怀周"）自发搜集并以油印方式传播"天安门诗抄"，人们争相购买翻印传播，造成很大社会影响；上海工人宗福先写作了四幕话剧《于无声处》，歌颂天安门广场的"四五运动"，揭穿"四人帮"及其爪牙的丑恶嘴脸，该剧相继在上海、北京上演引起轰动；《中国青年》杂志复刊第一期上刊登了北京青年工人韩志雄在"四五运动"中的事迹等。可以说，"天安门事件"后来得到正名，不是天上掉下来的，而是社会正义力量自下而上不懈努力和执着争取的结果。

直至 1978 年 11 月 14 日，经过中共中央批准同意，中共北京市委常委扩大会议正式通过为"天安门事件"平反的决定，并在 15 日的《北京日报》上公布："1976 年清明节，广大群众到天安门广场悼念我们敬爱的周总理，完全是出于对周总理的无限爱戴、无限怀念和深切哀悼的心情，完全是出于对'四人帮'祸国殃民滔天罪行的深切痛恨，它反映了全国亿万人民的心愿，完全是革命的行动，对于因此而受到迫害的同志要一律平反，恢复名誉。"可是，这样一个具有全国性影响的事件，仅由地方报纸公布平反决定，显然是不够的。

新华社社长曾涛、《人民日报》总编辑胡绩伟、《光明日报》总编辑杨西光敏锐地注意到这篇报道，从全文中抽出这段话专门发了一条新闻，加上《中共北京市委宣布"天安门事件"完全是革命行动》的标题，一下就把这条消息的意义提高了。值得一提的是，新华社发出这条新闻时没有送中央政治局审批，也没有向常委中任何一个人报告。事后，连胡耀邦也对胡绩伟说："这样重要的事情也没给我打招呼？"而曾涛等人当时的考虑是：这件事以不请示为好，就由新华社自己负责。大家都赞赏曾涛的勇气和果断。

在党心民意锲而不舍的推动下，经中央常委讨论通过，由华国锋在当时正在召开的中央工作会议上代表中央宣布："'天安门事件'完全是革命的群众运动，应该为'天安门事件'公开彻底平反。"至此，"天安门事件"最终得到了平反。

（二）局部平反冤假错案

1977年7月十届三中全会决定重新恢复邓小平的领导职务，透露出明显的政治理性价值。8月中共十一大的政治报告指出："对过去审查干部中遗留的一些问题，应当严肃认真地尽快妥善处理。可以工作而没有分配工作的，要尽快分配工作。年老体弱不能工作的，也要妥善安排。少数人需要作出审查结论的，应尽快作出。'四人帮'强加于人的一切诬蔑不实之词，应予推倒。"这些重要信息，为进一步澄清历史是非问题打开了缺口。在没有得到解脱的人们心中，关乎自己或者关乎家庭、亲属命运和前途的希望之光开始点燃，并且愈燃愈旺。

胡耀邦当时在中共中央党校任常务副校长，他一直都在苦思焦虑加快平反冤假错案、落实干部政策的问题。1977年10月7日，《人民日报》以整版篇幅发表了在胡耀邦支持下撰写的《把"四人帮"颠倒了的干部路线是非纠正过来》一文。文章有针对性地指出：至今有的同志，特别是有的做干部工作的同志，由于受"四人帮"流毒的影响，在落实党的干部政策这个大是非的问题面前，工作很不得力，致使一部分有路线觉悟、有工作能力的干部还没有分配工作，许多受审查的干部还没有作出正确的结论，一些混进干部队伍的坏人还没有处理。这些都说明，落实党的干部政策仍然是一项严重的战斗任务。文章强调要敢于冲破阻力，推翻"四人帮"一伙强加给许多干部的诬陷之词和所做出的错误结论。

这篇文章引起了广泛的社会共鸣，中央有关部门在一个多月的时间里就收到一万多份干部和群众的来信，他们都表示赞同文章的观点和所提出的措施。《人民日报》还就认真落实干部政策继续发表评论员文章，并摘登部分群众来信，报道一些地方落实干部政策的情况。这进一步促发了人们洗雪不白之冤的情绪，人们纷纷通过上访和申诉信等形式，争取尽早解决问题。

然而，落实干部政策，平反冤假错案工作仍受到很大阻力。一方面，在中央和一些地区、单位的组织部门，还有"四人帮"帮派体系的人或受其影响的人，他们总是寻找种种借口推来拖去，不认真落实党的干部政策。另一方面，也有很多人心有余悸，顾虑重重，担心处理审干运动中的遗留问题，特别是纠正那些错案，就会否定"文化大革命"的成果。典型的例子是，山东省委原第一书记舒同到中央组织部要求落实政策，分配工作，结果被当时的中组部负责人挡在了门外，甚至连中组部的招待所也不让他住。像舒同这样被"挂起来""靠边站"的干部，仅中央和国家机关就有 6000 多人，这些人不断地上访，但都求助无门。

这件事对胡耀邦的触动很大，更加坚定了他推动落实干部政策的决心。"我们不下地狱，谁下地狱"，借用但丁《神曲》中的诗句，胡耀邦说："我们的说法是：我们不下油锅，谁下油锅！……现在我们也正处在与一股新的十二级台风抗衡的关键时刻。我们既然坚定有力地跨出了第一步，就决不后退，并努力扩大已经打开的突破口。"胡耀邦还分析道："看来要确实解决干部问题，仍然关山险阻，这需要我们下决心，一关一关地闯过去。"

他再次组织中央党校的同志写了第二篇檄文《毛主席的干部政策必须认真落实》，谴责了顽固坚持错误组织路线的行为。

这时，叶剑英、邓小平、陈云等老同志也认为，必须加强对组织部门的领导，有些组织部门必须调整和充实力量。他们大力举荐胡耀邦出任中央组织部部长。

胡耀邦是1977年12月15日到中央组织部上任的。那天上午8点，中组部前院内群情振奋，鞭炮齐鸣，全体干部职工满怀真诚信任欢迎新部长的到来。这个热烈场面，折射出广大干部群众希望彻底平反冤假错案的强烈愿望。此后，中组部信访数量与日俱增。1978年1月份，每天上访的人数有几百人，申诉来信多达六麻袋。有的来信还直接写上胡耀邦的名字。

在邓小平、陈云等老同志的支持下，胡耀邦，这位14岁就参加中国工农红军的"红小鬼"，以无私无畏的胆略，冲破"两个凡是"设置的种种限制和禁忌，大刀阔斧地组织领导了中组部落实干部政策、平反冤假错案的一系列紧迫工作。

在来中央组织部后的第一次工作会议上，胡耀邦就提出，平反冤假错案、落实干部政策是组织部门义不容辞的责任。他说：仅"文化大革命"期间的重大案件，就有"天安门事件"、"六十一人"问题、彭德怀案件、陶铸案件、王任重案件、内蒙古"内人党"问题、东北的所谓"叛徒集团"问题、新疆马明方等"叛徒集团"问题、为刘少奇鸣冤叫屈和"恶毒攻击伟大领袖""恶毒攻击林副统帅"被杀头的"现行反革命"案，等等。这究竟涉及多少受害者，谁也说不清楚。"文化大革命"前的历次政治运动，还有新中国成立前的一些冤假错案，甚至包括20世纪30年代中央苏区的冤案，这叫"积案如山"；而中组部那时的处境则是"步履维艰"。

胡耀邦明确表示，对新中国成立以来和"文化大革命"期间的冤假错案的清理和落实政策，是组织部门的首要任务，至于新中国成立前的历史遗留问题，不管是因当时历史条件限制还是受战争环境影响而没有解决或者解决得不彻底，中组部都应该彻底解决。不管多么艰难，都要有"会当凌绝顶"的决心。他还向在场的人打招呼：以后如有受冤挨整的老同志来找我，我都要和他们见面谈话，请任何人不要阻拦；凡是信封上写有"胡耀邦"三个字的来信，都请及时送给我，如没有我的表示，也望任何同志不要主动代劳处理，更不能扣压。

据统计，中央组织部当时接收的案件有 1730 卷 391363 件，被审查的高级干部有 669 人。其中，被定为有严重问题的或敌我矛盾的有 320 人，占被复查人数的 47.8%。在这些人当中，副部长级干部 213 人，中央委员和候补中央委员 71 人，中央政治局委员 10 人，中央书记处成员 10 人，副总理 7 人。①

1978 年三四月间，胡耀邦组织和指导中组部分批召开了中央、国家机关和部分省、自治区、直辖市研究疑难案件的座谈会。他亲自到会参加讨论或讲话，对上百个久拖难决的疑难案件提出处理意见，划分政策界限，并提出了落实干部政策的四条标准：（1）没有结论的，尽快作出结论，结论不正确的，要实事求是改正过来；（2）没有分配工作的要适当分配工作，年老体弱的要妥善安排；（3）去世的要作出实事求是的结论，把善后工作做好；（4）受株连的家属子女要解决好。总的方针是实事求是，方法是群众路线。

在胡耀邦的主持下，中组部为解放干部，平反冤假错案，发出了 40 多个指导性文件，在报刊上发表了十几篇文章，在《组工通讯》上刊出了 30 多期近十万字的政策评论。在中央组织部的日子里，胡耀邦几乎每天都忙于处理各类来信，平均每

---

① 中共中央党史研究室科研管理部编：《拨乱反正》中央卷（上），中共党史出版社 1999 年版，第 208 页。

天处理副厅、地委书记以上干部的申诉信就有 33 封，最多的一天处理了 200 封来信。据中组部一位干部回忆，在这一年的时间里，仅胡耀邦批给干部审查局处理的信件就有 902 封。经过胡耀邦和中组部同志们的不懈努力和细致工作，有相当一部分中高级干部的问题获得了解决，他们被妥善进行了工作安排和生活安置。

正如胡耀邦所言："冤案一理，人心大喜。"到 1978 年 7 月，按政策分配和安置的中央和国家机关的干部有 5344 名，占中央和国家机关 53 个单位原有待分配干部的 87.2%，起到了解放思想和拨乱反正的带头作用。到 8 月，在 20 个省、自治区、直辖市的主要负责人中，查出同"四人帮"篡党夺权有牵连而被撤职的有 9 人，占这些地区主要负责人总数的三分之一左右。中央还对 14 个省、自治区、直辖市和 23 个部委局的领导班子进行了较大的调整。这对于稳定局势，恢复和发展国民经济，推动揭批查斗争起到了组织保证作用。[①]

（三）恢复高考制度和科技工作政策

1977 年 8 月，刚刚复出的邓小平在北京饭店主持了一次科学和教育工作者座谈会，目的是要恢复招生制度，但这首先闯入了"两个估计"和"两个凡是"的禁区，进而让邓小平意识到清理和批判这些谬论的迫切性。

1. 开始恢复高考制度

1977 年 5 月 12 日，尚未恢复工作的邓小平带着对十年内乱所造成的损失的愤慨，对中国科学院两位负责人说：中小学现在接不上茬，十年没有好好上课，数理化不行，外文也不懂。多数

---

① 参见程中原等：《1976—1981 年的中国》，中央文献出版社 1998 年版，第 129—130 页。

中学教师水平不高。要重新审订大中小学教材。过去没有吸收外国先进的东西。要加强教师的配备。

5月24日，邓小平在同中央两位负责同志谈话时再次指出："同发达国家相比，我们的科学技术和教育整整落后了二十年。"他强烈呼吁："我们要实现现代化，关键是科学技术要能上去。发展科学技术，不抓教育不行……没有知识，没有人才，怎么上得去？……要办重点小学、重点中学、重点大学。要经过严格考试，把最优秀的人集中在重点中学和重点大学。……一定要在党内造成一种空气：尊重知识，尊重人才。"①

然而，邓小平的呼吁却被"两个凡是"的喧嚣声淹没了。那时，"两个估计"仍像幽灵般在教育界飘荡着，阻碍着教育、科技战线的拨乱反正，压抑着广大的知识分子。而"两个凡是"则像枷锁般禁锢着人们的头脑和心灵，使人们不敢或不愿正视现实的问题。

1977年6月，教育部在山西太原召开全国高等学校招生工作座谈会。会上，众人对是否在大学招生中恢复入学考试的问题发生了激烈争论。这一争论早已超出了教育本身的意义，而成为一个政治焦点问题。由于教育部的领导不敢否定"两个估计"，最后还是决定维持"文化大革命"期间的做法。在向国务院报送的招生工作意见中，仍采取"自愿报名，群众推荐，领导批准，学校复审"的办法。这一决定遭到了教育界很多人的反对。

这次会议后不到一个月，邓小平复出了。他自告奋勇请求抓教育和科技工作。他是带着拨乱反正的决心来抓教育和科技工作的。这正如他自己后来所说的：教育要狠狠地抓一下，一直抓它

---

① 《邓小平文选》第2卷，人民出版社1994年版，第40—41页。

十年八年。我是要一直抓下去的。①

邓小平自告奋勇抓教育和科技工作,教育和科技界的拨乱反正由此开始了。

7月29日,邓小平同教育部几位负责人谈话,指出:要进口一批外国的自然科学教材,结合我们的实际编出新的教材,以后就拿新教材上课。要组织很强的班子编写大中小学教材。要抓一批重点大学,重点大学既是教育的中心,又是办科研的中心。高等学校的科学研究,应当纳入国家规划。清华、北大要恢复起来。要逐步培养研究生。教育部也要抓一些中小学重点学校,在北京就可以抓四十到五十所。不能降低教师的待遇。

邓小平还有针对性地提出了几个问题让大家考虑:第一,是否废除高中毕业生一定要劳动两年才能上大学的做法;第二,要坚持考试制度,重点学校一定要坚持不合格的要留级,对此要有鲜明的态度;第三,要搞个汇报提纲,提出方针、政策、措施。他还说,要有具体措施,否则就是放空炮。

8月1日,邓小平听取有关方面负责人关于教育工作的汇报。他强调总目标是尽快地培养一批人出来。办教育要两条腿走路,但要有重点,他说重点学校的重点是直接从高中招生。他再次谈到了教材问题、重点大中小学的问题。他还就知识分子问题发表看法说:"毛主席说知识分子绝大多数是好的。'四人帮'另搞一套,说知识分子是'臭老九'。劳动人民都要知识化嘛!如果照'四人帮'的说法,到了共产主义,人们岂不都成了'臭老九'了吗?……要提倡尊师爱生,现在要特别提倡尊师。"②

在"文化大革命"期间,对以往教育界的工作和教师的评价

---

① 《邓小平文选》第2卷,人民出版社1994年版,第70页。

② 中共中央文献研究室编:《邓小平年谱(1975—1997)》(上),中央文献出版社2004年版,第169页。

基本上都是批判性的，这种批判如同寒霜般冷却了广大教育工作者的心。而邓小平一复出就给予教育工作和教育工作者以极高的重视，恰如缕缕春风，使人温暖，使人振奋。

为进一步了解教育界的意见，8月4日到8日，邓小平邀请33位科学家和教授召开座谈会，当面听取他们对科学和教育工作的意见。与会的科学家和教授们都感受到了一种多年来未曾有过的信任和鼓舞，纷纷把心里话倾吐出来。邓小平认真倾听了科学家和教授们对高等教育现状的不满和焦虑。

座谈会上，许多科学家和教授在邓小平坚持实事求是的态度感染下，陈述了自己对过去科教工作的看法，畅谈了对今后科教工作的建议。有些科学家批判了"四人帮"残酷迫害科技人员的罪行，要求为"文化大革命"前十七年的科教工作正名，把搞乱的是非予以澄清。大家一致要求：澄清对教育战线"两个估计"的是非；重新树立起全民族尊重知识、尊重文化的风尚；改善科技人员的生活待遇和工作条件；改革高等学校现行招生制度，立即恢复文化考试。

座谈会的前两天，邓小平很少说话，只是静静地听人们宣泄压抑了十多年的愤慨、痛苦和疑惑。

在座谈会上，当时的武汉大学副教授查全性在发言中，指出了现行招生制度的四大弊端：第一，埋没人才，大批热爱科学、有培养前途的青年选不上来，而某些不想读书、文化程度又不高的人却占据了招生名额；第二，从阶级路线上看，现行招生制度卡了工农兵子弟上大学；第三，坏了社会风气，而且愈演愈烈，当年的招生还没有开始，已经有人在请客送礼、走后门了，如果制度不改革，走后门的不正之风就刹不住；第四，（现行招生制度）严重影响了中小学生和教师们教与学的积极性，甚至小学生都知道，今后上大学不需要学文化，只要有个好爸爸。他建议改变招生办法，给普通人一个公平、平等上大学深造的机会。①

事实上，邓小平一直在考虑这个问题，他认为中学毕业生劳动两年后再上大学是不符合教育规律的。早在 5 月 24 日邓小平同中央两位负责同志谈话时，就提出要经过严格的考试，把最优秀的人才集中在重点中学和重点大学。但在此时，面向更多的教育界的代表讲这个问题，实际上是一种表态。因为招生制度问题，既是整个教育战线拨乱反正的突破口，又是大家意见最多的问题，它涉及千家万户利益。

邓小平在座谈会的最后一天发表了著名的讲话。他总共讲了六点意见，首先对大家呼声最强烈的"两个估计"问题做了旗帜鲜明的评价："对建国以后的十七年怎样估计，这是大家很关心的问题。这个问题在科研方面基本上得到了解答，大家不满意的是在教育方面。这是一个应当回答的问题。

我个人认为，毛泽东同志在'文化大革命'以前的大部分时间里，对科学研究工作、文化教育工作的一系列指示，基本精神是鼓励，是提倡，是估计到我们知识分子中的绝大多数是好的，是为社会主义服务或者愿意为社会主义服务的。在一九五七年以后讲过一些过头话，但在六十年代初期，他还是支持科学十四条、高等学校六十条这些的。我们要把毛泽东同志在教育方面的主导思想，在知识分子问题上的主导思想讲清楚……应当从总体方面完整地准确地表达出来。这是很重要的。对全国教育战线十七年的工作怎样估计？我看，主导方面是红线。应当肯定，十七年中，绝大多数知识分子，不管是科学工作者还是教育工作者，在毛泽东思想的光辉照耀下，在党的正确领导下，辛勤劳动，努力工作，取得了很大成绩。特别是教育工作者，他们的劳动更辛

---

① 顾明远主编：《改革开放 30 年中国教育纪实》，人民出版社 2008 年版，第 28 页。

苦。现在差不多各条战线的骨干力量，大都是建国以后我们自己培养的……如果对十七年不作这样的估计，就无法解释我们所取得的一切成就了。"①

邓小平的讲话从根本上否定了"两个估计"，而这个否定，又是在完整准确地理解毛泽东思想的前提下得出的结论。这是邓小平以政治家的睿智，从教育发展的大局出发，以鲜明的态度直接把矛头指向了教育战线拨乱反正的要害。

随后，邓小平谈到关于调动积极性问题，关于体制、机构问题，关于教育制度和教育质量问题，关于后勤工作问题，关于学风问题，以及华裔学者回国待遇、派人出国留学、学术交流等具体问题。

许多科学家强烈要求恢复六分之五的科研时间，邓小平非常同意这个意见。他说：要保证科研时间，使科研工作者能把最大的精力放到科研上去。会上提出一周要有六分之五的时间搞科研，我加了"至少"两个字，他们又加上"必须"两个字。科学院文件下发时就加上这四个字。

邓小平还就大家关心的招生问题说："今年就要下决心恢复从高中毕业生中直接招考学生，不要再搞群众推荐。从高中直接招生，我看可能是早出人才、早出成果的一个好办法。"②

邓小平的这篇讲话长达三小时。讲话的内容很快在教育界和科技界传播开来，使广大知识分子深受鼓舞。

然而，历史的发展是按照其自身固有的惯性前进的，这种惯性的改变是需要具备各种条件的。

教育工作座谈会几天之后，党的第十一次全国代表大会召开。在党十一大开幕的第二天，教育部在北京召开全国高等学校

---

① 《邓小平文选》第 2 卷，人民出版社 1994 年版，第 48—49 页。
② 《邓小平文选》第 2 卷，人民出版社 1994 年版，第 55 页。

招生工作会议。在这种大的政治气氛下，虽然这次会议是在邓小平的指示下召开的，时间已十分紧迫，但还是开成了一次马拉松式的会议，历时44天，直至9月25日才结束。尽管邓小平已经作出了明确指示，但许多人仍然心有余悸。各种不同意见议论纷纷，归根结底却只是两种选择——是延续“文化大革命”期间的招生办法，还是恢复通过考试招生入学的办法。两种意见呈胶着状态，而教育部负责人却只是放任自流，甚至说“连邓副主席在讲话时都说，他的讲话只代表他个人意见，最后要以中央下达的文件为准”①。解决招生问题欲进又止，问题的关键还是如何对待“两个凡是”和毛泽东亲自圈定的“两个估计”。

教育与政治如此紧密地联系在一起。要在教育界实现拨乱反正，必须首先砸碎紧箍咒。对此，有一位记者做了一件非常有益的事。9月3日，驻会的一位新华社记者找了六位参加过1971年全国教育工作会议的代表座谈，取得了共识，这就是：不推翻“两个估计”，这次招生会议不仅难以深入下去，而且寸步难行。他们把1971年《全国教育工作会议纪要》形成的经过写成材料。座谈会一结束，这位记者就以《情况汇编·特刊》的形式上报中央。这份内参很快摆到了邓小平的案头。

9月6日，邓小平就高等学校招生问题写信给华国锋、叶剑英、李先念、汪东兴，指出：“招生问题很复杂。据调查，现在北京最好的中学高中毕业生，只有过去初中一年级的水平（特别是数学），所以至少百分之八十的大学生，须在社会上招考，才能保证质量。”②

①　中共中央党史研究室科研管理部编：《拨乱反正》中央卷（上），中共党史出版社1999年版，第431页。

②　中共中央文献研究室编：《邓小平年谱（1975—1997）》（上），中央文献出版社2004年版，第195页。

9月19日，邓小平专门找教育部刘西尧等负责同志，就教育战线的拨乱反正问题谈了话。邓小平拿着《人民日报》记者的那份打印材料对教育部的几位负责同志说："最近《人民日报》记者找了六位参加过一九七一年全国教育工作会议的同志座谈，写了一份材料，讲了《全国教育工作会议纪要》（简称《纪要》）产生的经过，很可以看看。《纪要》是姚文元修改、张春桥定稿的。当时不少人对这个《纪要》有意见。《人民日报》记者写的这份材料说明了问题的真相。"①

"《纪要》是毛泽东同志画了圈的。毛泽东同志画了圈，但不等于说里面就没有是非问题了。我们不能简单地处理……《纪要》引用了毛泽东同志的一些话，有许多是断章取义的。《纪要》里还塞进了不少'四人帮'的东西。对这个《纪要》要进行批判，划清是非界限"。② 邓小平带有批评的口吻说："'两个估计'是不符合实际的。怎么能把几百万、上千万知识分子一棍子打死呢？我们现在的人才，大部分还不是十七年培养出来的？……你们管教育的不为广大知识分子说话，还背着'两个估计'的包袱，将来要摔筋斗的。"③ 对于怎样解决好教育问题"你们还没有取得主动，至少说明你们胆子小，怕又跟着我犯'错误'。我知道科学、教育是难搞的，但是我自告奋勇来抓。不抓科学、教育，四个现代化就没有希望，就成为一句空话。抓，要有具体政策、具体措施，解决具体的思想问题和实际问题。你们要放手去抓，大胆去抓，要独立思考，不要东看看，西看看。把问题弄清楚，该怎么办就怎么办。该自己解决的问题，自己解决；解决不了的，报告中央。教育方面的问题成堆，必须理出个头绪来。现

---

① 《邓小平文选》第 2 卷，人民出版社 1994 年版，第 66 页。

② 《邓小平文选》第 2 卷，人民出版社 1994 年版，第 66—67 页。

③ 《邓小平文选》第 2 卷，人民出版社 1994 年版，第 67 页。

在群众劲头起来了，教育部不要成为阻力。教育部首要的问题是要思想一致。赞成中央方针的，就干；不赞成的，就改行"。①

最后，他告诫教育部领导人"教育部要思想解放，争取主动。过去讲错了的，再讲一下，改过来。拨乱反正，语言要明确，含糊其词不行，解决不了问题"②。

这一谈话有情、有理、有据，直截了当，催人猛醒。本来，邓小平的"八八讲话"已使教育部门负责同志感触良多，觉得"震动很多，赶超有望"。但是面对毛主席画了圈的"两个估计"和华国锋坚持的"两个凡是"，他们还是心有余悸。经过《人民日报》记者对"两个估计"真相的揭露和邓小平"九一九谈话"的促动，他们的立场开始坚定起来。

招生工作会议刚结束，教育部便拿出了《关于一九七七年高等教育招生工作的意见》。10月3日，邓小平在这个文件和其他文件上批示："此事较急"，"建议近几日内开一次政治局会议，连同《红旗》杂志关于教育的评论员文章（前已送阅）一并讨论。"③ 10月5日，中共中央政治局讨论通过了这个文件。10月12日，国务院向全国批转了这个文件。10月21日，教育部即在北京召开全国高等学校招生工作会议。这次会议确定并经国务院批准，从1977年起，高等学校招生制度进行改革，恢复统一考试制度。中断12年之久的高等学校招生考试制度终于恢复了。那一年冬天，有570万人参加了高考，27.3万名青年经考试录取跨入了学校的大门。

邓小平9月19日谈话以后，教育部迅速行动起来，决定由

① 《邓小平文选》第2卷，人民出版社1994年版，第68页。
② 参见《邓小平文选》第2卷，人民出版社1994年版，第71页。
③ 中共中央文献研究室编：《邓小平年谱（1975—1997）》（上），中央文献出版社2004年版，第215页。

党组副书记、副部长李琦组织写作班子，起草批判文章。教育部部长、党组书记刘西尧前后主持召开五次党组扩大会议进行讨论，还征求了有关单位一些同志的意见，并一次又一次送请胡乔木修改。邓小平对这篇近两万字的文章逐字逐句审看了四遍，提出了许多关键性的修改意见。

教育部写作组在修改文稿过程中，意外地发现了毛泽东在1971年全国教育工作会议期间同"四人帮"部分成员的一次谈话记录。针对他们的"两个估计"，毛泽东发表了一段重要意见。

毛泽东指出：

（一）十七年的估价不要讲得过分。可以说是在无产阶级专政下执行了错误的路线，不是大多数人，是一少部分人。

（二）大多数知识分子是好的和比较好的，是拥护党、拥护社会主义制度的，是有进步的，也是赞成教学和改革的。不好的是少数，执行封、资、修路线的还是少数人。

（三）一年土、二年洋、三年不认爹和娘，还是认的，自己的爹娘能不认吗？就是爱面子，当着人的面不好意思就是了。当着人的面不认，背地还是认的，只不过有资产阶级思想，过后还是要认的。①

"四人帮"当时严密封锁了毛泽东的这些重要指示，没有向与会同志传达。教育部党组即向胡乔木请示，得到同意，决定将当年毛泽东对教育战线和知识分子的这番评价写进批判文章中。

这篇题为《教育战线的一场大论战》的文章，经邓小平于1977年11月7日审定批发，在11月18日的《人民日报》第一版上刊登出来。《红旗》杂志1977年第12期和《人民教育》杂志1977年第11期全文刊载。新华社在1977年11月18日发了通

---

① 中共中央文献研究室编：《毛泽东年谱（1949—1976）》第6卷，中央文献出版社2013年版，第383—384页。

稿。人民出版社出版了单行本。《教育战线的一场大论战》是揭批"四人帮"斗争中第一篇重头文章。文章强调了推翻"两个估计"的必要性,指出"问题的严重性还在于,在粉碎'四人帮'以后的今天,它仍然束缚着教育工作者和知识分子的革命积极性,阻碍着教育为实现四个现代化早出人才、多出人才的进程"。文章披露了1971年召开全国教育工作会议时毛泽东指示的精神,又以大量的事实说明,新中国成立后的17年间,知识分子在社会主义建设中发挥了重要作用,教育事业取得了巨大的成就,有力地批驳了"四人帮"的"两个估计"。文章发表后,教育战线掀起了批判"两个估计"的热潮。意识形态领域各部门、其他各条战线也都结合自身的情况,掀起了揭批"四人帮"的高潮。

接着,教育部又进行了一系列的卓有成效的工作,教育战线从而逐步走上了正轨。

当时,教育系统的拨乱反正,虽然只是在总的方面清除"文化大革命"影响,恢复过去已有的一些正确制度,但这一举动所带来的影响却是深远的。随着这一成果的取得,大批知识青年终于迎来了机遇,埋藏于心底多年的学习科学文化知识的热情几乎是在瞬间迸发出来,一代人的命运由此得到改变,尽管能在1978年春季最终走进大学校园的只有27.3万名幸运者,但这却使刚刚结束了内乱的国家由此看到了重新振兴的希望。

2. 科技战线拨乱反正的开始

几乎与教育战线否定"两个估计"同步,科技战线也迈出了拨乱反正的步伐。

"文化大革命"中,科学事业受到严重摧残。"文化大革命"结束后,国门微微启开之时,人们惊异而痛心地发现,世界的科学技术发展日新月异,而原本就落后的科学技术更加落后了。这对于一心挂念着中国社会主义现代化建设事业的邓小平来说,倍感焦虑和关注。

1977 年，第三次复出的邓小平毅然向中央提出了一个请求：分管科技和教育工作。对于他的请求，中央同意了。

在他还没有复出之前，他就于 5 月 12 日同当时中国科学院副院长方毅、党组副书记李昌谈了关于如何抓好科技和教育的问题。邓小平说：我们和国外的科技水平相比，在很多方面差距拉大了。现在是问题成堆，要从问题堆里找长远的、解决根本问题的东西。我们要实现现代化，关键是科学技术要上去，工业上，交通能源要先行，整个国家赶超世界先进水平，科学技术是先行官。为此，要尊重知识，尊重人才。

邓小平重新恢复工作以后，在致力于恢复和确立党的实事求是的思想路线的同时，邓小平把自己的全部身心都倾注于发展中国的科技和教育事业。科技和教育战线的拨乱反正成为邓小平推动整个拨乱反正工作的突破口。

9 月 6 日，邓小平就成立国家科委问题致信华国锋、叶剑英、李先念、汪东兴。信中说："我同不少同志交换过意见，看来恢复国家科委势在必行。""原拟在国务院设科教组的方案，拟取消""大学科研由科学院统一规划。""国防科研由国家科委统一起来，特别是必须统一规划。"①

9 月 14 日，邓小平在审定《关于召开全国科学大会的通知》时加写了一段话："小学、中学、大专院校是培养科学技术人才的重要基础，而大专院校又是科学研究的一个重要的方面军。"②

在各方面的呼吁下，9 月 18 日，中共中央做出了两项决定：一是发出《关于成立国家科学技术委员会的决定》，恢复了这一

---

① 中共中央文献研究室编：《邓小平思想年谱（1975—1997）》（上），中央文献出版社 2004 年版，第 195 页。

② 中共中央文献研究室编：《邓小平年谱（1975—1997）》（上），中央文献出版社 1998 年版，第 201 页。

主管科研工作的国家领导机关，并任命方毅为国家科委主任。二是发出《关于召开全国科学大会的通知》，提出，要抓紧落实党的知识分子政策；抓紧搞好各级领导班子的整顿；迅速恢复被撤掉的科研机构；恢复科研人员的技术职称；保证科研人员每周有六分之五的科研工作时间，并发出了"向科学技术进军"的号召。在这两个决定发出之后，科技战线的各项整顿工作紧张而有条理地开展起来。

根据形势需要，国务院将哲学社会科学学部从中国科学院划出，单独成立了中国社会科学院，加强对社会科学研究的组织领导。中国科学院也对所属院所进行了调整，建立学术委员会，开展评定技术职称和学术研究活动。科学院是全国最早恢复评职称的单位。

国家科委建立后，首先抓的也是规划问题。1978 年 1 月，国家科委主持召开了全国科技规划会议，编制了《1978—1985 年全国科学技术发展规划（草案）》。这个规划包括基础科学和技术科学两大部分，考虑了自然资源、农业、工业、国防、交通运输、海洋、环境保护、医药、财贸等 27 个方面，确定了 108 个项目作为全国科学技术研究的重点，又从中确定了八个影响全局的综合性科技领域和重大新兴技术领域与带头学科。这个文件对落实规划提出了许多具体措施。1978 年 10 月，中央批转了这个规划，并把它作为国民经济规划的一个重要组成部分。

为了使科技战线尽早实现拨乱反正，邓小平抓紧一切机会，大谈发展科学技术的重要意义和党的方针政策，澄清在这个问题上长期存在的"左"的失误。1977 年 9 月 29 日，邓小平同邓颖超一起会见英籍作家韩素音。会谈中邓小平说：1975 年我曾讲过，同日本相比我国落后了五十年。那时我老想抓科研，结果不仅没有抓上去，反而我自己被抓下去了。其他方面恢复起来比较容易，教育和科研方面就不是这样，这里存在一个要后继有人的问题。抓科研不抓教育不行，要从小学教育抓起。我们损失了二十年时间或者三十年的时间，但我们相信中国人是聪明的，再加上不搞关门主义，不搞关闭自守，把世界上最先进的科研成果作为我们的起点，洋为中用，吸收外国好的东西，先学会它们，再在这个基础上创新，那么，我们就是有希望的。如果不拿现在世界上最新的科研成果作为我们的起点，创造条件，努力奋斗，恐怕就没有希望。我们还要吸收世界先进的工业管理办法，要搞科研，搞自动化。归根到底是科学研究要走在前面。

就在同一天，邓小平在会见来京参加国庆活动的华侨、华裔、港澳台同胞旅行团正副团长时指出，科学教育领域，中国损失很大。中国要承认落后，不要怕丑。最近他跟外国人谈话都是这些内容，有些外国朋友觉得很惊奇，这有什么惊奇？承认落后就有希望，道理很简单，起码有个好愿望，就是要干，想出好方针、政策和办法来干。世界上最先进的成果都要学习，引进来作为基础，不管那些"洋奴哲学"的帽子，中国实行"拿来主义"。

美籍华人教授王浩出于对中国科教事业的关心，曾写了一份《关于促进教育科技发展的几点意见》，表示出一片希望中国科教事业有一个大的发展的诚意。1977 年 11 月 3 日，邓小平在会见他时说，科学领域，总是后来居上，否则人类不能进步。过去中国有些方法有缺陷，不容易发现有特殊才能的人。有的人才甚至是外国发现了中国才注意到，有的是国内同行知道了，其他方面还不知道，没有给他创造条件。要善于发现和选拔人才，发现有前途的，要能够有比较好的方法帮助他早出成果。不仅是自然科学，还包括社会科学，要大力提倡学术讨论和交流。各种学报和刊物，都是交流的场所，还要召开学术讨论会。要允许犯错误，允许说话。

至此，邓小平关于科学技术问题的谈话已经涉及科技在国民经济中的地位、知识分子的地位、选拔科技人才的机制、科学研究的体制、科学技术与教育的关系、科研部门的交流等问题。这些都是对科技战线的全面拨乱反正所要解决的问题。尤其需要注意的是，邓小平一再提到要实行"拿来主义"，其用意就是要使中国的科学技术站在一个较高的起点上去追赶世界最新的发展动向。如果老是跟在别人后面，一切自己从头干起，中国将很难达到世界高峰。这是邓小平关于发展科学技术的思想中一个闪光的亮点。

在各方面的共同努力下，1978 年 3 月 18 日至 31 日，全国科学大会在北京隆重举行。出席大会的代表近 6000 人。这是中国历史上空前的科学盛会。这是一次使无数人为之鼓舞、为之激动的盛会。

在这次大会的开幕式上邓小平宣布：党中央决定召开这次大会的目的，就是动员全党全国重视科学技术，加速中国科学技术的发展。接着，他就"科学技术是生产力"，"知识分子是工人阶级的一部分"；"关于建设宏大的又红又专的科学技术队伍"；"关于怎样加强党对科学研究的领导，尽快把科学技术搞上去"等问题发表了激动人心的讲话。这篇讲话是对科技战线拨乱反正的全面的总结，从政治上、理论上、政策上对长期以来在科学技术问题上、在知识分子问题上、在红与专等等问题上"左"的错误做了清算。正如邓小平所说："路线是非基本澄清了，规划制订了，措施提出来了，群众已经发动起来了。现在，摆在我们各级党组织面前的事情，就是要鼓实劲，要切实解决问题，要踏踏实实地工作。一句话，就是要落在实处。追求表面文章，不讲实际效果、实际效率、实际速度、实际质量、实际成本的形式主义必须制止。说空话、说大话、说假话的恶习必须杜绝。"①

① 《邓小平文选》第 2 卷，人民出版社 1994 年版，第 99—100 页。

在这次大会上，坐在台下的陈景润听了邓小平的讲话后非常激动。陈景润是新中国知识分子中的优秀代表。长期以来，他一心扑在科学研究上，在解析数论领域"哥德巴赫猜想"的研究上取得重大突破，研究水平居世界领先地位，其成果被誉为"陈氏定理"。就是这样一位杰出的科学家，"文革"中却被指责为"白专"典型而受到批判。1975年9月，邓小平在听取胡耀邦等人的汇报时就明确指出，陈景润究竟算是红专还是白专？像这样一些世界上公认有水平的人，中国有一千个就了不得。说什么"白专"，只要对中华人民共和国有好处，比闹派性、拉后腿的人好得多。① 粉碎"四人帮"后，在邓小平的亲自过问下，陈景润从一般研究人员被破格晋升为一级研究员，并适当解决了他的住房、医疗等问题，从而使他能够更好地集中精力从事研究工作。对此，陈景润一直感激不已。

聆听着邓小平的讲话，半导体物理学专家黄昆的心里更是别有一番滋味。黄昆原是北京大学教授，"文化大革命"中受到批判，无法从事本专业的研究和教学工作。1975年9月，邓小平在听取胡耀邦等人汇报时，曾专门提到过他。邓小平说：有位老科学家搞半导体的，北京大学叫他改行教别的，他不会，科学院半导体所请他作学术报告，反映很好。他说这是业余研究的。这种用非所学的人是大量的，应当发挥他们的作用，不然对国家是最大的浪费。他是学部委员、全国知名的人，就这么个遭遇。为什么不叫他搞本行？北大不用他，可以调到半导体所当所长，给他配党委书记，配后勤人员。② 由于邓小平的关心，黄昆又得以从事专业研究。然而，在"批邓、反击右倾翻案风"中，黄昆迫于"四人帮"的压力，就此写了一篇"批邓"文章，在报纸上公开

---

① 参见《邓小平文选》第2卷，人民出版社1994年版，第32页。
② 参见《邓小平文选》第2卷，人民出版社1994版，第33页。

发表。粉碎"四人帮"后，黄昆因为写过那篇文章而受到许多人的批评，自己也背上了沉重的包袱。邓小平了解到这个情况后，1977 年 5 月 12 日向前去看他的方毅、李昌说：黄昆写那篇文章的包袱，可以解除了，他那时不批不行嘛！邓小平再次建议调黄昆到半导体所当所长，配个党委书记，并托方、李二人给黄昆带个口信，不要背包袱。

像陈景润、黄昆这样受到邓小平亲自关怀的专业人才还有很多。人们从中感受到了邓小平爱惜人才的无私情结和像大海一样的宽阔胸怀。邓小平在科学大会上发表的讲话更加温暖了广大知识分子的心。

在这次大会上，国家科委主任方毅还作了关于发展科学技术的规划和措施的报告。大会讨论制定了《1978—1985 年全国科学技术发展规划纲要（草案）》，确定了今后一个时期科技战线的工作任务，表彰了 1192 名先进科学技术工作者、836 个先进集体和 7657 项优秀科技成果。

邓小平的讲话和全国科学大会的召开，推动了向科学技术现代化进军的热潮，迎来了中国科学的春天。1977 年 8 月，历经十年内乱的教育战线终于拨正了它的航向。

科学春天的到来，温暖了广大科技人员的心，激发了他们献身科技事业的热情。一时间，"要把被'四人帮'耽误的时间夺回来"，成为常挂在科技人员嘴边的一句话。他们振奋精神，投入到科学研究工作中去。从 1978 年到 1982 年，全国获得国家发明创造奖的项目多达 642 项，比此前获奖的总和还要多。

三、端正思想理论认识

"文化大革命"十年内乱，不仅对国民经济造成了严重的破坏，而且在思想理论方面也造成极大混乱。随着 1977 年开始恢复和发展国民经济，理论界通过揭批"四人帮"在经济理论上的谬论，开始逐步澄清"文革"中散布的种种错误思想，逐步恢复正确的马克思主义经济理论、党的实事求是思想和关于检验真理的正确标准，正确发挥它们在社会主义建设中的作用。

（一）经济理论界关于商品流通和按劳分配问题大讨论

斯大林模式的计划经济只承认产品经济。因此，商品经济在中国始终处在尴尬的地位。多年来，商品经济被视为资本主义的东西，甚至农村集市上最简单的商品交换都被说成是资本主义。在这种思想指导下，中国商品经济的发展受到很大制约，农产品的商品化程度很低；工业产品远远不能满足人民群众日常生活的需要，也不能为农业发展提供足够的机械、化肥和农药。商品流通渠道单一，人们需要的商品往往通过"供给"方式取得，而一些紧俏商品则须通过"票证"形式领购。这是商品经济不发达条件下短缺经济的特征。粉碎"四人帮"后，为了摆脱短缺经济的窘境，首先提出的是发展商品经济的问题。事实上，要把经济建设搞上去，不发展商品经济不行。这就需要剥去附加在商品生产和商品流通上的"资本主义"外壳。

1977 年 12 月 5 日，国务院发出《关于召开全国城乡商业学大庆学大寨会议的通知》，指出：社会主义的商品生产和商品流通，同资本主义的商品流通，有本质的差别。我国现在的商品生产不是多了，而是少了。在全民所有制和集体所有制同时存在的条件下，社会主义商品生产要大大发展。只有这样，才能壮大社会主义的经济力量，才能排除城乡资本主义的活动，才能加强无产阶级专政的物质基础。要理直气壮地促进社会主义生产，发展社会主义商品流通。这个通知虽然带着那个时代的语言特征，如从"排除城乡资本主义活动"的角度谈商品生产、商品流通的重要性，但毕竟指出了社会主义商品经济与资本主义商品经济有本质的区别，提出要理直气壮地发展商品经济，这在当时是有很大意义的。

1978年7月7日，华国锋在全国财贸学大庆学大寨会议上发表讲话。这篇讲话稿是理论界的几位同志起草的，经胡乔木多次修改而成。讲话分析了发展经济和保障供给的关系，实质上就是生产、交换、分配、消费四个环节的相互关系，这些环节缺一不可。生产是生产总过程中的决定因素，但是交换、分配、消费也对生产起着重大作用。讲话还强调了商业的发展是工农业生产发展的"强有力的促进者"。这篇讲话发表后，产生了很大影响。外电评论说，这是华国锋当了主席以后第一篇务实的讲话。

为了促进理直气壮地发展商品生产、商品流通，国务院财贸小组理论组起草了《驳斥"四人帮"诋毁社会主义商品生产的反动谬论》一文，阐述了对社会主义商品生产的正确认识。文章指出，商品生产在社会主义社会必须允许其存在，并通过它来沟通城乡之间的密切联系。只有大力发展商品生产和商品流通，才能满足国家建设和人民生活的各种需要。大力发展社会主义商品经济是工农业之间互相促进的需要。虽然这些论述尚有不足，但是比起以往把商品经济视为资本主义的温床，农村社员养三只鸭子是社会主义，养五只鸭子就是资本主义的奇谈怪论，已有了很大的进步。

在重新认识商品生产和商品交换问题取得进展后，在按劳分配问题上澄清"左"的影响，却遇到重重阻力。因为这涉及了毛泽东。早在1958年，毛泽东就把工资制、奖金等看作"资产阶级法权"，认为这些东西是对战争时期军事共产主义生活的倒退，曾试图恢复供给制。1974年，毛泽东在会见丹麦首相保罗·哈特林时，说过这样一段话："总而言之，中国属于社会主义国家。解放前跟资本主义差不多，现在还实行八级工资制，按劳分配，货币交换。这些跟旧社会没有多少差别，所不同的是所有制变了。"对此，"只能在无产阶级专政下加以限制"。

"四人帮"把"按劳分配跟旧社会没有多少差别"无限夸大，并发展到极端。1975年张春桥、姚文元分别发表了《论对资产阶级的全面专政》和《论林彪反党集团的社会基础》两篇文章。他们声称按劳分配是资产阶级法权，是产生新的资产阶级分子的重要经济基础，对按劳分配"只能在无产阶级专政下加以限制"。由于文章利用了毛泽东的讲话，"破除资产阶级法权"似乎成了马克思主义对社会主义分配问题的经典解释。当时各种报刊大加宣扬，按劳分配和物质利益原则遭到了彻底否定，不仅造成理论上的极大混乱，而且给实践带来了诸多困扰。

1977年1月，有人点名批评张春桥、姚文元。当时主管宣传工作的中央负责人却不同意，理由是这两篇文章毛主席看过，所以不能彻底否定，只能不点名地批判文内的错误观点。这实际上为重新认识按劳分配问题设置了禁区。但是，这并没有阻止按劳分配问题的讨论由浅入深地进行。1977年2月，由国家计委经济研究所出面，同中国科学院经济研究所、国家劳动总局、北京大学等单位共同发起，决定召开全国性的经济理论讨论会，首先从批判"四人帮"在按劳分配问题上的谬论开始。4月，第一次讨论会有30多个在京单位的100多位理论工作者参加。6月，第二次讨论会有近百个在京单位的400多位理论工作者与会。

7月，邓小平复出后不久，即对经济学界的讨论做出反应。他说，关于按劳分配的文章整个说来也不错，但感到还不满足，还没有大胆地讲，还有点吞吞吐吐。8月3日，邓小平同于光远等谈到按劳分配的文章，说基本上写得好，站得住，但有点吞吞吐吐，经过讨论改一下。他指出：应该有适当的物质奖励；少劳少得，多劳多得，说得清楚。8月8日，邓小平在科学教育工作座谈会上指出：讲按劳分配，无非是多劳多得，少劳少得，不劳不得。这个问题从理论到实践，有好多具体问题要研究解决。这不仅是科学界、教育界的问题，而且是整个国家的重大政策问题。

"无非是多劳多得，少劳少得，不劳不得"——邓小平以他特有的语言，推动了经济学界的思想解放。8月9日《人民日报》发表了《驳姚文元按劳分配产生资产阶级的谬论》一文，点名批判了姚文元那篇文章的谬论。10月底到11月初，经济学界又举行了第三次按劳分配问题的讨论会。参加会议的除在京单位的500多位理论工作者外，23个省、市、自治区的300多位理论工作者也参加了会议，发言者有100多人，规模越来越大。《人民日报》《光明日报》《经济研究》等报刊发表的文章日渐增多，经济学界的讨论逐渐伸向了社会。

1978年2月26日至3月5日，五届全国人大一次会议召开。政府工作报告中明确肯定了"在整个社会主义历史阶段，必须坚持不劳动者不得食，各尽所能、按劳分配的原则"。指出：在分配上，既要避免高低悬殊，也要反对平均主义，实行多劳多得，少劳少得。所有社队都要认真执行定额管理、评工计分制度，实行男女同工同酬。国营企业职工工资实行以计时为主、计件为辅，计时加奖励的制度，并对劳动强度大、劳动条件差的工种实行岗位津贴。并将按劳分配原则载入会议通过的宪法修正案。

根据邓小平的意见，国务院研究室组织撰写了有关按劳分配的文章。3月28日，邓小平约见研究室负责人胡乔木、邓力群、于光远等，就文章草稿说："这篇文章我看了，写得好，说明了按劳分配的性质是社会主义的，不是资本主义的。有些地方还要改一下，同当前按劳分配中存在的实际问题联系起来。"

怎样联系实际问题呢？邓小平讲了他经过思考形成的一些看法：

根据按劳动的数量和质量进行分配的原则，评定职工工资级别时，主要是看他的劳动好坏、技术高低、贡献大小。处理分配问题只能是按劳，不能是按政，也不能是按资格。我们实行的是低工资政策，这是一个相当长时期的政策。现在八级工的工资最高额是一百零几元，将来随着生产的发展，工资要逐步提高，各级工资数额要有所增加。现在小学教员的工资太低。一个好的小学教员，他付出的劳动是相当繁重的，要提高他们的工资。将来，有些教得很好的小学教员，工资可以评为特级。各行各业都要设立特级，以鼓励人们终身从事自己的职业。

要实行考核制度。考核必须是严格的、全面的，而且是经常的。各行各业都要这样做。要有奖有罚，奖罚分明。对干得好的、干得差的，经过考核给予不同的报酬。奖金制度也要恢复。对发明创造者要给奖金，对有特殊贡献的也要给奖金。搞科学研究出了重大成果的人，除了对他的发明创造给予奖励外，还可以提高他的工资级别。稿费制度也要恢复，并根据新的情况加以修订。贯彻按劳分配原则有好多事情要做。有些问题要经过调查研究，逐步解决。有些制度要恢复起来，建立起来。总的是为了一个目的，就是鼓励大家上进。①

5月5日，经过邓小平、李先念等亲自审阅，《人民日报》以特约评论员的名义发表了这篇题为《贯彻执行按劳分配的社会主义原则》的文章。文章全面论证了按劳分配的社会主义性质，阐述了按劳分配的各种劳动报酬形式，系统清理了在按劳分配问题上的理论错误和混乱。文章一经发表就引起了广泛的社会反响。同时，也受到坚持"两个凡是"的领导人的指责。主管宣传工作的中央负责人在一个小型会议上点名批评了这篇文章"实际上是把矛头指向主席思想"。而邓小平则认为这是马克思主义的

---

① 参见《邓小平文选》第2卷，人民出版社1994年版，第101—102页。

文章。他还对中国社会科学院的负责人说：在理论上不能让步，迁就就会失去原则。

8月，中国社会科学院经济研究所等单位专门召开关于在农村贯彻按劳分配原则的讨论会，有来自17个省、自治区、直辖市和中央有关部门的同志参加。与会同志普遍认为，当前农业分配中主要倾向是平均主义。有的同志呼吁，要搞好管理，必须贯彻物质利益原则，让人们从物质利益上关心自己的劳动成果。这条原则过去不能讲，现在必须讲，而且要大讲，还要在实际工作中运用。要从实际出发，不能把思想束缚在某些概念里。还有的经济学家指出，合作化20多年来，国家对农业投资很多，农业生产却没有相应发展，这必须从生产关系方面找原因。为了把农业搞上去，要加强农业生产的物质基础，但更重要的是认真贯彻等价交换和按劳分配政策。

10月25日到11月3日，在第四次按劳分配讨论会上，着重讨论了按劳分配与商品生产和货币交换结合在一起能否产生新生资产阶级的问题。多数与会者认为，社会主义的按劳分配、商品生产和货币交换均不会产生资本主义，也不可能形成新的资产阶级。对此，有的与会者还根据系统的社会调查，说明没有一个新的资产阶级分子是由按劳分配产生的。

这一阶段关于按劳分配问题的讨论，规模大，时间长，主要澄清了以下问题：一是按劳分配是社会主义的分配原则，绝不是资本主义的因素；二是按劳分配中通行的等量劳动相交换的权利既是平等的权利，又是不平等的权利，按劳分配中不存在等级制度，按劳分配不会产生资本主义和资产阶级分子；三是奖金和计件工资不是修正主义的东西，应该恢复实行。在拨乱反正的形势下，按劳分配问题的大讨论对于澄清人们的模糊认识起了积极的作用。

与此同时，理论界还对"四人帮"把发展生产诬蔑为"搞唯生产力论"进行了批判。经过讨论达成几点共识：一是真正的社会主义应当是比资本主义更高的生产方式，应当创造出比资本主义更高的生产力。社会主义与穷并不相容，穷并不是社会主义制度的本质要求。二是中国是在生产力比较落后的国度里开展社会主义建设的，必须走由穷变富的道路，使中国迅速繁荣昌盛起来，成为社会主义的现代化强国。为达此目标，只有靠发展生产力来解决。三是中国现在面临的现实矛盾，仍然是生产力与生产关系的矛盾。这个矛盾主要表现在生产关系和上层建筑方面还存在着诸多阻碍生产力发展的因素，与生产力发展的要求相矛盾、相抵触，而这种矛盾的解决首先要依靠发展社会生产力。四是生产关系一定要适合生产力性质。按照这个规律，一方面需要改变落后的生产关系，为生产力发展开辟道路，同时也要防止过分夸大生产关系的反作用。如果生产关系变得过急过快，超越了生产力发展的水平，也会妨碍生产力的发展，甚至破坏生产力。

对这个问题，邓小平也发表了看法。1977 年 10 月，他在会见加拿大客人时说："四人帮"否认生产力的重要。谁提发展生产力，就被说成是"唯生产力论"。这是我们同"四人帮"的重大争论之一。如果不是生产力发展到物质极大丰富，怎么能实现按需分配，怎么能进入共产主义？马列主义没有"唯生产力论"这个词，这个词不科学。

12 月，他在会见澳大利亚外宾时又说：怎样才能体现列宁讲的社会主义的优越性？什么叫优越性？不劳动，不读书叫优越性吗？人民生活水平不是改善而是后退叫优越性吗？如果这就叫社会主义优越性，这样的社会主义我们也可以不要。

此外，理论界还就"左"的错误盛行的年代，按经济规律办事被当做与突出政治对立的东西，进行了理论辨析。当时具有代表性的文章，是由胡乔木、于光远、马洪三人起草的《按照经济规律办事，加快实现四个现代化》。先由胡乔木在国务院务虚会上作了发言，1977 年 10 月 6 日在《人民日报》发表。文章阐述了以下几个问题：经济规律是客观的不以人们的意志为转移的；经济规律虽然是客观的，但它并不能自动保证人们按客观经济规律办事，对此人们必须加以研究，并自觉遵守其规律；按经济规律办事，当前首先要搞好科学管理，扩大经济组织和经济手段的作用。具体来说，一是推广合同制；二是发展专业公司；三是加强银行的作用；四是发展经济立法和经济司法。这些论述切中时弊，又为解决现实经济生活中的问题提供了方向性的指导。一些有效的经济管理办法开始启动，如以质论酬、计件工资等重新开始实行。

（二）文学艺术界的历史反思

粉碎"四人帮"后，随着所谓的"文艺黑线专政论"被彻底推倒，一大批被长期禁锢的电影、戏剧及其他中外优秀文艺作品得到解放，文联、作协等群众团体重新恢复工作，各种文艺创作逐渐活跃起来，很快出现一些对"文革"的创伤进行初步反思的文艺作品。在经历了十年"文化荒漠"形势下，仅仅恢复"文革"前的作品，是远远不能满足社会需要的。如果没有站在新高度反映过去年代普通人命运的新作品，依然难以改变文艺百花枯萎的局面。在这样一个新旧转换的时期，具有很强纪实性的报告文学，最先破土而出。

报告文学的形式，最贴近人们的现实生活，可以向读者展示他们并不熟悉又希望了解的主人公的生存状态和有关事件的真相。粉碎"四人帮"后，科学教育领域最先释放出点点"春意"。向来敏感的文学家捕捉到拂面而来的春天气息。特别是中国科学家在十年内乱中素面朝天，痴心不改，以生命的损耗为代价坚持从事科学研究的故事，本身就非常生动感人，即便不去刻意雕琢，也足以震撼人心。

　　老一代作家徐迟，第一个拿起笔，去记载那些曾被狂热无知的政治气氛所淹没、却矢志于振兴中国科技事业而默默耕耘的科学家的人生足迹，热情讴歌在艰难时世环境下甘于寂寞、无私奉献的科学家，先后写出《地质之光》《哥德巴赫猜想》和《生命之树常绿》等纪实文学作品。这些作品的出现，为十年内乱中被摧残、被扭曲的文学艺术形式注入了活力，勃发了生机。

　　发表于《人民文学》1978年第1期上的《哥德巴赫猜想》，以清新华丽、富于哲理而又洋溢诗情的笔触，生动地刻画了数学家陈景润对攻克世界数学尖端难题孜孜以求、百折不挠的顽强毅力，对祖国科学事业的赤诚之心，以及在政治风浪面前不向恶势力屈服，不被利诱所动摇的可贵品质，真实地再现了痴迷于科学探索的新中国一代知识分子的情怀。《人民日报》破格以整整两版的篇幅转载了这篇报告文学，这在《人民日报》办报史上是罕见的。

　　随后，一批歌颂中国科学家的纪实作品相继涌现。读者从带有深厚历史感的笔触中，认识了中国科技界泰斗级的领军人物和中青年科研精英的名字，他们是：地质学家李四光、生物学家童第周、物理化学家唐敖庆、物理学家谢希德、数学家陈景润、植物学家蔡希陶、工程物理学家吴仲华、水利学家张光斗、数学家华罗庚、科技铁人陈篪、植棉模范吴吉昌……人们感叹于这些各具个性而有着共同理想追求的科学家群体，在物质基础极其薄弱的条件下，在过去年代"左"的政治倾向的冲击和干扰下，仍为中国取得了具有世界领先水平的科学成果，赢得了社会的尊重。这些报告文学作品带来的理智、情感和价值观方面的强烈冲击和震撼力，萌发和引燃了社会理性思维之火，进而形成了燎原之势。

　　在这前后，用文学的形式揭示"文化大革命"的创伤，被称作"伤痕文学"的作品也开始出现。《人民文学》1977年11期发表了北京作家刘心武的短篇小说《班主任》，被称为"伤痕文学"的奠基之作。作者在小说中着意刻画了两个典型的中学生形象——小流氓宋宝琦和团支部书记谢惠敏。"文化大革命"的印记在两个中学生身上似乎截然不同，但他们的灵魂深处都烙上了极左思潮造成的难以愈合的伤痕。其中，谢惠敏的形象被称为"新时期文学中第一个称得上艺术典型的人物"。作者刘心武说，写这篇小说是出于对"文化大革命""积存已久的腹诽，其中集中体现为对'四人帮'文化专制主义的强烈不满①。"

小说发表后，在读者中引起强烈反响。一些反思"文革"伤痛的作品相继见诸报刊。其中有代表性的是《文汇报》1978年8月1日发表的小说《伤痕》。这篇小说以一个悲剧性故事揭露了极左路线和"血统论"给中国社会特别是给青年人造成的生活苦难和心灵"内伤"。这个极具刺激性的主题，更直接地触及社会现实生活的隐痛，可以说点燃了人们反思既往折射未来的思绪，在全国具有相当影响。

《伤痕》这篇小说之所以在社会上引起极大反响，并在相当一部分人群中产生共鸣，主要是它道出了当时人们内心里那种莫名痛苦的缘由。当然，对于该作品所反映的主题和思想，评论界还众说纷纭，莫衷一是。在上海和北京召开的座谈会上都有一些争论。但是赞成也罢，反对也罢，这类题材的文学作品很快形成了一种潮流，后来被统称为"伤痕文学"。其实，这种现象是在中国刚刚经历了一场社会大动荡之后，人们在回归理性的过程中所必然产生的历史反思。尽管这种反思还只是初步的，浅层次的，但它却推动了更多的人对过去盛行的"左"的错误进行深度的理性思考。

---

① 刘心武：《关于小说〈班主任〉的回忆》，《百年潮》2006年12期。

由"伤痕文学"引发的这种历史反思，将成为传统向现代转型中理性思维恒久的命题：几十年来中国的发展中，整个人文状况发生断裂。其远因是五四运动，把先秦诸子的大统基本给否定掉了；近因是"文化大革命"，又把五四以来科学与民主的传统给颠覆掉了。其后果是近代中国逐渐培育起来的人文精神在剧烈变动的时代作为代价而被牺牲，中华民族悠远传递的核心价值观被中断了。中断以后，可以恢复，但伤口留着疤痕，无法恢复到原来的样子。"文革"内乱这十年，人的问题，社会问题，观念形态问题，在此后的二三十年间慢慢显示出来，在各种人群、各个阶层中，由各种新的原因和旧的病根，处处显示出来——这是真正严峻的问题。① 只有随着整个社会价值理性的回归，随着改革开放后经济社会发展和国家富强到一定程度的时候，又会回到"人"的问题。一个文明社会的人文状况如何，始终是无法回避的。

文学在当时的思想文化界起到了开启理性思维的先导作用，而在当场调动人的思想情感方面，话剧却发挥了更为独特的作用。1978 年 3 月，北京人民艺术剧院上演了苏叔阳创作的话剧《丹心谱》。这是该院恢复后上演的第一出政治题材的话剧。该剧描写了以老知识分子方凌轩为代表的医务工作者，为执行周恩来总理的指示，研制治疗冠心病新药，与"四人帮"的爪牙展开的一场惊心动魄的斗争。它深刻地揭露了"四人帮"的种种倒行逆施给人们心灵深处造成的巨大"内伤"，热情歌颂了方凌轩对科学事业的执着追求，有力地鞭笞了投靠"四人帮"的"风派"人物方济生的卑劣行径。该剧和上海工人宗福先写的四幕话剧《于无声处》都引发了好评如潮、一票难求的盛况。

用当时《人民日报》的评论来说，就是"用文艺的形式把

---

① 参见陈丹青：《教养与人文》，《文摘报》2008 年 9 月 16 日。

'四人帮'颠倒了的历史再颠倒过来，说出了亿万人民心里要说的话，表达了亿万人民内心深处的强烈感情"。中国文艺界揭批"四人帮"，是用各种艺术形式和形象语言，开启对"文化大革命"进行历史反思之门，这有力地推动了当时的思想解放浪潮。

（三）关于真理标准问题的全国大讨论

经济理论界的讨论和文学艺术界的历史反思，在突破"禁区"的路上领了风气之先，起了"凿壁透光"的作用。但是，在"两个凡是"的僵硬外壳下，要想彻底澄清"文化大革命"及其以前的是是非非，仍是很难的事情。还是胡耀邦那句话：既然坚定有力地跨出了第一步，就决不后退，并努力扩大已经打开的突破口。因此，针对"两个凡是"，必须举起批判的武器。

中国共产党老一辈革命家，既有崇高政治威望，又有经历长期斗争的丰富经验。他们首先亮出了思想武器——实事求是。

1977 年 9 月 5 日，聂荣臻在《红旗》杂志第 9 期上发表《恢复和发扬党的优良传统作风》一文。聂荣臻提出：实事求是的思想是毛泽东留给我们的最宝贵的理论遗产。"坚持实事求是的作风，就要坚持用正确的态度对待马克思列宁主义、毛泽东思想。我们学习和运用马克思列宁主义、毛泽东思想，一定要掌握精神实质，学习它的立场、观点和方法，把基本原理当作行动指南，坚决反对把马克思列宁主义、毛泽东思想的一些词句当作脱离时间、地点和条件的教条……一切正确思想，都以时间、地点、条件为转移，否则就变成形而上学……我们一时一刻也不要忘记实事求是，一分为二，一切决定于时间、地点和条件的观点，否则就是背离了毛泽东思想的最根本的东西。"

9 月 19 日，徐向前在《永远坚持党指挥枪的原则》一文中，通过论述党同张国焘和"四人帮"在军队问题上的斗争，强调坚持实事求是原则的重要性。指出："我们决不可以像有些人那样，不管路线是非，谁的权力大就跟谁跑，这很危险。当然，要识别正确路线和错误路线，并不是那么容易的。"因此，一定要"完整地、准确地领会和掌握马克思列宁主义、毛泽东思想"。

9月28日，陈云在《坚持实事求是的革命作风》一文中，深入批判了"四人帮"横行时的唯心主义泛滥、形而上学猖獗。指出："四人帮"和他们的追随者说假话，做假案，要反革命两面派，成为司空见惯的事情。他们对马克思列宁主义、毛泽东思想进行了极其疯狂的歪曲、割裂、篡改和伪造，用马克思主义经典作家的片言只语当做法宝来到处压人，害人，害党，害国。他们严重地破坏了毛主席长期培育的党的优良传统和作风。他们不但极大地破坏了党的实事求是的作风，而且公然为他们搞的一套主观唯心主义制造"理论"根据。他们大搞什么"反经验主义为纲"，实际上就是否定作为认识的基础的实践经验，否定一切从实际出发的正确原则，否定毛主席的《实践论》思想，即实事求是的思想。

陈云深刻指出："实事求是，这不是一个普通的作风问题，这是马克思主义唯物主义的根本思想路线问题。我们要坚持马克思列宁主义，坚持毛泽东思想，就必须坚持实事求是。如果我们离开了实事求是的革命作风，那么，我们就离开了马列主义、毛泽东思想，而成为脱离实际的唯心主义者，那么，我们的革命工作就要陷于失败。所以，是否坚持实事求是的革命作风，实际上是区别真假马列主义、真假毛泽东思想的根本标志之一。"

老一辈革命家强调要坚持实事求是的根本思想路线，反对的是用毛泽东思想的一些词句或毛泽东的片言只语来割裂毛泽东思想。在这个问题上，"两个凡是"恰恰是要维护毛泽东的一切，包括毛泽东晚年的错误理论和错误实践。针对这个难解的问题，1977年7月，邓小平在十届三中全会上，立即旗帜鲜明地提出要准确地、完整地理解毛泽东思想，坚持毛泽东思想的科学体系，并积极倡导坚持实事求是这一毛泽东思想的基本观点，以此引导人们用正确的态度对待毛泽东思想，对待毛泽东。

但是，在毛泽东刚刚逝世，长期以来对毛泽东的个人崇拜在党内还有很深影响的情况下，要想做到"完整、准确"是一件极其困难的事。这需要有一个将一切人和事物都统统置于其下的客观标准。否则，就无法挣脱"两个凡是"的枷锁，解放思想、实事求是的指导方针就难以重新树立起来。这势必影响到拨乱反正工作的深入开展，导致各项工作的徘徊状态难以得到扭转。于是，提出了检验真理的标准问题。

1977年底，在中央党校学习的800多名高中级干部集中讨论"文化大革命"以来党的历史。讨论中遇到一个突出的问题，就是应当以什么为标准来认识和判定历史是非。为此，当时主持中央党校常务工作的副校长胡耀邦，指导党校的理论工作者几经修改，写出了一个指导研究党史问题的文件，明确提出两条指导原则：一是应当完整地准确地运用马列主义、毛泽东思想的基本原理；二是应当以实践为检验真理、辨别路线是非的标准。在这两条原则指导下，党校的一些理论工作者开始针对"两个凡是"的影响，酝酿撰写论述真理标准问题的文章。

1978年3月，《人民日报》编辑部针对真理标准问题上存在的认识混乱，发表了一篇题为《标准只有一个》的思想评论，明确提出："真理的标准，只有一个，就是社会实践。"文章发表后，引起一些人的反对，认为马列主义、毛泽东思想才是检验真理的标准。为此，编辑部决定继续组织文章，进一步讲清这个问题。

4月初，《光明日报》正准备在该报"哲学专刊"发表南京大学哲学系教师胡福明的一篇约稿：《实践是检验真理的标准》，刚从中央党校学习回来的新任总编辑杨西光，敏锐地感到这篇文章所讨论的问题在当时中国思想政治界的分量，于是决定把文章从"哲学专刊"撤下来，增加一些现实针对性，然后放在第一版显著位置发表。此时，原作者胡福明来北京参加理论讨论会，报社便请他和中央党校理论研究室一起讨论修改。修改后，稿子又经报社编辑两次加工，再次送中央党校理论研究室进行修改、润色，始成定稿。

《实践是检验真理的唯一标准》这篇文章，经胡耀邦亲自审定后，于1978年5月10日先在中央党校《理论动态》上刊出；次日，《光明日报》以特约评论员文章的形式发表。12日，《人民日报》《解放军报》全文转载，新华社还发了通稿，不少省市的党报也相继转载。

这篇凝聚着当时理论界集体智慧的文章，以大量的事实说明，实践不仅是检验真理的标准，而且是唯一的标准，任何理论都要不断接受实践的检验。马克思主义之所以被承认为真理，正是千百万群众长期实践证实的结果，辩证唯物主义认识论关于实践标准的绝对性和相对性辩证统一的观点，就是任何思想、任何理论必须无例外地、永远地、不断地接受实践的检验的观点，也就是真理发展的观点，在用实践检验真理方面革命导师们已经做出了榜样。

联系到当时思想政治领域内的状况，文章强调指出：现在"四人帮"及其帮派体系已被摧毁，但是，"四人帮"加在人们身上的精神枷锁，还远没有完全粉碎。毛泽东曾经批评过的"圣经上载了的才是对的"这种倾向依然存在。无论在理论上或实际工作中，"四人帮"都设置了不少禁锢人们思想的"禁区"，对于这些"禁区"，要敢于去触及，敢于去弄清是非。科学无禁区。凡是有超越于实践并自奉为绝对的"禁区"的地方，就没有科学，就没有真正的马克思主义、毛泽东思想，而只有蒙昧主义、唯心主义、文化专制主义。

文章最后说：社会主义对于我们来说，有许多地方还是未被认识的必然王国。要完成这个伟大的任务，面临着许多新的问题，需要去认识、去研究。躺在马列主义、毛泽东思想的现成条文上，甚至拿现成的公式去限制、宰割、裁剪无限丰富的飞速发展的革命实践，这种态度是错误的。要有共产党人的责任心和胆略，敢于研究生动的实际生活，研究现实的确切事实，研究新的实践中提出的新的问题。只有这样，才是对待马克思主义的正确态度，才能逐步地由必然王国向自由王国前进，顺利地进行新的伟大的长征。

实际上，《实践是检验真理的唯一标准》这篇文章，反复论证的是马克思主义的一个常识性的哲学命题，本身没有什么特别的理论创新。但是，在"文化大革命"刚刚结束，"两个凡是"还束缚着人们思想的特定历史条件下，其鲜明的倾向性，强烈的针对性，却有着无穷的力量。文章一经发表，立即引起社会各界不同的反响，并在党内外激起一场轩然大波。关于真理标准问题的全国大讨论，由此拉开序幕。

5月12日，即《人民日报》转载《实践是检验真理的唯一标准》一文的当天，该报的一个负责人便收到了指责该文"犯了方向性错误"的电话。

5月17日，主管宣传工作的中央负责人在一个小会上点名批评了《实践是检验真理的唯一标准》和《人民日报》5月5日发表的《贯彻执行按劳分配的社会主义原则》两篇文章，说这两篇文章他们都没有看过，党内外议论纷纷，实际上是把矛头指向毛主席思想。党报不能这样干。他责问"这是哪个中央的意见?"表示"要查一查，接受教训，统一认识，下不为例"。并要求中央宣传部"把好关"。

5月18日，在中宣部召开的参加全国教育工作会议和各省市文教书记和宣传部长座谈会上，中宣部负责人化要求大家对《实践是检验真理的唯一标准》的文章"议论议论，发表不同意见"。

并说："不要认为《人民日报》登了，新华社发了，就成了定论……毛主席生前对省市负责同志讲，不论从哪里来的东西，包括中央来的，都要拿鼻子嗅一嗅，看是香的还是臭的，不要随风转。"

6月15日，主管宣传工作的中央负责人召集中宣部和中央直属机关和有关新闻单位的负责人开会，在会上，对《实践是检验真理的唯一标准》一文和其他几篇文章再次进行批评，并点了胡耀邦的名，提醒他在报上写文章要注意。他特别说道，特约评论员文章可要注意，有几篇不是那么恰当。不要图一时好过。他认为，宣传上不足之处，国内外敌人会利用，苏美两霸和反动派都要利用，挑拨。他们挑拨政治局常委之间的关系，挑拨中央委员之间的关系，挑拨毛主席和华主席之间的关系，挑拨工人和农民之间的关系。宣传的关把得不紧，被敌人利用是不得了的事。

7月份，主管宣传工作的中央负责同志到山东视察，在济南对山东省委负责同志讲了一番话，其中说到真理标准问题。概括起来就是三句话：一不要砍旗，二不要丢刀子，三不要来个一百八十度的大转弯。

在这种扑朔迷离的政治形势下，很多报刊都踊跃参与，而《红旗》杂志却长时间保持沉默。当然，沉默也是一种表态。当该刊负责人反映《红旗》的态度正受到党内外广大干部群众的责难时，主管宣传工作的中央负责人说，"你不要怕孤立，怕什么！不要怕。《红旗》不参加这场讨论"。

正在真理标准的讨论受到压制，一时难堪重负之际，邓小平等老一辈革命家旗帜鲜明地站出来给予了有力的支持。5月30日，在同几位负责人的谈话中，邓小平实有所指地讲道："只要你讲话和毛主席讲的不一样，就不行。毛主席没有讲的，华主席没有讲的，你讲了，也不行。照抄毛主席讲的，照抄华主席讲的，全部照抄才行。这不是一种孤立的现象，这是当前一种思潮的反映。"他强调，"毛泽东思想最根本的、最重要的东西就是实事求是。现在，连实践是检验真理的标准都成了问题，简直是莫名其妙"。

6月2日，在全军政治工作会议上，邓小平再次谈到这个问题，并且批评说："我们也有一些同志天天讲毛泽东思想，却往往忘记、抛弃甚至反对毛泽东同志的实事求是、一切从实际出发、理论与实践相结合的这样一个马克思主义的根本观点、根本方法。不但如此，有的人还认为谁要是坚持实事求是，从实际出发，理论和实践相结合，谁就是犯了弥天大罪。他们的观点，实质上是主张只要照抄马克思、列宁、毛泽东同志的原话，照抄照转照搬就行了。要不然，就说这是违反了马列主义、毛泽东思想，违反了中央精神。他们提出的这个问题不是小问题，而是涉及到怎么看待马列主义、毛泽东思想的问题。"①

7月21日，邓小平特地找中央宣传部负责人张平化谈话，要他"不要再下禁令、设禁区了，不要再把刚刚开始的生动活泼的政治局面向后拉"②。

8月19日，邓小平在同文化部负责人的谈话中，又说："我说过《实践是检验真理的唯一标准》这篇文章是马克思主义的，是驳不倒的，我是同意这篇文章的观点的。"

9月16日，邓小平在听取吉林省委常委汇报工作时，更直接地说："现在党内外，国内外很多人都赞成高举毛泽东思想旗帜。什么叫高举？怎么样高举？大家知道，有一种议论，叫做'两个凡是'，不是很有名吗？凡是毛泽东同志圈阅的文件都不能动，凡是毛泽东同志做过的、说过的都不能动。这是不是叫高举毛泽

① 《邓小平文选》第2卷，人民出版社1994年版，第114页。

② 中共中央文献研究室编：《邓小平年谱（1975—1997）》（上），中央文献出版社2004年版，第345页。

东思想的旗帜呢？不是！这样搞下去，要损害毛泽东思想。毛泽东思想的基本点就是实事求是，就是把马列主义的普遍原理同中国革命的具体实践相结合。"①

9月9日，李先念在国务院务虚会上的讲话中，也对真理标准问题的讨论表示支持。他说，林彪、"四人帮"的破坏把包括理论和实践的关系在内的许多理论问题搞乱了，造成思想混乱，必须予以澄清。他强调了实践是检验真理的唯一标准问题，指出，凡是经过长期社会实践证明是符合客观规律、符合大多数人利益的事，就坚决地办、坚持到底，一切政策计划、措施是否正确，都要以能否为人民群众谋利益作为标准来检验。

为了纪念毛泽东诞辰85周年，《红旗》杂志约谭震林写一篇回忆毛泽东当年领导井冈山斗争的文章。文章写好后，编辑们发现，文中除了回忆历史外，还讲了实践是检验真理的标准问题。这显然与《红旗》"不卷入"的态度是相悖的，而作者又不愿删改，无奈只好报送中央常委裁决。华国锋、邓小平、李先念等看后同意《红旗》发表谭文。

邓小平、李先念还在批语中对《红旗》杂志提出了批评。邓小平写道："我看这篇文章好，至少没有错误。……如《红旗》不愿登，可转《人民日报》登。为什么《红旗》不卷入？应该卷入。可以发表不同观点的文章。看来不卷入本身，可能就是卷入。"李先念批道："我看了这篇文章，谭震林同志讲的是历史事实，应当登，不登《红旗》太被动了，《红旗》已经很被动了。"

当中央高层围绕真理标准的讨论进一步向"凡是"派展开斗争的时候，理论界、学术界、新闻界都随之行动起来。他们从老一辈革命家们的关心和支持中受到了鼓舞，顶住来自"凡是"派的种种压力，继续写文章、召开讨论会，将业已开始的讨论进一

---

① 《邓小平文选》第2卷，人民出版社1994年版，第126页。

步引向深入。

对于实践是检验真理的标准，多数人表示支持，但有些人对实践是不是"唯一标准"提出了疑问。他们认为实践固然是真理的标准，但是马克思主义也应当是检验真理的标准。这是当时带有一定普遍性的思想认识问题。针对这种情况，应《人民日报》之约，中国社科院哲学研究所的邢贲思发表了《关于真理的标准问题》的文章，专门对上述疑问给予答复。该文认为，主张实践和马克思主义都是真理的观点，违反了辩证唯物主义的一元论，会造成理论上的混乱。从认识上讲，这是混淆了真理与真理的标准两个问题。马克思主义是真理，但是正如任何真理不能由自己来证明一样，马克思主义也不能自己证明自己，它本身也需要由实践来证明。同时，马克思主义也不能作为检验别的真理的标准。另一种混淆，是把马克思主义是革命实践的指针，混同于马克思主义是真理的标准。这是两个不同的问题。从哲学上讲，承认理论认识对于实践的反作用，决不能否认实践所起的根本决定作用，不能用这种反作用来代替实践是检验真理的标准问题。

面对实践是检验真理的唯一标准的种种责难，理论工作者给予了有说服力的回答和反驳。其中比较系统、尖锐、泼辣的是6月24日《解放军报》以特约评论员名义发表的《马克思主义的一个最基本的原则》，它鲜明地指出："对不可知论、怀疑论及其他哲学怪论的最有力的驳斥是实践。""这是恩格斯在批判休谟、康德的不可知论和怀疑论时所说的一句名言，我们今天把它引证出来还是很有意义。……马克思主义的认识论承认实践是真正的权威。世界上只有因为没有确立判别真理的客观标准（实践）才使不可知论和怀疑论获得市场，决没有因为确立了真理的客观标准而使不可知论和怀疑论流行起来的事。谁如果持相反的看法，那就又是一个惊人的'颠倒！！'"

针对这种颠倒关系，文章尖锐地指出："马克思主义理论是科学不是迷信；理论首先要受命于实践才能够指导实践；理论不是亘古不变的，它是在实践中不断地获得补充、修正、丰富和发展的。"因此，不能停留于旧的结论和旧的口号，当然改变这种旧的口号很不容易，"其原因，除了人们的思想往往落后于实际这一点以外，还因为有一部分人的利益或多或少地同这些旧口号联系在一起的缘故。这些人，他们口头上说是担心某些旧口号、旧提法的修改会导致整个革命和整个理论的否定（显而易见，这不过是一种天方夜谭式的饰辞），实际上是害怕自己某种个人的东西会因此受到损害"。针对有些人责难：若把实践摆在第一位、作为检验真理的唯一标准，那么，把毛泽东思想、毛主席的话摆在什么位置呢？文章指出：对于说这种糊涂话的人，只需再反问他们一句：毛主席说过，只有千百万人民的革命实践，才是检验真理的尺度，"此外再无别的检验真理的办法"。你们把毛主席这个教导摆在什么位置？怎样才算是按照毛主席的教导办事？

这篇长一万多字的文章，说理充分，针对性极强，被称为《实践是检验真理的唯一标准》一文的姊妹篇。它是在中央军委秘书长罗瑞卿的关心、支持下发表的。文章成稿后，解放军报社曾送请罗瑞卿审阅，罗瑞卿先后细看了三遍，亲自打了五次电话，并亲自查阅有关著作，提了不少修改意见，要求文章无懈可击。这位在"文革"中遭受迫害跌断了腿而高位截肢的将军，在去联邦德国治腿之前，还特地给《人民日报》负责人打电话说，"这篇文章如果要挨打，我愿先挨 50 大板"。这种甘冒风险的精神，表明了罗瑞卿支持真理标准讨论的鲜明态度。

实践作为检验真理的标准，在自然科学领域本来是天经地义、无需争辩的问题。但是，自然科学家还是积极投入到这场讨论中来。5 月中旬，国家科委、中国科学院、中国科协党组在方毅主持下召开联席会议，讨论有关文章，并作出决定：支持这场讨论。7 月 5 日，由中国科学院理论组和中国自然辩证法研究会组织的"理论与实践关系讨论会"在北京召开。许多自然科学和社会科学界的学者参加了讨论，并作了发言。科学家们用自然科学史上的大量事例说明，当原有的自然科学理论同新的科学实验事实发生冲突时，旧理论的突破和新理论的创立，就必须同时求助于实践。他们提供的自然科学方面的论据对于这场思想政治领域的大讨论发挥了特殊的支持作用。

7月17日到24日，中国社会科学院哲学研究所、《哲学研究》编辑部邀请中央和国家部委机关，各省、市、自治区的党校、大专院校、科研单位、新闻单位的160多位理论工作者，就理论和实践的关系问题举行讨论会。在讨论会上，许多社会科学工作者都发了言，联系实际，充分肯定了这场讨论的现实意义。讨论会结束后，不少省市的代表回去作了传达，真理标准问题讨论被推向全国。

1978年下半年，全国的理论界、学术界、文艺界、新闻界等都积极投身于真理标准问题的讨论。据不完全统计，截至年底，中央及省级报刊登载的关于真理标准问题讨论的专文就达650多篇。随着讨论的继续，文章还在陆续发表。形成以理论界为主力，波及全国、影响各界、人人关注的全民讨论热潮。

在这股讨论热潮中，有一种现象引人注目，那就是伴随着真理标准问题讨论的展开，全国大多数的省级党政领导机关、大军区领导机构都相继展开了对真理标准问题的讨论。许多省、自治区、直辖市及大军区的主要负责人都公开撰文或发表讲话，表示支持实践是检验真理的唯一标准的观点，高度评价这场讨论的理论意义和现实意义。这在党和共和国的历史上是不多见的。他们的发言一般都联系当时全国及本地区的实际，不但指出这场讨论的理论意义，更强调其政治意义。这至少表明，真理标准问题的讨论确已成为全党全军和全国人民最为关心的重大政治问题，表明实践是检验真理的唯一标准的正确观点已经得到越来越多的高级干部的有力支持，权力标准、蒙昧主义、唯心主义和文化专制主义日益失去了市场。

真理标准问题的讨论，由于重新恢复了实践作为检验真理标准的作用，就使人们不仅有了突破"两个凡是"禁锢的锐利思想武器，而且有了用来正确总结"文革"教训，纠正"文革"及以往历史错误的理论依据。正如《实践是检验真理的唯一标准》一文所指出的：自奉为绝对的"禁区"的地方，只有蒙昧主义、唯心主义和文化专制主义。真理标准问题的讨论，极大地促进了人们的思想解放，加快了拨乱反正的步伐，为中国共产党打破"两个凡是"的思想禁锢，重新确立实事求是的指导方针，实现伟大的历史转折，做了充分的必要的思想准备。

更重要的是，这个后来被称为中国现代思想史上的一次思想大解放的运动，为改革开放以后中国特色社会主义道路的探索及一系列理论创新和实践发展奠定了基石。

四、打开国门接收国外新观念

真理标准问题讨论带来的思想解放，促进了中国共产党对中国社会主义道路的新探索。这个新的探索，由于随着"文革"的结束和中国对外交往的迅速增加而获得了更广阔的视野，中国开始学习和借鉴世界上不同类型国家经济建设的经验，由此逐步清晰地确定了对外开放的基本政策。

（一）中国领导人大量出访

从 1978 年起，中国改变了"文化大革命"时期党政领导人很少出访的状况。这一年，中国即有 13 位副总理和副委员长以上的领导人 21 次率团出访，共到达 51 个国家。其中邓小平本人先后 4 次出访了 8 个国家。这些访问不但改善了中国的对外关系，而且还使党和国家的高层对近年来国际形势的发展变化有了比较直接和全面的了解。出访领导人一个共同的强烈感受就是，中国在经济和科学技术上的发展同世界先进水平相比大大落后了。

还在 1978 年 3 月全国科学大会上，有的同志就谈到，目前世界经济的发展与科学技术的关系更加密切，国民经济和各行业的发展主要依赖于科技的发展。中国经济落后的一个重要原因是科技落后。同世界先进水平相比，中国的科学技术在多数领域大约相差 15 年到 20 年，有些领域相差更多一些。因此，要想把经济搞上去，首先要老老实实地学习世界先进技术。如果闭目塞听，不了解国际上科学技术发展的动向、趋势和水平，赶超世界先进水平就无从谈起。这些意见引起了中共中央和国务院领导的重视。

1978 年 5 月 17 日，国务院成立了引进新技术领导小组，负责研究制定引进国外先进技术的计划。接着，国务院的领导及各部门和地方的负责同志先后赴西方发达国家和地区进行访问和考察，了解那里的经济发展水平和发展经济的经验。在国务院副总理谷牧率领代表团出访西欧前夕，邓小平特别要求他们：详细地做一番调查研究，看看人家的现代工业发展到什么水平了，也看看他们的经济工作是怎么管的，资本主义的先进经验，应当把它学回来。

当中国领导人走出国门的时候，资本主义已经度过了第二次世界大战之后大发展的"黄金时代"。20 世纪 70 年代上半期，资本主义各国先后遭遇战后最为严重的经济危机。在 1974 年和 1975 年两年中，美国、日本、联邦德国、英国、法国、意大利的国内生产总值都出现了负增长。70 年代下半期，西方经济处于"滞胀"状态，回升乏力。在这种情况下，发达国家不仅愿意扩大对华贸易，也愿意向中国提供优惠贷款，甚至进行投资。

通过出访和考察，这些领导同志不仅看到了中国在经济发展水平上的差距，也看到了当时的国际形势为中国发展所提供的良机。回国后，他们纷纷向中央建议：要充分利用目前的有利条件，尽可能地吸收外国资金，大量引进国外先进技术设备，学习其先进的管理经验，加快中国现代化建设速度。谷牧在向中共中央和国务院汇报出访情况时特别谈到：西欧在经济起飞时，都有利用外资、引进先进技术的经验，为什么我们不可以搞？上述同志提出的意见和建议被整理成文件，在中央和国家机关各部门领导中传阅，引起了强烈反响。

（二）国务院务虚会的召开与改革设想的提出

对世界先进水平的了解，引起人们对中国经济建设经验教训的反思。如何总结经验，如何加快建设速度，成为摆在全党面前的一个日益突出的问题。

这一期间，邓小平多次谈到：现在有一个比较好的国际条件，我们可以利用，要把世界上的先进成果作为我们发展的起点；过去"四人帮"干扰，就是关起门来搞建设，连世界是个什么样子都不清楚；世界经济发展那么快，我们的脑子里还都是些老东西，不从现在的实际出发来提出问题，解决问题；这样天天讲四个现代化，讲来讲去都会是空的；同世界先进水平比，我们不但技术落后，而且管理水平低；我们国家的体制，包括机构体制等，基本上是从苏联学来的，是一种落后的东西，人浮于事，机构重叠，官僚主义盛行；有好多体制问题要重新考虑。这些看法逐渐成为党内领导层的共识。

1978 年 7 月 6 日到 9 月 9 日，国务院召开了为期两个月的务虚会，专门研究如何加快中国现代化建设的速度问题。与会的各部门负责人都提出了加快建设速度的设想，并在认真总结新中国成立以来经验教训的基础上，纷纷提出改革经济管理体制，积极引进国外先进技术设备的建议。

几位出访回来的领导同志介绍了当前的国际形势和国外发展经济的经验；国家计委提出了积极扩大出口，增加对外贸易口岸的建议；机械工业部提出了要把引进新技术同国内管理制度的改革结合起来的主张；国家劳动总局提出了改革工资制度，切实调动职工积极性的意见；胡乔木在发言中列举了单纯依靠行政方法管理经济的弊端，提出这种方法"应当缩小到十分必要的范围，而最大量的经济工作应当由政府行政的范围转入企业经营的范围，企业本身也要尽量缩小纯粹行政方法的管理，扩大依靠经济手段的管理"。

在会议的总结讲话中，李先念明确提出了实行改革开放政策的主张。他结合历史经验指出：过去二十多年中，我们已经不止一次地改革经济体制，"但是在企业管理体制方面，往往从行政权力的转移着眼多，往往在放了收、收了放的老套中循环，因而难以符合经济发展的要求"，"我们现在要进行的这次改革，一定要同时兼顾中央部门、地方和企业的积极性，一定要考虑大企业和大专业公司的经济利益和发展前途，努力用现代化的管理方法来管理现代化的经济"。他指出，目前的国际形势对中国十分有利，中国应该有魄力、有能力利用国外的先进技术、设备、资金和组织经验，来加快建设，决不能错过这个非常难得的时机。这比关起门来样样靠自己从头摸索，要快不知多少倍。

9月30日，中央转发了这个讲话，并准备在即将召开的中央工作会议上进一步讨论这个讲话。

这次务虚会后不久，国务院召开的全国计划会议又提出，经济战线必须实行三个转变：一是从上到下都要把注意力转到生产斗争和技术革命上来；二是从那种不计经济效果、不讲工作效率的官僚主义的管理制度和管理方法，转到按照经济规律办事、将民主和集中很好地结合起来的科学管理的轨道上来；三是从那种不同资本主义国家进行经济技术交流的闭关自守或半闭关自守状态，转到积极地引进国外先进技术，利用国外资金，大胆地进入国际市场上来。

10 月 11 日，邓小平在中国工会第九次全国代表大会的致词中讲道：实现四个现代化，"是一场根本改变我国经济和技术落后面貌，进一步巩固无产阶级专政的伟大革命。这场革命既要大幅度地改变目前落后的生产力，就必然要多方面地改变生产关系，改变上层建筑，改变工农业企业的管理方式和国家对工农业企业的管理方式，使之适应于现代化大经济的需要"①。因此，"各个经济战线不仅需要进行技术上的重大改革，而且需要进行制度上、组织上的重大改革。进行这些改革，是全国人民的长远利益所在，否则，我们不能摆脱目前生产技术和生产管理的落后状态"②。

在上述思想的推动下，1978 年这一年，中国同西方发达国家先后签订了 22 个成套引进项目的合同。虽然在引进工作中存在着急于求成倾向，但引进的这些项目毕竟为中国的现代化建设提供了比较先进的技术装备和较高的起点。如上海宝山钢铁厂成套设备的引进，使中国能学到世界一流的生产技术和管理方式，并使中国钢铁工业同世界先进水平的差距至少缩短 20 年。思想上的酝酿和实践上的尝试都表明，改革开放的总方针，已经呼之欲出了。

---

① 《邓小平文选》第 2 卷，人民出版社 1994 年版，第 135—136 页。
② 《邓小平文选》第 2 卷，人民出版社 1994 年版，第 136 页。

第二章　实现伟大历史转折和调整社会关系

一、党的十一届三中全会和改革开放方针的确定

从 1978 年中央工作会议的召开到党的十一届三中全会，这是粉碎"四人帮"后，在走向伟大历史转折的过程中，对党和国家具有重大影响的两个会议。以党的十一届三中全会为标志，党和国家开启了改革开放新的伟大征程。

（一）邓小平发表北方谈话

1978 年 9 月，邓小平在结束了对朝鲜的访问后，对东北三省及唐山、天津等地进行了一次不同寻常的视察。这是他为推动历史转折而做的一次重要努力。

在视察途中，邓小平多次向各地负责同志呼吁，要解放思想、实事求是。他再次批评了"两个凡是"方针，指出这不是高举毛泽东思想的旗帜，"这样搞下去，要损害毛泽东思想"。毛泽东思想的基本点就是实事求是。实事求是，是毛泽东思想的精髓。现在摆在中国面前的问题，关键还是实事求是、理论与实际相结合、一切从实际出发。这是政治问题，是思想问题，也是中国实现四个现代化的现实问题。

他说："我们现在要实现四个现代化，有好多条件，毛泽东同志在世的时候没有，现在有了，中央如果不根据现在的条件思

考问题、下决心，很多问题就提不出来、解决不了。"① "世界天天发生变化，新的事物不断出现，新的问题不断出现，我们关起门来不行，不动脑筋永远陷于落后不行"。② 不恢复毛主席树立的实事求是的优良传统和作风，四个现代化没有希望。要根据现在的国际国内条件，敢于思考问题、提出问题、解决问题。千万不要搞禁区。禁区的害处是使人们思想僵化，不敢根据自己的条件考虑问题。总之，实事求是，开动脑筋，要来一个革命。在引进了先进技术设备后，一定要按照国际先进的管理方法，按照经济规律来管理。要革命，不要改良，不要修修补补。要提倡、要教育所有的干部独立思考，不合理的东西可以大胆改革。现在中国的上层建筑非改不行。

他还反复强调，现在中国面临的最迫切的任务就是发展生产力。中国太穷了，太落后了，老实说对不起人民。中国是社会主义国家，社会主义制度优越性的根本表现，就是能够允许社会生产力以旧社会所没有的速度迅速发展，使人民不断增长的物质文化生活需要能够得到满足。按照历史唯物主义的观点来讲，正确的政治领导的成果，归根结底要表现在社会生产力的发展上，人民物质文化生活的改善上。要想一想，给人民究竟做了多少事情呢？所以，现在必须加速发展生产力，改善人民的物质文化生活。

为此，邓小平提出要适时结束揭批"四人帮"的群众运动，把党和国家的工作重点转到社会主义现代化建设上来。这是个具有重大的战略意义的思考。在听取中共沈阳军区党委常委汇报揭批"四人帮"运动情况时，他说：对搞运动，你们可以研究，什么叫底？永远没有彻底的事。运动不能搞得时间过长，过长就厌

---

① 《邓小平文选》第 2 卷，人民出版社 1994 年版，第 127 页。

② 《邓小平文选》第 2 卷，人民出版社 1994 年版，第 128 页。

倦了。揭批"四人帮"运动总有个底，总不能还搞三年五年，搞得差不多了，就可以结束，转入正常工作。离开东北后，他又向中央有关同志重申了这一意见，并得到中央领导层的支持。这样，转移工作重点就具备了成为一项全局性重大决策的可能性。

10 月 11 日，邓小平在中国工会第九次全国代表大会致词时，把这一意见说得更为明确，他提出：揭批"四人帮"的斗争在全国广大范围内已经取得决定性的胜利，"我们已经能够在这一胜利的基础上开始新的战斗任务"。现在党中央、国务院要求加快实现四个现代化的步伐，"这是一场根本改变我国经济和技术落后面貌，进一步巩固无产阶级专政的伟大革命"。他希望与会代表"对当前的形势进行深入的讨论，以便团结全体会员，在揭批'四人帮'的斗争取得完全胜利的基础上，为迎接这一伟大任务而斗争"。①

这时，已经有相当多的人认识到，为了实现四个现代化的奋斗目标，并把酝酿中的改革开放设想尽快付诸实施，必须把党和国家的工作重点转到现代化建设上来。在这一点上党内已基本没有分歧。但是，在现代化建设的指导思想上，党内认识还不一致。一部分同志仍然固守"两个凡是"的指导思想，认为要加建实现社会主义的四个现代化，"必须坚持以阶级斗争为纲……把阶级斗争、生产斗争和科学实验三大革命运动一齐抓起来"②。而多数同志则主张，进行现代化建设，必须坚持实事求是的指导思想，首先进行拨乱反正。这一指导思想上的分歧，使得对于工作重点转移问题的讨论，不可避免地会引起一场激烈的思想交锋。

---

①　参见《邓小平文选》第 2 卷，人民出版社 1994 年版，第 135—136 页。

②　华国锋：《政府工作报告》，《人民日报》1978 年 3 月 7 日。

1978 年，在真理标准讨论的过程中，有一件事情的历史作用不可被低估，那就是邓小平的北方之行及其发表的"北方谈话"。

1978 年 9 月，邓小平应朝鲜劳动党中央委员会总书记、朝鲜国家主席金日成的邀请，率中国党政代表团赴朝参加朝鲜国庆三十周年活动。9 月，在离朝返回北京途中，邓小平先后视察了辽宁、黑龙江、吉林等省的部分地区。

在视察的过程中，邓小平发表了重要谈话。9 月 16 日，在听取吉林省委工作汇报时，邓小平谈到：现在摆在我们面前的问题，关键还是实事求是、理论与实际相结合、一切从实际出发。这是政治问题，是思想问题，也是我们实现四个现代化的现实问题。怎么样高举毛泽东思想旗帜，是个大问题。"两个凡是"不是高举毛泽东思想的旗帜。这样搞下去，要损害毛泽东思想。毛泽东思想的基本点就是实事求是，就是把马列主义的普遍原理同中国革命的具体实践相结合。

9 月 17 日，邓小平在沈阳军区与李德生等人谈话时，又明确提出，有些单位"揭批查"运动搞得差不多了，就可以转入正常工作。早在 1977 年底和 1978 年 2 月，邓小平已于广州和成都谈了这一问题。对此，邓小平饶有趣味地说，他是"到处点火"。

邓小平的所谓"到处点火"，实际上最主要的是想阐明两个问题：一个是要打破"两个凡是"，大力解放人们的思想；另一个就是结束"揭批查"运动，实现工作重点转移。这把"火"实质上就是要端正人们的思想路线，从而把中国的社会主义建设事业引上正确航道。

（二）1978 年中央工作会议

1978 年 11 月 10 日，中共中央工作会议在北京召开。参加会议的有各省、市、自治区，各大军区和中央各部门的主要负责同志及部分曾在中央、地方和军队担任过重要职务的老同志，共

219 人。会议出席者按地区分为六个大组。这是为党的十一届三中全会做准备的一次极其重要的中央会议。

在开幕会上，华国锋宣布：这次会议的议题，一是讨论《关于加快农业发展速度的决定》和《农村人民公社工作条例（试行草案）》；二是商定 1979 年和 1980 年两年国民经济计划的安排；三是讨论李先念在国务院务虚会上的讲话。在讨论这些议题之前，中央政治局决定，先讨论一下从 1979 年起把全党工作着重点转移到社会主义现代化建设上来的问题。

华国锋在讲话中没有提真理标准讨论、指导思想转变的问题，也没有提当时党内外普遍关心的平反冤假错案问题。他说，工作重点转移的依据，是由于大规模地揭批"四人帮"的群众运动已经可以胜利结束，应该适应形势的发展提出新的任务。"一个阶段的主要问题解决了，就要发展到新的阶段。"这意味着，工作重点转移只是工作阶段的变化，而不是根本指导思想和党的政治路线的转变。受此影响，提交会议讨论的关于农业问题的文件中，仍然沿用"抓革命、促生产"的思路，沿用着"文化大革命"中流行的，掩盖了事实真相的"连续十几年大丰收"的总体估价。显然，这样来实现工作重点转移，是那些首先希望解决指导思想问题和重大历史问题是非的与会同志所不能满意的。

从 11 月 11 日的分组讨论开始，有人就提出了"天安门事件"等重大错案的平反问题。12 日，陈云在东北组发言，提出首先要解决历史遗留问题的意见。他说：实现四个现代化是全党和全国人民的迫切愿望，安定团结也是全党和全国人民关心的事。为了保证安定团结，"对有些遗留的问题，影响大或者涉及面很广的问题，是需要由中央考虑和作出决定的"。接着，他提出了包括为薄一波等 61 人平反，为"天安门事件"平反和关于陶铸、彭德怀的结论等六个重大历史遗留问题。这些党内外关注的重大问题一经提出，就引起强烈反响，会议气氛随之活跃。各组发言的重点很快集中到平反冤假错案问题上，特别是"天安门事件"，几乎各组都提出应尽快平反。

在这种情况下，中央批准由中共北京市委常委扩大会议宣布对"天安门事件"平反，对因此受到迫害的同志一律平反，恢复名誉。15日，新华社以"'天安门事件'完全是革命行动"的标题对此作了报道。16日，《人民日报》《光明日报》等各大报刊登了这一消息，广大干部群众为之振奋。随后，河南、浙江、江苏等省委也郑重宣布：为1976年清明节期间因悼念周总理，反对"四人帮"而受到迫害的同志彻底平反，恢复名誉。

对于会上提出的其他一些重大错案的平反问题，有的同志指出：这些都是过去中央定的，中央不出来明确讲几句话不行。不然，干部群众会有抵触情绪。最好能在工作重点转移之前，中央就把这些问题讲清楚。

在这种形势下，中央政治局常委讨论了上述意见。11月25日，华国锋代表中央政治局在会上宣布，中央决定：为"天安门事件"公开彻底平反；为所谓"二月逆流"和"薄一波等六十一人叛徒集团"的重大错案平反；纠正过去对彭德怀、陶铸、杨尚昆等同志所做的错误处理；一些地方性重大事件，一律由各省、自治区、直辖市党委根据情况实事求是地予以处理，中央专案组要结束工作，全部案件移交中央组织部；康生、谢富治民愤很大，要对他们进行揭发、批判，等等。后来，12月14日，中央工作会议在印发华国锋这次讲话时，又根据大家意见，增加了承认"反击右倾翻案风"是错误的，将中央有关"反击右倾翻案风"的文件全部撤销一条。这些决定，使两年来广大干部群众一直强烈呼吁的几个重大问题基本得到解决，与会同志顿时感到心情舒畅。大家畅所欲言，思想更加解放。一些同志甚至提出，对"文化大革命"也应当重新研究、重新评价的意见。他们认为"刘少奇的资产阶级司令部"根本就不存在，对"文化大革命"

"七分成绩，三分错误"的评价不能说服人。不过，充分讨论和明确解决这个问题的时机还不成熟。

在解决了一些重大历史遗留问题后，会议又对在真理标准讨论问题上出现的意见分歧进行了热烈讨论。有的同志仍然认为，讨论真理标准问题，实际是"提倡怀疑一切，是引导人们去议论毛主席的错误，不符合党的十一大的方针"。这种观点受到多数同志的批评。不少同志还对在前一段讨论中持消极态度的《红旗》杂志和中央宣传部的负责人提出批评，希望他们赶快端正自己的态度。大家感到，在这个问题上的分歧，实质是两种不同指导思想的分歧；这个问题不解决，不明辨是非，工作重点转移就无法顺利进行。经过尖锐的思想交锋，一些曾对这场讨论的意义认识不足的同志先后有了转变，做了自我批评。大家还要求党中央对这场讨论明确表态，以彻底解决思想路线问题。

在讨论其他议题时，大家也摆脱"两个凡是"的束缚，发扬实事求是的传统，对过去多年的指导思想及一些方针政策做了认真反思，并大胆提出批评和建议。

实现工作重点转移要以什么思想为指导，这是个十分关键的问题。有些同志认为，"我们搞建设，仍然要坚持以阶级斗争为纲"。而不少同志则指出，对建设时期的阶级斗争问题应当重新认识，澄清糊涂观念。这是党指导现代化建设必须要解决的问题。有的同志指出：工作重心的转移不是党的具体工作的通常性质的转变，而是具有历史意义的根本性转变。今后除非发生战争，一定要把生产斗争和技术革命作为中心，不能有其他的中心。有的同志还对沿用了多年的"阶级斗争、生产斗争和科学实验三大革命运动一齐抓"的提法提出质疑，认为这一提法没有主次，今后应该明确以生产斗争为中心。经过热烈讨论，多数人都认为，对于社会主义时期的阶级斗争问题应该重新认识，从而为否定"以阶级斗争为纲"的方针开辟了道路。

在讨论两个农业文件时，许多同志对文件回避严峻现实，空讲"人民公社的优越性"和"连续十几年大丰收"表示强烈不满。他们指出，现在全国有近两亿人，口粮在150公斤以下，吃不饱肚子，全国的人均粮食比1957年还要少；造成这种局面，主要是过去在政策上对农民卡得太死，农业上不去，主要是"左"倾错误作怪。有的同志说："不要怕农民富，如果认为农民富了就会产生资本主义，那我们只有世世代代穷下去，那我们还干什么革命呢。"大家还提出了不少尽快恢复和发展农业的建议。陈云在发言中提出："在三、五年内，每年进口粮食可以达到两千万吨。我们不能到处紧张，要先把农民这一头安稳下来……摆稳这一头，就是摆稳了大多数……天下就大定了。……这是经济措施中最大的一条。"这些意见和建议受到中央重视，关于农业问题的两个文件，也根据大家的意见重新改写。

在讨论李先念在国务院务虚会的总结讲话时，很多人赞成改革管理体制，实行对外开放政策。会议印发了一批介绍国外和中国的香港、台湾地区怎样迅速发展经济的材料。不少同志看后提议：改变过去"既无内债，又无外债"的做法，充分利用对中国有利的国际形势，尽可能多地吸收外国资金，大量引进先进技术和设备，加快建设速度。人大常委会应尽快制定有关接受外国贷款、借款、投资等方面的法律，鼓励外商与中国合办企业。这些意见使此前关于改革开放方针的酝酿进一步具体化，正式做出改革开放决策的条件已经成熟。

会议还对党的建设、国家的民主和法制建设等问题进行了议论，大家结合"文化大革命"的惨痛教训，谈到了恢复党的民主集中制的优良传统，加强社会主义民主和法制建设的必要性，并提出了一系列加强党和国家民主建设的建议。

邓小平注关注会议的进程，根据大家的讨论情况和提出的问题，他感到原先准备的讲话稿已不适用，应当更有针对性地讲清楚当前最关键、最迫切的问题。于是，他亲自写了一份提纲，列出七个问题："（1）解放思想，开动机器；（2）发扬民主，加强法制；（3）向后看为的是向前看；（4）克服官僚主义、人浮于事；（5）允许一部分先好起来；（6）加强责任制，搞几定；（7）新的问题。"根据这一提纲，几位同志为他重新起草了讲话稿。

12 月 13 日，会议举行闭幕式，华国锋、叶剑英、邓小平分别作了讲话。华国锋在讲话中就"两个凡是"问题做了自我批评，承认"这两句话考虑的不够周全"，"在不同程度上束缚了大家的思想，不利于实事求是地落实党的政策，不利于活跃党内的思想"。他宣布，会后将召开党的十一届三中全会，进一步确定全党工作重点转移后的方针和任务。

叶剑英讲了三条意见：一是要有好的领导班子，特别是中央委员会要有好的领导班子。二是要发扬民主，加强法制，人大常委会要尽快担负起制定法律、完善社会主义法制的责任。三是勤奋学习，解放思想。他指出："我们进行社会主义现代化建设，不仅是大大提高社会生产力，而且是从经济基础到上层建筑的一场深刻的社会革命。"对这样一场革命，许多人还准备不足，思想不够解放，所以，"我们要破除封建主义所造成的种种迷信，从禁锢中把我们的思想解放出来"。

邓小平作了题为《解放思想，实事求是，团结一致向前看》的重要讲话。在这篇讲话中，他指出："首先是解放思想。只有思想解放了，我们才能正确地以马列主义、毛泽东思想为指导，解决过去遗留的问题，解决新出现的一系列问题……不打破思想僵化，不大大解放干部和群众的思想，四个现代化就没有希望。"

对半年来全党热烈开展的关于真理标准问题的讨论，邓小平做了总结。他指出，关于实践是检验真理的唯一标准问题的讨论，实际上也是要不要解放思想的争论，进行这个争论很有必要，意义很大，"一个党，一个国家，一个民族，如果一切从本本出发，思想僵化，迷信盛行，那它就不能前进，它的生机就停止了，就要亡党亡国"。在当前，要恢复实事求是的传统，就必须解放思想，克服由于种种原因而形成的思想僵化状态。从这个意义上说，"关于真理标准问题的争论，的确是个思想路线问题，是个政治问题，是个关系到党和国家的前途和命运的问题"。

邓小平强调：解放思想，开动脑筋，一个十分重要的条件就是要真正实行无产阶级的民主集中制。当前这个时期，特别需要强调民主。要创造民主的条件，加强社会主义的民主和法制。这次会议，解决了一些过去遗留下来的问题，分清了一些人的功过，纠正了一批重大的冤假错案，这是解放思想的需要，也是安定团结的需要。目的正是为了向前看，顺利实现全党工作重心的转变。

关于即将实行的改革，他说：要向前看，就要及时地研究新情况，解决新问题。现在，我们的经济管理工作，机构臃肿，层次重叠，手续繁杂，效率极低。政治的空谈往往淹没一切。这并不是哪一些同志的责任，责任在于我们过去没有及时提出改革。但是如果现在再不实行改革，我们的现代化事业和社会主义事业就会被葬送。

他还提出，今后在管理制度上，要特别注意加强责任制。任何一项任务、一个建设项目，都要实行定任务、定人员、定数量、定质量、定时间等几定制度。在经济政策上，要允许一部分地区、一部分企业、一部分工人农民，由于辛勤努力成绩大而收入先多一些，生活先好起来。这样就会产生极大的示范力量，影响左邻右舍，带动其他地区，使整个国民经济不断地波浪式地向前发展。"这是一个大政策，一个能够影响和带动整个国民经济的政策"。

邓小平的这篇讲话不但提出和回答了在历史转折关头的一系列根本性问题，为这次中央工作会议做了总结，而且也为即将召开的党的十一届三中全会提供了指导思想。因此，这篇讲话实际上也成为党的十一届三中全会的主题报告。

闭幕会后，会议继续进行了两天讨论，12 月 15 日，会议结束。在老一辈革命家的推动和绝大多数与会同志的共同努力下，这次为期 36 天的中央工作会议终于摆脱了"两个凡是"方针的束缚，把原本准备讨论经济工作的会议开成了一次全局性的拨乱反正和开创新局面的会议。

（三）党的十一届三中全会

在中央工作会议取得重大成果的基础上，1978 年 12 月 18 日至 22 日，中国共产党第十一届中央委员会第三次全体会议在北京召开。出席会议的有中央委员、候补中央委员和中央有关部门的负责同志，共 290 人。华国锋在开幕会上宣布：这次全会的主要任务，就是讨论通过中央政治局关于从 1979 年 1 月起，把全党工作着重点转移到社会主义现代化建设上来的建议。会议审议通过关于农业问题的两个文件，即《中共中央关于加快农业发展若干问题的决定（草案）》和《农村人民公社工作条例（试行草案）》；审议通过 1979 年和 1980 年两年的国民经济计划安排；讨论人事问题和选举成立中央纪律检查委员会。

此前，经过 36 天中央工作会议的充分讨论，与会同志在一些重大问题上已经取得了共识。据此，全会决定：及时地果断地结束全国范围的大规模地揭批林彪、"四人帮"的群众运动，从 1979 年起，把全党工作的着重点转移到社会主义现代化建设上来。今后，对于社会主义社会的阶级斗争，应该按照严格区别和正确处理两类不同性质的矛盾的方针去解决，按照宪法和法律规定的程序去解决，决不允许混淆两类不同性质矛盾的界限，决不允许损害社会主义现代化建设所需要的安定团结的政治局面。自从"以阶级斗争为纲"的方针提出后，这是党第一次对阶级斗争问题正式做出如此明确的限制和规定，这就从政治上保证了工作重点转移的实现。

在邓小平提出的解放思想，实事求是，团结一致向前看的方针指导下，与会同志对党的思想路线问题进行了深入讨论，一致认为，只有在马列主义、毛泽东思想的指导下，解放思想，实事求是，一切从实际出发，理论联系实际，共产党才能顺利地实现工作重心的转变。全会高度评价了关于实践是检验真理的唯一标准的讨论，认为这对于促进全党同志和全国人民解放思想，端正思想路线，具有深远的历史意义。

在认真总结新中国成立以来经验教训的基础上，与会同志普遍感到，实行工作着重点转移之后，决不能再沿用过去的管理体制、管理方法，而必须根据现代化建设的需要，对传统的体制和方法进行大胆改革，探索新的发展道路。全会公报提出：现在，我们要根据新的历史条件和实践经验，采取一系列新的重大的经济措施，对经济管理体制和经营管理方法着手认真的改革，在自力更生的基础上积极发展同世界各国平等互利的经济合作，努力采用世界先进技术和先进设备。这就在实际上使此前关于改革开放的酝酿正式成为社会主义现代化建设的总方针，使工作重心的转移同时也成为党通过改革开放，探索社会主义建设新道路，进行一场新革命的开端。

在讨论农业问题时，全会提出了提高农产品收购价格等促进农业发展的一系列政策措施，并同意将《中共中央关于加快农业发展若干问题的决定（草案）》和《农村人民公社工作条例（试行草案）》发到各省、自治区、直辖市讨论和试行。经过重新改写的文件，比较实事求是地指出了中国农业的落后现状，提出了一系列加快农业发展的政策措施。其中强调"要尊重生产队的自主权"，要在政治上切实保障农民的民主权利，在经济上充分关心农民的物质利益，从而在实际上启动了农村的改革。

在审议 1979 年和 1980 年两年的国民经济计划安排时，全会肯定了中央工作会议关于对国民经济实行调整的意见，提出了基本建设必须积极而又量力而行的方针，从而开始端正了经济建设的指导思想。

全会确认了中央工作会议关于为一系列重大错案平反和重新评价一些重要领导人功过是非的决定；重申了实事求是、有错必纠的解决历史遗留问题的原则，从而启动了平反一切冤假错案，全面清理和彻底解决"文化大革命"及其以前的重大历史是非问题的进程。

全会还作出了加强社会主义民主和法制建设，健全党的民主集中制，健全党规党纪，严肃党纪等一系列决定，提出了加强社会主义法制，使民主制度化、法制化的任务。强调国要有国法，党要有党规党纪。全体党员和党的干部，人人都要遵守党的纪律。

在坚决纠正"文化大革命"及其以前的一些"左"的错误的同时，全会肯定毛泽东的功绩和毛泽东思想。全会公报指出：毛泽东同志在长期革命斗争中立下的伟大功勋是不可磨灭的。同时指出，要求一个革命领袖没有缺点、错误，那不是马克思主义，也不符合毛泽东同志历来对自己的评价。党中央在理论战线上的崇高任务，就是领导、教育全党和全国人民历史地、科学地认识毛泽东同志的伟大功绩，完整地、准确地掌握毛泽东思想的科学体系，把马列主义、毛泽东思想的普遍原理同社会主义现代化建设的具体实践结合起来，并在新的历史条件下加以发展。既能够实事求是地去指出和纠正毛泽东晚年的错误，又能够客观地尊重党和人民的奋斗历史，不至于迷失方向，丧失基本立足点。

经过认真酝酿，全会增选陈云为中央政治局委员、中央政治局常务委员、中央委员会副主席；增选邓颖超、胡耀邦、王震为中央政治局委员；增补黄克诚、宋任穷、胡乔木、习仲勋、王任

重、黄火青、陈再道、韩光、周惠为中央委员，提请党的十二大
追认；选举产生了中央纪律检查委员会，陈云为中央纪律检查委
员会第一书记，邓颖超为第二书记，胡耀邦为第三书记，黄克诚
为常务书记，王鹤寿等为副书记。12月25日，中央政治局开会
决定：由胡耀邦担任中共中央秘书长兼中央宣传部部长，胡乔
木、姚依林担任中共中央副秘书长；免去汪东兴兼任的中央办公
厅主任等职务。

这些组织上的措施为工作重点转移的顺利实现和全会确定的
各项方针政策的贯彻实施提供了可靠保证。虽然这时仍由华国锋
担任党中央主席，但就体现党的正确的指导思想、决定改革开放
和现代化建设的重大方针政策来说，邓小平实际上已经成为党中
央的领导核心。

党的十一届三中全会在思想、政治、经济和组织各方面做出
的一系列重大决策，标志着党已经重新确立了马克思主义的思想
路线、政治路线和组织路线。全会不但开始了对"文化大革命"
及其以前的"左"的错误的全面拨乱反正，而且也为党在正确的
指导思想下进行社会主义建设道路的新探索奠定了坚实基础。

在党和国家的工作重点开始实现战略转移的同时，党的指导
思想和中国的社会主义事业也开始了从"以阶级斗争为纲"到以
发展生产力为中心，从封闭或半封闭到对外开放，从高度集中的
计划经济体制向充满生机与活力的社会主义市场经济体制，从以
毛泽东思想为指导逐步向以邓小平理论为指导转变。这些转变不
但在中国掀起一场彻底改变贫困落后面貌的革命，而且还在世界
范围内突破已经落后于时代、日渐僵化的社会主义建设的旧模
式，开创具有中国特色的社会主义建设的新道路、新理论。邓小
平所作的《解放思想，实事求是，团结一致向前看》的报告，就
是开辟新时期、新道路，创建社会主义建设新理论的宣言书。

在经历了29年的历史曲折后，中国的社会主义事业终于走

上了胜利之途。党的十一届三中全会就是实现这一伟大历史转变的标志，就是开创新道路、新理论的起点。全会公报里有一段话格外醒目："实现四个现代化，要求大幅度地提高生产力，也就必然要求多方面地改变同生产力发展不适应的生产关系和上层建筑，改变一切不适应的管理方式、活动方式和思想方式。"带着这样的历史要求，中国开始了"奔向大时代"的改革开放新时期。

二、平反冤假错案的展开

党的十一届三中全会后，随着全党拨乱反正工作的进行和深入，整个社会大规模平反冤假错案和调整社会关系的工作也随之展开，从而极大地解放了人们的思想，调动了各方面的积极性。

（一）确定平反冤假错案的重大政策

关于冤假错案的平反工作，一般认为是分为两个阶段开展的，第一阶段就是从粉碎"四人帮"到党的十一届三中全会之前。这个阶段对一些重要党史人物和重大党史事件的平反，为正在启动的历史转折，创造了有利了政治条件。但是，这个阶段的平反冤假错案工作，并不是一帆风顺。由于党内阶级斗争扩大化错误的影响根深蒂固，再加上在这两年期间，党中央的主要负责人维护毛泽东晚年的一系列"左"的错误，坚持"两个凡是"的错误方针，因而障碍重重，进展很不顺利，并且只能局部地、比较缓慢地进行着。

党的十一届三中全会的召开，为大规模平反冤假错案创造了条件。会后，在全国范围内大规模地平反冤假错案，落实干部政策的工作迅速全面展开，根据中央组织部公开发表的文献资料，这个时候，平反冤假错案工作主要在以下几个方面取得突破。

在平反冤假错案，落实干部政策过程中，中共中央下发了《贯彻关于全部摘掉右派分子帽子决定的实施方案》《关于对被定为右倾机会主义分子的平反、改正问题的通知》《关于清理历史遗留问题中涉及有关中央文件的处理办法的通知》《关于为"杨、余、傅事件"公开平反的通知》《关于为所谓"华北山头主义"平反的通知》《关于认真传达好为刘少奇同志平反的决议的通知》等一大批重要文件。转发和批转了中央组织部《关于"六十一人案件"的调查报告》、四川省委《关于落实政策工作中应注意的几个问题的通知》、上海市委《关于解决所谓"一月革命"问题的请示报告》的通知、中央组织部《关于为小说〈刘志丹〉平反的报告》、最高人民法院党组《关于抓紧复查纠正冤、假、错案认真落实党的政策的请示报告》、中央组织部《关于善始善终地完成复查纠正冤假错案工作几个问题的请示报告》等一系列文件。在这些文件及批语中，中央按照十一届三中全会确立的实事求是的根本原则，确定了"两个不管"，即：凡是不实之词，凡是不正确的结论和处理，不管是什么时候、什么情况下搞的，不管是哪一级组织、什么人定的和批准的，都要改正过来；"全错全平，部分错部分平，不错不平"；"既要解决问题，又要稳定局势"；对政治历史问题粗一点，不纠缠细枝末节，不留"尾巴"；对抄没财物、扣发工资等经济补偿问题，由于数量过大，中央确定"着重从政治上解决问题，经济上适当补助"；以及"首长负责，亲自动手，全党办案"等一系列重大政策原则。

根据中央的有关文件和精神，遵照中央领导同志的批示，针对平反冤假错案，落实干部政策工作中遇到的实际问题，中央组织部或由中央组织部分别协同中央统战部、公安部、教育部、国家科委、国务院侨办等有关部门，研究制定了平反冤假错案、落实干部政策工作中的一系列具体政策和规定。

党的十一届三中全会前，在深入调查和反复论证的基础上，中央组织部先后制定了《关于正确对待被审查人员的家属和子女问题的通知》《关于父母的严重历史问题及政治问题不应牵连子女的问题的通知》《关于落实农村基层干部政策的几点意见的通知》《关于落实党的知识分子政策的几点意见的通知》等政策性文件，形成了平反冤假错案，落实干部政策的指导思想、方针、政策的基本框架。

党的十一届三中全会后，根据中央的安排，胡耀邦调任中央秘书长兼中央宣传部部长，宋任穷继任中央组织部部长。随着平反冤假错案、落实干部政策工作的全面开展，中央组织部针对工作中遇到的新问题，根据党的十一届三中全会的精神和要求，在深入调查研究的基础上，加快了平反冤假错案、落实干部政策工作中政策规定的研究和制定的步伐。据不完全统计，从 1979 年到 1982 年由中央组织部，或经中组部分别协同中央和国家机关有关部门，就某一个方面的问题，研究制定的具体政策规定近 30 件，进一步完善了平反冤假错案、落实干部政策工作的方针政策体系。

这些方针政策的制定和实施，极大地促进了各级组织和领导对平反冤假错案、落实干部政策工作认识的统一和提高，规范了具体工作中的方法和程序，使各级组织在平反冤假错案、落实干部政策工作中有"法"可依，有章可循，保证了平反冤假错案、落实干部政策工作沿着健康的轨道不断发展。

（二）推进平反冤假错案工作

党的十一届三中全会后，在平反冤假错案、落实干部政策工作中，一些单位和地区的领导和工作人员思想中"左"的流毒还没有彻底肃清，特别是受"两个凡是"错误的影响，思想不解放，对一些案件迟迟不研究，不解决，对一些上级交办，应该解决而又不难解决的问题，硬是顶着不办，甚至认为落实政策过了头；个别地区和单位的领导，由于派性作怪，对平反冤假错案、落实干部政策消极对抗，对有些人的问题长期不解决，甚至捂盖子。针对这些问题，中央有关部门，一是加大贯彻执行十一届三中全会精神的力度，广泛宣传党的解放思想，实事求是的思想路线，进一步肃清"左"的流毒，特别是"两个凡是"的干扰。二是通过对重大冤假错案的平反昭雪，来促进人们的思想解放，推动平反冤假错案、落实干部政策工作。如，对"文化大革命"中的最大冤案——刘少奇冤案的平反，极大地促进了广大干部和群众的思想进一步解放，有力地推动了平反冤假错案、落实干部政策的进行。三是制定和下发文件，明确规定，对极少数抵制十一届三中全会精神，顽抗不办的，或因派性干扰，对平反冤假错案、落实干部政策工作故意拖延，消极对抗的，一定要严肃处理，采取必要的组织措施。

在平反冤假错案、落实干部政策过程中，也有一些领导和工作人员由于对这项工作的重要性、连续性和艰巨性认识不足，产生了差不多的思想和松劲情绪，甚至有的未经检查验收，就撤掉了办事机构。为此，各级党组织加强了平反冤假错案、落实干部政策的重要性和艰巨性的教育，使之认识到平反冤假错案、落实干部政策的深远的历史意义和重大的现实意义，认清自己肩负的历史责任。强调平反冤假错案、实干部政策一定要做到善始善终，要对每个同志的政治生命负责。不能只看到面上的问题已经解决了百分之八九十，只要还有一个错案没有得到纠正，那么，就这个同志来说，他的百分之百的问题都没有得到解决。要一个案件一个案件，一个人一个人地扎扎实实地搞好，经得起历史的检验。同时，提出了做好检查验收工作的要求，制定了验收标准。

针对平反冤假错案、落实干部政策工作中，出现的忽视深入细致思想工作，以及少数被落实政策的人或其亲属提出一些过高，或不合理的要求，甚至无理取闹的问题，中央组织部要求各级组织部门，在平反冤假错案、落实干部政策工作中必须加强政治思想工作。一定要耐心细致地做好落实政策对象的思想工作，各级领导同志要亲自做受迫害同志及其家属的思想工作，鼓励他们振奋精神，努力工作，团结起来向前看，为实现"四个现代化"做贡献。强调落实政策要着重从政治上解决问题，不要在枝节上纠缠。要加强对落实政策对象政治上的关怀爱护，严格按党的政策办事。对无理取闹的必须批评教育。

三、平反"文化大革命"中的冤假错案

在党的十一届三中全会精神的指导下，经过全党的努力，到1982年底，基本完成了"文化大革命"中冤假错案的平反任务，取得了平反冤假错案、落实干部政策工作的决定性胜利。全国共复查平反"文化大革命"中被立案"审查"的干部230万人，集团性的冤假错案近两万件，其中包括一批在全党、全国以至世界上有重大影响的大案要案。

（1）接收了中央专案组的审查材料，为一大批高级干部复查平反。

党的十一届三中全会决定撤销中央专案领导小组机构，将所有档案全部交中央组织部。为了贯彻执行全会的决定，1978年12月19日，由原中央专案领导小组负责人汪东兴和纪登奎、吴德召集中央专案组和中央组织部的同志传达全会的移交决定。中央组织部部长胡耀邦、副部长陈野苹，公安部部长赵苍璧等和三个专案办以及中央组织部干审局的负责同志参加了会议。会上宣

布：中央专案审查小组第一办公室、第三办公室、"五·一六"专案联合小组办公室，自即日起撤销。所有专案材料，一律交中央组织部办理。在移交过程中，一页材料也不准销毁。12月20日上午，中央组织部副部长陈野苹在部内厅长、局长会上，传达了移交会议精神，并对接收、复查工作，做了具体部署，抽调专人组成接收机构，昼夜不停地投入到这项工作中。到1979年2月底，专案材料的移交工作全部完成。中央组织部共接收原中央专案组移交的材料1730卷、391363件，涉及受审查人员共计669人。

随后，中央组织部立即进行了复查平反工作。据统计，被列入中央专案审查的，中央、国家机关副部长及省、自治区、直辖市副省长（包括军队中相当这一级的干部）以上干部213人。其中八届政治局委员10人，中央书记处成员10人，中央委员和候补中央委员71人（不包括省、市审查的），国务院副总理7人，还有南征北战的元帅和将军，有中央局、省、自治区、直辖市党委书记和正、副省长，有中央机关和国务院部委的正、副部长，司局长和一批专家教授、作家、工程技术人员，甚至还有少数居民和学生。上述被审查的人员，定为"问题性质严重或敌我矛盾"的就有320人，占被审查人员的47.8%。这么多的大案、要案，要想在短时间内实事求是地做出复查平反结论，只靠中央组织部的力量显然是不可能的。有鉴于此，中央组织部采取了以下措施：一是把被中央专案组下放到外地仍在监督劳动的领导同志全部接回北京和有关单位。党的十一届三中全会以后，中央组织部在这个问题上有了更大的主动权。会后回到北京的有彭真、张洁清夫妇。原被关押的王光美也被接了出来。其他同志也由各单位陆续接了回来。二是对一部分同志采取了先分配工作，后做复查平反结论的办法，使这些领导同志尽早走上工作岗位。三是按照全党办案和群众路线的原则，采取转请本人原单位进行复查，然后送中央组织部审理，转报中央审批的办法，这样就大大加快了复查平反的进度。实践证明，这些措施取得了良好的效果。从1979年到1980年，由中央组织部直接做出结论并报中央批准的有445人，其中包括彭真、陆定一、陶铸、刘澜涛、习仲勋、安子文、钱瑛、胡乔木、帅孟奇、赵毅敏、林枫、谭震林、李立三、王任重等一大批高级领导干部。过去中央专案组"审查"专案的情况是严密封锁，鲜为人知的。从原中央专案的材料和受害人的揭发材料中，更加清楚地看出林彪、"四人帮"一伙打击迫害老干部的滔天罪行。他们把许多老干部早已有结论的历史问题重新翻出来，采取歪曲事实，无限上纲的手法，给他们扣上"叛徒""特务""反革命"的帽子。他们还把一些同志在工作中的缺点、错误或工作中的失误，有意夸大，给他们戴上"反革命修正主义分子""走资派""三反分子"的帽子；更有甚者，他们随心所欲，点名诬陷同志，先定性捕人，再交专案组"调查"搜集"证据"，当时仅凭江青、康生、谢富治的一句话，就可以把人投入监狱。据不完全统计，"文化大革命"中，原中央专案组先后共关押和监护的干部有1124人，被隔离在单位、干校或外地的，不计其数，实际上受株连，被关押、审查的人员远远超过了移交名单上的数字。有数以万计的无辜干部群众受到株连，有不少证人和家属受株连，也被投入监狱，深受牢狱之苦。

林彪、"四人帮"、康生、谢富治等大搞逼、供、信，鼓吹什么"办案的过程，就是不断反右的过程"，"办案要立足于有，着眼于是"，"一人供听、二人供信、三人供定"和"棒子底下出材料，后半夜里出成果"等谬论，要求专案组的工作人员对被审查人员要"无限仇恨"。他们的手法主要有，突击审讯，搞车轮战；指供诱供、逼取假证；颠倒黑白、混淆是非；捕风捉影，无限上纲；无中生有，造谣中伤；捉刀代笔，强迫签字；断章取义，拼凑"罪行"等等。

林彪、"四人帮"、康生、谢富治等大搞法西斯暴行，对被中央专案组立案审查的同志，进行人身摧残。大批老干部在狱中或被监护后，遭受了非人的待遇。刘少奇重病在身，不但得不到应有治疗，而且在生命垂危之际，竟然把他秘密转送到开封监禁，最终将他折磨致死。彭德怀、陶铸、张闻天等，在备受折磨之后，含冤逝世。幸存者有的也被长期监禁，甚至刑具加身，被戴上手铐关押在监狱。

林彪、"四人帮"、康生、谢富治等株连无辜，造成数万人家破人亡。他们从打倒所谓"资产阶级司令部"到炮制"六十一人叛徒集团"案，株连了成千上万的领导干部和革命群众。许多集团案件，株连一大片。"新疆叛徒集团"案，株连129人；"东北叛党集团"案，株连700余人，加上亲友、工作人员则有数千人。西安事变前后，在东北军地下党和东北救亡总会工作过的领导干部都被打成了"叛徒""特务""通敌策反"。贺龙一案，原二方面军不少干部受到株连。他们在迫害老干部的同时，还将许多老干部的子女妄加罪名，有的长期隔离，有的逮捕，有的打伤打残，有的迫害致死。

林彪、"四人帮"、康生、谢富治一伙人妄加罪名、滥施淫威，滥捕无辜，诛除异己，使许多革命老干部蒙受不白之冤，让他们遭到残酷迫害和打击。遭迫害者的数量之大、范围之广，手段之残酷，是共产党历史上所罕见的，是触目惊心的。这给党和国家造成了空前的浩劫。他们置社会主义民主和国家法律于不顾，把中央专案机构凌驾于党政机关之上，凭少数人非法决定，就对党和国家的领导人，高、中级干部肆意立案审查，而且动辄采取监管、监护和逮捕等专政手段，混淆了敌我。为此，党的十一届三中全会决定，"过去那种脱离党和群众的监督，设立专案机构审查干部的方式，必须永远废止"。这是用无数干部的鲜血和生命换来的沉痛教训。

（2）彻底平反了一批有重大影响的大案要案。

第一，武汉"七·二〇事件"被彻底平反。武汉"七·二〇事件"是在 1967 年 7 月 20 日，武汉市工农兵群众上街游行，反对"四人帮"派去的人搞反军乱军、破坏军民关系，反对武斗，反对打砸抢、破坏生产的阴谋活动。事后，林彪、"四人帮"把"七·二〇事件"说成是"一个彻头彻尾的反革命事件"，诬陷湖北省委和武汉军区党委主要领导人王任重、陈再道是"七·二〇事件"的"后台"，把一批党政军领导干部打成党内、军内"一小撮走资派"，参加或支持游行的广大干部群众也受到残酷迫害。在揭批"四人帮"的斗争中，湖北省委、省革委会、武汉军区党委根据广大干部群众的要求，研究认为，林彪、"四人帮"把"七·二〇事件"说成"反革命事件"，完全是歪曲事实，混淆是非，应予平反昭雪，强加于解放军和广大干部群众的一切诬蔑不实之词，应全部推倒。并向中央上报了《关于处理武汉"七·二〇事件"的请示报告》。1978 年 11 月，中共中央转发了湖北省委、省革委会、武汉军区党委的请示报告，为武汉"七·二〇事件"彻底平反。

第二，为所谓"二月逆流"问题平反。1967 年 2 月前后，谭震林、陈毅、叶剑英、李富春、李先念、徐向前、聂荣臻等中央政治局和军委的领导同志，在中央军委会议和中央政治局碰头会等会议上，针对林彪、"四人帮"、康生、陈伯达一伙煽动"打倒一切，全面内战"，妄图搞乱军队、搞乱全国、篡党夺权的阴谋，围绕着"文化大革命"要不要党的领导，应不应将老干部统统打倒，要不要稳定军队等重大原则问题，代表广大党员和人民的意志，对"文化大革命"的错误做法提出了强烈的批评，同林彪、"四人帮"、康生、陈伯达一伙进行了大义凛然、针锋相对的斗争，但他们被诬为"二月逆流"而受到压制和打击。粉碎林彪集团后，毛泽东提出要为"二月逆流"平反，并指出：这件事搞清楚了，不要再讲"二月逆流"了。粉碎"四人帮"后，在1978年中央工作会议上，中央指出，"二月逆流"完全是林彪一伙颠倒是非、蓄意诬陷，其目的是为了打倒当时反对他们的几位老帅和副总理，进而打倒周恩来和朱德。中央决定，由于这个案件而受冤屈的所有同志，一律恢复名誉；受到牵连和处分的所有同志，一律平反。过去各种文件、材料中关于所谓"二月逆流"的不实之词，都应作废。

第三，为"六十一人叛徒集团案"平反。所谓"六十一人叛徒集团案"，是"文革"当中轰动国内外的特大政治案件。所谓的"叛徒"，就是指1936年经中共中央特殊批准，从北平草岚子监狱出来的薄一波等六十一名中共党员。在"文革"当中，这批人只有40人健在，其中有22个人担任着省委书记、副省长、中央机关副部长以上乃至国务院副总理的领导职务。当时不仅这40位老同志惨遭迫害，他们的家属、亲友、老部下，几乎全部受到株连。对于这一案件，1978年6月，邓小平就在关于"六十一人案件"的一封申诉信上作了"这个问题总得处理才行，这也是实事求是问题"的批示。根据这一批示精神，中组部对这一案件进行了复查。同年12月6日，中央同意并转发了中组部《关于"六十一人案件"的调查报告》，指出，这是一个大错案，对因此而被错误处理的同志应予以改正过来，酌情安排工作，这样就公开给这一重大冤案平了反。

第四，为在所谓"一月革命"中受到批判和迫害的干部群众平反。所谓"一月革命"，是指1967年1月4日张春桥、姚文元回到上海，到2月5日建立"上海人民公社"这一段时间内，他们从上海打开缺口，进行全面夺权的阴谋活动。

1966年，张春桥、姚文元就同林彪、陈伯达、江青相勾结，煽动"造上海市委的反"。1967年1月4日，张、姚回到上海，进一步煽动"对市委不必再抱幻想"，"当前的基本问题是把领导权从'走资派'手里夺回来"等，大造打倒一切、全面夺权的舆论。1月6日，他们假借全市各造反组织的名义，召开"打倒市委大会"，夺取了上海市的权力，并于2月5日建立了所谓的"上海人民公社"。此后，全国掀起了夺权高潮，许多地方甚至发展为武斗，造成了许多地方党政领导机关陷于瘫痪半瘫痪状态，社会秩序和工农业生产进一步遭到破坏的严重局面。

所谓"一月革命"，完全是林彪、陈伯达和"四人帮"精心策划的一个阴谋，是他们搞乱全国，进行全面篡党夺权的一个重要步骤。

1978年12月，上海市委决定，为在"一月革命"中被公开点名批判的曹荻秋等和所有受迫害的干部、群众平反。1979年1月，中共中央转发了上海市委《关于解决所谓"一月革命"问题的请示报告》，为在所谓"一月革命"中受到批判和迫害的干部群众彻底平反。

第五，为"杨、余、傅事件"平反。1968年3月，林彪、"四人帮"为反军乱军，篡党夺权，制造了所谓"杨、余、傅事件"。诬陷杨成武（中共八届中央候补委员、中央军委常委、代总参谋长）、余立金（空军政治委员、空军党委第二书记）、傅崇碧（北京卫戍区司令员）"为二月逆流翻案"。捏造杨成武"同余立金勾结要夺空军的领导权"，"同傅崇碧勾结要夺北京市的权"，"整了江青的专案黑材料"，"杨成武三次下命令给傅崇碧，冲钓鱼台到中央文革去抓人"，还"打了江青"。说杨成武的"黑后台"是"叶（剑英）、聂（荣臻）、陈（毅）、谭（震林）"。诬陷余立金是"叛徒"，诬蔑"杨、余、傅是5·16的黑后台"，等等。还把杨、余、傅问题作为"为二月逆流翻案的邪风"写入了党的八届十二中全会公报和九大政治报告。对杨成武、余立金、傅崇碧等进行了残酷的迫害，并在全国范围内株连了一大批同志，造成严重恶果。1979年3月，中共中央发出《关于为"杨、余、傅事件"公开平反的通知》。通知指出，所谓"杨、余、傅事件"纯系林彪、"四人帮"反党集团制造的冤案。中央决定，为"杨、余、傅事件"公开平反。一切诬蔑不实之词，都应予以推倒；撤销过去中央发的文件。由于这个案件受到株连而被迫害的同志，一律平反昭雪，恢复名誉。

第六，为所谓"华北山头主义"平反。1968年3月，林彪、"四人帮"在制造"杨、余、傅事件"中，捏造了"华北山头主义""晋察冀山头主义"的罪名。此后，在北京军区一次又一次地大反所谓"华北山头主义"，把矛头直接指向在华北地区担任过主要领导工作的聂荣臻、徐向前、罗瑞卿、杨成武。对北京军区一些领导同志罗织罪名，残酷地进行打击迫害，株连了大批同志，搅乱了人们的思想，破坏了部队的团结和建设，造成了严重的恶果和影响。1979年12月，中共中央发出《关于为所谓"华北山头主义"平反的通知》。通知指出，林彪、"四人帮"把晋察冀军区、华北军区、北京军区的光荣历史，横加诬蔑诽谤，完全是出于他们反革命的政治需要。他们把北京军区看作是他们搞反革命政变的严重障碍，所以三番五次地掀起反"华北山头主义"的恶浪，千方百计地要把过去曾在华北工作过的老一辈无产阶级革命家和当时北京军区的一些领导同志打倒，以便实现他们篡党夺权的阴谋。中央正式宣布：所谓"晋察冀山头主义""华北山头主义"等，纯属诬蔑不实之词，应予彻底推倒。有关材料一律撤销。凡由于这个案件受到打击迫害和株连的同志，一律平反，恢复名誉。

第七，为刘少奇和因刘少奇冤案受株连的一大批同志的冤假错案平反。中共中央副主席、中华人民共和国主席刘少奇的冤案，是"文化大革命"中全国最大的冤案，也是共和国历史上最大的冤案。

1966年8月，毛泽东写了针对刘少奇的所谓《炮打司令部》

的大字报，随即在全国范围内掀起了把刘少奇当作党内反革命修正主义集团的总头目和全国最大的走资本主义道路当权派，进行公开批判和斗争的高潮。

林彪、江青、康生、陈伯达、谢富治等人，出于他们篡夺党和国家最高领导权的目的，蓄意对刘少奇进行政治陷害和人身迫害，对错误批判和处理刘少奇，起了极为恶劣的推波助澜的作用，在他们的直接控制和指挥下，采取弄虚作假、断章取义、扣押了解真相的人、逼供信等恶劣手段，拼凑虚构的、牵强附会的材料，伪造证据，报送中央，提出了所谓《关于叛徒、内奸、工贼刘少奇的罪行的审查报告》。并把一大批党政军领导干部诬陷为"刘少奇的代理人"，统统打倒。这份报告和附件《罪证》，是由党的八届十二中全会在当时党中央工作和党内生活处于极不正常的状况下通过的。全会公报还宣布了中央"把刘少奇永远开除出党，撤销其党内外的一切职务，并继续清算刘少奇及其同伙叛党叛国的罪行"的决议。这就造成了全国最大的冤案。1969年10月，刘少奇于重病中被强行从北京押送到开封"监护"，同年11月12日含冤逝世。

粉碎"四人帮"以后，党内外广大干部和人民群众要求并向中央建议，对刘少奇案件进行复查。中央在1979年2月决定，由中央纪律检查委员会和中央组织部对刘少奇一案进行复查。复查结果于1980年2月，经中共十一届五中全会认真讨论，一致通过《关于为刘少奇同志平反的决议》。决议指出，"原审查报告给刘少奇同志强加的'叛徒、内奸、工贼'三大罪状，以及其他各种罪名，完全是林彪、江青、康生、陈伯达一伙的蓄意陷害。八届十二中全会据此作出'把刘少奇永远开除出党，撤销其党内外的一切职务'的决议是错误的。……刘少奇同志是伟大的马克思主义者，是为共产主义奋斗终生的无产阶级革命家。他作为党和国家卓越的主要领导人之一，对我党的建设，对我国民主革命、社会主义革命与社会主义建设，都有不可磨灭的功绩。……过去对于刘少奇同志的诬蔑、诬陷、伪造的材料以及一切不实之词都应完全推倒"。

全会决定，撤销八届十二中全会强加给刘少奇的罪名和对他的处理决议；恢复刘少奇作为伟大的马克思主义者和无产阶级革命家、党和国家的主要领导人之一的名誉；因刘少奇问题受株连的冤、假、错案由有关部门予以平反。1980年3月19日，中共中央发出《关于认真传达好为刘少奇同志平反的决议的通知》。

全会要求各级党组织本着这一精神，积极负责地继续解决类似的尚未解决或尚未完全解决的问题。中组部为了贯彻五中全会精神，于1980年4月18日转发了贵州省委《关于平反纠正因刘少奇同志问题造成的冤假错案，善始善终地落实好党的政策的通知》，要求各地各部门把因刘少奇冤案受株连的和"文化大革命"中其他冤假错案的平反工作，争取在当年上半年结束。5月17日，刘少奇追悼大会在北京隆重举行。党和国家领导人以及首都各方面代表一万多人参加追悼大会。刘少奇的平反昭雪，使全国因刘少奇冤案受株连的数万人也得到彻底平反。通过对这个在全国影响最大的冤案的平反，使广大干部进一步解放思想，推动了其他冤假错案的平反工作。

第八，为受所谓全国"第一张大字报"受诬陷的同志平反。"文化大革命"一开始，北京大学哲学系党总支书记聂元梓等人抛出诬陷北京大学党委和陆平（北京大学党委书记）、宋硕（北京市委大学科学部副部长）、彭珮云（北京大学党委副书记）的所谓"第一张大字报"，受到毛泽东的赞赏。林彪、江青、康生、陈伯达借机对陆、宋、彭等人罗织罪名，进行迫害。不仅在电台广播这张大字报，还组织《人民日报》评论员文章对此大加赞扬，在全国造成了极坏的影响。这是一起发生在"文化大革命"初期的重大冤案。1979年2月，中共北京市委决定为北京大学党委和陆平、宋硕、彭珮云彻底平反。1980年8月，中央组织部转发了北京市委《关于为受所谓全国"第一张大字报"诬陷的同志平反的通知》，使这一冤案得到彻底平反。

第九，为所谓"黑党""假党"问题平反。"文化大革命"中，在林彪、"四人帮"极左路线的影响下，原杨虎城部三十八军地下党组织被诬陷为"黑党""假党"。该组织中的许多老同志被诬陷为"真国民党，假共产党"，被打成"叛徒""特务"，遭到残酷迫害。粉碎"四人帮"后，经陕西省委调查，所谓"黑党""假党"问题，是完全没有根据的。报经中央同意，1981年2月中央组织部转发了陕西省委《关于为原杨虎城部三十八军地下党组织被诬陷为"黑党"、"假党"等问题进行平反的请示报告》。为原杨虎城部38军地下党组织和因此案受迫害的地下党员彻底平反，推倒一切诬蔑不实之词，做好善后工作。

第十，为所谓"红旗党"问题平反。在1943年的延安审干运动中，康生大搞逼供信，制造了所谓"红旗党"一案。甘肃、河南、陕西、四川、湖南、湖北、云南、贵州、浙江、广西等地的地下党都被诬陷为"红旗党"，不少地下党员被打成"特务""叛徒""内奸"。延安审干后期，中央发现康生制造的所谓"红旗党"一案纯属假案，及时进行了纠正。但是，限于当时的历史条件没有做出全面的结论。"文化大革命"中，这一历史问题又被翻腾出来，许多同志再次遭到诬陷和残酷斗争，有的甚至被迫害致残、致死。为了彻底解决所谓"红旗党"的遗留问题，消除康生制造这一假案所造成的不良后果，1981年9月，中共中央办公厅发出《关于印发中央为甘肃、河南、陕西等省地下党被诬陷为"红旗党"问题平反的通知》，宣布中央决定给有关省（自治区）被诬陷为"红旗党"的地下党组织正式平反，推倒强加给这些地下党组织的一切诬蔑不实之词，对因此案受到迫害的同志彻底平反昭雪。

第十一，为潘汉年平反昭雪、恢复名誉。潘汉年是中国共产党的一位老党员，在党内外历任重要领导职务，在党的文化工作，统一战线工作，特别是在开展对敌隐蔽斗争方面，曾经做出了重要贡献，是有很大功劳的。1955年以后，由于严重地忽视了对敌隐蔽斗争的特殊性，混淆了是非界限和敌我界限，将潘汉年错定为"内奸"，他被逮捕关押受审查，后来又被定罪判刑，开除党籍；"文化大革命"中，江青、康生一伙更对他残酷迫害，直至1977年病故，他蒙冤受屈20多年。因潘汉年的问题还牵连许多过去同他有工作联系的同志，使他们也长期蒙受了冤屈。1981年3月，党中央责成中央纪律检查委员会复查潘案。中纪委为此调阅和详细研究了各方面材料，又向几十位过去与潘汉年一起工作过的同志作了调查。复查结果表明，原来认定潘汉年是"内奸"的结论不能成立，应予否定。这是新中国成立以来的一大错案。1982年8月23日，中央下发文件向全党郑重宣布：为潘汉年平反昭雪，恢复名誉；凡因潘案而受牵连被错误处理的同志，也应实事求是地予以复查平反，并切实处理好善后问题。

（3）为一批党和国家领导人、数百名省部级干部及一大批各界知名人士复查平反。

"文化大革命"中，一大批党和国家的重要领导人遭到冲击和迫害。党的十一届三中全会后，党中央先后对刘少奇、彭德怀、贺龙、陶铸、彭真、薄一波、杨尚昆、张闻天、陆定一、谭震林、习仲勋、黄克诚、王任重、宋任穷、罗瑞卿等一批党、国家、政府、军队领导同志的问题进行了复查平反。对党早期领导人瞿秋白烈士的问题也进行了平反昭雪。

"文化大革命"前，全国共有副省长、副部长以上干部1253人，"文化大革命"中受到冲击的有1011人，占同级干部总数的81%。其中，由各地各部门立案审查，被诬为"叛徒""特务"

"反革命修正主义分子""资产阶级司令部代理人""执行修正主义路线"的有 453 人，占总数的 36%（不包括由原中央专案组直接审查的）。对这些干部的所谓审查，大都是捕风捉影，捏造诬陷；或是抓着一点，无限上纲，扣上帽子，实行专政，从而使这些同志在精神和肉体上受到严重的摧残，有 40 位同志在"审查"期间含冤逝世，还有一些同志造成终身残疾。

粉碎"四人帮"后，受中央委托，中央组织部从 1978 年开始到 1980 年底，先后对副省长、副部长以上干部的结论进行了复查或审理。"文化大革命"中被定为敌我矛盾的全部平反，恢复名誉；过去有历史问题结论，"文化大革命"中又加码定性处理的，大多数维持了"文化大革命"前的结论。经过落实政策，这些同志中身体好、能工作的都走上了领导岗位，身体不好的做了适当的安置，含冤逝世的进行了昭雪，因这些同志的冤假错案受到株连的同志、家属子女，做了消除影响的工作。

（4）为"文化大革命"中受到错误批判或遭受诬陷的中央的一些部门平反。

主要有：撤销曾对中共中央对外联络部所做的实行"三和一少、三降一灭"的错误结论；为所谓"中宣部阎王殿"彻底平反；为全国统战、民族、宗教工作部门摘掉"执行投降主义路线"的帽子；为把文化部说成是"帝王将相部、才子佳人部、外国死人部"的错案彻底平反；为解放军总政治部被诬为"阎王殿"的冤案彻底平反，撤销了 1966 年 2 月的《部队文艺工作座谈会纪要》；推翻了教育战线被强加的所谓"执行了修正主义路线"的结论，撤销了 1971 年的《全国教育工作会议纪要》，等等。

党的十一届三中全会后，各级党组织进一步对文艺界、体育界、科技界、卫生界等各界的一大批知名人士的问题进行了复查平反。

四、妥善处理历史遗留问题

妥善处理历史遗留问题是拨乱反正工作的重要组成部分，是平反冤假错案、落实干部政策工作中的一项艰巨任务。

由于历次政治运动中"左"的错误思想的影响，工作上的一些失误和战争年代的特殊历史条件，一些比较复杂的问题没有来得及解决，造成了大量历史遗留问题。据不完全统计，全国"文化大革命"前遗留下来的各种案件高达上百万件，涉及数百万人，影响到上千万人。

随着党的实事求是原则的恢复和发扬，平反冤假错案，落实干部政策工作的深入和发展，要求解决"文化大革命"前历史遗留问题的申诉逐渐增多，呼声日益强烈。这既是共产党解放思想，实事求是，平反冤假错案、落实干部政策深入发展的必然要求，也与平反"文化大革命"中冤假错案有着直接的联系。"文化大革命"中的许多冤假错案，就是林彪、"四人帮"别有用心地把历史上已经处理过的问题，重新翻腾出来，无限上纲造成的。因而，随着平反冤假错案、落实干部政策的深入发展，必然涉及许多历史上的遗留问题。这些问题如果得不到妥善处理，这些干部和群众的积极性就难以调动和发挥，安定团结的局面就难以巩固和发展，党的实事求是的原则就得不到彻底恢复和发扬。

平反冤假错案、落实干部政策工作开展起来不久，复查纠正"反右派""四清"等运动中的遗留问题就已经提上了议事日程。中央下发了有关文件，明确了有关政策规定，开始着手复查纠正"文化大革命"前的历史遗留问题。

党的十一届三中全会后，特别是"文化大革命"中冤假错案的平反任务基本完成后，平反冤假错案、落实干部政策工作的重点就转移到妥善处理历史遗留问题工作上。先后复查处理了"反右派"、"反右倾"、"四清"、"地下党"、"情侦人员"、"苏区肃反中被错杀人员"、湖西"肃托事件"、"中原突围"等一大批重大历史遗留问题。这项工作直到 1987 年党的十三大召开之前才基本完成。

如何积极妥善地处理历史遗留问题，关系到平反冤假错案、落实干部政策能否稳妥、健康地进行，也关系到安定团结的大局能否稳定。为此，中央组织部和中央国家机关有关部门在宏观指导上，主要抓了以下几方面工作。

（一）努力排除各种阻力和干扰

在处理历史遗留问题工作初期，阻力和干扰主要来自"左"的方面。一些人继续用"左"的观点看待历史遗留问题，对定性处理错了的也不纠正。

党的十一届三中全会后，在复查处理历史遗留问题工作中出现了另一种错误苗头，这就是有一些人持否定一切的态度，要求把新中国成立以来历次政治运动中的问题和新中国成立前的历史遗留问题统统翻腾一遍，而且呼声越来越高，来信来访呈猛增的趋势。甚至在工作中把不该改的也改了。针对这些问题，1979 年 6 月，中央组织部召开了"落实干部政策工作座谈会"。会上，中组部领导明确指出，"文化大革命"中的冤、假、错案与"文化大革命"前的错案是有区别的。对"文化大革命"前的老案，要用辩证唯物主义、历史唯物主义的原则，本着实事求是、有错必纠的原则来解决。总的一条，要以当时的情况，当时的条件，当时的政策，来对待当时的问题。提出了处理"文化大革命"前历史遗留问题的方针和原则。会后，经中央批准，中央组织部下发了《关于"文化大革命"前一些案件处理意见的通知》。文件指出，对于历史老案除错划"右派"的改正，1959 年以来"反右倾"斗争中错案的纠正，和"四清"运动中错案的复查等中央已有规定的以外，其余案件可以按照个别问题个别处理的原则，列入正常工作范围进行复查审理。它与"文化大革命"期间，在林彪、"四人帮"的严重干扰破坏下造成的大批冤、假、错案，有原则的区别。如果对这些老案不作历史的分析，统统再重新翻腾一遍，以现在的政策观点为标准，进行普遍的复查和处理，势必造成是非不清，引起不必要的思想混乱，影响安定团结，也会脱离党内外广大干部和群众。对于历史老案要区别不同情况慎重处理。对于犯有错误，根据当时党的政策规定定性处理基本恰当的，或即使定性处理重了一些，但主要事实依据没有变化的，不再予以复议。对个别原定性处理的主要依据失实的，和对照当时党的政策规定属于错被开除党籍、错被开除公职、错被定为敌我矛盾的，应予以复查改正。对于错被开除党籍，后来一直表现好现在具备党员条件者，可恢复其党籍或重新入党。

为了进一步做好历史遗留问题的复查工作，中央组织部于1983年1月在湖北宜昌召开了十七省、市委组织部和部分中央国家机关有关同志参加的座谈会。会上就这项工作交流了经验，研究了工作中遇到的疑难问题，提出了解决问题的意见和措施，进一步确定了这项工作的方针、任务。会后，中央组织部发出通知，印发了《"文化大革命"前冤假错案复查工作座谈会议纪要》。纪要指出，"文化大革命"前发生的冤假错案，主要是由于受当时认识的限制和工作中的失误所致，同"文化大革命"特定历史条件和林彪、江青反革命集团蓄意制造的大量的冤假错案，性质是不同的。复查纠正"文化大革命"前的冤假错案，解决历史遗留问题，要遵照党的十一届三中全会以来的精神和中央批准的中央组织部《关于"文化大革命"前一些案件处理意见的通知》等政策规定，考虑到当时的背景，依据事实材料，历史地、全面地看待，具体案件具体分析，坚持实事求是，有错必纠，积极稳妥地有步骤地把一切尚未解决的冤假错案坚决纠正过来。在工作中要注意防止两种偏向：一种是继续用"左"的观点看待历史老案，对定性处理错了的也不纠正，甚至对自己经办、批过的案件明明错了，也顶住不办；另一种是用否定一切的观点，把不该改的也改了。对"文化大革命"前的案件，凡提出申诉的或未申诉而组织上发现可能搞错了的，都应复查，重点要放在大案、要案、公案和被定为敌我矛盾、被错开除党籍、被开除公职的案件上。处理案件应以事实为依据，以党的政策为准绳。对原结论主要依据失实的，应彻底平反；对依据属实，但定性处理错了的，应予纠正；对事实清楚，证据确凿、结论处理正确，或者主要依据没有大的出入，定性处理基本恰当，只是偏重一些的，可不改变，对其使用和生活方面可酌予照顾。冤假错案纠正后，着重从政治上解决问题，要做好思想工作，同时按有关规定妥善处理好善后工作。

这两次会议和会议后发的文件，有力地促进和推动了妥善处理历史遗留问题工作的深入和发展。

（二）处理历史遗留问题的政策

妥善处理历史遗留问题，责任重大，政策性强，直接关系到一些为革命抛头颅、洒热血的烈士的认定、评价和一些同志的政治生命，来不得半点马虎。必须严格按照中央的方针政策办。因此，制定正确的方针政策尤为重要。

在中央领导和老一辈革命家的关怀指导下，党中央和中央国家机关有关部门先后制定了《关于全部摘掉右派分子帽子的通知》《贯彻中央关于全部摘掉右派分子帽子决定的实施方案》《关于对被定为右倾机会主义分子的平反、改正问题的通知》《关于"文化大革命"前一些案件处理意见的通知》《关于"文化大革命"前一些案件处理意见的补充通知》《关于印发〈"文化大革命"前冤假错案复查工作座谈会议纪要〉的通知》《摘要转发铁道部党组〈关于做好建国以来冤假错案复查工作的意见〉的通知》《关于转发江苏省委组织部〈关于"文化大革命"前冤假错案摸底排队和复查工作安排情况的报告〉的通知》等一系列关于处理历史遗留问题的政策规定，明确提出了处理"文化大革命"前历史遗留问题的原则、方针以及政策界限，严格规定了复查处理的范围、重点和审批权限。实践证明，这些政策规定对及时统一各方面的认识，端正工作方向，妥善地做好"文化大革命"前历史遗留问题的复查处理工作，发挥了重要的作用。

（三）正确处理历史遗留问题

在这项工作中，由党中央、中央国家机关有关部门和中央委托有关省市直接复查处理的具有重大影响的历史遗留问题主要有以下案件。

1. 复查纠正反右派斗争中的冤假错案

1957 年在全党开展的整风过程中，极少数资产阶级右派分子乘机鼓吹所谓"大鸣大放"，向党和新生的社会主义制度放肆地发动进攻，妄图取代共产党的领导。在这种形势下，党中央决定对右派进攻进行反击，这是必要的，正确的。但是，反右派斗争被严重地扩大化了，一批知识分子、爱国人士和干部被错划为右派分子，造成了不幸的后果。正如邓小平所指出的："问题是随着运动的发展，扩大化了，打击面宽了，打击的分量也太重。大批的人确实处理得不适当，太重，他们多年受了委屈，不能为人民发挥他们的聪明才智，这不但是他们个人的损失，也是整个国家的损失。"①

1959 年党中央发出关于分期分批摘掉"右派分子"帽子的

---

① 《邓小平文选》第 2 卷，人民出版社 1994 年版，第 243 页。

指示，到 1964 年先后分五批给错划为"右派分子"的多数人摘掉了"右派"帽子。

粉碎"四人帮"后，在平反冤假错案，落实干部政策工作中，"右派""摘帽"和改正问题被再次提出。由于当时"左"的思想禁锢未打破，"文化大革命"还没有得到彻底否定，要妥善处理这一问题，阻力很大，非议不少，面临着极为困难的局面。

1978 年春，中央国家机关有关部门在山东烟台召开会议，研究如何妥善处理反右派斗争的历史遗留问题。会上，对"摘帽"问题形成了一致意见，但对错划右派改正问题意见尚不一致。会后，由中央统战部、公安部起草了给中央的《关于全部摘掉右派分子帽子的请示报告》。经研究批准，1978 年 4 月，中共中央发出了《关于全部摘掉右派分子帽子的通知》，决定摘掉全部"右派分子"的帽子。

之后，在胡耀邦的主张下，中央组织部给中央写报告，建议根据实事求是，有错必纠的原则，将反右派斗争中搞错了的"右派"改正过来。为此，1978 年 8 月，中央国家机关有关部门再次召开会议，专题研究"右派"改正问题。会上，一些人仍然坚持只"摘帽"，不改正的观点。有的认为，过去的是是非非已经过去了，没有必要再一一清账，今天只要统一摘去帽子，都当做自己人看待，就可以了。有的认为，不管怎样，每个地方、每个部门总得留下一些"样板"，不能都改了。甚至还有人说，如果几十万"右派"都改正过来，全党不就乱了套吗？坚持既要"摘帽"，又要改正观点的同志，认为必须坚持实事求是，有错必纠的原则，并指出，只有将冤假错案都纠正过来，才能分清是非，增强团结，促进事业的发展。经过激烈争论，后者的意见得到与会绝大多数同志的赞成。

1978 年 9 月，党中央根据实事求是，有反必肃，有错必纠的原则，批转了中央组织部、中央宣传部、中央统战部、民政部、公安部起草的《贯彻中央关于全部摘掉右派分子帽子决定的实施方案》，并发出通知，决定对被错划为"右派分子"的人进行复查，把被错划为"右派"的改正过来。这一文件为正确处理反右派斗争的遗留问题指明了方向，制定了基本政策和方法。

为了做好"右派""摘帽"和改正工作，中央组织部、中央宣传部、中央统战部、公安部、民政部五部联合成立了"摘帽"办公室。中央组织部内部成立了"右派"改正办公室专门负责这项工作。为了推动这项工作的开展，中央组织部还于 1979 年 1 月 4 日在《组工通讯》第 33 期上发表了《右派错案的改正工作一定要抓紧》一文。文章对"右派"改正工作的情况做了具体分析，明确了一些认识，并提出了一些具体措施。

为了顶住压力，克服阻力，以邓小平为代表的老一辈革命家对这项工作给予巨大支持。邓小平强调指出："给右派分子全部摘掉帽子，改正对其中大多数人的处理，并给他们分配适当的工作，就是一件很必要的、重大的政治措施。"①

在党中央的正确领导、老一辈革命家的坚决支持和中央国家机关有关部门的共同努力下，通过艰苦细致的工作，阻挠给"右派分子"全部摘掉帽子和错划"右派"改正工作的坚冰终于被打破。

1979 年 2 月，中央组织部和中央统战部共同召开了全国"右派"复查改正工作经验交流会。中央党校、公安部、河南永城县委等单位介绍了他们解放思想做好复查改正工作的经验。中央组织部和中央统战部的领导同志在会上也讲了话，着重阐述了贯彻三中全会精神，实事求是处理历史遗留问题的重大意义，并且第一次提出了"1957 年反右派斗争犯了扩大化错误"的问题，强

① 《邓小平文选》第 2 卷，人民出版社 1994 年版，第 243—244 页。

调指出："改正错划的'右派'，就是改正我们在反右派斗争中的错误……无论哪一级组织或哪一个人批准定案的，凡是错了的都要改正。"这是一次经验交流会，也是解放思想的促进会。随后，各省、自治区、直辖市，以至地、县都召开了类似的会议。此后，针对这项工作中出现的新情况和突出矛盾，党中央又就错划"右派"改正后的安置等善后工作的政策问题发出了通知，使反右派斗争中遗留的问题，从政策规定上得到了较彻底的解决。到1981年上半年，这项工作胜利结束，全国共改正了54万余人的"右派"问题，占原划"右派"总数55万人的98%以上。对失去公职的27万人，恢复了公职，重新安排了工作或安置了生活，对原来工作安排不当的做了调整。另外，对被划为"中右分子"，和"反社会主义分子"的31.5万余人以及受到株连的亲属，也落实了政策。这项工作的胜利完成，不仅"解放"了几十万被错划为"右派"的同志，而且解除了为数更多的受株连的家属亲友的痛苦，激发了他们建设社会主义的积极性。

改正比较曲折的当属胡风案。党的十一届三中全会后，中央重新审查了胡风一案。1979年1月，胡风被释放出狱。1980年9月，中央下发复查报告通知，对胡风予以改正。中央1980年第76号文件指出："'胡风反革命集团'一案，是当时的历史条件下，混淆了两类不同性质的矛盾，将有错误言论、宗派活动的一些同志定为反革命分子、反革命集团的错案。中央决定，予以平反。"与此同时，76号文件仍坚持："胡风的文艺思想和主张有许多是错误的，是小资产阶级的个人主义和唯心主义世界观的表现……胡风等少数同志的结合带有小集团性质，进行过抵制党对文艺工作的领导，损害革命文艺界团结的宗派活动。"另外，胡风在1920年代担任所谓"反动职务"，写过"反共文章"，"进行反革命宣传鼓动"等政治历史"问题"都予以保留。对于文件中保留的论断，胡风认为仍是对他莫须有的指责，因此未在文件上签字。这份文件也是他生前见到的唯一一份改正文件。

　　胡风在 1980 年改正后，先后出任全国政协常委、中国文联第四届委员、中国作协顾问等职。在他去世后，这直接导致了胡风家人与文化部门旷日持久的拉锯战。1986 年最初拟定的胡风悼词是依据 1980 年那份胡风本人并不认可的改正文件，因此其家人反对最初版本悼词，也是尊重死者遗愿。由于悼词陷入僵局，追悼会不得不无限期推延，而胡风遗体也不得不冷藏在友谊医院太平间里等待。直到他去世后七个月，追悼会才得以举行。1986 年新拟定的悼词开头对胡风进行了定性："我国现代革命文艺战士、著名文艺理论家、诗人、翻译家……"对于 20 世纪 50 年代那起改变胡风命运的公案，悼词中也做了回应："当时把他的文艺思想问题夸大为政治问题，进而把他作为敌对分子处理，这是完全错误的。"另外，悼词还对胡风进行了全面肯定："胡风同志的一生，是追求光明、要求进步的一生，是热爱祖国、热爱人民并努力为文艺事业做出贡献的一生。"① 这篇悼词对胡风进行了完全正面的评价，显然，"现代革命文艺战士、著名文艺理论家"这样的评价，仍不够分量。

　　1988 年 6 月 18 日，经中央政治局常委讨论，中央办公厅发出《关于为胡风同志进一步平反的补充通知》，正式撤销其个人主义、宗派主义、唯心主义等罪名。至此，胡风一案历时八年，先后三次才最终从政治上、历史上、文艺思想及文学活动上，获得全面彻底的平反。

　　事实上，1986 年的悼词基本上已经对胡风进行了全面的正面评价，1988 年的这次补充通知是在 1986 年悼词的基础上，对 1980 年改正文件的一个修订。其中最主要的一点是取消了对胡风

---

　　① 胡风同志治丧委员会：《胡风追悼会悼词》，《新文学史料》1986 年第 2 期。

的文艺思想和宗派活动等问题的严厉指责。这一天距胡风去世已有三年，距他出狱将近十年，距他被捕入狱则已有 33 年。

2. 复查纠正"反右倾"斗争中的冤假错案

1959 年 7 月 2 日至 8 月 16 日，中共中央在江西庐山相继召开政治局扩大会议和八届八中全会，即"庐山会议"。在"庐山会议"后期，错误地发动了对彭德怀的批判，进而在全党错误地开展了"反右倾"斗争。八届八中全会关于所谓"彭德怀、黄克诚、张闻天、周小舟反党集团"的决议是完全错误的。决议提出把彭德怀等同志调离国防部等工作岗位，保留政治局委员等职务，以观后效。全会还通过了《为保卫党的总路线、反对右倾机会主义而斗争》的决议。决议认为，"右倾机会主义已经成为当前党内的主要危险。团结全党和全国人民，保卫总路线，击退右倾机会主义的进攻，已经成为党的当前的主要战斗任务"。从而，把"反右倾"斗争推向全党。在"反右倾"斗争中，有一大批党员、干部，受到错误的批判和处理，一些同志被错误地划为右倾机会主义分子。"文化大革命"中，在极左思潮的干扰下，这些同志因此又受到揪斗、批判和各种处分。

"反右倾"斗争，是新中国成立以后党内政治生活中一次重大失误。它使党内从中央到基层的民主生活遭到严重损害，错误地打击了一大批敢于实事求是，向党反映实际情况，提出批评意见的同志，支持了浮夸、说假话的不良倾向，助长了党内个人崇拜现象的发展。

虽然在 1961 年和 1962 年七千人大会以后，中央决定对 1959 年以来被定为右倾机会主义分子（或右倾机会主义错误）的人进行甄别，做了大量的工作，有不少人已得到平反、改正。但是，由于当时"左"的错误并没有得到根本纠正，因而改正不彻底。后来，在八届十中全会以后，由于提出了"反对右倾翻案风"，致使这一工作实际上停了下来。在"四清"运动和"文化大革命"运动中，在极左思潮的干扰下，许多地方对于已于 1961 年和 1962 年平反、改正的人，又重新定为右倾机会主义分子或右倾机会主义错误，并对他们进行批斗；对于还没有平反、改正的人，则更因此被揪斗、游斗或受到纪律制裁，不少人受到开除党籍、团籍、降职、降薪、下放、开除公职等各种处分。

粉碎"四人帮"后，在平反冤假错案，落实干部政策之初，一些老同志就提出了为"反右倾"斗争中遭到错误批判的同志平反的建议和要求。党的十一届三中全会为彭德怀平了反。1979 年 7 月，中央又正式下发了《关于对被定为右倾机会主义分子的平反、改正问题的通知》。通知强调，在 1959 年以来的"反右倾"斗争中，因反映实际情况或在党内提出不同意见，被定为右倾机会主义分子的或右倾机会主义错误的，一律予以平反、改正，并且一定要妥善落实政治和生活待遇方面的各项政策。

文件下发后，按照中央的部署，由中央纪律检查委员会负责，中央组织部协助，迅速妥善处理了"反右倾"运动中的遗留问题。

3. 复查纠正"四清"运动中的冤假错案

"四清"运动是党发动和领导的一次大规模群众运动。1963 年 2 月的中央工作会议确定，在农村普遍进行一次以"四清"（清理账目、清理仓库、清理财务、清理工分）为主要内容的社会主义教育运动；在城市开展"五反"运动。1964 年底至 1965 年初的中央工作会议，在毛泽东主持下讨论制定了《农村社会主义教育运动中目前提出的一些问题》，即"二十三条"。在这个文件中又把"四清"规定为清政治、清经济、清组织、清思想，强调这次运动的性质是解决"社会主义和资本主义的矛盾"，提出这次运动的重点是整所谓"党内走资本主义道路的当权派"等更左的观点。"四清"运动虽然对解决干部作风和经济管理等方面的问题起了一定作用，但由于把不同性质的问题都认为是阶级斗争或者是阶级斗争在党内的反映，使不少基层干部受到不应有的打击。"文化大革命"中，林彪、"四人帮"又借机制造混乱，使这个问题更加复杂化。

1978 年 5 月，原西南局第一书记李井泉向中央呈送了一份《关于贵阳市"四清"运动中遗留问题的情况》的报告。邓小平批示："同意这个报告，此事，似可由中组部商同省委研究一个处理的方针和办法报中央。"贵州省委于同年 7 月向中央报送了《关于贵阳市"四清"运动中遗留问题的情况和处理意见的请示报告》。同年 8 月，中共中央批复同意贵州省委的请示报告。中央批复指出：贵阳市的"四清"运动中，对有些同志的问题定性不当，处理偏重，混淆了两类不同性质的矛盾，伤害了一些同志。现在，实事求是地加以纠正，这对于恢复和发扬党的优良传统，落实党的政策，调动干部、党员的积极性，增强团结，都是十分必要的。对参加"四清"工作的同志和"四清"中受批判或处分的同志，都要做好工作，不要追究个人责任，不要计较个人恩怨。要从大局出发，团结起来，共同对敌，为发展贵州的大好形势做出新的贡献。同月《组工通讯》第 12 期刊登了题为"'四清'中的错误也应纠正"的文章。这篇文章是根据中央对贵州省委关于贵阳"四清"问题的请示报告的批复精神撰写的。文章要求对"四清"中确实搞错了的案件，也应当实事求是地纠正过来。对于纠正"四清"中的错案是不是翻"四清"的案，会不会否定"四清"的成绩，会不会招惹"麻烦"等思想顾虑作了回答。还提出纠正"四清"中的错案，一定要采取积极的慎重的方针，既要解决问题，又要稳定局势。要着重从政治上解决问题。要促进安定团结，发展大好形势。之后，中央组织部又提出了复查纠正"四清"运动中冤假错案的一些具体规定和工作要求。按照中央的精神，全国各地方、各部门对"四清"中的错案，开始进行复查纠正。

　　鉴于贵州 1964 年的"四清"运动同全国的情况差别很大，有特殊性，1983 年 12 月贵州省委再次向中央组织部报送了《关于彻底解决贵州"四清"问题的请示报告》，再次请求中央予以批复。受中央委托，中央组织部起草了给贵州省委的《关于解决贵州"四清"问题的批复》（意见稿），经中央批准，于 1984 年 6 月以中共中央的名义批复贵州省委。批复中指出："一九六四年贵州的'四清'运动，是在'左'倾错误指导思想下进行的，当时认定省委犯了右倾机会主义路线性质的错误，'贵阳市委已经形成反革命两面政权'这种估计和分析是完全错误的。由此造成的冤假错案，予以彻底平反是完全正确的。"根据中央有关规定的精神，"有关贵州'四清'问题的错误结论和文电均已自行失效……中央认为，贵州省委、贵阳市委和其他开展'四清'运动的地方领导干部是好同志，当时由中央选派到贵州参加'四清'的两千名干部也是好同志。当前，加强干部之间的团结，对于开创贵州工作的新局面，具有极其重要的意义"。由此开始，各省、自治区、直辖市都根据中央的精神，对"四清"工作中的冤假错案做了全面、彻底的复查纠正。全国共复查纠正了"四清"运动中的冤假错案 63 万余件。

4. 妥善处理地下党历史遗留问题

　　新中国成立初期，在对地下党组织进行普遍清理的工作中，一些地方由于对地下斗争的复杂性认识不足，对于地下斗争的历史环境和特点缺乏了解，也由于工作上的失误，致使一些地下党的同志受到了错误的处理和不公正的对待，造成了不少遗留问题。"文化大革命"中，一些地下党的同志又因此受到诬蔑和迫害。1981 年 7 月，胡耀邦在一封来信上批示，关于地下党历史遗留问题"要很好抓一下，公公正正地解决，请先从福建抓起"。中央组织部致函福建和其他有关省委，转达了胡耀邦的批示。福建省委对这一问题非常重视，由省委书记负责，用了三年多的时间，对福建地下党的历史遗留问题进行了彻底复查，做了妥善处理。

云南省委也遵照批示精神立即着手解决云南在清理地下党工作中的遗留问题。1982 年 3 月，中央组织部印发了经中央批准的云南省委《关于解决云南地下党、"边纵"历史遗留问题的报告》和《关于为郑伯克同志恢复政治名誉的报告》。对"文化大革命"中省军管会和省革委会给云南地下党、"边纵"强加的一切诬蔑和不实之词一律予以推倒，造成的大批冤假错案给予彻底平反。同时还解决了在"文化大革命"以前的几次政治运动中，对云南地下党、"边纵"所做的不恰当的结论，解决了 50 年代省委对云南地下党主要负责人郑伯克的错误批判等问题。充分肯定了云南地下党和"边纵"，认为他们在远离中央的边疆多民族地区艰苦奋斗，做了很多工作，取得了重要成绩，为解放云南做出了贡献。1982 年 8 月，中组部还批准下发了陕西省委组织部《关于西北联大地下党组织的情况和有关人员党籍处理意见的报告》。

在认真总结以上地区妥善处理地下党历史遗留问题经验的基础上，1984 年 12 月中央组织部召开了 16 个省、自治区、直辖市处理地下党历史遗留问题座谈会。对处理地下党历史遗留问题工作进行了认真研究和部署，会后，经中央书记处批准，中央组织部发出关于印发《处理地下党历史遗留问题座谈会纪要》的通知。该纪要肯定了全国各地的地下党组织和地下党领导的游击武装长期在白色恐怖中英勇奋斗，为中国人民的解放事业做出了应有贡献。指出地下党历史遗留问题，主要指当地解放前建立的地下党组织或地下党所领导的游击武装、秘密外围组织及其成员，因被错误处理而形成的冤、假、错案和遗留的党籍等问题。处理这些问题，要遵照《建国以来党的若干历史问题的决议》和中央有关政策、指示精神，坚持"实事求是，有错必纠"的方针，公公正正地加以解决。既要分清是非，解决问题，又要有利于安定团结。不追究个人责任。着重从政治上解决，对长期受错误处理的同志在政治待遇和生活待遇方面，要做适当的补救。该纪要还就处理地下党遗留问题工作中的几个问题，提出了解决的意见。此后，这项工作在全国普遍展开。1985年11月，中央组织部又发出《关于抓紧处理地下党历史遗留问题的通知》，要求各地组织部根据中央关于在十三大召开之前基本完成落实政策工作的精神，继续抓紧做好处理地下党历史遗留问题的工作。通知还对长期受错误处理的地下党同志有关生活待遇的补助问题作了具体答复。

在党中央的正确领导和有关省市区的共同努力下，这项工作在十三大之前基本结束，地下党的历史遗留问题得到妥善处理，恢复了地下党的革命形象，分清了是非，增强了党的团结。

5. 认真落实关于情报侦察人员的政策

这是平反冤假错案，落实干部政策后期工作中的一项重要任务。中国共产党的情报侦察工作，无论在战争年代还是建设年代，对革命和建设都起了重要作用。但新中国成立以来，在历次政治运动中，特别是在"文化大革命"中，由于"左"的思想影响和工作上的失误，忽视了情报侦察工作的特殊情况，致使不少情报侦察人员和领导干部受到错误处理，造成了不少冤假错案。党的十一届三中全会以来，各地党组织在平反冤假错案，落实干部政策工作中，平反纠正了情报侦察人员中的一些冤假错案，特别是党中央为多年蒙受不白之冤的潘汉年平反昭雪，产生了很大影响。但是情报侦察人员的历史遗留问题比较复杂，有些地区和部门在复查工作中，由于对党情报侦察工作的政策、做法和特点不够了解，同时对处理情报侦察人员在特定条件下发生的问题缺少政策依据，因此使一些被错误处理的情报侦察人员的问题和善后工作一直没有得到解决，或解决不彻底。

为此，国家安全部党组和中央组织部于1986年4月向中央书记处报送了《关于认真落实情报侦察人员政策的请示报告》。中央书记处指示，落实情报侦察人员的政策，是一项严肃的政治任务，各地和有关部门应认真抓紧落实。在落实政策工作中，要充分考虑情报工作的特殊性，根据不同时期中国共产党党对敌斗争的政策和策略，紧密结合当时的历史环境和实际情况，实事求是地全面分析考察。对有关具体问题，应本着宜粗不宜细和宜宽不宜严的精神处理。同年5月，经中央同意，中共中央办公厅转发了这个请示报告。7月，国家安全部和中央组织部又在北京共同召开有关省、自治区、直辖市落实情侦人员政策的工作座谈会。着重研究了贯彻落实中央对落实情侦人员政策的指示和中共中央办公厅的通知，进一步加深对做好这项工作重要性的认识，明确进行这项工作的方针和指导思想，以及应该采取的措施，还做了相应的工作部署。会后，落实情报侦察人员政策的工作在全国24个省市区和中央国家机关有关部委全面展开。

各省市区都很重视这项工作，有的省还成立了专门机构承担这项工作。但由于落实情报侦察人员政策工作的特殊性、复杂性和艰巨性，这项工作直到20世纪90年代初才彻底完成。全国共平反冤假错案、落实情报侦察人员政策上万人（件），取得了显著成绩。

这次全国范围平反冤假错案、落实情报侦察人员政策，在情报侦察工作历史上是前所未有的，成效也是显著的。这充分体现了党对情报侦察人员的关怀和彻底负责的精神，使被错误处理的同志和家属子女都放下了多年的沉重包袱。对于争取朋友，团结同志，调动情报侦察战线上广大同志的积极性，增强凝聚力，促进国家安全事业的发展，起了积极作用。

6. 为小说《刘志丹》平反

在1962年北戴河中央工作会议和八届十中全会上，由于康生的发动，批判了尚未出版的长篇小说《刘志丹》。会后，把写这部小说作为反党事件在党内作了传达，并对小说本身，对小说作者李建彤，审阅过书稿的习仲勋、刘景范等，以及组织创作这部小说的工人出版社有关同志，进行了长期的专案审查。一直到"文化大革命"开始时，专案审查尚未结束，没有做出正式结论。"文化大革命"中，康生伙同林彪、"四人帮"，在小说《刘志丹》问题上进行了更大规模的政治迫害。姚文元发表文章，公开宣布《刘志丹》是反党小说，宣称作者和支持该书的同志是反党分子。此后，已被专案审查的同志遭受了更加严重的摧残，受到株连的人数更多。曾经看过书稿、支持过这一创作的领导同志，原陕甘革命根据地的一批老干部、老党员，甚至一些参加过此专案审查工作的同志，都遭到不同程度的迫害，有的被迫害致死。李建彤被定为"习仲勋反革命集团利用小说进行反党活动的骨干分子"。直到1977年5月，中央专案组给刘景范做的审查结论中，仍说刘景范"伙同习仲勋抛出反党小说《刘志丹》，为高岗翻案"。

1979年经中央组织部复查，事实说明，小说《刘志丹》（送审样书）不仅不是反党小说，而且是一部比较好的歌颂老一辈无产阶级革命家，描写革命斗争历史的小说。习仲勋等同志关心这部小说的创作，对如何改好这部小说发表过意见，是完全正当的，根本谈不上是什么反党阴谋集团活动。从案件前后经过看，所谓利用写小说《刘志丹》进行反党活动一案，是康生制造的一起大错案，是"文化大革命"中康生伙同林彪、"四人帮"变本加厉，搞出的一起株连甚广的现代文字狱。因此，1979年8月，中央批转了中央组织部《关于为小说〈刘志丹〉平反的报告》。通过在报刊上发表文章，澄清是非，对受到诬陷的同志一律昭雪平反，并做好善后工作，使这一大错案得到了公正的解决，深得人心。

7. 为所谓"彭、高、习反党集团"平反

所谓"彭德怀、高岗、习仲勋反党集团",是在党的八届十中全会以后,由康生主持习仲勋问题的专案审查时所捏造出来的。他利用职权,下"批示",乱点名,搞了一系列揭批"彭、高、习反党集团"的活动。1965年把经过康生审定的《关于习仲勋反党问题的传达提纲》批发下去,在各级干部中进行传达,搞所谓"彻底肃清彭、高、习的罪恶影响"。这样做的结果,不仅使彭德怀、习仲勋受到诬陷和迫害,而且株连了一批曾经同他们一起工作过的同志。"文化大革命"中,康生同林彪、"四人帮"及其在陕西的代理人,进一步在所谓"彭、高、习反党集团"问题上大做文章,传谣"陕西敌情严重","彭德怀、高岗、习仲勋把陕西西安作为他们的后方基地"。他们借"清队"为名,搞"查黑线""挖黑根",把原西北局、陕西省委、省人委、西安市委、市人委打成"五个黑窝子",视为彭、高、习的"旧势力",统统予以"彻底砸烂";解放以来省委历任四届常委成员,大多数被他们打成"叛徒""特务""彭、高、习死党"。他们把西北局、陕西省委和西安市委的50多名领导干部关进监狱,罗织罪名,进行法西斯迫害。

1979年,经陕西省委复查,所谓"彭、高、习反党集团"的提法,是极其荒谬的,纯系诬蔑不实之词,由此造成很多冤假错案,打击株连了大批干部、群众,对陕西工作的损害和影响是很严重的。虽然中央已经为彭德怀平反昭雪,习仲勋的问题也已经得到解决,但考虑到所谓"彭、高、习反党集团"问题在陕西株连甚广,影响较大,各方面反映强烈,因此,中共陕西省委认为,仍有必要郑重宣布为这一假案彻底平反昭雪。1980年1月,经中共中央同意,中央组织部转发了中共陕西省委《关于为所谓"彭、高、习反党集团"问题彻底平反的请示报告》,为这一假案全面、彻底平反。

8. 妥善解决苏区肃反中被错杀人员的问题

苏区肃反中被错杀人员的问题，是一件影响面较广、涉及较多人员的重大历史遗留问题。1930 年至 1935 年，在"左"倾错误路线的影响下，中央苏区、湘鄂西、鄂豫皖、闽西、川陕、陕甘等几大苏区先后开展了肃清"AB 团""改组派""社会民主党""第三党""取消派"等运动。1945 年党的六届七中全会《关于若干历史问题的决议》中明确指出："由于错误的肃反政策和干部政策中的宗派主义纠缠在一起，使大批优秀的同志受到了错误的处理而被诬害，造成了党内极可痛心的损失……一切经过调查确系因错误处理而被诬害的同志，应该得到昭雪，恢复党籍，并受到同志的纪念。"但是，由于当时历史条件的限制，新中国成立前没有来得及解决这个问题。新中国成立后，1954 年中央就妥善处理这个问题提出了意见，中央人民政府内部下发了《关于第二次国内革命战争时期肃反中被错杀者及其家属处理问题的通知》，按照通知的精神，江西、福建、湖北等省平反了近两万人，其他省对被错杀的党政军主要领导干部也进行了平反昭雪，但对多数人的问题尚未解决。党的十一届三中全会以后，许多被错杀人员的亲属和一些老同志多次强烈要求彻底解决这一历史遗留问题。中央领导同志指示由中央组织部和民政部研究提出处理办法。1983 年 3 月和 6 月，中共中央和国务院批准了对这个问题的处理意见，国务院批转了民政部《关于对第二次国内革命战争时期肃反中被错杀人员的处理意见的通知》。湖北、安徽、河南、福建、江西、四川、陕西等有关省的组织部门与民政部门密切合作，开展了深入细致的复查工作。

在党中央的领导下和有关省市的努力下，经过三年奋战，苏区肃反中的冤假错案得到彻底平反昭雪，对被错杀、错误处理人员或他们的遗孀的善后问题进行了妥善处理，使这一拖了几十年的重大历史遗留问题得到彻底解决。

9. 为宁都起义的著名将领季振同、黄中岳平反

1979 年 6 月，姬鹏飞、李达、黄镇、王幼平、袁血卒、苏进等 12 位老同志上书中央，反映原红五军团季振同、黄中岳于 1934 年被错杀，建议平反昭雪，恢复名誉。遵照中央领导同志的批示，中央组织部派人向 70 多位老同志做了调查，并查阅了有关档案材料。季振同原是国民党二十六路军二十五师七十四旅旅长，黄中岳为该旅一团团长。1931 年 12 月 14 日，他们率部参加了中共党员赵博生及重要将领董振堂领导的震动全国的"宁都起义"。一万数千名官兵起义后，编为红五军团，季振同被吸收为中共特别党员，任军团总指挥，黄中岳任十五军军长。1932 年春，国家保卫局发现以季、黄为首的少数军官有企图拉走队伍的背叛活动，将他们定为反革命，并将季、黄等监禁，后因受王明"左"倾错误的影响，他们于长征前夕被处决。对于此案，叶剑英同志批示："我听毛主席说过（似在延安），杀季振同、黄中岳是杀错了的，现在我觉得这一冤案应该昭雪。"从中组部复查的情况看，季、黄在宁都起义中是有功绩的，影响较大，应予肯定。何应钦曾派人与季、黄取得联系，进行策反，季、黄虽未向组织报告与他们的来往，但敌人策反阴谋并未得逞，季表示拉队伍离开苏区办不到，是可信的。把季、黄定为反革命是错误的，违背中华苏维埃执行委员会决议，把他们处决更是错误的。应予平反，恢复名誉，并恢复季的党籍。1981 年 8 月，中央书记处批准同意中央组织部《关于为原红五军团季振同、黄中岳同志平反问题的请示报告》。对季、黄在起义中的功绩予以适当评价。这样，就使这件沉冤近半个世纪的错案，得到了公正合理的解决。

10. 为湖西"肃托事件"彻底平反

湖西"肃托事件"发生在 1939 年 8 月至 11 月间，从湖边地委发生和发展起来，接着扩大到整个苏鲁豫边区。在这个事件中大批干部被捕被杀，损失极其严重。1939 年 11 月，中共山东分

局负责人罗荣桓、郭洪涛等赶到湖西，采取紧急措施，制止了这一事件的发展。1940年至1945年，中央、山东分局曾先后做过多次复查处理，并肯定了前湖边地委组织部部长王须仁是来历不明和制造"肃托事件"的首要分子。但由于当时历史条件的限制，对事件的性质没有做出确切结论，致使许多遗留问题处理不够彻底。有些被害同志的家属在"文化大革命"中又被戴上"反属"的帽子。山东省委根据中央关于平反冤、假、错案的指示精神，重新复查了这一历史冤案。1983年5月，中共山东省委给中央报送了《关于对湖西"肃托事件"遗留问题处理意见的报告》。报告指出，这一案件不是扩大化的问题。1939年以肃清"托派分子"和"托派组织"为目的的肃托运动毫无事实根据。原认定的七个所谓"真托匪"，经逐个查明，没有一个是真的。这是一起重大的冤假错案，应予彻底平反。被错杀、错误处理的同志，一律彻底平反昭雪；对受株连的家属子女，予以彻底平反，消除影响。经中央批准，1983年12月中央组织部转发了中共山东省委的《关于对湖西"肃托事件"遗留问题处理意见的报告》，使这一沉冤多年的错案得到彻底平反。

11. 为1941年新四军四师等部队和淮北、淮南根据地所谓"托派案件"彻底平反

1984年10月，中共中央组织部和解放军总政治部发出《关于为一九四一年新四军四师等部队和淮北、淮南根据地所谓托派案件彻底平反的决定》。该决定指出，广西学生军中共支部从1938年5月成立至1940年3月撤退到淮南、淮北根据地期间，在安徽省工委、鄂豫皖区党委和立煌市委直接领导下，在动员组织群众，坚持敌后抗战，宣传中国共产党抗日民族统一战线方针和抗日政治主张，掩护地下党领导机关等方面，做了有益的工作。广西学生军中的中共党员和进步群众到新四军和淮南、淮北根据地以后，对抗日武装斗争和根据地建设做出了积极的贡献。

过去把广西学生军中共支部诬为"托派组织"，对几十名同志以"托派问题"进行审查是没有根据的，所谓"托派案件"完全是一个冤案。为了消除这一历史冤案的影响，决定为广西学生军中共支部和这一案件中所有被错误审查处理、被错误处决的同志，予以彻底平反，恢复名誉，由有关地区和单位党组织按中央有关规定，认真清理档案材料，做好善后工作。

12. 妥善处理中原突围的历史遗留问题

1980 年 8 月，郑绍文、张执一等给党中央写信，要求实事求是地妥善解决中原突围的遗留问题。胡耀邦在来信上做了重要批示，要求有关部门妥善解决。

1946 年，中原部队和中原解放区党政机关，在国民党 30 万大军的重重包围下，实行战略转移——突围时，由于形势十分紧迫，为了保存力量，原中国共产党中原局制定了一些特殊政策，动员了一大批不能随军突围的同志复员、隐蔽，在突围过程中又有不少同志被打散掉队。他们之中的一些人，由于复员、隐蔽、掉队等原因，在党籍、参加革命工作时间、历史问题结论等问题上，不但没有得到妥善解决，而且受到不公正待遇。1957 年 5 月 29 日，原中原局书记郑位三、组织部长陈少敏两位同志曾向中央组织部专门写信，详细说明了有关情况。信中写道：1946 年的中原突围前，情况已经很紧急，大批地方工作干部不能随军行动，为了保存力量，我们当时曾作如下决定：（1）尽可能利用社会关系化装去其他解放区。（2）不能化装走的尽量利用社会关系隐蔽。（3）如果为敌人发现在无法隐蔽的情况下，可以以新四军战士或以农会会员的面目向敌人自首，只要不暴露党员身份，不以党员面目自首，以后归队不以自首论；如果以党员身份自首则当别论。这是在特殊困难的情况下，作出的决定，如果这个决定错了，由我们负责。中央组织部将此信转致湖北和河南两省委处理，请他们在处理中原解放区的党员自首问题时注意信中所谈的情况。但是当时未引起应有的重视。新中国成立初期，在处理中原突围的历史遗留问题时，对有些同志考虑当时的历史背景和具体分析不够，定性处理过严，特别是"文化大革命"中，有些同志又挨了整，定性处理升了级。

根据中央领导同志的批示，湖北省委组织部和省民政厅党组对中原突围的历史遗留问题做了认真调查，提出了《关于处理中原突围时复员隐蔽和掉队人员的历史遗留问题的意见》。意见指出，对中原突围时复员、隐蔽和掉队人员的遗留问题，应当按照1981年2月19日中央组织部《关于彻底平反冤假错案，进一步做好落实干部政策工作的意见》和1957年6月6日中央组织部批转郑位三、陈少敏同志的信的基本精神，本着"实事求是，有错必纠"的原则，对他们的问题认真进行一次清理，采取积极慎重的态度，妥善加以解决。该意见还对过去审查结论处理错了的有关党籍、工作安排、退职退休等善后工作，参加工作时间的计算问题，按复员军人看待和追烈问题，作了规定。1981年7月，中央组织部转发了湖北省委组织部和省民政厅党组《关于处理中原突围时复员隐蔽和掉队人员的历史遗留问题的意见》。有关省市和部门迅速组织复查纠正。通过复查纠正，共解决了约五万余件复员、隐蔽、掉队人员的遗留问题，纠正了解放初期错误处理的案件，使这一历史遗留问题得到妥善解决。

13. 妥善处理重庆解放前夕在"中美合作所"监狱中被杀害的未定烈士人员的遗留问题

党的十一届三中全会后，中共中央组织部委托四川省委组织部，对重庆解放前夕在"中美合作所"监狱中被杀害的未定烈士人员重新进行了调查核实。经四川省委组织部组织力量深入调查，查清83人的问题。党组织分别对他们做出了实事求是的结论，其中，席懋昭、张露萍等64人，在狱中始终坚持了共产党员的高贵气节，英勇斗争，威武不屈，从容就义，表现了可歌可泣，足为后人楷模的事迹，而被追认为革命烈士。这一耽搁了 30 多年的历史遗留问题终于得到较为妥善的解决。1986 年 11 月 20 日，新华社还就此事做了专门报道。

对以上重大历史遗留问题的处理，推动了全国妥善处理历史遗留问题工作的进展。各省市区、各部委也对本地区、本部门历史上的遗留问题进行了复查清理，妥善处理了一大批本地区、本部门的历史遗留问题。据不完全统计，在妥善处理历史遗留问题工作中，全国共复查处理了"文化大革命"前的历史遗留案件近 200 万件。到 1987 年党的十三大召开之前，全国范围的妥善处理历史遗留问题工作基本结束。妥善处理历史遗留问题，极大地调动了广大干部和群众的积极性，促进了社会的安定团结，推动了平反冤假错案、落实干部政策工作，确保了这项工作在党的十三大之前胜利完成。

五、合理调整社会关系

在大规模平反冤假错案的同时，党中央对一些历史遗留问题，也实事求是地进行了研究和处理，调整了社会关系，落实了各方面的政策。

（一）全面落实知识分子政策

落实知识分子政策是平反冤假错案、落实干部政策工作的一个重要组成部分，它贯穿平反冤假错案、落实干部政策的全过程，从 1978 年开始，一直到 1987 年党的十三大召开之前胜利完成。

中国的知识分子具有爱国的优良传统。在党的多年教育下，绝大多数知识分子拥护中国共产党的领导，热爱社会主义祖国。

但由于长期以来形成的对知识分子的"左"的偏见和歧视，历次政治运动中都有不少知识分子受到不同程度的冲击。"文化大革命"以及林彪、"四人帮"的破坏，许多知识分子遭到严重打击迫害。

粉碎"四人帮"后，1978年3月邓小平在全国科学大会上发表重要讲话，驳斥了"四人帮"打击迫害知识分子、破坏中国科学技术的种种谬论，阐明了马克思主义关于科学技术在社会发展中的地位、作用的基本原理，指出为社会主义服务的脑力劳动者是劳动人民的一部分，强调在中国造就更加宏大的科学技术队伍的必要性。邓小平关于知识分子是劳动人民的一部分的论述，极大地鼓舞了广大知识分子热爱党、建设社会主义祖国的积极性，同时也为大规模地落实知识分子政策扫清了障碍，指明了方向。

1978年10月至11月间，中共中央组织部分批召开落实知识分子政策座谈会。会议认为知识分子队伍的状况已经发生深刻变化，解放初期提出的对知识分子"团结、教育、改造"的方针已经不适用于目前的情况。当前必须做好落实知识分子政策的工作。11月3日，中组部发出《关于落实党的知识分子政策的几点意见》的通知，对落实知识分子政策工作提出六条要求：一是对知识分子队伍应当有个正确的估计；二是继续做好复查和平反冤、假、错案工作；三是充分信任，放手使用，做到有职、有权、有责；四是调整用非所学，做到人尽其才，才尽其用；五是努力改善工作条件和生活条件；六是加强领导，改进作风。文件下发后，大规模落实知识分子政策的工作在全国逐步展开，尊重知识，尊重人才的社会风尚逐渐兴起。

胡耀邦对这项工作十分关注，倾注了大量心血，针对落实知识分子政策中遇到的问题，做了许多重要批示。根据胡耀邦的一系列批示和中央提出的在党的十三大之前基本完成平反冤假错案、落实干部政策工作的要求，中央组织部会同有关部门狠抓了落实知识分子政策的检查督促、收尾善终工作，把这项工作作为中央组织部这一时期抓的重点工作之一。

1985 年 5 月，中央组织部和中央统战部还联合召开了全国落实知识分子政策工作座谈会，着重研究讨论如何完成中央指出的要在党的十三大召开之前，基本完成落实知识分子政策的任务，提出建立分口分层责任制。各级各口的领导机关，尤其是组织部门的同志，要亲自深入基层，督促检查，帮助解决疑难问题，扎扎实实地做好落实知识分子政策工作。

1986 年 9 月，经中央领导同志批准，中共中央组织部发出《关于检查落实知识分子政策工作的通知》。该通知指出，落实知识分子政策，解决历史遗留问题的任务，有的地区和部门已基本完成，大部分地区和部门计划下半年完成。为了确保工作质量，善始善终，要求对已基本完成任务的单位进行一次认真检查，并对检查的范围和内容，组织领导和步骤方法提出了具体要求。11 月，中共中央组织部先后在大连、武汉、北京分三批召开全国落实知识分子政策经验交流会。据 25 个省（区、市）统计，落实知识分子政策工作中解决了 710 多万人（件）的各类问题。

以上措施和工作极大地促进和推动了落实知识分子政策工作的深入发展，在中央领导的亲切关怀下，在各地区、各部门的共同努力下，这一历经数载、任务艰巨的宏伟工程在党的十三大前基本完成。

（二）为地富分子摘帽和解决地富子女成分问题

1979 年 1 月 11 日，根据党的十一届三中全会原则通过的《农村人民公社工作条例（试行草案）》的有关规定，中共中央作出《关于地主、富农分子摘帽问题和地富子女成份问题的决定》。该决定宣布，凡是多年来遵守政府法令，老实劳动，不做坏事的地主、富农分子以及反革命分子、坏分子，经过群众评审，县革命委员会批准，一律摘掉帽子，给予农村人民公社社员待遇。地主、富农家庭出身的社员，他们本人的成分一律定为公社社员，享有同其他社员一样的待遇。今后，他们在入学、招生参军、入团、入党和分配工作等方面，主要应看本人的政治表现，不得歧视。地主、富农家庭出身的子女，他们的家庭出身应一律为社员，不应再作为地主、富农家庭出身。决定还要求，要从党内到党外，组织广大干部和群众认真学习党的政策，做好思想教育工作。

这一决定使至少两千万人结束了政治上受歧视的处境，享受到公民应有的权利，开始了政治上的新生。据新华社报道，到1984年11月，全国最后一批地、富、反、坏分子摘帽的工作顺利完成。属于错戴四类分子帽子的人，也予以纠正。各地还对已经出国、出境的四类分子，也全部摘掉帽子，并通知了他们的家属。

（三）恢复原工商业者劳动者身份

1979年11月12日，中共中央批转中央统战部等六部门《关于把原工商业者中的劳动者区别出来问题的请示报告》，该报告明确指出：1956年对私营工商业实行按行业公私合营时，有一大批小商小贩、小手工业者以及其他劳动者被带进公私合营企业，把他们统称为私方人员，按资产阶级工商业者对待，这是不妥当的。应该把他们从原资产阶级工商业者中区别出来，明确他们本来的劳动者成分。按照这一文件精神，经过一年多的工作，全国共有70多万名小商、小贩、小手工业者及其他劳动者从原工商业者中被区别出来，恢复了劳动者的身份，从而妥善地解决了这一社会主义改造中遗留下来的历史问题，纠正了当时的错误。各地在开展区别工作的同时，根据中央《关于原工商业者的若干具体政策的规定》，对原工商业者也摘掉了资本家或资本家代理人的帽子。

（四）解除干部的限制使用问题

在平反冤假错案、落实干部政策工作后期，中央组织部还对新中国成立以来下发的一些干部审查方面的专题性文件做了一次比较系统的清理，修改或废止了那些受"左"的思想影响或因情况变化已不适用的文件，对于受到错误处理的干部，给予复查改正，解决了一些干部历史上受限制使用等一批多年遗留的问题。

对一些干部采取限制使用，是党为适应战争年代和特殊环境在干部使用问题上采取的一种特殊方法。在战争年代和新中国成立初期，由于客观条件的限制，有的干部的政治历史或社会关系问题，一时难以查清，不能做出肯定或否定的结论。因此，党组织把他们放在次要的工作岗位上，适当加以控制，以便继续进行考察。采取这种暂时性的措施，在当时是必要的。但新中国成立后很长一段时间，这一方法未能及时改变，反而延续下来。"文化大革命"中，由于林彪、"四人帮"的干扰破坏，一些地方和单位滥用这一方法，随意给一些同志做了限制使用的结论，严重地挫伤了一些干部和群众的积极性。1979年2月1日，《组工通讯》第38期发表《对干部不能乱做"控制使用"的结论》一文。文中指出，现在新中国成立快30年了。经过多次政治运动和组织审查，有些同志已经查清确无问题，或者虽然有某些问题，但经过长期考察，一贯表现很好，组织上就应当解除过去的怀疑，取消"控制使用"的结论，政治上予以信任，并按德才条件，大胆使用。明确提出，今后对干部一般不做"控制使用"的结论。只是对极个别不控制使用就很可能危害社会主义事业的人，在使用上才需要做必要的控制。但在他们的问题未彻底查清以前，对于其中有一技之长的人需根据情况注意发挥他们的作用，并在使用过程中继续进行教育和考察。随着平反冤假错案、落实干部政策的深入，1983年10月，经中央书记处同意，中央组织部印发了《关于解除一些干部历史上受限制使用问题的意见》。文件指出，新中国成立前后，在审干、肃反中，中央和中央组织部曾对有政治历史等问题的干部发布过限制使用的规定。这些规定在当时的历史条件下，是必要的。但这些受限制使用的干部经过长期革命斗争的考验和锻炼，绝大多数表现是好的和比较好的。有些同志还为党为人民做出了重要贡献。为了合理地使用干部，充分发挥他们在四化建设中的积极作用，原有规定应予改变。

为了做好这项工作，1984年9月，中共中央组织部转发了长春市委和农安县委审干办公室《关于解除一些干部历史上受限制使用问题的试点工作报告》。1986年9月，中共中央组织部向中央报送了《关于改变四十一名副部级以上干部限制使用意见的请示》，并经中央领导同志同意。该请示指出，根据经中央批准的1981年7月中央组织部《关于改变被捕被俘后犯错误干部受限制使用问题的意见》和1983年10月中央组织部《关于解除一些干部历史上受限制使用问题的意见》的有关规定，经研究拟对41位同志的原限制使用意见，分情况予以撤销、注销和解除使用限制。各省、自治区、直辖市和中央国家机关各部委也根据中央的建议，按照干部管理权限，积极稳妥地开展了这项工作。十三大之前解除一些干部历史上受限制使用问题的工作基本结束。

（五）为在华工作的外国专家和友好人士落实政策

1981年9月，一位在华工作的外国专家给中央领导同志写信，要求修改审查结论。经研究，中央组织部领导建议对外国专家朋友的落实政策问题做一次全面清理，提出处理方案报中央书记处做统一考虑和审定。中央领导同志同意并批示：这位外国专家的"要求是合理的，应予彻底平反，不留尾巴为妥。对外国朋友的落实政策问题作全面复查处理，是完全必要的"。

遵照中央领导同志的批示，中央组织部、公安部对这位外国专家和原在外文局工作的专家爱泼斯坦、邱茉莉夫妇，原在新华社工作的英国籍专家夏皮诺，原在外语学院工作的英国籍专家柯鲁克等人的结论做了复议，落实了政策。中央组织部和公安部还向国家外国专家局等单位了解了对外国专家落实政策的情况。据调查，这些单位对"文革"中受到冲击的外国专家，大多数已复查平反，恢复名誉，补发工资，分配了工作。但是，还存在不少问题，需要认真解决好。

为此，中央组织部、公安部党组向中央报送了《关于对外国专家朋友落实政策情况的报告》。报告肯定了外国专家在中国革命和建设中做出的重要贡献，指出他们应受到党和全国人民的尊敬，要求有关单位对外国专家朋友的落实政策问题，必须认真地进行一次全面的检查和清理，发现问题要尽快解决，消除不良影响。对在"文化大革命"中遭到伤害的专家，做到在政治上彻底平反，生活上充分照顾，工作上热情支持。党落实干部政策工作的一系列方针、政策，都应在外国专家朋友中全面贯彻，认真落实。并且，照顾他们的特点，从优对待。1982 年 3 月，中共中央批转了中央组织部、公安部党组的报告。文件下发后，有关单位对在华工作的外国专家落实政策的问题进行了全面清理，并尽快进行了妥善处理。从而消除了不良影响，使在华工作的外国专家和友好人士，得以安心地为中国社会主义现代化建设服务，并在国际上挽回了不良影响。

这次全国平反冤假错案、调整社会关系、落实各项政策的工作，时间之长、内容之广、规模之大是中国共产党历史上从未有过的，解决问题是较为彻底的。上述历史遗留问题的解决和党的各项政策的落实，有效地调动了社会各阶层的积极性，巩固和发展了爱国统一战线，对于促进全党的思想解放，推动组织战线的全面拨乱反正，巩固和发展安定团结的政治局面，保证社会主义现代化建设，实现祖国统一大业起了重大促进作用。

六、恢复党的民族政策和宗教政策

在"文化大革命"中，民族和宗教工作也如其他战线一样，受到"左"的指导思想的严重伤害和束缚，民族和宗教工作机构被取消，民族宗教工作被扣上莫须有的罪名。粉碎"四人帮"以后，在民族宗教工作领域的当务之急就是医治十年内乱带给民族宗教工作的创伤，调整民族宗教关系，重申和恢复党的民族宗教政策，制定新形势下指导民族宗教工作的方针，实施开创性的工作。

（一）恢复党的民族政策

重申和坚持党的民族政策，贯彻执行党的民族政策，需要有工作机构，需要有人来做这项工作。1978年第五届全国人民代表大会第一次会议决定，恢复中华人民共和国国家民族事务委员会，任命杨静仁为主任。1979年第五届全国人大二次会议决定，恢复全国人大民族委员会，由全国人大常委会副委员长阿沛·阿旺晋美兼任主任委员。其他民族工作机构及各地各级民族事务工作机构也得到恢复。

在党的十一届三中全会召开之后不久，1979年4月，中央主持召开全国边防工作会议。这次会议对于巩固祖国边防，促进民族团结，对于民族工作的"拨乱反正"，具有重要的历史意义。会议的主要内容之一是讨论新时期民族工作任务，由于中国边疆绝大多数地区是少数民族聚居区，要建设巩固的边防，维护祖国统一，发展安定团结的大好局面，必须做好民族工作，促进民族团结和共同发展繁荣。会议针对林彪、"四人帮"对民族政策和民族工作的破坏，重申了一系列已被实践证明是正确的民族政策、宗教政策、统战政策，着重就新中国成立以来民族工作的实践，总结经验教训。第一，必须坚持理论联系实际，一切从实际出发的原则。边疆少数民族地区情况复杂，贯彻执行党的路线、方针、政策，实现新时期的总任务，都必须同边疆少数民族地区的民族特点和地区特点结合起来。第二，必须坚持民族问题长期存在的观点。社会主义阶段，是各民族共同发展、共同繁荣的时期。在整个社会主义历史阶段，民族工作的任务是很艰巨的，必须重视民族问题，认真贯彻执行党的民族政策，切实尊重少数民族的平等权利和自治权利。第三，必须坚持无产阶级的民族观，在巩固工农联盟的基础上，不断加强各民族人民大团结。巩固国家的统一和国内各民族的团结，是加速实现新时期总任务的基本保证。第四，必须坚持国家扶持和自力更生相结合的方针，加速边疆少数民族地区的经济文化建设。实践证明，发展边疆少数民族地区的经济建设和文化建设，要靠当地各族人民发扬艰苦奋斗、自力更生的革命精神，同时国家必须采取积极扶持、重点照顾的政策，诚心诚意地积极帮助少数民族发展经济建设和文化建设，这是国家在民族工作方面的重大任务。中共中央批转了会议报告，要求全党都要十分重视民族工作，进行民族政策的再教育，检查民族政策的执行情况，切实解决存在的问题。

1979 年 9 月，中共中央批转了全国统战工作会议文件《新的历史时期统一战线的方针任务》，其中关于加强民族工作的内容主要是：要根据党中央的指示，在全党、全国各族人民中间，普遍地、深入地、大张旗鼓地进行民族政策再教育，认真检查民族政策的执行情况，切实解决存在于民族关系方面的问题，消除一切不利于民族团结的因素。要教育各族干部和人民，特别是汉族干部和人民，充分认识加强民族团结、做好民族工作的重要性，不断提高执行民族政策的自觉性。要以平等态度对待各少数民族，尊重少数民族的平等权利和自治权利，尊重少数民族的语言文字、风俗习惯和宗教信仰。同时还指出，要全面贯彻党的宗教信仰自由政策。

落实党的民族政策，不仅要做好少数民族聚居地区的民族工作，还要重视杂散居地区的民族工作。1979年10月中共中央、国务院批转中央民委党组《关于做好杂居、散居少数民族工作的报告》，指出：深入揭批林彪、"四人帮"的斗争取得了伟大胜利，但是他们的流毒还未肃清，不少地区民族政策和宗教政策还未得到认真落实，有些冤假错案还未平反纠正，在做好杂居、散居少数民族工作方面，存在不少问题，需要采取有效措施，妥善加以解决，认真做好杂居、散居少数民族工作，要切实保障他们的平等权利，积极帮助少数民族发展经济文化，认真尊重少数民族的风俗习惯，贯彻执行宗教信仰自由政策，加强党的领导，恢复与健全各级民族工作机构。各级党委、政府按照党中央、国务院的指示，根据国家民委党组的意见，组织检查杂居、散居民族工作情况，制定措施，落实党的民族政策，在这方面做了很多工作。

针对十年内乱造成的人们民族政策观念淡薄的情况，为了对各族干部和广大群众进行民族政策教育，中共中央宣传部、中央统战部和国家民委于1979年12月召开民族政策宣传工作座谈会，就开展民族政策再教育问题做了部署，决定集中一段时间，广泛进行一次民族政策和民族团结的宣传教育。1980年1月，上述三部委批转会议纪要，指出：由于林彪、"四人帮"的严重干扰，民族工作受到极大的破坏，进行民族政策教育十分重要。再教育的重点是克服大汉族主义，这是当前调整民族关系、搞好民族团结的关键，同时也要注意防止和克服大民族主义和地方民族主义。教育的对象包括干部和群众，主要是领导干部。对汉族和少数民族都要进行教育，主要是教育汉族。再教育要同检查民族政策执行情况，解决实际问题结合起来。从中央到地方，各地结合检查民族政策、宗教政策、统战政策的执行情况，进行民族政策再教育，解决了民族关系方面的一些突出问题，提高了广大干部群众对民族政策的认识和维护民族团结的自觉性，民族关系有了初步改善。比如新疆维吾尔自治区，集中进行民族政策和民族团结宣传教育，颁发和实行"加强民族团结守则"，制定"民族团结公约"，在全自治区普遍召开民族团结进步表彰大会，开展民族团结进步活动。中共中央办公厅转发新疆维吾尔自治区党委文件，指出：认真贯彻党的民族政策，不断加强民族团结，是一切民族自治地方和民族杂居地区各级党委的一项十分重要的任务，都要制定切实措施，抓紧抓好民族政策教育工作，促进民族团结的大发展。

恢复和坚持党的民族政策，重要的是坚持和落实民族区域自治政策。首先是恢复民族区域自治建制，其次是培养少数民族干部。1979 年，中共中央、国务院决定，恢复内蒙古自治区原行政区划，即：将"文化大革命"期间分别划给辽宁、吉林、黑龙江、甘肃和宁夏的一些行政区域划归内蒙古自治区管辖。因十年内乱而被迫中断的民族区域自治有关工作，重新恢复起来。同时，还新建了一批民族自治地方。从 1979 年到 1988 年底，全国陆续新建了 53 个民族自治地方。贯彻落实民族区域自治政策，使实行自治的民族真正当家做主，行使管理本民族本地区内部事务的权利，培养少数民族干部队伍是关键环节。1982 年颁布的《中华人民共和国宪法》恢复和发展了 1954 年宪法中关于民族区域自治的一些重要原则，并且根据社会主义建设新时期国家情况的变化，在其基础上做出一系列重要的修改和补充，进一步扩大民族自治机关的自治权利，明确规定民族自治地方在民族干部方面、在自主地安排和管理本地方的经济文化建设事业方面的自治权利，并表明国家和上级人民政府帮助各少数民族发展经济文化事业，充分体现了尊重和保障各少数民族管理本民族内部事务的民主权利的精神。在改革开放的新时期，民族区域自治政策不仅从十年内乱的破坏中得到恢复，还有了新的发展。党的十一届三中全会以后，通过"拨乱反正"和平反冤假错案，一大批少数民族干部重新回到工作岗位上。从中央到地方，加强了培养少数民族干部工作的力度，采取了许多切实有力的措施，民族干部迅速成长，到1988年达到184万人。

（二）关于西藏工作的新方针

在中国各民族关系中，西藏具有特殊的敏感性。西藏从1977年就开始着手解决历史问题，包括对"文革"期间和"文革"前立案审查的脱产干部进行复查平反，重新安排爱国上层人士当选为全国或区内各级人大代表、政协委员或在政府机关任职，宽大释放参加1959年西藏叛乱的全部在押服刑人员。1978年11月，中央工作会议召开后一个星期，邓小平就向西方传达了达赖可以"作为中国公民"回到中国的信息。三个月后，邓小平在北京会见了达赖喇嘛派来的代表，当面表示："欢迎达赖回来，欢迎更多的人回来看看。"

1980年2月，就任中央委员会总书记的胡耀邦，首先关注的领域就是西藏问题。1980年3月14至15日，他主持召开了西藏工作座谈会，听取中共西藏自治区负责人汇报。胡耀邦在会上强调，加快西藏建设，必须进一步解放思想，落实政策，坚决肃清"左"倾路线的流毒，纠正"左"的经济政策，大胆培养和提拔藏族干部，逐步做到县以上党政机关以藏族干部为主体。在宗教上对喇嘛教必须慎重对待，抓紧处理平叛扩大化、错划富农等历史遗留问题，加强对达赖集团及外流藏胞留在国内的亲属的工作，调动一切积极因素，巩固安定团结的局面。4 月 7 日，中共中央批转了这次会议的纪要并发出通知。5 月下旬，胡耀邦、万里和中央有关部门负责人一行十余人赴西藏考察。5 月 29 日，胡耀邦在西藏自治区县以上干部大会上作报告，提出西藏要办好六件大事，包括坚决实行休养生息政策，实行比内地更加灵活的经济政策，恢复和发展藏族文化、科学事业等。最重要的是以下两条：一是提出给予西藏以"充分的、独立的自主权"，对于中央的政策，凡不符合西藏情况的可以不执行或者说变通执行，不利于民族团结，不利于发展生产力的，可以不执行。二是强调加强汉藏干部之间的团结，办法是逐步撤出汉族干部，以藏族干部取代，两三年内使国家脱产干部中的藏族干部占三分之二以上。对于进藏工作的干部，胡耀邦有鼓励也有批评，认为"在西藏工作的汉族干部完成了历史任务"，提出 80% 的汉人撤出西藏。根据胡耀邦的意见，西藏自治区向中央呈报《关于大批调出进藏干部、工人的请示报告》，提出除留一部分领导干部和技术骨干外，大部分进藏人员分期分批调回内地工作，或离退休。8 月 6 日，中共中央、国务院批转了这份报告。1980 年至 1981 年底，先后两批内调进藏干部二万余人，大部分是五六十年代进藏的"老西藏"。1986 年决定再内调 1.7 万名进藏干部、工人（包括离退休）。

中央关于西藏的政策对内蒙古、新疆、云南、青海、宁夏、甘肃等民族地区产生了很大影响。1980 年 5 月 31 日，胡耀邦在格尔木短暂停留时，对青海省负责人说："我们在西藏自治区干部大会上讲的六条，基本上符合你们青海的情况，可以参照研究执行。"胡耀邦和万里都强调，要把政策再放宽一些，要充分行使民族区域自治的自治权利。其用意是将解决西藏的政策方针推行到其他民族地区。随后，甘肃、内蒙古、宁夏、广西等省、自治区党委召开会议，学习中共中央关于西藏工作的指示和胡耀邦的西藏讲话，决定按照中央关于西藏工作的指示解决本地问题。此后，中共中央书记处先后讨论云南、新疆、内蒙古工作，相继形成云南、新疆、内蒙古民族工作的纪要。

20世纪80年代初，党着手调整民族政策，其着眼点在于改善民族关系。然而，《当代中国的西藏》指出，大批汉人和汉族干部撤出西藏，这件事做得"比较粗糙"，使一批西藏急需的人才也被调走，使西藏各项工作特别是科学技术、教育、医疗卫生、财政金融部门受到很大影响。邓力群则从政治上对大批撤出进藏干部提出了更加尖锐的批评。有国内学者基于国家安全的考虑，也对撤出进藏干部的决策提出异议。

（三）恢复和调整宗教政策

自1957年以后，党在宗教工作中的"左"的错误逐渐滋长，60年代中期更进一步地发展起来。特别是在"文化大革命"中，林彪、"四人帮"集团别有用心地利用这种"左"的错误，肆意践踏马克思列宁主义、毛泽东思想关于宗教问题的科学理论，全盘否定新中国成立以来党对宗教问题的正确方针，根本取消了党对宗教的工作。他们强行禁止信教群众的正常宗教生活，把宗教界爱国人士以至一般信教群众当做"专政对象"，在宗教界制造了大量冤假错案。他们还把某些少数民族的风俗习惯也视为宗教迷信，强行禁止，个别地方甚至镇压信教群众，破坏民族团结。他们在宗教问题上使用暴力，结果却使宗教活动在秘密和分散的状态下得到某些发展，少数坏分子则利用这种条件，在宗教活动掩盖下大搞违法犯罪活动和破坏活动。

党的十一届三中全会以后，党对宗教问题的正确方针和政策逐步得到恢复。这个时候宗教政策调整的核心是在一定程度上开放宗教信仰自由。1978年12月1日，中央统战部召开全国宗教工作座谈会，提出今后一个时期宗教工作的主要任务是：认真贯彻宗教信仰自由政策，妥善安排宗教活动场所，团结广大信教群众参加社会主义建设。提出恢复和健全宗教工作机构，恢复各爱国宗教团体的活动。中共中央转发了这次会议的纪要。

1979年，全国性宗教团体和地方宗教组织相继恢复活动。各教神职人员陆续返回寺庙、教堂，重新主持教务。一些多年禁止的民族宗教节日陆续得到恢复。

1980年1月25日，中共中央批准中央统战部关于召开各宗教团体全国性会议的请示报告。当年，中国伊斯兰教协会、中国道教协会、中国天主教爱国会、中国基督教"三自"爱国运动委员会、中国佛教协会都先后召开会议，选举各宗教团体负责人，制订活动章程，恢复工作，各地还陆续恢复、成立164个省级宗教团体，2000余个县级宗教团体。7月16日，国务院批转宗教事务局、国家建委等单位的报告，将宗教团体房屋产权全部退还宗教团体，无法退还的折价付款；退还被占用寺观教堂，退还宗教团体存款。在部分大中城市，历史上有名的宗教活动圣地、教徒聚居的地方，特别是在少数民族地区的，应率先有计划、有步骤地恢复。1983年4月1日，国务院又批准开放了汉族地区佛教、道教全国重点寺观163座。政府对一些寺、观、庙的维修给予财政补助。据不完全统计，自1980年到1991年，从中央财政拨给寺、观、教堂的维修补助费就达1.4亿元以上。截至1992年，全国恢复开放宗教活动场所六万多处。1980年起，陆续恢复和新建了中国佛学院、中国伊斯兰教经学院、中国基督教南京金陵协和神学院、中国天主教神哲学院、中国道教学院和中国藏语系高级佛学院等全国性宗教院校及41所地方性宗教院校。1982年3月，中共中央提出《关于我国社会主义时期宗教问题的基本观点和基本政策》，强调了在社会主义条件下宗教问题的长期性，批评了企图依靠行政命令或其他强制手段一举消灭宗教的想法和做法；重申尊重和保护宗教信仰自由的政策，但不允许宗教干预国家政治事务。

1979 年 8 月 29 日至 9 月 7 日，以中国佛教协会代会长赵朴初为团长，中国基督教"三自"爱国运动委员会副主席丁光训为副团长的中国宗教代表团，参加了在美国新泽西州普林斯顿召开的第三届世界宗教与和平会议（WCRP）。10 月，中国穆斯林朝觐团在"文革"后第一次获准赴麦加朝觐，表明中国共产党愿意有条件地恢复国内宗教界的国际交往。但对于外国教会对国内宗教的渗透则仍然保持了高度的警惕。1980 年 3 月 4 日，中共中央、国务院批转宗教事务局等部门《关于抵制外国教会对我进行宗教渗透问题的请示报告》指出：对外来的宗教渗透的危害性，应予充分估计，要做好对内外两方面的工作，尽可能地防止、限制其影响。

综观这个时期宗教工作的基本状况，可以清楚地看到，党和政府对宗教工作的基本任务，就是要坚定地贯彻执行宗教信仰自由的政策，巩固和扩大各民族宗教界的爱国政治联盟，加强对他们的爱国主义和社会主义教育，调动他们的积极因素，为建设现代化的社会主义强国，为完成祖国统一大业，为反对霸权主义、维护世界和平而共同奋斗。在基本任务引领下，全党同志，各级党委，特别是各级主管宗教工作的部门，认真地总结和吸取新中国成立以来党对宗教工作的正反两个方面的历史经验，进一步认识和掌握宗教发生、发展和消亡的客观规律，克服一切困难和阻力，坚定不移地把党的宗教政策放到马克思列宁主义、毛泽东思想的科学轨道上来。

第三章　提出四项基本原则和总结历史经验

一、理论工作务虚会与四项基本原则

经过真理标准问题大讨论，特别是经过中央工作会议和三中全会，"两个凡是"的错误受到了严肃的批评，党的实事求是的思想路线得到了重新确立。但是，党内围绕着思想路线出现的意见分歧和争论并没有完全消除。不仅如此，与此同时，党内和社会上出现了两种错误倾向，一种是那些受"左"的错误影响的人，仍处在僵化半僵化的状态，对党的十一届三中全会的路线和方针政策持怀疑态度，甚至有抵触情绪。另一种是在一部分人中出现了否定社会主义、否定党的领导的错误倾向。为了保证全党工作重点转移的实现，为了顺利推进新形势下现代化建设事业，中央明确提出了坚持四项基本原则的要求。

（一）现代化建设政治基础思想的提出

在思想解放的高潮中，中国进入了1979年。就在新年第一天，邓小平在全国政协举行的座谈会上，高度评价新的政治局面和社会氛围，并首次提出了现代化建设的政治基础问题。

邓小平说，毛主席在1957年就提出的那种又有集中又有民主，又有纪律又有自由，又有统一意志又有个人心情舒畅、生动活泼的政治局面，在1978年逐渐地形成了。这种风气和局面概括起来就叫作生动活泼的政治局面。要把这种风气和局面在全国发扬开来、坚持下去，在党、政、军、民各方面发扬开来、坚持下去。这是实现四个现代化的政治基础。没有这样的政治局面，四个现代化是不可能实现的。我们在过去一个相当长的时间里，在民主和集中的关系上搞得不好，民主少了一些，因此，我们更要发扬民主。①

邓小平的这个讲话是代表中央精神的，是党中央领导集体的共识。1月2日，胡耀邦在向华国锋汇报全国政治思想情况时，华国锋也强调，要坚定不移地把党和国家的民主生活健全起来；这是三中全会决定的一条政治方针，是坚定不移的；要很好地引导党员和干部；各级党委、报刊要引导民主生活健康地、有秩序地发展，避免走弯路。

在经历了一个大的变局后，特别对于刚刚走过"文革"，正在走出"两个凡是"阴影的中国来说，重新审视和确立中国现代化建设的政治基础问题，是整个历史转折的题中应有之意。因此，政治基础问题一提出，就立刻引起了广泛的社会反响。《人民日报》《解放军报》等主要媒体连续发表社论、署名文章和调查报告，进一步阐发现代化建设的政治基础问题。在不到一个月的时间里，《人民日报》先后刊发了《人民代表要由人民选举》《民主和法制是实现四化的政治保证》《发扬民主和实现四化》《党内一定要有健全的民主生活》《无产阶级民主和无产阶级专政》等文章，强调，"实现社会主义现代化，离不开社会主义民主的大发扬。四个现代化，必须伴随着政治上的民主化"。呼吁"要像三中全会要求的那样，把这种民主作风扩大到全党、全军

---

① 参见中央文献研究室编：《邓小平年谱（1975—1997）》（上），中央文献出版社 2004 年版，第 461—462 页。

和全国各族人民中去"。①

就是在这样的社会氛围中，理论工作务虚会的筹备工作展开了。

理论工作务虚会最初是叶剑英提议召开的。至于具体什么时间提出这个建议的，有关叶剑英生平活动的权威著作《叶剑英年谱》中并没有记载，但是胡耀邦在理论工作务虚会上的讲话和《邓小平年谱》却提供了一个重要佐证。

胡耀邦在《理论工作务虚会引言》中指出：1978年5月，思想理论战线的一个重要发展，就是开始了关于实践是检验真理的唯一标准的讨论，这就引起了中国思想理论战线上的一场风波。1978年9月《红旗》杂志社写出了一篇《重温〈实践论〉——论实践标准是马克思主义认识论的基础》的长文，文章送到了中央常委。叶剑英同志建议中央召开一次理论工作务虚会，大家把不同意见摆出来，在充分民主讨论的基础上，统一认识，把这个问题解决一下。②

1978年10月14日，邓小平在同韦国清谈话时也提到说：叶剑英提议召开理论工作务虚会，索性摆开来讲，免得背后讲，这样好。③

随后，华国锋在中央工作会议闭幕会上的讲话中正式提出：在这次会议上，同志们对"实践是检验真理的唯一标准"问题，摆出了许多情况，提出了不少问题，对一些同志提出了不少批评意见，为召开理论务虚会创造了有利条件。由于这次中央工作会

---

① 《发扬民主和实现四化》，《人民日报》1979年1月3日。

② 参见中共中央文献研究室编：《三中全会以来重要文献选编》（上），人民出版社1982年，第49、50页

③ 中央文献研究室编：《邓小平年谱（1975—1997）》（上），中央文献出版社2004年版，第401页。

议的议题多，时间有限，这方面的问题不可能花很多的时间来解决。中央政治局同志意见，还是按照叶帅的提议，在党的十一届三中全会之后，专门召开一次理论务虚会，进一步把这个问题解决好。

理论工作务虚会的筹备工作是由胡耀邦主持的。

1979年1月7日，胡耀邦致信中央政治局常委，将起草好的作为开场白的《理论工作务虚会引言》和会议通知报送审阅。信中说：理论工作务虚会的开法，我考虑了一个初步设想，先请在京的理论工作者200人左右，1月下旬或2月初开会，开20天左右。然后休整几天，向中央汇报。再请各地的理论工作者200人左右共400人左右，再开十天左右。第一段会，主要是大家讨论，小组座谈会和大会发言相结合，让大家把思想敞开，畅所欲言。第二段会，想请国锋同志、剑英同志、小平同志讲话，引导大家集中讨论解决思想理论战线迫切需要解决的一些重要问题。先民主，后集中，把思想统一起来，促进全党工作重点转移之后的理论工作做得更好。

胡耀邦的《理论工作务虚会引言》稿和信发出后，很快得到中央政治局常委的同意答复。华国锋首先表示了赞同。

1月9日，胡耀邦主持中宣部部务会议，正式确定理论工作务虚会的具体议程：（1）会议开始时间：1月18日。（2）会议地点：友谊宾馆、京西宾馆。（3）大会分为两段：第一段，会期20天（春节前后各十天）；参会代表200人，以在京人士为主，各省、直辖市、自治区各派代表一人；以小组会为主。两段会之间休息一周。第二段：会期十天；参会代表400人（北京和地方各200人）；以中共中央名义召开；请中央主席和副主席到会讲话；以大会为主。（4）理论工作务虚会领导小组成员：胡耀邦、胡乔木、黄镇、朱穆之、胡绩伟、于光远、周扬、童大林、吴冷西、吴江、胡绳。（5）会议文件起草小组成员：胡耀邦、胡乔木、于光远、吴江、阮铭、林涧清、李洪林。

尽管后来会议在时间上大大超出了原来的计划，在程序和内容上也有调整，但在胡耀邦的精心筹备下，1月18日，理论工作务虚会正式开始了。

（二）理论工作务虚会的召开

胡耀邦主持了会议的开幕式。会议开始，他首先宣布会议领导小组的名单，同时宣布会议五个分组召集人的名单。

各组召集人也就是后来各组的正副组长。此外，特邀出席者20人，都是老同志，为照顾他们的身体和工作，通知他们可自由参加，文件、《简报》照发。

开幕会上，胡耀邦发表了讲话，即《理论工作务虚会引言》。

讲话中，胡耀邦高度评价了1977年以来思想理论界拨乱反正所取得的成果，认为这两年的思想理论工作，就它的规模来说，就它的战斗作用来说，就它对全党理论水平的提高来说，超过了新中国成立以来任何一个时期，可以说是延安整风以后理论工作做得最出色、最有成绩的两年。他称赞理论工作者是不愧为思想理论战线的前卫战士，一批优秀闯将的出现，增强了马克思主义理论队伍的力量，是一个了不起的收获。他说，理论工作像今天这样成为真正群众性的活动，是历史上少有的。放眼世界，像中国人民这样关心理论问题，这样有理论兴趣的民族，不是很多的。这是一种可贵的民族精神。

对于理论宣传工作如何适应党和国家工作重点转移问题，胡耀邦在讲话中提出了一个总的指导原则。他说，全党工作重心转移之后理论宣传工作的根本任务可以归纳为这样几句话：把马克思列宁主义、毛泽东思想的普遍真理同实现四个现代化的伟大实践密切结合起来，研究新问题，解决新问题，尽可能地使思想理论工作走在实际工作的前头，使马克思列宁主义、毛泽东思想在实践中不断丰富和发展，指导人们夺取新长征的胜利。

会议从第二天起分组进行。

1月22日，胡耀邦特别向大会传达了邓小平对理论工作务虚会的几点意见。邓小平强调要敞开思想谈。真理标准还有要谈的，可以谈得快些。理论问题很多，还有很多问题没有说清楚。例如：民主、法制问题，经济管理问题。"文化大革命"也可以谈。"无产阶级专政下继续革命"的问题也可以讨论。今后不要提"高举毛主席的旗帜"，应该提"高举毛泽东思想的旗帜"。根据邓小平的指示精神，也根据会议开始后各会议小组初步讨论的情况，胡耀邦再次发表讲话，归纳了若干重大问题，提交大会深入研究。这些问题包括：怎样深入讨论真理标准问题；社会主义时期的阶级斗争，党的基本理论是怎么来的；新中国成立以来理论工作的经验教训；对"文化大革命"的评价，"文革"性质、要求、教训等；社会主义民主问题；突出宣传个人问题等。

随后，会议讨论更加热烈地展开了。各组的发言均送大会秘书处，由秘书处印发详细的简报给每一位与会者。所以，情况交流得很及时。这一阶段共发出了262期《简报》。尽管，胡耀邦曾经明确要求会议材料和讨论内容不要向外扩散，但是，《简报》散发的范围相当广，因而传阅者很多，会议的影响也很快在社会上扩展开来。

几乎在中央召开理论工作务虚会的同时，山东、上海、福建、广东、辽宁、湖南、江苏等省、市春节前也自动召开了同样主题的会议，参加人数一般为五六十人，上海达到300人。

理论工作务虚会第一阶段于1979年2月中旬结束，第二阶段于3月下旬开始。第二阶段除原中央单位的人员外，按计划邀请各省市同志（主要是党委负责思想宣传工作的书记和宣传部长）参加，共四五百人。理论工作务虚会一直持续到4月3日才结束。

从第一阶段会议进展情况看，理论工作务虚会坚持了党的十一届三中全会恢复的民主风气，坚持了解放思想的原则和方向，不仅继续对"两个凡是"的错误指导思想进行了尖锐的批评，而且冲击所谓"禁区"，对许多重大的理论问题，如关于社会主义时期阶级斗争的一些提法、关于无产阶级专政下继续革命的理论、关于党内斗争是否都是社会阶级斗争的反映、关于中国社会主义处在什么阶段上、关于反对个人迷信、关于社会主义民主、关于经济理论和实际问题等，都进行了深入的讨论，从多方面做出了论证，为中央提供了决策参考，许多讨论是很有价值的。会上提出的许多有待讨论的问题，后来经过研究和实践，也逐步得到了解决，对中国特色社会主义理论和事业的形成发展起到了推动和促进作用。

但是，在这个会议上，由于对党的十一届三中全会后的形势缺少全面分析，也由于对迅速变化的思想形势缺乏系统的分析和研究，理论准备不足，一些代表的发言也有明显错误倾向和模糊认识。而这种情况又与复杂的社会环境相互交织，使得正在开辟的社会主义建设新局面面临新的考验。

（三）社会不稳定因素的呈现

在理论工作务虚会召开之前，有些地方因为"文化大革命"遗留下来的诸多问题而引发了一些社会矛盾，一些人乘机闹事，提出了种种在当时条件下不可能实现的或者根本不合理的要求，并且煽动群众冲击党政机关，占领办公室，实行静坐绝食，阻断交通。特别严重的是，经过这些人的煽动，闹事已经在不少地方成为一股风潮，严重破坏工作秩序、生产秩序和社会秩序。在此过程中，出现了怀疑乃至否定共产党的领导、社会主义制度、无产阶级专政和毛泽东思想的思潮。从 1978 年 10 月下旬开始形成的"西单民主墙"，这个时候成了这些宣传和活动的主要阵地。

1979年1月6日，任畹町等七人贴出一份油印传单，题为《中国人权宣言》，宣布成立所谓"中国人权同盟"，提出12条纲领，交给外国记者，声称"本同盟要求世界各国人权组织及公众给予支持"，要求美国总统"关怀"中国的人权。

北京市一个女工同一些上访人员组织"公民上访团"，在一些组织的支持下，在天安门广场打着"反饥饿、反迫害、要人权、要民主"的横幅游行示威，到新华门请愿，围观群众几千人，造成严重交通阻塞。1月18日，北京市拘留了这个女工，"中国人权同盟"等七个组织和油印刊物即"联合声明"，并策划在"西单民主墙"召开万人控诉大会，会后到中南海请愿。

与"西单民主墙"同步活跃起来的，是一些民间组织和民间刊物。魏京生和他的《探索》就是在这个时候开始引起关注的。

魏京生是北京公园服务管理处工人，油印刊物《探索》的主编。1978年12月至1979年3月期间，他连续撰写文章和散发刊物，指责马列主义、毛泽东思想"是比江湖骗子的膏药更高明一些的膏药"，诬蔑中国无产阶级专政的国家制度"是披着社会主义外衣的封建君主制"，煽动群众"不要再相信独裁者的'安定团结'"，"把怒火集中在制造人民悲惨境遇的罪恶制度上"，煽动要"把权力从这些老爷们手里夺过来"。他写的这些文章，有的张贴在西单墙上，有的登在《探索》上。这个刊物曾在北京、天津广为张贴、散发、出售。

此外，贵阳有八个工人，发起成立"启蒙社"，总社在贵阳，北京设分社，发展到30多人。他们宣扬资本主义世界的"民主""自由""人权"观。1979年3月，"启蒙社"的主要负责人又在北京成立"解冻社"，宣称要"取消阶级斗争、暴力革命和一切形式的专政"。

广州、武汉、上海等地也都出现了这样的组织和刊物。

对于如何认识和判断思想理论界出现的这些新情况，党内和理论界内部是有不同认识的，一些人对这些新的社会思潮和社会问题是持同情甚至支持态度的。

理论工作务虚会上，有人建议"中央对民主墙应当表态支持"。有人说："即使在社会主义条件下，民主也是靠人民自己起来争取的，是要靠打破官僚主义者和机会主义者的反抗，打破权力过分集中的官僚主义的压制才能实现的。民主绝不能依赖什么人的恩赐。……现在的主要问题，是民主还发扬得很不够，而不是太多，不是应当来纠偏。"还有人说："现在警惕的不是什么解放思想过头、民主过头的倾向，更不要来一次新的反右，'左'的东西还批得不够，如果提出反右，就会妨碍批'左'，影响思想解放，甚至可能走回头路。所谓'右'现在万万不能当作一种了不得的倾向来反的，至于个别出格的事例，靠实际工作引导就是了。对这类问题，思想上要保持清醒，但在理论宣传上，没有必要作为一种倾向公开提出来加以反对。"个别人提出，建议在报上辟一栏《民主墙》，选登大字报。还有人讲：对毛泽东思想也要一分为二，要从毛泽东思想也包含某些错误这个意义上来理解；还有人认为，"没有毛主席就没有新中国""毛主席的功绩怎么评价也不过分"。这些谈话和讨论，明显说明理论工作务虚会在对待新情况、新问题上，已经出现了偏差。

（四）对错误倾向的回击

国内外、党内外出现的各种新情况，特别是党的理论工作务虚会上的各类议论内容，引起了邓小平的高度警惕。他敏锐地察觉到问题的严重性，因此，从 1979 年 3 月起，他多次发表讲话、谈话，旗帜鲜明地提出了坚持四项基本原则的必要性。

1979 年 3 月 16 日，在中共中央召开的对越自卫反击战情况报告会上，邓小平非常明确地指出必须维护毛主席这面伟大旗帜。他说，否定毛主席，就是否定了中华人民共和国，否定整个历史。没有毛主席，就没有新中国。这是历史。意思就是没有毛泽东思想来引导中国取得革命胜利，可能现在中国还在黑暗中苦斗。写文章，一定要注意维护毛主席这面伟大旗帜，绝不能用这样方式、那样方式伤害这面旗帜。国内外阶级敌人希望中国在这样的重大问题上陷入混乱。要告诉共产党员和人民，不要上当。现在的关键是安定团结。处理遗留的问题，为的是集中力量向前看。他针对一些知识青年要求安置而采取的过激行为，严肃指出，要告诉知识青年，这么闹，冲机关，结果会怎么样？过去的教训还不够吗？冲垮了，实现四个现代化还有什么希望？还有什么安定团结？所有领导机关都把精力用来对付这些事情，没有精力搞四个现代化了，人民生活的提高、国家经济的发展，还有什么希望？要讲局部与整体、眼前与长远的问题。这些问题要对全国人民进行教育。他说，现在有人对外国的什么人权运动那么羡慕，为什么不组织反驳？"民主墙"有人给卡特写信，拥护他的人权，帝国主义有什么人权！帝国主义杀了多少人，帝国主义在中国帮助蒋介石杀了多少人？帝国主义讲人权没有资格。为什么不拿这些活生生的事实来教育人民？他严肃指出，对煽动闹事的坏人，依法逮捕完全正确。① 邓小平的这个讲话首先向党的高级干部敲起了警钟，接着传达到党内县、团级干部，表明了中央的态度。

3 月 27 日，他同胡耀邦、胡乔木等谈了他准备在党的理论工作务虚会上要着重阐述的一些主要观点和想法。他说，四个坚持，坚持社会主义道路，坚持无产阶级专政，坚持党的领导，坚持马列主义、毛泽东思想的基本原理，现在该讲了。

他说，到底是社会主义公有制好，还是资本主义私有制好？

---

① 邓小平：《在中共中央召开的对越自卫反击战情况报告会上的讲话》1979 年 3 月 16 日。

只要工作搞得好，按经济规律搞建设，肯定社会主义公有制比资本主义私有制好，社会主义比资本主义好。讲党的领导，应该讲讲历史。没有共产党就没有新中国，没有共产党，就没有社会主义。碰到的哪一个难关不是在党的领导下克服的。对毛主席的评价必须讲。现在讲稿讲得不突出，分量不够。有了十月革命，接受了马克思列宁主义，才有了中国共产党，有了新中国。这些都同毛主席分不开。毛主席提出三个世界划分的理论，才使中国摆脱了国际孤立状态。没有无产阶级专政不行。要讲国际国内的现实条件，还要防止资本主义复辟。

他说：民主和法制问题，要展开讲。要讲民主与集中的关系，眼前利益与长远利益、个人利益与国家利益的关系。讲民主，要结合分析几个非法组织的活动来讲，讲清楚什么是社会主义民主。结论是，不搞四个坚持行吗？不严肃对待社会上的坏人行吗？这样讲可能比较有力量，针对性较强。空泛的语言多了，针对性就不突出，也缺乏说服力，缺乏动员的力量。要动员群众同这些坏人作斗争。他同时指出，民主是高度集中指导下的民主，集中是高度民主基础上的集中。要发扬民主，充分发挥人民的智慧，调动人民的积极性。只有在民主的基础上，才能解决官僚主义、长官意志。但是，没有民主基础上的高度集中，就不能做到这些。讲党的领导，强调要有统一领导，要有权威。没有党的统一领导，就没有效率。有了党的统一领导，只要这种领导是正确的，我们的调整会快，建设速度会快，不统一，一事无成。列宁非常强调集中统一，强调纪律。我们的革命战争，也是在高度集中、高度纪律下打胜的。

邓小平严厉指出，对非法组织要画像。"民主墙"实际上也是有纲领的。对利用发扬民主，利用"民主墙"搞坏事，卖情报，告洋状的人要取缔。要把少数坏人和群众分开。要动员群众同这些坏人作斗争。不制止闹事，不反对这些坏人，四个现代化没有希望。对于上海、北京一些非法组织的破坏活动、奇谈怪论，大多数人是反对的。上海那些带头闹事的人公开说，王洪文卧轨多少时间，解决了问题，卧轨的时间比王洪文还长，一定能解决问题。他们搞得就是林彪、"四人帮"那一套。这些人唯恐天下不乱。要告诉人们，特别是要告诉青年人不要受他们的蒙蔽。他们的本质、思想体系、组织目的，是针对社会主义，针对无产阶级专政，针对共产党，针对马列主义毛泽东思想的。

在这次谈话中，邓小平还对理论界存在的问题提出了批评。他说，思想理论界应有一个主导思想。理论工作的主导思想中心任务是要引导人们向前看。有那么一种倾向，就是迷恋于算旧账。对三中全会的精神宣传得少，还出现了一些似是而非的提法，甚至是偏激的提法。这样不好，不利于团结一致向前看，不利于调动人民的积极性，不利于一心一意奔向四个现代化。为什么不多宣传党的好的传统？……传统教育包括守纪律、勤劳、顾大局的教育。理论要为政治服务。国内现在最大的政治是团结一致向前看，一心一意奔向四个现代化。搞四个现代化，我们会遇到许多困难，要使群众做好准备。许多新的问题，需要理论界去研究，去回答，现在缺少这样的理论家。①

（五）重申坚持四项基本原则

3月30日，在理论工作务虚会复会后的第三天，邓小平在人民大会堂代表中共中央发表了那篇著名的讲话——《坚持四项基本原则》。

这篇讲话具有强烈针对性，但是并不就事论事，而是深刻阐述了中国式现代化建设的独特政治基础和内涵问题。

---

① 中共中央文献研究室编：《邓小平年谱（1975—1997）》（上），中央文献出版社2004年版，第499—500页。

邓小平是把坚持四项基本原则作为实现四个现代化的基本条件提出来的，并明确强调"四项基本原则"是刚刚提出的"中国式四个现代化"的基本内涵之一。

邓小平指出，过去搞民主革命，要适合中国情况，走毛泽东同志开辟的农村包围城市的道路。现在搞建设，也要适合中国情况，走出一条中国式的现代化道路。

要使中国实现四个现代化，至少有两个重要特点是必须看到的：

一个是底子薄。帝国主义、封建主义、官僚资本主义长时期的破坏，使中国成了贫穷落后的国家。建国后我们的经济建设是有伟大成绩的，建立了比较完整的工业体系，培养了一批技术人才。我国工农业从解放以来直到去年的每年平均增长速度，在世界上是比较高的。但是由于底子太薄，现在中国仍然是世界上很贫穷的国家之一。中国的科学技术力量很不足，科学技术水平从总体上看要比世界先进国家落后二三十年。过去三十年中，我们的经济经过两起两落，特别是林彪、"四人帮"在一九六六年到一九七六年这十年对国民经济的大破坏，后果极其严重。现在我们要调整，也就是为了进一步消除这个严重的后果。

第二条是人口多，耕地少。现在全国人口有九亿多，其中百分之八十是农民。人多有好的一面，也有不利的一面。在生产还不够发展的条件下，吃饭、教育和就业就都成为严重的问题。我们要大力加强计划生育工作，但是即使若干年后人口不再增加，人口多的问题在一段时间内也仍然存在。我们地大物博，这是我们的优越条件。但有很多资源还没有勘探清楚，没有开采和使用，所以还不是现实的生产资料。土地面积广大，但是耕地很少。耕地少，人口多特别是农民多，这种情况不是很容易改变的。这就成为中国现代化建设必须考虑的特点。

中国式的现代化，必须从中国的特点出发。比方说，现代化的生产只需要较少的人就够了，而我们人口这样多，怎样两方面兼顾？不统筹兼顾，我们就会长期面对着一个就业不充分的社会问题。这里问题很多，需要全党做实际工作和理论工作的同志共同研究，我们也一定能找出适当的办法来妥善解决。①

接着，邓小平话锋一转，指出，中央认为，要在中国实现四个现代化，必须在思想政治上坚持四项基本原则。这是实现四个现代化的根本前提。这四项是：第一，必须坚持社会主义道路；第二，必须坚持无产阶级专政，即人民民主专政；第三，必须坚持共产党的领导；第四，必须坚持马列主义、毛泽东思想。

关于坚持社会主义道路。这是因为，只有社会主义道路才能救中国。这是中国人民从五四运动到现在六十年来的切身体验中得出的不可动摇的历史结论。社会主义革命已经使中国大大缩短了同发达资本主义国家在经济发展方面的差距。尽管犯过一些错误，但还是在三十年间取得了旧中国几百年、几千年所没有取得过的进步。社会主义制度和资本主义制度哪个好？当然是社会主义制度好。社会主义的经济是以公有制为基础的，生产是为了最大限度地满足人民的物质、文化需要，而不是为了剥削。由于社会主义制度的这些特点，中国人民能有共同的政治经济社会理想，共同的道德标准。以上这些，资本主义社会永远不可能有。当然，各国人民在资本主义制度下所发展的科学和技术，所积累的各种有益的知识和经验，要有计划、有选择地引进和学习，但

---

① 《邓小平文选》第2卷，人民出版社1994年版，第163—164页。

决不学习和引进资本主义制度，以及它所固有的各种丑恶颓废的东西。要向人民特别是青年介绍资本主义国家中进步和有益的东西，同时要对其反动和腐朽的东西进行批判。

关于坚持无产阶级专政。这是因为，它是工人、农民、知识分子和其他劳动者共同享受的民主，这是历史上最广泛的民主。在这方面曾犯过错误，现在已经得到了坚决的纠正，并且采取各种措施继续努力扩大党内民主和人民民主。没有民主就没有社会主义，就没有社会主义的现代化。民主化和现代化一样，也要一步一步地前进。但是，发展社会主义民主，决不是可以不要对敌视社会主义的势力实行无产阶级专政。反对把阶级斗争扩大化，但是必须看到，在社会主义社会，仍然有反革命分子、有敌特分子，有各种破坏社会主义秩序的刑事犯罪分子和其他坏分子，有贪污盗窃、投机倒把的新剥削分子，并且这种现象在长时期内不可能完全消灭。同他们的斗争是一种在社会主义条件下的特殊形式的阶级斗争，在帝国主义、霸权主义存在的条件下，这种斗争还可能是国际的斗争。因此，不可能设想常备军、公安机关、法庭、监狱等等的消亡。它们的存在和正确的工作，不是妨碍而是保证社会主义国家的民主化。事实上，没有无产阶级专政（即人民民主专政），就不可能保卫从而也不可能建设社会主义。

关于坚持共产党的领导。这是因为，自有国际共产主义运动以来，就证明了没有无产阶级的政党，就不可能有国际共产主义运动，也不可能有社会主义革命和社会主义建设。在中国，在五四运动以来的 60 年中，除了中国共产党，根本不存在一个能够联系广大劳动群众的党。没有中国共产党就没有社会主义的新中国。林彪、"四人帮"的倒行逆施所以引起全党和全国人民的坚决反抗，正是因为他们踢开了久经考验并与人民群众建立了血肉联系的领导者中国共产党。而粉碎"四人帮"以后特别是党的十一届三中全会以后党的威信在全国人民中所以普遍提高，正是因为全国人民把他们对于前途的一切希望寄托在党的领导上。离开了中国共产党的领导，谁来组织社会主义的经济、政治、军事和文化？谁来组织中国的四个现代化？在今天的中国，决不应该离开党的领导而歌颂群众的自发性。党的领导当然不会没有错误，而党如何才能密切联系群众，实施正确有效的领导，也还是一个必须认真考虑和努力解决的问题，但是这决不能成为要求削弱和取消党的领导的理由。党经历过多次错误，但是每一次都依靠党而不是离开党纠正了自己的错误。在这样的情况下，竟然要求削弱甚至取消党的领导，更是广大群众所不能容许的。

关于坚持马列主义、毛泽东思想。邓小平强调说，同林彪、"四人帮"斗争的中心内容之一就是反对他们伪造、篡改、割裂马列主义、毛泽东思想。粉碎了"四人帮"，使马列主义、毛泽东思想重新恢复了它的科学面目，成为人们的指南。这是全党和全国人民的一个伟大胜利。有的人口头上拥护马列主义，但是反对马列主义普通真理与中国革命实践相结合而产生的毛泽东思想，还说什么，只拥护"正确的毛泽东思想"，而不拥护"错误的毛泽东思想"。这都是不对的。中国反帝反封建革命经历过无数次失败。难道不是毛泽东思想才使约占全人类四分之一的中国人民找到正确的革命道路，并在 1949 年获得全国解放，在 1956 年基本上完成社会主义改造吗？这一系列伟大的胜利不但根本改变了中国的命运，也改变了世界的形势。毛泽东同志在晚年还提出了三个世界划分的思想，并且亲自开创了中美关系和中日关系的新阶段，从而为世界反霸斗争和世界政治前途创造了新的发展条件。毛泽东同志当然也有缺点和错误，但是这些错误怎么能同他对人民的不朽贡献相比呢？在分析他的缺点和错误的时候，当然也要承认个人的责任，但是更重要的是要分析历史的复杂的背景。这样才能公正地、科学地、也就是马克思主义地对待历史，对待历史人物。毛泽东同志的事业和思想，都不只是他个人的事业和思想，同时是他的战友、是党、是人民的事业和思想，是半个多世纪中国人民革命斗争经验的结晶。毛泽东思想过去是中国革命的旗帜，今后将永远是中国社会主义事业和反霸权主义事业的旗帜，将永远高举毛泽东思想的旗帜前进。

总之，为了实现四个现代化，必须坚持四项基本原则。当然，这些原则在新形势下都有着新的意义，也都需要根据新的事实做出新的有充分说服力的论证。但是，中央认为，今天必须反复强调坚持这四项基本原则，每个共产党员，更不必说每个党的思想理论工作者，决不允许在这个根本立场上有丝毫动摇。如果动摇了这四项基本原则中的任何一项，那就动摇了整个社会主义事业，整个现代化建设事业。①

邓小平说，大家知道，这四项基本原则并不是新的东西，是党长期以来所一贯坚持的。粉碎"四人帮"以至党的十一届三中全会以来，党中央实行的一系列方针政策，一直是坚持这四项基本原则的。

从实践上和理论上，都批判了"四人帮"那种以极左面目出现的主张普遍贫穷的假社会主义。坚持了社会主义公有制和按劳分配的原则。坚持自力更生为主、争取外援为辅、学习和引进外国先进技术发展中国社会主义经济建设的方针。努力按照客观经济规律办事。也就是说，坚持了科学社会主义。

粉碎了"四人帮"的封建法西斯主义，平反了大量冤案，解决了历史上遗留的一系列问题，巩固了无产阶级专政，恢复和发扬了社会主义民主，特别是党的十一届三中全会以后，出现了毛泽东同志生前多年盼望实现的生动活泼的政治局面。

恢复了遭到破坏的党的三大作风，健全了党的民主集中制，

----

① 参见《邓小平文选》第 2 卷，人民出版社 1994 年版，第 164—173 页。

增强了全党的团结、党和群众的团结，从而大大提高了党的威信，加强了党对国家和社会生活的领导。

破除了林彪和"四人帮"所制造的精神枷锁，坚持领袖是人不是神；坚持完整地准确地掌握马列主义、毛泽东思想的科学体系；坚持从实际出发，实事求是。这就恢复了毛泽东思想的本来面目，维护了毛泽东同志作为一个伟大革命家在中国革命史和世界革命史上应当享有的崇高地位。①

邓小平明确指出了，尽管如此，中央认为今天还是有很大的必要来强调宣传这四项基本原则。因为现在一方面，党内有一部分同志还深受林彪、"四人帮"极左思潮的毒害，有极少数人甚至散布流言蜚语，攻击中央在粉碎"四人帮"以来特别是三中全会以来所实行的一系列方针政策违反马列主义、毛泽东思想；另一方面，社会上有极少数人正在散布怀疑或反对这四项基本原则的思潮，而党内也有个别同志不但不承认这种思潮的危险，甚至直接、间接地加以某种程度的支持。虽然这几种人在党内外都是极少数，但是不能因为他们是极少数而忽视他们的作用。事实证明，他们不但可以而且已经对中国的事业造成很大的危害。因此，必须一方面继续坚定地肃清"四人帮"的流毒，帮助一部分还在中毒的同志觉悟过来，并且对极少数人所散布的诽谤党中央的反动言论给予痛击；另一方面用巨大的努力同怀疑上面所说的四项基本原则的思潮作坚决的斗争。这两种思潮都是违背马列主义、毛泽东思想的，都是妨碍社会主义现代化建设事业的前进的。

接着邓小平着重对从右面来怀疑或反对四项基本原则的思潮进行了旗帜鲜明批驳，观点鲜明深刻，极具说服力。

在总结部分，邓小平特别指出，中央认为，今天必须反复强

---

① 《邓小平文选》第 2 卷，人民出版社 1994 年版，第 165 页。

调坚持这四项基本原则，因为某些人（哪怕只是极少数人）企图动摇这些基本原则。这是决不许可的。每个共产党员，更不必说每个党的思想理论工作者，决不允许在这个根本立场上有丝毫动摇。如果动摇了这四项基本原则中的任何一项，那就动摇了整个社会主义事业，整个现代化建设事业。

在党和国家进行拨乱反正、把工作重心转移到社会主义现代化建设上来的历史转折时刻，邓小平代表党中央第一次明确、完整地提出了四项基本原则，并对其进行了深刻系统的阐述，意义深远而重大。此后，四项基本原则作为中国政治生活的一个重要主题，成为党制定各项政策的基础，并随着实践的发展不断得到丰富和完善。1982 年，四项基本原则被正式载入党章和宪法，成为全党全国人民的共同意志；党的十三大把坚持四项基本原则作为党在社会主义初级阶段基本路线的一个基本点；十四大把它作为"立国之本"列为邓小平建设有中国特色社会主义理论的一项基本内容；党的十五大把邓小平理论确立为党的指导思想，四项基本原则作为邓小平理论的有机组成部分得到高度重申。四项基本原则是对党和国家长期历史经验的高度概括，是全党全国人民团结奋斗的共同政治基础。

二、真理标准问题讨论的"补课"

理论工作务虚会议以后，来自"右"的方面反对四项基本原则的思潮很快被击退了。但是，长期以来形成的思想僵化或半僵化的状态，难以在短期内得到克服，"左"的思想倾向依然相当严重，并成为拨乱反正的主要阻力。

（一）真理标准讨论补课问题的提出

党的十一届三中全会以来的发扬民主，解放思想，不过刚刚"开头"，有些人却认为已经"过头"了。有些人把社会上一度出现的混乱现象错误地归咎于十一届三中全会，认为这些混乱现象是发扬民主、解放思想造成的；还有些人把四项基本原则同党的十一届三中全会的路线对立起来，认为四项基本原则是对三中全会的"纠偏"。干部思想中存在的种种不正确的看法表明，继续解放思想，克服思想僵化的状况，仍然是思想理论战线的一个主要的长期的任务。同时，上述情况也表明，党的十一届三中全会前开展的真理标准问题的讨论，在一些地区和单位并没有能够认真地开展起来，没有深入人心，以致一部分人至今仍处于思想僵化的状态，仍然是一切从"本本"出发。因此，继续深入地开展真理标准问题的讨论，进一步端正全党的思想路线，仍是十分重要和紧迫的任务。在这样的背景下，各地在贯彻党的十一届三中全会路线和传达理论工作务虚会精神的同时，提出了进行真理标准问题讨论"补课"的问题。

1979 年 5 月 21 日，《解放军报》发表了《坚定不移地继续贯彻三中全会精神》的评论员文章。文章指出了在贯彻十一届三中全会精神过程中出现的一些思想认识问题。文章说，实践是检验真理的唯一标准问题的讨论，对解放思想起了很好的作用，但是，这个讨论在部队许多单位没有怎么进行。为什么要讨论真理标准问题？为什么检验真理的标准不能是别的只能是实践？为什么要解放思想，开动机器，如果思想僵化，从"本本"出发，党、国家、民族的生机就要停止！军队的许多同志没有把它好好弄清楚。文章提出："我们军队的同志要抓紧补上这一课，要重新好好学习三中全会文件。"文章用了"补课"的提法，明确提出了"补课"的要求。这是最早、最明确地提出要对真理标准问题的讨论进行"补课"。

1979 年 5 月 22 日，《人民日报》在第一版显著位置转发了这篇评论员文章。《人民日报》用的标题是：《重新学习三中全会文件　补上真理标准问题一课》。这是《人民日报》第一次明确提出要"补课"。

（二）全国对真理标准讨论"补课"的响应

从 1979 年 5 月开始，各地各部门的负责人纷纷发表讲话，分析形势，指出当前主要的问题仍然是解放思想。各地党委和宣传部门也相继召开会议，强调要坚持实践是检验真理的唯一标准，继续深入开展真理标准问题的讨论。中央和各地党的机关报也大量刊登有关这方面的文章。

5 月中旬，中央党校副校长冯文彬在对全校学员作报告时指出：当前贯彻三中全会方针政策的主要障碍，还是一部分干部中的思想僵化问题。他说："目前不少地方，关于分清两条思想路线的教育还很不普遍，很不深入。有的同志说：'思想解放总的形势是，中央开了头，有的地方开了一点头，许多地方还没有开头。'因此，继续宣传辩证唯物主义的思想路线，从林彪、'四人帮'的精神枷锁中解放出来，敢于在新的长征中思考新问题，提出新问题，解决新问题，是完全必要的。"①

5 月中旬，中共四川省委的主要负责人在省委第二次全会上讲话指出：从党内尤其是高中级干部的思想状况来看，坚持四项基本原则的问题，思想比较容易统一，而要继续解放思想，则仍然是比较大的问题，特别是要把马列主义、毛泽东思想同四个现代化的实际结合起来，研究新情况，解决新问题，就更不够了。他说，现在党内思想僵化、半僵化的状况还是存在的，相当一部

---

① 《排除干扰　乘胜前进》，《人民日报》1979 年 6 月 7 日。

分同志心有余悸的问题还没有解决，要用很长时间、花很大力气才能解决。因此，他提出，要进一步学习、宣传、贯彻三中全会精神，把坚持四项基本原则同解放思想统一起来。

中共安徽省委负责人在5月间召开的省委工作会议上指出：我们看形势要分清主流和支流，前一时期，有人从"右"的方面，利用我们发扬民主、解放思想之机，散布怀疑和否定四项基本原则的言论，社会上也出现了极少数人闹无政府主义和极端民主化的现象。这是支流。在传达贯彻中央领导同志关于"四个坚持"的讲话后，这方面的情况已很快转变。我们决不要被这些支流所迷惑。当前又有一股否定三中全会的错误思潮，有些人抓住一些支流现象，加以夸大，进而攻击党的路线"右了"，三中全会的方针政策"偏了"。对这种以"左"的面貌出现的思潮也必须引起充分注意。这说明不少人的思想仍然处在僵化的状态。因此，我们要正确认识形势，坚定政治方向，继续深入贯彻三中全会精神，继续解放思想，把真理标准问题的讨论引向深入。这场讨论，超过了新中国成立以来思想战线上任何一次理论问题的讨论，是继延安整风运动之后又一次具有深远意义的马克思主义教育运动和思想解放运动。

中共江西省委负责人在5月间召开的省委工作会议上发表讲话，号召全省各级党组织坚持解放思想、开动机器、实事求是、团结一致向前看的方针，把党内党外的思想统一到三中全会精神上来。江西省委工作会议认为，只要遵照三中全会决议，坚持解放思想，坚持实践是检验真理的唯一标准的思想路线，坚持深入实际，调查研究，走群众路线，目前出现的一些问题和困难是完全可以解决的。

6月上旬，中共广东省委负责人在省地、市、县三级干部会议上指出：要注意反对来自"左"和"右"两个方面错误思潮的干扰。"左"和"右"两种思潮相比，"左"的思潮更容易迷惑人，对我们的危害更大，更需要引起大家的警惕。"左"和"右"的思潮的出现，绝不是因为贯彻了三中全会精神才产生的，相反，是我们还没有全面贯彻三中全会精神的表现。应当说，我们还只是初步贯彻了三中全会精神，是"开头"，绝不是"过头"。因此，我们要继续认真学习三中全会的文件，许多地方还要补上关于真理标准问题的讨论这一课，继续进行辩证唯物主义的思想路线的教育。

中共湖北省委负责人在省委常委扩大会议上指出，前一段，在党内，在干部当中，对三中全会的方针政策的看法有分歧，出现了一种怀疑或反对三中全会精神的思潮。少数同志认为，三中全会之后，"政策右了"。这种错误认识，是由于对三中全会的方针、政策缺乏全面正确的理解，把贯彻三中全会精神过程中不可避免地出现的一些问题，同三中全会确定的方针政策混起来。为此，必须继续解放思想，消除干部中遗留的极左思潮的影响。

解放军总政治部负责人也向全军提出要求，要继续学好实践是检验真理的唯一标准这一课，进一步肃清林彪、"四人帮"极左路线的流毒和影响。随即，海军党委常委扩大会议决定，从现在开始，在海军普遍深入开展实践是检验真理的唯一标准的学习和讨论，认真解决思想路线问题，补好真理标准问题这一课。

（三）真理标准讨论"补课"在全国的展开

中央的一些领导人，特别是邓小平对真理标准问题讨论的"补课"十分重视。1979年7月29日，他在接见海军党委常委扩大会议全体与会者时发表讲话指出："对于实践是检验真理的唯一标准的论点，开始的时候反对的人不少，但全国绝大多数干部群众还是逐步接受了的。这个争论还没有完，海军现在考虑补课，这很重要。真理标准问题的讨论是基本建设，不解决思想路线问题，不解放思想，正确的政治路线就制定不出来，制定了也贯彻不下去。所以，不要小看实践是检验真理的唯一标准的争论。这场争论的意义太大了，它的实质就在于是不是坚持马列主义、毛泽东思想。"

同年8月中旬，邓小平到天津视察工作。当时，中共天津市委正在召开常委扩大会议。邓小平听取了市委常委的工作汇报，并就贯彻三中全会的方针政策，加深理解党在新时期的政治路线、思想路线和组织路线，特别是深入开展实践是检验真理标准问题的讨论，作了重要讲话。根据邓小平的讲话精神，中共天津市委负责人提出，要坚持三中全会的政治路线，就要坚持解放思想，开展真理标准问题的大讨论。天津市必须下大功夫，从市委到基层单位，认真地补好这一课。特别是区、县、局以上的领导同志更要认真学好。

1979年9月29日，叶剑英在庆祝中华人民共和国30周年大会上发表讲话。他在讲话中提出："我们要在全国范围内，在各条战线、各个行业，从领导机关到基层，普遍深入地开展关于真理标准问题的学习和讨论，进行辩证唯物主义思想路线的教育。尤其是主要负责干部要带头解放思想，旗帜鲜明。领导的责任就在于把广大干部和群众的思想进一步引导到实现四个现代化的政治路线上来。"① 这个讲话经过党的十一届四中全会讨论通过，因此，可以将其看作是党中央对真理标准问题讨论的补课所做的部署和要求。

在此前后，全国各省、自治区、直辖市，以及人民解放军各部队，在各地或各部队党委的统一领导和部署下，相继进行了真理标准问题讨论的"补课"。从1979年夏秋起，真理标准问题的"补课"在全国范围内展开，到这一年的秋冬，达到了高潮。这

---

① 中共中央文献研究室编：《三中全会以来重要文献选编》（上），人民出版社1982年版第239页。

次"补课"，在广度和深度方面都大大超过了 1978 年的讨论，特别是深入到了基层，在基层的广大干部和群众中引起了强烈的共鸣，形成了名副其实的大讨论局面。实际上，这个大讨论一直持续到 1981 年 6 月，党的十一届六中全会作出《关于建国以来党的若干历史问题的决议》，基本完成指导思想上的拨乱反正，"补课"才算告一段落。

真理标准问题讨论的"补课"，既是 1978 年真理标准问题讨论在新形势下的继续，又是马克思主义思想路线的一次大普及，同时也进一步宣传和贯彻党的十一届三中全会的精神。

三、党的建设任务的提出和党内政治生活准则的制定

党的十一届三中全会以后，随着全党工作中心的转移，一系列新的情况和问题突出地摆到了党的面前，如何正确地处理和解决这些新的情况和问题，已经成为新形势下党能否很好地承担起新的历史任务的重大课题。针对这种情况，党中央适时地把党的自身建设提上日程。

（一）三中全会后党的建设面临的新形势和新任务

1980 年 1 月 16 日，邓小平在中共中央召开的干部会上作了题为《目前的形势和任务》的重要讲话。① 在这次讲话中，他首先说明了中国在 80 年代要做的三件大事：在国际事务中反对霸权主义，维护世界和平；台湾回归祖国，实现祖国统一；加紧进行四个现代化建设。并强调指出："三件事的核心是现代化建设。这是我们解决国际问题、国内问题的最主要的条件。……在国际

① 《邓小平文选》第 2 卷，人民出版社 1994 年版，第 239 页。

事务中反对霸权主义，台湾回归祖国、实现祖国统一，归根到底，都要求我们的经济建设搞好。当然，其他许多事情都要搞好，但是主要是必须把经济建设搞好。"三年来的拨乱反正，从政治、经济和外交等方面我们都取得了较好的成绩：

从政治方面看，共做了八项工作。（1）清查了"四人帮"，基本上整顿了全国各级组织的领导班子。这是三年来能够取得各项成就的政治保证。（2）国内和党内的民主生活，已经开始走上轨道。民主制度日益健全，民主生活不断扩大。刑法和刑事诉讼法已经公布，法制建设已经开始，人们已经看到了实行社会主义法制的希望。（3）中央和各地都平反了一大批冤假错案，其中包括平反了"天安门事件"和关于彭德怀、张闻天、陶铸、薄一波、彭真等同志在内的一大批同志的冤假错案。改正了1957年一大批被错划为"右派分子"的案件。（4）摘掉了知识分子"臭老九"的帽子，摘掉了全国绝大多数地主、富农、资本家的帽子。（5）基本上总结了"文化大革命"和新中国成立以来30年的经验教训，科学、全面地评价了党的历史上的人物和重大的事件，为就新中国成立以来党的若干重大历史问题作出正确决议，统一全党思想作了重要的准备。（6）恢复了毛泽东思想的本来面目，确立了党的思想路线，使毛泽东多年提倡的，正确区别和处理两类不同性质矛盾的方针、"双百"方针、"三不主义"，也得到了认真的正确的实行。（7）教育、科学、文化工作，开始走上正轨。（8）公安、检察、司法、民族、统一战线工作，工人、青年、妇女工作，以及其他许多工作，都开始走上正轨。总之，从政治上看，做了这许多工作，就使党和国家改变了面貌，政治局面转入了安定团结、生动活泼。这样我们就能够集中力量搞社会主义现代化建设。这是在三中全会后取得的伟大的成绩。

从经济方面看，成绩也是不小的。（1）在粉碎"四人帮"后的两年中使经济得到一定程度的恢复的基础上，提出和贯彻了调整、改革、整顿、提高的八字方针。这是在总结了过去的经验和分析了当时情况的基础上提出的方针。经济的发展已经证明提出这个方针是完全必要、完全正确的。（2）三中全会在农村工作方面作出的两个决议也得到了贯彻，现在全国绝大部分农村面貌一新，农民的心情相当舒畅，这是党的政策在发生作用的结果。（3）三中全会以后，提高了职工工资，开辟了相当多的就业门路，一年中就安排了700万待业人员，而且今后还要继续安排。同时还加强了轻纺工业，缩短了基本建设战线。财政体制在逐步改变，其他体制也决定了逐步改变的办法。（4）在发展经济方面，正在寻找一条合乎中国实际的能够快一点、省一点的发展道路，其中包括扩大企业自主权和民主管理，发展专业化和协作，计划调节和市场调节相结和，合理地利用国外先进技术和资金等等。在这方面，中国吃了一些亏，但也正在积累本领，并且已经开始取得效果。这说明，在粉碎"四人帮"以后的三年，特别是在三中全会后的一年中，中国结束了"文化大革命"对经济工作的干扰和破坏，使经济得到很大恢复并走上稳定发展的轨道。这也是一个重大的成绩。

从外交方面看，由于实现了中美建交、缔结了中日和平友好条约，以及国家各级领导人员频繁出访和外国领导人来访等外交活动，奠定了中国外交上的新格局，使中国实现四个现代化有了比较好的国际条件。在反对霸权主义的斗争中也扩大了阵容。中国同第三世界国家的合作继续得到增强。

总之，从政治、经济、外交这三个方面看，粉碎"四人帮"后的三年当中特别是三中全会后的这一年当中，工作取得了很大的成绩，可以说，在这三年中，党在各个领域，在国内的政治、经济和国际事务方面，为进入80年代开始大规模的社会主义现代化建设打下了一个很好的基础。当然，仅仅这些还是不够的，要想实现社会主义现代化，还必须解决的四个方面的问题，或者说还必须具备的四个方面的条件：第一个条件是，要有一条坚定不移的、始终贯彻的政治路线，那就是，由三中全会所制定的，团结全国各族人民，调动一切积极因素，同心同德，鼓足干劲，力争上游，多快好省地建设现代化的社会主义强国的政治路线。第二个条件是要有一个安定团结的政治局面，这是为二十多年的历史所证明了的最重要的经验。第三个条件是要有一个艰苦奋斗的创业精神。第四个条件是要有一支坚持走社会主义道路的、具有专业知识和能力的干部队伍。

要想干好党在 80 年代的三件大事，解决好社会主义现代化发展的四个前提，归根到底都离不开党的领导。面对新的形势和新的任务，如何加强和改善党的领导问题就成了党的建设的新课题。对此，邓小平首先就意识到了党的领导的重要性。他说：从根本上说，没有党的领导，就没有现代中国的一切。当然也就没有刚才我们所说的三件大事和四个前提。没有党的领导，就没有一条正确的政治路线；没有党的领导，就没有安定团结的政治局面；没有党的领导，艰苦创业的精神就提倡不起来；没有党的领导，真正又红又专、特别是有专业知识和专业能力的队伍也建立不起来。这样，社会主义四个现代化建设、祖国的统一，反霸权主义的斗争，也就没有一个力量能够领导进行。这是谁也无法否认的客观事实。那么，在新的形势下究竟应当怎来加强党的领导呢？在这个问题上，邓小平认为："为了坚持党的领导，必须努力改善党的领导。"他说，应该承认，现在党的威信不如从前了。主要是林彪、"四人帮"踢开党委闹"革命"，党被打乱了。现在摆在我们面前的迫切问题，是要恢复党的战斗力。党应该是一个战斗的队伍，应该是统一的、有高度觉悟的、有纪律的队伍。只有恢复到这种状态，党才有战斗力。为此，他提出要从几个方面做出努力：

第一，要提高党员的素质。他认为，现在有些党员不合格。

在"文化大革命"期间入党的党员，有一些因为一直没有受到党的教育，不能成为群众的模范，不合格；有些老党员长时期很合格，现在也不能成为群众的模范，不那么合格了。在党员中派性高于党性的，大有人在。这还怎么合格？现在有些共产党员，入党是为了享受在先，吃苦在后。我们反对特殊化，其实就是反对一部分共产党员、一部分党员干部特殊化。所以，我们现在提出，要恢复党的优良传统和作风。我们还要加强对党员的教育，在教育的基础上进行整顿。中央正考虑修改党章，对党员有些什么权利和义务，怎样才算个合格的党员，不合条件怎么办，都要有所规定。对党员的要求一定要严格。

第二，要改善党的领导工作状况，改善党的领导制度。关于改善党的领导工作状况，是我们党从新中国成立初期就想解决而实际上没有解决的问题。现在的经济工作，问题比 50 年代又复杂得多。现在科学技术发展了，国际交流发展了，我们的经济一定要在国际上有竞争力，要拿国际尺度来衡量一下，我们就应该学习，不能安于落后，落后就不能生存。可是在共产党员，特别是党员领导干部中具有专业知识的人究竟有多少？这种状况必须改变。党应该居于领导地位，但党的领导要懂得专业知识，跟上时代发展的问题，必须认真研究解决。关于改善党的领导制度，更是一个新的问题。在这里他提出了对党委制这个党的领导制度的基本形式进行改革的问题，其中包括党委制领导制度的适应层次，即基层单位下的分支单位如工厂里面的车间和班组、大学里面的系、科，是否也由党的组织来实行直接领导的问题，需要研究是否改为政治保证工作更好一些。还有就是党委实现领导的方法，是通过组织规定的方法好呢？还是通过共产党员的模范作用，其中包括努力学习专业知识，成为内行，并且吃苦在前，享受在后，比一般人担负更多的工作，可以研究。他强调说，作为一个工厂的党委领导，应该保证在产品数量、质量和成本方面完成计划；保证技术先进、管理先进、管理民主；保证所有管理人员有职有权，能够有效率、有纪律地工作；保证全体职工享受民主权利和合理的劳动条件、生活条件、学习条件；保证能够培养、选拔和选举优秀人才，不管是党员非党员，凡是能干的人就要使他们能充分发挥作用。这样才能使党的领导有效，党的领导得力。

第三，要加强党的纪律。他指出，"文化大革命"中党的纪律废弛了，至今没有完全恢复。许多党员自行其是，对党的路线、方针、政策，党的决定，党规定的任务也不执行，或者不完全执行。这是不能允许的。否则，党就不能形成统一意志，也不可能有战斗力。必须严格维护党的纪律，极大地加强纪律性。个人必须服从组织，少数必须服从多数，下级必须服从上级，全党必须服从中央。其中最重要的是全党服从中央。任何人都不允许以任何借口来抵制中央的领导。只有全党严格服从中央了，党才能够领导全体党员和全国人民为实现现代化的伟大任务而战斗。任何人如果严重破坏这一条，各级党组织和各级纪律检查委员会就必须对他严格执行纪律处分。因为这是党的最高利益所在，也是全国人民的最高利益所在。我们要坚决发扬党的民主，保障党的民主。党员对党的决定有意见，可以通过组织发表，可以保留自己的意见，可以通过组织也可以直接向中央提出自己的意见。各级党组织都要认真考虑这些意见。但是，中央决定了的东西，党的组织决定了的东西，在没有改变以前，必须服从，必须按照党的决定发表意见，不允许对党中央的路线、方针、政策任意散布不信任、不满意和反对的意见。党报党刊一定要无条件地宣传党的主张。对党的工作中的缺点和错误，党员当然有权利进行批评，但是这种批评应该是建设性的批评，应该提出积极的改进意见。必须坚决肃清由"四人帮"带到党内来的无政府主义思潮和各种资产阶级自由主义思潮。只有坚决保证党的统一和战斗力，才能完成今天所提出的各项任务。

（二）对党的建设经验的初步总结

党的十一届三中全会重新恢复了党的马克思主义的思想、政治和组织路线之后，邓小平于 1979 年 3 月 30 日在党中央召开的理论工作务虚会上，讲了坚持四项基本原则问题，这就使十一届三中全会的基本路线更加明确。接下来最为紧迫的问题就是由什么样的人来贯彻执行的问题了。于是，总结党的建设的历史经验和教训，进一步解决党的建设的问题就被提上了重要议事日程。

1979 年恰逢中国共产党执政 30 周年。为了总结经验开拓未来，同年 9 月 25 日至 28 日，中国共产党在北京召开了十一届四中全会。出席这次全会的有中央委员 189 人，候补中央委员 118 人。中央委员会主席华国锋，副主席叶剑英、邓小平、李先念、陈云、汪东兴出席了会议。另有 16 名中央机关和地方党委的负责同志列席了会议。华国锋主持了这次会议。

党的十一届四中全会通过的叶剑英在纪念国庆四十周年大会上的讲话。该讲话充分肯定了新中国成立以来党和人民所取得的伟大成就，高度评价了毛泽东等老一辈无产阶级革命家的不朽功绩，全面揭示了林彪、"四人帮"极左路线的主要特征，初步总结新中国成立以来 30 年党的建设的经验教训，特别是林彪、"四人帮"给全党以深刻的反面教训。对于林彪、"四人帮"给全党和全国人所带来的反面教训，叶剑英在讲话中把它概括为四条：第一，社会主义取代资本主义，就是要解放生产力，不断提高劳动生产率，满足人民物质和文化生活的需要。这是社会主义革命的根本目的。第二，对社会主义制度确立以后的国内阶级斗争状况和阶级斗争形势，必须做出合乎客观实际的科学分析，采取正确的方针和方法。第三，必须正确理解群众、阶级、政党和领袖之间的相互关系，这在社会主义社会中尤为重要。第四，必须进一步健全党的纪律和社会主义法制，切实保障全体党员和全体公民的民主权利，使党内民主和社会主义民主制度化、法律化。

总结经验，反思过去，是为了更好地开拓未来。叶剑英在总结了党的建设的经验教训之后，紧接着又对党的政治路线的提法进行了概括。本来，党的十一届三中全会对党的政治路线已经做了概括，当时的表述是："全党、全军和全国各族人民同心同德，进一步发展安定团结的政治局面，并且立即动员起来，鼓足干劲，群策群力，为在本世纪内把我国建设成为社会主义的现代化强国而进行新的长征。"① 叶剑英在党的十一届四中全会上对党的政治路线进而概括为："团结全国各族人民，调动一切积极因素，同心同德，鼓足干劲，力争上游，多快好省地建设现代化的社会主义强国。"② 这两个提法中出现了两点区别：第一点是四中全会的提法中，"全党、全军"的字样没有了，增加了"调动一切积极因素"。在后一个提法中说的是"团结"全国各族人民，当然是由全党来团结了，"全党"的字样当然也就没有必要了。至于"全军"的字样，因为在"全国各族人民"的概念中是包括"全军"这一内容的。而"调动一切积极因素"的提法是非常重要的，因为这个提法，按照传统习惯，是包括国内外的人群当中，一切能够争取到的力量，甚至包括那些暂时虽然尚未争取到，但将来可能争取到的力量在内的。这就极大地扩展了团结面，壮大了能够参加社会主义现代化建设的阵营和力量。第二点是在"建设现代化的社会主义强国"的字样前面增加了"力争上游"和"多快好省"的字样。讲"力争上游"是要在可能范

---

① 中共中央文献研究室编：《三中全会以来重要文献选编》（上），人民出版社 1982 年版，第 5 页。

② 中共中央文献研究室编：《三中全会以来重要文献选编》（上），人民出版社 1982 年版，第 232 页。

围内，在客观经济规律允许的情况下，通过努力，尽快地建设社会主义现代化的意思。有"发奋图强的意思"。增加"多快好省"的提法，就是要求建设社会主义现代化的步伐要稳一点，要接受过去盲目求快的教训，力争使中国的社会主义现代化建设走出一条稳步、健康的发展道路。党的十一届四中全会，对党的政治路线的修改和补充，使其提法更为准确和科学，这是党在政治路线表述上的重要发展。

党的政治路线的进一步明确，实际上也就等于新形势下党的历史任务更加明确了。正确的政治路线确定之后，干部就是决定因素。对此，叶剑英还明确就加强领导班子建设和干部制度的改革问题发表了意见。他说，现在各级领导班子的建设问题和干部制度的改革问题已经成为十分迫切的任务，提到议事日程上来了。要下决心在一定时期内，把大批经过实践考验，得到群众拥护的年富力强的优秀干部提拔到领导岗位上来。要加强领导班子的建设，使各级领导干部真正是德才兼备的，即要做到：第一，坚决拥护党的政治路线和思想路线；第二，大公无私，严守法纪，坚持党性，根绝派性；第三，要有强烈的革命事业心和政治责任心，有胜任工作的业务能力。

还在中共十一届四中全会召开期间，为贯彻落实中央的有关精神，在中央的直接指导下，中共中央组织部于1979年9月5日至10月7日在北京召开了全国组织工作座谈会。会议围绕培养接班人、加强领导班子建设、进行干部制度改革、落实干部政策和加强党员教育、健全组织生活等问题展开了讨论。会议确定，党在新时期的组织路线主要内容就是，使党的组织工作、干部工作促进并确保四个现代化的实现。根据这一组织路线，组织部门的每项工作，都要从有利于经济建设出发，从有利于两个文明建设出发，任何时候都不能离开这个主心骨。组织战线上的同志一定要彻底清除"左"的影响，把自己的思想和行动坚决地完全地转到为社会主义现代化建设事业服务的轨道上来。从干部工作上来讲，无论是考核、选拔干部，还是调整领导班子、培训提高干部，都必须以促进和确保四个现代化的实现为目的，并力求取得最好的效果。

在全国组织工作座谈会之后，邓小平又于 1979 年 11 月 2 日在中央党、政、军机关副部长以上干部会上，针对党的高级干部当中存在的问题，对党的建设提出了一些明确的具体要求和希望。

一是要明确规定高级干部的生活待遇，反对搞特殊化。他说：中央制定和准备下发的《关于高级干部生活待遇的若干规定》，其内容基本上是把"文化大革命"前的老章程恢复起来，主要精神是防止和克服高级干部的特殊化。他强调说，高级干部的特殊化现象。当然不是所有的高级干部都是这样，许多高级干部就是很朴素的。还有的高级干部，不仅自己搞特殊化，而且影响到自己的亲属和子女，把他们都带坏了。他指出：应该看到，这不单是一个党风问题，而且形成了一种社会风气，成了一个社会问题。人民群众反对特殊化，对干部的特殊化是很不满意的。这使我们脱离群众，脱离干部，把风气搞坏了，人们对这些现象很敏感。所以要反对特殊化。从实行这个规定开始，要坚决按照规定要求贯彻执行。

二是提出了认真选拔接班人的问题。他强调说，现在我们国家面临一个严重的问题，不是四个现代化的路线、方针对不对，而是缺少一大批实现这个路线、方针的人才。而没有这样的人才，或者虽然有了这样的人才，却不能得到相应的任用，也不可能实现四个现代化。他指出，老干部现在大体上都是 60 岁左右的人了，精力毕竟不够了。经验是丰富的，但精力却差多了。在这方面，要有自知之明。这是自然规律。现在摆在面前的问题，是缺少一批年富力强的、有专业知识的干部。而老干部的责任，就是认真选好接班人。他说，现在我们提出选接班人，有个好的条件，就是人们的政治面貌清楚了。选接班人有三条标准：一是坚决拥护党的政治路线和思想路线；二是大公无私，严守法纪，坚持党性，根绝派性；三是有强烈的革命事业心和政治责任心，有胜任工作的业务能力。另外，从精力上说，能够顶着干八小时工作，这一点切不可忽略。做四个现代化的闯将，没有专业知识是不行的，没有干劲是不行的，不管你的见解有多高明，如果没有精力，要做好工作是很困难的。一定要认识到，认真选好接班人，这是一个战略问题，是关系到共产党和国家长远利益的大问题。如果在三几年内不解决好这个问题，十年后不晓得会出什么事。有正确的思想路线，有正确的政治路线，如果组织问题不解决好，正确的政治路线的实行就无法保证，中国向党和人民就交不了账。选拔接班人要越快越好，现在中国工作中真正的骨干大都是 40 岁左右的人，30 岁左右的还很少，中国应该把这层骨干大胆地提拔上来。好多同志在他们没有到领导岗位以前好像不行，其实把他们提起来，帮助他们一下，很快就行了。他还谈到关于学校和科研单位培养、选拔人才问题，提出要建立学位制度，搞学术和技术职称。在学校里应该有教授、副教授、讲师、助教的职称。在科学研究单位应该有研究员、副研究员、助理研究员、研究实习员的职称。在企业单位，应该有高级工程师、工程师，高级会计师、会计师等职称。就是要建立这样一套制度，使那些有专业知识、年富力强的人被选拔到能够发挥他们才干的工作岗位上来。选拔干部，选拔人才，只要选得好，选得准，党和国家的事业就大有希望。

三是要切实关心群众生活问题，密切党群关系。他强调说，密切联系群众，是共产党的一个优良传统。过去领导同志到一个单位去，首先到厨房去看看，还要看看厕所，看看洗澡的地方。现在这样的人还有，但是不多了。很多同志根本不去同群众接触。历史经验是，越是困难的时候，越要关心群众。只要你关心群众，同群众打成一片，不仅不搞特殊化，而且同群众一块吃苦，任何问题都容易解决，任何困难都能克服。现在需要全国的干部，首先是党的高级干部起模范带头作用，把党的艰苦朴素、密切联系群众的传统作风很好地恢复起来，坚持下去。中国搞四个现代化，因经验不足，会面临多方面的困难，都只有通过相信群众，依靠群众，充分走群众路线才能够得到解决。要培养、选拔一批年轻干部到各级领导岗位上来，老干部对他们要传帮带，要给他们树立一个好作风，要使他们能够继承、发扬党的艰苦朴素、密切联系群众等优良作风。要使他们懂得，不只是年轻就能解决问题，不只是有了业务知识就能解决问题，还要有好的作风。密切联系群众，这是最根本的一条。

如果说党的政治路线的进一步丰富和完善，使党和国家前进的方向更加明确的话，那么，邓小平的讲话，则使得加强党的建设的思路更加清晰。

（三）《关于党内政治生活的若干准则》

加强党的建设的基本方针提出后，一方面需要使全党的认识提高和统一到这个基点上来，同时也需要制定相应的措施加以贯彻落实。为此，中国共产党于 1980 年 2 月 23 日至 29 日在北京召开了十一届五中全会。这次全会的中心议题是解决党的组织路线问题，也就是如何坚持党的领导，改善党的领导，提高党的战斗力。

全会首先解决了党的中央领导层的新老合作问题。全会增选了政治局常委。决定恢复设立中央书记处，作为中央政治局和它的常务委员会领导下的日常工作机构。书记处的成立，是党的组织建设上的重大举措。全会还强调各级党的领导机构必须努力吸收那些能够坚定地执行党的路线，具有独立工作能力又年富力强的同志，让他们参加领导工作，以适应现代化事业的繁重工作的需要，并借以保证党的路线、方针、政策的连续性和党的集体领导的长期稳定性。新老合作问题的提出和初步解决，是世界社会主义运动史上的一个突出成就，它为党的最高领导机关解决交接班问题开创了一个很好的先例。

五中全会的另一个重要内容是为党中央副主席、国家主席刘少奇平反昭雪。撤销了八届十二中全会强加给他的"叛徒、内奸、工贼"的罪名和把他永远开除出党、撤销党内外一切职务的错误决议。这无疑是党的历史上最大的拨乱反正，是对党的历史上包括"文化大革命"中和"文革"以前的所有冤案的平反和纠正工作的最大推动。五中全会所决定的要向全国人民代表大会建议取消宪法中关于"大鸣、大放、大字报、大辩论"即所谓"四大"的规定，不仅在我国的法制建设上有着积极的意义，而且对党的生活正常化也有积极意义。

五中全会的第三个重要内容是制定和通过了《关于党内政治生活的若干准则》（简称《准则》）。① 全会总结了党在历史上逐步建立起来的有利于党的建设和发展的党内政治生活的基本经验，也总结了"文化大革命"中遭到林彪、"四人帮"的破坏，党内政治生活无章可循的教训，在此基础上对党内的政治生活做出了原则的规定。《准则》把坚持党内正确的政治生活的原则分为坚持正确的政治路线和思想路线、坚持党的民主集中制原则、树立党员光明磊落的政治品格、正确处理党内的矛盾和斗争、接受群众监督和加强学习等五个部分，共制定了 12 条党内政治生活的准则。五个部分的具体内容是：

一是坚持党的政治路线和思想路线。《准则》所提出的政治

① 中共中央文献研究室编：《三中全会以来重要文献选编》（上），人民出版社 1982 年版，第 414 页。

路线，其基本内容是，团结全国各族人民，调动一切积极因素，同心同德，鼓足干劲，力争上游，多快好省地建设现代化的社会主义强国。这是一条反映全国人民最高利益的马克思列宁主义的路线，全党必须坚决地贯彻执行。党的思想路线是党制定和执行政治路线的基础。党的思想路线要求坚持社会主义道路，坚持无产阶级专政（即人民民主专政），坚持党的领导，坚持马列主义、毛泽东思想。其根本点是一切从实际出发，理论联系实际，实事求是。《准则》指出，针对林彪、"四人帮"搞神化领袖风潮，设置思想和精神禁区是对毛泽东思想的破坏，现在必须强调破除迷信，解放思想，以实践作为检验真理的唯一标准，认真研究新情况、解决新问题。只有这样，才能发展马列主义、毛泽东思想，才是真正捍卫马列主义、毛泽东思想。为此，必须反对两种错误的思想倾向：（1）要反对思想僵化，反对一切从"本本"出发。要坚持从客观实际出发，把马列主义的基本原理同社会主义现代化建设的实际结合起来。（2）要反对和批判否定社会主义道路，否定无产阶级专政，否定党的领导，否定马列主义、毛泽东思想的错误观点。党领导社会主义现代化建设，必须始终坚持这四项基本原则。

二是坚持党的民主集中制原则。第 2 — 4 条是关于民主集中制中如何坚持正确的集中。其中，第 2 条所强调的坚持集体领导，反对个人专断，是关于民主集中制在"集中"的情况下，对领导机构成员的要求，目的是要使民主集中制的集中能够成为领导机关团结一致的有权威有声望的集中。它要求必须坚持党委领导集体的权威，每个党委成员包括党委书记在内，都要尊重这个权威，当然也不能忽视党委成员中的个人作用。每个党委成员都要学会正确处理党委的集体权威和个人作用的辩证法。反对过分夸大领导人作用的个人崇拜倾向。第 3 条是关于维护党的集中统一，严格遵守党的纪律问题，目的是要使全党，包括每一个成员都能自觉地维护，同时也要用党的纪律来维护这个权威，是民主集中制中关于正确处理党员和党组织的关系的原则规定。准则要求党员和各级组织的每一个成员都必须坚持"个人服从组织，少数服从多数，下级服从上级，全党服从中央"的原则，维护党的集中统一，严格遵守党的纪律。其中包括：对党的组织领导的决定有不同意见，经过反映后，在党的组织没有改变决定之前必须服从原有决定的要求；反对任何部门或下级组织和党员对党的决定采取各行其是、各自为政的错误态度；党的报刊必须无条件宣传党的路线、方针、政策和政治观点。对中央已经做出的重大政治性的理论和政策问题党员可以有不同意见，但需经过一定组织程序提出，或在党内适当场合进行讨论，绝不允许公开宣传或在群众中散布同中央的决定相反的言论；党员必须服从党组织对自己工作的分配、调动和安排，个人利益必须服从党的最高利益；党员必须遵守党和国家的机密，并成为遵守国家法纪、工作纪律和共产主义道德的模范。党员还必须顾全大局，对少数人闹事，必须按照党的政策进行宣传解释，使事态平息。在任何情况下，都不得怂恿、支持和参加闹事。第4条是关于坚持党性，根绝派性的问题。针对"文化大革命"当中，林彪、"四人帮"煽动派性、不要党性给党的组织造成的巨大破坏，为了恢复和增强全党的党性，在每个党员思想里树立和加强党性观念而规定的重要原则。目的是建立起全党真正自觉的集中。它要求全党坚持在马克思主义基础上的团结，反对任何形式的派别和派别活动。它强调，任何派性活动，都必然会阻碍党的路线、方针、政策的贯彻执行，破坏安定团结的政治局面，如果不加以制止而任其发展，就会导致党的分裂。要为根绝派性进行不懈的斗争，对于坚持派性屡教不改的人，要给予严肃的纪律处分，并且不能让其进领导班子。党的干部在处理党内关系方面要坚持"五湖四海"的原则，党员要有共产主义的伟大胸怀，严于律己，宽以待人，绝对禁止搞宗派活动。党员必须在群众中起模范作用，吃苦在前，享受在后，满腔热情地团结非党同志一道工作。在干部中要坚持正派、公道的作风，严禁利用职权在党内培植私人势力，不得把上下级关系变成人身依附关系。第6—8条都是讲民主集中制中如何充分发扬民主的内容。第6条是讲党的领导机关，要发扬党内民主，正确对待不同意见，目的是为发扬党内民主创造良好的条件。它规定，要允许党员发表不同的意见，对问题进行充分的讨论，真正做到知无不言，言无不尽。要严格实行不抓辫子、不扣帽子、不打棍子的"三不主义"。要纠正一部分领导干部中缺乏民主精神，听不得批评意见，甚至压制批评的家长作风。反对对同志挟嫌报复、打击陷害的错误行为。对坚持真理的同志妄加反革命的罪名，乱用专政手段，进行残酷迫害，是严重违法的罪行，必须受到党纪国法的惩处。党内在思想上理论上有不同认识、有争论是正常的，只能采取民主讨论的方法求得解决。把思想认识问题任意说成是敌我性质的政治问题的恶劣做法，必须制止。第7条关于保障党员的权利问题。其中，包括党员有权在党的会议上和党的报刊上参加关于党的政策的制定和实施问题的讨论，有权在党的会议上对党的任何组织和个人提出批评，对党的方针、政策、决议有不同意见，也可以在会议上提出或者向各级党组织直至中央报告。党员有权建议罢免不称职的干部。党员对党组织关于他本人或其他人的处理，有权在党的会议上或上级组织直至中央提出声明、申诉、控告和辩护。不许对申诉或控告人进行打击报复，党组织对党员做出鉴定和处分决定前必须同本人见面，本人有不同意见，应将组织决定和本人意见一并报上级党组织审定。第8条是关于选举要充分体现选举人的意志问题。它规定，选举要充分发扬民主，真正体现选举人的意志，候选人名单要由党员或代表通过充分酝酿讨论提出。选举实行候选人多于应选人的差额选举办法，或者先采用差额选举办法产生候选人作为预选，然后进行正式选举。候选人的基本情况要向选举人介绍清楚。选举一律用无记名投票。它强调，不得规定必须选举或不选举某个人。个别有特殊情况的人，需要由组织上推荐选入的，也必须取得多数选举人的同意。要坚决反对和防止侵犯党员的选举权利，妨碍选举人体现自己意志的现象。

三是树立党员光明磊落的政治品格。其中第5条规定党员要讲真话，言行一致。它要求共产党员要忠诚坦白，不隐瞒自己的错误和思想、观点。有什么意见、批评摆在桌面上，不要口是心非，阳奉阴违。党员要按照事物的本来面貌如实地向党反映情况，不得弄虚作假。凡因弄虚作假给党和人民造成严重损失的，必须受到党纪的处分。第9条规定党员要同错误倾向和坏人坏事做斗争。它要求党的各级组织要充分发挥战斗堡垒作用，率领党员和群众，坚决揭露和打击反革命分子、贪污盗窃分子、刑事犯罪分子和严重违法乱纪分子。并且要对派性、无政府主义、极端个人主义和官僚主义现象，对社会上的歪风邪气、错误的和反动的思潮进行坚决的批判和斗争。它强调说，对于错误倾向和坏人坏事，采取明哲保身的自由主义态度，不制止，不争辩，不斗争，躲闪回避，就是放弃了共产党员的责任，就是缺乏党性的表现。

四是正确处理党内的矛盾和斗争。《准则》规定，在党内斗争中，对犯错误的同志，采取"惩前毖后，治病救出人""团结—批评—团结"的方针，达到既弄清思想，又团结同志的目的。指出，这是中国共产党的优良传统，也是今天党在处理党内斗争上必须坚持的原则。对犯错误的同志，要历史地全面地评价他们的功过是非，不要全盘否定，也不要纠缠历史旧账，要在弄清事实的基础上，具体分析错误的性质和程度，帮助他们认识错误产生的原因和改正错误的办法。要相信大多数犯错误的同志是可以改正的，要给他们创造改正错误、继续为党工作的条件。在分析一个同志所犯错误的时候，要严格区别两类不同性质的矛盾，不可以把一般错误说成是政治错误、一般的政治错误说成是路线错误，即使是犯了路线错误，但仍属于党内问题的，也要同反党、反社会主义的野心家、阴谋家和反革命两面派区别开来。后者是极少数。对待党内斗争，不许实行残酷斗争、无情打击。在对犯错误的同志进行批评的时候，要允许本人辩解，也要允许其他同志发表不同意见。不准以势压人，搞"斗争会"，更不准对人身进行侮辱和迫害，严禁"逼、供、信"。对人进行组织处理，要十分慎重，凡涉及敌我矛盾、开除党籍、提交司法机关处理的，更要慎重。任何情况下都不允许株连无辜的家属和亲友。它还规定，新中国成立以来的冤案、假案、错案，都要实事求是地纠正过来，一切不实之词，必须推倒。

五是接受群众监督和加强学习。第11条强调党员要摆正自己在群众中的位置，你只是群众中的一员，并且是人民的公仆，只有勤勤恳恳为人民服务的义务，没有在政治上、生活上搞特殊化的权利。必须坚持在真理面前人人平等，在党纪国法面前人人平等的原则。党内决不容许有不受党纪国法约束或凌驾于党组织之上的特殊党员。决不允许共产党员利用职权谋取私利。任何领导干部不允许超越党组织所赋予自己的权限，侵犯集体和别人的权限。领导干部要以平等的态度待人，不能摆官架子，训人、骂人。由于上级领导人员的缺点和错误，使下级的工作出了问题，上级要主动承担责任。各级领导干部必须保持和发扬艰苦奋斗，与群众同甘共苦的光荣传统。要坚决克服领导干部中为自己和家属谋求特殊待遇的恶劣倾向。禁止违反财经纪律，任意批钱批物，禁止违反规定利用公款请客送礼，禁止违反规定动用公款为领导人修建住宅。禁止用各种名目侵占、挥霍国家和集体的财物。任何领导干部，不得违反党的干部标准和组织原则，将自己的亲属提拔到领导岗位上来；不得让他们超越职权干预党和国家的工作；不应把他们安排在自己身边的要害岗位。为了保持党和广大人民群众的密切联系，防止党的领导干部由人民的公仆变成人民的老爷，必须加强党组织和群众对党的领导干部和党员的监督：其中包括有是否学习和贯彻执行党的路线、方针、政策，是否遵纪守法，是否坚持党的优良传统作风，是否在生产、工作、学习和对敌斗争中起模范作用，以及是否密切联系群众和为人民谋利益等内容。各级领导干部要定期听取所在单位的党员和群众的意见和批评，党组织要将这些意见和批评核实后报送上级党委，作为考核干部的一个重要依据。第 12 条强调的是讲党员要努力学习，做到又红又专。它规定，共产党员必须成为实现四个现代化的先锋战士，努力做到又红又专。"红"就是具有坚定的政治方向，坚持四项基本原则；"专"就是学习和掌握现代化建设的专业知识，成为本职工作的内行和能手。每个共产党员和各级领导干部，一定要以高度的革命进取精神，顽强刻苦地学习专业知识，干哪一行就必须精通哪一行。对那些满足于一般化，长期安于当外行，不学无术，违反客观规律，搞瞎指挥，给现代化建设带来严重损害的干部，要从领导岗位上撤下来。每个共产党员，都要严格要求自己，努力学习和领会马列主义、毛泽东思想，不断提高觉悟程度和进行现代化建设的本领，以求对四个现代化建设做出更大的贡献。

中共中央对《关于党内政治生活的若干准则》的制定和通过非常重视，它强调，这个准则是党的重要法规，要求全体党员都要认真学习，自觉遵守，排除各种干扰和阻力，把维护党规党纪，切实搞好党风这件关系到党和国家前途、命运的大事做好。《准则》的制定和通过，是中国共产党加强党的制度建设的重要标志，为搞好党的各项建设提供了制度依据，也是党内政治生活合理化、制度化的重要保证。

四、《关于建国以来党的若干历史问题的决议》

十一届三中全会以后，党在各个领域对"文化大革命"中林彪、"四人帮"一伙造成的破坏进行了大规模的拨乱反正。与此同时，还对"文化大革命"以前发生的一些"左"倾错误进行了清理和纠正。在此基础上，党全面回顾和总结了新中国成立以来社会主义革命和社会主义建设的历史，起草并通过了《关于建国以来党的若干历史问题的决议》。

（一）总结历史经验教训

早在中共十一届三中全会期间，邓小平就提出要对"文化大革命"的历史进行总结。他指出："文化大革命"过程中发生的缺点、错误，适当的时候作为经验教训总结一下，这对统一全党的认识，是需要的。"文化大革命"已经成为我国社会主义历史发展中的一个阶段，总要总结，但是不必匆忙去做，要对这样一个历史阶段做出科学的评价，需要做认真的研究工作。邓小平的这个意见被全党所接受，并写入了全会公报。

这次全会以后，党中央即开始着手进行这方面的具体工作。1979 年 9 月，正值新中国成立 30 周年前夕，中共中央组织一些从事理论工作的干部对新中国成立 30 年来的历史进行了一次比较全面的研究和总结，并起草了一份讲话稿，然后在党内外广泛地征求意见。9 月 25 日至 28 日，中共中央召开了十一届四中全会，讨论和通过了这篇由叶剑英在国庆 30 周年时发表的讲话稿。

9 月 29 日，叶剑英代表中共中央、人大常委会和国务院在庆祝新中国成立 30 周年大会上作了长篇讲话。他对新中国成立后 30 年的历史进行了全面回顾，指出：30 年来我们取得的成就是伟大的，看不到这个伟大成就是完全错误的。当然，大家知道，我们走过的道路并不平坦，既有过比较顺利的发展，也有过严重的挫折。同全国人民做出的艰苦努力相比，同社会主义制度应当发挥的优越性相比，我们的成就很不够，我们必须认真地总结经验教训，努力取得更大的成就。

叶剑英在讲话中回顾说：新中国成立后，我们在短短三年内就医治了长期战争造成的创伤，胜利地完成了民主革命的遗留任务，并且在进行抗美援朝的同时，把国民经济恢复到旧中国历史的最高水平。

接着，在1956年，顺利地实现了对农业、手工业和资本主义工商业的社会主义改造，完成了发展国民经济和第一个五年计划，取得了社会主义革命和建设的辉煌成就。但是，在巨大的胜利面前，开始不谨慎了。1957年，反击资产阶级"右派"分子进攻犯了扩大化错误。1958年，在经济工作的指导上违背了客观规律，离开了深入调查研究、一切经过试验的原则，犯了瞎指挥、浮夸风和"共产风"的错误。1959年，在党内不适当地开展了反对所谓"右倾"机会主义的斗争。

谈到"文化大革命"时，叶剑英指出：发动"文化大革命"的出发点是反修防修。对一个执政的无产阶级政党来说，当然必须时刻警惕和防止走上对内压迫人民，对外追求霸权的修正主义道路。问题在于发动"文化大革命"的时候，对党内和国内的形势做了违反实际的估计，对什么是修正主义没有做出准确的解释。并且离开了民主集中制的原则，采取了错误的斗争方针和方法。林彪、"四人帮"之流出于他们的反革命目的，利用这个错误，把它推向极端，对我国进行了长达十年的反革命大破坏，使我国人民遭到一场大灾难，社会主义事业受到了新中国成立以来最严重的挫折。

在回顾了新中国成立以来的历史后，叶剑英总结了以下几个方面的经验教训：（1）社会主义革命的根本目的，是解放生产力。因此，无产阶级取得了全国政权，建立了社会主义制度后，必须坚定不移地把工作重点放在经济建设上，大力发展社会生产力，逐步改善人民生活。（2）对社会主义制度确立以后的国内阶级状况和阶级斗争形势，必须做出合乎客观实际的科学分析，采取正确的方针和方法。（3）必须正确理解群众、阶级、政党和领袖之间的相互关系，这在社会主义社会中尤其重要。（4）必须进一步健全党的纪律和社会主义法制，切实保障全体党员和全体公民的民主权利，使党内民主和社会主义民主制度化、法律化。

叶剑英的上述讲话表明，中国共产党是一个光明磊落，敢于承认自己错误的伟大的无产阶级政党。同时也说明，中国共产党在经过较长时间的挫折和失误后，正确地总结出了自己工作中的教训，因而显得更加成熟。

（二）正确评价毛泽东和科学认识毛泽东思想

当时，党中央在总结新中国成立以来的历史时，遇到的一个复杂难题是如何科学、正确地评价毛泽东一生的功过。这是因为，一方面，毛泽东是中国共产党的主要领导人和中华人民共和国的主要缔造者，是中国人民衷心爱戴的领袖，他为中国革命和中华民族的解放建立了不朽的功勋。另一方面，毛泽东在晚年犯了严重的"左"的错误，导致了"文化大革命"这场灾难的发生。同时，如何评价毛泽东，又是一个在总结新中国成立以来党的历史时不可回避的问题。而能否评价这样一个领袖人物，又是全党的拨乱反正工作能否最后取得成功的关键因素。

党的十一届三中全会以后，随着拨乱反正的开展和"左"的错误逐步被纠正，特别是随着真理标准问题讨论的深入，长期存在的个人迷信的禁锢被打破了，人们不再把毛泽东看作是神，不再把毛泽东看作是完美无缺的革命领袖。当时，在如何看待毛泽东的功过问题上，存在着两种偏向。一种偏向是，有的人仍未摆脱个人崇拜的影响，不承认毛泽东犯有错误这样的事实。另一种偏向是，有的人出于对"左"的错误给党、给国家、给自己家庭或个人所造成后果的愤恨，存在偏激的心理，把一切错误都归罪于毛泽东个人。显然，这两种偏向都不利于对毛泽东做出正确的评价，对纠正"左"的错误和科学总结历史经验的工作也是不利的。针对上述情况，党中央特别是邓小平等老一辈革命家号召人们解放思想，打破禁区的同时，也十分注意引导人们如何实事求是地对待毛泽东的功过，全面准确地理解毛泽东思想。

1979 年 3 月 30 日，邓小平在《坚持四项基本原则》的讲话中，针对当时社会上出现的反对毛泽东思想的错误思潮，指出：中国革命和建设所取得的一系列胜利，离不开毛泽东思想，毛泽东的一生为中国人民做出了不朽的贡献。但毛泽东同任何人一样，也有他的缺点和错误，在分析他的缺点和错误的时候，我们当然要承认个人的责任，但是更重要的是要分析历史的复杂的背景，只有这样，我们才是公正地、科学地，也就是马克思主义地对待历史，对待历史人物。

1980 年 8 月，邓小平在回答意大利记者法拉奇提问时，阐述了中国共产党对于毛泽东的评价，对于毛泽东思想的态度。他指出：毛主席的功绩是第一位的。他是中国共产党、中华人民共和国的主要缔造者，他为中国人民做的事情是不能抹杀的，他多次从危机中把党和人民挽救过来。没有毛主席，至少中国人民还要在黑暗中摸索更长的时间。毛泽东思想是共产党的指导思想。毛泽东思想主要是毛泽东同志的思想，但不是他一个人的创造，包括老一辈革命家都参与了毛泽东思想的建立和发展。

关于毛泽东晚年所犯的错误，邓小平指出：毛泽东晚年有些不健康的因素、不健康的思想逐渐露头，主要是一些"左"的思想。错误是从 50 年代后期开始的，他在生前没有把过去良好的作风，比如说民主集中制、群众路线，很好地贯彻下去，没有制定也没有形成良好的制度，以致最后导致了"文化大革命"的发生。毛泽东犯的是政治错误。这个错误不算小。另一方面，错误被林彪、"四人帮"这两个反革命集团利用了。他们的目的是阴谋夺权。所以要区别毛泽东的错误同林彪、"四人帮"的罪行。毛主席的错误是第二位的，要实事求是地讲他后期的错误，还要继续毛泽东思想。

从邓小平的这番答记者问可以看出，中国共产党人对毛泽东功过的正确评价，与当年苏联领导人赫鲁晓夫完全否定斯大林的功绩的做法，在国际共产主义运动中，形成了鲜明的对比。这标志着中国共产党的伟大和成熟。

此后，从1980年3月至1981年6月，在中共中央组织起草《关于建国以来党的若干历史问题的决议》过程中，邓小平又多次强调要确立毛泽东的历史地位，要坚持和发展毛泽东思想。他指出，给毛泽东的评价，对毛泽东思想的阐述，不是仅仅涉及毛泽东个人的问题，这同党、国家的整个历史是分不开的。对于毛泽东的错误，一定要毫不含糊地进行批评，但是一定要实事求是，分析各种不同的情况，对毛泽东思想一定要坚持，中国共产党用毛泽东思想教育了整整一代人。现在讲拨乱反正，就是拨林彪、"四人帮"破坏之乱，批评毛泽东晚年的错误，回到毛泽东思想的正确轨道上来。

其他一些老同志也抛弃个人的恩怨，从党和人民利益的高度出发，为正确评价毛泽东的功过做出了贡献，起到了表率作用。

黄克诚，是一位自1959年起就受到了"左"倾错误长期迫害的老共产党人，是一位在庐山会议上受到毛泽东错误批判和处理的领导人，这时他仍然高度肯定毛泽东的历史功绩。1980年11月，他在中纪委的会议上谈了关于如何对毛泽东评价和对毛泽东思想的态度问题。他从历史谈起，回顾了毛泽东对中国革命的重大贡献。同时他指出，对于毛泽东的错误，应该有一个正确的态度。如果把新中国成立以来党所犯的错误都算在毛泽东身上，让他一个人承担责任，这样做不符合历史事实。过去解放全中国，成立新中国，老共产党员都尽了一份责任，功劳大家有份，现在如果把错误都算到一个人身上，好像他们没有份，这是不公平的。大家来分担应当分担的责任，那符合历史事实，符合唯物主义。黄克诚语重心长地说：有些同志对毛主席说了许多极端的话，有的人甚至把他说得一无是处。他认为这是不对的，这样做不但违反事实，而且对党和人民都非常不利。有些同志，特别是那些受过打击、迫害的同志有些愤激情绪是可以理解的。大家知道，在毛主席晚年，他（指黄克诚）也吃了些苦头。但他觉得，对于这样关系重大的问题，决不能感情用事，意气用事。只能从整个党和国家的根本利益出发。

黄克诚的这次讲话，后来被整理成文章发表于 1981 年 4 月 10 日的《人民日报》上。他的文章产生了巨大的社会反响。许多人看了此文之后深受感动。这样一位饱受磨难的老同志都不怀怨愤地、公正地对待历史，其他人还有什么理由感情用事，发泄个人的怨愤呢！正是老一辈革命家的实事求是的精神和宽阔的胸怀，为全党、全国人民正确评价毛泽东、正确认识毛泽东思想做出了榜样，也使全党和全国人民在对毛泽东的看法方面，意见逐渐趋于一致。

（三）《关于建国以来党的若干历史问题的决议》

随着拨乱反正工作的深入和全党全国人民在评价毛泽东功过问题上认识的逐步一致，全面总结新中国成立以来党的历史的条件也就逐渐成熟起来。于是，党中央着手起草《关于建国以来党的若干历史问题的决议》（简称《决议》）。

在叶剑英发表国庆 30 周年讲话后不久，中共中央于 1979 年

11月便开始着手《决议》的起草工作。这项工作当时是在中共中央政治局、中央书记处领导下，由邓小平、胡耀邦等党中央领导人主持下进行的。文件起草小组的具体工作主要由胡乔木负责。邓小平对《决议》的起草工作非常重视，对决议稿的起草和修改多次提出指导性意见。

1980年3月，文件起草小组提出了决议的初步设想。同月19日，邓小平对于《决议》的起草提出了三条意见：（1）确立毛泽东同志的历史地位，坚持和发展毛泽东思想，这是最核心的一条。（2）对新中国成立30年来历史上的大事，哪些是正确的，哪些是错误的，要进行实事求是的分析，包括一些负责同志的功过是非，要做出公正的评价。（3）通过这个决议对过去的事情做个基本的总结。这个总结宜粗不宜细，总结过去是为了引导大家团结一致向前看。同年4月1日，他又对《决议》稿的整体设计提出了意见，并谈了自己对于新中国成立后"文化大革命"前17年历史的看法。

6月27日，邓小平看了决议草稿后又指出：重点要放在毛泽东思想是什么，毛泽东同志正确的东西是什么这方面，错误的东西要批评，但是要很恰当，单单讲毛泽东同志本人的错误不能解决问题，最重要的是一个制度问题。邓小平的谈话，显示出了他作为一个伟大的马克思主义者所具有的洞察问题和观察事物的高超能力和水平。

1980年10月，决议草稿在4000名高级干部中讨论了20天。在讨论中，大家畅所欲言，其中有不少很好的意见。但也有人在讨论时仍提出了偏激的意见。如有的意见认为，关于毛泽东思想的部分干脆不要写；毛泽东前期是马克思主义者、共产主义者，后期不是马克思主义者、共产主义者；还有人甚至认为："文化大革命"以前的错误和"文化大革命"中的错误，统统都应该由毛泽东一个人负责。

根据这一情况，邓小平于 1980 年 10 月 25 日同中央负责人谈话时提出：不提毛泽东思想，对毛泽东同志的功过评价不恰当，老工人通不过，土改时候翻身的贫下中农通不过，同他们相联系的一大批干部也通不过。毛泽东思想这个旗帜丢不得。丢掉了这个旗帜，实际上就否定了中国党的光辉历史。决议稿中阐述毛泽东思想的这一部分不能不要。这不只是个理论问题，更是个政治问题，是国际国内很大的政治问题，如果不写或写不好这个部分，整个决议都不如不写。不写或不坚持毛泽东思想，中国要犯历史性的大错误。对于毛泽东同志的错误，一定要毫不含糊地进行批评，但是一定要实事求是，分析各种不同的情况，不能把所有的问题都归结到个人品质上。毛泽东同志不是孤立的个人，他直到去世，一直是党的领袖。对于毛泽东同志的错误，不能写过头，写过头，给毛泽东同志抹黑，也就是给我们党、我们国家抹黑，这是违背历史事实的。

1981 年 3 月，邓小平指出，决议稿的轮廓可以定下来：新中国成立头七年的成绩是大家一致公认的。"文化大革命"前十年，应当肯定，总的是好的，基本上是在健康道路上发展的。这中间有过曲折，犯过错误，但成绩是主要的。关于"文化大革命"这一部分，要写得概括。"文化大革命"同以前 17 年中的错误相比，是严重的、全局性的错误，它的后果极其严重，直到现在还在发生影响。4 月 7 日，邓小平对起草小组负责人谈了他对"文化大革命"中一些问题的看法：（1）要承认八届十二中全会、九大的合法性。"文化大革命"中间，我们还是有个党存在。（2）"文化大革命"期间，外事工作取得很大成绩。

与此同时，陈云也对决议稿的修改提出了重要意见。3 月 24 日，陈云对决议稿提出了两条意见：一是专门加一篇话，讲讲解放前党的历史，写党的 60 年，这样，毛泽东的功绩、贡献就会概括得更全面，确立毛泽东的历史地位，坚持和发展毛泽东思想，也就有了全面的根据；二是建议中央提倡学习，重点是学习毛泽东的哲学著作。邓小平对此意见很重视，两天后，他把这两条意见向决议起草小组作了转达。在此前后，陈云对决议稿还提出过以下意见：（1）关于新中国成立以来32年中党的工作的错误，一定要写得很准确，论断要合乎实际。要把它"敲定"下来。（2）建议增加回顾新中国成立以前28年的历史。（3）充分肯定毛泽东的历史功绩。（4）要写国际上对我们的帮助。

1981年5月，中共中央政治局又邀请了40多人对决议稿讨论了12天。在讨论的基础上，起草小组又进行了反复修改。

5月19日，邓小平在中共中央政治局扩大会议上指出：历史决议这个文件要尽快拿出来，不能再晚了，晚了不利。为了要早一点拿出去，现在的方法，就是开政治局扩大会议。七十几个人，花点时间，花点精力，把稿子推敲得更细致一些，改得更好一些，把它定下来，定了以后，提到六中全会，设想就在党的60周年发表。

随后，中共中央政治局根据邓小平的意见，邀请70多人对决议稿讨论了12天。修改后，又征求了130位各民主党派代表的看法和意见，因而对决议的内容做出进一步的修改和完善。1981年6月，中共十一届六中全会预备会议又对决议稿进行了认真、细致的讨论。邓小平在会上对决议稿又发表了一些重要的意见。

就这样，经过一年多的时间，决议稿经过了一个起草、讨论和反复修改的过程。在这一过程中，大范围的讨论有四五次。经过集思广益，集体修改，集中全党的智慧，终于使多数同志的意见逐步统一起来，达到了起草决议的目的。

在此基础上，中共中央于1981年6月27日至29日召开了十一届六中全会。全会审议了《关于建国以来党的若干历史问题的决议》。经过充分的讨论，全会一致通过了这个决议。决议运用马克思主义的辩证唯物主义和历史唯物主义，对新中国成立 32 年来党的重大历史事件特别是"文化大革命"做出了正确的总结。

关于基本完成社会主义改造的七年（1949—1956 年），《决议》认为，这个时期党确定的指导方针和基本政策是正确的，取得的胜利是辉煌的。但也有某些缺点和偏差。

关于开始全面建设社会主义的十年（1957—1966 年），《决议》认为，中国取得了很大的成就，但也遭到过严重挫折。这十年中的一切成就，是在以毛泽东为首的党中央集体领导下取得的。此期间工作中的错误，责任同样也在党中央的领导集体，毛泽东负有主要责任，但也不能把所有错误归咎于毛泽东同志个人。

《决议》对"文化大革命"（1966 年 5 月到 1976 年 10 月）做了完全否定的结论。指出："文化大革命"使党、国家和人民遭到新中国成立以来最严重的挫折和损失。这场"文化大革命"是毛泽东发动和领导的。他发动这场运动的论点，既不符合马克思列宁主义，也不符合中国实际，是完全错误的。历史已经判明，"文化大革命"是一场由领导者错误发动，被反革命集团利用，给党、国家和民族带来严重灾难的内乱。

《决议》对粉碎"四人帮"后徘徊中前进的两年做出如下评价：1976 年 10 月粉碎江青反革命集团的胜利，使国家进入了新的历史发展时期。但在头两年，党内外同志要求纠正"文化大革命"错误的强烈要求遇到了严重的阻碍，这固然是由于十年"文化大革命"造成的政治上思想上的混乱不容易在短期内消除，同时也由于当时担任党中央主席的华国锋在指导思想上继续犯了"左"的错误。1978 年 12 月召开的十一届三中全会是新中国成立以来中国共产党历史上有深远意义的伟大转折。全会结束了 1976 年 10 月以来党的工作在徘徊中前进的局面，开始全面认真地纠正"文化大革命"中及其以前的"左"倾错误，取得了拨乱反正的一系列胜利，使国家在经济政治上都出现了很好的形势。

《决议》对毛泽东同志的功过做了实事求是、恰如其分的评价，指出：毛泽东的错误终究是一个伟大的无产阶级革命家所犯的错误，就他的一生来看，他对中国革命的功绩远远大于他的过失。毛泽东为党和中国人民解放军的创立和发展，为中国各族人民解放事业的胜利，为中华人民共和国的缔造和中国社会主义事业的发展，建立了永远不可磨灭的功勋。

《决议》对毛泽东思想做了充分阐述，指出：毛泽东思想是马克思列宁主义在中国的运用和发展，是被实践证明了的关于中国革命的正确的理论原则和经验总结，是中国共产党集体智慧的结晶。党许多卓越领导人对它的形成和发展都做出了重要贡献。毛泽东的科学著作是它的集中概括。毛泽东思想的科学体系主要包括以下几部分内容：关于革命军队的建设和军事战略；关于政策和策略；关于思想政治工作和文化工作；关于党的建设。在上述组成部分中，贯串三个基本方面，是毛泽东思想的活的灵魂，这就是：实事求是，群众路线，独立自主。《决议》指出：毛泽东思想是中国共产党的宝贵精神财富，它将长期指导人们的行动。

《决议》还第一次指出，社会主义制度还处在初级阶段，同时指明社会主义制度由比较不完善到比较完善，必须要经历一个长久的过程。这一认识比过去又进了一步。

《决议》充分肯定了党的十一届三中全会以来逐步确立的适合中国情况的建设社会主义现代化强国的正确道路，同时初步总结和概括了这条道路的十个基本点，从而为中国社会主义事业和党的工作继续前进指明了方向。

《关于建国以来党的若干历史问题决议》的通过，对于党的建设和国家的政治建设有着重要的意义。它进一步统一了全党和全国人民的思想和认识，加强了全党和全国各族人民的团结，标志着党在指导思想上已经胜利地完成了拨乱反正的任务。这个决议公布后，立即在全党和全国人民中产生了强烈反响，受到了广泛而热烈的拥护。同时，这个决议的通过和公布，也在海外和国际上产生了很大的影响。

第四章　新国民经济调整方针的出台

一、国民经济状况的好转与新的冒进倾向

粉碎"四人帮"后，面对十年"文化大革命"造成的经济衰退，党和人民都痛感应尽快恢复和发展国民经济。这本来是一种良好的愿望，但在实践中却出现了新的冒进倾向。

（一）第二次全国农业学大寨会议

粉碎"四人帮"后，对恢复和发展国民经济进行全局性部署始于第二次全国农业学大寨会议。

第二次全国农业学大寨会议确定未来农业发展目标就是全面普及大寨县和尽快实现农业机械化。国务院副总理陈永贵在大会的讲话中指出，"在当前大好形势下，必须使我国的社会主义农业有一个更大更快的发展。这是全国人民共同关心的问题，是关系我国社会主义经济建设高速度发展的带全局性的问题。……要在大揭大批'四人帮'斗争的推动下，坚决完成党中央提出的战斗任务：一九八〇年把三分之一以上的县建成大寨县；全国基本上实现农业机械化；以粮为纲，全面发展，粮棉油猪和各项经济作物、林牧副渔各业的生产超《纲要》，超计划"。①

---

① 陈永贵：《彻底批判"四人帮"，掀起普及大寨县运动的新高潮》，山西人民出版社 1976 年版，第 19 — 20 页。

而 1976 年实际国民经济计划执行情况是：国民收入下降 2.7%。工农业总产值完成 4579 亿元，比 1975 年只增长 1.7%，大大低于计划要求增长 7% 到 7.5% 的速度；其中农业增长 2.5%，比计划要求低 1.5%；工业增长 1.3%，比计划要求的低 6.9% 到 7.7%。主要产品产量，绝大部分都没有完成计划。基本建设投资，国家预算内安排部分完成 294 亿元，加上地方自筹共完成 359.5 亿元，比 1975 年减少 32.8 亿多元；固定资产交付使用率仅为 58.9%，全部建成的大中型项目 85 个，比 1975 年少 82 个，建设项目投产率仅达 5.7%，是历史投资效果最差的年份之一。轻工市场平衡有较大的缺口，社会商品零售额完成 1317 亿元，虽比 1975 年多 71 亿元，但比当年购买力 1363.9 亿元尚差 29.3 亿元；进出口贸易完成 134.4 亿美元，比 1975 年少 13.1 亿美元。年内全民所有制单位职工（包括计划外用工）达到 6860 万人，比 1975 年增加 434 万人。人口自然增长率为 12.7%，比 1975 年降低 3%。国家财政收入完成 751.6 亿元，比 1975 年减少 64 亿元，相当于 1971 年的水平；财政支出 806.2 亿元，比 1975 年减支 14.7 亿元，收支相抵，当年财政赤字 29.6 亿元。素称"天府之国"的四川，1976 年竟然调入贸易粮多达 10 亿斤；浙江作为全国第一个粮食上《纲要》的省，由鱼米之乡变为吃返销粮，1974 年至 1976 年三年间，工业总产值损失了 1000 亿元，钢少产 2800 万吨，财政少收 400 亿元。[①]

面对这样一种经济现状，显然，第二次全国农业学大寨会议所提出的目标在短期内是不可能达到的。但是在"抓纲治国"战略决策的指导下，在加快发展的良好愿望驱使下，中国经济建设在恢复性发展的同时，一种急于求成的情绪开始表现起来了。

---

① 当代中国的计划工作办公室：《中华人民共和国国民经济和社会发展计划大事辑要（1949—1985）》，红旗出版社 1987 年版，第 377 页。

（二）新高指标的提出

1977年1月19日，中央同意并转发国务院《关于一九八〇年基本上实现农业机械化的报告》。这个报告强调要在1980年基本上实现农业机械化。

农业机械化是毛泽东1955年提出的。1955年，毛泽东在《关于农业合作化问题》中指出："我们现在不但正在进行关于社会制度方面的由私有制到公有制的革命，而且正在进行技术方面的由手工业生产到大规模现代化机器生产的革命，而这两种革命是结合在一起的。在农业方面，在我国的条件下（在资本主义国家内是使农业资本主义化），则必须先有合作化，然后才能使用大机器。"在党的八届十中全会上，他进一步强调，在完成土地改革以后，党在农业问题上的根本路线是：第一步实现农业集体化，第二步在农业集体化的基础上实现农业的机械化和电气化。1959年，农村人民公社化以后，毛泽东又发出了"农业的根本出路在于机械化"的纲领性指示。

客观地说，实现农业机械化，对于促进中国社会经济面貌全部改观的确具有深远意义。农业主要靠手工操作，生产的发展是有一定限度的，只有广大农村普遍使用了机器，才能有更高的劳动生产率，才有可能大规模地向生产的深度和广度进军，农业也才有可能为工业提供更多的劳动力、更丰富的原料、更广阔的市场，促进工业和其他经济部门更迅速地发展。但问题在于，在刚刚粉碎"四人帮"的历史环境中，中国有没有条件在农村中实现这个"现代化革命"或者说"机械化革命"，并在四年后的1980年一举跨入一个"人民公社化加机械化的完美境界"。

《关于一九八〇年基本上实现农业机械化的报告》提出1980年基本实现农业机械化的主要目标是：农、林、牧、副、渔主要作业的机械化水平达到70%左右，其中，排涝动力机械拥有量从

1976 年底预计的 5600 万马力增加到 1980 年的 7000 多万马力；灌溉面积达到 8 亿亩到 8.5 亿亩；化肥年产量，从 2800 万吨增加到 5500 万－5700 万吨，平均每亩施化肥 70 多斤；拖拉机拥有量，从 40 万台增加到 65 万－80 万台；手扶拖拉机从 80 万台增加到 150 万台；机耕面积达到 8 亿－9 亿亩。[①]

从当时国家的经济发展水平和物质生产能力看，这样的建设目标是很难达到的。但报告认为，"今后四年要达到这些指标，任务是艰巨的，时间是紧迫的，但条件是具备的"。同时指出，"农业机械化牵涉到国民经济各个部门，国务院和各省、市、自治区都要设立农业机械化领导小组和它的工作机构，加强领导，统筹安排，组织各行各业支援农业机械化。关于 1980 年基本上实现农业机械化的规划方案，由国家计委商同有关方面进行修订，另行下达，并纳入国民经济长远规划和年度计划"。

把实现机械化纳入国民经济长远发展规划和年度计划，无疑是给国民经济整体发展规划"提速"，强化了这个阶段国民经济发展中逐步产生的急躁情绪。

3 月，在讨论国家计委关于 1977 年国民经济计划几个问题的汇报提纲时，华国锋提出：粉碎"四人帮"以后，群众情绪很高，全国形势越来越好。由于"四人帮"破坏、地震灾害，加上工作中的缺点错误，前面还有一些困难。当然，这些困难是暂时的，有利条件是基本的。计划会议的任务，要抓揭批"四人帮"，把"四人帮"在思想、路线方面造成的混乱加以澄清，把大家的积极性调动起来，把国民经济搞上去。1977 年有调整的意思在里面。但考虑来考虑去，没有提调整。1977 年经过努力，要前进一步，而且为今后更好完成五年计划打基础。一说调整，好像五年

---

① 《关于一九八〇年基本上实现农业机械化的报告》1977 年 1 月 19 日。

计划又要调整了。还要积极一点。想搞得好，不但困难可以克服掉，还可以前进。①

因此，3月召开的中央工作会议强调：要看到困难，更要看到有利条件、有利因素，"今年我们发展国民经济的条件，与去年'四人帮'横行猖獗的时候大不相同了，我们打倒了'四人帮'，挖出了造成困难的祸根，毛主席的革命路线和各项政策可以得到全面的贯彻执行了，蕴涵在广大干部和群众中被压抑的社会主义积极性得到了发挥。这是我们搞好经济建设和其他社会主义事业的最主要、最根本的有利条件"。因此，"怎样把国民经济的发展速度搞得快一点？"需要认真思考和对待。中央工作会议上提出的"加快国民经济发展"的六个方面措施，其基本出发点就是"怎样把国民经济的发展速度搞得快一点？"

接着，4月11日，《人民日报》发表了题为《全面落实抓纲治国的战略决策》的社论，首次公开提出"一个新的跃进形势正在形成"。社论指出，现在，揭批"四人帮"的人民战争正在乘胜前进，推动着各方面的工作日新月异，越搞越好。国民经济的各个部门在揭批"四人帮"的斗争的带动下，逐渐纳入健康发展的轨道，一个新的跃进形势正在形成。高举毛泽东思想伟大红旗，抓纲治国，达到天下大治，是大势所趋，人心所向。全党全军全国各族人民，要紧密地团结在以华主席为首的党中央周围，共同努力，为全面实现这个战略决策出大力，流大汗，争取今年初见成效，三年内大见成效！②

随后，在4月20日开幕的全国工业学大庆会议上，"一个新

---

① 1977年3月1日华国锋在讨论国家计委关于1977年国民经济计划几个问题的汇报提纲时的发言。

② 《全面落实抓纲治国的战略决策》，《人民日报》1977年4月11日。

的跃进形势正在形成"的提法被广泛接受并得到进一步阐发。这次大会的开幕词强调："全党全军全国各族人民，高举毛主席的伟大旗帜，认真学习马列主义、毛泽东思想，坚决贯彻执行华主席、党中央抓纲治国的战略决策，深入开展揭批'四人帮'的政治大革命，取得了一个又一个的伟大胜利。在这场政治大革命的推动下，工业学大庆、农业学大寨的群众运动蓬蓬勃勃地向前发展，国民经济正在出现新的大跃进的局面。"①

在这次会议期间，5月9日，华国锋在大会的讲话中说：我们深信，经过这次会议，紧紧抓住阶级斗争这个纲，深入揭批"四人帮"，坚决贯彻执行毛主席的无产阶级革命路线，工业学大庆、普及大庆式企业的群众运动必将出现一个新高潮，我国国民经济必将出现一个全面跃进的新局面。他指出："从现在起到本世纪末，只有二十三年的时间。大大加快我国国民经济发展的步伐，是刻不容缓的了。……建设速度问题，不是一个单纯的经济问题，而是一个政治问题。特别是从国际阶级斗争的形势来看，这个问题的政治性质就更加尖锐。帝国主义、社会帝国主义的本性就是战争。我们一定要准备打仗。机不可失，时不我待。每一个共产党员、每一个革命者、每一个爱国者，都应当认清这个形势，抓住当前的有利时机，努力做好我们的工作，尽快地使我们的国家强盛起来。"他最后提出，"大庆还要向更高的目标进军。石油部门要为创建十来个'大庆油田'而斗争"。

由于粉碎了"四人帮"，结束了十年内乱，开始对"左"的错误进行部分的纠正，并在经济上逐步恢复和提出一些正确的方针政策。经过全党和全国人民的努力，中国国民经济在经历十年内乱后有了较大幅度的恢复性增长，这是社会主义现代化建设的必要条件。但尽管如此，仍然需要对这种经济形势保持清醒的头

① 《全国工业学大庆会议开幕词》，《人民日报》1977年4月23日。

脑，正确地认识初步恢复的国民经济中存在的问题。到1977年7月，煤炭、电力和铁路运输的确有了很大的增长，但还不能适应各方面发展的需要，1977年上半年还有少数重点煤矿没有完成计划，加剧了煤炭供应紧张。在电力方面，1977年上半年，东北、华东、京津唐、湖北等大电网严重缺电，经常处于低周波运行，被迫拉闸停电。有些国民经济急需的重点产品，如生铁、钢、钢材、硫酸、纯碱、化纤、纸和纸板的产量，上半年比计划欠产较多。相当多企业的管理仍然很乱，产品质量低，原材料和燃料的消耗高，劳动生产率低，亏损大，事故多，设备损坏严重的状况还没有显著改善。此外，还存在基本建设战线过长，投资效果差，不合理的经济体制有待改革和人民生活中许多实际困难有待解决等严重问题。这些问题如不妥善解决，国民经济就不能健康地向前发展。

　　然而，这时中共中央和国务院主要负责人对形势好转缺乏全面、冷静和切合实际的分析，对中国国情和社会主义建设的艰巨性、长期性和复杂性没有深刻的认识，对顺利的一面看得较多，而对十年内乱给中国造成的国民经济比例严重失调等问题和现实困难估计不足，对1977年经济增长的性质认识不清，把经济状况估计得乐观了。当然全党全军和全国各族人民也有急于想把十年内乱耽误的时间尽快夺回来，以加快实现四个现代化的强烈愿望。因此，经济建设指导思想上原来就存在的急于求成的情绪更加滋长起来，经济工作出现了新的冒进倾向。由全国工业学大庆会议鼓荡起的"一个新的跃进形势正在形成"的气氛，迅速在全国引起反响。"我国工业生产和交通运输继续全面上升，一个新的跃进局面正在形成"。①《人民日报》报道了各地"火热"的形

---

① 《遵循华主席抓纲治国战略决策必然出现新的跃进局面　我国工业生产和交通运输全面上升》，《人民日报》1977年5月17日。

势："江西省出席全国工业学大庆会议的代表已经回到省里，正在雷厉风行地贯彻落实会议精神，进一步掀起了揭批'四人帮'、开展工业学大庆、建立大庆式企业群众运动的新高潮。他们决心在华主席为首的党中央领导下，以跃进的步伐，夺取工业生产的更大胜利，为加速社会主义建设作出新贡献。"① "全国工业学大庆会议，极大地推动了河南省工交战线革命和生产的发展。全省工业生产出现了振奋人心的新的跃进形势。"② "华主席为首的党中央粉碎'四人帮'以来，短短七个月的时间，我们的国家已经发生了根本性的大变化。各条战线都在飞跃前进，新的跃进形势已经到来。华主席亲自主持的全国工业学大庆会议，是我国工业大发展的新的起点，是我国工业发展历史上一个重要的里程碑。"③

7月30日，中央同意转发国务院《关于今年上半年工业生产情况的报告》。这个报告的各项统计指标说明，一些部门的领导同志，从加快发展的良好愿望出发，开始酝酿加快速度的高指标。而8月召开的党的十一大，再次肯定了"一个国民经济新跃进的局面正在出现"。十一大的政治报告指出："革命促进了生产。打倒'四人帮'以后，经过短短几个月时间的努力，我们就扭转了由于'四人帮'严重干扰破坏造成的生产停滞不前，甚至倒退下降的局面。今年（1977年）三月以来，工业生产、交通运输、商品购销、财政收入全面上升，并且相继超过了历史同期

---

① 《人民日报》1977年5月2日。

② 《领导深入第一线带领群众认真学习大庆经验　河南工业生产出现新的跃进形势，已有一批厂矿企业提前完成上半年国家计划》，《人民日报》1977年5月27日。

③ 《我国工业发展史上一个重要的里程碑》，《人民日报》1977年5月29日。

最好水平，创造了新的纪录。一些长期被'四人帮'严密控制和插手破坏的地区，工业生产迅速恢复。六月份，全国工业总产值，超过了历史上最高的月水平。农业生产尽管遭到了罕见的严重干旱和其他自然灾害，但是由于广大社员的努力，大大减少了损失，许多地区夏粮仍然取得比较好的收成。广大干部和群众决心在建设社会主义祖国的伟大斗争中大显身手，大干一场。工业学大庆、农业学大寨的群众运动，正在以前所未有的规模蓬勃发展。比、学、赶、帮、超的社会主义革命竞赛，不但在企业内部和企业之间，而且在部门之间，在省、市、自治区之间，开展起来。一个国民经济新跃进的局面正在出现。"

（三）关于新冒进的一系列部署

十一大以后，中央主要领导人对经济发展速度做出了一系列明确而具体的指示，强调加快速度，大干快上，高速发展，促进了急躁情绪的进一步发展。

1977年9月11日，中央政治局专门召集国务院领导同志和有关部委负责同志研究加快经济发展速度问题。谈话中，中央主要领导人指出，工业总产值1至8月份比1976年同期增长10.3%，今后四个月内如保持这个水平，增长速度可保持10%，超过原定8%的指标；国家计委有自满情绪，认为，不能满足10%，应该有12%，增长12%也不满足；对1977年的计划指标不满意，8%等于1977年没增长，只相当于1976年完成的计划；1977年工业生产增长10%，就不要向政治局汇报。增长10%怎么行？当然，他们会大干的。不过，还要督促一下。1978年积累要加快。1978年安排的基本建设投资规模不行，以后要多一些，财政部要多组织一些收入，保证基本建设多投资。粮食1976年赔钱50亿元，1977年非要求他们减少30亿元不可，现在只计划减少5亿元，这怎么行？往后四个月，工业部门要开足马力，挽起袖子大干，抓革命促生产，把劲鼓的足足的。打倒"四人帮"，天下大治，速度可以快。请计委准备一下，给政治局讲一下，怎样把速度搞上去。

中央领导人的谈话精神很快在 10 月 6 日到 24 日召开的全国粮食工作会议上得到体现。会议制订的 1977 年度粮食计划指出："一定要大力扭转粮食企业亏损。1976 年，粮食企业亏损达到 51 亿元，相当于国家基建投资的六分之一。必须下苦功夫，花大气力，大抓改善经营管理，力争 1978 年减少亏损 20 亿元。"但中央主要领导人认为还需要进一步提高发展速度，中央在同意并批转商业部党组《关于全国粮食会议情况的报告》时指出，"近几年来，由于'四人帮'的干扰破坏，国内粮食收支出现了较大的亏空，粮食企业亏损越来越大，这是当前粮食工作中两个突出的问题。迅速改变这种被动局面，是关系到抓纲治国的战略决策，高速度地建设社会主义，实现四个现代化的重大问题。特别是那些不恰当地长期靠吃调进粮过日子，粮食企业亏损严重的地方，要认真想一想，这样下去，到底是吃社会主义，还是搞社会主义？现在，揭批'四人帮'的政治大革命继续深入开展，新的国民经济跃进局面正在出现。工业、农业和其他各条战线都在大干快上，粮食工作怎么办？还是照老样子、疲疲沓沓、松松垮垮吗？这样是不行的。一定要坚决贯彻执行毛主席提出的立足国内，自力更生，不吃进口粮，收支平衡并有结余的方针。一定要花大气力，下苦功夫，大力扭转粮食企业亏损。各级党委对这两件事都要牢牢记住，念念不忘。要立即加强领导，把粮食工作抓得很紧很紧。今年粮食收支计划还有一些差额，全党都要为缩小这个差额而努力工作。要增强全局观点，在坚决不购过头粮的原则下，力争多购一些，多上调一些；在安排好人民生活的原则下，力争少销一些。一定要把粮食企业由于经营管理不善而造成的亏损坚决减下来。"

10月29日，中央政治局听取煤炭工业部汇报煤炭工业长远规划设想。在长远规划中，煤炭工业部提出：对于今后二三十年煤炭工业的发展，总的指导思想是，"要拿下前所未有的高速度"，到1985年，要使煤炭总产量达到8.8亿吨，1989年突破10亿吨，赶上美国；到20世纪末，要使总产量达到20亿吨。为了达到上述目标，除大搞现有矿井的挖潜、革新、改造外，要建十个年产5000万吨和十个年产3000万吨的大型煤矿基地；要加快实现采矿机械化，争取到1980年，使统配煤矿基本实现一般机械化，到1985年，使全国煤炭采掘机械化程度达到70%以上。①

从1977年11月24日开始，全国计划工作会议召开。这个会议总共开了3个月，在会议筹备期间，中央主要领导人多次听取国家计委关于1978年国民经济计划安排情况的汇报。11月18日，在听取汇报过程中，华国锋指出：我批评过计委1977年工业生产计划增长8%。达到10%就感到很满意了；看来，1977年可以增长14%。不久，他再次指出：粉碎"四人帮"后，应该增长得更快一些，8月份，计委出了个简报，工业产值增长7%，说今后几个月如继续保持这个速度，今年可以超计划。他们很满意。我批评他们保守，去年增长7%，今年增长8%是补了去年，这算什么速度。正因为如此，中央主要领导人对国家计委重新拟定的体现高速发展的国民经济计划完全肯定。

11月24日，国家计委向全国计划会议提交《关于经济计划的汇报要点》，其中提到：到2000年的23年中，分三个阶段打几个大战役，到20世纪末使中国的主要工业产品产量分别接近、赶上和超过最发达的资本主义国家，各项经济技术指标分别接近、赶上和超过世界先进水平。具体安排是：第一阶段即1978

---

① 当代中国的经济管理编辑部：《中华人民共和国经济管理大事记》，中国经济出版社1986年版，第308页。

年至 1980 年的 3 年，重点抓农业和燃料、动力、原材料工业，使农业每年以 4% 至 5%、工业每年以 10% 以上的速度大步前进。第二阶段即 1981 年至 1985 年，展开基本建设的大计划，工业方面要建成 120 个大项目，包括 30 个大电站、8 个大煤炭基地、10 个大油气田、10 个大钢铁基地、9 个大有色金属基地、10 个大化纤厂、10 个大石油化工厂、十几个大化肥厂，新建和续建 6 条铁路干线，改造 9 条旧干线，重点建成秦皇岛、连云港、上海、天津、黄埔等 5 个港口。这一阶段，粮食生产要达到 8000 亿斤，钢铁产量要达到 6000 万吨，原油要达到 2.5 亿吨。第三阶段在 2000 年以前全面实现四个现代化，使中国国民经济走在世界前列。①

　　1978 年 2 月，中央政治局批准了这个汇报要点，并将其写进了五届全国人大一次会议的政府工作报告和 1976 年到 1985 年发展国民经济十年规划纲要草案。不过，在讨论政府工作报告时，一些领导人还是对上述计划指标提出了不同意见。余秋里认为，石油从长远看，指标是可以的，问题是近三年后备储量小，石油没有过关，三线地区没有发现大油田。李先念提出：这个规划尚在讨论中，提出这个指标、那个项目可以，但还没有研究清楚，不要拿到人大会议上去通过。可这个没有经过论证和反复研究的 1976 年到 1985 年发展国民经济十年规划纲要草案依然提交第五届全国人民代表大会第一次会议讨论通过。会后，这个纲要草案虽然没有公布和下达，但其中主要内容却通过新闻媒体广为宣传，结果还是在经济工作中刮起一股冒进风。

　　为了完成高指标的建设计划，第一个办法是继续提高积累

---

① 当代中国的计划工作办公室：《中华人民共和国国民经济和社会发展计划大事辑要（1949—1985）》，红旗出版社 1987 年版，第 385—386 页。

率，扩大基本建设投资规模。1976 年积累率为 30.9%，已经不低，1977 年提高到 32.3%，1978 年又猛增到 36.5%，是新中国成立以来仅次于 1959 年和 1960 年的第三高度。1976 年基本建设投资为 376.44 亿元，1977 年提高到 382.37 亿元，1978 年竟剧增为 500.99 亿元，比 1977 年增长 31%。施工中的大中型项目，1977 年为 1433 个，1978 年达到 1723 个，当年建成投产率又从 1977 年的 8.4% 下降到 5.8%。高投资、高积累，只能进一步加剧在"文化大革命"中已经相当严重的国民经济各种比例关系的失调，给经济的正常发展造成新的困难。第二个办法是盲目扩大引进外国资金和设备。1978 年 3 月下达引进新技术和成套设备计划，中央批准各部门的总额为 85.6 亿美元，当年成交额为 59.2 亿美元，使用 11.7 亿美元。7 月国务院务虚会又提出要组织国民经济新的大跃进，要以比原来的设想更快的速度实现四个现代化，要在 20 世纪末实现更高程度的现代化，要放手利用外国资金，大量引进国外先进技术设备。1978 年全年共签订了 78 亿美元的引进项目合同，都要用现汇支付，超过了中国的承担和消化能力。

（四）对新冒进不同认识的产生

事实上，对如此高的发展速度，中央内部也不是完全没有顾虑。

1978 年 7 月至 9 月，国务院召开务虚会，研究加快中国四个现代化建设的速度问题。李先念主持，华国锋到会讲话十几次，邓小平也到会讲话。这次会议是中国高层酝酿改革开放的一次重要会议，但求成过急。在会上，华国锋提出四个一点："思想再解放一点，胆子再大一点，方法再多一点，步子再快一点。"9 月 9 日，李先念作总结报告，提出要组织国民经济的新的大跃进，要以比原来设想更快的速度实现四个现代化，要在 20 世纪末实现更高程度的现代化，要放手利用国外资金，大量引进国外先进技术设备；八年基本建设投资从原设想的 4000 亿元增加到 5000 亿元。十年引进 800 亿美元，最近三四年先安排三四百亿美元。

　　尽管会上气氛非常热烈，但陈云等人却有不同看法。陈云对大引进计划有相当的保留。他专门找有关人员说，引进这么多资金，又那么容易，但考虑过没有，引进了国外资金，中国要有配套资金。就算人家借给中国那么多钱，中国有那么多资金配套吗？7 月 31 日，陈云向主持国务院务虚会的李先念提出，会议最好用几天时间专门听听反面意见。他又向谷牧提出，务虚会是否多开几天，听听反对意见，可能有些人有不同意见。显然，陈云的提醒没有引起重视。国务院务虚会虽然不是决策会议，但影响很大。会后，国务院就批准了国家计委修改后的十年规划。国务院多次讨论，加快了引进协议的谈判和签订进程。

　　11 月至 12 月，在中央工作会议上，一位负责人发言说，发展经济要搞财政赤字，提出"赤字无害论"，认为资本主义历史就是通货膨胀历史，要发展经济就避免不了通货膨胀。陈云十分不赞成这个观点。他说，用通货膨胀来发展经济，他害怕，他害怕，他害怕。连续说了三个"我害怕"。12 月 10 日，陈云在中央工作会议东北组发言，就经济问题提出五点意见。他指出，实现四个现代化是中国史无前例的一次革命，必须既积极又稳重。针对党内普遍要求快的情绪，陈云提醒大家要清醒看到内外条件的不同。他说，中国同日、德、英、法不同，工业基础不如他们，技术力量不如他们。中国也不能同韩国比，他们是美国有意扶植的。陈云主张引进项目要循序而进，不要一拥而上。一拥而上，看起来好像快，实际上欲速则不达。陈云提出，基本建设都不能有材料缺口。各方面都要上，样样有缺口，实际上挤了农业、轻工业和城市建设。他主张材料如有缺口，不论中央项目或地方项目，都不能安排。陈云的这个发言，实际上正式向中央提出经济要调整的意见。

在这次会议后，陈云进入了中央领导核心。他关于财经方面的意见在十一届三中全会公报中有所反映。公报指出，必须在几年中认真解决一些重大比例失调的状况，解决城乡人民生活中多年积累下来的一系列问题，"切实做到综合平衡，以便为迅速发展奠定稳固的基础"。然而，会议的主要议程是解决政治和历史问题，调整的问题没有来得及在会上广泛讨论，也没有落实到计划中。公报仍然原则肯定："1979、1980两年的国民经济计划安排，是积极可行的。"在这个计划中，在财力物力上都留下了不小的缺口。燃料短缺1500万吨，钢材、木材、水泥供应满足不了450亿元基建投资的需要，有50亿元财政收入指标地方不接受，要由财政部背起来。外汇收支差额达98亿美元，打算借用外资高达100亿美元。

客观地说，从1977年初开始逐步形成的国民经济不切实际的高速度发展，的确给恢复中的中国经济造成了不良影响，它使中国经济体制以及经济发展指导思想中存在的问题突出地暴露出来。1979年3月23日，邓小平指出：不是说这两年工作做坏了，没有这两年，问题不暴露，你怎么调整？工厂不生产，好坏没有比较，你怎么调整？现在摸清楚了，才能下决定，调整才有标准。这是一个客观的态度，也是一个辩证唯物主义的态度。从某种意义上说，正是因为有了这样一个过渡性阶段，中国经济改革才具备了走向渐进式改革的基本特点，广大干部和群众对改革的接受和承受能力也得到大大增强。

二、新调整方针的酝酿和提出

新的冒进脱离了中国的国情，对粉碎"四人帮"之后的经济建设带来了不利影响。经过一段时间的实践之后，人们逐渐认识到了新冒进的危害性，于是提出了新的调整方针。

（一）新调整方针提出的直接起因

1979 年 1 月 11 日，李先念请华国锋、邓小平、陈云、汪东兴审阅批准《国务院关于下达 1979、1980 两年经济计划的安排（草案）》。陈云在李先念的信上批示："国务院通知中《1979 年有些物资还有缺口》。我认为不要留缺口，宁可降低指标。宁可减建某些项目。"1 月 5 日，陈云又将新华社的一份材料批转给华国锋、邓小平、汪东兴。这份材料反映国家计委安排 1979 年的生产计划和物资供应还在留缺口。陈云指出："我认为有物资缺口的不是真正可靠的计划。"邓小平阅后批示："请计委再作考虑。"1 月 6 日，邓小平找余秋里、方毅、谷牧、康世恩等四位副总理谈经济建设方针问题。邓小平肯定陈云的意见"很重要"，"请计委再作考虑"。他说："我们要从总方针来一个调整，减少一些钢铁厂和一些大项目。引进的重点放在见效快、赚钱多的项目上。今年计划有些指标要压缩一下，不然不踏实，不可靠。"这次谈话表明，邓小平明确支持对国民经济进行调整。由此，1 月 16 日，国家计委党组写信给华国锋，说 1979 年的计划需要作比较大的调整，考虑《国务院关于下达 1979、1980 两年经济计划的安排（草案）》暂不下发。华国锋当天批示："同意通知暂不发。"此后，国家计委会同有关部门着手调整 1979 年计划。

当然，从"新跃进"突然转到"调整"，不要说对一般百姓来说，就是对决策层来说，这个弯子似乎转得有些大。的确，人们对于多年形成的结构性矛盾早已习以为常，而 1978 年经济仍然保持了较快的增长势头，工农业总产值比 1977 年增长 12.3%。许多人看不出有进行大调整的必要。多数经济部门和地方领导人对大规模引进的热情不减，认为不利用这种机会太可惜。一些人批评调整是对引进工作"刮下马风"。

那么，到底有没有必要进行调整？实际上陈云等人提出调整，主要缘于以下几个方面的原因：①

第一方面，勒紧裤带搞建设的路子走不下去了，解决生活欠账成当务之急。

首先是农业严重落后和农民普遍贫困。当时人口平均的粮食占有量大体停留在 1957 年的水平；人口平均的棉油占有量则低于 1957 年水平。1976 年至 1978 年三年净进口粮食 265 亿斤，还挖了粮食库存几十亿斤。1978 年，进口粮、棉、油、糖花了 21 亿美元，占进口总额的 1/5。农业的严重落后也影响到城市人的生活，许多生活必需品都要凭票供应。由于长期实行农业为工业化积累资金的政策，加上人民公社制度的弊病，相当部分的人生活在贫困线以下。农民 1965 年从集体分得收入 52.3 元，1976 年为 62.8 元。十一年间增加 10.5 元，每年增加不到 1 元。至少有两亿多人生活在贫困线以下，得不到温饱。无论赞成还是不赞成调整，尽快采取措施恢复和发展农业，舒缓农民的生活困难，党内则是有广泛共识的。许多了解农村形势的领导人都发出了强烈的呼吁。陈云阐述调整的必要，反复强调的第一条理由，就是因为要"稳住"八亿农民。三中全会通过的两个文件都是有关农业的。

其次是城市职工生活欠账累积。如住房紧张、就业形势严

_____

① 以下结论，采用了萧冬连先生提供的资料及分析研究成果。

峻、许多夫妻长期两地分居等等。1977 年全国职工人均住房面积只有 3.6 平方米，比 1952 年还少 0.9 平方米。1978 年全国城镇工矿区住宅建设投资 37.5 亿元，比 1977 年增加 50%，是新中国成立以来住宅建筑最多的一年，但住房紧张状况并未缓解。一份调查报告说，1978 年，"182 个城市共有缺房户 689 万户，占这些城市总户数的 35.8%。其中长期住在仓库、走廊、车间、教室、办公室、地下室甚至住厕所的 131 万户；居住面积不足两平方米的 86 万户；三代同堂、父母同大子女同室、两户以上职工同屋的 189 万户；住在破烂危险、条件恶劣的简陋房子里的还有上百万户"。就业矛盾尤其尖锐。全国约有两千万人要求安排就业，其中有大专院校、中技校毕业生和家居城市的复员军人 105 万人，按政策留城的知识青年 320 万人，插队知识青年 700 万人，城镇闲散劳动力 230 万人。

如果说过去高积累、高投入、低消费的赶超型工业化可以推行，怎么"文革"结束以后，这种勒紧裤带搞建设的办法就难以为继了？随着一个时代的过去，人们已不再愿意为未来的许诺而承受当前的牺牲，改善生活成为人民的迫切要求，这不只是一个严重的经济问题，而且是一个严重的社会问题和政治问题。1979 年春以后出现的波及全国许多城市的上访、闹事风潮，除了申冤辩屈等政治性诉求外，还有大量的有关回城、就业、晋级、提薪、住房、夫妻团聚等诸多实际的利益诉求。政治性诉求也都必然与职位安置和利益补偿相联系。许多问题都具有"爆炸性"。而关于农村形势，陈云就警告说："建国快三十年了，现在还有讨饭的。老是不解决这个问题，农民就会造反，支部书记会带队进城要饭。"

因此，调整，也就是有限资源的重新配置，适当降低积累的速度以偿还历史欠账，解决长期遗留下来的民生问题。

第二方面，工业生产和建设中的结构性矛盾也无法支持一个大引进和高速度计划。解决结构性矛盾刻不容缓。

首先是基本建设规模过大，战线过长，投资效果差，浪费惊人。据一些经济学家的调查反映，多年来基建所需钢材、木材、水泥等主要材料的供应基本是"三八式"：分配时只能满足需要的80%；订货时只能分到分配数的80%；交货时又只能拿到订货数的80%。建设周期大大延长。从"一五"时期的五年延长到十年。据计算，新中国成立以来基建投资6000亿元，其中有2000亿元未完成。1978年又一再追加投资，在建大中型项目由1977年的1400多个增加到1700多个。全年完成投资395亿元，比1977年增加100亿元。

1978年财政收入增加200亿元，其中150亿元加给了基本建设，不仅影响了解决生活欠账问题，而且加剧了投资效益的下降。"一五"时期每百元投资，新增固定资产84元，新增国民收入35元；相同投资，1978年新增固定资产只有69元，新增国民收入只有20元。人民节衣缩食省下来的资金，大量地被浪费、被积压。问题还在于，按当年国家财政能够提供的投资额计算，即使不再新增基建项目，要完成1978年全部全民所有制在建项目（65000个，其中大中型项目1733个，总投资达3700多亿元），大约需要十年时间。不停止执行十年规划，财政收支和物资供应将更加不平衡。

其次，由于体制性障碍和结构性的矛盾，造成设备利用率低，产品库存多，资金效果差。有许多产品一方面大量进口，一方面库存不断增加。以钢材为例，1978年底库存量达1550万吨，1979年6月达到1865万吨，相当于八个月的周转量；另一方面，由于轧钢能力落后，品种轧机少，质量、品种、规格不对路，不得不大量进口钢材。1978年进口800多万吨钢材，比1977年增加了60%以上，仍然供不应求。机械行业盲目发展。1977年国家计划生产机床6.07万台，实际生产19.87万台，约等于计划的

3.3 倍。从 1973 年以来，每年都超过计划一倍到两倍。到 1978 年底，全国 268 万台机床有 130 多万台闲置未用。重点企业利用率仅为 55.6%，非重点企业利用率只有 30%~40%。等于半数机床闲置未用。机电产品技术落后，大路货多，一方面国产产品大量积压，另一方面大量产品缺门断档需要大量进口。能源、原材料、交通运输过度紧张。电力供应不足，大批工厂停工半停工。20% 左右的工业生产能力不能发挥作用，煤炭短缺，如何解决能源问题已成为一个突出问题。铁路、港口运输经常堵塞。物资积压严重，仅山西煤炭就积压了 400 万吨。

再次，大引进计划超出国内经济的承受力。1978 年，共签订 78 亿美元的引进项目合同，其中 31 亿美元是在 12 月 20 日到年底的短短十天内抢签的。全部都要用现汇支付。其中大部分是钢铁、化工项目。将近 3/4 的用汇集中在上海宝钢和 4 个化肥厂、5 个石油化工厂、3 个化纤厂等 22 个大型项目上。投资少、见效快、赚外汇多的项目少。引进基本上是成套进口，买制造技术和技术专利少。就是钢铁、化工项目合同也只签订了一部分，全部签完还要 50 亿美元。这样的规模给外汇支付和国内配套造成了困难。同时将进一步加剧国内资金、物资、能源、交通的紧张状况，而且有可能在对外开放起步时就陷入"债务陷阱"。

（二）新经济调整方针的酝酿

从上述情况看，尽管 1977 年和 1978 年两年出现了快速恢复性增长，但基础不稳，经济景气有虚假成分，潜在的矛盾甚至危机是确实的。调整不是多此一举，更不是借题发挥，而是必要的。这里涉及一个根本性的问题，就是能否在已经绷得很紧的经济环境下启动新一轮经济起飞？

为了坚定不移地推动对国民经济的调整，李先念与陈云 1979 年 3 月 14 日联名写信，对财经工作提出六条指导性的意见：（1）

前进的步子要稳。不要再折腾，必须避免反复和出现大的马鞍形。（2）从长期来看，国民经济能做到按比例发展就是最快的速度。（3）现在的国民经济是没有综合平衡的。比例失调的情况是相当严重的。（4）要有两三年的调整时期，才能把各方面的比例失调情况大体上调整过来。（5）钢的指标必须可靠。钢的发展方向，不仅要重数量，而且更要重质量。要看重调整中国所需要的各种钢材之间的比例关系。钢的发展速度，要照顾到各行各业（包括农业、轻工业、其他重工业、交通运输业、文教、卫生、城市住宅建设、环境保护等）发展的比例关系。由于钢的基建周期长，不仅要制订五至七年的计划，而且要制订直到 2000 年的计划。（6）借外债必须充分考虑还本付息的支付能力，考虑国内投资能力，做到基本上循序进行。这封信是陈云起草的，主要反映了陈云的思想，这六条意见实际就是陈云调整思想的"纲"。

按照中央领导同志的建议，这封信还提出了国务院财政经济委员会的名单。财经委由陈云、李先念、姚依林、余秋里、王震、谷牧、薄一波、王任重等 12 人组成。以陈云为主任，李先念为副主任，姚依林为秘书长。随后，中共中央批准成立国务院财经委。

陈云出任国务院财经委主任之后，当然将抓国民经济整顿作为工作的重中之重。从 3 月到 4 月，连续召开了中央政治局会议、国务院财经委会议和中央工作会议，讨论 1979 年计划和国民经济调整问题。

3 月 21—23 日，中央政治局召开会议，听取和讨论国家计委关于修改 1979 年计划的汇报。

21 日下午，李先念首先讲话，对造成经济形势过急的局面承担了责任，他说：对经济建设问题，要做自我批评。前一段把这个问题看得太乐观了。只看到粉碎"四人帮"以后，经济恢复很快，财政收入增长幅度也较大这好的一面。但对经济建设中到底存在什么问题，没有完全弄清楚；对国民经济到了崩溃的边缘认识也不深刻；对比例失调，需要进行调整也认识不足；对用贷款看得容易了，"过去说借钱容易，没那么回事"。他说，"这次调整计划不要受十年规划的束缚"。

接着陈云发表讲话。陈云的这个讲话体现了这次会议的主旨思想，他在讲话中指出，中国搞四个现代化，建设社会主义强国，要搞清楚是在什么情况下进行的。讲实事求是，先要把"实事"搞清楚。这个问题不搞清楚，什么事情也搞不好。中国是一个九亿多人的大国，80%的人口是农民。革命胜利30年了，但不少地方还有要饭的。中国是在这种情况下搞四个现代化的。农民是大头，不能让农民喘不过气来。一方面中国很穷，另一方面要经过20年，即在20世纪末实现四个现代化。这是一个矛盾。人口多，要提高生活水平不容易；搞现代化用人少，就业难。中国只能在这种矛盾中搞四化。这是现实的情况，是建设蓝图的出发点。陈云批评了冶金部，话说得很重。他说，冶金部要靠外国的贷款来发展钢铁工业，他不知道这件事的厉害。他说，想要多搞，可以理解。他也希望多搞一点，问题是搞得到搞不到。1985年搞6000万吨钢根本做不到。他提出一系列的疑问：借外国人那么多钱，究竟靠不靠得住？借款都要由人民银行担保，需要多少？国内要多少投资？都没有计算。你一家把投资占了，别人怎么办？搞那么大建设规模，那么高速度，别的工业配合不上。他批评说，出国考察的人回来吹风，上面也往下吹风，要引进多少亿，要加快速度。一个是借款多，一个是提出别的国家八年、十年能上去，中国可不可以再快一点。有些同志只看到别的国家发展快，只看到可以借款，没有看到中国的情况。不按比例，靠多借外债，靠不住。他强调说，按比例发展是最快的速度，要有两三年调整时间，最好三年。现在国民经济比例失调，比1961年和1962年严重得多。基本建设项目大的1700多个，小的几万个。

赶快下决心，搞不了的，丢掉一批就是了。搞起来，没有燃料、动力，还不是白搞。地方工业、社办工业，如果同大工业争原料、争电力，也要停下来。过去十年欠了账，"骨头"搞起来了，"肉"欠了账。调整的目的，是要达到比较按比例地前进。

3月23日上午，邓小平在讲话中明确支持对国民经济进行调整。他说，中心任务是三年调整。这是个大方针、大政策。经过调整，会更快地形成新的生产能力。这次调整，首先要有决心，东照顾、西照顾不行，决心很大才干得成。要看到困难，把道理讲清楚，把工作做充分。邓小平说，过去提以粮为纲、以钢为纲，是到该总结的时候了。

华国锋最后讲话。他说："这个调整计划的本子我同意。……不调整好国民经济各部门的比例关系，就谈不上实现四个现代化。"他并没有因为计委汇报揭露的问题看成是针对什么人。他说："计委的汇报是想把经济工作的矛盾揭露出来，好统一全党的思想。"他要李先念在即将召开的中央工作会议上讲一讲经济工作中的思想问题。这次政治局会议批准了国家计委提出的调整计划，决定用三年的时间调整国民经济。

（三）新调整方针的通过

随后，1979年4月5日至28日，中共中央召开工作会议，各省、自治区、直辖市和中央党政军机关的主要负责人参加了会议。会议的主题是统一思想，确定对国民经济调整的方针。

李先念代表中共中央、国务院在会上讲话。他在讲话中，分析了当时经济战线的形势，论述了经济调整的必要性、调整的重大意义和调整的方针任务。他说：当前在国民经济中，农业和工业，轻工业和重工业，燃料动力工业和其他工业，积累和消费，经济发展提供的就业机会同需要就业的人口等重大比例关系严重失调。再加上企业整顿工作还没有完全搞好，经济管理体制上还存在着许多问题，所以，生产、建设、流通、分配领域中的混乱现象还没有完全消除。他指出，这两年多来，经济恢复取得了较快的进展，再加上全党全国人民又都有加快实现四个现代化的强烈愿望，在这种情况下，对顺利的一面看得多了，对问题和困难的一面看得少了。因而对经济发展的要求急了，步子迈得不够稳。现在看来，1978 年有几件事情如果办得更审慎一些，更好一些，就能更有利于国民经济比例关系的调整。

李先念举出四件事情：一是基本建设规模搞大了。二是引进工作搞急了。三是工业生产追求产值、产量而忽视提高质量、增加品种、降低成本。四是 1979 年的计划的编制在基建规模、生产指标、财政收支、利用外资等方面都安排大了，后来又发生了一些新情况，农副产品提价的幅度加大，减免农业税增多，劳动工资方面的开支增加，中越边境自卫反击战又用了一些钱。这就使财政预算的赤字扩大到一百多亿元。市场商品供应量同购买力相差一百多亿元。因此，对原计划不得不做必要的调整。会议正式通过了对整个国民经济实行"调整、改革、整顿、提高"的方针。决定从 1979 年起用三年时间，认真搞好调整，同时进行改革、整顿、提高的工作。

陈云预料到中央工作会议会有争论。因此，他在 3 月 25 日的财经委会上说："这次工作会议，我估计问题很多，一个星期开得完吗？各部有各部的意见，地方有地方的意见，要发扬经济民主，让大家讲，听就是了。"① 情况正如陈云所料，中央工作会议分歧很大。据邓力群回忆，他所在的小组中，天津的陈伟达、北京的林乎加、国家计委的顾明、石油部的宋振明对调整都有不同意见。"分组会讨论一开始，陈伟达就讲，我们正在大干

① 　陈云：《在国务院财政经济委员会第一次会议上的讲话》（1979年 3 月 25 日）。

快上，积极性很高，现在突然提出调整，给我们泼了一盆冷水，对我们的积极性是个很大的打击。林乎加也是这样的口气。顾明就算账，说人家有多少钢，我们才怎么一点，需要发展、快上。"华国锋在十一届三中全会上受到批评，调整方针得到了邓小平、李先念的支持，华国锋不得不接受调整的意见，并勉强召集各组组长联席会来统一思想。会议开始，大家都讲些不着边际的话，实际上是想不通。这时赵紫阳出来讲话，赞成调整。接着，谷牧发言也赞成调整。赵、谷二人一讲话，会场气氛就发生了变化。最后，华国锋做总结发言，同意调整是关键。邓力群插话：调整也是中心啊！华国锋说：有了关键就行了，中心可以不说了。"这样，这次中央工作会议总算把以调整为核心的新八字方针勉强通过了。"

中央工作会议通过了《中共中央关于调整国民经济的决定》，以及经修改和调整后的《1979年国民经济计划安排（草案）》等文件，提出了对整个国民经济实行"调整、改革、整顿、提高"的方针，决定用三年时间，认真搞好国民经济的调整，同时进行改革、整顿、提高的工作。它标志着对国民经济新一轮调整的开始。

在新确立的这八字方针中，调整是中心。它主要是指调整国民经济的比例关系：集中力量把农业搞上去，加快轻纺工业的发展，加快煤炭、石油、电力、运输的生产建设；调整现有企业的生产规模，对那些产品没有销路和质量差、耗能高的企业，实行"关、停、并、转"，使那些产品为社会所急需、质量好、消耗低的企业，能够开足马力生产；缩短基本建设战线，停建、缓建那些不具备建设条件和当前不急需的建设项目，保证那些有利于调整比例关系、为国家急需的重点工程，加快建设，按时投产；对新技术和成套设备的引进，要循序渐进，前后衔接。通过调整，使农业和工业，轻工业和重工业，燃料、动力、原材料工业同加工工业的比例关系，逐步协调起来。

改革，指的是改革不合理的经济管理体制。通过改革现行经济管理体制集中过多，管得过死，财政上统收统支，物资上统购包销，外贸上统进统出，吃"大锅饭"，不讲经济效果等弊病，发挥中央各部门、地方、企业和职工的积极性、主动性、创造性。会议认为，体制改革是一件关系到国民经济全局的大事，是一件极其艰难和复杂的工作，在当前调整中进行全面的体制改革，时机尚未成熟，只能进行那些有利于调整的改革。着重把那些必须改且又容易改的，先有计划有步骤地改过来，以保证和促进调整工作的顺利进行。

整顿，指的是整顿现有企业。会议确定，整顿企业主要是整顿好领导班子和企业管理。会议要求，通过整顿，每个企业有一个强有力的生产指挥系统，有一套比较严密的民主管理和科学管理制度，从上到下建立起明确的责任制，保证正常的生产秩序，实行文明生产，使各项主要的经济技术指标，达到和超过本企业和本行业的历史最高水平。

提高，指的是提高企业的管理水平和科学技术水平。会议确定，要通过各种形式，对企业一级以上的领导干部普遍进行轮训，把职工的文化学习和技术培训工作切实开展起来。

中央要求，通过这个方针的贯彻执行，要逐步把各方面严重失调的比例关系基本上调整过来。同时，还要积极、稳妥地改革工业管理和经济管理体制，充分发挥中央、地方、企业和职工的积极性；继续整顿好现有企业，建立健全良好的生产秩序和工作秩序，大大提高管理水平和技术水平，更好地按客观经济规律办事。总之，通过对新八字方针的贯彻落实，巩固和发展粉碎"四人帮"以来经济工作的成就，纠正前两年工作中的失误，消除经济工作中长期存在的"左"的错误造成的影响，把整个国民经济真正纳入健康发展的轨道。会议强调，今后一段时期经济工作的方针，就是要以调整为中心，边调整边前进，在调整中改革，在调整中整顿，在调整中提高。这次会议所确定的经济建设指导方针，标志着在经济工作中坚决消除长期存在的"左"的错误，实现经济建设指导思想上的根本转变，因而是经济战线的一次思想大解放。

1979年6月召开的五届全国人大二次会议，接受并通过相应的决议，确定了"调整、改革、整顿、提高"的新八字方针，并把落实这一方针，作为建设四个现代化的第一个大战役来对待。

三、国民经济调整的艰难展开

中央工作会议之后，根据中央有关精神，调整方针开始有计划有步骤地实施。调整工作分两个阶段：1979年到1980年底为第一阶段。

（一）调整工作的初步开展

1979年4月13日，中共中央、国务院发出批转国家建委党组《关于改进当前基本建设工作的若干意见》的通知强调，当前一项迫切的任务，就是要对那些不急需和不具备条件的项目，实行停、缓、并、转、缩。凡是该停缓的项目都必须坚决停缓下来。任何单位和个人都不准搞计划外工程，并且规定了严格的纪律：对乱上项目者要追究责任，情节严重者要绳之以党纪国法。5月11日，中共中央批转了李先念讲话，在批转通知中指出，贯彻"调整、改革、整顿、提高"八字方针，"这是摆在我们面前的一个决定性战役，是全党全国的中心任务"。5月14日，国务院下达经过调整的1979年国民经济计划。确定1979年农业增长4%；工业增长8%，其中轻工业增长8.3%，重工业增长6%；

财政收入，比 1978 年增加 120 亿元；国家预算内直接基建投资 360 亿元，加上利用外汇贷款安排基建总额为 400 亿元，保持 1978 年水平。6 月 18 日，华国锋在五届全国人大二次会议上宣布：从本年起，集中三年的时间，认真搞好国民经济的"调整、改革、整顿、提高"，把国民经济逐步纳入持久的按比例的高速度发展的轨道。从 5 月开始，各省、自治区、直辖市党委先后召开会议，落实以调整为中心的八字方针。

按照中央工作会议的部署，国民经济的调整工作主要分为两个阶段。1979 年到 1980 年底为第一阶段，在这个阶段中着重调整农轻重的比例关系，积累和消费的比例关系，增加城乡居民收入。1981 年到 1982 年为第二阶段，在这个阶段中，针对前一阶段调整比例关系、改革经济管理体制中存在的问题，着重削减基建规模，平衡财政收支，稳定经济局势。

1979 年至 1980 年底的第一阶段调整，主要做了以下几个方面工作：

（1）调整和加强农业。在中国，农业是国民经济的基础，但长期以来农业一直是薄弱环节，成为制约经济发展的主要因素。因此，经济调整的一个重要任务是加强农业。十一届三中全会后，党中央、国务院采取一系列步骤清除农业问题上"左"的错误的影响。1979 年 9 月，党的十一届四中全会通过了《中共中央关于加快农业发展若干问题的决定》，全面地总结了中国农业发展的历史经验，从投资、价格、信贷和农副产品收购等方面，调整了农业政策，适当地放宽了对自留地、家庭副业和集市贸易的限制，要求尊重生产队的自主权，纠正平均主义和开展多种经营。这个决定强调，农业要上去，国家要从各方面加强对农业的支援，适当增加对农业的投资。今后三五年内，国家对农业的投资在整个基建投资中的比重，要逐步提高到 18% 左右；在国家总支出中，农业事业费和支援社队的支出比重，要逐步提高到 8%

左右；对农业的贷款，到 1985 年，要比过去增加一倍以上；发展多种经营，减轻农民负担，同时大幅度提高农产品收购价格。从 1979 年 3 月起，国家陆续提高 18 种农副产品的收购价格，全国农副产品收购价格总指数 1979 年提高了 22.1%，1980 年又提高了 7.1%；同时，国家有计划地降低了农业生产资料的销售价格。农业政策的调整，激发了广大农民的积极性，多年来农业发展缓慢的状况开始发生了变化。

（2）加快轻纺工业的发展。长期以来，中国经济发展走的是一条片面发展重工业的路子，轻工业得不到应有的发展。这不仅造成了轻、重工业乃至整个国民经济的比例失调，而且直接影响着人民生活水平的提高。1979 年 4 月的中央工作会议提出，要调整重工业和轻工业的投资比例，适当提高轻纺工业的投资比重，增加轻纺工业生产所需外汇。6 月，五届全国人大二次会议确定，优先保证轻纺工业所需燃料动力和原材料的供应，适当增加轻纺工业所需贷款和原材料的进口。1980 年 1 月，国务院又决定对轻纺工业实行"六个优先"的原则，即能源、原材料的供应优先；挖潜、革新、改造措施优先；银行贷款优先；基本建设优先；利用外资和引进技术优先；交通运输优先。与此同时，国家开始放慢重工业的发展速度，在燃料动力方面为轻工业让路，并采取"重转轻""军转民"等形式，调整重工业的发展方向，转产一些适应社会需要的日用工业品。经过调整，轻工业超过了重工业的增长速度，轻、重工业的增长，1979 年为 9.6% 和 7.7%，1980年为 18.4% 和 1.4%。

（3）压缩建设规模，调整投资方向。针对基建规模过大、战线过长、浪费严重所造成的积累和消费比例失调，以及由此导致的各方面紧张的状况，在贯彻调整方针时，中共中央、国务院就压缩基本建设，调整投资方向，多次强调："基本建设战线长、浪费大、效果不好，由来已久，已经成为国民经济中一个突出的问题。面对这一现实，我们要认真吸取过去的经验教训，坚决贯彻调整经济的方针，下决心压缩建设规模，调整投资方向。……这样做不仅有利于把过高的积累率降下来，而且建设速度会更快，经济效果会更好。"同时，国家开始压缩预算内的基建投资规模。1978 年全国预算内基建投资为 396 亿元，1979 年为 395 亿元，1980 年压缩为 241 亿元。在建的大中型项目也有所减少，1979 年停建缓建了 500 多个计划外项目，1980 年又停建缓建了 283 个，在建的大中型项目由 1978 年的 1700 多个减少到 1980 年的 904 个。此外，在基本建设中，国家降低了生产性建设支出，提高了改善人民生活需要的非生产性建设的比重。这个比重，1978 年为 17.4%，1979 年为 27%，1980 年提高到 33.7%。

（4）努力稳定能源生产，节约能源资源。为了改变原油和原煤采储、采掘比失调的状况，有计划地稳定和减少原油和原煤的产量。为了在能源增加不多甚至下降的情况下使工业生产保证有一定的速度，国家强调了要把能源节约近期内放在优先地位的方针，采取了严格有效的节能措施：首先，要求所有企业都要按照历史最好水平，实行定量凭票供应煤、电、油，并在此基础上再努力节约 5%。其次，调整能源消费结构，确定今后相当长一段时间内以煤炭作为主要能源，支持各地把烧油的锅炉改为烧煤，从每年直接用作动力的 1000 万吨原油中，挤出 200 万吨用以出口，换回油改煤措施所需要的资金和设备。最后，改造耗能大的老设备和落后工艺，更新耗能高的动力机具，关停并转了一批耗能高、效益低的企业。1979、1980 两年，能源工业分别增长 3%和下降 1.3%。①

（5）增加城乡人民收入，积极扩大城镇就业。在农村，国家

---

① 武力：《中华人民共和国经济史》（下），中国经济出版社 1999 年版，第 828 页。

通过提高农副产品收购价格和减免税收，使农民在 1979—1980年得益约 300 亿元，其中：出售农副产品得益 258 亿元；减免贫困社队农业税收和社队企业税收，农民得益 45 亿元。[①] 在城市，国家大力安置回城知识青年就业，鼓励和扶持城镇个体经济适当发展，努力解决城镇正常的新增大中专毕业生和其他劳动力的工作安排问题。通过各种有效措施，提高了一部分职工的工资水平，普遍恢复奖励与计件工资，以增加城市居民的收入。

在调整中，党坚决纠正了前些年工作中的失误，认真清理过去在这方面长期存在的"左"的错误的影响，并初步总结了新中国成立以来经济建设的经验教训，指出：经济建设必须从我国国情出发，符合经济规律和自然规律；必须量力而行，循序渐进，经过论证，讲求实效，使生产的发展同人民生活的改善密切结合；必须在坚持独立自主、自力更生的基础上，积极开展对外经济合作和技术交流。整个国民经济的调整工作，都是在这些方针的指导下进行的。

由于党和国家采取了一系列的措施，也由于改革特别是农村改革的逐步展开，调整取得了初步的成果，国民经济的一些主要比例关系开始好转，人民生活也得到了相应的改善。1979 年和1980 年两年间，由于农副产品收购价格的提高，农民通过出售农副产品，以及国家减免贫困社队农业税收和社队企业税收而增加收入约 300 亿元。这两年中，国家在安置城镇就业人口 1808 万的基础上，给职工普遍增加了工资，全国职工工资总额从 1978 年的 569 亿元增加到 1980 年的 773 亿元，两年间增加了 204 亿元，其中 1979 年增长 13.6%，1980 年增长 19.5%。

---

① 武力：《中华人民共和国经济史》（下），中国经济出版社 1999 年版，第 829 页。

（二）调整中存在的主要问题

在执行以调整为中心的八字方针的过程中，党的各级领导大都对经济形势的严重性认识不足，党内思想也不一致，因而行动迟缓，特别是一些地方和部门，为了本地区和本部门的利益，在国家计划外又争相搞了一些大大小小的重复建设项目。因此，虽然经过近两年的调整，但仍未能使基本建设总规模按必要程度压缩下来，高指标、高积累的错误没有得到很好的纠正，比例严重失调的情况没有从根本上得到改变，国民经济中仍然存在着一些重大问题。这主要有：一是基建总规模和总投资未能按计划压缩下来。基建总规模和基建总投资仍超过国家财力物力的可能，22个大型引进项目该停的没有停，地方和企业又盲目地上了一批重复建设项目。全国全民所有制单位实际完成基建投资总额，1979年为 500 亿元，比 1978 年增长 4.4%；1980 年为 539 亿元，比 1979 年增长 7.8%。二是财政连续两年出现了巨额赤字。1979 年赤字达到 170.7 亿元，这是新中国成立 30 年来出现的最大的财政赤字；1980 年赤字仍达到 127.5 亿元。为了弥补财政赤字，国家不得不增大财政性货币发行，这两年里，"银行增发了 130 亿元的票子"。货币发行量的增大，导致了物价的上涨，1979 年全国平均物价指数上涨 5.8%，1980 年又上涨 6%，其中副食品价格上涨 13.8%，人民生活因此受到影响。三是工业改组整顿进展不快，能源交通紧张。在调整过程中，工业改组和整顿进展较慢，企业经济效益不高。1980 年全国关停并转了几千个企业，而同时又新建投产了 2 万多个企业，新投产的企业大多数是盲目发展起来的小型加工工业，因而加剧了本来就很紧张的燃料、动力、原材料工业与加工工业之间的矛盾。调整中存在的矛盾，在运输方面则表现为运输量的下降。1980 年货运量比 1979 年下降了 7522 万吨，下降 3%，其中铁路运输减少 614 万吨，减少

0.5%，公路运输减少 5539 万吨，减少 6.8%，水运减少 553 万吨，减少 1.3%。①

（三）调整中出现的各种认识分歧

对此，陈云曾预感到统一思想是件相当困难的事。他在 1979 年 5 月 18 日的一次谈话中说，"经济工作的争论，还需要几年时间才能取得一致的意见"。

为了继续统一思想，9 月 2 日，陈云致信姚依林，请他将财政部整理的《关于 1950 年—1979 年国家财政收支总额及基本建设的资料》印发财经委成员和中央政治局委员。9 月 30 日，国务院办公厅又将财政部整理的《关于国民经济和国家财政四次紧张和波动的资料》《关于能否压缩流动资金搞挖潜、革新、改造的资料》印发各省、自治区、直辖市党委第一书记、国务院各副总理、财经委成员并报中央政治局委员。材料历述了 1953 年冒进倾向、1956 年冒进、1958 年"大跃进"和"文革"十年经济比例严重失调的情况。指出，除政治原因外，问题主要出在基建规模超过了财力、物力的可能，大上大下、情况一好就折腾。

9 月 2 日至 25 日，国务院财经委员会连续召开会议，讨论 1980、1981 年计划。9 月 18 日，陈云在财经委会上，重申经济调整方针是必要的，并不是多此一举。他讲了 11 条意见。重点说明两个观点：一是为什么不能靠赤字搞建设。陈云说，我们的基建投资，必须是没有赤字的。不要用自由外汇兑换成人民币来弥补基建投资的赤字，也决不能靠发票子来弥补基建投资赤字，因为这将无以为继。他主张 1980 年就必须去掉基建投资中的赤字。二是说明利用外资的可能限度。陈云认为，外债只有两种外债：

① 国家统计局：《中国统计年鉴（1983）》，中国统计出版社 1983 年版，第 351、249、306 页。

第一种是买方贷款，第二种是自由外汇贷款。买方贷款每年能使用多少，不决定于主观愿望，而决定于国内配套的投资数量。借到的自由外汇只能用于小项目，或迅速见效速借速还的项目。有些还要用来购买武器。用于偿还大项目借款本息的可靠外汇来源，只能来自增加出口收汇。因此，像宝钢、平果铝矿、三峡水电站等那样大的工程，每个五年计划只能建成一个。中国的现代化除了要上若干个大项目以外，着重点应该放在国内现有企业的挖潜、革新、改造上。要先生产，后基建；先挖潜、革新、改造，后新建。应该探索在这种条件下的发展速度。姚依林和李人俊、房维中、金熙英三位计委副主任发言或插话，都表示拥护陈云的讲话精神。9月初，国家计委向财经委提出的方案中，基建投资总额仍然坚持保留一批重大项目特别是引进项目。建议1980年国家预算内基建投资安排近250亿元。经过几天讨论，议定1980年基建投资先定200亿元，工业增长速度先定6%。财经会议后，根据陈云的讲话精神，财经委组织有关部门，分成若干组，重新拟定1980、1981两年计划。

　　9月25日至28日，召开中共十一届四中全会。会后，将各省、自治区、直辖市党委第一书记留下来开座谈会。座谈会从10月3日到10日开了一周，确定1980年计划的盘子。会上印发了陈云9月18日的讲话。10月3日和4日，陈云在省、自治区、直辖市党委第一书记座谈会上两次发言，坦言"经济工作中存在很大的意见分歧"。做财经工作的有分歧，中央内部有分歧，中央与地方也有分歧。陈云再次重申了他的两个主要担心：一是利用外资搞建设没经验，二是利用赤字搞建设很危险。他说，靠借外债搞建设是个新问题，应该承认中国没有经验，要逐项研究，积累经验。针对会上有人提出财政赤字和通货膨胀并不可怕的意见，陈云说，在生产上搞点赤字这不可怕，但基本建设周期长，在基建上搞赤字他是怕的。通货膨胀数量不大也不可怕，但数量很大他害怕。他警告说，在通货膨胀问题上，中国有过痛苦的教训。

在这几次会议上，争论十分激烈。"各部门谈结构问题只谈投资不够，没有一个部门谈自己投资使用得不好"，"大部分发言都是和陈云同志的主张相反"。陈云批评了"洋跃进"，比3月会议提得更尖锐了。3月会议只是点了冶金部，这次直接点名批评了国家计委及领导人。

10月4日，邓小平在中共省、市、自治区委员会第一书记座谈会上讲话，第一次比较系统地提出他对经济工作的基本思想。对于地方同志在会上对中央部门提出的意见（甚至是很尖锐的意见），邓小平表示理解。邓小平说，看法不一致"这是很自然的"。主张充分地把矛盾摆出来，采取辩论的方法，面对面，不要背靠背，好好辩论辩论。然后由中央特别是财经委梳辫子，得出比较好的办法。他说："万应灵药我们不可能找到，还要看以后的实践。还是实践是检验真理的标准。"

10月10日，李先念将座谈会的情况向常委汇报，随后向参加会议的省市委第一书记通报了常委的意见："总的就照小平、陈云同志和我讲的精神去办。"他说，明后两年的经济工作，调整是关键。基本建设投资按200亿元左右定下来。大中型项目坚决再减掉几百个，但不能推平头；22个引进项目该减则减，不要犹豫。工业生产的增长速度按6%定下来，争取达到7%－8%。

省市区第一书记座谈会后，国务院财经委重新拟订了1980、1981两年计划。11月17日，向中央政治局汇报。财经委提出，关于1980年基本建设投资的盘子，感到国家预算内投资按200亿元安排实在有困难，拟定为234亿元，增加34亿元。加上利用外资和预算外投资，总规模为450亿元。增加的30多亿元，希望多收一点，实在多收不了，拟发二三十亿元公债。

在汇报后，李先念坦言："经济工作很复杂，前前后后我都参与了。大杠杠可以说清楚，具体我也说不清楚。"他说，改善人民生活已经用了很大力量，再要改善就会没有速度。他要求"在宣传上、理论界，要注意这个敏感问题"。彭真赞成李先念的意见。他说，在中国共产党掌握政权的情况下，改善生活不要号召。1949 年进城的时候，他请示毛主席，进城注意什么。主席讲不要宣传改善生活，改善就是了。邓小平肯定财经委的计划以及234 亿元的盘子。他赞成明后年搞两年公债。华国锋也同意按这个计划开全国计划会议。他提出一个建议，财政体制应在计划会议上早定下来，给大家吃一个定心丸。他说，开计划会议，听说各省第一书记不大想来了。他提出还是把第一书记请来。

　　11 月 20 日到 12 月 21 日，召开了为期一个月的全国计划会议，讨论并制订 1980 年的国民经济计划，并讨论确定财政体制改革。余秋里、王震、谷牧、康世恩和几个综合部门的领导人都讲了话。12 月 20 日，李先念作总结讲话。讲话特别强调："同志之间、部门之间、上下左右之间，要提倡互相谅解、互相支持。"他说：由于所处岗位不同，观察问题的角度不同，对情况的了解不一样，产生一些不同看法是难免的，正常的，在适当范围内展开必要的讨论是有益的。但必须平心静气，实事求是，摆事实，讲道理，注意倾听和分析对方的论点，取长补短，以便统一认识。一时做不到，宁可暂时停一下。讲话特别提到，报刊发表文章要慎重，党内正在讨论的问题不要捅到群众中去，捅到社会上去，以免引起不必要的波动和混乱。从这段话中可以体会到李先念希望弥合分歧，维持团结的用心。全国计划会议最终落实了中共省、市、自治区委员会直辖市第一书记座谈会上定下来的盘子。

　　在国家计委内部，争论持续不断。11 月，薛暮桥在辽宁省委干部大会上作长篇报告，批评 1977、1978 年存在"左"的错误，1977 年制订的十年规划凭空提出 6000 万吨钢的高指标。主张

"痛下决心"进行调整。坚决把 6000 万吨钢的指标降下来，大大压缩基建规模，积累率最好保持在 25% 或略高一点，最多不超过30%。薛暮桥的报告内容传到国家计委，引起很大反响，有人很不赞成。他们提出的反对理由是：优先发展重工业是客观规律，重工业的比例总是愈来愈大，农业愈来愈小；积累是扩大再生产的源泉，提高积累才能提高生产增长速度。有人计算，1979 年的积累率降为 33% 以下，工业生产增长速度已从 14% 降到了 8%，1980 年决不能把积累率压到 30% 以下，再要压缩投资，连简单再生产也难以维持，今后几年生产增长速度会持续下降，到 1985年可能降到零。他们得出的结论是，积累率降到 25%，生产不可能有发展。随着人口的增加，人民生活会下降。薛暮桥回忆说："由于存在意见分歧，在国家计委内部曾多次争议。"

四、调整工作初步完成

在经过了前一阶段的调整之后，国民经济发展中仍然存在着一些问题没有解决，同时又出现了许多新的问题，调整工作没有达到预期目标，为了消除国民经济中已经出现的问题，实现国家调整经济的目的，从 1981 年起国家开始实施第二步调整。

（一）第二阶段调整方针的确定

为了解决国民经济发展中存在的一些新问题和老问题，1980年 11 月，国务院召开了全国省长、市长、自治区主席会议和全国计划会议。这两个会议主要是讨论当时的经济形势，重新调整1981 年的国民经济计划。这两个会议认为，当前的经济形势是好的，但是有潜在的危险，主要是基本建设大大地超出国家经济的可能，这两年没有压缩下来；再就是财政出现大量赤字，货币投放量增加，如不采取措施，这种情况还会继续。因此，必须下决心狠抓调整，关键是压缩基本建设，适当控制消费，搞好关、停、并、转，根本改变比例失调的严重局面，为今后的经济发展打下坚实的基础。会议期间，邓小平、陈云、李先念对调整1981年的国民经济计划作了重要讲话，强调：1981年基本建设要退够，压缩基建投资是"铁公鸡"，一毛不拔；包括宝钢在内的22个大型成套引进项目，不行就放下来；为了克服困难，权力必须集中，最后的落脚点是中央集中统一，即在宏观经济方面，在扭转国民经济被动状况的重大调整措施上要高度集中统一；1981年财政要没有赤字，银行不增发票子；要把生产搞扎实一些，速度5%有困难，4%也可以；好事要做，但是要量力而行。会议经过充分讨论，重新调整了1981年国民经济计划，使之比较切合中国经济的发展水平。

1980年12月，中共中央在北京召开工作会议。会议着重讨论经济形势和进一步调整经济的问题。邓小平、陈云、李先念等党和国家领导人在会上就经济调整、经济建设指导思想、调整与改革等问题，作了重要讲话。

陈云在讲话中指出：新中国成立以来经济建设方面的主要错误是"左"的错误，1957年以前情况一般好些，1958年以后"左"的错误就严重起来了。这是主体方面的错误。中国是在10亿人口、8亿农民这样一个国家中进行建设，必须看到这种困难。对实现四个现代化，决不要再做超英赶美等等不切实际的预言。他强调：今后若干年，中央和地方财政在开支方面都要大大紧缩，好事要做，又要量力而行。调整意味着某些方面的后退，而且要退够，不要害怕这个清醒的健康的调整。调整不是耽误，不调整才会造成更大的耽误。

邓小平在讲话中指出："由于过去两年执行调整方针不得力，这就造成财政大量赤字，货币发行过多，物价继续上涨。如果再不认真调整，我们就不可能顺利地进行现代化建设。只有某些方面要退够，才能取得全局的稳定和主动，才能使整个经济转上健康发展的轨道。所谓某些方面要退够，主要是说，基本建设要退够，一些生产条件不足的企业要关、停、并、转或减少生产，行政费用（包括国防开支和一切企业事业单位的行政管理费用）要紧缩，使财政收支、信贷收支达到平衡。……下决心这样做，表明我们真正解放了思想，摆脱了多年来'左'的错误指导方针的束缚"。"今后一段时间内，重点是要抓调整，改革要服从于调整，有利于调整，不能妨碍调整。改革的步骤需要放慢一点，但不是在方向上有任何改变。"

李先念在讲话中着重强调，计划工作要实事求是，不能作虚假文章，更不能凭主观偏见，财政要做到收支平衡，生产要讲究经济效果，产品要提高质量、适销对路，要在保证粮食稳步增产的同时，搞好多种经营。

会议根据几位领导人的讲话精神，对当前的经济形势做了全面估量，认为，总的来说全国的经济形势很好，但是潜伏着很大的危险，搞得不好，可能会爆发经济危机。对此，全党要有清醒的认识。会议分析了造成当时财政经济困难的原因，对进一步调整国民经济的必要性、调整的要求和方案、调整和改革的关系作了说明。在统一中央和地方各级领导对经济调整决策认识的基础上，会议制定了在经济上实行进一步调整，在政治上实现进一步安定的方针。会议决定把调整的时间大大往后延长，将原定在1981年进行的第二阶段的调整，确定为在整个"六五"计划期间都进行调整。中央工作会议还对1981年的调整提出了三条总的要求：一是基本上做到财政收支平衡，不出赤字；二是基本实现信贷收支平衡，不再搞财政性的货币发行；三是把物价基本稳定下来，特别是把占居民消费总支出70%左右的基本生活必需品的销售价格稳住。

这次中央工作会议，总结了新中国成立以后 30 年来中国经济建设的经验教训，更为深入地清算了长期以来影响经济工作的急于求成的指导思想，开始提出要实行经济发展道路的转轨，从而进一步实现经济建设指导思想的根本转折，保证调整、改革、整顿、提高的方针开始得到了切实的贯彻实行。

（二）第二阶段调整工作的展开

中央工作会议后，根据会议制定的对经济进一步调整的目标，1981 年，中央和地方各级政府，开始进行以压缩基本建设规模为中心环节的第二阶段的经济调整。

（1）压缩基本建设规模。

中央工作会议后，各地按照中共中央、国务院的要求，采取坚决措施，认真清理在建项目，坚持做到"退够"，切实压缩基本建设规模。国务院对所有在建大中型项目逐个进行重新审查，首先对 1978 年签订的包括上海宝钢在内的 22 个进口大项目进行排队和清理。经调整，这些项目中有的暂时只建一期工程，有的在几套同类项目中暂时只建一套，有的则推迟建设进度。对其他建设项目，也采取有力措施予以清理，该下的下，该停的停。在基建管理上，把所有大中型项目都纳入国家基建计划，小型项目则纳入地方基建计划。1981 年，国家预算内的基建投资由 1980 年的 241 亿元减为 170 亿元，减少 71 亿元；全国全民所有制单位预算内的基建投资总规模，由 1980 年的 500 亿元减为 300 亿元，削减 40%。后来，实际完成的基建投资由 1980 年的 539 亿元减至 428 亿元，减少 111 亿元，压缩了 20.6%；全年停建、缓建大中型项目 151 个，年末在建的大中型项目 663 个，比 1980 年减少241 个。这些措施的贯彻落实，不仅基本解决了基建规模过大的问题，同时也有力地支持了财政收支的平衡。

（2）调整农轻重的比例关系。

在农业方面，继续推进农业生产责任制，进一步落实和放宽农村经济政策。国家在稳定粮食种植面积、保证粮食增产的同时，促使多种经营有了比较大的发展。1981年全国经济作物的播种面积比1978年增加21%，农业总产值比1980年增长5.7%，粮食获得新中国成立以来的第二个高产年，棉花、油料、糖料也大幅度增加，再创历史最高水平。在轻工业方面，继续采取措施加快发展，例如，在原材料和能源供应、银行贷款、挖潜革新改造、基本建设、利用外汇和引进技术、交通运输等六个方面优先保证轻工业的需要。这些措施的落实，加上农业发展对轻工业的促进作用，使轻工业也获得了较快的增长，其产值在工业总产值中所占比重显著上升。与此同时，继续坚持重工业（包括军工企业）服务于人民生活，服务于轻工业和农业的调整、改革的方向，转产市场需要的一些轻工产品，从而使轻工业产值在工业总产值中所占的比重继续上升，并促使工业内部结构开始趋于合理，农业、轻工业、重工业的比例关系也因此得到显著改善。在工业总产值中轻、重工业所占比例，1978年为42.7%和57.3%；1981年为51.4%和48.6%。在工农业总产值中农、轻、重所占比例，1978年分别为25.6%、31.8%、42.6%；1981年分别为24.9%、38.7%、36.4%。

（3）关、停、并、转一部分生产条件不足的工业企业。

为了缓解原材料、能源供应不足和财政赤字的压力，各地调整或裁并了一些耗能大、产品积压或任务严重不足的钢铁、化肥、机械等国营小型重工业企业；对那些经营不善、长期亏损、产品没有销路，或者与大中型企业争原料、燃料、运输及生产任务的落后企业，则采用行政办法加以撤并；对一些农村社队企业和地方小型轻纺企业实行调整或改组，鼓励原料产地同老工业基地在互利互惠的基础上结合，以解决社队企业、小企业与城市大中型企业争夺农业原料的矛盾。这些措施，促使一大批小企业实现了关、停、并、转。1981 年，小型重工业企业共减少 4400 个，其中冶金企业 367 个，化肥和农药企业 458 个，机械企业 3172 个。全国企业总数由 1980 年的 18.66 万个减至 18.55 万个，净减少约 1100 个。保留下来的小企业经过限期整顿提高，经济技术指标普遍有所好转。

（4）实现财政收支的基本平衡，保证财政金融和物价稳定。

根据中央工作会议有关进一步调整经济的决策，针对 1979 和 1980 年连续两年的巨额财政赤字，以及由此造成的严重的经济、社会问题，1981 年，国务院采取一系列果断措施，加强财政、金融和信贷管理，定期冻结物价，控制奖金发放，紧缩非生产性开支，减少财政赤字。除文教、卫生事业费及职工工资有一定增加外，其他开支都要尽可能地压到最低限度，使开支总额不超过国家财力的负担能力。为此，中央和地方政府在压缩基建投资的同时，对包括国防、行政事业费在内的各项经费进行了大幅度的削减，保证了财政收支的基本平衡。这一年，经全国上下的艰苦努力，财政赤字从 1979 年的 170.7 亿元、1980 年的 127.5 亿元，降低到 25.5 亿元。财政收支和信贷的基本平衡，为物价的稳定创造了良好的条件，1981 年全国市场物价上涨势头有所缓解，社会零售物价指数仅上升 2.4%，比 1980 年的 6% 下降 3.6 个百分点，从而保障了全国人民生活的稳定。

事实充分说明，国民经济的进一步调整，指导思想是正确的，发展过程是健康的，取得的成果是显著的。在贯彻国民经济调整方针的三年里，即 1979 年到 1981 年，中国经济没有倒退，发展速度没有下降，整个国民经济在调整中前进，并开始走上稳步发展的轨道。据国家统计局的统计资料显示：1979 年，中国工农业总产值达到 6175 亿元，完成计划的 101.5%，比 1978 年增长 8.5%。其中工业总产值达到 4591 亿元，完成计划的 100.6%，比 1978 年增长 8.5%；农业总产值（包括农林牧副渔和队办工业产值）达到 1584 亿元，完成计划的 104.2%，比 1978 年增长 8.6%。1980 年，中国工农业总产值达到 6619 亿元，完成计划的 103.2%，比 1979 年增长 7.2%。其中工业总产值达到 4992 亿元，完成计划的 103.1%，比 1979 年增长 8.7%；农业总产值达到 1627 亿元，完成计划的 103.3%，比 1980 年增长 2.7%。1981 年，在大调整的情况下，中国工农业总产值达到 7490 亿元，比 1980 年增长 4.5%。其中工业总产值达到 5178 亿元，完成计划的 101.7%，比 1980 年增长 4.1%；农业总产值为 2312 亿元，完成计划的 101.8%，比 1980 年增长 5.7%。三年中，城乡人民生活逐年有所改善。

但是，国民经济中潜在的危险仍没有完全消除。主要是因为，经济调整所取得的成果，财政收支的基本平衡，在很大程度上是以行政强制手段，靠紧缩必要支出实现的，因而是不巩固的。国家财政收入要继续保持财政和信贷的基本平衡，做到消费品生产的增长同社会购买力的增长相适应，保持市场物价的基本稳定，并在此基础上使国民经济协调发展，实现财政经济状况的根本好转，还需要经过相当长的时间和做出艰苦的努力。有鉴于此，党中央、国务院决定，再用五年或者更多一点的时间，继续贯彻执行调整、改革、整顿、提高的方针，这样才能真正站稳脚跟，打好基础，更好地前进。

1981 年 11 月至 12 月间，五届全国人大四次会议召开。会议通过了国务院的政府工作报告《当前的经济形势和今后经济建设的方针》，总结了一年来的经济调整工作，肯定了调整工作取得的成绩，宣布当年国民经济计划和稳定经济的目标能够基本实现。同时，会议总结了新中国成立以来特别是党的十一届三中全会以来的经验，提出，中国经济建设再也不能走过去那种重基建轻生产，高消耗低产出，高积累低消费的发展道路。必须走速度实在、经济效益比较好、人民可以得到更多实惠的新路子。这条新路，不是靠多上基本建设，多铺新摊子，大量增加能源和原材料的消耗，而是主要靠发挥现有企业的作用，进行合理的技术改造，降低消耗，提高质量，提高效率，以扩大生产。这条新路，速度可能不是那么高，但是经济效益好，社会财富增加得多，人民得到的实惠也多。只有走这样的发展之路，才能在中国这样一个人口多、底子薄的国家，处理好积累和消费的关系，处理好发展生产建设和改善人民生活的关系，并从根本上解决财政经济的困难，求得经济的稳定增长。

1982 年 9 月，党的十二大再一次明确提出：在 1981 年到 1985 年的第六个五年计划期间，要继续坚定不移地贯彻执行调整、改革、整顿、提高的方针，把全部经济工作转到以提高经济效益为中心的轨道上来；要对现有企业进行整顿、改组和联合，并对整个经济结构进行调整；要巩固和完善已经开始的经济管理体制的改革。

在这之后的整个"六五"期间，中国经济又进行了连续几年的调整。国民经济的深入调整，为 80 年代中期以后中国经济跨上新台阶和经济体制改革的深入进行，做了必要的准备。

（三）22 个成套设备项目的"上马"与"下马"

与新中国成立以后以往的历次经济调整不同的是，1979 年开始的这次经济调整，遭遇了如何应对和处理 20 世纪 70 年代末开始的，为了加快经济发展而大量集中引进项目问题，特别是 22 个成套设备引进项目，成为经济调整的重点和难题。

22 个重大成套设备是 1978 年引进技术高潮时确定的系列重大引进技术项目，客观地说，这些项目的确是中国经济发展最急需的，也是能够大大提高中国经济水平的项目。问题是，这次引进项目的总规模太大，大大超出了国力所能承担的程度。据当时估算，按照设计要求全部合同资金达 130 亿，加上国内必需的配套工程，总计需人民币600多亿元。而这与1978年全国财政收入仅874亿元人民币，整个出口外汇收入仅76亿美元的家底相比，差距太大，更何况由于仓促决策和签约带来了不少问题。因此，经济调整开始后，怎么调整这些"洋项目"却成了一项十分艰巨的工作。

1979年3月召开的中央政治局会议提出，基本建设投资比原计划大幅度减少以后，有200多个在建的大中型项目和200多个单项工程要停下来，有些在建的引进项目，如宝山钢铁厂等要推迟建设进度。1978年已签订合同的四套石油化工、四套大化肥项目，由于投资所限，只安排大庆、浙江、山东、山西四套的施工准备费，其他四套均不安排。对列入调整计划的项目，要有国家建委、计委会同各地区、各部门一个一个地进行严格审查，或停建，或推迟进度。

但是，此后由于中央领导层对国民经济调整的认识不一致，一些省市和部门的领导同志思想认识也不统一，对1978年引进的22个项目，在处理上犹豫徘徊，没有把不具备建设条件的项目及时地坚决地停下来。1979年8月，国家计委在向国务院财经委员会汇报关于1980年、1981年计划安排情况时，仍然强调要兼顾国内建设项目和国外进口项目的需要，兼顾当前需要和长远需要，建议把22个引进项目中的12个项目，即宝钢及其配套工程，大庆、山东、北京、南京四个石油化工项目，山西、浙江、新疆、宁夏四个化肥项目，上海石油化工总厂二期、江苏仪征、河南平顶山三个化纤项目的国内配套投资用外汇贷款解决，同国内财政脱钩。

1979年9月，陈云在主持国务院财经委员会会议听取国家计委关于1980年、1981年计划安排情况汇报时，针对"基本建设战线的调整有可能走过场"的情况，指出：经济的调整是必要的，并不是多此一举。基建投资必须是没有赤字的。经济发展再也经受不起以往那种有过痛苦教训的折腾了。10 月，李先念在中共省、市、自治区委员会第一书记座谈会上的总结讲话中提出，1980 年要减少基本建设，并责成国家建委、计委，以建委为主，重新审查所有大中型项目，逐个定下来。坚决再减掉几百个项目，不能推平头。对 22 个引进项目，要逐个分析，有的续建，有的推迟。由国家建委、计委、进出口委员会三堂会审，以建委为主，该减则减，不要犹豫。如南京化工厂就可以推迟。

1979 年底至 1980 年上半年，国家建委、计委等部门多次开会讨论 22 个引进项目的问题，但由于 1980 年春国务院开始着手制定 1981 年至 1990 年发展国民经济十年规划，经济翻番的目标分散了调整的注意力，对 22 个引进项目的处理一直没有做出最终结论。

1980 年 11 月，国务院召开省长、市长、自治区主席会议，同时召开全国计划会议，分析经济形势，研究经济工作应当采取的方针和重大措施。会议讨论通过的《关于经济形势的估计和切实抓好调整、保证经济稳定的几项重要措施》提出：该退的必须退够，不该上的坚决不上，该办的一定要努力办好。对所有在建的大中型基本建设项目，要逐个重新审查，下决心砍掉一批。对 22 个进口大项目，必须从经济的全局着眼进行抉择。上海宝钢只搞一期工程，近期内不搞二期。进口的四套 30 万吨乙烯装置，只搞一套。德兴铜基地、四套 30 万吨大化肥等项目，推迟建设进度。在这些项目上，宁可承受较大的损失（当然要尽量减少损失），也不能让它们拖住整个经济的调整。

同月，国家计委向中央政治局常委和中央书记处汇报《关于1981 年财政、信贷平衡和基本建设安排的初步设想》，提出一步退够的方案。方案指出：1981 年国家基本建设总规模由预计的500 亿元减少为 300 亿元，国家预算内投资减少为 170 亿元。按照这样的安排，22 个引进项目中的四套乙烯、四套化肥、北京东方化工将全部停建，上海金山卫二期工程、云南五钠、烟台合成革项目将停缓建，也就是说，22 个引进项目，除完工的以外，都要考虑停缓建。中央政治局常委在讨论时，主张 1981 年基本建设要退够，铁公鸡，一毛不拔。宝钢等 22 个进口项目，不行就放下来，以后有机会再来。

1981 年上半年，为保证基本建设规模退够，国家采取一系列紧急措施，在很短的时间内，压缩基本建设规模取得了显著效果，建设规模落到了谷底。清理在建项目也比较坚决，停缓建大中型在建项目 151 个，其中 22 个引进项目，年初停缓建宝钢、四套乙烯、套化肥等 9 个项目。

1981 年下半年，随着基本建设规模的大幅度压缩，基本建设逐步退了下来，经济发展趋向稳定，特别是随着准备制定"六五"计划，中央领导同志又开始考虑如何在调整中把经济搞活，解决国民经济应具备一定的发展速度问题。1981 年 10 月，国务院领导同志找国家计委、经委等部门的同志，提出要把 22 个引进项目中的几个石油化工项目搞起来，请大家研究。这样，从 1981 年下半年开始，一度停缓建的 22 个引进项目中的部分项目，如宝钢、大庆 30 万吨乙烯工程、仪征化纤厂、乌鲁木齐炼油厂大化肥工程等开始恢复建设。

1982 年 7 月，国家计委党组起草的《二十年设想和"六五"计划》提出增加投资、救活 1978 年 22 个引进项目，指出：优先把已经同国外签订合同、设备已经到货的 22 个项目的未完工程，通过利用外资和国内筹集资金，尽快地建成，使之发挥作用。22 个项目，除了 100 套煤炭综采设备项目和河南平顶山帘子布厂已经完成、内蒙古霍林河露天煤矿改由国内建设、兰州合成革厂决定停建以外，其他 18 项在"六五"期间全部进行建设或恢复建设，有的规模要缩小。

1983 年 7 月，党中央、国务院批准成立了跨部门、跨行业的大型经济实体——中国石油化工总公司。中国石化总公司成立后的一项重要工作就是想办法自筹资金，救活 1978 年 22 个引进项目中的 8 个石油化工项目，即 4 套 30 万吨乙烯，3 套 30 万吨合成氨和 52 万吨尿素，1 套 20 万吨的聚酯项目。中国石化总公司按照党中央、国务院提出的"应当用经济办法办好经济事情"的要求，采取同地方合作筹集资金、用石油化工产品集资、"以产顶进"、发行企业债券、借用国外商业贷款等多种办法，使这八个石化引进项目全部建成投产。仪征化纤厂也在纺织部的领导下建成投产。

从总体上看，1978 年 22 个引进成套设备项目，作为 1979 年开始的经济调整的重点项目，有的缩小了规模，有的退回了部分合同，有的推迟了建设，有的停止了对外谈判。这 22 个项目的合同实施和建设情况，概括起来，可分成以下四种类型：

第一类，1978 年基本上完成引进合同的签约工作，并能做到顺利执行合同，在经济调整中没有受到太大影响的有 8 项。100 套综合采煤机组，1980 年 7 月前设备全部到货，并陆续进入有关煤矿采煤工作面进行安装，到 1980 年底已有 56 套正式投入生产，取得较好的生产效率。陕西咸阳彩色显像管项目，1979 年 4 月动工，1981 年 10 月建成并进行试生产，1982 年 12 月正式投产。河南平顶山帘子线厂尼龙 66 盐浸胶帘子布，1980 年 4 月动工，1981 年 10 月全部完成建设施工和设备安装，11 月投料试车，12 月正式投产。贵州铝厂电解铝工程，1979 年 10 月动工，1982 年 9 月基本建成。昆明三聚磷酸钠工程，1980 年 11 月开工，1983 年 6 月基本建成，9 月投料试车，1984 年正式投产。山东合成革厂、镇海炼油厂大化肥工程、东方化工厂均属于这一类。

第二类，1978 年基本上完成引进合同的签约工作，因经济调整，被迫推迟开工建设的工程有乌鲁木齐炼油厂大化肥工程、银川化工厂大化肥工程和山西化肥厂 3 项。乌鲁木齐炼油厂大化肥工程 1980 年 5 月动工，1981 年初停缓建，1981 年 7 月恢复建设，1985 年 7 月试车成功，10 月建成投产。银川化工厂大化肥工程 1981 年初缓建，1984 年恢复建设，1985 年 5 月开工，1988 年 7 月建成投料试车。山西化肥厂 1981 年 3 月确定推迟建设进度三年，1983 年 7 月动工，1987 年 7 月投料试生产，1988 年建成投产。

第三类，1978 年只签订了成套设备引进项目中的部分合同，因经济调整，推迟了其余引进设备的签约与基本建设的进度，有的还对引进方案进行了调整。这类项目有 10 个，是 22 个引进项目的主体部分，它们的调整情况如下：

（1）上海宝山钢铁总厂是 1978 年 22 项成套引进设备中规模最大的项目。1978 年 12 月正式动工建设。原计划一、二期工程分别于 1982 年和 1984 年建成，1980 年 11 月因国家财政困难，决定"一期停缓、两板退货、二期不谈"。1981 年 1 月正式停缓建，8 月又列为续建项目，恢复建设。1985 年 9 月一期工程建成投产。同年，二期工程开始建设，至 1991 年建成。对二期工程的引进方式进行了重要的调整，由原来的成套设备引进，改变为通过引进主体设备的制造技术和与外国公司进行合作制造等方式，实现了"基本立足国内设计制造"的要求。

（2）上海石油化工总厂 20 万吨聚酯工程。1978 年 12 月底合同签约工作全部完成。1979 年，因国民经济调整，工程建设一度暂停。1980 年 7 月开工打桩。1981 年 3 月正式列入国家基建项目。1983 年 7 月划归中国石化总公司领导后，工程建设实行投资包干，建设费用由传统的国家拨款改为银行贷款。1985 年全面建成。

（3）大庆 30 万吨乙烯工程，1979 年 4 月破土动工，1980 年 10 月决定缓建，后又决定停建，1981 年 9 月决定恢复建设，并列为国家重点建设项目，1982 年 4 月全面恢复建设。一期工程

1986 年 6 月投料试车，二期工程 1988 年 8 月建成投产。

（4）齐鲁 30 万吨乙烯工程，1977 年开始筹建，经过停缓建，1984 年 1 月恢复建设。根据国家计委"统一规划，分期建设"的要求，一期工程 1984 年 4 月正式开工，1987 年 5 月建成投料试车。二期工程 1986 年 4 月开工建设，1991 年 6 月通过国家验收。

（5）扬子 30 万吨乙烯工程，原规划建设 2 套。1978 年筹建，1980 年缓建，1982 年复建。1983 年对原规划进行调整，决定只建一套，另一套调至上海石油化工总厂建设。1984 年 6 月正式开工。1987 年 7 月一阶段工程建成投产；1989 年 10 月二阶段工程建成；1990 年 3 月一、二阶段工程打通全流程，1991 年 10 月通过国家验收。

（6）上海 30 万吨乙烯工程，系从南京调来，并对工程项目做了适当修改、补充、配套。1984 年 10 月首批设备从南京运抵上海"就位保管"。1985 年 2 月国家决定工程建设资金由上海石油化工总厂自行筹集。1987 年 5 月第一阶段工程开工建设，1989 年 12 月投料试车。1989 年 9 月完善化工工程开工建设，1992 年 6 月建成投产。

（7）仪征化纤厂 53 万吨聚酯与配套的合成纤维工程，1978 年筹建，1980 年缓建，1981 年 6 月列入国家建设计划，1982 年采用借债建厂和一次规划、分步建设的方式恢复建设，1984 年 12 月一期工程投产，1987 至 1990 年二期工程投产。

（8）霍林河大型露天煤矿原规划建设规模为 2000 万吨/年，并采取成套设备引进方式进行建设。1978 年只签订了由外方提供初步设计的技术服务合同和小型剥离设备。1979 年以后，建设方案有了较大调整，建设规模缩小为 700 万吨/年。在机械部门引进制造技术并形成制造能力以后，即取消了成套引进的方案，改为国内制造供应，并于 1984 年和 1992 年先后建成一、二期工程。

（9）开滦煤矿原规划建设范各庄、钱家营等三座各年入洗原煤 400 万吨的洗煤厂，1978 年签订了部分合同。其中范各庄洗煤厂因引进工作进程较快，建设工作基本上未受经济调整的影响，于 20 世纪 80 年代中期建成投产。其他洗煤厂则推迟了引进与基建进度，如钱家营洗煤厂于 1989 年建成投产。

（10）江西德兴铜基地项目是大型联合工程，原规划在 5 年内建成年产 20 万吨铜的生产能力。1979 年以后，因投资等原因，缩小了建设规模，并推迟了引进与建设进度。冶炼厂于 1985 年建成，1991 年德兴铜矿的采选能力已达到 6 万吨/日。

第四类：因建设条件不具备而撤销的 1 项，即兰州合成革厂。该项目于 1978 年和外方草签了引进合同。1979 年初，由于资金困难，中国暂停同外方签订新的引进项目，并利用合同规定的有 2 个月申请政府批准的期限的权利，决定对已草签的合同暂不生效，以促使外方给我国提供优惠信贷。不久，大部分合同生效，但由于该项目建设条件不具备，经与外方协商，撤销了该项目的引进合同。

第五章　开始经济体制改革与创办特区

一、农村经济体制变革的兴起

通过十一届三中全会，党冲破了长期以来"左"的思想的禁锢，确立了实事求是的思想路线。根据这次全会有关经济问题的决定和随后的中央工作会议制定的"调整、改革、整顿、提高"八字方针的要求，在国民经济调整的过程中，中国经济体制改革也开始起步，并首先从计划经济体制的边远农村打开缺口。

（一）家庭联产承包责任制的复萌

新时期农村经济体制的变革，是从粉碎"四人帮"之后逐渐萌发的。但作为具有典型意义和产生广泛影响的当首推安徽。

安徽是一个农业大省，由于受到"左"的政策影响，农业和农村经济发展十分缓慢。20世纪60年代三年困难时期，安徽发生的饥饿、死亡情况也比邻省更严重。唱着"凤阳花鼓"乞讨的逃荒者在长江、淮河、黄河沿岸城乡到处可见。当时省委领导人曾希圣采取一种"责任田"的办法，扭转了局面。"责任田"其实就是1956年农业合作化以后一些地方出现过的"包产到户"。只是这次安徽由省委出面试点并请示中央推广，范围更大，声势更壮，效果也更显著，农民尝到了甜头，普遍热烈拥护。但很快因为1962年秋"重提阶级斗争"，"责任田"被指责为"复辟资本主义"，被压制下去。接下来是"四清"运动和"文化大革命"十年内乱，包产到户被等同于分田单干一律禁止，各级干部都噤若寒蝉。

1977年6月20日，中共中央改组安徽省委，任命万里为安徽省委第一书记。万里到任伊始，便下到各县农村进行调查研究。但作为中国粮食的主产区之一，安徽农村给他的第一印象，不是贫困，就是饥饿。万里后来回顾说：我这个长期在城市工作的干部，虽然不能说对农村的贫困毫无所闻，但是到农村一具体接触，还是非常受刺激。原来农民的生活水平这么低啊，吃不饱，穿不暖，住的房子不像个房子的样子。真是家徒四壁呀。我真没料到，解放几十年了，不少农村还这么穷！我不能不问自己，这是什么原因？这能算是社会主义吗？人民公社到底有什么问题？为什么农民的积极性都没有啦？当然，人民公社是上了宪法的，我也不能乱说，但我心里已经认定，看来从安徽的实际情况出发，最重要的是怎么调动农民的积极性，否则连肚子也吃不饱，一切无从谈起。①

3个月调查研究结束后，万里主持安徽省委制定了《关于当前农村经济政策几个问题的规定》（简称省委"六条"）。"六条"明确强调要搞好人民公社的经营管理工作；积极地有计划地发展社会主义大农业；减轻生产队和社员的负担；分配要兑现；粮食分配要兼顾国家、集体和个人利益；允许和鼓励社员经营正当的家庭副业。虽然规定中照例写了要维护人民公社"一大二公"，不搞联系产量责任制，逐步实行所有制过渡的条文，但本质上是尊重农民自主权，允许社员根据不同的农活组成作业组，定任务、定质量、定时间、定工分，同时提出因地制宜，合理安排

①　参见中共安徽省委党史研究室编：《安徽农村改革口述史》，中共党史出版社2006年版，第72—73页。

农、林、牧、副、渔；允许和鼓励社员搞家庭副业，他们的产品可以到集市上出售等等。这在当时还没有拨乱反正的情况下，已经非常难能可贵了。

省委"六条"突破"三级核算，队为基础"的老框框，吸收群众的创造，允许生产队下分作业组，以组包产，联系产量计算劳动报酬，简称"联产计酬"，当时为农民家喻户晓。广大农民认为"大锅饭"变小了，手脚也松了松绑，对此特别高兴，全省农村开始出现生机和活力。

1978 年 2 月 3 日，《人民日报》发表了该报农村部副主任姚力文赴安徽调查写的专访《一份省委文件的诞生》，并配评论，赞扬安徽省敢于突破的改革精神。在万里的安排下，安徽省农委写了《认真落实党的农村经济政策》的文章，详细介绍省委"六条"的来龙去脉和主要内容，在《红旗》杂志 1978 年第三期发表，《人民日报》和各地方报纸相继转载，反映强烈。各省、自治区、直辖市纷纷向安徽省委索要这份引人注目的文件，一时轰动全国。

就在实施省委"六条"的第一年——1978 年，安徽遭遇了一场特大旱灾。全省大部分地区十个月未下雨，有 6000 多万亩农田受灾，400 多万人口的地区人畜饮水出现困难，中晚稻大面积绝收。入秋以后，旱情更加严重，皖西还有近千万亩小麦、油菜不能下种。

危急关头，安徽省委果断决定"借地度荒"，搞好秋种。9月 1 日，在省委召开的紧急会议上，万里强调：要全力抗旱，能多收一斤就多收一斤，多收一两就多收一两。保不住收成，一切都是空话！农民很穷，他们手中无钱，就是国家供应返销粮也买不起。这怎么行呢！我们不能眼看着农村大片土地撂荒，那样明年的生活会更困难，与其抛荒，倒不如让农民个人耕种，充分发挥各自的潜力，尽量多种"保命麦"度过灾荒。

经过讨论，省委作出了"借地度荒"的决定：将凡是集体无法耕种的土地，借给社员种麦种菜；鼓励多开荒，谁种谁收；国家不征统购粮，不分配统购任务。这一大胆的决策，极大地调动了广大农民生产自救的积极性，各地区出现了全家男女老幼齐种地的火热景象。他们采取点种、干埋麦种等办法，终于完成了秋种任务。这年 11 月，"天公"作美，下了一场透雨，借地农民普遍获得了好收成。据估计，仅这一项措施，全省就增加秋种面积 1000 多万亩。

如果说省委"六条"是农村改革在体制内的一次"跃动"的话，那么，"借地度荒"则是游走在体制边缘的一记"擦边球"。最初这只是一种临时性的变通办法，但一个"借"字既出口，犹如覆水难收，在广大农村会激起什么样的连锁反应，又将产生什么样的后果，当时的省委是无法预见的。事实上，在"借"地的过程中，一些地方的农民和基层干部突破了旧体制的限制，大胆尝试包产到组、到户，包干到组、到户等做法，直接引发了农村生产经营制度的广泛变革。

中国农村改革的历史，就这样拉开了帷幕。

（二）两种承包责任制在安徽的确立

1978 年 9 月 15 日，肥西县山南区柿树公社黄花大队开会讨论秋种方案，决定采用"四定一奖"办法：定任务（每人承包 1 亩地麦、半亩地油菜）、定上缴（麦子每亩上缴 200 斤，油菜籽每亩上缴 100 斤）、定工分（每亩耕地记 200 个工分）、定成本（每亩地生产成本五元）；超产全奖；减产全赔。当天的会议记录上，写着出席人有区委书记汤茂林和黄花大队党支部、队干部共 26 人。这成为中国农村改革最早的一份承包合同书的样本。

汤茂林用借地之名，"四定一奖"之法，打开了包产到户的口子，万里送给他一个绰号——"汤大胆"。第二天，山南区委通过了在黄花大队进行"四定一奖"试点的决定。17日，黄花大队开始"借地"给社员。全大队1037口人，"借"了1590亩耕地。接着山南区委在黄花大队召开现场会，推广"四定一奖"的做法。"四定一奖"克服了生产上的瞎指挥和分配上的平均主义，实质上就是包产到户。这一办法立刻调动起农民秋种的积极性，生产立见成效。仅一个月时间，山南全区近10万人播种小麦8万余亩，大麦2万亩，油菜近5万亩，总计约15万亩，比上级下达的任务多播种9万亩。第二年旱季，小麦、油菜都获得了大丰收。由此，肥西县山南区在全省乃至全国率先开始大面积实行家庭联产承包责任制。

1978年12月，中共十一届三中全会毅然决定废止"以阶级斗争为纲"的口号，实行"以经济建设为中心"的新方针，还通过了一个加快农业发展的文件（草案），批判了"左"的错误，采取了25条增产措施，并明确指出："一切政策是否符合发展生产力的需要，就是要看它能否调动劳动者的生产积极性。"但是，从思想路线刚刚转轨的历史条件来看，要在农村集体经济制度上彻底纠正"左"的错误，远非一朝一夕可以解决的。十一届三中全会通过的《农村人民公社工作条例（试行草案）》中，就留了一条"尾巴"——"不许分田单干，不许包产到户"。这两个"不许"，对于安徽农村正在兴起的包产到户来说，仍然是个"紧箍咒"。

肥西县山南区柿树公社在借地度荒中悄悄搞了包产到户——消息传到合肥，省直机关有些人强烈反对，指责此举违反中央文件，省委的方向、路线出了问题。万里强调，要理解整个中央文件的精神实质，关键在于调动群众积极性。他让省农委派工作组去考察，专门开常委会讨论，决定把山南作为省里的试点，"不制止，不宣传，不登报"。后来，万里两次亲自去山南区柿树公社考察，表示支持。

　　山南试点，肥西普遍开花，1979 年包产到户就这样势不可挡地推开了。对于安徽农民来说，包产到户早就是轻车熟路。虽经几起几落，只要政策有松动，上面不打压，便会顽强地生长起来。

　　客观地说，这一阶段的包产到户，还不敢直接联产到"户"，形式上还是联到"组"，超产部分直接由农户自己掌握，包产部分仍在作业组内统一分配，没有完全克服平均主义。但各社队都暗中把核算单位"组"进一步划小，直到农民按自己的意愿组成"父子组""兄弟组""岳父女婿组"等，就和包产到"户"只差一层窗户纸没有捅破了。

　　在包产到组的形式下，组内各户总不免磕磕碰碰，生产难于协调。为了解决这个难题，1979 年春，凤阳县梨园公社小岗村 18 户农民又发展到了"包干到户"。这比包产到户更彻底，是完完全全的联产到户，也叫"大包干"。在有些人看来就是"分田单干"。大包干最大的特点是，生产队与每户农民约定，先把该缴给国家的，该留给集体的都固定下来，收获以后剩多剩少都是农民自己的。这个办法彻底克服了平均主义，又简便易行，最受农民欢迎。但在当时的条件下，不论包干到户，还是包产到户，都是"公然挑战集体经济制度的行为"，所以只能秘密地进行，生产队干部和各家农户在黑夜昏暗的马灯下，赌咒发誓不说出去。

　　然而，小岗村"分田单干"的消息还是传到了县里。这时，凤阳县也开始搞责任制，但绝大多数是联产到组，分田单干绝对是"犯天条"的。县委书记陈庭元风风火火前去处理，他了解到小岗村年年吃返销粮，不如分户干多打点粮食，也减少国家的负担，便同意他们干一年试试看，并答应为他们"保密"。直到后来，中央逐渐承认了包产到户，小岗的大包干才风靡起来："大包干，大包干，直来直去不拐弯，缴够国家的，留够集体的，剩下都是自己的"——凤阳农民编的这个顺口溜很快传遍了全国。

从十一届三中全会后农村改革的情况看，贯彻解放思想，实事求是的精神并不是一帆风顺的，最大的阻力是留存在人们头脑中"左"的框框和藩篱。1979 年 3 月 12 日至 24 日，国家农委邀请广东、湖南、四川、江苏、安徽、河北、吉林七省农村工作部门和安徽全椒、广东博罗、四川广汉三县的负责人在北京开座谈会，讨论建立健全农业生产责任制问题。安徽农委副主任周曰礼在会上汇报了一整天，列举了包产到户的做法和诸多好处，结果在会上引起了强烈的反对，争论得非常激烈。多数代表认为，包产到组和分田单干没有区别，表示坚决反对。

座谈会开到第三天，3 月 15 日《人民日报》发表了一篇署名"张浩"的群众来信，批评了包产到组"肯定会削弱和动摇队为基础的组织"，认为"轻易地从队为基础退回去搞分田到组、包产到组，会搞乱干部群众思想，给生产造成危害"。《人民日报》加上编者按语强调，人民公社现在要继续稳定地实行三级所有队为基础的制度，更不能从队为基础退回去。已经出现"分田到组""包产到组"的地方，应当坚决纠正错误做法。

张浩来信和《人民日报》编者按语一发表，立刻引起全国震动。一时间，反对责任制的人们议论蜂起：有的说，"辛辛苦苦几十年，一步退回解放前"。有的说，"先分田后分队，一步一步往后退，一直退到旧社会"。安徽农业生产责任制的改革实验，就像遇到了"倒春寒"，受到来自省内外的严厉指责和巨大压力。刚看到一点包产到户希望的肥西农民，心头又蒙上了一层浓重的阴影。

全国政协原主席李瑞环有个精彩的说法，用在这里很是贴切：许多事情我们可以讲一千个理由、一万个理由，但老百姓吃不上饭，就没有理由。"民以食为天"，"饭"字半边是"食"

字，半边是"反"字，没有食就会反。① 这实在是天底下最简单的道理，可是长期受"左"的束缚头脑僵化的人，就是瞪着眼睛看不见。在中国已经迈开改革开放步伐的历史转变期，这个"反"字，实际上就是广大农民和基层干部对严重脱离农村实际的政策的"逆反""违反"，或者如同 1978 年一份关于某贫困地区的内部报告所尖锐指出的："如果还不对过去的农村政策作出重大调整，农民终究会起来打我们的扁担！"

由贫困和饥饿逼出来的农村改革，在安徽大地上破土而出。联产责任制，无论到户也好，到组也好，犹如一棵幼苗，却并非弱不禁风，因为它蕴藏着强大的生命力。这种生命力来自于广大农民对"责任田"的厚爱，来自于党中央对极左路线的拨乱反正。它屡遭风霜袭击，每当面临生死存亡之际，总能得到省、地、县各级党委主要负责人的扶助，再一次勃发出生机和活力。

面对来自各方面的压力，3 月中旬，安徽省委要求各地不论实行什么样的责任制，都要坚决稳定下来，集中精力搞好春耕生产。同时，广大干部和群众还听到了万里对《人民日报》发表"张浩来信"的态度。他说，不要管他《人民日报》怎么讲，我们该咋办还咋办；我们已经实行的政策不能变。接到这份"代电"，干部有了"主心骨"，群众吃了"定心丸"，肥西的责任制终于经受住了最严峻的考验。

1979 年 9 月，中央召开十一届四中全会。会议通过了《中共中央关于加快农业发展若干问题的决定》。在修改文件时，赵紫阳在有限授权的条件下，把草案中的两个"不许"改为一个"不许"，一个"不要"，即"不许分田单干。除某些副业生产的特殊需要和边远山区、交通不便的单家独户外，也不要包产到户"。

---

① 参见李瑞环：《学哲学用哲学》，中国人民大学出版社 2006 年版，第 273 页。

对包产到户的口气缓和了一些，并允许有某些例外。这就给包产到户从完全不合法变为可允许、可接受，开了一道小小的门缝。①

　　1980 年 1 月，安徽省召开农村工作会议。当时安徽的局面，就像滁县地委书记王郁昭在会上发言讲的：一方面，人民公社"一大二公"的体制经过 20 年的实践，已被证明存在很多弊端，群众对此深感失望和厌倦，强烈要求进行调整，但在政策上尚无这方面的尚方宝剑；另一方面，在党的十一届三中全会以后一年多时间里，群众在实践中摸索出来的多种联产计酬责任制，尤其是包产到户责任制，深受群众欢迎，也最见成效，但政策上尚属"禁区"。尽管如此，在真理标准问题大讨论的鼓舞下，干部群众的思想越来越解放，农村中各种形式的责任制仍如雨后春笋般层出不穷，成为广大农民热烈向往的一种潮流。面对这股滚滚潮流，是固守原来的框框，站在农民群众的对立面，阻止这股潮流，还是顺应民心，积极引导，这是摆在领导干部面前的一个必须回答的重大课题。王郁昭在会上提出：包产到户挺好的，给报个户口吧，承认它也是社会主义责任制的一种形式。

　　1 月 11 日，万里在作大会总结时说，从近两年的实践来看，两种责任制，联系产量的比较优越。包产到户不是我们提出来的，问题是已经有了，孩子已经生下来了，他妈妈挺高兴，哎呀，可解决大问题了，你不给他报户口行吗？包产到户根本不是资本主义，分田单干也不等于资本主义，没有什么可怕。群众已经认可了，我们只能同意、批准，给它报个户口。② 包产到户终于报上了户口，但只是安徽的地方户口。这个消息在省报、省电

---

① 参见吴象：《从两个"不许"到"伟大创造"》，《财经》2008 年第 4 期。

② 中共安徽省委党史研究室编：《安徽农村改革口述史》，中共党史出版社 2006 年版，第 120—121 页。

台发布后，引起全省轰动。

直到这次省农村工作会议上，严格为小岗村保密的陈庭元才向省委"坦白交代"，把一份书面材料交给万里。万里接过材料站在那里就看，也没有问话，一口气看完了。散会后几天就是1980年农历春节，万里踏着残雪去了小岗村。

小岗村实在被"左"的一套折腾得太穷了，太苦了，全村人几乎都讨过饭，还有饿绝了户的。18户人家这才冒着坐牢的风险，搞起了大包干。果然悄悄搞了一年就翻身了。1979年小岗村获得大丰收，粮食产量达到13.2万斤，油料作物产量达3.5万斤。全队粮食征购任务为2800斤，实际向国家交售近2.5万斤。[①] 当年小岗村的粮食人均增幅均为凤阳县之冠，也是全省之冠。小岗人兴高采烈地把花生往万里军大衣的口袋里塞，万里不要，一位老太太笑着说："往年想给也没有！"小岗人要求让他们试上三年，万里回答："我批准你们试五年！"小岗人说："有人打官司要告我们。"万里回答："这个官司我包打了！"

万里刚到安徽时说过：关键是调动农民的积极性，否则连肚子也吃不饱，一切无从谈起。现在他支持的生产责任制已开始大见成效。1980年4月，万里调任国务院副总理，后兼任国家农委主任。包产到户、包干到户的"双包"责任制，从"地方户口"到中央承认，中间还经历了不少反复和曲折。

（三）家庭联产承包责任制在全国推广

1980年4月，中央召开编制长期规划会议。在讨论粮食问题时，国家农委副主任杜润生提出：贫困地区要调那么多粮食救济，交通又不便利，靠农民长途背运，路上就吃了一半多，国家

---

① 中共安徽省委党史研究室编：《中国共产党历史资料丛书——中国新时期农村的变革》安徽卷，中共党史出版社2006年版，第5页。

耗费很大，农民所得不多。建议在贫困地区搞包产到户，让农民自己包生产、包肚子，两头有利。姚依林副总理赞成这个意见。会后，姚依林到邓小平那里去汇报，胡耀邦、万里等在座。邓小平说：我赞成依林同志刚才讲的意见。在农村地广人稀、经济落后、生活穷困的地区，像西北、贵州、云南等省，有的地方可以实行包产到户之类的办法。①

1980 年，"双包"在安徽、四川和全国许多地方都取得进展，也遇到强烈的抵制，形成全国性、群众性的大争论。为此，万里嘱托吴象和张广友，深入安徽采访，撰写了 7000 多字的报道《联系产量责任制好处多》，发表在 4 月 9 日的《人民日报》上。这篇文章运用大量事实，驳斥了国家农委机关刊物《农村工作通讯》给包产到户硬套上的"违反中央文件"和"违反《宪法》"这两顶帽子，在国内外引起普遍关注。此外，在万里的授意下，吴象、张广友还写了长达 22000 字的系列内部报道《安徽省江淮地区农村见闻》。于 5 月 27 日至 30 日在专送中央领导参阅的内刊上连续刊发。这组报道每天早晨即送到邓小平等在京政治局委员手中审阅。

5 月 31 日，邓小平找胡乔木、邓力群谈话，针对认为报刊宣传包产到户"不宜过多，要掌握分寸"的看法，邓小平说：农村政策放宽以后，一些适宜搞包产到户的地方搞了包产到户，效果很好，变化很快。安徽肥西县绝大多数生产队搞了包产到户，增产幅度很大。"凤阳花鼓"中唱的那个凤阳县，绝大多数生产队搞了大包干，也是一年翻身，改变面貌。有的同志担心，这样搞会不会影响集体经济。我看这种担心是不必要的。我们总的方向是发展集体经济。实行包产到户的地方，经济的主体现在也还是

---

① 　参见：《杜润生自述：中国农村体制变革重大决策纪实》，人民出版社 2005 年版，第 114—115 页。

生产队。可以肯定，只要生产发展了，农村的社会分工和商品经济发展了，低水平的集体化就会发展到高水平的集体化，集体经济不巩固的也会巩固起来。关键是发展生产力，要在这方面为集体化的进一步发展创造条件。①

邓小平的谈话，对肥西包产到户、凤阳大包干，都给予明确肯定，这是对"双包"责任制发展的很大支持。根据国务院副总理赵紫阳的建议，六七月间，国家农委组织有关部门的理论工作者和实际工作者分赴全国十几个省进行调查。当时，尽管对包产到户的利弊还存在很多不同看法，但是在长期落后贫困的社队，实施包产到户所产生的良好经济效果，已经是不争的事实。这次大规模的调查结果，对联系产量的责任制，尤其是包产到户做出了初步正面的评价。调查报告中说，实行了包产到户，过去"尖头户站，滑头户看，老实户气得不愿干"的现象没有了，"干到腊月二十九，吃了饺子就动手"的一年到头打疲劳战的现象也没有了。由于工效提高，农民还可以腾出时间发展家庭副业，增加更多的现金收入。

7月，在全国宣传工作会议上，主持中央书记处工作的胡耀邦专门谈到农村政策问题。他明确指出：中央不反对包产到户。我们不要把包产到户同单干混为一谈，即使是单干，也不能把它同资本主义等同起来。说单干就等于资本主义道路，这在理论上是错误的。在我国目前条件下，单干户，也就是个体所有者的农民，已不同于旧社会的小农经济，它同社会主义的公有制经济是密切联系的，它本身没有剥削，在一般情况下，不会发展到资本主义。他还指出："我们前些年搞那个大呼隆，二三十人，三四十人，一起下地，名曰集体劳动，实际是集体窝工、磨洋工，上

---

① 中央文献研究室编：《邓小平年谱（1975—1997）》（上），中央文献出版社 2004 年版，第 641—642 页。

午搞这块地，下午还是搞这块地。这样搞了一二十年，搞得没有饭吃。这种状况再也不能继续下去了啊！"① 胡耀邦的这个讲话，在理论上为包产到户做了很好的辩护，特别是对"单干"与"资本主义道路"的论述，澄清了同包产到户连带在一起的重大理论是非问题。

当时的形势是，从整个农村工作看，基层农民要求改革，并已经行动起来，而上层领导机关基本上还是推行"农业学大寨"那套，对农村改革，特别是对包产到户，抵触情绪还是很大。邓小平谈话后情况有了好转，但还是吵吵嚷嚷，全国性的争论并没有停止，农村改革进展依然艰难。万里对胡耀邦说：中央文件规定"不要包产到户"，我们支持农民的正当要求，会始终被看作"违纪""违法"，这样不行啊！是不是先开一次省委书记会议，大家通通思想。胡耀邦采纳了万里的建议。

9月14日至22日，中央召开有各省、自治区、直辖市党委第一书记参加的包产到户专题座谈会。会上争论很激烈，公开赞成比较突出是辽宁的任仲夷、内蒙古的周惠、贵州的池必卿，多数表示沉默，反对者则提出尖锐的质问，发生了"阳关道与独木桥"之争，双方相持不下。好在包产到户已见成效，有说服力的材料很多。农委副主任杜润生机智地避开"姓社姓资"的问题，为会议准备了充分材料，用大量生动事例证明包产到户是解决温饱问题的最好方法。会议经过讨论，基本上认为包产到户是必要的，至少在贫困地区应作为解决温饱问题的权宜之计或特殊政策，不存在资本主义复辟的危险。

会议通过了《关于进一步加强和完善农业生产责任制的几个问题》的纪要，经中央批准后印发，即1980年75号文件。文件

---

① 胡耀邦：《在中央宣传工作会议上的讲话》，1980年7月11日至12日。

提出："在一般地区，集体经济比较稳定，生产有所发展，现行的生产责任制群众满意或经过改进可以使群众满意的，就不要搞包产到户"，愿意选择家庭承包的也不要硬纠；对那些边远山区和贫困落后的地区，"群众对集体丧失信心，因而要求实行包产到户的，应该支持群众的要求，可以包产到户，也可以包干到户，并在一个较长的时间内保持稳定"。75 号文件是一个妥协的文件，反映了会议争论的结果，同时又是一份承前启后的文件，实际上把十一届三中全会关于推行生产责任制的精神推进了一步。

会后，《人民日报》发表吴象写的《阳关道与独木桥》的长文，阐述了会议的精神，指出在边远山区和贫困落后的地区"实行包产到户，是联系群众，发展生产，解决温饱问题的一种必要的措施。……在生产队领导下实行包产到户，是不会脱离社会主义轨道的，没有什么复辟资本主义的危险，因而并不可怕"。

中央 1980 年 75 号文件对农村改革形势起到了很大的推动作用。正如万里所说：其实，什么叫贫困地区？很难有个标准，你划去吧。最主要是人心所向，大势所趋，谁也挡不住。实际上不管贫困不贫困，都呼呼地搞起包产到户来了。从这里可以看到，人民群众的积极性是非常重要的。共产党的领导，没有群众观点，不了解群众的真正意愿，不尊重群众的要求，是不行的。① 到 1980 年底，安徽实行双包到户的生产队，占全省生产队总数的 66.88%；内蒙古、贵州、甘肃等省区，以及河南、山东、广东、河北的贫困落后地区，也普遍实行了双包到户。全国其他省、区都普遍实行了各种形式的联产承包责任制。农村改革的推进，促进了农业生产的发展。这一年，一些历史上著名的贫困地

---

① 中共安徽省委党史研究室编：《安徽农村改革口述史》，中共党史出版社 2006 年版，第 83 页。

区，农业生产成倍增长，解决了多年没有解决的温饱问题。

可是，围绕包产到户的争论并没有因为 75 号文件的发出而消失。1981 年春，少数省、地区的领导干部仍坚持反对包产到户，用种种办法阻挠群众实施包产到户，有的还派出工作队到农村硬纠强扭；或者由公开"顶牛"，变成了"放羊"、撒手不管。这种状况显然不利于方兴未艾的农村改革。

万里分管农业后，农业部门的一些领导人，仍认为包产到户破坏了集体经济，阻碍了农业机械化、水利化，思想很不通。1981 年 3 月 11 日，万里在农业部党组会议上作了《清除"左"的影响，做农村改革的促进派》的讲话。万里强调：农业上"左"的问题不肃清，农业就没有办法搞好。他要求农业部必须转变思想，不能自己搞一套。不解决这个问题，就无法工作。他批评一些同志不是从党和人民的关系这个战略高度上去考虑问题，不去想想搞了 30 年，农民连吃饱肚子的问题也解决不了，现在刚刚有希望解决，却想不通，忧心忡忡。他们脑子里只有抽象的农民，哪怕农民饿肚子也不理。万里指出：瞎指挥，农民现在不听了。怎么领导，农委、农业部要从大的方面考虑一下。一个根本的问题是怎样使农民富裕起来。最后，他建议农业部门的领导要深入实际，到农村去看看。凭老经验、凭主观想象，在北京城里论长说短，这不行，要亲自到下边去看看，做点调查研究，否则思想认识很难统一。

这次讲话后，在国家农委的统一组织下，由国家农委和农业部、农垦部、社会科学院农业经济研究所等部门组成了 17 个调查组，分赴 15 个省、区，选择各种不同类型的地区进行调查。参加调查组的有国家农委和农口各部的一些副主任、部长、副部长等领导干部，以及有关方面的技术人员共 140 多人。调查重点是农业生产的联产计酬责任制和多种经营问题。调查组深入到农业生产第一线，通过召开座谈会、走门串户、田头谈心等各种形式，深入调查研究，获得大量第一手材料，写出了上百篇调查报告。

6月下旬，国家农委连续召开了三次会议，听取情况汇报。各调查组在汇报中，谈到的一个共同感受是：当前农村形势之好是多年来没有过的；特别是那些长期贫困落后的地区，面貌变化之快，形势之好，是出乎人们预料的。各调查组热情称赞联产计酬生产责任制是一项好政策，对调动广大农民群众生产积极性发挥了巨大作用。汇报中还普遍认为，各地应采用哪一种生产责任制，领导机关不要作硬性规定，应从实际出发，因地制宜，适合哪种形式就采用哪种形式；应把选择责任制的权力真正交给群众，尊重群众自主权，由群众自己决定，不能搞包办代替，更不应当搞瞎指挥。

在汇报中还谈道，由于思想不稳定，实行包产到户和大包干地方的群众，普遍存在着"捞一把，是一把"的思想。对土地掠夺式的使用，不作长期打算，不愿在农田基本建设上下功夫。这对进一步发展生产很不利。从这一角度出发，一些人建议中央下个文件，给群众吃个"定心丸"，这对发展生产是十分有利的，也是十分必要的。

1981年夏秋，全国自上到下都要求中央给农民吃个"定心丸"。为了解决农村工作中出现的新问题，万里责成中共中央政策研究室主任、国务院农村发展研究中心主任杜润生，主持起草文件，筹备召开一个全国性农村工作会议。

10月5日至21日，全国农村工作会议在北京召开。会议总结交流了十一届三中全会以来调整农村政策，进行农村经济体制改革的经验。会议强调，要加强对各种形式农业生产责任制的领导，思想要解放，步子要稳妥，要从实际情况出发，尊重群众的意愿，按照发展生产和提高经济效益的需要，宜统则统，宜包则包，因地制宜，分类指导。会议提出了两个"长期不变"，即坚持责任制长期不变，坚持集体化方向长期不变。

会议结束之后，形成了一份《全国农村工作会议纪要》，共分五个部分 25 条。纪要中指出：全国农村已有 90% 以上的生产队建立了不同形式的农业生产责任制；大规模的变动已经过去，现在，已经转入了总结、完善、稳定阶段。同时，鲜明地指出："目前实行的各种责任制，包括小段包干定额计酬，专业承包联产计酬，联产到劳，包产到户、到组，包干到户、到组，等等，都是社会主义集体经济的生产责任制。不论采取什么形式，只要群众不要求改变，就不要变动。"

1982 年 1 月 1 日，中央将这份纪要作为 1 号文件发出。至此，中央终于给双包到户正了名，关于双包到户姓"社"还是姓"资"的大辩论也画上了句号。

到 1982 年 6 月，全国农村实行"双包"的生产队已达到 71.9%，其中实行包干到户的占生产队总数的 67%，几乎完全取代了包产到户，已经成为农业生产责任制的主流。1982 年 9 月举行的中共十二大进一步充分肯定了以"双包"为主的农村家庭承包制。1982 年秋，全国农业生产跃上新的台阶，"双包"再次显示了自己的威力。

1983 年中央 1 号文件，第一次把以"双包"为主的各种农业生产责任制，统称为"家庭联产承包责任制"，确认家庭联产承包责任制是"我国农民伟大的创造"，是马克思主义农业合作化理论在中国实践中的新发展。文件规定土地承包期 15 年不变，农民称之为"长效定心丸"。

1983 年春，最后一个拒"双包"于门外，观望达四年之久的黑龙江省，还有个别坚持与包产到户比高下的地、县，也为"双包"敞开大门。当年，以"双包"为主的家庭承包制就达到黑龙江全省生产队总数的 85%。1983 年，黑龙江省农业总产值超过 100 亿元，粮食总产量超过 300 亿斤，人均收入超过 300 元，一举突破了全省为之奋斗多年而没有实现的三大目标。这个自恃土地辽阔、农田肥沃平坦、机械化水平高的省份不得不为此折服。随后，"双包"又进入黑龙江的大部分国营农场。1983年，全国农村双包到户的比重已达到95%以上，其中绝大多数实行包干到户。

1983年以后，以大包干为主的联产承包责任制，迅速向农村非种植领域扩展，在短短的一年多时间里，就囊括了农村经济包括林、牧、渔、副、工业等几乎所有领域，承包制使这些产业起死回生，迅猛发展，兴旺发达。1984年以后，在农业总产值中，非种植业所占比重逐渐超过种植业直线上升；在农村社会总产值中，工、商、运输、建筑等非农产业所占比重开始超过农业扶摇直上，并成为农村经济的台柱子。如果说，种植业实行承包责任制解决了农民的温饱，那么，农业中的非种植业、农村经济中的非农产业实行以大包干为主的各种承包责任制，加上国家经济的开放政策，则使农民开始走向富裕之路。

二、城市扩大企业自主权的试点

在农村实行联产承包责任制改革的同时，城市的经济体制改革也开始起步。农村改革的初期主要还是解决经营权问题，并非重点解决体制问题，而真正从体制上进行改革还是从城市开始的。城市改革在以经济调整为中心的同时就已起步，不过，由于城市经济体制改革是一件关系到国民经济全局的大事，涉及方方面面，工作远比农村改革艰难得多。因此，在1984年10月以前，城市经济体制改革一直处在试点和探索时期。

（一）企业改革突破口的初步确定

1978 年以前，中国是一个相当封闭自守的经济体，与世界经济体系几乎"绝缘"。高度集中的经济列车在运行了 20 多年后，终于在 20 世纪 70 年代末陷入了空前的泥淖。从 1958 年到 1978 年，20 年间中国城镇居民人均收入增长不到 4 元，农民则不到 2.6 元，全社会的物资供应全面紧缺，企业已失去了生机和活力。

实际上，中央政府进行企业管理体制改革的试点工作一直都在进行中。正如李先念在 1978 年国务院务虚会上说的那样，在过去二十多年中，中国已经不止一次地改革经济体制，但是往往从行政权力的转移着眼多，往往在放了收、收了放的老套中循环，因而改革结果也往往不能符合经济发展的最大利益。因此，紧迫的任务是探索改革的新手段和新方法。

十一届三中全会以后，中国再次启动的企业改革，是以国有企业为主体，以放权让利为主要内容的改革，是由传统的计划经济体制向有计划的商品经济体制过渡，逐渐引入市场机制在资源配置中的调节作用的改革。

当时，国家管理企业主要是通过计划体制和财政收入这两大渠道。在计划经济下，企业运行僵化，供需严重脱节，效率低下，国家不得不以数倍的投资来换取企业并不看好的利润回报，如此循环往复，加剧了财政困难。改革势在必行。

1978 年 10 月，重庆钢铁公司等六家四川省地方国营工业企业率先进行"扩大企业自主权"试点。后来以减税、让利、扩权为核心的扩大企业自主权改革在全国展开，开启了新时期中国企业体制改革之路。后来的实践证明，扩大企业自主权改革也许未必是 30 年企业改革中最关键的时刻，但是，这个改革路向，却在传统计划经济体制上打开了一个缺口。

1978 年 2 月 1 日，邓小平出国访问，途经成都做短暂停留。

在听取四川省委汇报工作时，他指出：有些问题是共同的。农村和城市都有个政策问题。我在广东听说，有些地方养三只鸭子就是社会主义，养五只鸭子就是资本主义，怪得很！农民一点回旋余地没有，怎么能行？农村政策、城市政策，中央要清理，各地也要清理一下，零碎地解决不行，要统一考虑。自己范围内能解决的，先解决一些，总要给地方一些机动。

邓小平还指出：真正解决下乡知识青年问题，归根到底是城市工业发展。重工业发展以后，是不是开辟一些就业门路，比如轻工业、服务行业，都可以用一些人。资本主义国家服务行业可以用很多人，我们用的人很少。又比如发展旅游事业，可以用很多人。对多余人员的出路要多想些办法，只能靠自己多开辟门路。全国都要研究有什么门路容纳这些劳动力的问题。工厂里要培养科技人员。资本主义发达国家，科技人员和工人的比例开始为一比八，后来科学技术发展了，倒过来为八比一。我曾经讲过，可能有两个问题拖我们的后腿。一是农业，搞粮食可不容易；二是工业管理水平，我们不会管理。①

按照邓小平的指示精神，四川省委、省革委很快制定出台了12条政策。其做法是对"文化大革命"以前那些经过实践检验，确实有利于促进生产力发展，有利于改进人民生活的政策、规章、制度加以恢复；对一些不符合这个原则的，进行分析总结，加以改正；其内容主要是加强劳动纪律、严格财务管理制度、积极兴办社队企业等。新政策符合四川省情、有利于社会稳定和经济发展，受到群众欢迎。四川较快实现了社会的安定团结，并在工业企业开展了以提高劳动生产率、增产节约和扭亏增盈为主要内容的全面治理整顿。在治理整顿中，许多企业从实际出发，抓

---

① 中央文献研究室编：《邓小平年谱（1975—1997）》（上），中央文献出版社 2004 年版，第 261—262 页。

住扭亏增盈这一关键问题，充分发动群众，集中力量解决产品质量、原材料消耗、设备完好率、劳动生产率等方面存在的问题，取得了良好的效果，工业生产得到较快的恢复和发展。

随着国民经济的恢复和进一步发展，传统的高度集中的计划经济体制不能适应社会生产力特别是现代工业经济发展客观要求的弊病日益暴露出来。其主要问题，一是政企职责不分和严重的条块分割；二是主要用行政手段管理企业，国家和上级行政部门对企业管理过细，统得过死，使企业因缺乏生产管理上的自主权和独立经营权，劳动生产率与经济效益难以提高；三是在不合理的计划经济管理体制下，企业成了一个无所不包的"小社会"，既要承办商、学、兵、农各业，又要负责职工及家属子女的生、养、教、病、葬，还要消化日益增多的编外人员和待业人员等等。这些旧体制的弊端虽带有普遍性，但在四川表现得更为突出、更尖锐。1978 年，四川工业经济发展形势很好，但由于国家计划在产品销售和原材料供应等多方面的刚性约束，许多企业生产任务不饱和，原材料缺乏，严重地阻碍了企业生产能力和积极性、主动性的充分发挥。

在当时的形势下，为了保证四川工业经济能够得到持续稳定的增长，保护企业的生产经营积极性和主动性，四川省委主动向中央反映四川工业生产能力过剩、吃不饱的实际情况，向国家计委、经委和有关部门要政策、要生产指标、要原料和材料。1978 年 6 月，国家计委派人到四川调查研究后，"认为四川生产发展了，生产能力有，材料缺乏"。8 月 29 日，四川省委又专门派人到中央汇报工作，国家计委、国家经委等有关部门专门开会研究，同意为四川创造条件，解决生产任务和煤、电、气不足等问题。这次会议的召开，为四川省率先在全国进行工业体制改革的探索和试点提供了契机。

在开始酝酿改革方案时，四川省对经济体制改革究竟从何入手，曾有过各种不同的主张。有的同志主张从改革计划体制入手，有的人主张从改革分配制度入手，还有的主张从组织专业化协作入手，等等。归纳起来，不外乎两种思路：一种是自下而上，从企业改革入手；另一种是自上而下，从政府的经济管理体制改革入手。为此，赵紫阳多次深入基层调研，与工业企业的干部职工和专家、学者一起研究讨论，形成了一条比较明确的思路：改革的目的就是要解放生产力，而生产力的源泉在企业；要解放整个社会的生产力，首先就要解放企业的生产力；而解放企业生产力，必然涉及改革政府管理企业的各种体制和规章制度；随着企业改革的不断深化，又会反过来推动政府经济管理体制的改革。

在确定改革从企业入手后，还必须找到具体的切入点，真正地激发和调动企业的生产经营积极性与活力。在多次开会进行专题研究后，四川省委认为：搞工业现代化，引进一些外国的先进技术和设备，国家投资新建一些现代化的企业，是完全必要的。但是，主要的立足点还是必须放到加快现有企业的现代化建设与改造上。现有企业，是四川省实现工业现代化的主要基地，是继续前进的出发点。四川的工业，经过近 30 年的建设，特别是三线建设，已具有一定的基础，发展潜力较大，主要的问题是在管理水平、技术水平和生产水平上，落后于先进省市。要加快现有企业的现代化建设，有许多问题需要解决，但其中最重要、最突出的一个问题，就是如何发挥企业的生产经营积极性和主动性，使企业的干部、工程技术人员和工人都关心企业经营业绩的好坏。

但是，现行的计划经济管理体制，却把企业的手脚捆得很紧。比如，有不少的工厂只要稍加技术改造，就能大幅度提高生产，但企业领导人却连批准盖一个 20 平方米厕所的权力都没有。不少企业明知挖潜、革新、技术改造大有文章可做，对国家有利、对企业也有利，但由于传统计划经济体制的刚性约束，使企业好像是"水牛掉在井里头，有劲使不上"，显得既无奈又无能为力；再加上企业经营管理与业绩的好坏，又不与职工个人的利益挂钩，干多干少一个样，干好干坏一个样，从而严重影响了职工的积极性，束缚企业生产力的发展。四川省委的这些分析，实际上反映了当时全国企业的现状。

（二）扩大企业自主权试点开始

通过广泛征求意见，深入调查研究，四川省委、省政府结合四川的实际情况，选择了扩大企业自主权作为工业体制改革的突破口，来摸索逐步改革城市企业经济管理体制的经验。企业扩大自主权，是针对当时中国高度集中的计划经济体制而提出的，拿财政部的话来说叫做"放权让利"，这不仅是一项重要的企业改革的内容，而且是当时经济战线上影响很大的拨乱反正工作。四川省委认识到："体制改革，涉及面广，需要在中央的统一部署下进行"，但是"我们不能等，要发挥地方的主动性，可以在地方企业中先进行一些改革的试验，为改革整个经济管理体制做好准备"。[1]

1978 年，四川省委在重庆召开常委扩大会议，决定先在部分企业试点进行奖励和计件工资制度的改革，并确立了几条原则。经过地区和省主管局批准，参加试点的企业共有 218 个（包括商业、理发行业等），其中地、县企业 160 个，省属企业 58 个。在这批试点企业中，试行奖励的 213 个，试行计件的 5 个，绝大部分已经评发了 1~3 个月的奖金。其中，将附加工资包括在内进行奖励试点的 128 个，占奖励试点单位的 60%；附加工资不动，

---

[1] 《四川省扩大企业自主权试点情况的汇报》（1979 年全国工业交通增产节约会议典型材料），四川省档案馆藏省经委文件。

另提奖金进行试点的 85 个，占 40%。

这次改革试点的总体效果很好，对完成和超额完成国家计划起了积极的作用。参加试点的绝大部分企业，产量大幅上升，产品质量也显著提高，原材料消耗明显减少，成本降低，利润增加，干部职工的出勤率大幅提高，愿意到第一线工作的人增多了。比如，成都市参加试点的 32 个企业中，有 30 个企业全面超额完成国家计划，其中有 28 个企业分别在产量、质量、消耗和利润等主要指标上创造了历史最好水平，有 10 个企业 1978 年 5 月底就实现了企业产品任务和利润指标"双过半"。成都量具刃具厂 1978 年 5 月份创造了历史最高月产水平，实现利润 85 万元，同 4 月份比较，产值增长 27.5%，利润增长了 20%，全员劳动生产率提高 27.7%，质量提高 3%，千元产值成本降低 7%，节约挖潜成绩显著，锻工车间仅利用废旧料头生产价值 3.6 万多元，超过全厂 3.4 万元的奖金总额。重庆市参加试点的 16 个工交企业中，有 15 个企业都超额完成国家计划，其中有 8 个企业的产量超过历史的最好水平，有 6 个企业 1978 年 5 月底前已实现产量和利润"双过半"。①

参加奖励和计件工资改革试点的企业和管理部门尝到了甜头后，都迫切要求进一步改革现行管理体制，给企业更大的自主权。为此，1978 年 9 月前后，四川省委分管工业的书记杜星垣带领省委和省政府、省经委、省机械局的干部到宁江机床厂调研，与干部、工人进行座谈。他说："我是来解放思想的，把生产搞上去，你们要些什么条件？"他提出，要在企业中"松松五花大绑"，要解放思想，要用创新精神来改变企业的状况。厂长刘伦宝和党委书记赵传仁听后，一口气提出 12 条要求，其中一条是

---

① 《省劳动局李满盈同志在全省奖励和计件工资制度试点工作座谈会上的讲话提纲》，1978 年 7 月 13 日，四川省档案馆藏省经委文件。

"让机电产品产需直接见面，改变物资部门对生产资料统购统配的管理体制"。杜星垣书记答应回去研究，尽快给予答复。①

1978年10月，四川省委、省政府确定先在宁江机床厂、重庆钢铁公司、成都无缝钢管厂、四川化工厂、新都县氮肥厂和南充丝绸厂六个具有行业代表性的工业企业中，进行扩大自主权的探索性改革试点。由于扩大企业自主权是个新课题，应当扩大哪些权，扩大到什么程度，以及企业如何正确运用这些权力等，都缺乏经验，在试点过程中，四川省委提出，关键是必须明确指导思想，就是态度要积极，步子要稳妥，工作要做细，边前进，边摸索，及时总结经验，逐步完善规章制度。

虽然当时对企业如何改革尚未提出具体办法，但省委、省政府目的是明确的，就是要通过扩大企业自主权的改革，调动企业和职工的积极性，进一步解放生产力，逐步克服"吃大锅饭"和平均主义的弊病；真正确立企业相对独立的经济实体和广大职工当家作主的地位；发挥现有企业的作用，产品质量要提高，品种花色要增加，工艺装备要改进，科研、技术要创新，经营管理要向科学化努力，以加速企业的现代化进程。在实际工作中，强调扩大自主权的试点必须和增产节约运动结合起来。试点工作一般都是从发动企业职工讨论增产节约计划入手，确定增产增收目标，并宣布在年终完成任务后，在增产增收、保证国家多得的前提下，企业可以留下一定的利润，职工可以得到一定的奖金。试点企业的干部和职工对扩权改革工作非常拥护，生产积极性很高，在短短三个月时间中，就收到了较好的效果，利润普遍获得较大的增长。这次试点，尽管办法还很不完善，范围还较小，但这是新时期最早的城市经济和企业体制改革的尝试，它为后来进

———————

① 《从宁江机床厂扩权前后三年的对比看企业扩权和改革的必要性》，1981年，宁江机床厂档案室存。

一步深入工业经济体制改革开了一个好头。

1978年12月，十一届三中全会确定把党和国家工作重心转移到社会主义现代化建设上来，同时强调了推进经济体制改革的重要性和必要性。会议指出："现在我国经济管理体制的一个严重缺点是权力过于集中，应该有领导地大胆下放，让地方和工农业企业在国家统一计划的指导下有更多的经营管理自主权。"这对于四川率先进行以扩大企业自主权为主要内容的工业经济管理制度改革试点，是很大的鼓励和肯定。

1979年2月，四川省委、省政府在总结6个试点企业经验的基础上，经过反复酝酿和讨论，制定了《四川省关于扩大企业自主权，加快生产建设步伐的试点意见》（简称"十四条"改革意见）。这是省委贯彻十一届三中全会关于改革开放和工作重点向经济建设转移的主要举措之一。

"十四条"的核心内容是"放权让利"。按照"十四条"规定，试点企业有了计划外生产权，即在全面完成国家下达的生产计划的前提下，企业可以按照国内外市场和出口需要，自行组织生产和来料加工，增产增收；有了部分产品的自主销售权，可以自主销售商业、物资、供销等部门不收购的产品和试销新产品；有了多提留固定资产的折旧权，即试点企业提留比例，由原来的40%提高到60%，而且企业用更新设备和技术改造资金搞新技术、新工艺和新设备所取得的利润，两年内留作企业基金；企业还有权根据完成各项经济技术指标的情况，按年工资总额和计划利润额提留一定比例的奖金和企业基金（奖励基金提取工资总额的8%~12%，企业基金提取3%~5%，超计划利润提取20%~25%）；企业还可以自由向社会招收工人，推行劳动生产合同制。"十四条"的实施，进一步扩大了企业的自主权，更好地把企业的责、权、利结合起来，把国家、集体、个人三者的利益结合起来，进一步调动了企业和职工的生产经营积极性。

　　与此同时，省委、省政府还决定扩大试点范围，于 1979 年内在 100 个工业企业和 40 个商业企业（加上市地州属以上试点企业共 318 户）中贯彻"十四条"。这主要是考虑到四川工业门类齐全，企业类型复杂多样，原先仅仅选择两家冶金企业、两家化工企业、一个机械企业与一个纺织企业来探索全省工业经济体制的改革，无论在广度和深度上都显得很不够。这些新参加试点的企业，在规模上有大型和中型企业，也有小型的企业；既有生产经营效益比较好的企业，也选择了部分经营效益一般和比较差的企业。但省委、省政府明确规定，凡是参加"十四条"改革试点的企业，必须是经过整顿，领导班子比较健全，生产秩序和管理工作已经走入正常的企业；并要求这些企业做到不试则已，一试就要试出效果来。

　　为了保证试点改革工作的顺利开展，省委还由杜星垣书记先后在成都、重庆、自贡、渡口（今攀枝花市）分四个片区主持召开了试点企业座谈会。会上，试点企业互相介绍和交流了经验，讨论了如何实现工作重点的转移，如何通过改革实现用经济手段管理企业，搞好增产节约，加速技术改造等问题，并对试点工作做了具体部署。为了帮助企业明确改革的目标和方向，省委一再强调：扩大企业自主权，是为企业提供一定的经济动力和手段，要把权力与责任结合起来，权力大，责任重。搞扩大企业权力试点的目的，是使企业尽快转移到现代化建设上来。引进现代化的设备并不一定就成为现代化的企业，企业管理水平不现代化也是不行的。要按经济规律办事，奖金是扩大权力的一方面，不是全部；要使国家、地方、集体、个人的利益紧密结合起来，各个行业都存在着转变思想的问题。[①]

---

　　① 《四川省扩大企业自主权试点情况的汇报》（1979 年全国工业交通增产节约会议典型材料），四川省档案馆藏省经委文件。

"十四条"试行一年，参加改革试点的企业呈现出前所未有的生产经营积极性、主动性与活力，取得了比预期还好的效果。一是生产发展，利润增加。到1979年底，全省100个工业试点企业中，有84个地方工业企业都取得了较好成绩。与1978年相比，总产值增长14.9%，利润增长33%，上缴利润增长24.2%，普遍高于非试点企业。二是产品质量显著提高。机械工业系统的21个试点企业，1979年一季度产品质量全部合格。参加试点的内江棉纺织厂棉布入库一等品率，由上年的88.7%提高到99%，跃居全省第一。三是加快了技术改造的步伐。许多试点企业利用扩大企业自主权获得的资金和银行的部分贷款，有计划地进行技术改造，扩大了生产能力。被列为试点企业之一的重庆第二针织厂，以前纺织部调给80台织袜机，由于没有资金，拿不回来。试点后，他们利用企业基金买回20台，投产一个月，就收回了20台设备的投资。成都量具刃具厂扩权一年，面貌大变。1979年是该厂1958建厂以来各项指标完成最好的一年，产量完成2122.3万件，比国家计划超额29%，比1978年增长26.9%。全年利润足额上缴，改变了历年欠交国家利税的现象。该厂还利用企业留成资金修建了职工宿舍14000平方米，改善了职工的住房条件。①

总的来看，十一届三中全会前后，四川在全国率先进行城市经济和企业体制改革取得显著成绩，起到很好的示范作用。1980年4月赵紫阳调任国务院副总理，1981年6月接替华国锋出任国务院总理。

---

① 《国务院副总理康世恩在全国工业交通增产节约工作会议上的讲话》（1979年全国工业交通增产节约会议典型材料），四川省档案馆藏省经委文件。

（三）扩大企业自主权推向全国

从全国的情况来看，从十一届三中全会做出解放思想、改革开放和以经济建设为中心任务的决策后，国家经委就开始酝酿进行以扩大企业自主权为主要内容的工业企业经济体制改革，并在广泛调研的基础上形成了一个"扩权十条"的建议。但是，正如时任国家经委主任的袁宝华回忆中所说："什么叫自主权？很重要的就是个'自主钱'，（让）企业能有点钱。"① 所以在开始进行企业扩大自主权改革试点的时候，就遇到一个比较尖锐的、也是阻力最大的问题，就是扩大了企业的自主权以后，会不会影响国家的财政收入？事实上，一直等到1979年4月，中央工作会议才原则上同意了"扩权十条"。

当年7月，在成都召开的全国工交工作会议上，国务院正式提出了企业扩大自主权的五个文件，即：《关于扩大国营工业企业经营管理自主权的若干规定》《关于国营企业实行利润留成的规定》《关于开征国营工业企业固定资产税的暂行规定》《关于提高国营工业企业固定资产折旧率和改进折旧率使用办法的暂行规定》《关于国营工业企业实行流动资金全额信贷的暂行规定》。在这次会上，四川的代表介绍了四川省100个企业扩权试点的经验，用事实说明，进行扩大企业自主权的改革，放权让利给企业，既能激发企业的生产经营积极性，解放企业的生产力，又能够通过企业经济的发展，增加国家的财政收入。康世恩副总理在大会的总结讲话中，对四川在扩大企业自主权改革试点方面进行的实践，进行了充分肯定。他说："四川经验的意义，主要就在于他们把经济责任、经济效果、经济利益结合起来了，把国家、

---

① 　袁宝华：《扩权让利：国有企业改革的突破口》，《百年潮》2003年第8期。

企业和个人三者的利益结合起来了，进一步调动了广大群众和企业的积极性。大家认为，这是工交战线为改革企业管理体制跨出了可喜的一步。"①。

1979年10月4日至10日，在中央召开的省、自治区、直辖市第一书记座谈会上，李先念明确指出，扩大企业自主权改革的试点是成功的，1980年试点一千多个企业，约占工业总产值的30%。总的杠子就是四川的办法。试点的企业，创汇要多，国家收入要比1979年增加，要完成国家任务。生产发展了，利润增加了，企业、个人要得点，地方要得点，中央要得的更多。② 而到1979年底，试点企业已扩大到4200个，1980年又发展到6000个，约占全国预算内工业企业数的16%，产值的60%，利润的70%。

1981年和1982年在工交企业实行的经济责任制，以及从1983年开始试行的利改税试点，也都是以扩大企业自主权为国有企业改革的指导思想的。1984年5月国务院颁发了《关于进一步扩大国营工业企业自主权的暂行规定》，规定扩大企业10项自主权。1985年9月，国务院又批转了国家经委、国家体改委制定的《关于增强大中型国营工业企业活力若干问题的暂行规定》的通知，通知做出了十四条规定，要求继续扩大企业自主权。

中国从20世纪50年代后期开始的企业改革，主要是在中央和地方权限的划分上做文章，1978年开始的改革则把重点放在调整国家与企业关系上，着眼于调动企业和职工的积极性主动性。

----

① 《国务院副总理康世恩在全国工业交通增产节约工作会议上的讲话》（1979年全国工业交通增产节约会议典型材料），四川省档案馆藏省经委文件。

② 李先念：《在中央召开的省、市、自治区第一书记座谈会结束会上的讲话》（1979年10月10日）。

因此，以"放权让利"为核心的改革思路，比过去的国营企业改革是一个很大的进步。通过这一阶段的改革，企业有了一定的生产自主权，开始成为独立的利益主体，企业和职工的积极性都有所提高，并在传统计划经济体制上打开了缺口。在一些改革搞得好的企业，这种积极作用更为明显。例如首都钢铁公司通过改革使企业有了自主权，增加了留利，改进了管理，提高了经济效益。1979 至 1981 年和改革前的 1978 年比较，首钢利润净额平均每年增长 45.32%，上缴利润和税金平均每年增长了 27.91%，企业留利和职工收入都有较大的增加。

由于扩大企业自主权的改革，是在计划经济的框框下进行的，没有也不可能动摇计划经济体制的基础。中国的营有企业历来被称之为企业，但从来不是主要以利润为目标，自主经营、自负盈亏的商品生产者和经营者。其本质上是目标多元化的具有经济属性的政治组织，实行的是上级个人满意制和上级组织交代制，所以长期追求的主要不是经济效益而是政治效益。例如，1979 年 7 月国务院在《关于扩大国营工业企业经营管理自主权的若干规定》中，第一条就提出，企业必须保证完成国家下达的各项经济计划，这个计划指的是指令性计划。1981 年 11 月国务院批转的《关于实行工业生产经营责任制若干问题的暂行规定》中，又明确要求"实行经济责任制的单位，必须保证全面完成国家计划，按社会需求生产，不能利大大干，利小不干"。这都表明这一阶段的改革只是改善计划经济的管理方式，而不是改变计划经济体制。文件中一般也不提企业应该"自主经营"，而只提"适当扩大企业的自主权"。

虽然学术界早有人提出国营企业应该可以"自负盈亏"，但是在计划经济框框内扩大企业自主权是很难做到这一点的。即使是实行"适当扩大企业自主权"，也因主管部门不愿真正放权而困难重重，有关政策常常难以完全落实。中国社科院工业经济所

1984 年 8 月给国务院的一份研究报告中说：目前大企业组织生产经营活动中存在着很大困难，如指令性计划比重大，指标下的次数多，变化多，层层加码，行政管理方面婆婆多，干预多，摊派和罚款也给企业造成很大负担，等等。

为了解决扩大企业自主权改革中遇到的问题，1981 年 5 月 20 日，国家经委、体改委、计委、财政部、商业部、外贸部、物资总局、劳动总局、物价总局、人民银行下发《贯彻落实国务院扩权文件，巩固提高扩权工作的具体实施暂行办法》，针对扩权企业只是主要实行了利润留成，其他改革内容还不落实的情况，强调政府各企业管理部门要在企业计划、产品销售、价格、企业机构设置、减少企业额外负担等各个方面，做好协调配合工作，为企业改革创造好的条件，把应该扩大给企业的自主权进一步落实，使各项改革能够同步配套进行。

也在这一年，在努力突破扩权改革困境的过程中，首都钢铁公司首创了"上缴利润包干"制，开始了承包经营责任制改革的探索。当年便取得增产增收的好成绩，完成上缴利润 2.7 亿元，企业留利 5749 万元，比 1980 年增加近 300 万元。

1982 年 4 月 10 日，首钢向北京市委、市政府报送了《关于确定首钢上缴利润包干指标的请示报告》，建议从 1982 年起，在 1981 年上缴利润 2.7 亿元的基础上，实行滚动包干，上缴利润率每年递增 5%，多创的利润全部留给企业。这是首钢第一次正式提出上缴利润递增包干的设想。

4 月 14 日，由中国社会科学院蒋一苇和四川省社科院林凌两位学者根据对首钢的实地考察所写《从首钢看体制改革问题》的材料，报送中国社会科学院院长马洪并国务院总理赵紫阳，建议中央批准首钢进一步试点，实行上缴利润递增包干。主要办法是：

第一，以 1981 年企业上缴利润指标为包干基数，每年递增

5%，10 年到 15 年不变，10 年后即 1991 年企业的上缴利润，可由 1981 年的 26810 万元增加到 43980 万元，增长 163%。如果企业上缴利润递增小于 5%，企业必须按规定缴足 43980 万元，如此，企业留利就会相应减少；如果企业上缴利润递增大于 5%，企业留利就会相应增加。

第二，根据企业的具体情况，规定企业留利的使用方向和比例。经过讨论测算，首钢提出的方向和比例是 60% 用于技术改造和扩大再生产；20% 用于集体福利，主要用于职工住宅建设；20% 用于奖励和日常的福利费用。

第三，奖金与上缴利润递增率挂钩。如果上缴利润递增率达不到 5%，职工奖金水平不变；如果连递增基数也达不到，则停发奖金；如果达到或超过 5%，每增 2% 可多发 0.1 个月的标准工资作为奖励。

第四，利用利润留成提取的奖励基金调整部分职工工资，实行内部工资制。具体办法是：在严格考核的基础上，对确实达到上一级技术标准并圆满完成岗位责任的职工，由企业予以"升级"；如果第二年完不成任务，就取消升级；连续三年保持合格的，再把级定下来；调出首钢的人员不带所升工资。

4 月 19 日，马洪写信给赵紫阳，建议批准在首钢实行上缴利润递增包干试点。并指出，上缴利润递增包干改革，涉及国家管理企业的一些根本制度，光靠企业是无法实施的，需要企业和国家有关部门共同推进才能取得效果。4 月 23 日，赵紫阳批示："印国务院常务会议参阅。发体改委、经委、计委、经济中心。同意按文中意见在首钢试点（最好上缴利润率再高一点）。"8 月 3 日批示："首钢按原定方案试点（上缴利润递增 6%）。"4 月 27 日，国务院办公厅发通知给体改委等四单位要求认真阅办。

首钢试点一展开，就采取了几条重大举措。这些举措直接涉及职工的长远和切身利益，全体职工劳动热情空前高涨，生产水平节节上升，在全国引起强烈反响，各地纷纷要求学习首钢经验，实行上缴利润增长包干制。国家经委从当时的实际出发，适时选择了二汽、佳木斯造纸厂等六家大企业在全国试点，更多的企业则学习推广首钢责任制的经验。

1984年春，首钢召开了一个小型座谈会，总结试点经验。同时，国家经委也提出了100个大企业的名单准备推广首钢改革经验。正在这时，一部分经济部门的官员和经济学家对首钢经验提出质疑，主要分歧点是首钢的做法会不会导致国有制变成企业所有制。有人算了一笔账：如果按当时首钢的企业留利比例计算，12年之后，首钢就会由国有制变成企业所有制。他们据此认为，上缴利润递增包干是破坏国有制的，不能搞。

为了统一各方面思想，1984年4月，赵紫阳亲自主持召开有关各方面座谈会。参加会议的有薄一波、田纪云、周太和（国家体改委副主任）、迟海滨（财政部副部长）以及"上缴利润递增包干"的主要设计者蒋一苇和林凌等。会议的主要议题就是要不要继续推广首钢经验，下一步改革搞什么？是不是搞第二步"利改税"？

针对各种质疑，蒋一苇和林凌在会上强调指出，上缴利润递增包干是在所有权与经营权分离的基础上，国家与企业利润的一种分配方式和资金的使用方式。

过去企业的技术改造、扩大再生产和职工住宅建设，资金都由国家出，现在改由企业留利出，而且投资效率高，所形成的固定资产仍然是国有资产，怎么可以说变成企业所有制了呢？但是，许多与会者不同意这个解释和说明。最后，会议在多数人的坚持下，决定实行第二步"利改税"，首钢、二汽等七户大企业的上缴利润递增包干试点则继续试行。

因为毕竟存在着强烈质疑和分歧，这次会议后不久，承包制便受到冷落。

承包制再次走进人们的视野是在三年之后。

三、经济特区的酝酿和启动

中国地域广大，与外界隔绝既久，且有制度上的差异，实行对外开放不可能从一开始就门户洞开，全境同步开放。遵循历来的经验，中央决策层采取了从沿海到内地梯度开放的策略，以控制风险，并从局部得到经验和示范。其中一个重大举措，就是在广东、福建两省实行特殊政策和灵活措施，并建立深圳、珠海、汕头、厦门四个经济特区。特区政策在中国全面对外开放以后，基本完成了历史使命。

（一）建立特区思想的由起

经济特区并不是中国的首创，而是借鉴了世界上许多国家在本国内划出一定区域实行优惠政策以促进对外贸易的成功经验。这种经济性特区有不同的名称和形态，主要有：自由港，自由贸易区，过境区，出口加工区，科技工业园，自由边境区等。从1547年意大利西北部热那亚海湾建立的世界上第一个自由港——雷格亨自由港，到20世纪50年代末，世界上经济性特区约有100个。此后，不仅在发达国家，而且在发展中国家或地区也出现了以加工出口为主，兼营其他对外经济合作业务的经济性特区。到70年代末，有近70个国家和地区设立的经济性特区已超过300个，80年代末设立特区的国家和地区增加到100个，经济性特区数量则增加到900多个。

还在十一届三中全会以前，对于地处中国南部、毗邻港澳、华侨众多的广东等省，中央就开始逐步形成面向港澳和海外的发展思路。1978年4月，以国家计委副主任段云为团长的港澳经济考察团专门对香港、澳门经济进行了实地考察。考察团在向中央的汇报中提议，切实把靠近港澳的广东宝安县和珠海县两个出口基地建设好，直接参与到"自由港"的经济活动中去。考察团的建议，受到中央的高度重视，并很快得到落实。

由此，国家计委、外贸部派工作组到宝安、珠海调查研究建立供应香港、澳门鲜活农副产品生产基地问题。随后，国家计委、外贸部经济贸易考察组到香港、澳门进行了对应贸易项目的实地调查研究。5月6日考察结束后，考察组首先在广州向广东省委主要负责人习仲勋、刘田夫等人介绍考察情况，并着重谈了开发宝安、珠海的初步设想。考察组建议，把宝安、珠海两县改为两个省辖市（相当于地委），派得力干部，加强领导力量；两地的农业，从"以粮食为主"逐步转到"以经营出口副食品为主"的轨道上来；要积极发展建筑材料工业和加工工业；开辟游览区，办好商业、服务业和文娱场所等等。这次汇报座谈会，推动了广东省委开放宝安、珠海的步伐。

1978年11月，习仲勋在中央工作会议上发言时说：广东自然条件得天独厚。可否这样设想，在保证粮食自给的前提下，让广东放手发展经济作物、畜牧业和渔业，放手发展农副产品加工等社队企业，放手发展外贸出口工业，加强同港澳、华侨的各种经济合作。如果中央同意这个设想，我们决心动员全省人民做出成绩，为国家做出更大的贡献。他还建议中央考虑：允许广东在香港设立一个办事处，与港澳厂商建立直接的联系；凡是来料加工、补偿贸易等方面的经济业务，授权广东处理，以便减少不必要的层次和手续。

也是在1978年11月，国家交通部驻香港招商局常务副董事长袁庚向广东省委建议，在广东宝安邻近香港的沿海地带筹建出口工业区。后经交通部和广东省委联合调查研究，确认蛇口具有建设工业区的诸多有利条件。据此，1979年1月6日，广东省委和交通部联名呈报国务院，正式建议在蛇口建立工业区。1月31日，中共中央、国务院批准了广东省和交通部的报告，决定在蛇口创办出口工业区。由此，广东在对外开放的棋盘上走出了第一步棋。

蛇口，与香港只隔着一抹浅浅的海湾。在这里"参照香港特点"创办中国内地第一个出口加工区，显然具有深远的意义。据原蛇口工业区总指挥袁庚说，当年划拨工业区土地时，本来可以划得更大一些，可是他却只敢要了2.14平方公里。后来袁庚后悔不已，感叹自己当年思想不够解放。但是在当时，仅仅这2.14平方公里就足以形成一个历史性的突破，足以向世界展示中国的崭新姿态。正像后来《羊城晚报》的一首诗说的："她真小——二点一四平方公里，是南头半岛的一角，祖国母亲博大躯体的四百万分之一。她真大——举世瞩目，蜚声中外：'蛇口模式'，如雷贯耳。"开发蛇口，只是广东改革开放这支雄壮乐曲的前奏。前奏一经响起，所有的音节都不可抑制地喷薄跳荡而出。

1979年1月，广东毫不迟疑地走出了第二步棋：省委正式做出决定（3月经国务院批准），宝安县改为深圳市，珠海县改为珠海市，升格由省直辖。春暖潮涌，广东开始列开阵势，调整布局。2月，省委书记吴南生到家乡汕头传达十一届三中全会精神，并进行调研。汕头，这个曾经被马克思在他的著作中提到、在近代历史上颇有影响的商贸城市，当时却是一片萧条穷困景象。家乡调研，令吴南生深受触动。回到广州，他连夜向省委写报告，提出利用汕头侨乡优势创办出口加工区的建议。习仲勋当即表态：要搞，全省都搞。3月，省委常委会议进行讨论，就将深圳、珠海、汕头划为对外加工贸易区达成一致意见。这一大胆设想，由广东省委第一书记习仲勋带到北京的中央工作会议上，就像带着一支扎好的火把去寻找火种，寻找一簇历史性的熊熊燃烧的火焰。

1979年4月5日至28日，中共中央政治局在北京召开中央工作会议。4月8日，习仲勋在中南组发言。他说：广东邻近港澳，华侨众多，应充分利用这个有利条件，积极开展对外经济技术交流。这方面，希望中央给点权，让广东先走一步，放手干。现在省的地方机动权力太小，国家和中央统得过死，不利于国民经济的发展。我们的要求是在全国的集中统一领导下，放手一点，搞活一点。这样做，对地方有利，对国家也有利，是一致的。在这期间，福建省委也向中央提出要求实行特殊政策和灵活措施的建议。

4月17日，邓小平出席中央工作会议各组召集人汇报会议，听取赵紫阳、习仲勋、林乎加等的汇报。习仲勋在汇报时，代表广东省委正式向中央提出广东要求实行特殊政策、灵活措施以及创办加工贸易区的建议。邓小平指出："广东、福建实行特殊政策，利用华侨资金、技术，包括设厂，这样搞不会变成资本主义。……如果广东、福建两省八千万人先富起来，没有什么坏处。"[1] 邓小平的这几句话讲得很有分量。

随后，在中共中央副主席、广东省的老领导叶剑英的安排下，习仲勋又面见邓小平直接作了汇报。邓小平非常赞同广东富有创意的设想。对于"出口加工贸易区"这个名称，邓小平深思熟虑地说，还是叫特区好，可以划出一块地方，叫做特区。过去陕甘宁就是特区嘛。当谈到解决配套建设资金时，邓小平说："中央没有钱，可以给些政策，你们自己去搞。杀出一条血路来。"

---

[1] 中共中央文献研究室编：《邓小平年谱（1975—1997）》（上），中央文献出版社2004年版，第506页。

（二）四个经济特区的建立

在邓小平的支持和倡议下，这次中央工作会议讨论决定，在深圳、珠海、汕头、厦门划出一定的地区单独进行管理，作为华侨和港澳商人的投资场所。具体实施还要广东、福建两省拿出方案报告来。

正当广东省委向中央努力争取特殊政策和灵活措施的时候，邓小平实际上正在考虑对外开放政策，引进外资的具体实施问题。1979 年 1 月 17 日，邓小平邀请胡厥文、胡子昂、荣毅仁、周叔弢、古耕虞等工商界领导人，在人民大会堂福建厅谈话。邓小平在谈话中指出："现在搞建设，门路要多一点，可以利用外国的资金和技术，华侨、华裔也可以回来办工厂。吸收外资可以采取补偿贸易的办法，也可以搞合营，先选择资金周转快的行业做起。"

这次以邓小平招待中国工商界领导人吃涮羊肉而结束的聚会，可视为邓小平进一步筹划和推动对外开放的一个重要侧面。在场的全国政协副主席荣毅仁，刚刚受命筹建中信公司，邓小平在谈话中对荣毅仁说："你主持的中国国际信托投资公司，要规定一条：给你的任务，你认为合理的就接受，不合理的就拒绝，由你全权负责处理，处理错了也不怪你。要用经济方法管理经济，从商业角度来考虑签订合同，有利润、能创汇的就签，否则就不签。应该排除行政干扰。所谓全权负责，包括用人权。只要是把社会主义事业搞好，就不要犹豫。"① 这种对中央授权"全权负责"毫不含糊的确认，被认为是中国政府对外融资的窗口——中国国际信托投资公司成立的起点。当时陈云也直截了当地谈到这个问题："外资还要不要，外国技术还要不要？一定要，

---

① 《邓小平文选》第 2 卷，人民出版社 1994 年版，第 157 页。

而且还要充分利用，只不过把期限延长一点就是了。"

所有正确的选择，事后看来似乎都是理所当然的。但回到历史现场与具体时空，如何选择就并非那么容易了。中国毕竟与外部世界分隔太久，外边世界的一切对刚刚经历过"文革"挫折的共产党人来说，实在是太陌生了。

1978 年 10 月，位于湖北十堰的第二汽车制造厂最早同美国通用汽车公司谈判重型卡车的技术引进项目。美国通用公司的董事长提出了一个问题：你们为什么只谈技术引进，为什么不能谈合资？他用了"joint venture"这个词，并补充说：合资经营就是把我们的钱包放在一起，合资共同办个企业，要赚一起赚，要赔一起赔，是一种互利的合作方式。说得通俗一点，合资经营就好比"结婚"，建立一个共同的"家庭"。

当时"文革"刚结束，人们的思想意识还没有从封闭状态中解脱出来。负责中方谈判的二汽重型汽车厂筹备处负责人李岚清回忆说：尽管他们说得有道理，但情感上觉得不可能。你是大资本家，我是共产党员，怎么可能同你"结婚"？但李岚清还是在给国务院引进办公室的简报中建议搞合资经营。分管外经贸工作的副总理谷牧看到简报后，认为很重要，立即批请中央领导传阅。邓小平阅后，批示"合资经营可以办"。这就是"中外合资"构想的由来。这七个字的重要批示，一下子冲开了当时禁锢中国人的思想禁区。

的确如此，提议创办中信，就是邓小平实现引进外资构想的一个平台。而中信不负众望，还在筹备创办初期就在确定外资的法律地位等一系列重大问题上取得突破，为对外开放的全面启动做了大量的基础性工作。

1979 年初，全国人大开始酝酿起草《中外合资经营企业法》。在起草过程中，最具争议的是，要不要限制外资的比例。根据当时许多发展中国家在引进外资中的做法，《中外合资经营企业法（草案）》中做出两条规定：（1）"中外合资经营企业外资投资比例不超过百分之四十九"；（2）"决定重大问题要三分之二多数通过"。对此，正率部创建中信的荣毅仁明确表示不赞同，他连夜给中央写信指出："（这两条）并非国际惯例，同时这是当前国家经济情况所不易办到的，势必降低外资对我国投资的兴趣，我们亦同样达不到大量吸收外资从事建设的目的。建议在不丧失主权的前提下，以平等互利为原则，争取更多的外资，引进更多的技术，为四个现代化建设服务。"对荣毅仁的意见，邓小平批示："我看很有道理，四十九和三分之二都可不写。"陈云批示，"我同意荣毅仁的意见，只要外资愿意来中国，我们总有办法对付"。比例之争由此结束。

荣毅仁的好友美国企业家戴维·洛克菲勒说："邓小平知道中国急需外国资本投资于国家的发展，便找来了荣毅仁——他是具备必要的知识、在西方拥有关系的为数不多的中国人之一。"实际上，荣毅仁在与邓小平谈话时就说道："引进技术、外资问题，我感到利用资本主义资金，也应用资本主义去对付，不应像过去那样拘谨。""不拘谨"——很快在中信为仪征化纤厂对外融资项目上体现出来。

仪征化纤厂是中国1978年引进的22个重大建设项目之一。1980年国家压缩基本建设，曾考虑缓建。其时全部引进设备已陆续运到，国内基本建设业已上马，停工将遭受相当损失，而化纤产品又是紧缺物资，国家每年要花大量外汇进口。纺织工业部找到荣毅仁救急，他最直接的反应是，"资金不足为什么不能向国外借呢"？经过周密的可行性研究，荣毅仁提出由中信公司在日本发行债券来解决。国务院主管领导已经同意，但反对之声愈烈。一般舆情认为借外债将毁掉几代人奋斗才换来的"既无外债又无内债"的局面；较专业的反对意见是，这次发行债券的利率高于一般政府贷款和进出口银行贷款。荣毅仁顶住压力，陈述利弊，据理力争，终于取得国务院领导的坚定支持。中信此次向日本发行100亿日元的私募债券取得了空前的成功，首次用外国人的钱解决了国内重大项目的资金困难。

孤立地看待中信公司的成立及其作用，就会错过中国改革开放历史中一段深刻而激荡的故事。实际上，十一届三中全会后的1979年，在先行一步的中信、蛇口、深圳等"窗口"和"实验区"，中国对外开放的步伐已经大大迈进了。

历史又一次选择了广东，给了广东千载难逢的发展机遇。

1979年4月中央工作会议结束后，习仲勋回到广东，向省委常委传达了中央工作会议精神。他更加明确地强调，广东要求先走一步，不光是广东的问题，是关系到整个国家的问题，是从全局出发的。又说，广东这事，今天不提明天要提，明天不提后天要提。中国社会发展到现在，总得变，你不提，中央也会提。拼老命也要干。

5月14日，谷牧率领一个工作组到达广东，习仲勋、刘田夫、王全国等省委领导向他作了汇报。谷牧对广东起草关于设立特区方案报告的指导思想等问题做了明确的指示。他希望广东改革开放要快一些，"要杀出一条血路，创造经验"。谷牧还称赞广东要比中央最近的那些决定更开放一些。

6月6日，广东省委向中共中央、国务院上报了《关于发挥广东优越条件，扩大对外贸易，加快经济发展的报告》。福建省委也上报了相应的报告。7月15日，中共中央、国务院下达中发文件，批准了广东、福建两个省委的报告。

50号文件首先提出："中央确定，对两省的对外经济活动实行特殊政策和灵活措施，给地方更多的自主权，使之发挥优越条件，抓住当前有利的国际形势先走一步，把经济尽快搞上去……两省报告所建议的经济管理体制，在中央统一下实行大包干的办法是可行的。"这里所说的新的经济管理体制包括八个方面的内容：（1）计划体制以地方为主；（2）扩大地方对外贸易的权限；（3）财政上实行"划分收支、定额上交、五年不变"的包干办法；（4）金融体制方面在国家的统一政策和计划安排下，给地方以适当的机动权；（5）物资方面根据生产、建设等各项计划，以省为主的管理体制做相应的改变；（6）将广州的五个中央一级站和省的商业机构合并，下放省管；（7）劳动工资方面允许地方有灵活性；（8）适当扩大地方定价产品的范围。

50 号文件正式批准在广东的深圳、珠海、汕头和福建的厦门各划出一定的区域试办"出口特区"，并指出"关于出口特区，可先在深圳、珠海试办，待取得经验后，再考虑在汕头、厦门设置的问题"。

中央批准出口特区的管理原则是，既要维护中国的主权，执行中国法律、法令，遵守中国的外汇管理和海关规定，又要在经济上实行开放政策。这些政策包括：外商办厂受中国的法律保障；特区需要进口物资和出口产品，实行减免税制；外商所得的合法利润，在交纳各项税款之后，可以按有关规定汇出；简化人员的出入手续；特区设中国银行的机构，可同中国银行港澳分行直接往来，开立账户，办理结账手续；特区的工资，可高于全国和广东省的平均水平。中国在外资企业和合营企业的人员，其所得的外币工资上缴，按特区的工资标准，付给人民币；具体的管理办法，要根据上述原则尽早制定细则。中国还应建立海关、商检、检疫、边检、银行、邮电等机构，办理有关业务。

从 50 号文件的内容和规定来看，中央几乎是全盘接受了广东的要求。可以说，广东要求先走一步和建立特区的最初目的已经圆满达到。此后，广东省委为加强对经济工作的领导，成立了由刘田夫、王全国、吴南生三位书记组成的三人小组，负责落实中央 50 号文件。

9 月 20 日，谷牧再次来广东。习仲勋等向他汇报了贯彻执行中央关于广东先行一步文件的情况。22 日，谷牧与习仲勋、杨尚昆、刘田夫、王全国、吴南生等省委负责人谈话。当习仲勋等提出在方针上"是小搞、中搞还是大搞"时，谷牧强调说：中央是要广东先行一步，要广东大搞，小脚女人小步走，就起不了这个作用。广东要快马加鞭，抢时间走在全国的前面。他还说：办特区，就看你们广东的了，你们要有点孙悟空那样大闹天宫的精神，受条条框框束缚不行。

到 1979 年底，深圳的特区建设已经热火朝天地展开了。

在深圳特区建设上，最早动工的是位于南山区的招商局蛇口工业区，日期是 1979 年 7 月 20 日。如今人们很难想象，最初的改革，往往是从一些非常细微之处开始，由一些细小之事引发的。

蛇口工业区动工两个多月后，负责 600 米长的顺岸码头施工的交通部四航局，就在施工中实行了定额超产奖励制度。即从 10 月份起，担任运泥施工的车队每人每个工作日的劳动定额是 55 车，完成定额者每车奖 2 分钱，超过定额每超产一车奖励 4 分钱。实行新的奖励办法后，工人的生产热情大增，从原来每人每个工作日运泥二三十车，提高到八九十车。许多工人还主动加班加点，一位产量最高的工人每天运泥 131 车，每天可得奖金 4.14 元。顺岸码头前 150 米工程原计划 1980 年 3 月底完工，结果提前 1 个月就交付使用了。

据统计，实行定额超产奖励制度不到 5 个月，工人为国家多创的产值就达到 130 万元之多，工人们所得到的超产奖，不过占其中的不到 2%。但到了 4 月份，这个奖励制度还是被上级有关部门强令停止了，理由是为了纠正滥发奖金，规定每年的奖金额不得超过一个半月到两个月的工资。不仅如此，就连以前的奖金等级也取消了，干好干坏一个样，全是一个月 6 元钱。此举更"见效"，平均每人每天的运泥产量马上直线下降到每天二三十车，热闹的工地变得冷冷清清。

袁庚闻得此讯，两次拍案而起。但袁庚有妙招，他请新华社的记者写了一份题为"关于蛇口码头延误工程"的《国内动态清样》。这种《国内动态清样》是中央领导同志必看的内部新闻稿，这份编号为 20687 的文件很快就送到了中共中央总书记胡耀邦的案头。

1980 年 7 月 30 日，胡耀邦在看到清样的当天即做批示：请谷牧同志过问一下此事。我记得中央讨论奖金时，中央并没有哪位同志同意金额不得超过一个半月到两个月工资的规定。有些同志是坚决反对这种硬性规定的。我也赞成他的意见。为什么国家劳动总局能这么办，交通部也这么积极。看来我们有些部门并不搞真正的改革，而仍然靠做规定发号施令过日子。这怎么搞四个现代化呢？请你顺便在财经领导小组例会上提一提。

胡耀邦的批示几分钟后就送到了谷牧的办公室。谷牧马上就做出反应，请时任中国进出口委员会副主任的江泽民等人考虑：即实行特殊政策，交通部、劳动总局的这些规定在蛇口完全可以不实行。如同意，请通知广东。江泽民显然以最快的速度使问题得到了解决，因为第二天蛇口就恢复了定额超产奖。顺岸码头工地的人均运泥量当天又即升至人均 100 车以上，最多者 120 车。

蛇口工业区就这样生机勃勃地在南中国海岸边矗立起来。1981 年 8 月，国务院主要领导视察蛇口时指出，由一个企业来开发一个这样的工业区，无论是在中国，还是在世界上都是新的尝试。又指出，"深圳建设要采取开发公司的方式，也就是袁庚的那一套方法，蛇口方式"。

蛇口工业区的迅速崛起，成为中国经济特区建设中最闪光的亮点，而由"蛇口模式"产生的新观念、新方法、新作风，也让袁庚名声大震。

出自袁庚之口的"时间就是金钱，效率就是生命"，成为 80

年代中国最响亮的口号；"蛇口是中国改革开放的试管婴儿"，是80年代中国最奇妙的语言，此话亦出自袁庚之口；"我可以不同意你的观点，但我誓死捍卫你发表不同意见的权力！"此话一经袁庚口中说出，即刻成为80年代中国最有力的呼声。即便今天听来，仍有让人振聋发聩之慨。

与蛇口开发相比，深圳特区创办遇到的困难要复杂许多、艰巨许多。当时首先遇到的一个难题就是，建设所需的巨额资金从哪里来？对于深圳特区建设，国家的基本政策是"只给政策不给钱"。没钱怎么办，当时深圳人的一句话叫做：一靠嘴皮，二靠地皮。

嘴皮，就是要去说，去游说。对象首先是外商和港澳台商人，跟他们讲改革开放，讲特区优惠政策，当然也讲感情，这样就同传统的枯燥宣传有了区别。在特区创建初期，许多外商和港澳台商人就是让特区人用嘴皮子"引"进来投资办厂的。

再就是对内。对内就是筹款，除了中央各部委和各省市自治区，筹款对象重点是银行。当时主管基建（也是花钱最多的）的深圳市副市长罗昌仁回忆说：国家对深圳的投资，当时只有2%，而实际算来只有百分之一点几。深圳是靠自己筹款。靠自己筹款搞基本建设，这在当时可是一个重大的突破。

还在筹备特区时，这些改革开放的"有识之士"就已打上了土地的主意。据当事人回忆说，起草特区条例，最难斟酌的就是收取土地使用费的问题。特区一上马，收取土地使用费与同外商和港澳台商人一起搞房地产开发，成了特区建设资金的主要来源。1980年12月5日，深圳市房地产公司与香港中央建业有限公司签订了第一个《客商独资营建商住大厦》协议书，客商按规定使用罗湖小区的4000平方米土地，期限30年，一次性每平方米交纳5000港元土地使用费。蛇口工业区则由招商局自筹资金开发土地，进行"五通一平"，然后将开发的土地给投资者建厂，每年每平方米收取地租 21 港元至 43 港元。

第一份与港商共同合作经营房产的合同书在 1980 年的第一天就签订了。合作的港商名叫刘天就，由他提供建设所需的全部资金，中方提供的则是不作价的土地，对东湖丽苑商品住宅区进行开发，所得利润中方占 85%，刘天就得 15%。

港商刘天就自有"神来之笔"。他一面马不停蹄设计图纸，一面在香港的报纸上刊登预售房屋的广告，香港人称"卖楼花"。当时香港两室一厅的房价已是 20 多万港元，而一河之隔的深圳住宅每平方英尺的售价才两三百港元，算算一套两室一厅还不到 10 万港元，而且一次付款者还可以享受八五折的优惠。没有任何悬念——"楼花"一卖而空。

深圳人很快就学会了这一手，以至深圳的"楼花"在香港非常抢手。到 1982 年初，不仅当年完工的住宅已经销售完毕，就连第二年、第三年才能完工的房子也全都卖了出去。尤其是 1982 年深圳建造当时国内最高的 53 层国贸大厦时，竟把"楼花"卖到中央各部委、各省市自治区政府那里去了。

当然，在成立特区后，中央赋予了深圳特区发展前所未有的特殊政策和较大的自主权，在进口关税、企业所得税、贸易经营、利用信贷资金、利用外资及引进项目的审批等方面给予特区优惠条件和权限。特区有了自主权，制定了一系列吸引外资的优惠政策，除了企业所得税、进出口税方面，还在土地使用费、内销配额等方面给外商和港澳台商人提供了优惠待遇。所有这些都是对深圳最大的投资。深圳也在顽强奋斗和敢为人先的艰苦创业中，迸发出蓬勃的生机与活力。

1980 年 3 月 24 日至 30 日，受中共中央、国务院委托，谷牧在广州召开广东、福建两省会议，会议肯定了两省省委和国务院有关部门在贯彻对外开放方针、试办出口特区等工作中所取得的初步成果。指出，这一重大改革，受到了两省广大人民的欢迎，在国内外，特别是港澳，反映非常强烈，海外侨胞纷纷表示愿意以实际行动支援祖国建设。1979年，广东、福建两省外贸出口创汇创历史最高水平，比1978年分别增长了32%和30%。贸易和非贸易外汇收入，两省比1978年也分别增长了32%和21.5%。深圳、珠海两个出口特区正在积极筹建。其中1979年开始筹办的深圳蛇口工业区进展尤为迅速。两省的对外经济活动开始出现了蓬勃发展的新局面。就是在这次会议上，采纳了与会者的建议，将"出口特区"改名为"经济特区"。

5月16日，中共中央转发了《广东、福建两省会议纪要》，并在批示中指出：一年来的实践证明，中央决定广东、福建两省在对外经济活动中实行特殊政策和灵活措施，是正确的。两省工作有很大进展，成绩是显著的。根据两省的有利条件，中央决定，在广东省的深圳市、珠海市、汕头市和福建省的厦门市，各划出一定范围的区域，试办经济特区。经济特区的管理，在坚持四项基本原则和不损害主权的条件下，可以采取与内地不同的体制和政策。由于全国的经济体制还没有做大的改革，广东、福建两省在试行新体制的过程中，出现一些问题是难免的。这是前进中的矛盾。我们的任务就是要认真地、及时地总结经验，研究新情况，解决新问题。广东、福建两省进行经济体制改革，不但有利于加快两省经济的发展，而且有利于全国的经济体制改革。

1980年8月，全国人大常委会第十五次会议批准了《中华人民共和国广东省经济特区条例》。此后有关特区的各项法律、法规陆续制定，使经济特区从初创阶段起，便有了法律的规范和保证。为了借鉴国际上不同类型经济特区的做法，应联合国工业发展组织的邀请，1980年9月下旬，时任国家出口管理委员会副主任的江泽民，率领国务院有关部门和广东、福建两省以及深圳、厦门两特区负责人组成的代表团，前往斯里兰卡、马来西亚、新加坡、菲律宾、墨西哥、爱尔兰等六国的九个出口加工区、自由贸易区进行考察，并在途经日内瓦时同联合国有关专家进行了座谈。代表团考察归来后，对国外举办经济特区的重要经验，如立法比较健全，可操作性强；有比较完整系统的开发总体规划，但操作上可逐步进行；管理体制灵活、高效；注重人才培训；有优惠政策等，进行归纳后向中央作了汇报。

1981 年 5 月 27 日至 6 月 14 日，中共中央、国务院在北京召开广东、福建两省和经济特区工作会议。会前，中央各部门和两省的同志，做了大量的准备工作，经济界的一些专家也在理论上进行了探讨和论证。会议针对试办特区以来一些人存在的疑虑和担心，在总结两年来工作的基础上，统一了对经济特区的重要性和正确性的认识。

这次会议认为，中国的经济特区是利用外资，引进技术，发展经济，促进四化的一种特殊形式。特区办好了可以促进中国社会主义现代化建设的发展，同时可以稳定港澳人心，促进台湾回归祖国。它与过去的"租界""殖民地"有着本质的区别。会议还提出：特区的规划和建设要因地制宜，注重实效，各有侧重发展；海关对特区进出口的货物、物品，要给予特殊的关税优惠；简化出入境手续，方便人员往来；特区的劳动工资要实行新制度；特区市场需要的国家出口商品，可由特区向有关外贸公司提出订货，以外汇结算；特区的机场、海港、铁路、电讯等企事业，允许引进外资，由特区自营或与外资合营，自负盈亏；必须抓紧制定特区的各项单行法规；特区的行政体制和管理机构的改革，要制定适合特区性质的政策和措施，以利于特区建设的健康发展。

1981 年 7 月 19 日，党中央和国务院批发了《广东、福建两省的经济特区工作会议纪要》。这个文件为深圳、珠海、汕头、厦门四个特区的全面建设统一了思想，提供了具体指导，对特区的建立和发展起了重要作用。

1981 年 11 月 26 日，全国人大常委会通过《关于授权广东省、福建省人民代表大会及其常务委员会制定所属经济特区的各项单行经济法规的决议》，授权这两个省的人大及其常委会，根据有关的法律、法令、政策规定的原则，按照各省经济特区的具体情况和实际需要，制定经济特区的各项单行经济法规，并报全国人大常委会和国务院备案。

上述各项措施有力地保证了经济特区建设的顺利进行和快速发展，其中以深圳的变化最为显著。到 1983 年，深圳已和外商和港澳台商人签订了 2500 多个经济合作协议，成交额 18 亿美元，引进 2500 台设备和一批技术。1983 年与 1978 年相比，深圳工农业总产值增长 11 倍，财政收入比办特区以前增长 10 倍多，外汇收入增长 2 倍，基本建设投资比新中国成立后 30 年的总和增加 20 倍。经济特区取得了举世公认的巨大成就，向世界展现了中国改革开放的雄心壮志，同时也为逐步扩大对外开放提供了经验。

（三）经济特区建设初期引发的疑虑

当然，建设经济特区是社会主义新生事物，存在各种不同的议论是情理之中的事情。实际上，经济特区建设从一开始就面临着一系列的争议、质疑和反对的声浪。

在思想禁锢依然存在的历史环境下，对于在中国划出几小块地方，创办以吸引外资为主的经济特区，不少人把它看做"异端"，有人公开责难"深圳除了九龙海关门口仍挂着五星红旗，一切都已经资本主义化了"！北京某机关权威《内参》还刊出题为《旧租界的来由》的重头文章，把特区比做是"旧租界的复活"或是"资本主义的复活"。甚至有人伏案痛哭："流血牺牲几十年，一朝回到解放前！"一封封告状信寄到北京，大有把深圳经济特区的牌子一举拿下之势。这些主要是来自党内的不同声音。

还有来自外部声音也夹杂其间。在国外，有不少人对中国办经济特区有不同的理解，评头品足，在报刊上刊登文章，曲解、攻击中国的经济特区政策。当时，苏联官方对中国举办经济特区是持怀疑态度的。苏联部长会议第一副主席阿尔希波夫就认为，搞经济特区是卖国，走修正主义道路。也有社会主义国家访华的党政代表团怀疑地提出，你们搞经济特区，在马列经典著作中有什么依据？等等。

这类言论从四面八方响起，到 1982 年春，似乎汇成了一股洪流。

1982 年 1 月 11 日，中共中央发出《紧急通知》，传达中央政治局常委会会议关于对一些干部走私贩私、贪污受贿、把大量国家财产窃为己有等严重违法犯罪行为采取紧急措施的指示。2 月 11 日至 13 日，中央书记处在北京召开广东、福建两省座谈会，讨论如何更坚决、更有效地贯彻执行中央《紧急通知》，进一步开展打击经济领域中违法犯罪活动的斗争。

会议指出，只有旗帜鲜明地坚决严肃地开展反对资本主义思想腐蚀的斗争，才能正确地健全地实行对外开放和对内搞活经济的政策。这不但是广东、福建两省的问题，全国各地和各个部门都毫不例外。会议不顾国务院副总理谷牧的反对，印发了针对特区工作《旧中国租界的来由》的材料。座谈会上，对走私的研究很快转变成对开放的批判，有人说："这场斗争是资产阶级又一次向我们的猖狂进攻。"有人说："广东这样发展下去不出三个月就得垮台。"还有人说："宁可让经济上受损失，也要把这场斗争进行到底！"谷牧后来回忆说："1982 年上半年，很有些'秋风萧瑟'的味道。"

办特区究竟是对还是错？

特区究竟办得怎样？

这些问题一直萦绕在中央领导的心中。

1983年2月，中共中央总书记胡耀邦第一次视察深圳。在新园招待所6幢2楼会议室听完深圳市委汇报工作之后，胡耀邦一边来回走动着一边高兴地说："搞得不错，干部是努力的，敢于创新，是很有成绩的，已经开创了新局面，比较出色地完成了中央的意图。"这是中央高层对特区工作的第一次正面表态。

1983年11月，谷牧到深圳特区视察工作，要求深圳在1984年5月份以前，把几年来的建设经验予以总结，经省委讨论后，上报中央、国务院。"如果中央肯定深圳的路子对，今后特区就按这个办，中国的特区就按这个办"。12月12日，谷牧对广东省委负责人指出，"特区已取得很大成绩，但现在还不能作结论"。这时候，谷牧还没有料到新的形势发展，会因为两个月后邓小平到南方视察来得如此迅猛。

四、引进技术、资金，发展三资企业

对外开放是中国新时期的重要内容，是解决技术和资金、学习管理经验、发展经济的重要环节。对外开放的艰难起步，以及试办各种经济模式的初步成功，都体现了当时领导者的胆与识。

（一）引进国外先进新技术

引进国外的先进技术为发展中国的经济，是20世纪80年代的战略决策，是关系中国社会发展的核心问题。

1975年8月18日，邓小平提出引进国外先进技术是一个大政策的思想。1977年7月邓小平第三次复出后，就大力推动技术引进工作。1978年3月18日，邓小平在全国科学大会开幕式上发表讲话，再次强调了引进技术的重要性。他指出："四个现代化，关键是科学技术的现代化。没有现代科学技术，就不可能建设现代农业、现代工业、现代国防。没有科学技术的高速度发展，也就不可能有国民经济的高速度发展。"① "任何一个民族、一个国家，都需要学习别的民族、别的国家的长处，学习人家的先进科学技术。我们不仅因为今天科学技术落后，需要努力向外国学习，即使我们的科学技术赶上了世界先进水平，也还要学习人家的长处。"②

为了加强对技术工作的领导，1978 年 5 月，国务院成立了引进新技术领导小组，余秋里为组长、顾明为副组长，具体抓技术引进工作。7 月至 9 月间，国务院召开务虚会，总结中国经济建设的经验教训、研究外国经济上的成功经验，重点讨论了引进问题，特别是如何加强技术引进、扩大外贸出口、采取灵活方式利用国外资金等问题。李先念在总结报告中强调了搞好技术引进、努力扩大出口的问题。会议虽未作出决议，但思想基本一致，就是引进技术和设备，扩大开放，要以更大的规模和更快的速度进行现代化建设。在随后召开的全国计划会议上，确定了经济战线的三个转变，其中之一就是要"从那种不同资本主义国家进行经济技术交流的闭关自守或半闭关自守状态，转到积极地引进国外先进技术，利用国外资金，大胆地进入国际市场"。

1978 年 11 月 10 日到 12 月 15 日召开中央工作会议。会议期间，不少人就对外开放、引进技术和设备等问题，展开热烈的讨论。在讨论中，邓颖超建议，李先念等同意，大会向与会者印发了《苏联在二三十年代是怎样利用外国资金和技术发展经济的》《战后日本、西德、法国经济是怎样迅速发展起来的》等材料。这些材料所介绍的经验，给讨论提供了有益的借鉴。有的人在发

① 《邓小平文选》第 2 卷，人民出版社 1994 年版，第 86 页。
② 《邓小平文选》第 2 卷，人民出版社 1994 年版，第 91 页。

言中说，苏联在二三十年代采取的对外开放措施，如租让制、兴办合营公司、吸收国外贷款、与外国公司签订技术援助协定、招聘外国专家和技工、进口先进机器设备等，中国都可以参考采用。有的人介绍了日本的经验。日本从20世纪60年代起，只用了13年时间，就发展为资本主义世界第二经济大国，主要有三条经验：一是大量引进外资，解决国内资金不足；二是引进外国的先进技术和设备；三是大力培养人才。中国也可采用这种办法。经过这次讨论，对引进技术问题，基本达成了共识。

十一届三中全会前后，引进技术有较大发展。当时，资本主义各国已度过了第二次世界大战后发展的"黄金时代"，先后遭遇战后最为严重的经济危机。在1974年和1975年两年中，美国、日本、联邦德国、英国、法国、意大利的国内生产总值都出现了负增长。在这种情况下，发达国家的企业为寻找出路，看到中国市场的潜力，这就为中国技术引进带来了机遇。

1978年是中国引进先进技术速度较快的一年。这一年，上海宝钢引进了技术设备。1980年，中国引进、消化、吸收和自主创新的中文激光照排系统诞生。1978年，"我国当年同日本、联邦德国、英国、美国等十几个国家和地区共签订了1230多个项目，成交额达78亿美元。合同数量和金额比1949年建国以来的总和还要多。其中22个重点工程项目占了成交额的90%以上，主要有上海宝钢一期，4套30万吨乙烯及其配套项目，3套以石油为原料的30万吨合成氨和52万吨尿素项目，一套以煤为原料的30万吨合成氨项目，北京燕山的苯酚丙酮和间甲酚项目，上海金山的芳烃、精对苯二甲酸和聚酯项目，吉林化学工业公司的乙烯和乙醛项目，北京东方化工厂的丙烯酸酯项目，江苏仪征的聚酯项目，山西化肥厂的硝酸磷肥项目，平顶山的帘子线厂，山东烟台的合成革项目，云南昆明的洗衣粉原料（五钠）项目，江西德兴的铜冶炼项目，贵州的电解铝项目，陕西咸阳的彩色显像管厂和100套综合采煤机组等。这批项目建成后，新增的生产能力为：铁300万吨，钢300万吨，无缝钢管50万吨，粗铜9万吨，铝8万吨，合成氨120万吨，尿素156万吨，硝酸磷肥90万吨，乙烯120万吨，塑料128万吨，有机化工原料177万吨，化纤73万吨，原煤4000万吨，洗煤400万吨，发电装机70.3万千瓦，彩色显像管96万只"。[①] 这些新技术引进后，在很多领域填补了国内空白，对促进企业技术改造和提高，对于加速经济发展，对于拉动就业都有很大的帮助。

（二）利用国外资金

利用外国政府和金融组织开发援助贷款，是中国对外开放政策的重要组成部分，也是促进中国对外开放、加速经济建设和社会发展的重大举措。

关于利用国外资金，1978年5月30日，邓小平在与胡乔木等人谈话时说："现在的国际条件对我们很有利。西方资本主义国家从它们自身的利益出发，很希望我们强大一些。这些发达国家有很多困难，它们的资金没有出路，愿意把钱借给我们。"[②] 后来，他又说："像中国这样大的国家搞建设，不靠自己不行，主要靠自己，这叫做自力更生。但是，在坚持自力更生的基础上，还需要对外开放，吸收外国的资金和技术来帮助我们发展。"[③]

---

① 李岚清：《突围——国门初开的岁月》，中央文献出版社2008年版，第190—191页。

② 李岚清：《突围——国门初开的岁月》中央文献出版社2008年版，第277页。

③ 《邓小平文选》第3卷，人民出版社1993年版，第78—79页。

6月，谷牧在考察西欧回来向中央政治局作汇报的会上，谈到加强技术引进工作时，提出了贷款问题。会上认为这种办法利息较高，不大合算，要研究采取新的方式。随后，邓小平找谷牧谈话时说："引进这件事反正要做，重要的是争取时间。可以借点钱，出点利息，这不要紧，早投产一年半载，就都赚回来了，下个大决心，不要怕欠账。"① 7月，国务院召开务虚会进行了研究，谷牧在会上提出可按国际通行办法，采取多种方式。经过会议上充分讨论，对利用西方国家的贷款和吸收外商和港澳商人投资基本上达成了共识。

1979年初，日本对华友好人士木村一三先生向中国有关部门表示，日本政府有一笔"海外经济协力基金"向发展中国家提供，如果中国需要可向日方提出。1月，日本著名政界人士、经济学家大来左武郎来访，中国向日本借用"海外经济协力基金"② 一事做了探寻。5月，中国人民银行副行长卜明访日，就

---

① 谷牧：《谷牧回忆录》，中央文献出版社 2009 年版，第 337 页。

② 日本的"海外经济协力基金"成立于 1961 年，是从事对外国贷款的半官方机构。基金主要由三部分构成：一是政府财政拨款。二是大藏省从国民储蓄中拨出一部分，但要付息。三是基金本身收回的本息。提供贷款的数量和规模，由日本政府内阁的经济企划厅、外务省、大藏省、通商产业省会商确定，由协力基金根据政府间的贷款换文，与借款国政府授权部门签订具体的贷款协议，并负责协议的执行。基金成立之初，这项基金只是贷给到发展中国家进行投资的日本企业。协力基金贷款分直接贷款和一般贷款两种。对发展中国家主要是直接贷款，有以下五种形式：一是建设项目贷款；二是商品贷款；三是开发资源和原材料的贷款；四是开发资金贷款；五是和世界银行协调合作的共同贷款。贷款年利率一般从无息到 7.5%；还款期 10 年至 30 年，宽限期 3 年至 10 年半。根据借款国及项目的情况不同，贷款条件也相应地变化。贷款的物资采购，实行一定范围的国际招标。

借用"海外经济协力基金"贷款一事，与日方有关部门进行了商谈。9月1日，谷牧带领国际贸易促进委员会主任王耀庭、国家建委副主任谢北一等访日。9月3日，与大平正芳首相会见。随后，谷牧与日本外相园田直进行会谈。园田直提出对于向中国提供贷款，1979年度第一批贷款500亿日元的意见，年底大平首相访华时可正式确定。谷牧副总理向日本政府表示，中国政府将带去的九个基础设施建设项目作为第一笔贷款的选项提供给日本政府。自此，中国借用日本"海外经济协力基金"贷款，进入了准备实施阶段的谈判。

10月，日本政府派代表团对中方提出的项目进行考察和可行性研究。12月，日方又派代表团访华，向中国正式提出在九个项目中确认了六个作为第一批贷款项目。日本首相大平正芳访华期间，于12月7日承诺日本政府向中国提供第一批贷款，金额3309亿日元（当时约合15.4亿美元），从1979年到1984年分年度签署贷款协议。贷款年利率为3%，偿还期为30年（含宽限期10年）。双方确认的六个建设项目："河北秦皇岛港口扩建工程、北京至秦皇岛铁路复线及电气化工程、五强溪发电建设工程、山东石臼所港口新建工程、山东省境内兖州至石臼所铁路新建工程、湖南省衡阳至广东省广州的铁路复线工程（含大瑶山隧道）。同时又公布了以其首相名义无偿援助我国一座医院（即北京中日友好医院）。"① 中国接受外国政府长期低息贷款的新方式从此开始。

由于中国与日本金融合作有了良好开端，从此迈出使用国外贷款的步伐。继中国同意接受日本政府贷款后，1979年10月，比利时政府也向中国承诺提供第一笔政府贷款。经过双边政府谈

---

① 李岚清：《突围——国门初开的岁月》，中央文献出版社2008年版，第282页。

判，1980 年 4 月 30 日，双方签订第一个中比政府财政协定，由比利时政府向中国提供 3 亿比利时法郎的政府贷款。比利时政府还以其政府贷款中的 20%，让上海贝尔电话、西安杨森制药两个合资企业作为其投资股份来使用。1981 年，科威特阿拉伯基金会承诺提供的一笔 4360 万第纳尔贷款，其中一部分用于建设厦门的国际机场、安徽宁国水泥厂、新疆化肥厂等。接着是意大利政府提供赠款和政府贷款，从 1981 年开始洽谈，经过项目考察和评估等一系列工作。1982 年 7 月，中国派出政府贷款代表团访问罗马。经过一段谈判，于 7 月 16 日签订《中国和意大利政府三年经济、技术和财政合作纪要》，双方达成协议。而后，中国又与多个国家建立了长期优惠贷款合作关系。

这些外资的引进，改善了数十个城市的通讯条件，新建和改造了一批出口创汇企业或进口替代型企业，增加了钢铁生产，支援了机电行业，建设了一批轻工、纺织、机电、石化、化工等项目。实践证明，利用国外资金，加速中国经济建设和社会发展，既增加了与贷款国之间的互利，同时也为中国带来了多方面的巨大利益。

（三）举办"三来一补"企业

为了突破资金不足的制约，这个时期中国一些地方在以现汇从国外引进技术的同时，还采取对外加工、装配和补偿贸易等"三来一补"的方式，提高技术水平、促进生产和增加外汇收入。

"三来一补"企业是当时利用特殊政策创造的一种特殊贸易方式，也是一种特殊的引进技术方式。"三来一补"企业，是外商和港澳台商人利用现有工厂，由他们提供产品样式、原料和设备，生产出来的产品由外商负责出口，工厂和政府收取一定的加工费和管理费，其设备经过一定时间出口补偿便归中方所有。1978 年，"三来一补"企业首先在珠江三角洲地区开始兴起，广东顺德的大进制衣厂，东莞的太平手袋厂，珠海的香洲毛纺厂等就是最早的一批"三来一补"企业。

"三来一补"企业作为一种新生事物，刚刚出现时国务院就给予了高度重视和充分肯定，"认为我国有大量的劳动力，有一定的工业基础，实行来料加工和装配业务，是利用国外资金、技术和设备，发展工业生产，提高技术水平，扩大内外交流，增加外汇收入的一种有效形式，要放手地搞，要认真搞好"。然而，当时一些人在认识方面不能接受，这些企业也较难融入中国经济管理体制。这些问题如果不加以解决，"三来一补"就难以开展。于是，国务院便责成国家计委、国家经委、外贸部等部门，找部分省、市、自治区和基层单位调查研究，在听取意见的基础上，拟订一个《开展对外加工装配业务试行办法》，制定了22条规定和提出了可操作性意见，并于1978年7月15日以国务院文件形式下发。"国务院要求各地区、各部门，特别是领导机关的同志，在工作中要加强团结，相互支持，照顾政治影响，讲究工作效率。在工作中，要通力合作，顾全大局，千方百计把对外加工装配业务迅速开展起来，抓紧抓好，抓出成效。"

为鼓励"三来一补"企业生产出的产品出口创汇，1979年3月26日，国务院又下发《以进养出试行办法》，解决"三来一补"企业与当时的外贸体制之间的矛盾，针对"三来一补"企业存在的问题，国家进出口委会同国家计委、国家经委在进一步调查研究和召开部分省、市座谈会的基础上，对1978年国务院下达的"试行办法"进行补充修订，经国务院批准后，于1979年9月3日以国务院文件形式下发。在该文件中，国务院肯定了"三来一补"企业取得的成绩，指出："大力开展加工装配和中小型补偿贸易，增加外汇收入，支援社会主义现代化建设，具有重要意义。做好这项工作，要坚持挖潜、革新、改造的方针，充分发挥现有企业的作用，多搞劳动集约产品，不要片面追求自动化。

要坚持产销见面，以销定产，产销结合的原则。要注意调查研究，掌握情况，对外洽谈业务要做到心中有数，知己知彼。工业、交通、铁道、外贸、财政、物资、银行等有关部门和地方、企业要通力协作，大家齐心协力把这项工作搞好。"①

为贯彻落实《以进养出试行办法》，安徽省利用煤炭资源做补偿贸易。安徽省是华东地区的主要煤炭基地。但由于设备落后，扩大再生产缺乏资金改进设备，当时靠国家投资也有困难。为解决投资问题，安徽省有关部门与日本日绵实业株式会社就煤炭补偿贸易进行沟通。经过谈判，日方同意先提供价值约1500万美元改进设备，安徽省用30万吨无烟煤在两年内予以补偿。换回的物资用于煤矿扩大再生产。这本来是有利于双方的"补偿贸易"项目，但由于煤炭属于国家统管物资，假如得不到国家有关部门的许可，安徽省就很难继续进行。这件事，安徽省与国家有关部门多次请示也没得到解决。1980年4月，安徽省和煤炭工业部联合向国家进出口委和谷牧反映这一情况。国家进出口委要出口局做专门研究。5月28日，国家进出口委同意安徽省和煤炭工业部的意见。几经周折，这件事情终于得到了落实，在重大"补偿贸易"项目上取得了突破。从此，"三来一补"企业便得到了发展。

"三来一补"企业对沿海地区改革开放初期的经济发展有着特殊的作用。如果没有20世纪80年代的"三来一补"企业，也就没有20世纪90年代在中国企业中占比重越来越大的"三资"企业。深圳的"三资"企业，大都是由"三来一补"企业发展而来的。如康佳公司、中华自行车厂、嘉年印刷厂，华强三洋等三资企业都是从"三来一补"企业转型发展而来的。实践证明，

---

① 李岚清：《突围——国门初开的岁月》，中央文献出版社2008年版，第193页。

"三来一补"企业在当时是适合中国生产力发展水平的。它有利于引进技术和设备、引进资金、实现创汇，对于工业技术水平、产品质量的提高和品种的增加，对于中国的对外开放格局的形成，对于扩大就业和改善人民生活，发挥了积极作用。

（四）发展中外合资、合作、独资企业

"三资"企业，大都是由"三来一补"企业发展转型而来的。发展"三资"企业，是对外开放程度的一个标志，也是对外开放的升级阶段。

1978年下半年国务院召开了务虚会，在会上有的人认为，搞中外合资企业，双方共同出资、共同经营、共享权益、共担风险，对于中国更为有利。1979年1月17日，邓小平谈到："现在搞建设，门路要多一点，可以利用外国的资金和技术，华侨、华裔也可以回来办工厂。吸收外资可以采取补偿贸易的方法，也可以搞合营，先选择资金周转快的行业做起。"[1] 因此，"吸收外国的资金和技术，欢迎中外合资合作，甚至欢迎外国独资到中国办工厂"[2]。

同年7月1日，五届全国人民代表大会第二次会议通过《中华人民共和国中外合资经营企业法》，对中外合资做了一系列规定。《中外合资经营企业法》于7月8日颁布施行。吸收外国客商、海外侨商、港澳台商"在我国大陆投资举办企业从此肇始"[3]。

"从1979年7月到年底，全国总共才批准了6个合资项目，其中有餐馆两个，养猪场、包装塑料制造厂、录音机装配厂和照

① 《邓小平文选》第2卷，人民出版社1994年版，第156页。

② 《邓小平文选》第3卷，人民出版社1993年版，第138页。

③ 谷牧：《谷牧回忆录》，中央文献出版社2009年版，第343页。

相馆1个，4个在深圳，两个在福州，协议外商设资金额才810万美元。"① 1980年4月10日，批准了北京航空食品公司、北京建国饭店公司、北京长城饭店公司等三家中外合资企业。1984年1月到1985年7月，中国第一批三个轿车合资企业北京吉普、上海大众、广州标致相继成立。第一批中外合资经营企业的诞生，标志着中国对外开放的重要领域——中外合资经营进入依法实施阶段，这也是中外合资企业起步的里程碑。

继此之后，中外合资企业陆续建立。这些早期的中外合资企业主要特点：一是规模小、投资少、数量少。二是港商比较多。三是他们选择的项目多数是填补国内空白或国内的弱势项目。"从1979年7月《中外合资经营企业法》公布到1983年底，批准的外商投资企业总计1361个，协议外商投资金额43.4亿美元，外商实际投入金额10.1亿美元（均不含海上石油合作勘探开发和商品信贷，以下同）。这些项目分布在经济特区和广东、福建两省的一些地方，上海、天津也有一些，其他地区是星星点点。"1984年扩大开放后，外商投资企业进展势头空前迅猛。"1984年和1985年两年，新批外商投资企业4925个，协议外商投资金额82.2亿美元，外商实际投入19.1亿美元。三项指标这两年合计分别相当前五年的3.6倍、1.3倍和1.9倍。外资投入的地区，扩展到沿海14个开放城市以及江苏、辽宁等省的其他一些地区。这标志着我国吸收外商直接投资，已在探索开拓中初步打开了局面。"②

但是由于当时中国投资环境的硬件基础较差，不太适应外资迅速增长的需要。到1986年初，外商对中国投资环境的不满增多，如中美合资的北京吉普有限公司、上海福克斯波罗仪表公

---

① 谷牧：《谷牧回忆录》，中央文献出版社2009年版，第343页。
② 谷牧：《谷牧回忆录》，中央文献出版社2009年版，第399页。

司，问题更多一些。在这种情况下，国务院成立了外国投资工作领导小组。领导小组成立后，即着手解决当时最为突出的外商投资企业生产经营条件问题。领导小组经过一段时间的调查研究和紧张工作。1986 年 7 月 12 日，以国务院名义，发出《关于进一步改善外商投资企业生产经营条件的通知》。10 月 12 日，公布了《关于鼓励外商投资的规定》。1987 年 7 月，又出台了 22 个细则。这一系列法规文件的出台，"使吸收外资的法规进一步完善和系列化了，不但在总的原则上，而且在具体实施的细则上基本都有法可依、有章可循了"。这就为外商投资创造了更为便捷的途径。中外合资、合作、独资企业大量增加。从 1987 年起，"我国吸收外商投资，一直呈现直线上升趋势，规模越来越大，形势越来越好，促进国民经济发展的作用越来越明显"。[①] 到 1991 年，上海直接利用外商投资累计 1277 家，协议投资额 33.32 亿美元。其中：合资企业 1035 家、协议投资额 17.77 亿美元，合作企业 148 家、协议投资额 11.30 亿美元，独资企业 94 家、协议投资额 4.25 亿美元。实际利用外资金额累计为 15.56 亿美元。[②] 天津市也取得很大的成绩，"在仅仅 19 个月内签定、批准了 32 个合资项目，其中 28 个是同外国公司合资兴建的"。[③] "到 1987 年底，天津市与外商签约的合资与合作项目累计 230 个，外商直接投资 2.43 亿美元。"[④] 天津市的技术引进也迈出了更大步伐，先后引

---

① 谷牧：《谷牧回忆录》，中央文献出版社 2009 年版，第 407—408 页。

② 中共中央党史研究室第三研究部编：《中国沿海城市的对外开放》，中共党史出版社 2007 年版，第 195—196 页。

③ 李林山主编：《开放之窗——天津》，天津社会科学院出版社 1993 年版，第 78 页。

④ 《天津经济年鉴》编辑部：《天津经济年鉴（1989）》，天津人民出版社 1989 年版，第 25 页。

进具有国际水平的生产线一百多条，一大批产品实现了升级换代，产量大幅度增长。

事践证明，引进和创新不但不是对立的，而且是相互促进、相互学习的过程。引进、消化、吸收，是自主创新的重要源泉和动力，在对外开放的条件下，更有利于促进自主创新。宝钢就是一例，在世界钢铁史上，从年产钢 100 万吨到年产钢亿吨，美国用了 73 年，苏联用了 71 年，日本用了 49 年，中国只用 45 年。引进、消化、吸收，大大缩短了中国与世界先进国家钢铁工业技术和管理水平的差距。汽车、洗发香波和护发素的发展历程也是如此。从开始引进技术，带动国内企业发展，到后来走向国际市场，都说明了这一点。

再如，从 1980 年至 1984 年，"全国技术引进和设备进口共 1.6 万项，用汇 120 多亿美元。其中包括彩电生产线 113 条，电冰箱生产线 70 条，复印机生产线 15 条，铝型材加工生产线 35 条，集成电路生产线 22 条，矽钢片剪切线 7 条，浮法玻璃生产线 6 条，还有大量食品、轻工等生产装配线"①。引进技术在大多数领域都填补了国内空白，对促进企业技术的改造和国家经济发展发挥了重要作用。通过引进、消化、吸收，再到自主创新，在汉字激光照排系统、彩色电视机、数控电话、集装箱检验系统等方面，中国逐渐赶超了世界先进水平。

五、城乡个体工商户的出现

20 世纪 70 年末 80 年代初，中国的经济体制改革从农村启

① 李岚清：《突围——国门初开的岁月》，中央文献出版社 2008 年版，第 197 页。

动。家庭联产承包责任制的改革举措，打破了"一大二公"的人民公社体制，农业生产力得到了空前的解放，农村存在的隐性剩余劳动力开始显性化。在城市，待业青年和社会闲散人员的就业问题，尤其是"文革"后上千万知识青年集中返城的就业安置问题，亟待解决。由于十年"文革"对国民经济的严重破坏，商品短缺现象十分严重，仅凭国营、集体经济的力量，远不能达到发展生产、繁荣经济的要求，也不能满足人民日益增长的生活需要。这些因素为个体私营经济的恢复和发展创造了条件。

（一）国家对个体工商户的初步认可

1978 年 12 月，十一届三中全会的两个农业文件，宣布解禁农村工商业，家庭副业和农村集贸市场得到了认可。个体工商业的恢复由此开始起步。当然，个体经济的发展是逐步展开的，最初阶段还受到许多限制。1978 年底统计，全国城镇仅有 14 万个体工商业者，其经营范围被严格限制在修理、服务和手工业等几个少数行业，且不允许其雇佣除家庭成员之外的劳动者。

1979 年 2 月，国家工商行政管理局召开了"文革"结束后的第一次工商行政管理局长会议。当时，中国正面临着大批知青返城、城镇积压待业人员 700 万～800 万的巨大压力。会议向中共中央、国务院作了报告，提出"各地可以根据当地市场需要，在取得有关业务主管部门同意后批准一些有正式户口的闲散劳动力从事修理、服务和手工业者个体劳动，但不准雇工"。经党中央、国务院的批准向各地转发了这个报告。这是十一届三中全会以后经中央批准的第一个关于允许个体经济发展的报告。虽然这个报告依然对个体经济发展做了种种限制，但重要的是它对个体经济的发展放开了"禁区"。

在这样的政策环境下，改革开放以后的第一批个体工商户开始出现。历史上素有浙商传统的浙江省，成为全国个体私营经济发展最早，并且发展最快的地区。

1979 年 8 月 9 日，浙江省革命委员会根据当年 2 月党中央、国务院批转的国家工商行政管理局的报告精神，制定了浙江省《关于发展城镇街道集体所有制企事业的规定》。这个规定指出："有些适合个体经营的项目，在社会主义经济领导下，允许个体经营。"同年 10 月 8 日，省革委会在批转省商业局《关于全省商业局长会议纪要》的通知中指出："为了扩大劳动就业，方便群众生活，要批准一批个体劳动者，搞'用八担''吃八担'，从事理发、磨刀、修补、卖小吃等劳务活动，走街串巷，流动服务。"省委、省政府的这一系列规定，为发展个体私营经济开了绿灯。此后，随着集市贸易的开放，上市商品的增加，个体私营经济开始迅速发展。

1979 年，19 岁的章华妹在自家门口支了一张小桌子，几毛钱的日用品、纽扣、纪念章、表带摆在上面。就这样，章华妹的小店在温州市区解放北路开张了。这时，解放北路开店摆摊做小生意的人不只章华妹一家。每到白天，家家户户都会搬出一张小桌子摆在家门口，卖各种商品。有些货品还在国营商店买不到，而且小摊的价格也便宜，因此这种形式很受欢迎。但是，毕竟改革开放刚刚开始，章华妹回忆说：那时候，干个体户是被人看不起的，还要担心被抓。因此，摊子不敢铺得很大，为的是"打击投机倒把"办公室的人一来，好立即收摊关门。

到了 1980 年，工商局突然通知各商户，让他们去领营业执照，还告诉大家以后可以正大光明地做生意了。所有的个体户们将信将疑，对领营业执照更是顾虑重重。领了，被登记在册，害怕以后割资本主义尾巴，那一纸证书岂不成了证据？章华妹后来说，还是父亲坚持让她去领执照。1980 年 12 月 11 日，章华妹从温州市工商行政管理局领到了一份特殊的营业执照——工商证字第 10101 号。让她想不到的是：这张用毛笔填写的，并附有本人照片的营业执照，竟成了中国第一份个体工商业户营业执照。

这一年，章华妹所在原温州市革命委员会在松台街道正式发放了 1844 份个体户营业执照。这 1844 位领证者就成了改革开放后中国第一批认领营业执照的个体工商户。

事实上，温州地区个体私营经济早就小有规模了。当时在离温州市区 40 多公里的一个叫柳市的小镇上，已经活跃着近 50 家生产低压电器的家庭企业。柳市有一个叫郑元忠的小伙子，当了两年低压电器供销员后就成了"万元户"。这种榜样的力量对于老百姓来说实在是太诱人了。当官方的桎梏开始松动时，民间的力量开始井喷了。伴随着生产经营的不断发展，一批"能人"出现了。柳市人将那些善经营的"能人"按照从事的行当冠以"大王"称号。他们分别是螺丝大王、五金大王、目录大王、线圈大王、矿灯大王、供销大王、机电大王、旧货大王。他们凭着灵活的头脑和敢为天下先的精神率先开始了个人创业，并大步跨入先富起来的一批人的行列。

在温州个体私营经济崛起的同时，浙江的台州、义乌等地的个体私营经济也迅速起步，并得到了较快发展。地处浙中金华地区的义乌县，早在清朝乾隆年间，就有一批"手摇拨浪鼓，敲糖换鸡毛"的货郎在全国各地走村串巷。1978 年以后，富有经商传统的义乌"敲糖帮"，开始自发地从乡村聚集到城区，摆摊经商。不少精明的义乌农民跑到省内外各大中城市，寻找适合自己经营的玩具、纽扣、尼龙袜等小商品，加上本地生产的板刷、尼龙线编织物等小商品，设摊经营。

在义乌稠城镇、廿三里镇等集市上逐渐出现了季节性小商品市场。1980 年 11 月，义乌县工商局恢复颁发了"临时许可证"。县工商局在《关于颁发小百货敲糖换取鸡毛什肥临时许可证的通知》中写道：为了贯彻中共中央文件精神，搞活农村经济，发挥当地优势，促进农副业生产发展，根据我县传统经营"小百货敲糖换鸡毛什肥"行业，利用他们串乡走户，收旧利废，变废为宝，活跃经营的特点，决定恢复已停发多年的"小百货敲糖换取鸡毛什肥"临时许可证。当年，全县共颁发"临时许可证"7000余份。

在浙江东部沿海的台州县，改革开放以后也出现了许多被群众称为"换糖担"的小商贩。他们挑担走村访户，以糖果换取废钢铁、废轮胎等废旧物品，然后逢集市日到固定的地点投售，由此孕育了一批废旧市场。当时台州废旧市场的种类、数量之多，在全国都是罕见的。后来发展出废钢材市场、废旧金属市场、废旧橡胶综合市场、旧机械设备市场、闲置设备市场、旧机动车市场、废旧电器市场、废旧物资市场等几十个各种类型的废旧市场。各种废旧市场的兴办，推动了台州个体私营经济的起步和发展。相当多的台州个体私营企业最初起步阶段的主要设备，都来自各类废旧市场。

首都北京第一家个体餐馆是1980年开张的。刘桂仙大妈到东城区工商局办执照，把想法一说，人家都笑了。有个小伙子说，私人能开饭馆？弄错了吧，我们怎么没有听说呀？您先回去，我们请示请示再说。两个多月后才说领导批准了。刘大妈贷款500元，餐馆开张。早上从菜市场买回4只鸭子，等客人吃完付账，再拿这钱去买鸭子。到了晚上，4只鸭子就变成了7只鸭子。3天之后，钱能倒腾开了，桌上的菜谱越来越丰富。这悦宾饭馆自打开张，就从来没有断过客。连外国记者和驻华使馆官员都来吃饭。但刘大妈说："当时心里七上八下的，就是踏实不下来。为什么？就怕回头再来场运动，枪打出头鸟，把我当成资本主义的典型。"后来，北京市的领导来到悦宾饭馆，鼓励刘大妈把餐馆办出特色来。

随着十一届三中全会以后商品经济的初步发展，兼业户、专业户、小商店、小作坊、家庭工厂以至私营企业开始大量涌现。

在各地个体私营经济快速发展的形势下，1980 年 8 月，中共中央转发全国劳动就业会议文件，提出"在国家统筹规划和指导下，实行劳动部门介绍就业、自愿组织起来就业和自谋职业相结合的方针"。将发展个体经济作为解决就业的重要途径，提出"鼓励和扶植城镇个体经济的发展"。在中央政策的鼓励下，1980 年年底，从事个体工商业的人数发展到 80.6 万人，比 1979 一年翻了一番多。

1981 年，党的十一届六中全会后，随着对中国国情认识的加深，国家对个体雇工的政策也进一步放宽。10 月 17 日，中共中央、国务院《关于广开就业门路，搞活经济，解决城镇就业问题的若干决定》指出：今后必须着重开辟在集体经济和个体经济中的就业渠道，在我国，国有经济和集体经济是社会主义经济的基本形式，一定范围的劳动者的个体经济是社会主义公有制经济的必要补充。在社会主义公有制经济占优势的根本前提下，实行多种经济形式和多种经营方式长期并存，是我党的一项战略决策，绝不是一种权宜之计。这个文件还规定，对个体工商户，应当允许经营者请两个以内的帮手，有特殊技艺的可以带五个以内的学徒，突破了 1979 年国家工商行政管理局"不准雇工"的规定。从 1981 年起，国家对个体经济的统计称谓，不再是多少人，而是分为多少户，多少从业人员。1981 年底，全国城镇个体经济发展到 183 万户，从业人员 227 万人，在户数上又比 1980 年翻了一番多。

（二）国家对个体私营经济的政策

这一时期，在个体经营户数量迅速增加的同时，个体经营带动下的小商品市场开始显现出巨大活力。

"文化大革命"结束前后，在义乌镇后乐村及周边村落的鸡毛换糖行业中，逐渐分化和衍生出了一门新的行业——小百货经营。据村民们回忆，由于当时农村市场上日用品紧缺，精明的鸡毛换糖商为了提高经营收益，及时瞅准这一商业机会，开始用日用小百货换取鸡毛和废品，实现交换中的双重获利，因此急切需要小件日用品货源。但在当初的政策环境下，他们不可能通过正常渠道从集体或国有单位获得所需小百货。于是，农民开动脑筋，为换糖商组织小件日用品货源，专门经营小百货，逐渐演变成了一项新兴的村落商业经济——小商品经营业。

由于经营小百货获利较丰，其他村民陆续在亲友带动下加入小百货经营行列，并逐渐地在廿三里镇形成了一个地下的小百货批发交易市场。随着其影响的日益扩大，外地客商也陆续前来批购小百货。改革开放后，由于多种因素，小商品市场开始向县城的湖清门延伸，后经多次易址和扩建，逐渐发展成为闻名遐迩的"华夏第一市"——义乌小商品批发市场。廿三里最早一批小商品经营者，成为义乌小商品经营业的拓荒者。在改革开放政策的推动下，义乌小商品市场及各地小商品市场迅速发展，成为小商品经营业的重要依托。

几乎在义乌小商品市场崛起的同时，位于九省通衢的武汉正在孕育着新的变化。汉正街是武汉重镇汉口最早的中心街道，明清时繁盛的水陆商埠，早在20世纪初，这里就演变成贸易集散地。1979年9月，武汉市政府决定，恢复这条街中断了数十年的自由商贸传统，重新开放小商品市场。当年便有108位待业青年和社会无业人员经工商登记发证成为个体经营者。

1982年8月28日，《人民日报》发表了一篇题为《汉正街小商品市场的经验值得重视》的社论。认为"应总结、推广其经验，很有现实意义"。社论发表后不久，10月，国家工商行政管理局便在武汉召开了全国小商品市场现场会议，各省、市等工商局代表与会。这个会肯定了汉正街的三条主要经验：允许长途贩运，允许批量经营，允许价格上下浮动。汉正街恢复小商品市场，从流通层面上打破了传统计划经济体制的束缚，创造了"汉正街模式"。几年后，汉正街成为全国最大的小商品批发市场之一，年销售额突破100亿元。

当然，个体私营经济的发展并不是一帆风顺的。在全国个体私营经济发展的初期，许多做法都是不符合当时社会主义经济学理论的，姓"资"姓"社"的争论一直就没有停息过，对个体私营经济的打击和压制，也随着形势的变化时常发生。

按照当时依据马克思《资本论》论述的标准，个体工商户与私营工商业的划分以雇工八人为界限，超过八人为私营企业，未超过的为个体工商户。时称"八上七下"。随着个体经济的发展壮大，不少个体工商户已经突破了国家规定的雇工八人的限额，成为事实上的私营企业主。而雇工现象在各地的出现，立刻引起有关部门的警觉。这是在改革开放环境下社会主义实践中遇到的一个敏感而又复杂的问题，一时间成为思想界、理论界关注的焦点。

当时，在全国引起争论的有两个经营和承包大户，一个是安徽省芜湖市的年广久，一个是广东省高要县的陈志雄。年广久绰号"傻子"，1972年开始炒卖瓜子，由于他博采众长，改进炒作工艺，终于在1981年创制出了风味独特，并以自己绰号命名的"傻子瓜子"。为鼓励个体经济发展，芜湖市政府予以大力宣传和报道，使本已在当地小有名气的"傻子瓜子"日趋火爆起来，"傻子瓜子"的经营规模迅速扩大。1981年，年广久开始雇工经营，雇用10人以上。从1982年10月开始，他先后在芜湖市增设了三个生产点，雇工达60多人。1983年1月，年广久成立了安徽省芜湖市傻子瓜子总厂，雇工最多时达103人。年加工、销售瓜子由几万斤猛增到近千万斤。其自有财产也由几千元增加到几百万元，仅1984年就纳税30多万元。对此，人们议论纷纷，也引起了中央和地方各级领导的关注。

　　另一个引起争议的人物叫陈志雄，他是广东省高要县的农民。1979年承包八亩鱼塘，第二年扩大到105亩。第三年扩大到357亩，雇工的规模也随之扩大，除了常年的5名固定工外，全年需请2300天短工。净收入预计近4万元。

　　对这类经营和承包大户，有些人反对，有些人主张限制或取消。1981年5—9月，《人民日报》就"怎样看待陈志雄承包鱼塘问题"，在报纸上展开了专题讨论。当时人们讨论较多的是陈志雄的"雇工问题"。在讨论中，比较一致的看法是，雇工经营有利于发挥"能人"的作用，即使有一点剥削，也不应大惊小怪。陈志雄在自己的劳动之外确实占有了雇工的一部分劳动，这也是应该承认的客观事实。对此，人们有三种不同的看法：

　　一种意见认为，既然是雇工经营就必然有剥削，而在中国的社会里是不允许雇工剥削的，这是一个大的原则问题。搞专业承包，不能忘了坚持社会主义道路这个根本原则，因而，绝不能允许雇工。

　　第二种意见否认有剥削，认为陈志雄承包的鱼塘是集体的，生产资料公有制没有改变。陈志雄雇人帮他管理鱼塘，这同生产资料私有制条件下的雇工在性质上还是有所不同的。他们之间是平等的劳动伙伴关系，他们的结合，是一种新的劳动组合和协作。陈志雄的收入比雇工高得多，但这种差别是合理的、正当的。对于中国城乡出现的新的经济形式和经营管理方式，应该积极支持。

　　第三种意见认为，应该承认客观事实，陈志雄付给被雇人员的报酬低于他们付出劳动所创造的价值，陈志雄的收入中存在剥削是肯定的。但这种剥削在中国现阶段是应该允许的。因为中国农村经济比较落后，存在着多种经济成分，出现雇工现象也是难免的。要实事求是地对待问题，既不能不承认，也不能简单地加以禁止，只能限制和引导，希望有关部门尽快采取措施，制定出具体政策。

围绕这一问题，国内报刊上不断刊登文章进行讨论。《农村经济丛刊》自 1982 年第 3 辑开始，开展了当前农村雇工经营问题的讨论。国务院、社会科学院等机构也相继组织了调查组，对雇工现象展开各种形式的调研。各省的理论工作者也先后召开了各种形式的座谈会、讨论会。由此可见，理论界从一开始就非常关注并直接介入了对雇工问题的理论研究。当时，讨论的焦点主要集中在雇工经营有无剥削以及今天的雇工经营与资本主义雇工经营有无区别等问题上。

雇工现象的出现，也引起了中央高层领导的高度重视，当时党和国家的主要领导人曾多次发表讲话，明确指出：对于雇工经营"不要采取'戴帽子''割尾巴'等简单取缔的办法"，至于个体经济未来的发展方向，"总的原则应该是：第一，要坚持社会主义；第二，不要走过去的老路。……不能再采取过去那种办集体的办法，走老路，搞来搞去，又是平均主义，吃大锅饭"。要在实践中寻找解决问题的途径，取其利而除其弊。

针对雇工经营上的不同看法，当时国务院总理赵紫阳也明确表态："各种意见都可以讨论，可以动口，不要动手。不要一棍子打死……要调查研究，要沉住气，天塌不了。"同时反复强调：从根本上讲，要从群众的实践创造中解决这些问题，"办法在办公室里是很难想出来的，要从群众中精心去发现好的经验"。

对于一度闹得沸沸扬扬的"傻子瓜子"问题，中央领导的意见是要看一看。1984 年 10 月 22 日，邓小平在一次讲话中针对有些人的担心，明确指出："我的意见是放两年再看。那个能影响到我们的大局吗？如果你一动，群众就说政策变了，人心就不安了。你解决了一个'傻子瓜子'，会牵动人心不安，没有益处。让'傻子瓜子'经营一段，怕什么？伤害了社会主义吗？"

就在雇工争论日益走向高潮的时候，一场更大的风暴随之而来，给刚刚起步的个体私营经济带来了严重的冲击。

1982 年 1 月 11 日，中共中央发出《紧急通知》，传达了中央政治局常委会会议关于对一些干部走私贩私、贪污受贿、把大量国家财产窃为己有等严重违法犯罪行为采取紧急措施的指示。中央政治局常委会会议指出，对于这个严重毁坏党的威信、关系中国共产党生死存亡的重大问题，全党一定要抓住不放，雷厉风行地加以解决。4 月 13 日，《中共中央、国务院关于打击经济领域中严重犯罪活动的决定》向全国公布。该决定尖锐地指出：打击经济领域的严重犯罪活动，进行反对腐化变质的斗争，关系到我国社会主义现代化建设的成败，关系到我们党和国家的盛衰兴亡，这场斗争必然是长期的、持久的。

很明显，中央这次打击经济领域中的严重犯罪活动，主要是针对一些干部在经济发展中参与走私贩私、贪污受贿等违法活动。但在地方上却依照惯性思维把打击范围扩大了。当时温州市委办公室办的《温州工作通讯》上，有一份省政法委向中央政法委和省委报送的材料，说乐清存在反革命活动猖狂、走私贩卖活动猖獗、投机诈骗成风等许多问题。以至中央领导先后批示，要求浙江省委彻底解决温州问题。1981 年 8 月，省委常委、副省长袁芳烈被任命为温州市委书记，他下车伊始，先来到温州最繁华的五马街口。多年以后，袁芳烈回忆说：当时自己有一种强烈的感觉，自己陷入了"敌占区"，这里完全不是社会主义的那一套。

因此，当中央决定打击经济领域犯罪活动的时候，浙江省就把温州作为重点，温州就把乐清划为重点，乐清就把柳市划为重点。根据中央决定里指出的，"对于虽不是严重破坏经济的罪犯，但确实扰乱城乡市场管理、妨害国家物资购销和损害城乡人员利益的人，也要依法查处"的精神，温州"八大王"先后被抓。各地广泛报道后，此案轰动全国。

到年底，温州共揭出并立案审查各类经济犯罪案件 16.4 万多件，判刑近 3 万人。这年柳市镇工业产值比 1981 年下降了 53.8%。浙江对"八大王"的高调讨伐，令全国个体私营企业噤若寒蝉，再没有人敢公然与国有企业抢原料和"扰乱市场秩序"了。经济整肃让私营经济遭遇第一次寒流，大大延缓了它的成长势头，特别是先发的浙南和珠江三角洲地区承受的冲击最为明显。

个体私营经济形势再次转暖，是在 1983 年以后。

（三）个体私营经济从解禁中再生

1983 年，是改革开放以来，政府各部门出台有关个体经济的政策规定最多的一年。4 月，国务院公布了《关于个体工商业户管理费收支的暂行规定》。7 月 25 日，国家工商行政管理局发出《关于城镇合作经营组织和个体工商业户登记管理中若干问题的规定》。8 月 12 日，发出《关于工商行政管理部门向个体工商业户收费问题的通知》。8 月 17 日，财政部发出通知规定，从 1983 年 10 月 1 日起，对个体商贩的工商税收，由批发部门代扣代缴。8 月 23 日，劳动部、国家工商行政管理局、中国社会科学院、全国总工会、共青团中央、全国妇联等部门，在京联合召开安置城镇青年就业先进表彰大会。

1983 年 8 月 30 日，胡耀邦、万里、习仲勋、王震等党和国家领导人在中南海会见了 300 多名出席全国集体经济和个体经济先进代表，并在怀仁堂举行座谈。胡耀邦发表了《怎样划分光彩和不光彩》的长篇讲话，鼓励青年人破除陈腐观念，自谋职业，从事集体和个体劳动，"凡是辛勤劳动，为国家为人民做了贡献的劳动者，都是光彩的。一切有益于国家和人民的劳动都是光荣豪迈的事业"。

胡耀邦之子胡德平，就在此后不久，与志同道合的朋友们发起了关心和资助社会弱势群体的"光彩事业"。这项在全国产生很大影响的公益事业的名称，就是源于他的父亲胡耀邦这次讲话的主题。

由于中央态度鲜明地支持和从正面鼓励个体经济的发展，中国人民银行也于 1983 年 12 月 26 日发出通知，决定自 1984 年 1 月 1 日起，对个体经济比照集体经济的贷款利率（月息 7.2‰）执行。这一年年底，个体工商户发展到 590 万户，比 1983 年增长 126%；从业人员达到 746 万人，比上年增长 133.4%。

当 1984 年到来的时候，体制外的生命又开始勃发。那时，张瑞敏刚接手青岛一家濒临倒闭的集体电器厂厂长。日后，张瑞敏把这家亏损 147 万元的小厂办成了闻名全国、走向世界的家电公司海尔。在北京，柳传志在中关村一间小平房里创办了中国实力雄厚的电脑公司联想集团。日后很多驰骋一时的民营公司都诞生于这一年。后来人们将 1984 年称为中国现代公司的元年。也就是在这一年，温州"八大王"的命运发生改变。1 月，中央发布文件，提倡农村发展商品生产、搞活流通，里面提到，"在工作中要注意划清界限，不可把政策允许的经济活动同不正之风混同起来，不可把农民一般性偏离经济政策的行为同经济犯罪混同起来"。

要贯彻、落实好 1 号文件，首先必须解决"八大王"问题。袁芳烈回忆说：在"左"的目光下，到处是投机倒把、洪水猛兽，但用唯实的眼光看，这八个人是市场经济中先富起来的个体私营经济的代表人物，是农村的希望，是农民的榜样。这个案子，非平反不可。

在袁芳烈授意下，由市政法委牵头，会同公检法三家组成了联合调查组，对"八大王"全案进行复查。调查结果除了发现一些轻微的偷漏税之外，"八大王"的所作所为基本上符合中央精神。

当夜，市委召开乡镇干部以上参加的全市电话会议，在传达了中央 1 号文件的主要精神之后，宣布为"八大王"平反，全部无罪释放，收缴的财物将从国库拨出如数归还。市委希望各级党政领导，勇于清"左"，坚持务实，敢于创新，结合实际，认真贯彻中央 1 号文件，带领老百姓大胆发展商品经济，让党的富民政策在温州大地开花结果。

"八大王"重获自由，郑元忠重操旧业，成立了精益集团，当年就带动柳市低压电器门市部猛增至 1000 多家，从业人员逾 5 万人。短短几年，"精益"电器开关行销全国。郑元忠又整合了十几家公司成立股份制集团，年产值超过 10 亿元，成为改革创业的风云人物。

这一年，温州开始走上以"小商品、大市场；小规模、大协作；小机器、大动力；小能人，大气魄"为主要特征的经济发展之路，到 1985 年，全市已有 80 多万农村劳动力离开耕地，转向经营家庭办和联户办的工业、商业、交通运输业和其他服务行业，家庭工业企业达 13.3 万家，被称为"中国农民经济史上的一个创举"。经媒体报道后，开始有了著名的"温州模式"这一说法。数年后，与温州模式大同小异而发展起来的浙商，已成为全国"人数最多，分布最广，实力最强，影响最大"的投资者、经营者群体。

1984 年 10 月 20 日，中共十二届三中全会通过的《中共中央关于经济体制改革的决定》，这标志着中国的改革重点由农村转向城市。在论述到国有经济的改革的时候，该决定特别强调了个体经济的作用，指出："我国现在的个体经济是和社会主义公有制相联系的，不同于和资本主义私有制相联系的个体经济，它对于发展社会生产，方便人民生活，扩大劳动就业具有不可替代的作用，是社会主义经济必要的有益的补充，是从属于社会主义的"。该决定还要求"为个体经济的发展扫除障碍，创造条件，并给予法律保护"。

　　该决定的出台，不仅使个体私营经济抬起头，更是给了他们施展手脚的信心。到 1985 年，全国个体工商户达到 1171 万户，从业人员 1766 万人，注册资本 169 亿元。其中有戴着个体工商户"小帽子"的私营工商户，有的私营企业则戴着集体经济的"红帽子"，真正在工商部门登记注册的私营企业的数字并不多。尽管中国个体私营经济还处在成长的初期阶段，但它们在发展生产、繁荣经济上表现的生机和活力，在增加财政税收、吸纳社会就业等方面所起的重要作用，已经不容置疑地显示出来。

第六章　改革领导体制和恢复民主与法制

一、党的组织建设的恢复与加强

中国共产党是一个全国范围的执政党。中国的改革开放和社会主义现代化建设事业以及其他各项事业的推进，关键在于要有党的正确而有力的领导。因此，加强党的自身建设，充分发挥党的核心领导作用，在新的历史时期是首要的大事。然而，党在长期革命和建设过程中形成的优良作风和传统，在"文化大革命"中却遭到林彪、"四人帮"一伙的疯狂破坏，党在人民群众中的威信有所下降，党的队伍面临着个人主义、派性、无政府主义等思想腐蚀的现实危险。显然，这种状况，是不适应改革开放和社会主义现代化建设需要的。

（一）恢复党的民主集中制等优良传统作风

"文化大革命"结束后，党的建设面临的一项紧迫任务是，抓紧处理积压的各种案件，平反冤假错案，进一步落实党的干部政策和知识分子政策，加强对党员的纪律教育，把被"四人帮"破坏的党风端正过来，开创社会主义现代化建设所需的安定团结的政治局面。根据形势的这一需要，党的十一届三中全会着重强调要纠正一切不符合党的民主集中制和集体领导原则的做法，健全党规党纪，整顿党风，并决定恢复被取消多年的纪律检查机构，重新成立中共中央纪律检查委员会。

1979 年 1 月，刚刚恢复成立的中央纪律检查委员会召开第一次全体会议。陈云在会上指出：充分恢复和发扬党内民主和党的实事求是、群众路线和自我批评的优良作风，"这是一件大事。这件大事对于党的工作着重点从今年起转移到社会主义现代化建设上来，对于党内安定团结，有十分重要的意义"。会后，为尽快健全党规党纪，切实搞好党风，中央纪律检查委员会开始着手制定《关于党内政治生活的若干准则》。同年 9 月 29 日，叶剑英代表党中央在庆祝中华人民共和国成立 30 周年大会上强调："必须在党内生活和国家生活中充分发扬民主，在各级组织中坚持民主集中制，实行集体领导。……从党的领导者到每个党员，从国家领导人到每个公民，在党纪和国法面前人人平等，绝不允许有不受党纪约束的特殊党员和不受法律约束的特殊公民，绝不允许有凌驾于党纪国法之上的特权。"① 11 月 2 日，邓小平在中央党、政、军机关副部长以上的干部会议上作报告时，要求党的高级干部带头发扬党的优良传统，把中国共产党的艰苦朴素、密切联系群众的传统作风很好地恢复起来，坚持下去。11 月 13 日，中共中央、国务院下发了《关于高级干部生活待遇的若干规定》，对涉及高级干部生活的十个方面做出明确规定。

1980 年 2 月 23 日至 29 日，党的十一届五中全会围绕加强和改善党的领导，发扬党的优良传统这一主题，着重解决了三个方面的问题：一是决定恢复设立中央书记处，作为中央政治局及其常务委员会领导下的经常工作机构，使中共中央形成中央书记处、中央政治局和中央政治局常委会三个层次的领导体制，改变权力过分集中的现象；二是讨论了《中国共产党章程》（修改草

---

① 中共中央文献研究室编：《三中全会以来重要文献选编》（上），人民出版社 1982 年版，第 215 页。

案），对党员条件重新做出严格规定，进一步完善了民主集中制的内容，特别是增加了废除干部领导职务实际上存在的终身制的有关内容；三是讨论通过了《关于党内政治生活的若干准则》。该准则共包括十二条内容：（1）坚持党的政治路线和思想路线；（2）坚持集体领导，反对个人专断；（3）维护党的集中统一，严格遵守党的纪律；（4）坚持党性，根绝派性；（5）要讲真话，言行一致；（6）发扬党内民主，正确对待不同意见；（7）保障党员的权利不受侵犯；（8）选举要充分体现选举人的意志；（9）同错误倾向和坏人坏事做斗争；（10）正确对待犯错误的同志；（11）接受党和群众的监督，不准搞特权；（12）努力学习，做到又红又专。这十二条准则总结了全党长期以来处理党内关系的经验教训，特别是"文化大革命"十年的教训，是对党章的具体补充。

　　加强党的建设关键是解决好党的干部问题。对此，党中央着重从两个方面着手解决干部方面的问题。一是加强对干部的考核；二是加大对中青年干部的培养和选拔。在干部考核方面，1979 年 11 月，中央组织部印发了《关于实行干部考核制度的意见》，要求各地在试点的基础上，务求在两三年内把干部考核制度建立起来。在对中青年干部的选拔和培养方面，1981 年 5 月 8 日，陈云撰文提出，提拔培养中青年干部是当务之急，要求从现在起，着手提拔培养中青年干部。6 月 8 日，他又召集中央组织部等部门负责人专门研究老干部离退休问题，并提出要制定干部离退休条例。7 月 2 日，邓小平在省、市、自汉区委员会书记座谈会上指出，陈云关于提拔培养中青年干部和老干部离休退休这两条建议，十分迫切，十分重要，并要求老干部要把这个问题当作第一位的任务来解决。在邓小平和陈云等老同志的推动下，一大批德才兼备、年富力强的中青年干部陆续走上重要领导岗位，与此同时，许多老干部主动离休、退休或退居二线。1981 年底到

1982 年 6 月，中央国家机关率先开始进行机构改革。随后，省、地、县三级也相继进行机构改革。经过这次改革，各级领导班子得到大幅度精简，实际存在的干部领导职务终身制现象开始改变，干部队伍的"四化"建设取得初步成效。

恢复党的优良传统和作风，进一步加强党的建设，关键的是要有一部好的党的根本大法。从 1979 年冬开始，经过几年的调研、讨论和起草修改，1982 年党的十二大正式通过了修改后的新党章。新党章清除了十一大党章中"左"的错误，继承和发展了七大党章和八大党章的优点，同时还做出了一系列新的规定。根据新党章的有关规定，十二大报告强调要按照新党章的要求，努力把党建设成为领导社会主义现代化事业的坚强核心，当前必须着重解决好的任务是：健全党的民主集中制，使党内政治生活进一步正常化；改革领导机构和干部制度，实现干部队伍的革命化、年轻化、知识化和专业化；加强党在工人、农民、知识分子中的工作，密切党同群众的联系；有计划有步骤地进行整党，使党风根本好转。大会决定从 1983 年下半年开始，对党的作风和党的组织进行一次全面整顿，以适应新的历史时期的特点和需要。

（二）中共中央纪律检查委员会的重新设立

在党的十一届三中全会上，有许多同志在发言中大声疾呼，要整顿党风，严肃党纪。他们认为，这是一个关系到党和国家的命运并关系到四个现代化成败的大问题，切不可等闲视之。为此，十一届三中全会根据大家的意见，讨论了一系列加强党的建设的措施，决定健全党规党纪，并决定恢复被取消多年的纪律检查机构，重新成立中共中央纪律检查委员会，还明确提出，纪律检查委员会的根本任务，就是维护党规党纪，切实搞好党风。

为了具体落实十一届三中全会提出加强党风建设的任务，中共中央纪律检查委员会于 1979 年 1 月 4 日至 22 日举行了首次全体会议。会议着重研究了维护党规党纪，搞好党风的问题。中纪委第一书记陈云在会上讲话指出：党的中央纪律检查委员会的基本任务，就是要维护党规党纪，整顿党风。中纪委第二书记邓颖超在讲话中指出：如果中国共产党没有严格的纪律来巩固它的战斗力，使它步调一致，就不可能完成它担当的任务。中纪委常务书记黄克诚讲话指出：中央纪律检查委员会是党中央维护党规党纪和整顿党风的一个重要助手，要同败坏党风的人、组织和现象做斗争。会议经过讨论，明确规定：党的纪律检查工作的基本任务是，维护党规党纪，保护党员的权利，发挥党员的革命热情和积极性，同一切违反党纪、破坏党的优良传统的不良倾向作斗争，切实搞好党风。

这次会议在总结历史经验教训的基础上，围绕如何维护党规党纪、搞好党风进行了讨论，并拟定了《关于党内政治生活的若干准则（草稿）》；制定并通过了《中共中央纪律检查委员会关于工作任务、职权范围、机构设置的规定》。会议根据当前党的组织状况，强调当前应着重抓好对党员的纪律和作风教育。要使每一个党员都认识到：中国共产党是执政党，党纪不严明，国法就很难生效，加强法制就会成为一句空话；党员作风不正，就会直接影响人民群众的利益，党的正确路线就不能得到贯彻。

在中央纪律检查委员会成立后，各省、自治区、直辖市党委很快陆续恢复了各自的纪律检查机构，并且边建立组织，边开展工作，克服了不少困难，排除各种干扰。到 1979 年 8 月时，福建、内蒙古、湖北、广东、安徽、天津、北京等 20 个省、自治区、直辖市党委纪律检查委员会相继成立，共收到来信和接待来访 49 万多件（次）。这些来信来访者所提出的问题，已经处理的和正在处理的约占 90%，其中包括党员违纪案件 3.44 万起。

为了消除部分高级干部生活特殊化的现象，恢复党的艰苦奋

斗的传统作风，中纪委于 1979 年 11 月会同有关方面共同起草了
《关于高级干部生活待遇的若干规定》，重申了"文化大革命"
前一些行之有效的章程，中共中央准备以此为开端，再逐步做出
关于各级干部的生活待遇问题的一些规定，由高级干部带头，逐
步克服干部特殊化现象。

11 月 2 日，邓小平在中央党、政、军机关副部长以上干部会
议上，作了《高级干部要带头发扬党的优良传统》的报告。他
说：为了整顿党风，搞好民风，先要从高级干部整起。实行《关
于高级干部生活待遇的若干规定》会带来很多好处，首先官僚主
义自然而然会减少一些。这个规定一经中央和国务院下达，就要
当作法律一样，坚决执行。中国的历史经验是，越是困难的时
候，越要关心群众，不仅不搞特殊化，而且要同群众一块吃苦，
任何问题都容易解决，任何困难都能够克服。现在需要全国的干
部，首先是高级干部起模范带头作用，把中国共产党的艰苦朴
素、密切联系群众的传统作风很好地恢复起来，坚持下去。11 月
13 日，中共中央、国务院下发了《关于高级干部生活待遇的若
干规定》（简称《规定》）。《规定》本着既反对领导干部生活特
殊，又反对平均主义的原则，根据国家经济情况并保证工作需要
对中央机关、国家机关和各人民团体的高级干部的宿舍，房租和
水电费，家具和生活用具，交通工具，服务人员，出差，出国和
外出休养，文化娱乐等十个方面的生活待遇做出具体规定，要求
各有关部门必须严格执行；高级干部应自觉遵守。今后凡违反规
定的，要进行批评教育；对错误严重，情节恶劣的，应给予纪律
处分。

1980 年 1 月 7 日至 25 日，中共中央纪律检查委员会第二次
全体会议再次讨论和修改了《关于党内政治生活的若干准则》。
会议规定，把协助各级党委监督、保证该准则以及《关于高级干
部生活待遇的若干规定》的贯彻执行，作为纪律检查工作的重要

任务。

同年 2 月，中共十一届五中全会通过了《关于党内政治生活的若干准则》。3 月 15 日，正式向全党公布了这个准则。中共中央指出：该准则是党的重要法规，全体党员要认真学习，自觉遵守，排除各种干扰和阻力，把维护党规党纪，切实搞好党风这件关系到党和国家前途和命运的大事做好。

该准则公布后，中纪委多次召开座谈会，为促进该准则的贯彻施行，排除了种种干扰。陈云提出了"执政党的党风问题是有关党的生死存亡的问题"的重要论断，发人深省。各级纪委和党委也都依照该准则的规定，做了大量工作。

（三）解决党的干部队伍新老接替问题

加强党的建设的另一个方面是从组织上加强干部队伍建设。在全党的工作重点转移到经济建设上来后，新的形势对各级干部提出了更高的要求，需要全面提高党的干部队伍的素质。党的十一届三中全会以后，中共中央把党的干部队伍建设列入了重要议事日程，并为此进行了坚持不懈的努力。

在加强干部队伍建设的过程中，一批老一辈革命家和在拨乱反正中做出重大贡献的人先后进入了中央领导机构，加强了中央的领导力量。在十一届三中全会上，增选陈云为中央副主席、邓颖超、胡耀邦、王震为中央政治局委员。1979 年 9 月，中共十一届四中全会又增选了薄一波等 12 位老同志为中共中央委员。1980 年 2 月，中共十一届五中全会又把胡耀邦、赵紫阳增选为中央政治局常委，并决定重新设立中央书记处，万里、王任重、方毅、谷牧、宋任穷、余秋里、杨得志、胡乔木、胡耀邦、姚依林、彭冲为中央书记处书记；胡耀邦为中央书记处总书记。上述人事变动，有利于保证十一届三中全会的路线、方针和政策的贯彻。

干部队伍建设的另一个内容是搞好干部队伍的新老合作和交替。1979 年 7 月至 8 月，邓小平在视察山东、上海、天津等省市时，沿途反复强调要解决好接班人问题。他指出：现在党的思想路线和政治路线已经确立，但组织路线问题还没解决。解决组织路线，最大的问题，也是最难、最迫切的问题，是选好接班人。这是摆在老同志面前的任务，这个问题解决不了，我们见不了马克思。1979 年 9 月 29 日，叶剑英在国庆 30 周年大会上讲话时，也强调了各级领导班子的建设问题，他指出：一定要选拔新的优秀分子来充实和加强各级领导班子，使党组织状况同实现四个现代化的政治任务相适应。要认真总结过去在干部选拔方面的经验教训，下决心在一定时期内，把大批经过实践考验，得到群众拥护的年富力强的优秀干部提拔到领导岗位上来。他还具体提出了选拔接班人的三条标准：一是坚决拥护党的政治路线和思想路线；二是大公无私，严守法纪，坚持党性，根绝派性；三是有强烈的革命事业心和政治责任心，有胜任工作的业务能力。同年 11 月 2 日，邓小平在中央党、政、军机关副部长以上干部会上，再次指出：现在中国面临的问题，是缺少一批年富力强的、有专业知识的干部。而没有这样一批干部，四个现代化就搞不起来。

1980 年 2 月，中共十一届五中全会重新成立了中央书记处，以此作为中央领导集体交接班的一种形式。叶剑英在全会指出：重新建立书记处，既是组织上拨乱反正，恢复中国共产党的传统，又是适应新时期的需要，为接中央领导集体的班做准备。这件事在国内外都有很大影响，它向世界表明：中国共产党是后继有人的。邓小平在会上继续强调：当前最重要的还是选好接班人，从中央起，各级党委、特别是老同志，一定要时刻不忘严肃地对待这个问题，承担起这个庄严的责任。这个问题很实际又很紧迫。同年 8 月，邓小平在中共中央政治局扩大会议上，又进一步提出了逐步实现各级领导人员的革命化、年轻化、知识化、专业化。这种对干部"四化"的要求被中共中央所采纳，成为全党选拔接班人的标准。

此后，邓小平和陈云等人几乎一有机会就提醒老同志，强调培养和选拔接班人问题的重要性，而且越讲越尖锐、越紧迫。

在干部新老交替的过程中，不少老同志以党和人民的利益为重，起到了很好的表率作用。1980年下半年，水电部原部长刘澜波力排众议，不顾各方阻力，多次推荐年纪较轻、文化程度较高的水电专家李鹏担任电力部长，自己要求退居二线。他的推荐最后终于获得通过。刘澜波的这一态度和做法，在党内产生了强烈反响，受到了许多人的称赞，他被誉为"开明之士"。邓小平、陈云都号召老同志向他学习。

1982年2月20日，中共中央出台了《关于建立老干部退休制度的决定》。此后，一批老干部根据中央的精神，主动离休、退休或退居二线。到1982年底，中共中央直属机关和中央国家机关已有7260多名老干部办理离休手续，占应离休人数的81%。与此同时，一批经过考验的中青年干部纷纷走上领导岗位。到1982年6月底，在中共中央和国务院各部门的新的领导班子中，新选拔的中青年干部占66%。领导班子的平均年龄由64岁降到60岁。当然，这些成绩还只是初步的。全党干部年轻化的问题还需要一个较长的过程才能解决。

二、党和国家领导体制改革的起步

党的十一届三中全会以后，中国改革的内容和任务包括两个方面，一是进行经济体制改革；二是进行政治体制改革。在探索经济体制改革的同时，党和国家也开始探索政治体制改革的问题，以适应中国经济体制改革和现代化建设的需要。

（一）党和国家领导体制改革任务的提出

新中国成立以后，中国随着社会主义制度的建立，也逐渐构筑起了一套新的政治体制。这套体制基本上是照搬苏联的管理模式建立起来的，是适应计划经济需要的。在一段时间内，它对中国经济建设和社会管理发挥过积极的作用。但是，它也有很大的弊端。中国社会主义建设中的失误，特别是"文化大革命"这样大的内乱的发生，与这套政治体制有着很大的关系。在新的历史时期，面临着改革开放和社会主义现代化建设的历史任务，中国共产党深刻地总结了历史经验，反思了原有政治体制中所存在的弊端，深切地认识到，没有民主就没有社会主义现代化，在进行经济体制改革的同时，也必须进行政治体制的改革，首先是进行领导体制的改革。

根据这种认识，1978 年 12 月发表的十一届三中全会公报就指出：实现四个现代化，要求大幅度地提高生产力，也就必然要求多方面地改变同生产力发展不相适应的生产关系和上层建筑；要改革中国的管理体制，认真解决党政企不分，以党代政、以政代企的现象。这个公报还指出：社会主义现代化建设需要集中统一的领导，但是必须有充分的民主，才能做到正确的集中，而为了保障人民民主，就必须加强社会主义法制，使民主制度化、法律化。尽管这一认识是初步的、肤浅的，但它却是新时期中国共产党对于政治体制改革必要性认识的开始。

党的十一届三中全会增选陈云、邓颖超、胡耀邦、王震等为中央领导人，又成立了中央纪律检查委员会，这是改变权力过分集中于个人或少数人的局面，加强集体领导体制和建立监察制衡机构的第一个举措。

1979 年 6 月，第五届全国人民代表大会第二次会议召开。会议制定并通过了《中华人民共和国地方各级人民代表大会和地方各级人民政府组织法》《中华人民共和国全国人民代表大会和地方各级人民代表大会选举法》《中华人民共和国人民法院组织法》《中华人民共和国人民检察院组织法》《中华人民共和国刑法》《中华人民共和国刑事诉讼法》和《中华人民共和国中外合资经营企业法》等7部重要法律。这些法律中做出了一系列新的规定，是使中国人民民主走向制度化、法律化的重要步骤。

在恢复与加强民主和法制建设的同时，中国共产党领导的多党合作制度也得到了恢复和发展。1979年10月11日至22日，各民主党派和工商联分别举行代表大会。根据全国工作重点转移到社会主义现代化建设上来的新形势，这些代表大会都要求各自的成员和所联系的人士，坚持四项基本原则，同全国人民一道担当起国家主人翁的责任，为实现祖国的现代化，为实现祖国统一大业献力献策，发挥自己的作用。各民主党派还对各自的章程进行了修改，并改选了各自的中央领导机构。同年10月19日，邓小平在政协全国委员会和中共中央统战部举行的招待会上发表讲话强调，在中国共产党的领导下，实行多党派的合作，这是中国的具体历史条件和现实条件所决定的，也是中国政治制度中的一个特点和优点。"长期共存，互相监督"，这是一项长期不变的方针。

从1980年开始，中国共产党采取进一步的措施改革自身的领导体制。1980年2月召开的中共十一届五中全会上，为改变权力过分集中于少数人甚至个人的局面，决定重新设立中央书记处，作为中央政治局和它的常务委员会领导下的经常工作机构。

中央书记处的设立，使中共中央形成了中央书记处、中央政治局和中央政治局常委三个层次的领导体制，在一定程度上起到分权和制约的作用。这样做的好处是，中央书记处处于第一线，中央政治局和政治局常委处于第二线，既有利于解决接班人问题，同时从战略上考虑，如果哪一个环节上出了问题，不会影响全局，比较能够经得住风险。

这次全会通过的《关于党内政治生活的若干准则》，也规定了一些新的制度，其中着重强调了党的集体领导制度，反对个人专断和个人崇拜；强调保障党员的权利，发扬党内民主；强调党内真正实行民主选举，选举要充分体现选举人的意志；强调领导干部要接受党和群众的监督，不准搞特权等等。

这次全会讨论的《中国共产党章程（修改草案）》也明确规定不搞实际上存在的领导职务的终身制，共产党的组织和党员都必须在宪法和法律的范围内活动等内容。

（二）政治体制改革思想的酝酿

改革党的自身领导体制，目的是为了把党建设的更加强大。然而，在如何加强党的领导问题上，党内存在着分歧。这种分歧的一种反映，是关于"兴无灭资"与"清算封建遗毒"两个口号的争论。一些人坚持认为，当前的主要危险是资产阶级"自由主义思想"，由此，重新提出了"兴无灭资"的口号。另一些人认为，从大量事实看出，党内生活和制度中存在着个人崇拜、家长制、等级制度、特殊化、官僚主义种种严重弊病，它的根源就是几千年来的封建主义影响没有肃清。这种影响不肃清，难免"文化大革命"不再发生。因此，当前的主要问题不是清算资产阶级思想，而应当是"清算封建遗毒"。

当面向邓小平表示不赞成再提"兴无灭资"口号的是李维汉。1980年5月24日上午，李维汉与邓小平长谈两个多小时，陈述了他的有关想法。

5月31日，邓小平在同胡乔木、邓力群的谈话中谈到了他同李维汉谈话的主题。邓小平说：前几天李维汉同志来找我，从"兴无灭资"谈起，谈了两个多小时。我看这个口号有缺点，不完全。这个口号宣传不要过分，要正确解释，其中包括内容和做法。李维汉同志主要讲了一个问题：我们思想战线上最重要的任务还不是批判资产阶级思想，而是肃清封建主义影响。李维汉同志认为，中国封建社会很长，封建主义在社会生活中，在广大人民群众中，有很深的传统，在党内也有很大的影响。对它的影响不能低估。民主革命取得了胜利，封建剥削制度消灭了。反封建主义的任务并没有完成。我们的人民，我们的党受封建主义的害很重；但是一直没有把肃清它作为一个重要任务来对待。李维汉同志说，他希望现在的党中央能完成这个任务。李维汉同志的意见很好，很值得重视。比如家长制，这在我们党内是有传统的。陈独秀后期搞家长制就很厉害。那时候选了 8 个大秘书，报到的只有我一个。每次中央开会我都参加。开起会来，不管别人怎么讲，都是他一个人说了算。党内一些同志说，他是"老头子"。"老头子"说的话才算数，你照办就是了。瞿秋白同志管了一段事，态度比较温和，不过时间很短。接着是向忠发，实际上是李立三同志管事，家长制也是很厉害的。废除领导职务终身制、领袖终身制问题，我们这代人活着的时候非解决不可。党内生活、社会生活都要肃清封建主义的影响。各种制度都要从肃清封建主义影响的角度去考虑，逐步加以改革。李维汉同志建议我在十二大讲话专门讲一下肃清封建主义影响的问题。我看，这个意思首先要体现在若干历史问题的决议中。

从这次谈话看，对于李维汉提出肃清封建主义影响的话题，邓小平是严肃对待的。在他看来，这不是一个局部的问题，党内生活、社会生活都有这样一个任务。当然，邓小平关注的重点还是党内生活，特别是党的领导制度，他提出"各种制度都要从肃清封建主义影响的角度去考虑，逐步加以改革"，废除领导职务终身制、领袖终身制问题在"我们这一代人活着的时候非解决不可"。也就是说，必须从制度上解决问题。

也在思考同样问题的胡耀邦，听到李维汉、邓小平两位老人的谈话内容后，十分高兴。后来，他去找叶剑英征求意见，叶剑英也表示支持。由于有邓小平的谈话和叶剑英的明确态度，胡耀邦考虑采取一些切实步骤来解决这个问题。1980 年 6 月 10 日，中共中央政治局常委召开会议，讨论政治体制改革问题。在会上，胡耀邦提出，肃清封建主义影响要从两个根本问题上考虑：一是制度问题；二是思想与理论问题。他说：从制度上说，世界的社会主义革命，苏联十月革命到现在，已经 63 年了，从中国自己讲是 30 年了，革命成功以后，一些国家制度也没有搞好，权力过分集中，终身制，"铁饭碗"，能上不能下，什么事情都叫一把手点头，一把手不点头就办不了。这个问题必须从制度上下决心解决。

6 月 11 日，胡耀邦在中宣部召开的理论座谈会上传达了中共中央政治局常委讨论的意见。首都理论界为之鼓舞，认为这是继关于真理标准问题讨论后又一个意义更为深远的思想解放新课题，也是中国进入改革时代的理论准备。接着，中央关于肃清封建主义影响和进行制度改革的决策在全国范围内传开了。引起各界强烈反响。多数舆论是拥护的，也有抵触和恐慌。6 月 24 日，中央纪委召开国家机关各部委贯彻《关于党内政治生活的若干准则》座谈会。胡耀邦到会讲话。扫除封建意识成为会议的主题。与会者提出，很多不正之风都同封建意识有关，如干部制度上实际存在的终身制，个人迷信，任人唯亲，一言堂，阿谀奉承，搞特权，等等。这些封建意识不清除，党的优良作风难以恢复发扬，社会风气也难以带好。

为了进一步推动反对封建主义活动，6 月 22 日，李维汉给胡耀邦、胡乔木写了一封信，信中说：关于封建主义问题，我曾建议小平同志对毛泽东思想科学体系补上这一课，并认为可利用十二大召开的机会进行。因为这个问题已经传开，我想可否在 8 月人大、政协开会期间，请小平同志在政协闭幕时作个演讲，谈谈，经过两个会议讨论和作为文件发下去，可以掀起舆论，并为十二大进一步阐述这个问题作为思想准备（我想十二大党章报告中将做必要的阐述）。

尽管李维汉的提议后来并没有通过，但是肃清封建主义影响和制度改革的消息已经在全国流传，人们特别是知识界对此反响强烈。理论界已经有人根据李维汉和邓小平的谈话精神撰写肃清封建主义影响的文章。7月18日，《人民日报》发表特约评论员文章《封建主义思想遗毒应该肃清》。文章提出："为了排除四化建设的障碍，必须充分估量封建主义思想对我国社会生活，特别是党内生活的影响，并把肃清封建主义思想影响的斗争提到应有的战略地位上来，决不能对它掉以轻心。"文章转达了胡耀邦关于从思想教育和制度改革两方面来肃清封建主义思想影响的想法。

7月30日，中共中央发出《关于"少宣传个人"的几个问题的指示》，指出当前一些歌颂和纪念领导人的活动仍然过于突出个人，不但造成浪费，脱离群众，而且不利于"扫除封建主义遗毒"。要求报纸上要多宣传工农兵和知识分子，"少宣传领导人个人的没有重要意义的活动和讲话"。这份文件的旨意是要"扫除封建主义遗毒"。

（三）党和国家领导制度改革纲领的制定

后来的情况表明，邓小平接受了李维汉关于肃清封建主义影响的意见，但没有单纯地提出这个问题，而是把它当作推进领导体制改革的一个动员口号。当然从这时总的形势看，领导体制改革的上下呼声也的确很高。党的十一届五中全会以后，全党对《中国共产党章程（修改草案）》和《关于党内政治生活的若干准则》进行了广泛的讨论。与此同时，全国人大五届三次会议也正在筹备之中。人民群众对党和国家领导体制的改革十分关注。

在这种情况下，中共中央政治局于 1980 年 8 月 18 日至 23 日举行了扩大会议，讨论党和国家领导制度的改革及其有关问题。

在这次会议上，邓小平代表中共中央政治局常委作了《党和国家领导制度的改革》的重要讲话。讲话对中国政治体制改革的核心，即党和国家领导制度的改革问题进行了全面论述，系统阐明了改革的必要性和目的，现行制度中的弊端和产生的原因，以及怎样进行改革等重大问题。

邓小平首先指出，十一届五中全会决定成立中央书记处，是改革党中央领导制度的第一步，这次中央政治局常委建议的国务院领导成员的变动，将是改革政府领导制度的第一步。调整国务院领导成员应遵循四条原则，即：权力不宜过分集中；兼职、副职不宜过多；着手解决党政不分、以党代政的问题；从长远着想，解决好交接班的问题。中央的这些考虑，是为了对党和国家的领导制度进行必要的改革。

邓小平在讲话中，从领导制度改革与现代化建设的关系、同国家长治久安的关系等角度论述了改革的必要性。他指出，之所以要改革，是因为在党和国家现行的一些具体制度中，还存在不少的弊端，妨碍甚至严重妨碍社会主义优越性的发挥，如不认真改革，就很难适应现代化建设的迫切需要，中国共产党就要严重地脱离广大群众。如果不坚决改革现行制度中的弊端，过去出现过的一些严重问题今后就有可能重新出现。他强调说，只有对这种制度上的弊端进行有计划、有步骤而又坚决彻底的改革，人民才会信任中国共产党的领导，才会信任党和社会主义，中国共产党的事业才有无限的希望。

邓小平还具体列举了中国现行领导制度中存在的一些弊端，以及存在的原因。他说，存在于党和国家领导制度和干部制度中的主要弊端是官僚主义现象，权力过分集中的现象，家长制现象，干部领导职务终身制现象和形形色色的特权现象，其中权力过分集中，是现行制度弊端中的总病根。权力过分集中于个人或少数人，就使少数有权的人负担过重，必然造成官僚主义，损害各级党和政府的民主生活，从而犯各种错误。中国存在的官僚主义现象，又是同中国实行中央高度集权的管理体制有着密切关系，各级领导机关管了很多不该管、管不好和管不了的事。家长制则是权力集中于一人，破坏民主生活的产物。干部领导职务终身制，是指某人不仅过分集权于一时，而且集权于终身。所谓特权现象，是说权力过分集中到法律和制度都无法管的程度，可见，权力过分集中是派生各种弊端的带根本性的弊端。邓小平认为这些弊端的存在，有其历史的原因：一是中国封建社会历史特别长，封建专制主义对我们有很深的影响；二是共产国际时期实行各国党的工作中领导者个人高度集权的传统，对我们也有影响。

邓小平在讲话中提出了对党和国家领导制度实行改革的六项重大措施。这些措施主要包括：（1）建议修改宪法，切实保证人民享有当家做主的各项权利，不允许权力过分集中的原则将在宪法中体现出来；（2）建议设立党中央顾问委员会，连同中央委员会都由党的全国代表大会选举产生，并明确划分各自的任务和权限；（3）要真正建立起从国务院到地方各级政府从上到下强有力的工作系统，认真解决党政不分的问题；（4）要有准备有步骤地改革党委领导下的厂长、经理负责制，分别实行工厂管理委员会、公司董事会、经济联合体的联合委员会领导和监督下的厂长负责制、经理负责制，并实行院长、所长负责制；（5）各企业事业单位普遍成立职工代表大会或职工代表会议；（6）要求各级党委真正实行集体领导和个人分工负责相结合的制度。

邓小平的这篇讲话，成为了改革党和国家领导制度的根本纲领。此后，中央政治局扩大会议对党和国家领导制度改革问题进行了认真讨论。与会者一致同意邓小平讲话的内容，并分别发表了自己的意见和看法。他们认为，邓小平的讲话提出要改革党和国家领导制度，这是个全新的问题，过去谈论多年重要原因，但都没有像邓小平这次讲话从现行具体制度上找弊端，归结为需要改革党和国家的领导制度，这就抓住了解决问题的关键和根本，把我们的思想认识打开了。只有这样从制度上提出问题和解决问题，才能克服集权过多、家长制、官僚主义等弊端，才能开创出扩展社会主义民主的新路子。

一些与会者还提出，为了解决权力过分集中、兼职副职过多、以党代政的问题，必须向全国人民代表大会建议，华国锋不再兼任国务院总理，由赵紫阳接替。华国锋一身兼任中共中央主席、中央军委主席和国务院总理，就时间和精力来说，一人也难以挑起这三项重任。其次，建议邓小平、李先念、陈云、徐向前、王震、王任重等老革命家不再兼任国务院副总理。这次会议通过了邓小平的讲话，并将其发至全党。

这次中共中央政治局扩大会议，是 80 年代中国政治体制和机构改革由浅层向深层发展的一个重要转折点。

这次扩大会议结束后，党和政府从 1980 年 10 月至 1982 年底为逐步消除权力过分集中这个总弊端，相继采取了若干措施。

（四）解决权力过分集中问题

1980 年 8 月 30 日至 9 月 10 日，召开了五届人大第三次会议。会议接受中共中央关于调整国务院领导成员的建议，决定当时身兼国务院总理的华国锋，不再担任国务院总理职务，由赵紫阳接任；同意邓小平、李先念、陈云等老革命家不再兼任国务院副总理和人大常委会副委员长的辞职请求，另由适当的人选担任。这就从中央政府机构着手，自上而下地逐步改变党政领导干部兼职、副职过多的状况。这是改革党政权力过分集中于少数甚至个别领导干部的体制所迈出的重要一步。这次会议，还做出了修改《中华人民共和国宪法》的决议，要求修改后的宪法，要体现改变权力过分集中的状况，切实保障人民民主权利的原则。

此后，1982年11月召开的五届人大五次会议，通过了《中华人民共和国宪法》《中华人民共和国全国人民代表大会组织法》《中华人民共和国国务院组织法》《中华人民共和国地方各级人民代表大会和地方各级人民政府组织法》等重要文件，按照党政分权的要求，扩大了全国人大常委会的立法等职权，恢复设立国家主席和副主席，并规定国家领导人连续任职不得超过两届；设立国家的中央军事委员会，领导全国武装力量，按照增加地方权力的要求，将原"地方组织法"规定省、自治区、直辖市的权力机关有权力制定地方性法规，扩大为省、自治区的人民政府所在地的市和国务院批准的较大的市的人大常委会，也可以制定本市需要的地方性法规草案，提请省、自治区的人大常委会审定制定。这些规定的实施，有利于加强省市人民代表大会作为地方权力机关的职权。

此外，在基层也进行了改革，主要是由选民直接选举县级人民代表，再在代表中选出县人大常委会和人民政府的领导人。到1980年上半年，全国除北京市外，有28个省、自治区、直辖市的460个单位进行了县级直接选举试点。到1981年，全国完成了县级直接选举任务。这是中国选举制度和地方政权建设的一大改革，是改进和完善中国人民代表大会制的重大措施。

与此同时，从1980年起，中国在少数企业中分别试行厂长负责制和公司董事会领导下的经理负责制等新的领导制度。新的企业领导制度，使企业中的党组织能够摆脱行政和经济事务，集中力量抓大政方针的贯彻，做好职工的政治思想工作，初步解决党政企分开的问题。1981年7月，中共中央和国务院又转发了《国营工业企业职工代表大会暂行条例》。在转发的通知中明确指出，改革企业的领导制度，是改革党和国家领导制度的一个重要组成部分。这一改革的基本内容是：发挥共产党的领导作用，特别是加强和改善党对企业的思想政治和方针政策的领导；发扬职工群众主人翁的责任感和当家做主的积极性，实行民主管理；企业的生产、行政工作由厂长（经理）负责统一指挥。这项改革各地经过试点后，有步骤地加以实施。

从1980年至1982年上半年，中国还在四川省的广汉、邛崃、新都3县，进行撤销政社合一的人民公社，实行党政企分开的改革试验。到1982年6月，这项大胆试验已取得了改革旧的农村基层体制、取消人民公社、形成党政企分开新体制的成效，克服了原来存在的"党政企不分""以党代政""一平二调"等弊端，初步达到了用经济手段管理经济，促进农村生产发展，加强农村基层党政工作的目的。

三、民主法制建设的恢复

改革开放和社会主义现代化建设，需要有民主法制的有力保障。为此，进入改革开放新时期以后，党和国家不断对社会主义民主和法制建设大力加以推进。就20世纪80年代的民主法制建设，从体制机制方面而言，主要是恢复、健全和完善人民代表大会制度，推进多党合作与政治协商，加强社会主义法制等制度建设。

（一）恢复健全人民代表大会制度

人民代表大会制度是中国的根本政治制度。十一届三中全会以后，随着拨乱反正的展开和改革开放的深入，中国的人民代表大会制度也逐步得到恢复、健全和发展。

人民代表大会制度产生于民主革命时期。在土地革命战争时期，江西苏区曾召开过代表会议；抗日战争时期，在革命根据地召开过"三三制"的参议会；解放战争时期，在解放区召开过区、乡两级人民代表会议。这些代表会议形式，都是人民代表大会制度的雏形。1949 年中华人民共和国成立，确定了中国的政体是人民代表大会制度。但由于当时条件尚不成熟，因而不可能在全国范围内立即实行民主选举并在此基础上召开人民代表大会。于是便在新中国成立初期采取了过渡措施，即：在中央，以第一届中国人民政治协商会议全体会议代行全国人民代表大会的职权；在地方，召开地方各级人民代表会议逐步代行地方人民代表大会的职权。

1953 年 2 月，中央人民政府委员会在条件渐趋成熟的情况下，通过并公布了选举法。6 月以后，中国的民主普选便在全国基层展开。在此基础上，地方各级人民代表大会陆续召开，并各自产生了出席上一级人民代表大会的代表。1954 年 9 月 15 日，第一届全国人民代表大会第一次会议在北京中南海隆重开幕。这次会议制定、颁布了新中国的第一部宪法。根据宪法，中国正式实行人民代表大会制度。

50 年代中期，宪法实施后的头 3 年，全国人大及其常委会基本上按期集会，根据宪法和法律的规定行使职权。地方各级人大的运作基本上也是正常的。但是 1958 年人民公社化使人民代表大会制度的发展受到影响。人民公社实行"政社合一"，全国乡的建制随之撤销，乡人民代表大会亦不复存在。所以人民公社体制的建立使人民代表大会制度在农村基层发生了改变。

全国人大在 1964 年举行了第三届第一次会议之后，由于特殊的历史原因，连续 10 年没有再召开会议。1975 年 1 月，召开了四届人大，接着又间断 3 年，至 1978 年全国人大才恢复运行。与此同时，地方各级人民代表大会虽然在宪法上存在，但实际上陷于瘫痪状态。地方各级人大的执行机关人民委员会则在宪法上也不存在了，取而代之的是在"文革"中产生的各级革命委员会，实际上，当时地方的一切权力统统归革委会行使。

1978 年党的十一届三中全会以后，中国共产党痛定思痛，深切感到了社会主义民主和法治的重要性，于是又着力恢复和健全人民代表大会制度。1979 年 7 月 1 日，五届全国人大二次会议通过了《关于修正〈中华人民共和国宪法〉若干规定的决议》（简称《决议》）。这个《决议》规定：（1）将地方各级革命委员会改为地方各级人民政府，恢复了"文化大革命"前的设置。（2）县和县以上地方各级人民代表大会设立常务委员会，作为各该级地方人大的常设机关。改变了以前地方人大不设常务委员会的状况。（3）县和县级的地方各级人民代表大会由选民直接选举产生。从而改变了以前直接选举只限于产生基层的人民代表大会的做法。①

五届全国人大二次会议在通过修宪决议的同时，还通过了新的《中华人民共和国全国人民代表大会和地方各级人民代表大会选举法》（简称《选举法》）。《选举法》同完善人大制度紧密相关，其主要内容有：（1）将原来人大代表选举中采用的等额选举改为"全国和地方各级人民代表大会实行差额选举，代表候选人的人数应多于应选代表的名额"，实行差额选举制。（2）做出了国内的每一个少数民族至少应有一名代表参加全国人民代表大会的明确规定。

1982 年 12 月 4 日，第五届全国人大五次会议通过了修改后的宪法，12 月 10 日，通过了新的全国人民代表大会组织法。宪法和组织法有许多规定使人大制度进一步完善。其主要内容为：

---

① 《中华人民共和国第五届全国人民代表大会第二次会议关于修正〈中华人民共和国宪法〉若干规定的决议（一九七九年七月一日第五届全国人民代表大会第二次会议通过）》，《人民日报》1979 年 7 月 2 日。

（1）将原来属于全国人大的一部分职权交由它的常委会行使，扩大全国人大常委会的职权和加强它的组织。这表现在，赋予常委会以国家立法权（修改前，全国人大"是行使国家立法权的唯一机关"，常委会及其他任何国家机关都不享有立法权）；监督宪法的实施（以前只能由全国人大行使）；在全国人大闭会期间，审查和批准国家计划、预算在执行中所必须做的部分调整方案（以前不享有此项职权），根据国务院总理的提名，决定部长、委员会主任、审计长、秘书长的人选（以前明确规定仅限于个别人选），等等。（2）规定人大常委会委员长、副委员长连续任职不得超过两届（宪法对国务院总理、副总理、国务委员，中华人民共和国主席、副主席，最高人民法院院长，最人民检察院检察长的任期做了同样限制），从而废除了事实上存在的领导职务终身制。（3）规定全国人大常委会组成人员中，应有适当名额的少数民族代表。（4）规定全国人大常委会的组成人员不得担任行政机关、审判机关和检察机关的职务。（5）规定由委员长、副委员长、秘书长组成委员长会议，处理全国人大常委会的重要日常工作。（6）规定全国人大设立专门委员会；必要时可组织调查委员会。（7）省、自治区、直辖市人民代表大会及其常委会可以制定地方性法规等。这些规定都使人民代表大会制度得到新的发展。

1987年12月3日，第六届全国人大常委会第二十三次会议通过了《中华人民共和国全国人民代表大会常务委员会议事规则》。该规则是常委会自身一项重要的制度建设，它根据宪法、全国人民代表大会组织法和全国人大常委会工作的实践经验，对于常委会民主决策的制度化、法律化，提高议事效率，完善和加强常委会的职能等等，都做出了明确规定。1989年4月4日，七届全国人大二次会议通过了《中华人民共和国全国人民代表大会议事规则》，对于会议的举行，议案的提出和审议，人员的选举、罢免和辞职，询问和质询，发言和表决，人民代表的权利、义务及其在会议中和会议外的活动等，做出具体、明确的规定，从而使人民代表机关的运作有章可循，有法可依，发扬了民主，提高了功效。这种成效突出表现在以下几个方面：

（1）按照宪法赋予的职权，加强了监督工作。首先是对宪法和法律的实施进行监督，有重点地检查法律执行情况，督促纠正违宪违法的行为和案件，推动普法工作；其次是逐步扩大工作监督，除定期听取政府、法院、检察院的全面工作报告外，还围绕改革和建设的重大问题和人民群众关心的"热点"问题，听取和审议"一府两院"的工作汇报，以督促它们改进工作。

（2）认真审议、决定了一些重大问题。在80年代，全国人大先后审议通过了"六五""七五""八五"计划以及十年发展规划和每年的经济社会发展计划、财政预算，批准了中英、中葡关于香港和澳门问题的联合声明等。地方人大也决定一些本地区的重大事项。

（3）加强了人大及其常委会的自身建设。根据宪法规定，六届全国人大设立了民族、法律、财经、教科文卫、外事、华侨六个专门委员会，七届全国人大又增设了内务司法委员会。一些省、市人大也设立了专门委员会，加强了专门委员会的经常性工作。

（4）增强了立法工作，加快了立法步伐。1988年制定了五年立法规划，1991年又做了修订，确定必须如期完成起草和抓紧调研论证的一批法律草案，对列入立法规划的法律草案的起草实行定任务、定班子、定时间的三落实措施。

（5）加强了制度建设，推动了工作的规范化、程序化。主要有：每次常委会会议围绕经济建设和人民群众关心的热点问题，听取审议政府有关部门的汇报；每两个月举行一次常委会会议，每年第三季度听取国务院关于计划和预算执行情况的汇报；对审议和办理代表议案和建议有了明确规定；对审判、检察机关的监督形式逐步明确，包括听取汇报、询问、质询直至组织特定问题调查等。

（二）发展多党合作与政治协商制度

中国共产党领导的多党合作和政治协商的政党制度，是中国政治制度的一个特点和优点。在这一政治制度中，中国共产党是社会主义事业的领导核心，是执政党，各民主党派是接受中国共产党领导的，同中国共产党通力合作、共同致力于社会主义事业的亲密友党，是参政党。

在中国，民主党派是指中国国民党革命委员会、中国民主同盟、中国民主建国会、中国民主促进会、中国农工民主党、中国致公党、九三学社、台湾民主自治同盟八个党派。各民主党派是各自所联系的一部分社会主义劳动者和拥护社会主义的爱国者的政治联盟。坚持和完善中国共产党领导的多党合作和政治协商制度，对巩固和扩大爱国统一战线，推进民主政治建设，维护和发展安定团结的政治局面，实现社会主义现代化，促进祖国大业，具有重要的意义。

中国共产党领导的多党合作和政治协商制度是在长期革命、建设和改革的实践中逐步形成并发展起来的。在中国人民的革命斗争中，中国各民主党派与中国共产党结成了团结合作、相互支持的政治同盟关系。新中国成立后，各民主党派在中国共产党的领导下，参加国家政权和各项经济文化建设，对社会主义建设起到了重要的推动作用。

中共十一届三中全会以后，随着改革开放事业的不断推进，中国共产党领导的多党合作制度得到了进一步发展。发展的主要表现就是：第一，进一步科学地界定了民主党派的性质、地位和作用。这种地位和作用，也就是邓小平 1979 年 6 月在全国政协五届二次会议上所说的："我国各民主党派在民主革命中有过光荣的历史，在社会主义改造中也作了重要的贡献。这些都是中国人民所不会忘记的。现在它们都已经成为各自所联系的一部分社会主义劳动者和一部分拥护社会主义的爱国者的政治联盟，都是在中国共产党领导下为社会主义服务的政治力量。"① 这一性质、地位和作用的界定，为进一步摆正中国共产党与各民主党派的关系、进一步完善中国共产党领导的多党合作和政治协商制度奠定了坚实的基础。第二，进一步发展了中国共产党与民主党派关系的方针。鉴于新中国成立后民主党派一贯的政治立场和政治表现，以及各民主党派在中共十一届三中全会以后积极拥护中国共产党的路线、方针和政策，致力于改革开放和祖国统一等社会主义事业的情况，1982 年党的十二大进一步提出"长期共存、互相监督、肝胆相照、荣辱与共"的方针，使共产党同各民主党派的关系发展成为工人阶级的先锋队同一部分社会主义劳动者之间的关系。十六字方针是八字方针在新的历史条件下的深化和发展，反映了新时期共产党与民主党派在根本利益一致基础上结成的战友和诤友关系。第三，1987 年中国共产党第十三次全国代表大会正式提出了"共产党领导下的多党合作和政治协商制度"的概念，并且把完善这项制度作为政治体制改革的一项重要内容。

中共十三大提出完善在共产党领导下的多党合作和政治协商制度这项改革任务以后，引起了包括民主党派在内的社会各界的关注。不少民主党派成员和有关专家学者通过各类会议、报纸杂志对此展开热烈讨论。一方面这场讨论反映出对民主党派在中国多党合作政治格局中的定位的不明确，也引发了对民主党派参政议政的模糊认识。这些问题的存在，既不利于发挥民主党派的政党作用，也不利于发展共产党领导的多党合作和政治协商制度。另一方面也反映出民主党派对坚持和完善共产党领导的多党合作

---

① 《邓小平文选》第 2 卷，人民出版社 1994 年版，第 186 页。

和政治协商的热情。这都是具有积极意义的。然而，其中也有一些人出于种种目的，贬低民主党派在国家政治生活中的地位，淡化民主党派在国家政治生活中的作用，有的人甚至还试图将民主党派说成是"在野党""反对党"，造成民主党派同共产党在政治上的对立，借以"否定共产党的领导地位，用资产阶级共和国取代社会主义的人民共和国"①。正反两方面的情况客观上都要求中国共产党对民主党派在国家政治生活中的地位、作用等，从政策上、法律上、乃至宪法上予以明确的界定，以完善中国共产党领导的多党合作和政治协商制度，科学地界定中国共产党与各民主党派的关系。

恰在此时，北京市部分民主党派成员和无党派人士对"多党合作"问题提出了他们的看法和意见。他们的看法和意见被刊载在中共中央统战部的内部刊物上，1989 年 1 月 2 日，邓小平阅读他们的看法和意见，并批示道："可组织一个专门小组（成员要有民主党派的），专门拟定民主党派成员参政和履行监督职责的方案，并在一年内完成，明年开始实行。"② 根据邓小平的批示，专门小组于 1 月中旬组成，由民主党派领导和全国人大常委会、国务院、全国政协，中央组织部、中宣部、统战部等有关部门负责人参加。经过多次研讨，这个专门小组于 1989 年 5 月起草了文件初稿。1989 年春夏之交的政治风波，使这一工作暂时停顿。十三届四中全会以后，专门小组又进行了几次重要的修改，先后由政治局常委李瑞环、江泽民主持座谈会，征求各民主党派和全国工商联负责人及无党派人士的意见，对文件做了几次重要修

① 《在庆祝中华人民共和国成立四十周年大会上　江泽民总书记的讲话（一九八九年九月二十九日）》，《人民日报》1989 年 9 月 30 日。

② 中共中央文献研究室编：《邓小平年谱（1975—1997）》（下），中央文献出版社 2004 年版，第 1262 页。

改。12月26日，中共中央委托政治局常委李瑞环、政治局委员丁关根，再次邀请各民主党派、全国工商联和无党派人士代表在中南海就文件的内容进行座谈，征求了意见。12月30日，由江泽民主持，中共中央政治局全体常委参加，邀请各民主党派、全国工商联主要负责人和无党派代表人士参加，就当前国际国内形势和文件的内容进行协商。与会人士一致拥护中共中央这一文件，一致同意由中共中央正式公布并于1990年起实施，于是这一文件便以中共中央名义发出。1990年2月8日，《人民日报》全文公布了《关于坚持和完善共产党领导的多党合作和政治协商制度的意见》（简称《意见》）。可以说，《意见》是在中共中央领导下和各民主党派共同研究的基础上制定的，《意见》本身就是多党合作和政治协商的产物。

《意见》从五个方面分别做了规定：中国共产党与各民主党派之间的合作和协商；发挥民主党派成员和无党派人士在人民代表大会中的作用；举荐民主党派成员和无党派人士担任各级政府和司法机关领导职务；发挥民主党派在人民政协中的作用；加强民主党派党的建设。

（1）关于政治协商的形式。《意见》总结了新中国成立以来中国共产党与民主党派之间行之有效的经验，认为应采取以下几种协商形式：第一，中共中央主要领导人根据形势需要，不定期地邀请民主党派主要领导人和无党派的代表人士举行高层次、小范围的谈心活动，就共同关心的问题自由交谈、沟通思想、征求意见。第二，由中共召开民主党派、无党派人士座谈会，通报或交流重要情况，传达重要文件，听取民主党派、无党派人士提出的政策性建议或讨论某些专题。第三，除会议协商以外，各民主党派和无党派人士可就国家大政方针和现代化建设中的重大问题向中共中央提出书面的政策性建议，也可约请中共中央负责人交谈。

（2）关于发挥民主党派在人大中的作用的问题。《意见》规定：要保证民主党派成员、无党派人士在全国人大代表、人大常委会委员和人大常设专门委员会委员中占有适当比例，并可聘请有相应专长的民主党派成员、无党派人士担任专门委员会顾问。在省、自治区、直辖市的人大中应保证民主党派成员、无党派人士占适当比例。在市、州、县人大中应保证无党派人士占适当比例。在有民主党派组织的市、州、县应保证民主党派成员在人大中占适当比例。

（3）关于民主党派成员和无党派人士担任各级政府和司法机关的领导职务问题。《意见》认为，民主党派成员和无党派人士担任国家和政府的领导职务，是实现中国共产党领导的多党合作的一项重要内容。应采取切实措施，选配民主党派成员、无党派人士担任国务院及其有关部委和县以上地方政府及其有关部门的领导职务。要推举符合条件的民主党派成员和无党派人士担任检察、审判机关的领导职务。聘请一批符合条件和有专门知识的民主党派成员、无党派人士担任特约监察员、检察员、审计员和教育督导员等。政府监察、审计、工商等部门组织的重大案件的调查，以及税收等检查，可吸收民主党派成员、无党派人士参加。

（4）关于民主党派在人民政协中的作用问题。人民政协是中国爱国统一战线组织，也是中国共产党领导的多党合作和政治协商的一种重要组织形式。人民政协应当成为各党派、各人民团体、各界代表人物团结合作、参政议政的重要场所。因此，《意见》明确规定，在政协的各种会议上，要切实保障政协委员提出批评的自由和发表不同意见的自由。要保证民主党派和无党派人士在政协常委和政协领导成员中占有一定比例。政协各专门委员会要有民主党派和无党派人士参加，政协机关中应有一定数量的民主党派和无党派人士担任专职领导干部，并真正做到有职、有权、有责。

中共中央制定这一《意见》的宗旨，就是进一步发挥民主党派在参政议政和民主监督方面的作用，完善中国共产党领导的多党合作和政治协商制度。根据这一宗旨和要求，《意见》对民主党派参政议政的一系列问题都做出了明确规定。

（1）明确提出了参政党参政的目的，就是坚持社会主义初级阶段的基本路线，为把中国建设成为富强、民主、文明的社会主义现代化国家，为统一祖国、振兴中华而奋斗。

（2）明确指出了中国共产党领导的多党合作和政治协商制度与西方多党制的区别。《意见》明确指出，中国实行的共产党领导、多党合作的政党体制是中国政治制度的特点和优点。它根本不同于西方资本主义国家的多党制或两党制，也有别于一些社会主义国家实行的一党制。它是马克思列宁主义同中国革命与建设相结合的一个创造，是符合中国国情的社会主义政党制度。

（3）明确界定了中国共产党与各民主党派的关系。《意见》指出，中国是人民民主专政的社会主义国家。中国共产党是社会主义事业的领导核心，是执政党。各民主党派是各自所联系的一部分社会主义劳动者和一部分拥护社会主义的爱国者的政治联盟，是接受中国共产党领导的，同中共通力合作、共同致力于社会主义事业的亲密友党，是参政党。"执政党"与"参政党"的提法，既清楚地阐明了中国共产党与民主党派的关系，也比较完整、准确地概括了民主党派在国家政治生活中所处的地位，符合中国现有政党关系的实际情况。

（4）进一步明确了中国共产党同民主党派合作的基本方针。《意见》明确指出，"长期共存、互相监督、肝胆相照、荣辱与共"，是中国共产党同民主党派合作的基本方针。

（5）指出了民主党派参政的基本点。民主党派作为参政党，其参政主要参与四个大方面的政治事务，即"四参一监"。"四参"是：参加这家政权；参与国家大政方针和国家领导人选的协商；参与国家事务的管理；参与国家方针、政策、法律、法规的制定执行。"一监"是，参政党与执政党相互监督。

（6）规定了发挥民主党派监督作用的总原则。《意见》明确指出，发挥民主党派监督作用的总原则就是：在四项基本原则的基础上，发扬民主，广开言路，鼓励和支持民主党派与无党派人士对党和国家的方针政策、各项工作提出意见、批评、建议，做到知无不言，言无不尽，并且勇于坚持正确的意见。

（7）规定了民主党派的活动准则。《意见》规定，中国共产党和各民主党派都必须以宪法为根本活动准则，负有维护宪法尊严、保证宪法实施的职责。民主党派享有宪法规定的权利和义务范围内的政治自由、组织独立和法律地位平等。中共支持民主党派独立自主地处理自己内部事务，帮助他们改善工作条件，支持他们开展各项活动，维护本组织成员及其所联系群众的合法利益和合理要求。决不允许存在反对四项基本原则、危害国家政权的政治组织。这些规定，在确认民主党派参政党地位及其权利义务的同时，将其活动纳入了宪法和法律的轨道，为从宪法上和法律上进一步完善中国共产党领导的多党合作的政党制度奠定了基础。

《关于坚持和完善中国共产党领导的多党合作和政治协商制度的意见》是中国共产党如何与各民主党派进行多党合作和政治协商的纲领性文献。这一文件的制定，为进一步加强和发展中国的多党合作和政治协商制度指明了方向。

（三）加强和完善社会主义法制

社会主义法制是社会主义民主政治建设的重要组成部分，发展和完善社会主义民主政治，其中一个重要方面就是加强和完善社会主义法制。

加强社会主义法制，是进入新时期后党和国家一直都高度重视的问题。1982 年 12 月，五届全国人大五次会议即通过了由彭真主持修改的《中华人民共和国宪法》。新宪法，用根本大法的形式对中国的根本政治制度、经济制度，对国家的根本任务，公民的基本权利和义务，国家机构的设置和职责等重大问题做了明确规定。这些规定不仅继承了 1954 年宪法的优点，而且也体现了新的历史时期和社会主义现代化建设的要求。其中，在国家领导体制方面：恢复设国家主席和副主席，规定国家主席履行国家元首的职责；国家设立中央军事委员会，领导全国的武装力量；规定国家主席、副主席，全国人大常务委员会委员长、副委员长，国务院总理、副总理等国家领导人连续任职不得超过两届。1983 年 6 月，六届全国人大一次会议选举李先念为国家主席，彭真为六届全国人大常委会委员长；决定赵紫阳为国务院总理；选举邓小平为中华人民共和国中央军事委员会主席。

在加强民主方面，新宪法增强了人民代表大会的权力，规定全国人大常委会可以制定基本法律之外的其他法律，并可在不与基本法律原则相抵触的情况下，对基本法律做部分的补充和修改；明确城市和农村按居住地分别设立居民委员会和村民委员会，作为基层群众的自治组织，由群众自己管理本地区的公共事务和公益事业；确认了"党必须在宪法和法律的范围内活动"，"任何组织或者个人都不得有超越宪法和法律的特权"的原则，等等。

在加强法制方面，新宪法规定：全国各族人民、一切国家机关和武装力量、各政党和各社会团体、各企业事业组织，都必须以宪法为根本的活动准则，并且负有维护宪法，尊重、保证宪法实施的职责。"任何组织或者个人都不得有超越宪法和法律的特权。"这就由宪法确认了十二大党章规定的"党必须在宪法和法律的范围内活动"的原则，而且申明了作为国家根本大法的宪法所具有的最大权威性和最高法律效力。

在实行民族区域自治方面，新宪法恢复了 1954 年宪法的一些内容，并做了一些新的规定，主要是：民族自治地方的人大常委会中应当有实行区域自治的民族的公民担任主任或者副主任；自治区主席、自治州州长、自治县县长由实行区域自治的民族的公民担任；自治机关在国家计划指导下，自主地安排和管理地方的经济建设事务；组织本地方维护社会治安的公安部队；自主地管理本地方的教育、科学、文化、卫生、体育事业，保护和整理民族文化遗产，发展和繁荣民族文化等。根据新宪法的原则，1984 年 10 月 1 日，《中华人民共和国民族区域自治法》颁布实施，从而使民族地区的自治权进一步扩大。

这部宪法既体现了发展社会主义民主政治的要求，又具有中国的特色，既为改革开放和现代化建设提供了根本的法律保障，又是新的历史时期治国安邦、建设中国特色社会主义的总章程。

新宪法颁布后，社会主义的民主和法制建设得到全面推进，尤其是基层民主普遍得到加强。全国企事业单位普遍建立了职工代表大会，城市的居民委员会更加健全，农村中的村民委员会也普遍建立。截至 1985 年 12 月，全国共建立村民委员会 90 多万个①。社会主义法制建设也加快了步伐。六届全国人大及其常委会任期五年内，审议通过了 37 件法律，10 件补充修改法律的决定，16 件有关法律问题的决定，共 63 件。国务院制定和颁布的行政法规有 255 项，各省、市、自治区也制定了一批地方性法规，初步形成了以宪法为基础的社会主义法律体系。

在执法方面，遵循有法必依、执法必严、违法必究的原则，人民法院和人民检察院积极履行职能，努力维护社会主义法制的权威，依法严厉打击严重危害社会秩序和经济秩序的各种犯罪活

① 《邹恩同作关于〈村民委员会组织条例（草案）〉说明 充分发扬民主坚持群众路线》，《人民日报》1987 年 1 月 13 日。

动，使社会治安明显好转，公民的合法权益得到维护，保障了改革和建设的顺利进行。

为增强全体人民的法律意识，1985 年 11 月 5 日，中共中央、国务院批转《关于向全体公民基本普及法律常识的五年规划》，全国人大常委会为此专门做出决议，将此项工作以立法形式确定下来。从 1996 年到 1988 年底，在全国 7.5 亿普法对象中，约有 5.2 亿公民参加了普法学习。其中约 48 万名县团级以上领导干部，已在 1987 年底前基本学完了规定的"十法一例"；1.3 亿国营企业职工中将有约 9000 万人于 1988 年底学完规定的普法内容；农村普法对象 4 亿人中，约有 50% 的人正在进行普法学习，其中约有 1 亿人已初步学完了规定的普法内容；全国 95% 的中小学校对学生上法制课或结合品德课进行法制教育；90% 的高等院校已开设法制课。① 普法教育的开展，对推动我国社会主义民主和法制建设起到了重要作用。

（四）发展基层民主政治

在逐步完善人民代表大会制度，健全社会主义法制的同时，党和国家还在扩大基层民主方面进行了积极的探索。其中最主要的探索，就是县级人民代表的直接选举。

1. 人民代表的直接选举试点

县级人民代表直接选举试点，是中国政权建设的一项重要改革。县级人民代表的选举，是县级以上全国各级政权选举的基础，也是实行民主集中制的重要基础。县级人民代表进行直接选举，使县级人民代表大会直接掌握在人民手里，再由县级人民代表大会选举县级人大常务委员会、人民政府和省级人民代表大会

---

① 《蔡诚作普及法律常识工作情况报告 全国已有五亿多公民参加普法学习》，《人民日报》1988 年 12 月 24 日。

代表。这样，人民就可以通过自己的代表、人民代表大会及其常务委员会和人民政府管理国家大事，掌握自己的命运、民族的命运、国家的命运。

1979 年 6、7 月间，五届全国人大二次会议通过了《中华人民共和国全国人民代表大会和地方各级人民代表大会选举法》（简称《选举法》）《中华人民共和国地方各级人民代表大会和地方各级人民政府组织法》（简称《地方组织法》），决定把直接选举人大代表的范围扩大到县一级。此后，全国有 66 个县、自治县、市辖区和不设区的市进行了县级直接选举试点。①

1980 年 2 月，五届全国人大常委会第十三次会议通过《关于县级直接选举工作问题的决定》，并根据国务院的建议，决定于1980 年上半年全国各地继续做好各项准备工作，争取在 1980 年冬 1981 年春基本完成县级直接选举的任务。同月，全国县级直接选举试点工作经验交流会议在北京举行。来自全国各地试点单位的代表交流并讨论了选举中的经验和教训。1980 年初，《关于县级直接选举工作问题的决定》公布以后，天津、河北、内蒙古、山西、黑龙江、吉林、宁夏、新疆、山东、福建、广东、广西、湖南、河南、安徽、贵州、云南、西藏等省、自治区、直辖市安排部署了本地的试点工作。根据全国人大常委会的决定，这些省、区、市 1980 年下半年分期分批完成县级直接选举。全国各地有 460 个县级单位继续开展试点。各试点县、市经过准备、宣传、划分选区、登记选民、提名代表候选人和进行投票选举等阶段，大多数召开了人民代表大会，选举产生了县级人大常委会及县级人民政府。总的来说，试点工作是成功的。试点县、市的

---

① 《人大常委会第十三次会议举行全体会　听取关于县级直接选举试点工作情况汇报和学位条例（草案）、国籍法（草案）说明》，《人民日报》1980 年 2 月 8 日。

广大干部群众，积极参加了选举。据统计，各地的参选率均在90%以上，有的高达98%。由于实行了直接选举和差额选举，各地选出的人民代表、县级人大常委会和县级人民政府，受到绝大多数人民群众的拥护。①

在试点过程中，各地结合选举，进一步落实了党的各项政策，调动了各方面的积极性，发展了安定团结的政治局面。上海、云南等地的试点县，在提名推荐和民主协商代表候选人时，十分注意各民族、各方面的代表比例，认真落实党的民族政策、统一战线政策、宗教政策、知识分子政策和其他有关政策。各地在试点中，统筹兼顾，密切结合生产，促进了生产的发展。通过选举，恢复和发扬了社会主义民主，广大人民群众增强了当家做主的责任感，提高了参加管理国家政权的自觉性，广大干部也受到一次民主和法制的再教育。试点工作为1980年下半年全国普遍开展县级直接选举提供了经验。②

2. 全国县级直选工作的陆续展开

全国各级党政领导对县级直接选举工作给予了充分重视。中共中央在1980年先后下发文件，要求各级党委必须切实加强对县级直接选举工作的领导，严格依法办事，充分发扬民主，坚持群众路线，保障选民能够当家做主，充分行使选举权利。全国人大常委会设立了全国县级直接选举工作办公室，从有关部门抽调了干部，参加这项工作。民政部和全国县级直接选举工作办公室在1980年又先后两次派出工作组，由部长、副部长和顾问带队参加了省、直辖市的选举工作。各省、自治区、直辖市以及各行署、自治州、县级单位都成立了选举领导机构，大多数由各级主要领导同志负责。各省、自治区、直辖市还先

---

① 《全国县级直接选举试点基本结束》，《人民日报》1980年6月21日。
② 《全国县级直接选举试点基本结束》，《人民日报》1980年6月21日。

后召开了选举工作会议，制定了选举实施细则。省、地、县不少领导同志亲自到基层蹲点、巡回检查，指导选举工作，发现问题，及时解决。

这届县级直接选举工作，是按照《选举法》和《地方组织法》的规定进行的，各地的基本步骤是：

第一，培训干部。为了搞好选举工作，各地从实际情况出发，采取专门培训、以会代训等方法，培训了大批干部。据15个省、自治区、直辖市不完全的统计，培训干部和骨干达1037.6万多人，每个选区一般都有两三名经过培训的脱产干部。

第二，宣传发动。各地都组织了一支强有力的宣传队伍，集中一段时间，因地制宜地利用各种宣传工具，采取各种形式，广泛地进行了宣传发动工作。通过宣传发动群众，使开展选举工作的重要意义和两法的基本精神大体上实现了家喻户晓，提高了选民参加选举活动的自觉性。

第三，划分选区。选区划分一般是每一选区产生1~3名代表。在农村，一般是根据人口状况划分选区。地广人稀的山区、牧区、林区、渔区，根据当地实际情况划分选区。在市镇，大的机关、团体或企业、事业单位，单独划分一个或几个选区。人数较少的单位，有的按行业系统划分选区。没有行业系统的单位，由几个单位联合划分选区。街道居民一般按居住状况划分选区，有的也和街道辖区内的单位联合划分选区。县级机关选区每一代表所代表的人口数，一般和本县城镇选区每一代表所代表的人口数大体相等。

第四，选民登记。这是关系到每个选民能否行使选举权和被选举权的重要问题，各地都按照法律的规定进行了登记。在选民登记工作中，注意严把年龄关和政策关，既保证有选举权和被选举权的公民行使他们应有的民主权利，又注意防止没有选举权利的人窃取选举权利。

　　第五，提名推荐代表候选人。选区提名推荐代表候选人，一般都经过了三上三下的反复酝酿协商。第一轮，由选民提名推荐，只要一人提名、三人以上附议和党派、团体提名推荐的都列入代表候选人名单，按照法定时间在选区张榜公布。第二轮，将第一轮提名推荐的候选人名单交各选民小组讨论，选民按照本选区应选的代表数，提出候选人。第三轮，把上述协商的代表候选人名单连同各小组提出的选区候选人名单一并交给选民小组讨论，确定正式代表候选人名单。

　　第六，投票选举。投票选举前，各地都做了大量的准备工作，向广大选民宣传投票选举的注意事项，使选民积极参加投票。投票选举，各地采取设立投票站或召开选举大会两种形式。对由于老、弱、病、残等原因不能亲自到投票站或者选举大会会场投票的选民，采取了流动票箱登门让他们投票的办法。

　　第七，召开人民代表大会。在代表大会上，人民代表对政府工作报告、财政预算、决算报告、人民法院和人民检察院的工作报告进行认真审议，主要是检查对各项方针、政策贯彻执行的情况，存在的问题，提出改进办法。

　　选好领导班子，是召开人民代表大会的一项重要议程。各地在选举领导班子时，候选人主要由代表提名推荐，代表提出的候选人名单与领导机关推荐的名单不一致时，按照大多数代表的意见确定候选人，并以选举结果为准。

　　实行差额选举，是中国选举制度的一项重要改革，受到了广大群众的热烈拥护。各地在选举领导班子时一般都实行了差额选举，充分表达了代表的意志，这样选出的领导班子，人民群众比较满意。同时有一些县级单位改变了领导机关推荐的县长候选人，而把代表提名的候选人选为县长；还有个别地方把不是候选人而深受群众拥护的干部选为县长。这既使干部受到了教育，又得到了群众的热烈欢迎。①

3. 县级直接选举的基本完成及其成效

从 1980 年下半年开始，全国县级直接选举工作分期分批陆续展开，到 1981 年 8 月，在全国 2756 个县级单位（其中县、旗 2051 个，自治县、旗 76 个，不设区的市 121 个，市辖区等 508 个）中，已有 2368 个单位完成了选举工作；有 178 个单位已选出代表，尚未召开人代会；还有 86 个单位正在进行，124 个单位将要进行。到 1981 年底，这项工作基本结束。②

这届县级直接选举工作，由于中央和各级党政领导的重视和广大干部群众的积极努力，取得了很大成绩，主要是：

第一，选出了群众信任的县级人民代表和比较好的领导班子，加强了政权建设。各地在选举领导班子中，认真贯彻党的三中全会的组织路线，尊重代表的民主权利，反复酝酿协商，坚持差额选举，不仅把有丰富经验的老干部，而且把不少有革命事业心、有专业知识、年富力强的干部也选进了领导班子。根据 1925 个县级单位统计，共选出县级政权领导班子成员 44995 人。其中，大专毕业的占 14.66%；妇女占 14.19%；不是共产党员的干部和群众占 20.13%。根据不完全的统计，这届县级人民政府领导班子的平均年龄比原来一般都降低了 3~4 岁。③ 这样就使县级领导班子在革命化、专业化、知识化和年轻化方面迈出了可喜的一步。

---

① 《关于全国县级直接选举工作的总结报告》，《人民日报》1981 年 9 月 12 日。

② 《关于全国县级直接选举工作的总结报告》，《人民日报》1981 年 9 月 12 日。

③ 《关于全国县级直接选举工作的总结报告》，《人民日报》1981 年 9 月 12 日。

第二，广大干部和群众接受了一次社会主义民主法制教育，增强了当家做主的责任感。在这届选举中，各地广泛深入地宣传了《选举法》《地方组织法》和党中央的有关指示，使选举工作的基本精神，大体上实现了家喻户晓。各地在选举工作中一般能注意依法办事，尊重选民的民主权利。因而，广大选民珍惜自己的民主权利，积极参加选举活动。根据 1925 个县级单位的统计，共登记选民 415161210 人。参加投票的选民 400888810 人，占选民总数的 96.56%，① 这样高的参选率是前所未有的。

第三，广大干部受到了一次群众性的考核。民主作风和干群关系有所改进。在这届选举中，群众对干部进行了广泛评议，好的受到表扬，有缺点和错误的受到批评，特别是通过差额选举，选上和没有选上的干部都受到了一次教育。许多干部认为，这次选举是"照了一次镜子，上了一堂课"，进一步认识到对上级负责和对群众负责的一致性。

第四，改善和发展了社会主义的民族关系，加强了民族团结。这届选举，在少数民族地区，选举县级政权领导班子时，既注意了民族代表名额的分配，又比较充分地体现了少数民族当家做主的权利。自治县（自治旗）领导班子的正职，都由实行民族区域自治的民族干部担任，在副职中其他少数民族干部和汉族干部也都有适当的比例。少数民族聚居和散居的地方，也注意了把少数民族干部选进领导班子。

---

① 《关于全国县级直接选举工作的总结报告》，《人民日报》1981 年 9 月 12 日。

四、审判林彪、江青集团主犯

林彪、江青两个反革命集团，在"文化大革命"中作恶多端，被人民深恶痛绝。"文化大革命"结束后，随着民主法制建设的逐步恢复，对这两个集团的主犯进行公开审判，成为中国社会主义民主法制建设的必然要求和全国人民的共同愿望，同时这也是为世界瞩目的一件大事。

（一）审判工作指导委员会的成立

党的十一届三中全会后，由新成立的中央纪律检查委员会组织力量，对林彪、江青等人的问题进行了全面清查。大量事实证明，他们的问题，并不仅仅是政治问题，还严重触犯了刑法，他们必须承担刑事责任，受到法律的惩处。于是，由中央纪委提出，由公安部受理并进行对这一案件的侦察预审工作。1980 年 6 月，中共中央成立了一个由中央政法委员会书记彭真亲自主持的审判指导委员会（也叫领导小组），成员有 7 人，除彭真外，还有彭冲、江华、黄火青、赵苍璧、王鹤寿、伍修权，作为中央对审判工作的党内指导机构。

中央领导小组及有关的公安、检察和法院等部门进行了大量的准备工作以后，1980 年 9 月 26 日，中共中央发出了《关于审判林彪、江青反革命集团的通知》。9 月 29 日，五届全国人大常委会第十六次会议在北京举行，最高人民检察院检察长黄火青在会上宣布，最高人民检察院准备就林彪、江青反革命集团案向最高人民法院起诉，并建议人大常委会做出决定，组成特别检察厅和特别法庭，审理这一反革命集团案主犯。他说，这次准备起诉的 10 名主犯是：江青、张春桥、姚文元、王洪文、陈伯达、黄永胜、吴法宪、李作鹏、邱会作、江腾蛟。对已死的各犯不再起诉。中纪委副书记王鹤寿就中纪委审查此案的有关情况作了说明，公安部副部长凌云就江青等人的罪行进行了简要介绍。

会议决定成立最高人民检察院特别检察厅和最高人民法院特别法庭，检察、审判林彪、江青反革命集团案主犯；任命黄火青检察长兼任特别检察厅厅长，江华院长兼任特别法庭庭长；决定特别法庭设两个审判庭，任命曾汉周为第一审判庭审判长、伍修权为第二审判庭审判长；第一审判庭负责审判江青、张春桥、姚文元、王洪文、陈伯达等 5 名"文职"主犯，第二审判庭负责审判黄永胜、吴法宪、李作鹏、邱会作、江腾蛟等 5 名原军人主犯。特别法庭的判决是终审判决。会议还决定特别法庭公开进行审判。

10 月 16 日，中共中央做出决定，开除林彪、江青反革命集团的重要成员康生、谢富治的党籍，撤销对这两个人的"悼词"，并将他们在"文化大革命"期间，直接参与林彪、江青等人篡党夺权的反革命活动，犯下的严重罪行向全党公布。

（二）侦察预审阶段各项工作的开展

公开审判前，党和国家领导人及著名法学专家就有关审判问题向国内外进行了说明和介绍，各新闻媒体也进行了大量的报道。

11 月 14 日，著名法学家、中国社会科学院副院长张友渔就审判"两案"的有关问题，回答了记者的提问。对于为什么现在审判林彪、江青反革命集团主犯，意义何在的问题，张友渔指出，审判林彪、江青反革命集团案主犯，是全国各族人民的共同心愿和盼望已久的事情，大家无不希望早一点审他们，按照法律判他们的罪。国际上不少人也很关心这件事，并且早就有一种观点，认为林彪、江青一伙算不了反革命，或者认为我们怕牵涉到其他问题不能审、不敢审。迟迟不审判，有人就可能怀疑我们是不是有所顾虑，或者有所庇护，这样会产生不好的影响。这样，广大人民不满意，而某些林彪、江青反革命集团的帮派骨干分子则会心存侥幸，以为我们定不了他们的案，他们还有死灰复燃的机会。部分认识模糊的人，也会发生误解。人心不安定，政治上不稳定，就会影响到安定团结，影响到四化建设。现在，我们依据法律，公开审判林彪、江青反革命集团主犯，伸张正义，人民满意，朋友高兴，可以起到打击敌人、团结人民同心同德搞四化的作用。

11 月 15 日，邓小平在会见美国《基督教科学箴言报》总编辑厄尔・费尔时，回答了他提出的一些有关审判"两案"的问题。

费尔：为什么你们不让外国记者旁听对"四人帮"的审判，是不是不希望记者来报道，还是根据法律规定要这么办？

邓小平：因为涉及国家的机密。国际上有议论，说这是因为我们担心审判"四人帮"会涉及毛主席的问题。其实，毛主席所犯的错误属于另一个问题。"四人帮"是犯罪分子，是有严重的刑事责任。对如何评价毛主席和审判"四人帮"是截然不同的两个问题。我们是根据法律追究"四人帮"的刑事责任。

费尔：是否可能，在追究其刑事罪责时让外国记者旁听审判，而在涉及国家机密时进行秘密审讯？

邓小平："四人帮"了解我们国家的最高机密，而他们又竭力把他们的责任推给别人，因此就是在审讯他们的刑事罪时，他们也会乱讲国家的机密。

费尔：我们对过去的历史很感兴趣，希望了解林彪后期的确切情况。据了解，美国前国务卿腊斯克认为，林彪坚持战争。据说林彪曾发表讲话，有个庞大的计划，说中国要向外扩张，计划扩张到印尼，这很危险。美国国务院认为他的讲话和希特勒的著作有相似之处。我希望你能谈一下这方面的细节。

邓小平：对你说的林彪的这个计划，我不知道。林彪干了很多坏事，为他上台开辟道路而打倒了一大批老革命家。在他的末期，毛主席发现了他的问题。林彪谋害毛主席，这在起诉书中是有的。这有证据。当他的阴谋被察觉后，他就乘飞机往苏联跑，结果摔死在蒙古。当时蒙古人和我驻蒙古大使都到现场看过。

费尔：是不是由于你提到的那些材料，所以不能让外国记者旁听对"四人帮"的审判？这些材料是不是包括中国军事、政治和对苏的机密文件？

邓小平："四人帮"是长期生活在国家高级机关的人，他们知道国家的全部机密。因此审判"四人帮"不能对外公开。但国内组织几百人出席旁听。

11月17日，彭真就审判林彪、江青集团案的原则和方法等问题，向参加旁听的人员作了进一步的说明。他特别强调，审判林彪、江青集团是解决敌我性质矛盾的问题，因此，必须把领导上所犯错误与林、江集团所犯的罪行区分开来，把党内的政治错误、工作错误甚至路线方面的错误与反革命罪行区分开。这是一条根本的原则。他强调指出，特别法庭只审判林彪、江青集团的罪行，不审理党内、人民内部的错误，包括路线错误，不解决党纪、军纪、政纪的问题。后者不是法庭职权范围的问题，而是需要另行处理的问题。彭真还说明了对两案的审判原则是两条：一是以事实为根据，以法律为准绳；二是法律面前人人平等，重证据，重调查研究，不轻信口供，按照证据依法定罪。

林彪、江青集团案，经中华人民共和国公安部侦查预审终结，于9月22日将《中华人民共和国公安部对林彪、江青反革命阴谋集团案起诉意见书》，连同案卷材料、证据，一并移送中华人民共和国最高人民检察院审查决定。

最高人民检察院特别检察厅在完成了审查后，于11月5日将《最高人民检察院特别检察厅起诉书》及案卷材料、证据一并移送最高人民法院特别法庭，对林彪、江青集团案 10 名主犯提起公诉。

最高人民检察院特别检察厅审查确认，以林彪、江青为首的反革命集团主犯林彪、江青、康生、张春桥、姚文元、王洪文、陈伯达、谢富治、叶群、黄永胜、吴法宪、李作鹏、邱会作、林立果、周宇驰、江腾蛟等，在"文化大革命"中，互相勾结，狼狈为奸，凭借其地位和权力，施展阴谋诡计，利用合法的和非法的、公开的和秘密的、文的和武的各种手段，有预谋地诬陷、迫害党和国家领导人，篡党篡国，试图推翻无产阶级专政的政权。1971 年 9 月，林彪、叶群、林立果、周宇驰、江腾蛟等阴谋杀害毛泽东主席、策动反革命武装政变失败，林彪等叛国外逃，以林彪为首的反革命集团被揭露和粉碎。此后，以江青为首的江青、张春桥、姚文元、王洪文"四人帮"反革命集团继续进行反革命阴谋活动，直到 1976 年 10 月被揭露和粉碎。这两个反革命集团给中国共产党、国家和民族造成的灾难是难以估量的。

起诉书认定：林彪、江青反革命集团诬陷迫害国家主席、全国人大常委会委员长、国务院总理、中共中央总书记及党和国家其他领导人，迫害、镇压广大干部群众，阴谋杀害毛泽东主席，策动武装叛乱，证明他们是以推翻无产阶级专政的政权为目的的反革命集团。他们所犯的严重罪行都有大量确凿的证据。全国各族人民，特别是遭受诬陷、迫害和遭受株连的广大干部和群众，以及一度被蒙蔽、欺骗的干部、群众，都是他们罪行的见证人。

根据《中华人民共和国刑法》第九条的规定，特别检察厅确认，江青、张春桥、姚文元、王洪文、陈伯达、黄永胜、吴法宪、李作鹏、邱会作、江腾蛟 10 名主犯触犯了《中华人民共和国刑法》，分别犯有颠覆政府、分裂国家罪，武装叛乱罪，反革命杀人、伤人罪，反革命诬告陷害罪，组织领导反革命集团罪，反革命宣传煽动罪，刑讯逼供罪，非法拘禁罪，应当追究刑事责任。在这 10 名主犯中，除江腾蛟为南京军区原空军政委，不是中央委员外，其余 9 人都曾分别是中央政治局委员、中央政治局常委、中央副主席，即身居高位的党和国家领导人。相比之下，江腾蛟的地位最低，他仅仅是作为企图直接杀害毛泽东主席的"小舰队"的代表人物，才被列为 10 名主犯之一。

这两个反革命集团的主犯林彪、康生、谢富治、叶群、林立果、周宇驰已经死亡，依照《中华人民共和国刑事诉讼法》第十一条第五项的规定，不再追究刑事责任。

（三）开庭审判林彪、江青集团主犯

经过充分和周密的准备工作，11 月 20 日下午 3 时，特别法庭第一次正式宣布开庭。特别检察厅厅长黄火青宣读了最高人民检察院特别检察厅的起诉书，列举林彪、江青这两个集团的四大罪状，48 条罪行。这四大罪状是：第一，诬陷、迫害党和国家领导人，策划推翻无产阶级专政的政权；第二，迫害、镇压广大干部和群众；第三，谋害毛泽东主席，策动反革命武装政变；第四，策动上海武装叛乱。

在整个庭审过程中，除了每场有几百名旁听者外，在审判庭的后台，还安装了闭路电视，许多中央领导人和负责同志，可以在那里收看审判的现场实况和全过程，所以实际上党和国家的许多领导人，都参加或旁听了每一场审判。

第一次开庭后，就由第一审判庭和第二审判庭分别对江青、张春桥、姚文元、王洪文、陈伯达等 5 名"文职"主犯和黄永胜、吴法宪、李作鹏、邱会作、江腾蛟等 5 名原军人主犯进行审判。

从 1980 年 11 月 20 日到 12 月 29 日，特别法庭共开庭 42 次，对 10 名被告进行了 45 次法庭调查，有 49 名证人和被害人先后出

庭作证，对各种证据 873 件进行了认真的反复的审查，做到了凡是认定的犯罪事实，都有充分的确凿的证据。经过两个月零五天的审理，1981 年 1 月 25 日，最高人民法院特别法庭宣布了如下的判决：判处江青、张春桥死刑，缓期二年执行，剥夺政治权利终身；判处姚文元有期徒刑二十年，剥夺政治权利五年；判处王洪文无期徒刑，剥夺政治权利终身；判处陈伯达有期徒刑十八年，剥夺政治权利五年；判处黄永胜有期徒刑十八年，剥夺政治权利五年；判处吴法宪有期徒刑十七年，剥夺政治权利五年；判处李作鹏有期徒刑十七年，剥夺政治权利五年；判处邱会作有期徒刑十六年，剥夺政治权利五年；判处江腾蛟有期徒刑十八年，剥夺政治权利五年。在"文化大革命"中，肆意践踏法律、对党和人民犯下了累累罪行的林彪、江青反革命集团终于受到了法律的严厉惩处。

在审判过程中，对江青等人的量刑问题，即判多重、杀不杀，曾经过了多次反复的讨论、争论和斟酌。第二审判庭审判长伍修权后来回忆说：在如何判刑的问题上，是经过不少的争论的，中央在讨论这一问题时，有人主张轻些，说将这些人养起来算了；有人主张重些，提出一定要判处死刑，也有人提出不轻不重的判法，即分别判处不同时限的徒刑。可是，当时全国到处都是一片杀声，这对我们也是一种压力。在全体审判员会议讨论时，大家同样认为江青、张春桥等人死有余辜，不杀不足以平民愤，开始都准备判决杀，但是反复考虑以后还是不行，一要顾及国际国内的影响，二要设想后代人将怎么看，不能凭一种义愤情绪来决定。这样，关于首犯杀不杀的问题，经过多次反复讨论，老是定不下来，先提出江青、张春桥二人一定要杀，之后又认为不杀为宜，后来又说还是得杀。我们也决定不了，最后提交到中央政治局去讨论，我也去参加了。政治局多数同志提出判"死缓"，即判处死刑，但暂不执行，这在法律上是允许的。开始讨论时江华同志说，根据法律应该判处他们死刑，但是为了照顾国际影响，可以判为"死缓"。

伍修权在回忆录中还谈到了宣判时的一个戏剧性的小插曲：1月25日上午，10名主犯又被押到了一起，听取对他们的宣判。这天法庭里的气氛显得格外庄严肃穆，旁听席上早已坐满了人，都在屏息等待这一具有历史意义的重要宣判。10名被告也显得十分紧张，他们也急于想知道自己将受到什么样的惩处。开庭以后，由江华庭长宣读判决书，因为判决书很长，有1.6万来字，江华宣读了前半部分，后半部分由我接着宣读，这一部分的最后，就是对这批罪犯的判决了。江青这个人尽管平时装腔作势，这时也沉不住气了，当我刚念到"判处被告人江青死刑"时，还没等我念出"缓期两年执行"，她就慌忙叫喊起来。由于这天是最后审判，不需要犯人回答问题，被告席上就没有安话筒，江青喊了些什么，许多人都没有听到，不过她正好冲着我，我听到她喊的还是什么"造反有理""革命无罪"，还有什么"打倒反革命修正主义"。待我宣读完对江青的判决，法警立即给她戴上了手铐，这时全场破例地爆发出一阵热烈的掌声和欢呼声。由于江青企图挣扎和还想喊反动口号，头发也散乱了，装的架子也没有了，显得十分狼狈和滑稽，使这个本来十分庄严的法庭里，出现了一点喜剧色彩和兴奋欢乐的气氛。我看到江青还想捣乱，立即下令道："把死刑犯江青押下去！"当时我也是太兴奋了，竟少说了一句话，应该在下令以前，先说一句由于江青违反法庭规则，破坏法庭秩序，才依法将她赶下场的。可惜当时我没有来得及说，事后想起来总觉得有点遗憾。

至于"死缓"两年以后怎么办，当时法庭也有个初步设想：即在《关于建国以来党的若干历史问题的决议》公布和党的十二大开过后，全国人民对这类问题有了进一步的认识，国际上对此事也不再议论纷纷了，那时就可以用某种方式，通过一个特别的决议，对这次的判决予以减刑，将江青、张春桥的死刑变为无期徒刑，其他的无期和有期徒刑，是否也相应地减刑，到时候再酌情处理。这样，可以体现我们政权的稳固和政策的正确。这项工作1982年底就开始做了，1983年1月25日，即对两案主犯宣判两整年时，用最高人民法院刑事审判庭的名义发表了一项"刑事裁定"，宣布"对林彪、江青反革命集团的主犯江青、张春桥原判处的死刑缓期两年执行的刑罚，依法减为无期徒刑，原判处剥夺政治权利终身不变"。当然，在做出这项刑事裁定时，说了他们在"死缓"期间，"无抗拒改造的恶劣情节"。其实，在这句话的后面还应该说，他们"也无接受改造的实际表现"。但是，为了给他们减刑，也只能那么说了。

在审判了林彪、江青反革命集团的10名主犯后，各地人民法院、军事法院等，对这两个反革命集团的其他案犯也陆续、公开地进行了审判，一批在"文化大革命"中参与林彪、江青集团篡党夺权阴谋活动，残酷迫害广大干部和群众，搞打砸抢的骨干分子，也因他们犯下的累累罪行而受到了法律的严厉惩处。

对于林彪、江青两个集团的审判，表达了人民的愿望，显示了党和国家建设社会主义民主和法制的决心，是中国社会主义法治建设史上具有里程碑意义的一件大事。同时，审判这两个集团，也是中国社会在"文化大革命"结束后，彻底清理各种冤假错案，实现安定团结，完成工作重点转移，走向历史新时期的重要保证。

第七章　调整军事战略和外交方针

一、军事战略的调整与百万大裁军决策

在中国改革开放和现代化建设的过程中，人民解放军作为捍卫中国人民民主政权和国家主权、保护改革开放和现代化建设事业的钢铁长城，其本身的改革和建设，一方面丰富了新时期改革的内涵，另一方面，也为正在逐步走向深入的改革提供了有力的支持和保障。

（一）国防和军队建设指导思想的转变

1978 年 12 月中共十一届三中全会的召开，使全党的工作重点转移到经济建设，中国进入了一个改革开放的新时期。与此相适应，中国人民解放军的建设也随着其指导思想的战略性重大转变而进入了一个新的历史阶段。

诞生于革命战争年代的人民解放军，在党的指挥下和人民群众的支持下，依靠小米加步枪赶走了日本帝国主义，打败了飞机加大炮的国民党军队，推翻了以蒋介石为首的国民党政府在中国内地的反动统治，为中国人民的解放和新中国的建设，做出了重大的贡献。

新中国成立后，根据国际国内的形势，把人民解放军建设成一支现代化、正规化的革命军队，成为军队建设的总方针和总任

务。在 20 世纪 50 年代前期和中期，人民解放军在正规化和现代化建设方面取得了很大的成就。但自 1958 年军队内部开展批教条主义开始，由于"左"的思想越来越严重，特别是在"文化大革命"的干扰和破坏之下，人民解放军的正规化和现代化建设经历了一个曲折前进的历程。

1975 年，主持中央日常工作的邓小平针对军队中存在的种种问题，提出了"军队要整顿"的主张。整顿的目的就是要按照现代战争的要求和需要来进行军队建设。1976 年 10 月，粉碎"四人帮"后，叶剑英、邓小平等军委领导人，提出了一系列军队建设措施，仍把着眼点放在如何把人民解放军建设成一支现代化的革命军队的问题上。

1977 年 3 月，中央军委在北京召开了一次座谈会。主持军委工作的叶剑英副主席在会上作了《坚决贯彻中央工作会议精神，把揭批"四人帮"运动引向深入》的报告。他针对林彪、"四人帮"两个反革命集团对军队建设的破坏，提出了应该不应该坚持党对军队的绝对领导，应该不应该坚持无产阶级党性和反对资产阶级派性，应该不应该继承和发扬中国共产党与人民解放军的优良传统，应该不应该整顿军队，应该不应该严格遵守革命纪律和规章制度，应该不应该按照接班人"五项条件"搞好老中青三结合，应该不应该强调军队要稳定，应该不应该严格训练和严格要求，应该不应该坚持野战军、地方武装、民兵三结合的武装力量体制以及应该不应该准备打仗，十个亟待解决的问题。

这十个"应该不应该"抓住了林彪、江青两个反革命集团反党乱军的要害，明确了全面整顿军队的基本内容，为军队的拨乱反正和军队的建设指明了方向。

这次座谈会之后，全军部队进行了十个"应该不应该"的讨论和教育，批判了林彪、江青两个反革命集团破坏人民军队建设的罪行，提高了全军指战员们对建设正规化和现代化革命军队的重要性的认识。

1977 年 7 月 31 日，叶剑英在隆重庆祝中国人民解放军建军 50 周年的大会上又一次发表了重要讲话。在讲话中，他进一步批判了林彪、江青两个反革命集团破坏军队建设的罪行，并根据粉碎"四人帮"之后军队拨乱反正的情况，向全军提出了八个原则。这八个原则是：必须使枪杆子牢牢掌握在党和人民的手里，决不能让"四人帮"、林彪那样的野心家篡夺军队的各级领导权；必须搞马克思主义，搞团结，搞光明正大，决不能像"四人帮"、林彪那样搞修正主义，搞分裂，搞阴谋诡计；必须完整地准确地理解和贯彻毛泽东军事思想和军事路线，决不能像"四人帮"、林彪那样歪曲篡改毛泽东思想，摘取片言只语，骗人吓人；必须坚持党的实事求是、群众路线的作风，决不能像"四人帮"、林彪那样搞唯心论、形而上学，说假话，骑在人民头上称王称霸；必须坚持无产阶级党性，一切从人民利益出发，决不能像林彪、"四人帮"那样结成资产阶级帮派体系，唯利是图，唯权是夺；必须坚持正常的民主生活，广开言路，决不能像"四人帮"、林彪那样开"帽子工厂""钢铁工厂"，一提不同意见，就把人一棍子打死；必须坚决维护党和军队的纪律，决不能像"四人帮"、林彪那样搞无政府主义，"踢开党委闹革命"，肆意破坏捣乱；必须加速军队革命化现代化建设，决不能像"四人帮"、林彪那样把军事和政治对立起来，破坏革命，取消现代化。

以上八个原则的提出，为军队内部进一步清除林彪、江青两个反革命集团的流毒和反动影响、推动拨乱反正工作的深入发展提出了明确的标准和要求，同时，也为人民军队在新时期进行革命化、现代化和正规化建设奠定了思想基础。

军队内部开展的揭批林彪、"四人帮"罪行的运动和拨乱反正的群众性运动，到 1978 年 10 月基本结束。但是，在这段时期里，由于"两个凡是"错误方针的干扰，拨乱反正工作受到了很大的影响。直到党的十一届三中全会召开后，特别是经过 20 世纪 80 年代前期的分期整党和彻底否定"文化大革命"的教育后，军队内部思想政治上的拨乱反正才最终完成。

1978 年 12 月，党的十一届三中全会召开。这次会议强调，把全党工作的着重点和全国人民的注意力转移到社会主义现代化建设上来，这对于实现农业、工业、国防和科学技术的现代化，巩固中国的人民民主专政，具有重大的意义。全会要求全党、全军和全国各族人民同心同德，立即动员起来，鼓足干劲，群策群力，为在 20 世纪内把中国建设成为社会主义的现代化强国而进行新的长征。

国防现代化是中国四个现代化的重要内容之一。党的十一届三中全会明确提出了实现国防现代化的伟大任务。

党的十一届三中全会后不久，中央军委于 1979 年 1 月召开了座谈会。在会上，当时担任国防部长的徐向前元帅发言指出：把工作重点转移到四个现代化上来，作为军队来说，就是国防现代化。

1 月 17 日，总政治部发出《关于贯彻执行全党工作着重点转移问题的政治工作的意见》。这个文件要求军队贯彻党中央的这一决策，巩固和发展安定团结的大好局面，加速实现国防现代化，为建设一支现代化的革命军队而奋斗。

在这个文件中，总政治部还就军队政治工作如何适应全党工作着重点的转移，提出了六条意见：（1）转变思想；（2）把揭批"四人帮"的斗争搞得善始善终；（3）加强部队教育训练中的政治工作；（4）继续整顿、配备领导班子；（5）积极参加和保卫社会主义现代化建设；（6）转变领导作风。

1981 年 9 月 19 日，中央军委主席邓小平在华北某地检阅军事演习部队时发表了重要讲话。在谈到人民解放军的任务和军队建设的方针时，邓小平明确指出："我军是人民民主专政的坚强柱石，肩负着保卫社会主义祖国、保卫四化建设的光荣使命。因此，必须把我军建设成为一支强大的现代化、正规化的革命军队。我们一定要坚持四项基本原则，加强政治思想建设，努力使部队成为贯彻执行党的路线、方针、政策的模范。我们一定要在国民经济不断发展的基础上，改善武器装备，加速国防现代化。我们一定要进一步密切军政、军民关系，增强军队内部团结，加强民兵建设，继承和发扬人民军队的光荣传统。我们一定要加强军政训练，进一步增强部队的军政素质，努力提高现代条件下诸军兵种协同作战能力。我们一定要谦虚谨慎，戒骄戒躁，进一步开展'四有、三讲、两不怕'活动，加强作风培养，使部队具有严格的组织纪律。我们一定要扎扎实实做好反侵略战争的准备，为保卫世界和平，为保卫祖国领土的安全，为争取台湾早日回归祖国，实现祖国统一的神圣大业作出新的贡献。"①

邓小平的这次讲话，进一步指明和确立了人民解放军革命化、现代化、正规化建设的总方针和总任务，更加明确地指出了军队建设的方向和目标。

十一届三中全会后，军队建设指导思想的转变包括了两个方面的内容。一方面是适应全党工作重点向以经济建设为中心的社会主义现代化建设转移的需要，国防建设和军队建设也必须转移到现代化方面来；另一方面是要求国防建设和军队建设必须服从于全国经济建设的大局。

国防建设和军队建设指导思想的转变，既与国内党的工作重点的转移有关，也与国际环境的变化和对国际形势的正确分析有重要的关系。

自20世纪60年代中期以来，由于美国加紧对中国的包围和封锁，特别是发动侵越战争，在东南亚地区制造紧张动荡的局

① 《邓小平文选》第2卷，人民出版社1994年版，第395页。

势，同时由于苏联老子党作风和大国沙文主义的做法，给中苏两党的关系和两国的关系造成了极大的伤害，再加上中国领导人在分析国际形势时对世界战争爆发的可能性做了过于夸大的估计，因而中国的国防建设和军队建设一直处于"早打、大打、打核战争"的临战准备状态。

进入 20 世纪 70 年代，随着美国总统尼克松的访华、中美《联合公报》的发表，长期紧张的中美关系开始缓和。同时，中国恢复了在联合国的合法席位以后，中国的国际地位迅速提高，国际影响迅速扩大。中国不仅同社会主义国家以及非洲、拉丁美洲的一些第三世界国家建立和发展了友好合作关系，而且同西方的一些资本主义国家如加拿大、意大利、奥地利、比利时建立了外交关系，同英国、荷兰还建立了大使级外交关系，同亚洲的日本也实现了邦交正常化。上述因素使中国所面临的外部军事压力和战争威胁相对减弱。

1979 年中美正式建交，双边关系开始了全面发展。两国高级领导人进行了一系列互访。与此同时，中国在实行工作重点转移的过程中，实行了对外开放的方针，在外交方面采取了更加灵活务实的政策。1982 年 9 月，中国共产党第十二次全国代表大会明确宣布：中国对美苏都不结盟，也不建立任何战略关系，同时把反对霸权主义、维护世界和平作为对外政策和外交工作的主要目标。

在处理国际事务中，中国坚持以和平共处五项原则为处理国际关系的准则。这样，中国与世界大多数国家保持和发展了良好的关系，中国的周边环境大大改善。而长期紧张对峙的中苏关系也逐渐缓和。这些因素和条件为人民解放军建设指导思想的战略性转变，提供了客观基础。

在国际上，美、苏两个超级大国在全球争霸的战备态势也发生了微妙的变化。它们在军事对抗的同时，也开始谋求通过对话来解决它们之间的争端。世界政治的多极化趋势，正在逐渐代替第二次世界大战以来的两极格局。和平与发展成为世界的主题。

以邓小平为核心的中央领导集体，审时度势，通过逐渐发生变化而又错综复杂的国际关系表象，用马克思主义的观点和方法，对国际形势做出了科学而准确的分析和预测。

早在1975年，邓小平就预见到：大仗五年内打不起来。到1980年，他又说：大仗五年内打不起来。1984年11月，在中央军委座谈会上讲话时，他仍强调："仗打不起来这个话，我们多次讲过。过去讲了十年，现在过了几年，我们还可以说十年。现在能打仗的还是美、苏，但是这两家都不敢，哪一家都有毁灭世界的能力，谁敢动啊？"

在1985年五六月间召开的军委座谈会上，邓小平又进一步总结了粉碎"四人帮"以来中国对战争与和平问题的认识的变化过程，分析了战争可以避免的三个依据。他说：这几年我们仔细观察了形势，讲世界战争，只有两家有资格，一个是苏联，一个是美国。这两家的特点是什么？我们来仔细分析一下。第一，两家的东西都多，原子弹、常规武器都多，都有毁灭对手的力量。我们不讲毁灭人类，人类毁灭，那个恐怕还办不到，但它们有本事把世界打得乱七八糟就是了。因此，谁也不敢先动手……这就是说，双方实际上是军事上的平衡，谁对谁都没有绝对的优势，所以都不敢动。第二，美、苏双方都在努力进行全球战略部署，但都受到了挫折，都没完成……战略布局没有完成，它们就不敢动……第三，战争的危险是存在的，两霸争夺和进行全球战略布局也还会加剧的，但毕竟和平力量的发展超过了战争力量的发展。

通观全局，战争的危险虽然存在，但是限制战争的因素增长速度很快，超过了战争力量的增长速度。实现世界的和平是有希望的，争取较长的和平环境是完全可能的。这是邓小平对国际形势的正确分析和英明预判。

后来，邓小平又说：“我们希望至少二十年内不打仗，更希望七十年内不打仗，那我们就可以有时间从从容容地搞我们的社会主义四个现代化。……如果真是二十年、三十年不打仗，五十年不打仗，这个战争就可能避免。”1986 年 2 月，他在同美国副总统蒙代尔谈话时，又明确表示：“从当前总的形势看，战争可以制止，如果工作做得好，是可以避免的。”

正确认识和准确把握国际形势，做出“新的世界战争是有可能防止的”“工作做得好，战争是可以避免的”等判断，无论对中国共产党、中国还是中国的军队都有着非常重要的意义。它使党和国家能把工作重点转移到社会主义现代化建设上来，使广大人民群众能够安安心心地搞社会主义现代化建设，使人民军队的建设能够确定正确的原则和方向。

国防建设和军队建设指导思想的转变，是以邓小平为核心的第二代中央领导集体将马克思主义军事理论同当代世界和中国的实际相结合、科学分析国际战略格局和战争与和平的问题的成果，是顺应了国际形势的发展变化和符合客观规律的正确决策。

（二）国防和军队现代化建设的展开

随着国防建设和军队建设指导思想的转变，根据国家经济体制和领导体制改革的需要和中国社会主义现代化建设的需要，针对当时军队现代化水平较低，在编制体制、武器装备、指挥能力、官兵素质等方面还不适应现代战争要求的情况，20 世纪 80年代中国进行了一系列军队和国防的改革与建设。

1. 精简整编和改革编制体制

多年来，特别是到“文化大革命”后期，军队员额过大，领导机关臃肿、机构重叠、人浮于事的状况十分严重，这给国家建设和军队建设都带来了许多问题。为此，中央军委主席邓小平反复强调军队存在的最大问题是臃肿、不精干，他指出，"搞四个现代化也好，把军队搞精干、提高战斗力也好，都需要'消肿'"，这突出反映了现代条件下军队建设的特点。

1982年2月，为加强军队体制改革，中央军委成立体制改革、精简整编领导小组。7月，中央军委召开会议确定，军队体制改革包括军队的整体组织结构，领导、指挥关系，各级职权的划分，军队的编组四个方面内容，并提出"精兵、合成、平战结合、提高效能"四项原则。以精兵为首要原则，走精兵之路，建设一支机构精干、指挥灵便、装备精良、训练有素、反应快速、效率很高、战斗力强的军队。按照中央军委9月下达的《关于军队体制改革精简整编方案》（简称《方案》），全军需在1983年完成《方案》规定的任务。一是继续精简机关、削减勤务保障和工程部队员额，增加战斗部队员额，干部战士比例趋于合理；二是改革兵种管理体制，将各独立兵种的领导机关分别缩编为总参谋部所属炮兵部、装甲兵部、工程兵部等业务部，铁道兵番号撤销并入铁道部，坦克师和大部分炮兵师划归陆军领导；三是改革兵役制度，调整改革民兵组织，组建预备役部队。

中央军委的组成，在这次调整中也进行了改革。1982年9月，中共中央决定，中央军委由主席、副主席、秘书长、副秘书长组成，由秘书长、副秘书长组成军委常务会议，负责处理军委的日常工作。这样，军委的组成变得更加精干。1993年后，军委没有再设秘书长和副秘书长，军委常务会议由军委副主席和军委委员组成。

1982年12月，第五届全国人民代表大会第五次会议修改通过的《中华人民共和国宪法》规定：中华人民共和国设立中央军事委员会，领导全国的武装力量。这一设置，是在改革开放的历史条件下国家政治体制和军事体制的重大改革。中华人民共和国中央军事委员会和中国共产党中央军事委员会都简称为中央军委，两个机构的职能和人员组成都是一样的。这一改革，体现了以人民解放军为主体的中华人民共和国武装力量，既是中国共产党绝对领导下的武装力量，又是中华人民共和国国家武装力量的一致性，反映了党和国家对军队领导的统一性和一致性。这是中国国家体制和军队领导体制的一个显著特点。

1983年4月，中国人民武装警察部队总部成立。武警部队由人民解放军担负内卫执勤任务的部队与公安部门实行兵役制的武装警察、边防警察、消防警察合并组成。武警部队是接受国务院和中央军委双重领导的一支重要的武装力量。1984年5月，六届全国人大二次会议通过了《中华人民共和国兵役法》，实行以义务兵为主体、义务兵与志愿兵相结合、民兵与预备役相结合的兵役制度。

2. 按照国防现代化要求改善武器装备

武器装备的现代化是国防现代化的重要方面。鉴于中国军队的武器装备与发达国家相比现代化水平比较低，新时期国防和军队建设的一项重要任务，就是加速发展现代化武器。为此，中央军委逐渐明确"从中国的国情出发，以我军积极防御战略方针为依据，全面规划，突出重点，多搞技术储备，立足自力更生，有选择地引进，循序渐进地发展现代化武器"的新思路。中国既不能像某些不发达而有钱的国家，买个现代化，又不可能像某些先进国家，大搞武器竞赛，而是要改进现有装备，加强现役部队的齐装配套，并在节约开支的前提下，拿出足够的钱来迅速改善军队的装备水平，准备好有足够的力量应付强敌的侵略。

根据上述思路，首先要做的是整顿现有装备。主要是解决"文革"期间军工生产中遗留下来的问题，提高各类武器装备的完好率，把全军部队现有装备整顿好；清理正在研制的武器装备项目，停止生产老型武器装备，确定一批飞机、舰船及陆军装备退役、报废，把维修经费节省下来，用于发展新装备。同时，在武器装备建设方面加强国际技术交流，引进一些国外先进技术。据统计，从 1979 年到 1987 年，中国海军、空军及陆军各兵种共进口装备、设备及部件 307 项。改革开放以来，随着国民经济和科学技术的发展，人民解放军的武器装备水平迅速提高。一大批新研制成功的武器装备相继服役，包括反坦克导弹和超低空防空导弹，大口径新型火炮，新型作战飞机，导弹护卫舰，鱼雷潜艇和新型鱼雷，舰艇，空航导弹及导弹核潜艇，携带大当量氢弹头的洲际导弹等，这大大提高了人民解放军对现代化战争的适应能力。

3. 为保卫国家领土主权做出新贡献

人民解放军在保卫国家领土主权斗争中做出新贡献。在中越边境，继 1984 年收复老山后，人民解放军进行了长达数年的老山坚守防御作战。1988 年 3 月 14 日，中国海军舰船对窜到中国赤瓜礁海区进行挑衅的越南海军舰船进行还击。这些自卫反击作战，保卫了中国领土主权完整，维护了国家尊严，展现了人民解放军威武之师的形象。

4. 把教育训练提高到战略地位

邓小平早在 1975 年整顿军队时就提出：在没有战争的条件下，要把军队的教育训练提高到战略地位。经中央军委讨论同意，把加强教育训练，提高官兵全面素质，作为新时期军队建设的一条重要方针，并成立了全军教育训练委员会，各军区、各军兵种也都成立了教育训练领导小组。

在这一阶段的军事训练中，干部训练、多兵种和多军兵种合同战役战术训练，以及现代技术特别是高技术条件下的训练比重迅速增大。在军事训练过程中，模拟训练的实行和模拟器材的迅速发展与使用，使人民解放军在训练手段方面有了重大的转变和进步。在模拟器材方面，通过不断的技术改进，已形成了合同战役战术指挥、专业协同训练、装备技术操作训练、战场环境仿真、模拟弹药、计算机模拟软件等系列，这些都达到了国际先进水平。

把教育训练提高到战略地位，重点是抓好干部的教育训练，培养一大批掌握现代科学技术知识、具有指挥现代合同作战能力的又红又专的干部。根据邓小平关于军队院校教育的思想，中央军委于1977年11月批转了教育训练委员会《关于调整和增建军队院校的报告》，决定在全军84所院校的基础上，再增建28所院校，以军政大学的军事系、政治系、后勤系为基础，分别组建军事学院、政治学院和后勤学院。1985年，上述3所军队院校又合并为中国人民解放军国防大学。到了80年代末，全军的院校迅速增加到116所，其中有指挥院校40所，政治院校5所，技术院校54所，飞行院校17所。在加强军队的院校教育过程中，人民解放军逐步形成了具有自身特色的各军兵种指挥院校和技术院校相配套的从中专到博士研究生教育五个层次的院校体系。同时，为了加强军事科学的研究工作，中国增设了军事研究机构。到80年代末，全军共有军事科学研究机构90个，编制研究人员1700多人。经过此次大规模的军队体制改革，人民解放军在精兵、合成、效能方面前进了一大步。

随着教育训练体制的改革，人民解放军的训练和战备水平得到不断提高，从严从难、从实战需要出发的训练传统被注入了现代条件下的战争背景后，军训变得气象一新，初步形成了从单兵到师的新的训练内容体系。部队在加强基础训练的同时，加强了合同战役战术训练。陆军集团军各兵种的协同作战能力有了新的提高。海军多次组织由多兵种、多舰种参加的海上联合编队合同训练，检验并增强了海上作战能力。空军航空兵所有战斗团都能在三种气候条件下实施机动，其中有相当一部分战斗团能在四种气候条件下实施机动，飞行安全率达到先进水平。战略导弹部队发射的各型导弹，成功率都达到相当高的程度。

5. 恢复政治工作传统

在军队政治工作方面，人民解放军在继承优良传统的前提下改革创新，探索前进。1978年6月，邓小平提出了"研究和解决在新的历史条件下，发扬政治工作的优良传统，提高我军战斗力的问题"。1979年初，又强调了"必须在思想上政治上坚持四项基本原则"。1987年1月，中央军委专门作出《关于新时期军队政治工作的决定》，进一步明确了政治工作的地位和指导思想。

新时期军队思想政治工作突出的特点是正确处理了以下几个关系：第一，在加强部队各项建设与加强思想政治建设关系上，强调要把思想政治建设摆在首位；第二，在军队思想政治建设与全国精神文明建设的关系上，强调军队的精神文明建设要走在社会前列，军队要办成培养人锻炼人的大学校、大熔炉，为国家、为社会同时也为部队培养大批高素质人才；第三，在历史与现实的关系上，强调现实生活中结合新的实践，把历史上的好传统、好作风发扬光大，保持老红军本色。在强有力的思想政治工作的推动下，全军广大指战员的精神面貌发生了新的变化，涌现出大批英雄模范集体和个人。

6. 恢复军衔制度和建立文职干部制度

在军队的军衔制度改革方面，人民解放军恢复了军衔制度和建立了文职干部制度。军队实行新的军衔制度和文职干部制度是出于部队正规化建设的需要。1980年3月12日，邓小平在军委扩大会议上提出军队实行军衔制的问题，由此，恢复军衔制的工作被正式提出。1982年初，中央军委常委会正式做出了恢复军衔制的决定，并于1983年5月专门成立了恢复军衔制领导小组，负责实行军衔制的准备工作和军官军衔的评定授予工作。1988年7月1日，第七届全国人大常委会第二次会议通过了《中国人民解放军军官军衔条例》。按照条例规定，中国人民解放军现役军官军衔设将官四级：一级上将、上将、中将、少将。校官四级：

大校、上校、中校、少校。尉官三级：上尉、中尉、少尉。中央军委主席邓小平、副主席杨尚昆主动提出自己不受衔，因此，一级上将空缺。1988 年 9 月 14 日，中央军事委员会举行了上将授衔仪式。从 1988 年 10 月 1 日起，全军官兵佩带新军衔标志。

与此同时，也开始实行军队文职干部制度。1988 年 4 月 27 日，中央军委主席邓小平发布命令，正式颁布《中国人民解放军文职干部暂行条例》，规定文职干部编制主要来自部队中的两类人员：一是从事科学研究、工程技术、医疗卫生、教学、新闻出版、文化艺术、体育等单位的部分专业技术干部；二是服务于机关、院校、医院等单位的部分行政事务、生活保障干部。到 8 月 30 日，人民解放军首批现役军官改任文职干部的工作顺利完成，全军共有 10 万多人转为文职干部。文职干部制度的实施，有利于稳定专业技术干部队伍，是人民解放军干部制度的一项重大改革。

（三）做出裁军百万的重大决策

在进行军队改革和建设的同时，中央军委经过几年的冷静观察和思考，于 1985 年做出实现国防和军队建设指导思想的战略性转变的重大决策，即由立足于"早打、大打、打核战争"的临战状态，转入以现代化为中心的相对和平时期的建设轨道上来。

1985 年 5 月 23 日至 6 月 6 日，中央军委在北京召开军委扩大会议。会上，军委主席邓小平对国际形势做了全面系统的分析，得出结论：在一个比较长的时间内，不发生大规模的世界战争是有可能的，维护世界和平是有希望的。根据这一判断，会议做出军队建设指导思想实行战略性转变的重大决策，即要充分利用较长时间内大仗打不起来的和平环境，在服从国家经济建设大局的前提下，抓紧时间，有计划、有步骤地加强以现代化为中心的根本建设，提高军政素质，增强人民解放军在现代战争条件下的自卫能力。

为了实现这一战略性转变，1985 年 6 月，中共中央和中央军委做出了裁减军队员额 100 万的重大决策。随后，邓小平代表中国政府郑重宣布，中国人民解放军减少员额 100 万。他说：为什么我们下这样大的决心把军队减少 100 万？我国政府决定，中国人民解放军减少员额 100 万，这是中国政府和中国人民有力量、有信心的表现。减少 100 万，实际上并没有削弱军队的战斗力，而是增强了军队的战斗力。即使国际形势恶化，这个裁减也是必要的，而且更必要。过去我们讲过，这么臃肿的机构如果不"消肿"，不要说指挥作战，就是疏散也不容易。这次军委会开得很好，大家想到一块儿了。在这方面，我看没有不同意见。这说明我们军队的同志是从全局着眼，从国际大局和国内大局着眼来看问题的。①

到 1987 年，裁军百万的工作顺利完成。通过这次精简整编，压缩了军队总规模，调整了编成比例。战斗部队、科研单位和院校的编制数额在全军总定额中的比例提高，机关和勤务分队的比例下降。三总部和各大军区机关都在原定额的基础上精简近一半，海军、空军、第二炮兵和国防科工委机关也做了较大精简，撤并了部分院校。军事学院、政治学院、后勤学院合并为国防大学。通过实行军士制度，把 76 种原由干部担任的职务改由士兵担任，减少了干部数量，提高了战士比例。同时加强部队的合成。原来的 11 个大军区，撤销了武汉、昆明、福州、新疆 4 个大军区，保留北京、沈阳、济南、成都、南京、广州、兰州等 7 个大军区。减少了一些军、师、团单位。根据精兵、合成、平战结合、提高效能的原则，把陆军改编为集团军，将大部分的独立装甲兵、炮兵和野战工兵部队编入集团军，并充实扩编了通信、

---

① 《邓小平文选》第 3 卷，人民出版社 1993 年版，第 126 页。

防化、运输分队，增编了电子对抗分队，从而迈出了人民解放军建设现代化合成军队的重要一步。

随着国防建设和军队工作指导思想的转变，军队在国家经济建设中的作用更为直接和显著。人民解放军从国家经济建设的大局出发，开放了一批军事设施。全军铁路专用线，空军机场、海军机场、海军码头都有一部分改为军民合用。全军所属医院，全部向社会开放。从 1985 年到 1987 年，其住院部平均每年收治地方病人近 100 万，门诊地方病人 1400 多万。海军还将一部分在军事禁区内的名胜古迹移交地方旅游部门使用，促进了旅游事业的发展。另外，军队利用自己的科技优势，主动支援地方的经济建设。仅 1985 年，军队的科研机构直接助民项目就有 350 项之多，军用技术转为民用技术的工作到 1987 年累计 1 万多项，军转民产品产值已占军工企业总产值的 48.9%。军队在与地方共建精神文明，尤其是在抢险救灾、保障人民生命财产安全方面，更是发挥着越来越大的作用。

二、和平解决两岸关系的构想

党的十一届三中全会以后，以邓小平为核心的党中央领导集体，根据国际国内形势的重大变化，从国家和民族的根本利益出发，创造性地提出了"和平统一、一国两制"的科学构想，并最终使其成为中国的一项基本国策。

（一）和平解决两岸关系的缘起

"一国两制"和平统一祖国方针，是新中国成立以来中共中央对台方针的继承和发展。1949 年中国人民解放军所向披靡，"打倒蒋介石，解放全中国"很快就变成现实。蒋介石在绝望中逃到了台湾。从此，海峡两岸不幸分离。毛泽东等面对祖国大陆与台湾的分离局面，一直在不懈地探讨和寻求祖国统一的方式和途径，提出了一系列对台方针、政策。

在1949年至1955年间，中国共产党的对台政策可概括为"单纯依靠武力"解决问题。1949年12月31日，中共中央发表《告前线将士和全国同胞书》，指出帝国主义和国民党的反动统治已永远被推翻，1950年的任务是解放海南岛、台湾和西藏，全歼蒋介石集团的最后残余力量。至1950年5月，除西藏以外，中国大陆已获全部解放，中国人民解放军以高昂的士气积极准备渡海作战，解放台湾。然而，不久，朝鲜战争爆发，美国海军第七舰队入侵台湾海峡，以武力阻止中国解放台湾。随后，中国派志愿军赴朝作战，解放台湾的行动暂时被搁置起来。朝鲜战争结束后，中国政府又多次重申武力解决台湾问题的政策。1955年人民解放军渡海作战，解放了一江山岛和大陈岛。

1955年5月，中国共产党对台湾政策发生新的变化。5月13日，周恩来在全国人大常委会第十五次会议上首次提出：解放台湾有两种可能的方式，即战争的方式与和平的方式。中国人民愿意在可能的条件下，争取用和平方式解放台湾。这不是儿戏之言，它是经毛泽东批准的郑重许诺。1956年4月，毛泽东提出了"和为贵""爱国一家""爱国不分先后"的政策。同年6月28日，周恩来在第一届人大第三次会议上，向世界传递了新的信息："我国政府曾经再三指出：中国人民解放台湾有两种可能的方式，即战争的方式和和平的方式；中国人民愿意在可能的条件下，争取用和平方式解放台湾。毫无疑问，如果台湾能够和平解放，那么，对于我们国家，对于我们全体中国人民，对于亚洲和世界的和平，都将是最为有利的……现在，我代表政府正式表示：我们愿意同台湾当局协商和平解放台湾的具体步骤和条件，并且希望台湾当局在他们认为适当的时机，派遣代表到北京或者其他适当的地点，同我们开始这种商谈。"

与此同时，中共中央还通过在香港的章士钊转信给蒋介石，称"奉化之墓庐依然，溪口之花草无恙"。希望以乡情来打动蒋介石。1956 年 7 月 16 日，周恩来在北京接见了香港记者曹聚仁。这是一个与国共两党高层有特殊关系的神秘人物。周恩来在接见时说："国民党和共产党合作过两次，第一次合作有国民革命北伐的成功，第二次合作有抗战的胜利，这都是事实。为什么不可以第三次合作呢？我们对台湾决不是招降，而是要彼此交谈，只要政权统一，其他都可以坐下来共同商量安排。"

毛泽东后来亲自接见了曹聚仁，足见毛泽东对此事的重视。在接见中，毛泽东说，台湾如果回归祖国，照他们自己的生活方式生活，水里的鱼都有地区性的。毛儿盖的鱼到别的地方就不行。毛泽东还表示，蒋介石同美国的连理枝解散，同大陆连起来，根还是他的，可以活下去，可以搞他的一套。他的军队可以保存，我不压迫他裁兵，不要他简政，让他搞三民主义。这个思想周恩来把它归纳为"一纲四目"，即台湾必须回归祖国（一纲）；台湾回归祖国后，除外交必须统一中央外，所有的军政大权、人事安排由蒋介石决定；所有军政及建设经费不足之数，由中央拨付；台湾的社会改革可以从缓，协商解决；双方互约不派人进行破坏对方团结之事（四目）。实际上这也就包含了"一国两制"的基本思想。

然而，对于中国共产党的和平倡议，国民党并未做出积极回应。相反，它继续叫嚣反攻大陆，并向金门、马祖增调大量部队；而美国则在幕后加紧活动，企图使国民党接受其"划峡而治"的阴谋。在此情况下，一方面为了打击美蒋的反动气焰，另一方面为了以交战形式保持大陆与台、澎、金、马的"联系"，中国人民解放军福建前线部队于 1958 年 8 月始，受命"万炮齐发"，猛击大、小金门和大担、二担岛。但尽管如此，中国政府以武力解放为主，以和平争取为辅的方针仍然没变。到了"文化大革命"期间，由于受"左"的影响，中国政府对台方针、政策转向强硬，即处于"继续维持军事对峙局面，集中开展外交斗争"阶段。

（二）和平统一祖国的初步设想

20世纪70年代末，由于国际局势的相对缓和，中国的外交有了一个新的局面，中国先后同美国、日本恢复建立正常关系，美国、日本都承认中华人民共和国是中国的唯一合法政府，台湾是中国领土的一部分。至1978年与中华人民共和国建交的国家增至116个，而同台湾保持外交关系的国家和地区仅剩下23个。

1979年元旦，全国人民代表大会常务委员会发表了《告台湾同胞书》，标志着中国政府和平统一方针的全面确定。中国共产党在《告台湾同胞书》中指出："今天，实现中国的统一，是人心所向，大势所趋。世界上普遍承认只有一个中国，承认中华人民共和国政府是中国唯一合法的政府。最近中日和平友好条约的签定，和中美两国关系正常化的实现，更可见潮流所至，实非任何人所得而阻止。目前祖国安定团结，形势比以往任何时候都好。在大陆上的各族人民，正在为实现四个现代化的伟大目标而同心勠力。我们殷切期望台湾早日回归祖国，共同发展建国大业。我们的国家领导人已经表示决心，一定要考虑实际情况，完成祖国统一大业，在解决统一问题时尊重台湾现状和台湾各界人士的意见，采取合情合理的政策和办法，不使台湾人民蒙受损失。"

"中国政府已经命令人民解放军从今天起停止对金门等岛屿的炮击。台湾海峡目前仍然存在着双方的军事对峙，这只能制造人为的紧张。我们认为，首先应当通过中华人民共和国政府和台湾当局之间的商谈结束这种军事对峙状态，以便为双方的任何一种范围的交往接触创造必要的前提和安全的环境。"

《告台湾同胞书》既标志着中国政府全面确定和平统一的方针，又蕴含了"一国两制"的思想萌芽。《告台湾同胞书》发表后不久，邓小平在出访美国期间，向美国有关人士解释中国政府对台湾政策时说：按照我们的心愿，我们完全希望用和平方式解决这个问题，因为这对国家和民族都比较有利。我们不再用"解放台湾"这个提法了，只要实现祖国统一，"我们将尊重那里的现实和现行制度"。这实际上是第一次公开提出了用"一国两制"的办法解决台湾问题的思路。

同年 12 月 6 日，邓小平会见来访的日本首相大平正芳时，把"一国两制"的思路具体化。他说：对台湾，我们的条件是很简单，那就是台湾的制度不变，生活方式不变，台湾与外国的民间关系不变，包括外国在台湾的投资，民间交往照旧。台湾作为地方政府，可以拥有自己的自卫力量、军事力量。条件只有一个，那就是，台湾要作为中国不可分割的一部分。它作为中国的一个地方政府，拥有充分的自治权。

1981 年 9 月 30 日，全国人大常务委员会委员长叶剑英发表关于台湾和平统一的九条方针，即：

（1）为了尽快结束中华民族陷于分裂的不幸局面，我们建议举行中国共产党和中国国民党两党对等谈判，实行第三次合作，共同完成祖国统一大业。双方可先派人接触，充分交换意见。

（2）海峡两岸人民迫切希望互通音讯、亲人团聚、开展贸易、增进了解。我们建议双方共同为通邮、通商、通航、探亲、旅游以及开展学术、文化、体育交流提供方便，达成有关协议。

（3）国家实现统一后，台湾可作为特别行政区，享有高度自治权，并保留军队。中央政府不干预台湾地方事务。

（4）台湾现行社会、经济制度不变，生活方式不变，同外国的经济、文化关系不变。私人财产、房屋、土地、企业所有权、合法继承权和外国投资不受侵犯。

（5）台湾当局和各界代表人士，可担任全国性政治机构的领导职务，参与国家管理。

（6）台湾地方财政遇有困难时，可由中央政府酌情补助。

（7）台湾各族人民、各界人士愿回祖国大陆定居者，保证妥善安排，不受歧视，来去自由。

（8）欢迎台湾工商界人士回祖国大陆投资，兴办各种经济事业，我们保证其合法权益和利润。

（9）统一祖国，人人有责。我们热诚欢迎台湾各族人民、各界人士、民众团体通过各种渠道，采取各种方式提供建议，共商国是。

至此，中国共产党已在事实上勾画出了"一国两制"的基本内容。

（三）"一个国家，两种制度"的正式提出

1982年1月，邓小平在一次谈话中第一次正式提出了"一个国家，两种制度"的概念，指出叶剑英提出的九条方针实际是"一个国家，两种制度"。以后党和国家的领导人在不同的场合就"一国两制"发表谈话。同年9月，邓小平就香港问题同英国首相撒切尔夫人进行会谈时说，收回香港主权问题可以用"一个国家，两种制度"的方案解决。这表明，用"一国两制"的方针解决祖国统一问题，已经由台湾扩大到香港、澳门。

同年12月，在第五届全国人民代表大会第五次会议修改通过的《中华人民共和国宪法》中，考虑到台、港、澳地区的特殊情况，对收回香港、澳门主权后和实现与台湾的统一后设立特别行政区并保持这些地区的资本主义制度不变的政策做了法律上的确认。宪法第三十一条规定："国家在必要时得设立特别行政区。在特别行政区内实行的制度按照具体情况由全国人民代表大会以

法律规定。"这就把在一个统一的国家内可以实行两种不同社会制度的设想以国家根本大法的形式肯定下来。

1983 年 6 月 26 日，邓小平接见了来访的美国客人——美国新泽西州西东大学著名教授杨力宇等一行。接见时，根据中共中央政治局讨论的意见，邓小平针对台湾当局的一些疑虑，详细阐述了和平统一祖国方针的实质和具体设想。他说，"问题的核心是祖国统一。和平统一已成为国共两党的共同语言。但不是我吃掉你，也不是你吃掉我"，而是在一个国家里实行两种制度。和平统一的方针，中国将坚持不变。祖国统一后，台湾方面在对内政策上可以搞自己的一套，可以有自己的独立性；司法权、终审权不需到北京；军队独立；大陆不派军政人员到台湾；台湾的党、政、军等系统，都由台湾自己来管理；中央政府要给台湾留出名额。邓小平还说，实行"一国两制"，是要完成前人没有完成的统一大业。如果国共两党共同完成这件事，蒋氏父子的历史都会写得好一些。

对于这次接见活动和邓小平的讲话，当时国内新闻媒体并没有给予特别关注。一个月后，杨力宇在香港的《广角镜》杂志上发表文章，介绍了会见的情形和邓小平谈话的主要内容。邓小平的讲话立即引起港、澳、台地区和海内外的强烈反响，被人们广泛传颂为"邓六条"。"邓六条"的发表，标志着"一国两制"构想的完整形成。1984 年 5 月，这一科学构想被正式写入第六届全国人大二次会议通过的《政府工作报告》，成为一项具有法律保证的基本国策。

关于究竟什么是"一国两制"？邓小平多次在不同场合，向不同对象回答了这个问题。其中 1984 年 6 月 22 日和 23 日分别会见香港工商界访京团和香港知名人士钟士元等人时，讲得最简明、具体、易懂、易记。他说："我们的政策是实行'一个国家，两种制度'，具体说，就是在中华人民共和国内，十亿人口的大陆实行社会主义制度，香港、台湾实行资本主义制度。"

"一国两制"是一个完整的科学构想。在这里，一个中国是前提，离开了这个前提，统一就无从谈起。一个中国，是指中华人民共和国，以任何形式出现或变相出现"两个中国""一国两府""一中一台""两个对等政治实体""中华民国在台湾"或"台湾是一个主权独立国家"等，都是不容许的。

在一个中国的前提下，国家的主体是社会主义。邓小平指出，中国的主体必须是社会主义。在中国大陆，必须坚定不移地坚持社会主义制度。1949 年中华人民共和国成立后，经过全国人民的共同努力，社会主义在大陆扎下了牢固的根基，实践已经证明并将继续证明，只有社会主义才能救中国，只有社会主义才能发展中国。因此，在大陆，必须坚持社会主义。在坚持一个中国的前提下，在大陆实行社会主义的同时，在台湾、香港、澳门实行资本主义。在这些地区，现行的社会、经济制度不变，生活方式不变，现行的法律基本不变。对台湾还允许保留军队。这种制度在相当长的时间内不变。

"一国两制"的方针提出来后，在国内外引起了强烈的反响。1984 年 8 月 27 日，香港《明报》发表社论，称"一国两制"是"马克思主义现在的基本原理"。《美洲华侨日报》在 1984 年发表题为《国际关系史上的大事》的社论，认为今后香港与中国内地实行"一国两制"，对中国实现统一及对世界事务，都将产生深远的影响。台湾当局坚拒与中共进行和谈，在香港问题上又说了许多有违民族大义的话，其结果只有使台湾更加失去海内外的人心。望台湾当局更弦易辙，顺应历史潮流，否则悔之晚矣。

（四）按照"一国两制"方针启动香港、澳门回归谈判

"一国两制"构想虽然主要是为解决台湾问题而提出的，但首先被成功运用于解决香港问题和澳门问题。

　　香港问题是英国殖民主义者侵略中国的历史遗留问题。香港地区包括香港岛、九龙和"新界"三个部分，自古以来就是中国领土。1840 年鸦片战争后，英国强迫清政府相继签订了《南京条约》《北京条约》和《展拓香港界址专条》三个不平等条约，强占了香港、九龙和"新界"地区，使香港陷入英国殖民统治。辛亥革命后的历届中国政府都未承认上述不平等条约，而且为收回香港与英国进行过多次交涉。新中国成立前夕，由于特殊的内外环境，中共中央和毛泽东决定"暂时不动香港"。1949 年中华人民共和国成立后，中国政府对香港采取了"长期打算、充分利用"的方针，不承认帝国主义强加于中国的这三个不平等条约，但考虑到历史原因，暂时维持现状，在适当时机再通过谈判和平解决。

　　根据上述不平等条约规定，面积占整个香港 92%、集中了香港主要能源和工业部门的"新界"于 1997 年 6 月 30 日期满。随着"新界"租期届满的临近，"新界"土地契约能否跨越"九七"的问题愈加迫切，投资者犹豫不前。为了延长管治香港的期限，1979 年 3 月，英方派港督麦理浩访问北京，试图摸清中国政府对香港问题的态度。邓小平在会见时指出，中国历来认为，香港主权属于中华人民共和国，但香港又有它的特殊地位。中国政府的立场不影响投资者的投资利益。这就是在 20 世纪和 21 世纪初相当长的时期内，香港可以搞它的资本主义，我们搞我们的社会主义。

　　1981 年初，邓小平提出，香港问题已摆上了日程，我们必须有一个明确的方针和态度。随后，他指示成立研究香港问题的专门小组讨论对策。当年 12 月，中央书记处会议做出了 1997 年 7 月 1 日收回香港主权的决定。1982 年 4 月，邓小平在会见英国前首相希思时，阐述了中国政府对解决香港问题的基本立场，明确表示现在是考虑处理香港问题的时候了。

1982年6月，邓小平在会见香港知名人士时，正式对外公布了中国政府处理香港问题的基本立场和原则：第一，一定要在1997年收回香港，恢复行使主权，不能再晚；第二，在恢复行使主权的前提下，保持香港的繁荣和稳定。同时，经中央批准成立的调研小组前往香港，通过调查研究，拟定了以"一国两制"为核心的解决香港问题的十二条政策，其主要精神总结起来就是恢复主权、制度不变、港人治港和高度自治。这些政策使按照"一国两制"解决香港问题的方针进一步具体化，从而为中英谈判解决香港问题奠定了基础。

1982年9月24日，邓小平在会见来访的英国首相撒切尔夫人时，明确阐述了中国政府对香港问题的基本立场：第一，主权问题不是一个可以讨论的问题。这个问题上没有回旋的余地。中国和英国就是在这个前提下进行谈判，商讨解决香港问题的方式和办法。第二，1997年中国收回香港后，实行适合于香港的政策。香港仍将实行资本主义。第三，中国和英国两国政府要妥善商谈如何使香港从现在到1997年的15年中不出现大的波动。

根据邓小平提出的上述原则，中英关于香港问题的谈判正式开始。整个谈判历时两年，大体分两个阶段：第一阶段从1982年9月至1983年6月，双方初步磋商一些原则问题和程序问题，中方最后完成对港政策的制定；第二阶段从1983年7月至1984年9月，双方进行实质性谈判，在中方政策基础上形成中英关于香港问题的协议文本。

1984年9月，中英双方达成协议。同年12月19日，中英两国首脑在北京正式签署了中英两国政府《关于香港问题的联合声明》（简称《联合声明》）。《联合声明》宣布：中华人民共和国政府于1997年7月1日对香港恢复行使主权，英国政府将在当日把香港交还中国。自《联合声明》生效之日起至1997年6月30日止的过渡时期内，英国政府负责香港的行政管理，中国政府予以合作。历时两年的中英谈判，至此圆满结束。1985 年 5 月 27 日，两国政府在北京互换了中英《联合声明》及其三个附件的批准书，《联合声明》从此生效。香港进入中国恢复行使主权前的过渡期。

香港进入过渡期后，中国政府开始制定香港特别行政区基本法。1985 年 4 月 10 日，六届全国人大三次会议在批准中英《联合声明》的同时，决定成立香港特别行政区基本法起草委员会，负责基本法起草工作。7 月 1 日，香港特别行政区基本法起草委员会正式成立并开始工作。1990 年 2 月，在广泛征求意见并反复修改的基础上，香港特别行政区基本法起草委员会第九次全体会议审议了基本法草案，并报全国人大审议通过。4 月 4 日，七届全国人大三次会议审议并通过了《中华人民共和国香港特别行政区基本法》和三个附件《香港特别行政区行政长官的产生办法》《香港特别行政区立法会的产生办法和表决程序》和《在香港特别行政区实施的全国性法律》，以及香港特别行政区区旗、区徽图案。中英在解决香港问题上的合作基本顺利地走过了 80 年代。

随着香港回归进程的启动，澳门回归的问题也提上日程。早在 1974 年葡萄牙政府就曾宣布，承认澳门是中国领土。1979 年 2 月，中葡建交，双方在澳门问题上达成谅解，葡萄牙政府承认澳门是中国的领土，双方同意在适当时候通过两国政府间的谈判解决这一问题。

1984 年秋，中英两国政府就香港问题达成协议，中葡两国通过谈判解决澳门问题的条件趋于成熟。同年 10 月 6 日，邓小平在接见澳门知名人士马万祺时，进一步阐述了解决澳门问题的原则：澳门问题的解决也将按照解决香港问题那样的原则来进行，"一国两制""澳人治澳"，50 年不变。1986 年 6 月，中葡两国政府开始就澳门问题举行谈判，1987 年 4 月 13 日，中葡两国政府总理在北京正式签署《关于澳门问题的联合声明》。声明宣布：

澳门地区是中国领土，中华人民共和国政府将于 1999 年 12 月 20 日对澳门恢复行使主权。1988 年 1 月 15 日，两国政府代表在北京交换了联合声明批准书，澳门回归正式进入过渡期。

三、调整外交方针，实行全方位外交

十一届三中全会以后，当党和国家把工作重点转移到以经济建设为中心的社会主义现代化上来时，外交工作也同其他各项工作一样，服务于经济建设这个中心，服务于社会主义现代化建设这个重点。为了适应这一需要，党和国家对外交战略进行了调整。

（一）国际战略和外交方针的调整

以经济建设为中心，需要有一个好的外部条件，即一个和平的国际环境。如何创造出一个和平的国际环境，受多方面因素的制约。但如何正确分析和估计国际局势，并采取正确的外交战略和外交政策，是其中一个极为重要的方面。

1. 中国领导人对战争与和平认识上的初步调整

"文革"结束后，应该怎样分析和判断国际形势，并在此基础上制定对外战略和政策，成为中国对外关系当中的一个重大课题。1977 年 12 月，中央军委召开会议，中共中央主席华国锋就国际形势，特别是战争与和平问题发表讲话，他认为：由于帝国主义、社会帝国主义制度本身就酝酿着战争，苏美争霸，总有一天要打起来。因此世界战争不可避免，或迟或早总会爆发，我们必须抓紧时间，搞好战备。但与美苏争霸所引发的世界大战相比，对中国安全构成的最大威胁还是苏联发动的侵华战争。因为苏修亡我之心不死，是我们最主要最危险的敌人。对此，我们要估计够、估计足，把立足点放在它向我们进攻上，准备它早打大打，搞突然袭击，准备对付最严重的局面，而决不要抱任何侥幸心理。在座的老同志，要准备这一辈子再打一场大的战争。① 这一认识，在一定程度上代表了当时中国领导人的看法。这种认识表明，当时对战争，尤其是苏联发动侵华战争的不可避免且迫在眉睫的危机感还是相当强烈的。

尽管认为世界大战和苏联发动侵华战争不可避免且迫在眉睫，但中国领导人却是要力求推迟战争，争取时间，以便进行建设，增强国防力量。而且，争取延缓战争爆发还具有一定的有利条件：毛泽东关于三个世界划分的理论和革命外交路线，可以搞好国际反霸统一战线。另外，苏修的全球战略还没有准备好，美帝在东南亚失败后，全球战略是防守的，打世界大战也没有准备好。所以，可以争取到一点时间，争取战争延缓爆发。但由于对战争危险的估计较为严峻，所以还很难确定到底能争取多长的时间延缓战争爆发。有很大可能争取五年或者更多一点时间不打仗，也可能只争取到两年、三年、四年，无论如何，要抢在战争爆发之前，搞好各项战备工作。② 但要在战争爆发之前，利用可能争取的和平时间，高速度地建立起中国强大的经济力量，强大的国防力量。低速度不行，中速度也不行，一定要高速度。③

进入 1980 年初，上述对于国际形势的基本估计依然没有改变。中国仍然认为世界各种矛盾将继续发展，国际形势将更加动荡，战争因素将不断增长。但鉴于战争尚未爆发的国际政治现实以及中国尚未做好战备的国内政治现实，中国领导人仍希望尽量

---

① 华国锋在中央军委全体会议上的讲话（1977 年 12 月 12 日）。

② 《抓纲治军 准备打仗》，叶剑英在中央军委全体会议上的报告（1977 年 12 月 12 日）。

③ 华国锋在中央军委全体会议上的讲话（1977 年 12 月 12 日）。

推迟战争的到来。邓小平提出"我们有可能争取多一点时间不打仗"，"可以争取延缓战争的爆发"。① "能够争取比较长一点时间不打仗，对我们军队的现代化建设，对我们军队战斗力的提高，对我们的备战工作，都是有利的。"② 这时，中国领导人在坚持"大规模世界战争不可避免"的同时，似乎开始缓解了世界战争"迫在眉睫"的高度紧迫感。

但此后，中国领导人对于战争与和平的看法随着国际形势的发展变化而逐渐开始调整。1980 年 1 月 16 日，邓小平在中共中央干部会议上表示："我们有信心，如果反霸权主义斗争搞得好，可以延缓战争的爆发，争取更长一点时间的和平。"③ 他还提出通过反霸斗争，打乱美苏战略部署，以延缓战争爆发的观点。邓小平对战争迫在眉睫的危机感进一步缓和了，争取较长时间和平的信心进一步加强了。由于对战争危险的判断趋于和缓，邓小平把几年前提出的延缓战争、争取和平的时间，从 5 年或 5 年以下，延长到了 10 年，甚至 20 年。他在 1980 年 4 月会见世界银行行长麦克纳马拉时说：看来国际上还要经历一些风浪，看远一点，采取有效措施，80 年代的危险可以渡过，争取 20 年的和平环境是可能的。中国需要一个比较长期的和平环境来发展。④ 尽管当时国际形势并不平稳，特别是 1979 年底苏军入侵阿富汗后，国际局势更为动荡不安。但邓小平却把可以争取的和平时间不断延长，足见他对世界形势以及战争与和平的看法有了一个较为明显的、本质性的变化，开始从突出战争危险转向注重争取更长的

---

① 《邓小平文选》第 2 卷，人民出版社 1994 年版，第 77 页。

② 《邓小平文选》第 2 卷，人民出版社 1994 年版，第 77—78 页。

③ 《邓小平文选》第 2 卷，人民出版社 1994 年版，第 241 页。

④ 中共中央文献研究室编：《邓小平年谱（1975—1997）》（上），中央文献出版社 2004 年版，第 621 页。

和平时间，并强调要抓住这个和平时间来发展经济，而不是备战。

2. 对世界时代主题的新概括

随着中国与几个大国关系发生重大变化，中国方面很快注意到了这种变化当中的积极作用。

20 世纪 70 年代末，国际形势仍比较动荡，1979 年底又发生了苏军入侵阿富汗事件。针对这样的国际形势，中国对外关系的立足点是"争取多一点时间不打仗"，"延缓战争的爆发"①，"要抢时间"搞建设。

中美建交后，中国一度加强了联美抗苏的"一条线"战略。这既是出于国家安全的考虑，也是出于加快对外开放的需要。但是，中美关系的正常发展始终存在着一些障碍，最主要的是台湾问题。中美建交后不久，美国国会就通过"对台湾关系法"，给中美关系造成损害。1982 年 8 月 17 日，中美两国政府就分步骤直到最后彻底解决美国向台湾出售武器问题发表联合公报，中美关系才基本稳定下来。但后来美国政府并没有兑现自己的承诺。在这种情况下，中国开始拉大与美国的距离。

1982 年，从争取和平、延缓战争和寻求建立更均衡的对外关系的需要出发，中国政府开始把反对霸权主义，维护世界和平，加强与第三世界的团结和合作，作为新时期中国基本的外交政策。对于实行这样的政策，邓小平曾强调说：我们提出维护世界和平不是在讲空话，是基于我们自己的需要，当然也符合世界人民的需要，特别是第三世界人民的需要。因此，反对霸权主义、维护世界和平是我们真实的政策，是我们对外政策的纲领。② 同年 9 月，胡耀邦在十二大报告中，也公开阐明：中国坚持独立自

---

① 《邓小平文选》第 2 卷，人民出版社 1994 年版，第 77 页。
② 《邓小平文选》第 2 卷，人民出版社 1994 年版，第 417 页。

主的对外政策，以和平共处五项原则为指导发展同各国的关系。①

进入 80 年代中期，国际形势明显趋于缓和。不仅美苏关系有所改善，中苏关系也有所松动。根据国际形势的这种新变化，1984 年 5 月，邓小平就明确提出"和平问题"和"南北问题"已成为世界上两大突出问题。1985 年 3 月 4 日，他在会见日本客人时又进一步做出"和平和发展是当代世界的两大问题"的判断。他说："现在世界上真正大的问题，带全球性的战略问题，一个是和平问题，一个是经济问题或者说发展问题。和平问题是东西问题，发展问题是南北问题。概括起来，就是东西南北四个字。"② 和平与发展时代主题的提出，为新时期外交战略的转变奠定了重要的认识基础。

3. 重新确立独立自主的外交方针

1982 年 9 月 1 日，邓小平在十二大的开幕词中庄严宣布："加紧社会主义现代化建设，争取实现包括台湾在内的祖国统一，反对霸权主义、维护世界和平，是我国人民在八十年代的三大任务。这三大任务中，核心是经济建设，它是解决国际国内问题的基础。"因此，"独立自主，自力更生，无论过去、现在和将来，都是我们的立足点"。③ 中国人民珍惜同其他国家和人民的友谊和合作，更加珍惜自己经过长期奋斗而得来的独立自主权利。任何外国不要指望中国做它们的附庸，不要指望中国会吞下损害中国利益的苦果。

很明显，邓小平的这一段话是针对前一段时间的中美关系的变化而说的，表明了中国政府的严正立场，宣布了中国外交战略

---

① 中共中央文献研究室编：《十二大以来重要文献选编》（上），人民出版社 1986 年版，第 33－39 页。

② 《邓小平文选》第 3 卷，人民出版社 1993 年版，第 105 页。

③ 《邓小平文选》第 3 卷，人民出版社 1993 年版，第 3 页。

的转变。

邓小平的讲话，很明确地指出中国外交战略的目标是为中国国内的社会主义现代化建设创造一个良好的国际环境，体现了外交工作为经济建设这个中心服务的方针。

中共中央总书记胡耀邦在十二大的政治报告中，全面阐述了中国坚持独立自主的对外政策问题。他宣布："中国决不依附于任何大国或者国家集团，决不屈服于任何大国的压力。……和平共处五项原则，适用于我们同包括社会主义国家在内的一切国家的关系。"

独立自主与和平共处，是新中国成立后就一直实行的外交政策，也是新中国成立以来就坚持的外交政策原则。但是，从 50 年代到 70 年代末，由于受当时的国际环境和历史条件的限制，在实行"一边倒"和"一条线"的战略中，曾出现过"以美划线"和"以苏划线"的倾向，在某种程度上影响了独立自主与和平共处外交政策的实施，在外交工作中则影响了中国同美或同苏友好的一些国家的关系。

进入 80 年代后，邓小平根据中国长期以来的外交实践经验和国际形势的新变化，对独立自主与和平共处的外交政策增添了新的内涵。这包含四层意思：既不同这个超级大国结盟，也不同那个超级大国结盟；既不参加这个大国组织下的军事集团，也不参加那个大国组织下的军事集团；既不联合这个超级大国反对那个超级大国，也不联合那个超级大国反对这个超级大国；根据问题的是非曲直来决定我们自己的立场。其中独立自主的新内涵核心是"不结盟"，不依附于任何大国或国家集团。和平共处原则的新内涵，就是国与国之间的关系，不以社会制度和意识形态的异同论亲疏好恶；不论社会制度和意识形态异同，都应当建立在和平共处五项原则的基础上。邓小平认为，按社会制度或意识形态划分阵线、决定亲疏的做法是靠不住的。只有超越社会制度和意识形态的异同，普遍实行和平共处的五项原则，才能发展正常的国家关系，增进国际合作，维护世界和平。中国坚持不结盟的独立自主的外交政策，普遍实行和平共处的原则，得到了国际上的广泛赞扬和支持。

中国把维护世界和平和促进人类进步与发展作为自己外交工作的根本目标，而维护世界和平首先必须停止军备竞赛，实行真正的裁军。为此，中国政府改变了过去在裁军问题上的某些观点和做法，以积极的姿态参与了各类国际的裁军活动，并就这一问题提出了很多新的建议和主张。如，裁军的目标应是全面禁止和彻底销毁核武器；美、苏两国拥有世界最大的核武库，应率先停止试验、生产和部署一切类型的核武器，大幅度地削减各自在其国内外任何地区的各种类型核武器。

为了防止爆发核战争，中国政府还提出，所有核国家都应当承担在任何情况下不首先使用核武器，特别是不对无核国家和无核地区使用或威胁使用核武器的义务，在这个基础上再缔结一项由所有核国家参加的国际公约，确保禁止使用核武器；在核裁军的同时，应大幅度地进行常规军备的裁减；任何国家不应以任何方式发展、试验和部署外空武器；早日缔结一项全面禁止和彻底销毁化学武器的国际公约；为了确保裁军的实施，裁军协议必须规定必要的、有效的核查措施。

考虑到裁军问题关系到世界各国的安全利益，中国政府还提出不能由少数大国包办和垄断裁军问题，它们之间的裁军协议不得损害其他国家的利益。世界各国不论国家大小或军力强弱，都应享有参与讨论和解决有关裁军问题的平等权利，按照公平、合理、全面、均衡的原则，实现有效的裁军。

除了提出以上公正合理的建议外，中国政府还在裁军问题上积极采取一系列实际行动。如在1985年减少军队员额100万，把军工生产转为民用生产，把大批军用设施转为民用或军民共用。

同时，还大量削减国防开支，到了 90 年代初，中国的军费开支占国民生产总值的比例在世界各国中是较低的。中国政府裁减军备的合理主张和实际行动，赢得了国际社会的普遍欢迎和赞誉。

4. 外交政策的成效

80 年代中国的外交政策，概括起来，主要有三个方面的成效。

第一，对外关系得到全方位拓展。中国改变"一条线"战略、不再鼓动和支持世界革命、不再以社会制度和意识形态划线后，与世界各国改善和发展了友好合作关系。中国在与西方发达国家的关系继续深化的同时，与苏联经过长达 7 年的磋商与谈判，终于在 1989 年 5 月实现了关系正常化。同时，中国与东欧国家的冷淡关系也逐渐得到改善，与绝大多数周边国家的边界、领土、华侨等历史遗留问题也得到解决，也同韩国、印尼等国家进行了建立或恢复外交关系的谈判。

第二，安全环境的改善。随着国际环境的缓和，特别是与苏联关系的改善，苏联对中国北部安全的威胁逐步减轻。这就从而使中国领导人能下决心在 1985 年 6 月做裁军 100 万的决定，并把大批军工生产转为民用，把大批军用机场、港口、铁路等设施转为民用或军民合用。1978 年至 1988 年的 11 年间，中国军费开支逐年减少，减下来的军用经费被用来增加对经济建设和社会事业发展的投入，从而加快了中国的发展。

第三，中国和平融入了国际社会。中国积极开展以联合国为中心的多边外交，还逐步加入了主要的国际组织、国际公约，从政治与安全领域逐渐扩大到经济、裁军与军控、社会发展、人权、环境等各个方面。中国在区域舞台和世界舞台上更加活跃，与国际社会的联系更加紧密，在国际社会上的地位越来越高。

中国政府对外交方针和政策的调整，使中国的独立自主和平外交政策更加完善，使中国外交工作开创出崭新的局面，从而为中国的社会主义现代化建设，为维护世界和平、发展同各国的友好合作以及促进共同繁荣发挥了重要的作用，做出了巨大的贡献。

（二）发展与大国之间的友好关系

当中国领导人对战争与和平问题的观点发生变化的时候，中国与几个大国之间的关系也在发生着变化。

1. 中日关系的良好发展

1978年10月，《中日和平友好条约》缔结后，双方在政治、经济、科技、文化等领域的关系，开始呈良好发展势头。1979年12月，大平正芳首相正式访问中国。在这次访问中，双方都认为，尽管中日两国的体制不同，但为了加深彼此间的相互理解和相互信赖，有必要进一步加强政府间的对话，促进两国间各种级别的交流。在此次访问中，两国领导人着重讨论了中日经济合作问题，两国领导人一致认为，中日两国进一步在资源、能源领域进行合作是可取的，双方并就中日合作勘探和开采渤海石油、合作开发煤炭等资源方面达成协议。日本方面还表示：从1979年到1983年，日本将对中国现代化建设中优先考虑的两港（秦皇岛港、石臼所港）、两路（京秦、兖石铁路）等建设项目提供海外经济协力基金贷款3300亿日元（当时约合15亿美元），并从1980年4月起，向中国产品提供特惠关税待遇。在大平首相访问期间，双方还签订了文化交流协定。通过大平首相的这次访问，双方把中日经济合作大大地向前推进了一步。

1982年是中日邦交正常化10周年，中国政府总理赵紫阳和日本首相铃木善幸进行了互访。1982年5月底6月初，赵紫阳访问日本期间，提出了发展中日关系的三项原则：（1）根据中日联合声明和中日和平友好条约，在两国之间现存的和平友好关系的基础上，积极发展两国的经济关系；（2）中日经济关系应该遵循平等互利的原则，从各自的需要和可能出发，互通有无，取长补短，不断地向新的广度和深度发展；（3）发展这种经济关系符合中日两国人民的根本利益和世世代代友好下去的愿望，应该是长期的、稳定的、不受国际风浪的影响。中国提出的中日关系三原则得到铃木首相和日本政府的积极响应。同年9月，铃木首相回访中国。邓小平对铃木首相说，中日关系概括起来讲，就是两国人民世世代代友好下去，这是中国的国策。

1983年11月，胡耀邦总书记访问日本。中曾根首相提出把中日关系三原则改为四原则，除原有的"和平友好、平等互利、长期稳定"三项外，再加上"相互信赖"这一项。胡耀邦表示赞同。根据这次访问期间双方的商定，1984年成立了有中日两国各界老中青代表参加的"中日友好21世纪委员会"，同年日本3000名青年访华。翌年，中国500名青年访日。

1984年3月，中曾根首相访问中国。1985年4月，彭真委员长访日。两国领导人的上述互访，为中日关系四项原则的确立，为促进建立长期、稳定的中日友好合作关系做出了积极贡献。这期间，中日两国在经济、文化、科技等领域的交流与合作都更为活跃。到1989年，中日两国的贸易总额达到189亿美元，是1979年贸易总额的2.7倍；日本是中国的第二大贸易伙伴，位于美国之前。两国在资金合作和技术转让方面积极谋共识。1979年12月日本大平正芳首相访华时正式宣布，日本政府对中国提出的六个大型项目进行资金合作，决定在1979年向中国提供第一批500亿日元的政府低利贷款，年利3%，偿还期为30年，有10年的宽缓期。这被称为政府开发援助，简称ODA。1984年提供第二批低利贷款4700亿日元（当时约合21亿美元）。1984年12月，日方同意向中方提供第二批能源开发贷款约24亿美元。1988年日方又提出了第三批低利贷款8100亿日元，主要用于"八五"期间的42项重点工程建设。中日合作开发海上油田也有了新进展，双方签订了 5 个合同，日方投资总额为 8 亿美元。为了促进和保障两国的经济合作顺利开展，两国政府于 1983 年签订了中日避免双重征税协定。① 中日之间日益密切的经济合作有力地促进了各自的经济发展，给双方带来了很大利益。

当然，中日两国在两国关系上取得良好发展的同时，也曾出现一些问题，如 1979 年和 1980 年，日方在钓鱼岛问题上侵犯中国主权；1982 年春，发生了"教科书事件"，当时日本文部省在审定中小学历史教科书时，篡改了日本军国主义侵略中国的历史，把"侵略"改成"进入"，把对中国的"全面侵略"改为"全面进攻"，甚至把"南京大屠杀"的起因说成是"由于中国军队的激烈抵抗，日军蒙受很大损失，激愤而起的日军杀害了许多中国军民"，为军国主义开脱罪责；1985 年又发生日本首相和其他政府成员正式参拜供有战犯牌位的靖国神社事件；等等。虽然这些事件在一定程度上影响了中日关系的顺利发展，但总的看来，这一时期两国关系的发展是比较好的。

2. 中美关系在增进了解中不断前进

中美双方于 1979 年正式建立了外交关系。为了进一步加强中美双方的了解，推动中美关系的发展，邓小平于 1979 年初应卡特总统的邀请对美国进行正式友好访问。这是中华人民共和国成立后中国领导人第一次访美，受到了美国政府和人民的热烈欢迎。在访美期间，邓小平同卡特总统就国际形势，特别是越南在苏联支持下入侵柬埔寨的问题交换了意见。双方还着重讨论了台湾问题和中美关系。在访问期间，中美双方签署了科技合作协定和文化协定，在教育、商业、空间方面进行合作的协议，以及建立领事关系和互设总领馆的协议，并决定就签订贸易、航空和海

---

① 谢益显主编：《中国当代外交史（1949—2001）》，中国青年出版社 2002 年版，第 419 页。

运协定进行商谈。访问期间，邓小平同美国各界人士进行了广泛的接触。

中美建交和邓小平访美，促进了中美关系在各个领域的发展。1980年，中美双方在华盛顿签署了中美民航协定、中美海运协定和中美纺织品协议。中美贸易额明显增长，文化交流也迅速展开。但美国在台湾问题上的一些错误做法，仍然成为中美关系顺利发展的主要障碍。

中美正式建交后，美国总统卡特于1979年1月26日向国会提出关于美台关系的"立法调整"法案，表示以后将在非官方基础上同台湾继续保持商务、文化及其他关系，为此将设立"美国在台湾协会"处理有关事务。美国国会两院在讨论此法案时，提出了一系列严重违反中美建交公报原则、明显干涉中国内政的修正案。这引起中国方面的强烈反对。

1979年3月底，美国国会两院通过了《与台湾关系法》，其基本精神和许多具体规定都违反了中美建交公报和公认的国际法基本原则。其中特别表现在所谓"保证台湾安全"问题和美台关系性质问题上。《与台湾关系法》宣布："总统把对台湾人民的安全或社会经济制度的任何威胁，并由此而产生的对美国的利益所造成的任何危险，迅速通知国会，总统和国会应按照宪法程序，决定美国应付任何这样危险的适当行动。"这些条款实际上变相恢复了美国在中美建交公报中宣布将予终止的美台《共同防御条约》，美国此举露骨地干涉了中国的内政。

《与台湾关系法》还用法律的形式确定了美国要继续向台湾提供所谓"防御物资"和"防御服务"。该法规定：承认中华人民共和国一事，不应以任何方式影响台湾当局于中美建交前在美国所拥有的各种有形或无形的财产。根据国际法，在美国承认中华人民共和国政府为中国的唯一合法政府之后，美国有义务把原为"台湾当局"所占有的、中国在美国的官方财产，及时交付中华人民共和国接收。《与台湾关系法》中的不少规定，实际上是把台湾当作一个独立的政治实体，力图使美台关系带有官方性质。

1979年4月10日，卡特签署了《与台湾关系法》，仅在个别问题上作了保留，表示将以同中美建交协议相一致的方式行使该法给予总统的"斟酌权"。中国对于《与台湾关系法》的出台感到愤慨。4月19日，邓小平接见美国参议院外委会访华团时指出：中美两国关系能够正常化的政治基础，就是承认只有一个中国，现在，这个政治基础受到了一些干扰；中国对美国国会通过的《与台湾关系法》是不满意的，这个法案最本质的一个问题，就是实际上不承认只有一个中国。[1] 4月28日，中国外交部照会美国驻华使馆，指出《与台湾关系法》实质上是蓄意继续把台湾当作"国家"，把台湾当局当作"政府"，它的许多条款都违反了中美建交公报的原则。美国驻华大使馆7月6日复照说："美国将遵守同中华人民共和国达成的关于建立外交关系的各项谅解……国会最后通过的美台关系法并不是在每一个细节上都符合政府的意愿，但它为总统提供了充分的酌情处理的权力，使总统得以完全按照符合正常化的方式来执行这项法律。"但最终美国国会还是通过了这一法案。[2]

继《与台湾关系法》事件后，美国又向台湾增加出售武器，经过中美两国的长期谈判，1982年达成"八一七公报"，才进一步确定了解决售台武器问题的原则和方向。这为消除中美关系的障碍迈出了重要的一步。

---

① 中共中央文献研究室编：《邓小平年谱（1975—1997）》（上），中央文献出版社2004年版，第507—508页。

② 韩念龙主编：《当代中国外交》，中国社会科学出版社1988年版，第233—234页。

为增进中美相互了解，稳定两国关系，促进中美友好，维护世界和平，1984 年 1 月，国务院总理赵紫阳应美国总统里根的邀请访问美国，同里根总统及美国政府其他领导人就双方感兴趣的国际形势及重大国际问题交换意见。同年 4 月，美国总统里根对中国领导人访美进行回访。1985 年 7 月李先念主席访美，同年 10 月美国副总统布什访华。两国领导人的互访，都就双边关系和国际重大问题继续交换了意见，其中一个核心问题就是台湾问题。很显然，只有消除台湾问题这个障碍，才能为中美关系稳定持久的发展建立起真正可靠的基础。

虽然中美之间，在台湾问题上始终存在着障碍，但中美两国在经济、贸易及科学技术交流与合作方面的发展，总的势头是好的。中美两国经济技术合作逐步得到了发展。到 1986 年底，美在华直接投资合同协议总额超过了 26.27 亿美元。其中，合资企业投资为 4 亿美元，合作开发海上石油投资近 6 亿美元。已批准的中美合营企业共 62 家，占中国中外合资企业总数的 6%，投资总额和项目数量仅次于香港地区，居各国、各地区之首。自 1979 年中美两国政府签订科学、技术合作协定，至 1986 年，中美共签订官方科技合作议定书 27 个，中美合作项目 500 多个，人员交流 5000 多次。①

1972 年两国的贸易还几乎等于零，到 1985 年，美国已成为中国第三大贸易伙伴。从 1981 年至 1986 年，累计双边贸易额超过 353 亿美元。其中，1981 年 59 亿美元；1982 年 52.8 亿美元；1983 年有所下降，为 40 亿美元，但 1984 年又回升到 61 亿美元；

---

①　韩念龙主编：《当代中国外交》，中国社会科学出版社 1988 年版，第 347 页。

1985 年达到 74 亿美元；1986 年 73 亿美元。①

1983 年 5 月，美国商务部长鲍德里奇访华期间，向中国政府通报了里根总统放宽对华技术出口的新规定，将中国从美国出口管制分类的"P"组国家改为"V"组，把中国列入了与美友好的非盟国一类。同年 6 月 21 日，美国正式公布了这一规定。1985 年 10 月，美国对华开放出口 27 种不同商品部类的设备。美国对中国技术出口有所松动。

但是，中美在经济贸易和技术合作方面也存在不少问题。美国国内的贸易保护主义给中美经贸的发展造成了威胁。如美国多次限制中国纺织品进口。1972 年至 1986 年，中国对美国的贸易逆差已累计达 184 亿美元。② 中美投资保护协定，也因美国坚持较其他发达国家均为严苛的条件，虽谈判数年，仍无结果；在技术转让上，美国对中国高级技术出口，仍有诸多限制，还需要经过美国国家安全审查和"巴黎统筹委员会"审议。

3. 中苏关系在"破冰"中发展

从 60 年代起，苏联领导人严重违背了《中苏友好同盟互助条约》的精神，导致两国关系的严重恶化。到了 70 年代后期，苏联在中国的北部边境继续保持和加强其军事压力，对中国的安全构成严重威胁。这使《中苏友好同盟互助条约》名存实亡。有鉴于此，根据《中苏友好同盟互助条约》的有关规定，第五届全国人大常委会第七次会议在 1979 年 4 月 3 日做出了条约期满后不再延长的决定。同日，中国外交部长黄华会见了苏联驻华大使谢尔巴科夫，向他递交中国政府致苏联政府的照会，将中国人大常

---

① 韩念龙主编：《当代中国外交》，中国社会科学出版社 1988 年版，第 346—347 页。

② 韩念龙主编：《当代中国外交》，中国社会科学出版社 1988 年版，第 347—348 页。

委会的上述决定通知了苏联方面。

1982 年，中美之间关于售台武器问题的会谈取得进展，中美关系有了新的起色，这对中苏关系产生了良好影响。3 月 24 日，苏联领导人勃列日涅夫在塔什干发表讲话，表示愿意改善对华关系。邓小平注意到苏方传递过来的信息，立即指示外交部对此做出反应。3 月 26 日，外交部举行新闻发布会并发表有关中苏关系的简短声明。翌日，《人民日报》在头版显著位置发表了这一声明，引起了广泛的国际反响。夏天，邓小平邀集几位中央和外交部的领导人开会，提出要采取一个大的行动，向苏联传递信息，争取中苏关系有一个大的改善。但这样做是有原则的，条件是苏联必须做点事情，于是提出要苏联主动解决"三大障碍"的问题。① 随后，中苏两国外交部主管官员分别以大使客人的身份赴对方国进行工作访问。8 月 10 日，中国外交部苏欧司司长以视察使馆工作的名义访问莫斯科，并建议举行副外长级政治磋商。苏方于 20 日提出作为正式答复的备忘录，同意在任何时间、任何地点、任何级别上同中方讨论双边关系问题，以"消除关系正常化的障碍"。鉴于苏方的积极反应，邓小平听取外交部的汇报后，当即决定重开中苏谈判。② 此后，双方商定建立官方对话渠道，在北京和莫斯科轮流举行副外长级特使的政治磋商，以讨论如何实现两国关系正常化的问题。9 月，胡耀邦在十二大报告中谈到，只要苏联采取实际步骤解除对中国安全的威胁，中苏关系就有可能走向正常化。无论中苏关系处于何种状况，中国都将维护和发展两国人民的友谊。以积极的态度回应了苏联领导人有关对华政策的讲话。10 月，两国恢复政治对话，举行了第一次副外长级磋

---

① 钱其琛著：《外交十记》，世界知识出版社 2003 年版，第 6 页。

② 钱其琛著：《外交十记》，世界知识出版社 2003 年版，第 9—10 页。

商，中国提出消除"三大障碍"，即从蒙古和中苏边境撤军，从阿富汗撤军，促使越南停止侵略柬埔寨并从柬撤军，这是实现中苏关系正常化的关键。遗憾的是，苏联方面对"三大障碍"以不损害"第三国利益"为借口，采取不承认和拒绝讨论的态度。

此后，苏联几位领导人相继逝世时，中国分别派出了以中央政治局委员、外长和中央书记处书记、副总理为团长的代表团赴苏联参加葬礼，通过高层接触的机会，肯定苏联的社会主义建设事业，表达改善中苏关系的良好愿望，推动苏方在实现中苏关系正常化方面拿出实际行动。1984年12月，苏联副总理阿尔希波夫访华。中苏双边接触从副外长级提高到副总理级，成立了经济、贸易、科技委员会，签订了在中国建设和改建工业项目的经济技术合作协定及1986年至1990年交换货物和付款协定，双边贸易增长，边境贸易恢复，合作范围扩大，双边关系明显改善。

1985年3月，戈尔巴乔夫出任苏共中央总书记。1985年10月，邓小平请访华的罗马尼亚领导人带口信给戈尔巴乔夫：如果苏联促使越南从柬埔寨撤军，他愿意同戈尔巴乔夫会面。11月，苏方表示，苏中举行最高级会晤、恢复两党两国关系的时机已经成熟，建议在苏联远东地区或中国境内举行会晤，讨论苏中关系正常化的问题。1986年7月，戈尔巴乔夫在海参崴（符拉迪沃斯托克）发表讲话，表示苏联将在1986年底从阿富汗撤回6个团；正在同蒙古讨论从蒙古撤出"相当大一部分苏军"；表示可以按主航道中心线划分中苏界河上的边界线；还说"苏联愿意任何时候和在任何级别上同中国最认真地讨论建立睦邻局势的补充措施问题"。中方对此表示审慎欢迎，同时作出积极姿态，同意恢复边界谈判。[1] 9月，邓小平指出，如果苏联在消除中苏间"三大障碍"，特别是在促使越南停止侵略柬埔寨和从柬埔寨撤军问题

---

[1] 钱其琛著：《外交十记》，世界知识出版社2003年版，第23—25页。

上走出扎实的一步，他愿意到苏联的任何地方同戈尔巴乔夫见面。①

　　由于两国关系出现改善的气氛，1987 年 2 月，中苏边界谈判正式恢复；经过两轮谈判，在历经多年僵持之后，终于有了进展。1988 年 8 月 27 日至 9 月 1 日，田曾佩副外长与苏联副外长罗高寿在北京专门就柬埔寨问题举行工作会晤。双方达成了一定的内部谅解。9 月 16 日，戈尔巴乔夫又在西伯利亚重镇克拉斯诺亚尔斯克发表讲话，提出"苏联打算立即着手准备苏中最高级会晤"。② 在中苏副外长工作会晤和戈尔巴乔夫 9 月 16 日讲话基础上，9 月 28 日，出席第 43 届联合国大会的中国外长钱其琛和苏联外长谢瓦尔德纳泽在纽约举行了会晤。双方认为，关于柬埔寨问题的讨论应该继续下去。12 月 1 日至 3 日，中国外长钱其琛应邀对苏联进行正式访问。这是 1957 年以来中国外长第一次正式访问苏联，主要任务是为中苏首脑会晤做准备。1989 年 2 月 1 日至 4 日，苏联外长谢瓦尔德纳泽对中国进行了回访，目的也是为中苏高级会晤做准备。2 月 6 日，双方同时发表了有关柬埔寨问题的声明和戈尔巴乔夫的访华日期。声明指出，"双方主张尽早公正、合理地政治解决柬埔寨问题，并表示愿意作出努力，以促进这一目标的实现……双方认为，越南从柬埔寨撤军是政治解决柬埔寨问题的重要组成部分。双方注意到越南宣布的至迟于 1989 年 9 月底之前从柬埔寨全部撤军的决定，并希望这一决定付诸实施将促进解决柬埔寨问题其他方面的谈判进程"。双方还同意就

---

① 中共中央文献研究室编：《邓小平年谱（1975—1997）》（下），中央文献出版社 2004 年版，第 1132 页。

② 《就苏联同亚太国家关系等问题　戈巴乔夫发表重要讲话》，《人民日报》1988 年 9 月 17 日。

解决柬埔寨问题继续进行讨论。① 这样，"三大障碍"中最重要的一个障碍，即柬埔寨问题基本上得到解决。

在"三大障碍"中，其他两个障碍解决得相对容易。关于减少苏联在中苏、中蒙边境驻军问题，1987 年 1 月，苏联宣布，在未来的 4 至 6 个月，苏联将从蒙古撤出一个摩托化步兵师和其他部分军队。1988 年 12 月，戈尔巴乔夫在联大发言中宣布苏联将在两年内从蒙古撤回 75% 的驻军。1989 年 5 月 15 日，这一撤军过程开始。关于从阿富汗撤军问题，1986 年 7 月，戈尔巴乔夫在海参崴讲话中宣布，苏联从阿富汗撤军后，将在联合国主持下，与巴基斯坦、阿富汗喀布尔政权及美国举行谈判。1988 年 4 月 14日，四方在日内瓦签署了关于政治解决阿富汗问题的协议。协议规定：苏联从 1988 年 5 月 15 日开始从阿富汗撤军，9 个月内完成。最终，苏军于 1989 年 2 月 15 日前全部撤离阿富汗。至此，影响两国关系的"三大障碍"问题基本解决，通向中苏高级会晤的道路终于扫清。

1989 年 5 月 15 日至 18 日，应杨尚昆主席的邀请，苏联最高苏维埃主席团主席、苏共中央总书记戈尔巴乔夫对中国进行正式访问。在此次访问过程中，戈尔巴乔夫分别与国家主席杨尚昆、中共中央总书记赵紫阳和国务院总理李鹏等多位中国领导人举行了会晤，但最关键的会晤是 5 月 16 日上午与邓小平进行的高级会晤。

在会见前，邓小平首先明确了会晤的主题是"结束过去，开辟未来"，② 同时强调，"中苏关系正常化就是在和平共处五项原

---

① 郑启荣主编：《改革开放以来的中国外交（1978—2008）》，世界知识出版社 2008 年版，第 297 页。

② 钱其琛著：《外交十记》，世界知识出版社 2003 年版，第 36 页。

则基础上的正常化"①，据此，邓小平为这次会谈确定了方针："不回避分歧，不纠缠旧账，寻求共同点，着眼于未来，探讨在和平共处五项原则的基础上建立新型睦邻友好关系。"② 通过这次高级会晤，中苏两大邻国终于结束了几十年的不正常状态，重新建立起正常的国家关系。16 日晚，中共中央总书记赵紫阳会见戈尔巴乔夫，意味着中苏两党关系也实现了正常化。

5 月 18 日，中苏两国在北京发表了联合公报，概括了中苏此次高级会晤所达成的一致意见。公报正式确认了两国最高领导人一致确定的两国国家关系准则，它既不同于 20 世纪 50 年代的结盟关系，也不同于 60 年代和 70 年代的对抗状态，而是不结盟、不对抗、不针对第三国、睦邻友好的正常国家关系。

（三）扩大周边外交与多边外交

进入 80 年代以后，随着中国外交战略的调整，中国在注重推进发展大国外交的同时，还大力发展周边与多边外交，并取得了积极的成效。从 1983 年至 1987 年，中国又与 10 个国家建立了外交关系，使建交国总数达 135 个。中国政府和党的主要领导人对 46 个国家进行了友好访问，副总理级领导人、政府特使和外交部长出访了 77 个国家；中国接待了 90 多个国家的元首、政府首脑、副总统、副总理级领导人和外交部长。中国和外国高级议会领导人互访达 113 次。中国先后参加了 64 个国际公约，签订了 12 个双边领事条约以及其他许多业务性协议，为中国发展与世界各国的友好合作奠定了基础。

尤其值得注意的是，中国同周边国家的关系有了重要改善。

---

① 中共中央文献研究室编：《邓小平年谱（1975—1997）》（下），中央文献出版社 2004 年版，第 1134 页。

② 沈学明：《中苏关系正常化始末》，《党的文献》1996 年第 3 期。

从 1984 年至 1987 年，中国领导人先后访问了巴基斯坦、孟加拉国、斯里兰卡、泰国、缅甸和尼泊尔等国。中国与蒙古的贸易和友好往来有所增加，两国签订了新的领事条约。中国与老挝就关系正常化问题进行了谈判，两国恢复互派大使。中国与印尼多次接触，关系有所好转，双方恢复了直接贸易。

从总的情况看，中国对外关系发展势头良好，其效果也是非常明显的：

第一，在与周边国家的关系方面。中国重视妥善处理与邻国的历史遗留问题，并对东南亚国家的政策做了一定调整，注意严格区分党际关系与国家关系，使中国同东南亚国家的双边关系有了很大改善。同时，还提出解决中印边界问题的五点方针，使中印两国恢复了高级互访和边界谈判。

第二，在同广大发展中国家的关系方面。中国注重务实合作，提出"平等互利、讲求实效、形式多样、共同发展"的经济合作四原则，开展了形式多样的经济合作，使中国与发展中国家的关系有了更深厚的经济基础。

第三，中国与西欧国家之间的关系方面。20 世纪 70 年代末，除安道尔、列支敦士登、摩纳哥和梵蒂冈外，中国已经同所有西欧国家都建立了外交关系。中国还具体建议通过合资经营、合作开发、补偿贸易、来料加工、来样加工等多种方式，特别是通过共同开发石油、煤炭和有色金属资源，来加速开展中国同西欧国家的经济合作。从 70 年代初到 80 年代初，中国同许多西欧国家在经济、贸易、科技、文化、民航、海运等方面签订了合作协定。1978 年和 1979 年，还先后同欧洲共同体签订了贸易协定和纺织品协定。从 1980 年起，欧洲共同体给予了中国普遍特惠制的待遇。在这一段时期内，总的看来，中国同西欧的贸易有了显著的增加，其他形式的经济合作也有了可喜的开端。中国从西欧国家引进了一些比较先进的技术。中国还开始从西欧国家引进现代化建设所需要的若干资金。"在和平中发展"的共同愿望，为中国与广大西欧国家的关系打下了牢靠的基础，开辟了广阔的前景。

1983 年以后，中国与西欧国家的贸易额持续增长，1985 年的贸易额达 95.75 亿美元，比 1984 年增长 40.7%，1986 年的贸易额达 113.39 亿美元，比 1985 年增长 18.42%，但中方贸易逆差较大。①

第四，在国际性组织中，中国利用联合国五大常任理事国之一的国际地位，积极参与以联合国为中心的多边外交活动，先后加入 64 个国际公约，在促进世界和平与发展方面发挥了重要作用。在促进发展方面，中国强调自己是发展中国家的一员，努力加强同发展中国家的关系，在致力于推动南北对话、南南合作、发展国际经济技术合作等方面显示出它的积极作用。1986 年 3 月，赵紫阳在六届全国人大四次会议上的政府工作报告中，明确将多边外交列为中国独立自主的和平外交政策的重要内容之一："中国遵循联合国宪章的宗旨和原则，支持联合国组织根据宪章精神所进行的各项工作，积极参加联合国及其专门机构开展的有利于世界和平与发展的活动。中国广泛参加各种国际组织，开展积极的多边外交活动，努力增进各国在各个领域的合作。"② 到 1986 年底，中国已进入政府间多边外交的几乎一切重要领域，参加了近 400 个国际组织、批准加入了 130 余项国际公约。中国设在各国的多边外交常设机构已有 11 个；联合国及其专门机构驻

---

① 韩念龙主编：《当代中国外交》，中国社会科学出版社 1988 年版，第 375 页。

② 中共中央文献研究室编：《十二大以来重要文献选编》（中），人民出版社 1986 年版，第 964 页。

华代表处 10 个。① 1984 年第三十九届联大，中国著名法学家倪征燠当选为国际法院法官，结束了这一重要机构没有来自中华人民共和国人士任职的历史；1986 年 11 月，中国的法学家又当选为国际法委员会委员。

在多边经济技术援助方面，中国积极参与并努力推动各方面的合作。到 1986 年底，中国与世界银行已签约并生效的贷款计 41.5 亿美元，其中软贷款 16 亿美元，占 38.55%；贷款项目 41 个，贷款主要用于教育、卫生、农业、交通、水电、能源等方面。中国于 1981 年和 1986 年两次借用国际货币基金组织的第一档信用贷款，共计 10.48 亿美元特别提款权。联合国开发计划署、人口活动基金、儿童基金等机构，7 年内共向中国承诺 8 亿多美元的无偿技术援助，安排了约 600 个项目。同时，中国也向联合国经济机构认捐，到 1986 年底，共捐人民币 2548 万元和可兑换货币 2551 万美元。② 这些对促进中国经济建设和加强国际经济技术合作都发挥了良好作用。

改革开放以后，经过对外交方针和政策的新一轮调整，中国外交开始向全方位发展，一个有利于中国现代化建设和改革开放的国际环境和周边环境已经初步形成。

---

① 韩念龙主编：《当代中国外交》，中国社会科学出版社 1988 年版，第 385 页。

② 韩念龙主编：《当代中国外交》，中国社会科学出版社 1988 年版，第 388 页。

第八章 中国特色社会主义命题的 提出和全面改革纲领的制定

一、党的十二大的筹备和召开

1982 年 9 月 1 日至 11 日，中国共产党在北京隆重举行了第十二次全国代表大会。这是自中共八大以来党的历史上一次最重要的全国代表大会。

1978 年 12 月召开的党的十一届三中全会，提出了一系列关系党和国家前途命运的重大决策，批判了"两个凡是"的错误方针，认为必须完整地、准确地掌握毛泽东思想的科学体系，确定了解放思想，实事求是，团结一致向前看的指导方针，果断地停止使用"以阶级斗争为纲"的口号，做出全党工作的重点转移到社会主义现代化建设上来的战略决策。

（一）党的十二大筹备工作的开展

党的十一届三中全会的召开，标志着党从根本上冲破了长期"左"的错误的束缚，端正了党的指导思想，重新确立了马克思主义的思想路线、政治路线和组织路线，结束了 1976 年 10 月以来党的工作在徘徊中前进的局面，为探索符合中国国情的建设道路和党的基本路线奠定了基础，开创了中国社会主义现代化建设的新时期。

党的十一届三中全会后，党进行了大规模的拨乱反正工作，有步骤地解决了新中国成立以来的许多遗留问题和实际生活中出现的新问题。围绕着全党全国工作重点转移到经济建设上来，集中力量发展社会生产力，进行中国的社会主义现代化建设这一主题，进行了繁重的建设工作和改革工作。而如何进一步描绘中国改革开放和现代化建设的蓝图，探索建设有中国特色的社会主义之路，已成为摆在全党面前的一个新的课题。党的十二大正是在这种背景下召开的。

为了圆满顺利地召开这次党的代表大会，党中央花了两年多时间去做准备工作。早在1980年2月，党的十一届五中全会就正式决定提前召开党的十二大，全会还对十二大的主要议程、代表名额的分配原则和产生办法等问题做了规定。

全会认为，党的十一大以来，特别是十一届三中全会以来，国内外形势都有了重大的变化和发展，随着全党工作重点的转移，社会主义现代化建设事业开始走上健康发展的轨道。三中全会和四中全会所确定的党的政治路线、思想路线和组织路线，广泛地深入人心；林彪、"四人帮"所推行的极左路线和他们在组织上、思想上的残余，受到进一步揭发批判；历史上遗留的大批冤假错案得到平反，党的各项政策在全国广泛地得到落实，在这个基础上，全党、全军、全国人民紧密团结在党中央的周围，为社会主义现代化的伟大事业和国民经济的调整、改革、整顿、提高方针的实施而艰苦奋斗，农业、工业、财贸、教育、科学、文化、政法、国防、外交等各条战线上捷报频传；安定团结、生动活泼的局面正在发展。这些事实证明，党中央所执行的路线、方针、政策是正确的，中国已经摆脱林彪、"四人帮"十年横行所造成的严重混乱状态，基本上转变成为有领导、有秩序、有前进的方向和目标、有胜利的条件和信心的局面，这是中国共产党克服了巨大困难所取得的胜利。

全会指出：全国各族人民向四个现代化进军的伟大实践，现在向中国共产党提出一系列需要不失时机地加以迅速解决的重大问题，包括确定国民经济发展的远景规划，确定适合国民经济发展需要的经济体制，确定适合国民经济发展需要的教育计划和教育体制。随着国内形势的转变，国家政治生活和党的生活中的一系列重要问题，思想上理论上一些重要问题，也需要寻求相应的解决，以利于安定团结、生动活泼的政治局面的发展和巩固，以利于现代化建设的顺利进行。这些迫切问题的解决要求中央委员会提前召开党的第十二次全国代表大会，中央全会一致通过决定，提前召开中国共产党第十二次全国代表大会。召开这次大会的具体时间，由中央政治局决定。

这次全会初步决定了十二大的主要议程。规定出席十二大的代表名额为 1600 名，各选举单位按代表人数 1/10 的比例选举候补代表。由各省、自治区、直辖市、中央直属机关、中央国家机关、解放军各总部、军兵种、大军区，分别召开党的代表大会或代表会议，经过充分酝酿，采取差额选举办法，以无记名投票方式选举产生。

党的十一届五中全会召开后，党中央立即着手十二大的筹备工作。

关于十二大代表的选举，为了认真做好这一工作，中共中央政治局于 1980 年 4 月通过了《关于十二大代表选举工作的几点意见》（简称《意见》）。《意见》根据中共中央五中全会决议的精神，对有关代表选举的若干问题，提出了具体意见，要求各地的党代表大会或代表会议，必须自始至终坚持民主集中制的原则。出席十二大的代表，都要经过充分酝酿，采取差额选举的办法，以无记名投票方式产生。各省、直辖市、自治区党委要加强领导，开好县、市的党代表大会或代表会议。同时，做好省、自治区、直辖市的代表大会或代表会议的各项准备工作，经过充分酝酿后提出十二大代表候选人的预备名单，代表候选人预备名单，只作为领导掌握。整个选举工作，要充分体现多数代表的意见。各地区各单位的选举工作，应于 11 月底以前完成。

在这份《意见》中，中央政治局还对各方面代表的比例做出了原则规定：妇女党员代表占代表总数 15%左右；全国著名的劳动模范和战斗英雄可占 6%左右；科技、文化、教育、卫生、体育等各专业人员可占 15%左右；少数民族代表不少于 5%。同时，还要求代表力求年轻化，55 岁以下的代表力争做到不少于 40%等。

这次中央政治局会议还做出《关于丧失工作能力的老同志不当十二大代表和中央委员候选人的决定》（简称《决定》）。《决定》指出：为了使出席这次大会的代表和大会选举产生的中央委员，有相当比例的年富力强的同志，使党的领导机构能够适应社会主义现代化建设繁重任务的需要，保证党的路线、方针、政策的长期连续性，保证党的集中领导和长期稳定性，根据许多老同志和党内外群众的建议，根据五中全会精神和新党章（草案）的原则，中央决定，凡属年事已高、丧失工作能力和生活自理能力的老同志，不当党的十二大代表和中央委员候选人。不难看出，这是废除实际上存在的干部职务终身制和逐步更新领导班子的一个重要步骤。

1980 年 5 月 18 日、19 日，胡耀邦在中央组织部召开的选拔优秀中青年干部工作座谈会上，就认真做好召开党代会的各项准备工作发表讲话，指出要力争使中国共产党的十二大成为新中国成立以来开得最好的大会之一。他说：要开成最好的代表大会，标准大体有三条，一是它制定的路线是正确的；二是它选出的领导班子是有威望的，是全党绝大多数同志所满意和拥护的；三是它的方法是体现民主集中制原则，是充分走群众路线的。在谈到选出的代表如何具有真正的代表性时，胡耀邦要求组织部门的同志要在各级党委领导下，认真研究，仔细考查，够条件当代表的就当，不够条件的不要勉强。

要充分酝酿，真正取得广大党员的同意，不要少数人圈定，名单没有什么保密的，可以提到党员中去酝酿讨论。不要怕变，这也是辩证法，要通过召开党代会，进行一次发扬党内民主，健全党的生活，加强党的领导的生动教育。

根据党的十一届五中全会决议以及中央有关指示精神，各省、自治区、直辖市、中央机关和人民解放军的党组织，相继分别召开了党代表大会或代表会议，选举产生了出席十二大的代表，按期完成了选举工作。

十二大的另一项准备工作，即修改党章的准备工作，也在抓紧进行。

从 1979 年冬开始，在中央政治局常委会的领导下，中央各有关单位就调集一批干部多次举行座谈，并到全国许多地方调查，征求意见，拟出了一个草稿。

1980 年 1 月，邓小平对党章的修改提出了许多重要的指导性意见。在中央的领导下，专门成立了由邓小平、胡耀邦主持，胡乔木具体负责的党章修改小组，对原有草稿进行反复讨论和修改，形成了修改草案第一稿。1980 年 2 月提交草案于十一届五中全会讨论；又根据全会的讨论意见，做了第一次修改。4 月由中央书记处发给全党讨论，并发给部分党外人士征求意见。1980 年 5 月做了第二次修改。同年 6 月，又发给各省、自治区、直辖市和各大军区、中央党政军各部门的党组织和全体十二大代表征求意见。7 月又做了第三次修改。

在进行了以上各项准备工作的基础上，中央政治局于 1982 年 7 月下旬在北京召开了扩大会议。中央和各省、自治区、直辖市负责人共 130 余人出席了会议。会议讨论了有关十二大的一些重要问题。

1982 年 8 月 6 日，党中央又召开了十一届七中全会。出席会议的有中央委员 185 人，中央候补委员 112 人，列席 21 人，中央政治局常委胡耀邦、叶剑英、邓小平、赵紫阳、李先念、陈云、华国锋主持了会议。

这次全会决定，1982 年 9 月 1 日召开中国共产党第十二次全国代表大会，并向全党和全国人民公开宣布，恢复中共八大那样把自己的代表大会完全公开在全国人民面前的好传统，摒弃中共九大那种秘密进行的做法。全会审议并通过了中央委员会关于党的第十二次全国代表大会的报告和《中国共产党章程（修改草案）》，并决定将这两个文件提交党的第十二次全国代表大会审议。

8 月 30 日，十二大预备会议在北京举行。会议确定了大会四项议程，选出了由 252 人组成的十二大主席团，选举赵紫阳为大会秘书长。胡耀邦在会上提出十二大的任务是：对粉碎"四人帮" 6 年来，特别是十一届三中全会以来实现的伟大历史转折作出总结，同时将确定党在新时期的宏伟目标和战斗任务，使中国共产党能够以新的面貌和坚强的战斗力，率领全国各族人民为开创社会主义现代化建设新局面而奋斗。会议通过了《关于确认十一届三中、四中全会增补中央委员的决定》。大会主席团选出由胡耀邦、叶剑英、邓小平、赵紫阳、李先念、陈云、华国锋、徐向前、聂荣臻、彭真、邓颖超等 31 人组成的主席团常务委员会，通过了宋任穷代表十二大代表资格审查委员会所作的审查报告，通过了大会日程。至此，党的十二大各项筹备工作圆满完成。

（二）党的十二大召开

1982 年 9 月 1 日至 11 日，中国共产党第十二次全国代表大会在北京隆重举行。出席大会的正式代表 1545 名，候补代表 145 名，代表着 3900 多万名党员。大会的主要议程有三项：一是审议第十一届中央委员会的报告，确定党为全面开创社会主义现代化建设新局面而奋斗的纲领；二是审议通过新的《中国共产党章程》；三是按照新党章规定，选举新的中央委员会、中央顾问委员会和中央纪律检查委员会。

会议由大会主席团和主席团常务委员会主持。大会邀请了各民主党派和无党派民主人士的代表列席。大会执行主席邓小平致开幕词。

1. 中国特色社会主义主题的提出

邓小平在开幕词中回顾了党的七大以来的历史，阐明了十二大的重要历史地位。他说："一九四五年在毛泽东同志主持下召开的党的第七次全国代表大会，是建党以后民主革命时期我们党最重要的一次代表大会。那次大会总结了我国民主革命二十多年曲折发展的历史经验，制定了正确的纲领和策略，克服了党内的错误思想，使全党的认识在马克思列宁主义、毛泽东思想的基础上统一起来，达到了全党的空前团结。那次代表大会，为新民主主义革命在全国的胜利奠定了基础。……从十一届三中全会以来，我们党在经济、政治、文化等各方面的工作中恢复了正确的政策，并且研究新情况、新经验，制定了一系列新的正确政策。和八大的时候比较，现在我们党对我国社会主义建设规律的认识深刻得多了，经验丰富得多了，贯彻执行我们的正确方针的自觉性和坚定性大大加强了。我们有充分的根据相信，这次代表大会制定的正确的纲领，一定能够全面开创社会主义现代化建设的新局面，使我们党兴旺发达，使我们的社会主义事业兴旺发达，使我们的国家和各民族兴旺发达。"

在这篇开幕词中，邓小平还总结了党的历史经验，提出了走有中国特色的社会主义道路的指导思想。他提出："我们的现代化建设，必须从中国的实际出发。无论是革命还是建设，都要注意学习和借鉴外国经验。但是，照抄照搬别国经验、别国模式，从来不能得到成功。这方面我们有过不少教训。把马克思主义的普遍真理同我国的具体实际结合起来，走自己的道路，建设有中国特色的社会主义，这就是我们总结长期历史经验得出的基本结论。"这个基本结论是中国共产党对中国社会主义建设的客观规律的正确认识和运用，也是中国各族人民的意志、愿望和要求的集中表现，中国的改革开放和现代化建设，就是在这个思想指导下取得了巨大成就和成功。

邓小平在开幕词中还提出了20世纪80年代中国人民面临的三大任务，即：加紧社会主义现代化建设，争取实现包括台湾在内的祖国统一，反对霸权主义、维护世界和平。在这三大任务中，核心是经济建设，它是解决国际国内问题的基础。他强调，今后一个长时期，至少是到20世纪末的近20年内，中国要抓紧抓好四件工作：进行机构改革和经济体制改革，实现干部队伍的革命化、年轻化、知识化、专业化；建设社会主义精神文明；打击经济领域和其他领域内破坏社会主义的犯罪活动；在认真学习新党章的基础上，整顿党的作风和组织，这是中国坚持社会主义道路，集中力量进行现代化建设的最重要的保证。

2. 新时期总任务和20年经济发展总设想

在党的十二大上，胡耀邦代表第十一届中央委员会向大会作了题为《全面开创社会主义现代化建设的新局面》的政治报告。报告分六个部分：（1）历史性的转变和新的伟大任务；（2）促进社会主义经济的全面高涨；（3）努力建设高度的社会主义精神文明；（4）努力建设高度的社会主义民主；（5）坚持独立自主的对外政策；（6）把党建设成为领导社会主义现代化事业的坚强核心。

报告回顾了十一届三中全会以来的党的历程和各条战线所取得的巨大成就，提出了党在新的历史时期的总任务。这就是：团结全国各族人民，自力更生，艰苦奋斗，逐步实现工业、农业、国防和科学技术的现代化，把中国建设成为高度文明、高度民主的社会主义国家。从这次代表大会到下次代表大会的 5 年间，要根据上述总任务的要求，从当前实际出发，大力推进社会主义物质文明和精神文明建设，继续健全社会主义民主和法制，认真整顿党的作风和组织，争取实现国家财政经济状况的根本好转。同时，要同包括台湾同胞、港澳同胞和海外侨胞在内的全体爱国人民一道，努力促进祖国统一大业。还要同全世界人民一道，继续为反对帝国主义、霸权主义和维护世界和平而斗争。

报告从中国实际出发，围绕总任务，制定了中国经济建设的战略目标、战略重点和一系列方针政策。报告指出：在全面开创新局面的各项任务中，首要的任务是把社会主义现代化的经济建设继续推向前进，促进社会主义经济的全面高涨。从 1981 年到 20 世纪末的 20 年，中国经济建设总的奋斗目标是，在不断提高经济效益的前提下，力争使全国工农业的年总产值翻两番，即由 1980 年的 7100 亿元增加到 2000 年的 2.8 万亿元左右。为实现上述战略目标，重要的是解决农业、能源、交通问题和教育、科学问题，把它们作为战略重点，在综合平衡的基础上，把这些方面的问题解决好了，就可以促进消费品生产的较快增长，带动整个工业和其他各项生产建设事业的发展，保障人民生活的改善。

为了实现 20 年的奋斗目标，在战略部署上要分两步走：前 10 年主要是打好基础，积蓄力量，创造条件；后 10 年要进入一个新的经济振兴时期，这是党中央全面分析了中国经济情况和发展趋势之后做出的重要决策。在 1981 年到 1985 年第六个五年计划期间，要继续坚定不移地贯彻执行调整、改革、整顿、提高的方针，厉行节约，反对浪费，把全部经济工作转到以提高经济效益为中心的轨道上来。要集中力量进行各方面经济结构的调整，巩固和完善经济管理体制方面已经实行的初步改革，抓紧制订改革的总体方案和实施步骤。在 1986 年至 1990 年的第七个五年计划期间，要广泛进行企业技术改造，逐步展开经济管理体制的改革。同时完成企业组织结构和各方面经济结构的合理化。在80年代，还必须在能源、交通等方面进行一系列必要的基本建设和一系列重大科技项目的"攻关"。只要切实做好上述各项工作，就可以把历史遗留的问题解决好，并且为以后10年的经济增长打下比较坚实的基础。到90年代中国的经济发展速度肯定会比80年代快得多，中国经济将全面进入高涨时期。

报告高度肯定了建设社会主义精神文明的意义和作用，提出必须努力建设社会主义精神文明。报告指出：在建设高度物质文明的同时，一定要努力建设高度的社会主义精神文明，这是建设社会主义的一个战略方针问题。社会主义的历史经验和中国当前的现实情况都告诉我们，是否坚持这样的方针，将关系到社会主义的兴衰和成败。精神文明和物质文明在社会主义建设中的关系是十分密切的，物质文明的建设是社会主义精神文明建设不可缺少的基础，社会主义精神文明对物质文明的建设不但起巨大的推动作用，而且保证它的正确的发展方向。两种文明的建设，互为条件，又互为目的。报告指出：建设社会主义精神文明不是一件轻而易举的事，在今天尤其是这样。一定要用最大的努力，适应建设时期的新的条件和情况，把建设社会主义精神文明的工作认真做好，用革命的思想和革命的精神振奋起广大群众建设社会主义的巨大热情。

报告还指出，建设高度的社会主义民主，是中国的根本目标和根本任务之一。报告强调，必须按照民主集中制的原则，继续改革和完善国家的政治体制和领导体制，把社会主义民主扩展到政治、经济、文化和社会生活各个方面。发展各个企业事业单位的民主管理，发展基层社会的群众自治，并把社会主义民主的建设同社会主义法制的建设紧密地结合起来，使社会主义民主制度化、法律化。

关于中国的对外政策，报告指出：把爱国主义和国际主义结合起来，从来是中国处理对外关系的根本出发点，中国坚持执行独立自主的对外政策。中国对外政策是以马克思列宁主义、毛泽东思想的科学理论为基础的，是从中国人民和世界人民的根本利益出发的，它有长远的、全局的战略依据，决不迁就一时的事变，不受任何人的唆使和挑动，在任何情况下，中国永远不称霸。同时，报告还指出，中国共产党坚持在马克思主义的基础上，按照独立自主、完全平等、互相尊重、互不干涉内部事务的原则，发展同各国共产党和其他工人阶级政党的关系，各国党应当互相尊重，互相帮助。中国应当对世界有较大的贡献。

报告强调，要把党建设成为领导社会主义现代化事业的坚强核心。为了加强新时期党的建设，十二大对十一大党章做了许多有根本意义的修改。修改党章的总的原则是，适应新时期的特点和需要对党员提出更严格的要求，提高党组织的战斗力，坚持和改善党的领导。新党章清除了十一大党章中"左"的错误，继承和发展了党的七大和八大党章的优点。报告指出，为把党建设成为领导社会主义现代化建设事业的核心力量，当前必须健全党的民主集中制，改善领导机构和干部制度，实现干部队伍的革命化、年轻化、知识化和专业化，同时加强党在工人、农民、知识分子中的工作，密切党同群众的联系，用三年时间，有计划、有步骤地进行整党，使党风根本好转。

胡耀邦的报告围绕着建设有中国特色的社会主义这个中心，从政治、经济、文化、外交和党的建设等各方面，勾画出了实现这一宏伟目标的蓝图，从理论和实践的结合上，解决了中国社会主义革命和建设中的一系列重大问题，引起了各方面的强烈反响。9月2日至4日，出席十二大的代表们用了3天时间，对报告进行热烈讨论。大家畅所欲言，心情舒畅，会议气氛显得十分活跃。

9月5日下午，大会主席团举行会议。大会副秘书长胡乔木就代表们在分组讨论中对十一届中央委员会报告和《中国共产党章程》草案所提出的建议和意见以及据此对报告和《中国共产党章程》草案进行修改的情况做了说明。会议通过了关于十一届中央委员会报告的决议草案和《中国共产党章程》的决议草案，并且决定将这两个决议草案提请大会通过。会议还决定将主席团提出的中央委员会、中央顾问委员会和中央纪律检查委员会候选人酝酿名单提交全体代表讨论，并通过了关于三个委员会的选举办法，提交大会审议。

9月6日下午，举行全体会议。大会通过了关于十二届中央委员会报告的决议，批准胡耀邦代表十一届中央委员会所作的报告。大会的决议认为："十一届三中全会以来的路线、方针和政策是正确的，工作是有成效的。……报告提出的全面开创社会主义现代化建设新局面的正确纲领和一系列方针政策，应当成为今后党的各项工作的基本依据。"大会还通过了十一届中央委员会提出的《中国共产党章程》和关于这个章程的决议。决议要求全党认真组织对于党章的学习，努力使全体党员真正理解党章总纲和党章的各项规定，使所有党员，特别是所有干部党员的认识都能够得到提高，以便为全面整顿党的作风和党的组织，把党建设成为领导社会主义现代化事业的坚强核心做好充分准备。

叶剑英和陈云在6日的大会上发表了讲话，表示赞成邓小平的开幕词和胡耀邦的政治报告及《中国共产党章程》，并着重阐述了干部新老合作交替的问题。叶剑英说："我们的党是一个生机勃勃的党。经过这次大会，将有一批年富力强的同志，走上中央的领导岗位和其他领导岗位，这是党的事业兴旺发达的重要标志。我们老一辈的同志，看到这种情况，由衷地感到喜悦。"同时，他还引用唐朝诗人李商隐"雏凤清于老凤声"的诗句，赞扬年轻的同志，并且真诚地希望新上来工作的年轻同志，与老同志亲密合作，挑起重担，奋勇前进，后来居上，超过年老的同志；

希望退下来的老同志思想不能退，要用实际行动写好自己晚年的历史，处处为党和人民的利益着想，继续做力所能及的工作。

陈云分析了党的干部队伍的状况，阐述了新老干部合作和交替的意义和方针。他说：解决好干部队伍的交接班问题，是摆在全党面前的一个重要任务。要解决这个问题，首先是老干部要陆续从领导班子中退出，暂时留在第一线的老同志，要在重大问题上把好关，搞好传帮带。他着重谈了要提拔成千上万的中青年干部进入各级领导班子的问题。他强调："必须成千上万地提拔，而不能只是提拔几十个、几百个。"只有这样，才能有足够的干部接替老干部的工作，但是，"在'文化大革命'期间跟随林彪、江青一伙造反起家的人，帮派思想严重的人，打砸抢分子，这'三种人'一个也不能提拔，已经提拔的，必须坚决从领导班子中清除出去"。他说：一方面要大胆提拔，一方面又要把好政治标准这一关。德才相比，要更注重德，就是说，要确实提拔那些党性强、作风正派、敢于坚持原则的人。他相信，只要把干部队伍的交接班问题解决好，中国共产党的事业就一定会后继有人。

9月9日上午，大会主席团举行会议，根据预选结果，确立三个委员会候选人正式名单，还通过了关于中央纪律检查委员会工作报告的决议草案。下午，各代表团举行分组会议，审议主席团提出的候选人名单。

9月10日和11日上午，举行全体会议，进行中央委员会委员、中央顾问委员会委员的选举。经过充分准备，大会民主选出中央委员210人，中央候补委员138人，组成新的中央委员会。在这348名中委和候补中委中，新当选的有211人，占总数的60.6%，年龄在60岁以下的有171人，占总数的49.1%，具有大专学历的122人，占总数的35.1%，在知识化专业化方面，比上届中央委员会有较大的提高。中央委员会还保留了叶剑英、邓小平、李先念、陈云、徐向前、聂荣臻、彭真、邓颖超等8位德高望重、在国内外都享有崇高威望的老一辈革命家。同时，新成立了党的历史上过去从未有过的中央顾问委员会，选出委员172人，他们都是具有40年以上党龄、对党有较大贡献，又有丰富领导工作经验的老同志。还选出中央纪律检查委员会委员132人。

这三个委员会的产生，体现了邓小平的《党和国家领导制度的改革》中关于设立三个委员会、进一步贯彻新老干部交替的原则，为加强和改善党的领导，为党和国家的长治久安，为实现全面开创社会主义建设的新局面，提供了可靠的组织保证。

9月11日，十二大闭幕，李先念致闭幕词。他高度评价了胡耀邦的报告和新党章，以及大会取得的成就，号召广泛深入地宣传、学习十二大精神，采取切实措施，扎扎实实地贯彻执行，一步一步地达到中国伟大的目标。

9月12日至13日，党的十二届中央委员会举行第一次全体会议。胡耀邦、赵紫阳主持会议，全会选举万里、习仲勋、王震、韦国清、乌兰夫、方毅、邓小平、邓颖超、叶剑英、李先念、李德生、杨尚昆、杨得志、余秋里、宋任穷、张廷发、陈云、赵紫阳、胡乔木、胡耀邦、聂荣臻、倪志福、徐向前、彭真、廖承志为中央政治局委员，选举姚依林、秦基伟、陈慕华为中央政治局候补委员。

选举胡耀邦、叶剑英、邓小平、赵紫阳、李先念、陈云为中央政治局常务委员会委员。

选举胡耀邦为中央委员会总书记，万里、习仲勋、邓力群、杨勇、余秋里、谷牧、陈丕显、胡启立、姚依林为中央书记处书记，乔石、郝建秀为候补书记。

全会决定邓小平为中央军事委员会主席，叶剑英、徐向前、聂荣臻为副主席，杨尚昆为常务副主席。

全会批准邓小平为中央顾问委员会主任，薄一波、许世友、谭震林、李维汉为副主任，王平等 24 人为常务委员；批准陈云为中央纪律检查委员会第一书记，黄克诚为第二书记，王鹤寿为常务书记，王从吾、韩光、李昌、马国瑞、韩天石为书记，马国瑞、韩天石等 11 人为常务委员。

党的十二大是一次很重要的会议，在党的历史上，在中国社会主义建设史上，都有着重要的历史功绩和历史地位。

3. 日趋完善的新党章

这次修改党章总的原则是：适应新的历史时期的特点和需要，对党员提出更严格的要求，提高党组织的战斗力，坚持和改善党的领导，努力把党建设成为领导社会主义现代化事业的坚强核心。

十二大党章对十一大党章做了许多有重大意义的修改，清除了其中的"左"倾错误，改动最大的是否定和删去了理论上错误、实践上极为有害的"阶级斗争为纲"与"无产阶级专政下继续革命"的理论。新党章清除了九大、十大、十一大党章中规定的"中国共产党是由无产阶级先进分子所组成，领导无产阶级和革命群众对于阶级敌人进行战斗的朝气蓬勃的先锋队组织"等内容，重新规定为，"中国共产党是中国工人阶级的先锋队，是中国各族人民利益的忠实代表，是中国社会主义事业的领导核心。党的最终目标，是实现共产主义的社会制度。中国共产党以马克思列宁主义、毛泽东思想作为自己的行动指南"。十二大党章继承和发展了党的七大、八大党章的优点，主要特点有：

第一，有一个内容比较完备的总纲。十二大党章除了对党的性质、党的指导思想、党的最终奋斗目标做了明确的规定外，还对现阶段中国社会的主要矛盾和党的总任务，对加强党的建设的基本要求，对党在国家生活中如何正确地发挥领导作用等等，都做了概括而鲜明的马克思主义的规定。表明中国共产党把自己的纲领建立在马克思列宁主义、毛泽东思想的科学基础之上。关于现阶段中国社会的主要矛盾和党的总任务，新党章清除了九大、十大、十一大党章中关于社会主义社会"始终存在着阶级、阶级矛盾和阶级斗争，存在着社会主义同资本主义两条道路的斗争，存在着资本主义复辟的危险性"，"这些矛盾只能靠无产阶级专政下继续革命的理论和实践来解决"，"文化大革命""今后还要进行多次"等"左"的错误内容，肯定"在剥削阶级作为阶级消灭以后，我国社会存在的矛盾大多数不具有阶级斗争的性质，阶级斗争已经不是主要矛盾。由于国内的因素和国际的影响，阶级斗争还在一定范围内长期存在，在某种条件下还有可能激化。我国社会的主要矛盾是人民日益增长的物质文化需要同落后的社会生产之间的矛盾"。这就决定了"中国共产党工作的重点，是领导全国各族人民进行社会主义现代化经济建设"。为了实现社会主义现代化的宏伟目标，必须加强党的建设，发扬党的优良传统，提高党的战斗力，坚决实现以下三项基本要求："第一，思想上政治上的高度一致。……第二，全心全意为人民服务。……第三，坚持民主集中制。"

关于党在国家生活中如何发挥领导作用，新党章第一次作出了科学的表述："党的领导主要是政治、思想和组织的领导。党必须制定和执行正确的路线、方针和政策，做好党的组织工作和宣传教育工作，发挥全体党员在一切工作和社会生活中的先锋模范作用。……党必须保证国家的立法、司法、行政机关，经济、文化组织和人民团体积极主动地、独立负责地、协调一致地工作。"第一次明确规定："党必须在宪法和法律的范围内活动。"

第二，新党章全面规定了党员的民主权利。党员有权参加党的会议，阅读党的文件，并在党的会议和党报党刊上，参加关于党的政策问题的讨论，对党的工作提出建议和倡议。党员可在党的会议上对党的任何组织和党员有根据地提出批评、负责地揭发与检举，要求处分违法乱纪的党员，要求罢免或撤换不称职的干部，并有权向党的上级组织直到中央提出申诉。受到批评或指控的党员可以申辩，其他党员也可以为他们辩护。党章还要求，党员对党的决议和政策如有不同意见，在坚决执行的前提下，可以声明保留，并把自己的意见向上级组织直至中央提出。党组织对少数人的不同意见，应当认真考虑。党员行使表决权、选举权，有被选举权。党章着重指出：党的任何一级组织直至中央都无权剥夺党员的上述权利。

第三，对党员、党的干部和党的基层组织在思想上、政治上和组织上提出了更为严格的要求。新党章特别要求共产党员必须全心全意为人民服务，不惜牺牲个人的一切，为实现共产主义奋斗终生。强调共产党员永远是劳动人民的普通一员，不得谋求任何私利和特权。关于共产党员必须履行的义务部分，还做了如下规定：共产党员除了必须"坚持党和人民的利益高于一切，个人利益服从党和人民的利益，吃苦在前，享受在后，克己奉公"外，"绝对不得假公济私，损公利私"。必须"维护党的团结和统一，坚决反对派性，反对一切派别组织和小集团活动，反对阳奉阴违的两面派行为和一切阴谋诡计"。要求党员要"支持好人好事，反对坏人坏事"，要"维护群众的正当权利和利益"。新党章专门列了《党的干部》一章。党按照德才兼备的原则选择干部，坚持任人唯贤，反对任人唯亲，并且努力实现干部队伍的革命化、年轻化、知识化、专业化。党的干部必须接受党的培训，接受党的考察和考核。党应当重视培养、选拔女干部和少数民族干部。规定党的各级领导干部除了必须模范地履行党员的义务外，还应当具备6个基本条件，即坚持社会主义道路，同破坏社会主义的敌对势力和党内外各种错误倾向做斗争；坚持从实际出发，正确执行党的路线、方针和政策；有强烈的革命事业心和政治责任感，有胜任领导工作的知识和能力；具有民主作风，自觉接受党和群众的批评和监督；遵守和维护党和国家的制度，同任何滥用职权、谋求私利的行为做斗争等。规定了党员干部处理和非党员干部关系的原则，要求"党员干部要善于同非党干部合作共事"，"党的各级组织要善于发现和推荐有真才实学的非党干部担任领导工作，保证他们有职有权，充分发挥他们的作用"。党章规定党的各级领导干部的职务"都不是终身的，都可以变动或解除"。"年龄和健康状况不适宜于继续担任工作的干部，应当按照国家的规定，或者离职休养，或者退休"。

以上关于党员和党的干部的这些规定，大都为过去的党章所没有，是这次新增加的内容。

另外，新党章对党的基层组织的任务做了比过去更为详尽的规定，其中特别增写了关于教育和监督党员干部和其他任何工作人员不得侵占国家、集体和群众的利益等内容。

第四，对党的组织制度做了一些比较重要的改变。在中央和省、直辖市、自治区两级设立顾问委员会，以发挥许多富有政治经验的老干部对党的事业的参谋作用，同时作为一种过渡办法，帮助实现新老干部的交替问题。党的各级纪律检查委员会由同级党的代表大会选举产生。党的各级组织都必须重视党的建设，经常讨论和检查党的工作。中央只设总书记，不再设主席、副主席。总书记是中央政治局常务委员会的成员之一，负责召集政治局、政治局常务委员会会议，主持中央书记处的工作。

很明显，召集和主持的作用是不一样的。党全部经常工作的领导核心是中央政治局常务委员会。除了总书记是政治局常委外，中央顾问委员会主任、中央纪律检查委员会第一书记和中央军事委员会主席也是政治局常委。这些规定，有利于保证党的集体领导和团结统一，防止出现个人过分集权和个人专断的现象。

第五，对党的民主集中制和党的纪律，新党章都做了比过去更加充分、更为具体的规定。规定凡属重大问题都要由党委民主讨论做出决定，不能由任何个人拍板决定。不允许任何领导人实行个人专断和把个人凌驾于组织之上。增写了"禁止任何形式的个人崇拜。要保证党的领导人的活动处于党和人民的监督之下，同时维护一切代表党和人民利益的领导人的威信"等内容。党内实行在党的纪律面前人人平等的原则，不允许有任何不参加党的组织生活，不接受党内外群众监督的特殊党员。要求每一个党员除了遵守党纪外，还必须严格遵守政纪国法。对于严重违犯党纪、本身又不能纠正的党组织，上一级党委会，在得到再上级党委会的批准后，可以将之加以改组甚至解散。党在对党员执行纪律时要遵守党章、尊重党员权利。

第六，十二大通过的新党章有这样一项规定：预备党员必须面向党旗进行入党宣誓。誓词如下：我志愿加入中国共产党，拥护党的纲领，遵守党的章程，履行党员义务，执行党的决定，严守党的纪律，保守党的秘密，对党忠诚，积极工作，为共产主义奋斗终生，随时准备为党和人民牺牲一切，永不叛党。将这些誓词载入十二大党章，这在党的历史上也是第一次。

（三）十二大的主要贡献和历史地位

这次大会明确提出了"建设有中国特色的社会主义"这一命题。邓小平提出的走有中国特色的社会主义道路的理论，对中国改革开放和社会主义现代化建设有着巨大指导意义。

第一，十二大顺利实现了党的领导班子的新老交替。解决好干部队伍的新老交替，尽快解决干部的革命化、年轻化、知识化、专业化的问题，是十二大的主要议题之一。从国际共产主义运动史来看，党的高层领导交接班的问题从来都是关系到党和国家前途命运的一件大事，但也是一个没有得到很好解决、有过惨痛教训的问题。党的十二大对这个问题进行了积极有效的探索。

第二，大会制定和通过了一个新的《中国共产党章程》。《中国共产党章程》是党的根本大法，中国共产党历次代表大会都非常重视《中国共产党章程》的修改制定，党的十二大为把党建设成为领导社会主义现代化建设事业的坚强核心，为大大提高全党的政治素质，提高党的战斗力，制定了一个很有特点的新党章。其特点表现在：它有一个内容比较充实的"总纲"，比较完整地、简明扼要地概括了党的性质和党的总任务，对党在国家生活中如何正确地发挥领导作用做了马克思主义的规定；对党员和党的干部在思想上、政治上和组织上的要求，比过去历次党章的规定都更加严格；根据历史的经验和教训，新党章强调从中央到基层的各级组织都必须严格遵守民主集中制和集体领导的原则，明确规定"禁止任何形式的个人崇拜"。它对改善党的中央和地方组织的体制，对加强党的纪律和纪律检查机关建设，对加强党的基层组织的建设，都做了许多新的规定。十二大通过的新党章是集中了全党的智慧，总结了党的历史经验而制定出来的。

第三，十二大还在一些理论问题上丰富和发展了马克思主义。在社会主义基本特征的问题上，十二大报告提出，社会主义特征中的一个新内容，即社会主义精神文明和高度的社会主义民主。这样，社会主义基本特征既包括生产关系和生产力，也包括上层建筑和意识形态，因而显得更加全面完整。在社会主义所有制结构问题上，十二大报告指出社会主义国营经济在整个国民经济中居于主导地位，但是，在很长时期内需要多种经济形式同时并存。在社会主义的计划和市场问题上，过去的论述往往强调计划，排斥市场，十二大提出了计划经济为主、市场调节为辅的原则，在这一原则下，要正确划分指令性计划、指导性计划和市场调节各自的范围和界限。在社会主义时期的阶级斗争问题上，十二大报告提出，在剥削阶级作为阶级消灭以后，中国社会存在的矛盾大多数不具有阶级斗争的性质，阶级斗争已经不再是中国社会的主要矛盾，但是阶级斗争还将在中国社会的一定范围内长期存在，并且在某种条件下还有可能激化。另外，在精神文明建设和党的建设等问题上，十二大报告也都有新的表述。这些新的认识是对马克思主义理论宝库的丰富和发展。

第四，党的十二大科学总结了党的历史经验，根据当前中国的实际情况，制定了开创社会主义建设新局面的宏伟目标和更为完备的一系列正确方针、政策和措施，提出了党在新的历史时期的总任务和总路线，它把经济建设、政治建设和思想文化建设三个方面同时并列为建设社会主义的目标，这在中国社会主义建设史上还是第一次，在国际共产主义运动中也是一个首创。十二大全面开创了中国社会主义现代化建设的新局面。十二大以后，中国改革开放和社会主义现代化建设事业进入了一个蓬勃发展的时期。

二、农村新经营体制的确立

中国是一个传统的农业大国，新中国成立以来，党和国家也一直把农业看作是国民经济的基础。但是，长期以来，中国把绝大部分的注意力集中在有限的耕地上，只重视粮食作物生产，忽视其他产业，甚至把发展粮食与发展其他产业对立起来，为了粮食，其他产业必须让路。其结果是，粮食虽然增产了，其他产业却萎缩了。农业结构的单一，使农民的收入很难有大的提高，农民的纯收入低，入不敷出。1978年，全国超支户达5369万户，占总农户的31.5%，共欠超支款约74亿元，平均每户超支139元。直到1980年夏季，全国504万个核算单位，人均收入在50元以下的占27.3%，50~100元的占50%左右。

同时，由于片面强调粮食生产，出现为了增加粮食生产和扩大粮食种植面积，大面积毁林开荒、围湖造田的现象。大量的森林被砍伐，大量的植被遭到破坏，与人和平相处的动物失去了往日的家园。中国山区、半山区占全国面积 1/2 以上，南方的草山、草坡有 10 亿多亩，可利用的不到 3 亿亩。森林覆盖率本来不高，由于滥砍滥伐，降到了只占 12.7%，在全世界 160 多个国家中居第 120 位。为了增加粮食生产，有些人还强行毁林开荒，围湖造田，弃牧务农，滥垦草原。长江、淮河流域，围湖造田达 1700 万亩，填塘 230 万亩，使水面大大缩小。湖北省湖泊面积从 1250 万亩减少到 355 万亩，原来号称"八百里洞庭"的水面，只剩下 226 万亩。

这种发展农业的思路和模式，严重制约了农村改革的深入和农业的进一步发展。因此，党中央在深化农村第二步改革时，把目光投向了调整农业的产业结构。

（一）农村产业结构调整初步展开

早在 1983 年 1 月，中共中央就发出第一号文件，制定了调整农业产业结构的具体政策：第一，发展农产品加工业，允许农民在完成交售任务后自己加工和销售，以增加收入。第二，发展多种多样的合作经济，允许资金、技术、劳动力一定程度的流动和各种方式的结合。对于请帮工、带徒弟，少量的可以允许。第三，允许农民购置农副产品加工工具和运输工具，从事加工业和运输业。第四，改革国营商业体制，放手发展合作商业，适当发展个体商业。实现以国营商业为主导，多种商业经济形式并存。有条件地允许农民进行长途贩运棉花、粮食等，在农民完成交售任务后，农产品可以进入市场。第五，农、林、牧、副、渔各业根据因地制宜、发挥优势、适当集中的原则，建立一批商品生产基地，尽可能做到综合利用，发挥经济效益。

1985 年是中国改革的重点由农村转入城市的第一年。这一年的 1 月，中共中央再次强调要帮助实现农业产业结构的调整。从此，农业产业结构调整进入实质性阶段。

调整农业产业结构，就是要促进农村经济向专业化、商品化、现代化方向发展。调整大体上包括三个层次：一是调整种植业结构，建立粮食作物和经济作物的合理比例；二是调整大农业结构，使处在"短脚"状况的林、牧、副、渔业得到充分发展，形成大农业各业的良性循环；三是调整整个农村经济结构，大力发展工业、商业、运输业、建筑业、服务业等第三产业，促进农村经济的全面发展。

通过实施调整农业产业结构这项战略措施，中国农业产业结构发生了巨大而深刻的变化：

一是粮食和经济作物的比例关系得到进一步调整。在保证粮食稳步生产的前提下，逐渐增加经济作物的比重，使种植业内部结构更加合理，使粮食和经济作物得到全面的发展。1985年，粮食作物播种面积占农作物总播种面积的比重，由1980年的80.1%下降为约78%，经济作物播种面积的比重，由10.9%上升为13.4%。1985年，农作物种植业产值达到2280亿元（按当年价格计算），其中，粮食作物产值的比重由1980年的72.6%下降到62.4%，经济作物产值则由1980年的15.7%上升到20.5%。

二是进一步调整了种植业和林、牧、副、渔各业的比例关系，逐渐增加林牧副渔的比重，使农业结构更加合理。在农、林、牧、副、渔五业结构中，农作物种植业比重下降，林、牧、副、渔业比重提高。林、牧、副、渔业占农业总产值的比重，由1980年的28.3%提高到1985年的37.05%。其中，林业产值在农业总产值中所占比重，由4.2%提高到5.2%；牧业产值由18.4%提高到22%；副业产值（不包括村及村以下办的工业）由4%提高到6.3%；渔业产值由1.7%提高到3.55%。农作物种植生产的比重相应由1980的71.7%下降为63%。

三是进一步调整了农村第一产业与第二、第三产业的比例关系，逐渐增加工业、商业、运输业、建筑业、服务行业的比重，而农业比重下降。1985年农业总产值在农村社会总产值中所占的比重，由1980年的68.9%下降到57.1%；农村工业总产值由19.5%提高到27.6%；农村建筑业总产值由6.4%提高到8.1%；农村运输业总产值由1.7%提高到3%；农村商业总产值也由3.5%提高到4.2%。

从农村产业结构调整的具体情况来看，吉林省公主岭市在农村产业结构调整过程中，走出了种植、养殖、加工相结合的路子，大力调整全市农村的产业结构，使全市的农村产业结构更加科学，更加符合当地的实际。在整个农村社会总产值的构成中，农业、多种经营、乡镇企业的比重由1978年的1∶0.22∶0.22调整到1987年的1∶0.14∶0.76。1987年，该市多种经营产值达到了0.7亿元，比1978年增加了1.6倍；乡镇企业产值达到3.75亿元，占农村社会总产值的40%，比1978年增加8.6倍；从事非农产业的劳力达8.14万元，占农村劳力总数的37%。形成了三大产业互相促进、综合发展的好势头，也带动了当地经济的发展。1987年全市农村社会总产值（按不变价）为9.4亿元，比1978年增长了3.4倍；财政收入达到4559万元，比1978年增长了17%；人均收入达到702元，比1978年增长6.2倍；城乡人民储蓄由0.17亿元增加到1.44亿元，约增长了7.5倍。透过特殊看一般，公主岭市调整农村产业结构以及由此引起全市农村经济的快速发展，同全国相比，可能有某种差异，但仍然不失为全国的缩影。

农村产业结构的调整，使中国由单一的农业生产结构转变为多层次发展的农村产业结构，农村经济内部的比例关系趋向合理，这有力地促进了农村经济的发展。农村产业结构的可喜变化，以及由此引起的中国农村经济实现的飞跃式发展，用事实证明了邓小平关于"农业翻番主要靠多种经营"论断的科学性。

随着农村产业结构调整的深入发展，农业生产商品化程度不断提高，农村商品流通体制的改革不可避免地提到了议事日程。

（二）农村商业流通体制改革

1985 年 1 月，中共中央、国务院发布了《关于进一步活跃农村经济的十项政策》。这是党中央发出的又一个"一号文件"。1983 年、1984 年、1985 年，党中央连续发出了三个"一号文件"，给全国农民送来了"开心丸""定心丸"。每一个"一号文件"都各有侧重点。1983 年、1984 年的"一号文件"是稳定、完善家庭承包生产责任制。1985 年的"一号文件"则把改革的重点放到了流通领域，即改革农产品流通体制。这也是农村第二步改革的重点之一。

中国农村流通体制是在过渡时期建立起来的。新中国成立初期，中国存在多种经济成分，农业中个体农民占主要地位，私人资本主义工商业也还大量地存在，这时实行的是国内贸易自由政策，农产品在市场上自由购销。1953 年，农村流通体制开始发生了重要的变化。1953 年，政务院发布了《关于实行粮食的计划收购和计划供应的命令》，根据："凡属有关国家经济命脉和足以操纵国计民生的事业，均应由国家统一经营"的规定，决定在全国范围内有计划、有步骤地实行粮食的计划收购（简称统购）和计划供应（简称统销）。从此，中国开始了统购统销的农村流通体制。

当时实行统购统销的体制，是国家完成第一个五年计划和进行社会主义改造的一个重要措施，这对于保障城市商品供给，支援工业建设起了很大作用。但是，在新的历史时期，其弊端也日益表现出来：

一是与统购制度相配套的农产品低价收购政策，不适当地过度扩大了工农产品的"剪刀差"，超过了农民和农业的承受能力。据测定，农产品对工业品交换价格"剪刀差"的相对量，1952

年为12%，1957年为18.7%，1965年为28%，1978年为28.1%。1965年到1978年，农副产品收购价格提高很少，特别是粮食价格基本未动，加之化肥、柴油、电力、农药等大幅度提价，农产品生产费用急剧上升，农民盈利下降甚至亏本。据统计，1978年与1965年相比，6种主要粮食作物生产成本增加了99.1%，而同期增加的利润只有48.3%。因此，每百斤主产品生产成本上升了34.4%，与之相比，同期粮食价格仅上升14.9%。过低的农产品价格和不等价的交换关系严重挫伤了农民的生产积极性，从而使农业生产发展迟滞。

二是统购统销体制阻碍了农村商品经济的发展。长期以来，农副产品的统购统销基本上是国营商业或具有国营商业职能的供销社依靠行政手段独家经营，不允许其他组织和个人参与经营。由于经营垄断，渠道不通，"多了砍，少了赶"，严重损害了农民的利益。同时国营商业流通渠道大都是纵向的，缺乏横向联系，统购派购任务按行政层次下达，产品按行政区划层层调拨，中间环节多，费用增加，损失很多。同时，国家在提高农产品收购价格以后，为了稳定消费者的生活水平，由国家财政补贴，经营量越大，亏损越多，国家补贴也越多。结果是农业丰收，国家财政补贴也越多。农业生产的发展同国家财政收入的增长不能正常的循环，经营者也没有经营的积极性。

三是不利于农村形成合理的产业结构。中国地域辽阔，各地的自然条件、经济条件差别较大，农业生产者应该因地制宜地安排农业生产，发挥地区优势，提高经济效益。但在统购统销制度下，不管自然条件是否适宜，经济效益是否好，农民都得按计划要求生产，从而使很多地方产业结构很不合理，造成资源的浪费。

从1978年以来，国家针对农产品购销体制存在的种种弊端，采取了多种调整和改革的措施。

第一，提高农产品收购价格。为了调动农民的积极性，改变长期以来农产品收购价格过低，工农产品"剪刀差"不断扩大的倾向，国家从 1978 年起就陆续提高了农产品收购价格。1978 年国家提高了棉花收购价格，幅度为 10%。1979 年国家提高了粮食、油料、棉花、生猪、菜牛、菜羊、鲜蛋、水产品、甜菜、甘蔗、大麻、蓖麻油、桑蚕茧、南方木材、毛竹、黄牛皮和水牛皮等 18 种农副产品的收购价格，平均提高幅度为 24.8%。其中中央掌握的 6 种粮食提高幅度为 20.86%。

1979 年，国家在提高农产品价格的同时，对棉花以 1976 年至 1978 年平均收购量为基数，超购部分加价 30%；对粮食、油料继续执行超购加价的政策，并提高了加价幅度，由原来的 30%提高到 50%。后来在实际执行中，茶叶、烤烟、药材等也实行了超购加价政策。1980 年，国家又提高了棉花收购价格，幅度为 10%。1981 年，国家提高了烤烟的收购价格，标准级烤烟每担平均收购价格由原来的 70.39 元提高到 87.04 元，提高幅度约为 23.7%。

农产品收购价格提高后，城市副食品价格也有所提高。从 1979 年 11 月起，以 1978 年为基数，猪肉价格提高 33%，鲜蛋提高 32%，水产品提高 33%。

收购价格的提高引起销售价格的提高，考虑到城镇居民的承受能力和保证城镇居民的生活水平不因提高农产品收购价而下降，国家又给城镇居民发放副食品价格补贴。这是不得已而为之的办法。随着改革的深入，这种办法在后来被其他的办法所取代。从 1979 年起，国家还恢复了粮、油等农副产品的议价收购，允许国营商业按国家规定的浮动范围，在市场上议购议销。从 1981 年下半年起，又明确规定了议购议销的范围限于三类农副产品和完成统购、派购任务以后允许上市的一、二类农副产品。一、二类产品中重要工业原料、畜产品，大中城市及工矿区的大宗蔬菜、中药材（限 34 种）不搞议价。

第二，国家适当降低了粮食等农产品征购基数，相应地扩大超购加价比重，使农民增加收入。1979 年，全国核减粮食征购任务基数 55 亿斤，1980 年又对贵州、四川、甘肃、广西、云南、内蒙古、吉林、黑龙江等 13 个省、自治区再核减 11.5 亿斤，1981 年和 1982 年又分别对负担过重的老商品粮地区以及老、少、边、穷地区的征购基数做了调整。从 1979 年到 1982 年，全国粮食征购基数由 755 亿斤调减到 606.4 亿斤，4 年共调减了 148.6 亿斤。在调减粮食征购基数的同时，国务院还重新确定了粮食征购起点，规定稻谷地区口粮在 400 斤以下，杂粮地区口粮在 300 斤以下的一律免征。

通过这些调整和改革，初步形成了包括牌价、加价、议价和市价等多种价格形式并存的农副产品价格体系。这一段时间价格变化的基本趋势是：按牌价收购的部分所占比重日益下降，而加价和议价部分所占比重不断增大。在粮食收购总量中，按牌价收购部分所占比重 1978 年为 68.5%，1979 年降为 47.5%，1980 年又降到 44.2%；加价和议价部分，1978 年分别为 28.9% 和 2.6%，1979 年分别为 40.4% 和 7.9%，1980 年分别为 37.1% 和 13.7%。由于提高农副产品牌价和超购加价幅度，加上议价商品范围的扩大，农民出售农副产品，1981 年比 1978 年增加收益 204 亿元。在 1978 年至 1985 年间，农民纯收入累计增加 264.03 亿元，由于农副产品价格提高而增加收入 66 亿元。从工农业产品的交换比价来看，同等数量的农产品能够交换到的工业品数量，1950 年为 100，1978 年为 198，1981 年增加到 268。

第三，随着农业生产的发展和市场供应条件的改善，从 1983 年起，国家陆续将一些二类派购产品改为三类，实行自由购销。1983 年 10 月，国家医药管理局管辖的二类中药材从 54 种减为 30 种，商业部系统管理的一、二类农副产品从 46 种调减到 21 种，

1984年又减至12种，把二类中药材调减至24种，同时将淡水鱼全部放开，8种二类海产品逐步放开。截至1984年底，属于统购派购的品种只剩下38种，比1980年减少了70%。

第四，为了适应农村商品经济的发展，从1982年开始，供销合作社的管理体制和经营方式进行了一系列改革。1983年，全国3.5万个基层供销社，有3万多个进行了初步改革。1984年中央一号文件要求，"供销社体制改革要深入下去，真正办成农民群众集体所有的合作商业"。同年6月，党中央、国务院强调供销社要从农民入股、经营服务范围、劳动制度、分配制度、价格管理等5个方面进行突破。1987年6月，国务院批转了国家体改委、商业部、财政部《关于深化供销合作社体制改革的意见》。根据上述规定农村供销合作社扩大了农民群众所占股份。

经过几年的发展，供销合作社逐步实现了全民所有制向集体所有制的转变。1991年全国26个省、自治区、直辖市的2100多个县联社，3.3万个基层供销社都已制定了社章，民主选举了理事会、监事会等领导机构，近10万农民被选入各级供销社的管理机构，直接参与供销合作社的领导和管理。县以上各级供销社均退出了地方政府的行政序列，成为集体所有制的联合社，并成为若干直属企事业单位和社员组织的联合集团，同国家建立起依法经营、照章纳税、自主经营、独立核算、自负盈亏的新型经济关系。供销社资金结构也发生了明显的变化，1991年社员股金和集资已达45.4亿元，供销社自有资金达到447.2亿元，固定资产350亿元。供销社"七五"期间销售总额达15359亿元，比"六五"期间增长64.6%；"七五"期间上缴国家税金252亿元，比"六五"期间增长22.4%。

随着农村流通体制改革的深入和广大农民商品意识的觉醒，农民以多种形式直接参与流通的积极性空前高涨。

（1）农民通过五种形式大量进入流通领域：一是到农贸市场出售自己的产品。这是农民进入流通的初级形式，也是最普通最常见的形式，农民生产的一半农副产品是通过集市出售的。二是长途贩运农副产品。长途贩运这曾经是让人望而生畏的字眼，因为在很长的时间内，长途贩运与投机倒把是同义词。对于投机倒把，轻则罚款，重则判刑，反正是严格禁止。改革开放后，长途贩运才合法化。国家允许农民从主要产区把产品运到非产区的城市批发市场，在那里批量卖给城市中的小商小贩或零售商，同时把一些日用工业品从城市运回农村出售。三是从事个体工商业，在当地集市设点出售日用杂货；或到城里摆摊，出售农副产品和日用工业品。四是组织集体商业进入流通。许多乡村办起了农工商公司，其中的商业公司专门集中当地各个农户的产品和乡村集体企业的产品，批量运到外地出售。少数是把产品运到批发市场出售，多数则是提前与外地需货单位签订合同，直接供货，有的还在城市开设零售商店。五是依托供销社、国营商业和外贸公司、农副产品加工企业进入流通。农民直接参与流通是一条十分重要的渠道，被人们称为"第三商业""第三条流通渠道"，这足以证明它的重要性。

（2）积极发展农村集市贸易。多年来，农村集市贸易一直是中国重要的农村初级市场。1983年2月，国务院颁布了《城乡集市贸易管理办法》。之后，对农贸市场管理不断放宽，从而促进了农村集市的繁荣和发展。农产品的集市贸易从农村发展到城市，集市网点建设迅速发展，集市的规模不断加快，集市贸易的地位和作用发生了深刻的变化，已从农民之间互通有无、调剂余缺发展成为沟通城乡的一条不可缺少的重要商品流通渠道。1990年集市贸易已有73800多个，成交额达2245亿元，占社会零售商品总额的23%。集贸市场不仅对城市居民的"菜篮子"起着举足轻重的作用，而且给国家增加了财政收入、减少了财政补贴，并为城镇待业人员与农村剩余劳动力提供了就业场所。

1984年，为了搞好大中城市蔬菜和副食品的生产和供给，国务院对部分大中城市副食品和蔬菜的产销体制进行了改革。内容是：由指导性的生产计划代替指令性的生产上市计划；由多渠道开放式的经营代替了统购包销独家经营；由浮动价和自由价代替了固定价格；由划地区购销改为跨地区购销。

农产品价格调整和统购派购制度的初步改革，调整了不合理的利益关系，缩小了长期以来存在的工农产品"剪刀差"，初步形成了一个多渠道、少环节的农产品流通体制。

（三）市场机制在农村流通体制中增强

从1985年起，中国农产品购销体制改革进入了以取消农产品统购派购制度，建立市场机制为中心的新阶段。

首先是粮食、棉花取消统购，改为合同定购。商业部门在播种季节前与农民协商，签订定购合同。定购粮食，国家确定按"倒三七"比例计价（即三成按原统购价，七成按原超购价）。定购以外的粮食可以自由上市。如果市场粮食价格低于原统购价，国家仍按原统购价敞开收购，以保护农民利益。定购棉花，北方按"倒三七"，南方按"正四六"比例计价。定购以外的棉花也允许农民上市自销。生猪、水产品和大中城市的蔬菜，也由派购逐步改为自由上市、自由交易、随行就市、按质论价。其他统购派购产品也要分品种、分地区逐步放开。

取消统购派购以后，农产品不再受原来经营分工的限制，实行多渠道流通。农产品经营、加工、消费单位都可以直接与农民签订收购合同；农民也可以通过合作组织或生产协会，主动与有关单位签订销售合同。

1986年，国家对合同定购政策进行了调整。中共中央、国务院在《关于一九八六年农村工作的部署》中提出：为了保护和鼓励农民生产和交售粮食的积极性，将适当减少合同定购数量，扩大市场议价收购比重，并对签订合同的农民按平价供应一定数量的化肥，给予优先贷款。全国粮食合同定购数量由 1985 年的 7900 万吨调减到 6150 万吨。调减原则是：对于经济发达地区，稳定粮食合同定购数量，通过以工补农来保证定购任务的完成；对于粮食生产潜力大，但多种经营门路不多的地区，适当减少合同定购数量，扩大市场议价收购，使农民从超产中增加一些收入；对于少数贫困地区，可以少定或不定，主要是采取市场收购的办法。1986 年的棉花定购数量，仍维持在 1985 年的 425 万吨，但为了缩小南北方棉花收购价格上的矛盾，从 1986 年新棉上市起，北方棉花加价比例由"倒三七"改为"倒四六"，南方的比例不变。

1987 年，国家进一步完善了粮食合同定购制度，其中心内容是实行粮食合同定购与平价化肥、柴油以及发放预购定金"三挂钩"。为此，国家专门安排了一些化肥、柴油与粮食合同定购挂钩。国家用于粮食合同定购的化肥、柴油一律按平价供应，并明令不准挪作他用，由各地有关部门印制票证发给农民购买。国家对合同定购粮食发放预购定金，由粮食部门按合同定购粮食价款的 20% 发放，在农民交粮时扣还，利息由中央财政负担。

1987 年 10 月，针对一些单位和部门抬价抢购紧缺的农副产品的情况，国务院发出了通知，要求坚持更多地运用经济和法律手段，同时正确运用行政手段，加强对农副产品市场的宏观调控，以建立良好的市场秩序。通知要求，进一步完善农副产品的管理办法，要区别不同情况采取不同办法。对关系国计民生的少数重要的人民生活必需品、工业原料、出口物资和需要保护资源的品种，如粮、棉、油、烟、茧、麻、糖料，少数重要的中药材等，实行合同定购和国家收购。这类商品必须严格执行国家的有关规定，凡是由国家指定收购部门的，其他部门不得直接插手收购；国家定购任务完成后，除少数国家另有规定的品种外，可以自由购销。其他农副产品坚持搞活，实行自由购销，开展多渠道流通。国家要求各级政府把管好农副产品市场真正摆到议事日程，带头执行国家政策，不能从本地区利益出发，抬价抢购或搞地区封锁，画地为牢。为了保证农副产品流通的正常进行，对于投机倒把、破坏市场的违法活动，必须坚决打击。

新的农产品收购体制增强了农民的市场意识，农民可以根据市场需求来调节自己的生产，从而使家庭经营更加巩固和完善，出现了农产品流通的新格局。国家、集体在粮食、棉花等主要农产品流通中的一统天下局面被打破，大批农民组织起来进入流通领域，民间市场开始形成。事实证明，改革农产品购销体制的方向是正确的。农副产品的统购统销制度并不是社会主义特有的属性，此次改革突破了原有的理论和旧有的观念。改革还说明，把农民与国家的交换更多地建立在经济关系、市场关系的基础上，不仅是必要的，而且是可能的。

当然，农村流通体制改革后也存在不少有待解决的问题。由于多年来上上下下已经习惯于统购统销的一套做法，改为合同定购后，许多工作还跟不上，定购的价格仍由国家确定，而且偏低，影响农民向国家出售农产品的积极性；不少地方把协商变成了摊派，合同书变成了任务通知单；"三挂钩"也没有落实。尤其是农村改革与城市改革还没有同步进行，而流通领域中的体制改革，又涉及利益分配，因此在改革中出现一些问题又有某种必然性。但是，只要坚持改革，在发挥市场机制作用的同时，加强和完善国家宏观调控能力，就一定能把农村流通领域中的改革引向深入，就一定能促进农村的商品经济的发展。

三、新时期的全面改革纲领

随着农村和城市经济改革的推进，改革的内容已大大超过了原来设想的发展商品生产和商品交换的范畴，越来越显露出发展商品经济以及市场调节的取向，进一步触及计划经济的指令性计划体系的内核，一些更深层次的矛盾和问题暴露出来，也由此引发了激烈的争论。争论的焦点是中国现阶段的经济是不是商品经济？要不要建立与商品经济相适应的经济体制？

（一）关于"社会主义商品经济"理论的交锋

当时有相当多的人认为，社会主义经济就是计划经济，而不是商品经济。既然是计划经济，那么经济体制也应当是与计划经济相适应的。这种意见当然很容易占据道德制高点，因为在很多人看来，马克思主义经典著作中早有大量的论述，只要引述"老祖宗"的话，就有了锐利的理论武器，所谓"社会主义经济是商品经济"的论调是经不起一驳的。

但是，不论在十一届三中全会之前，还是在此之后，都有不少经济学家坚持了"商品经济"的观念。上溯到远一些，最早在1959年，王学文、漆琪联名在《经济研究》上发表文章，就提出了"有计划发展的商品经济"。十一届三中全会以后，广东老一代经济学家卓炯于1979年春撰写论文，毫不含糊地提出：破除产品经济，发展商品经济。同年，在无锡召开的社会主义经济价值规律讨论会上，厦门大学教授胡兆培也明确提出了"社会主义经济是公有制基础上有计划的商品经济"的观点。1979年，时任中国社会科学院副院长邓力群在《财贸战线》第11期上发表文章，认为现阶段的社会主义经济是商品经济。

1979 年 12 月，国务院财政经济委员会体制改革研究小组印发的《关于经济体制改革总体设想的初步意见》，更是开门见山地写道：中国现阶段的社会主义经济是生产资料公有制占优势、多种经济成分并存的商品经济，必须建立与之相适应的经济体制。这段话尽管在前面加了两个定语，但明确地把建立与商品经济相适应的经济体制作为改革的目标。据参加起草的杨启先教授介绍说，这段话是薛暮桥加上去的。

在此期间，陈云也在思考如何对计划经济体制实行改革的问题。1979 年 3 月，他在《计划与市场问题》研究提纲里总结说："六十年来，无论苏联或中国的计划工作制度中出现的主要缺点：只有'有计划按比例'这一条，没有在社会主义制度下还必须有市场调节这一条。所谓市场调节，就是按价值规律调节，在经济生活的某些方面可以用'无政府''盲目'生产的办法来加以调节。"这是党内最早提出在计划经济体制下要发挥市场调节作用的文字表述，以至在整个 80 年代，计划与市场，以及它们之间的关系与比重，成为党内和理论界讨论的主流话语。1981 年，陈云把这个表述概括为"计划经济为主、市场调节为辅"。

围绕计划经济还是商品经济，经济学界与思想理论界一直在争论中探讨，但进入 1982 年后，形势风云突变。这年的 5 月初，国家经济体制改革办公室（1982 年改为体改委）和国务院经济中心联合召开了一个大型讨论会，讨论经济改革的理论问题。研讨会共分 8 个组，有 200 多人参加。这个研讨会的主调就是肯定计划经济，认为计划经济是社会主义经济制度。虽然一些学者指出，商品经济是现实生活在理论上的概括，商品生产和商品交换也就是商品经济的基本内容，没有本质差别。但是占主导地位的意见认为，在社会主义社会存在着商品生产和商品交换，不能说就存在着商品经济。

因为理论上没能取得新的进展，1982 年 9 月举行的中国共产党第十二次全国代表大会在政治报告中，强调了"计划经济为主，市场调节为辅"的原则，指出："我国在公有制基础上实行计划经济。有计划的生产和流通，是我国国民经济的主体。……对于国营经济中关系国计民生的生产资料和消费资料的生产和分配，尤其是对于关系经济全局的骨干企业，必须实行指令性计划……对于集体所有制经济也应当根据需要下达一些具有指令性的指标。"

十二大确认中国仍然实行计划经济，并且必须实行指令性计划和指令性指标，这是中国改革初期"摸着石头过河"不可避免的一个认识阶段。在这种情况下，"商品经济论"自然陷入了尴尬境地。1982年和1983年，报纸上对"社会主义商品经济""有计划的商品经济"提法的批评日益升温。

有的学者认为："作为社会主义经济基本特征的，应该是计划经济，而不是商品经济。……有计划的商品经济的落脚点仍然是商品经济，'有计划'被抽象了，计划经济既然不复存在，'有计划'又是从何而来呢？"

还有的学者认为，"如果把我们的经济概括为商品经济，就会模糊社会主义经济和资本主义经济的本质区别……社会主义经济的本质特征只能是计划经济。……把社会主义经济降格为'商品经济'，当然只能是一种历史上的倒退。事实上，如果没有计划经济，也就没有什么社会主义可言了"。

当然，也有学者认为，"把有没有指令性计划当作划分社会主义计划经济还是资本主义市场经济的一个重要标志，是正确的"。

一时间，报纸、舆论充斥了对"商品经济论"义正词严的大张挞伐。主张"商品经济论"的薛暮桥，甚至还被批评为"有知识分子的劣根性"。经此激烈批判过后，薛暮桥最终做出了让步，提出"社会主义经济最重要的特征不是商品经济，而是建立在生产资料公有制基础上、存在着商品生产和商品交换的计划经济"。

1982 年 9 月 6 日，中国社会科学院的经济学家刘国光在《人民日报》上发表了题为《坚持经济体制改革的基本方向》的文章，比较强调指导性计划的重要性，相对地减小了指令性计划的作用范围。9 月 21 日，《人民日报》以本报评论员的名义，在第一版头条发表长篇文章，不点名地批判了刘国光。

文章一再强调指令性计划的重要性，强调"运用市场不等于市场调节"，说"指令性计划决不是像有些同志所断定的那样，只是在国民经济正在调整的特定情况下才是必要的，它对于关系国计民生的产品的生产和分配，对于关系经济运行的骨干企业，在一般条件下，也是必要的，事实上，它正是计划经济为主，市场调节为辅这一原则的关键所在"。刘国光的文章是在中共十二大以前送给《人民日报》的，正好在十二大期间发表，这就和十二大政治报告的精神相抵触。从 1982 年秋到 1983 年，捍卫指令性计划的力量相当强大。曾在 1979 年写文章主张"商品经济"的邓力群，也站到了批评商品经济的行列。

实际上，1982 年和 1983 年之所以对商品经济出现这样高调的批评，一个重要的原因，是源于十二大后对中国经济的一种宏观解说，即市场调节与计划经济的关系，就像鸟和笼子的关系一样，如果说鸟是搞活经济的话，笼子就是国家计划。搞活经济、市场调节，这些只能在计划许可的范围以内发挥作用，不能脱离计划的指导。这无异于说，正在进行的国营企业改革是一场"笼子里的变革"。另一个政治背景，就是 1983 年"反精神污染"。当时有人把主张"商品经济论"也当成"精神污染"的靶子进行批判。所幸这种偏差很快被中央纠正了。中国改革的进程总是在"山重水复疑无路"中，开辟着"柳暗花明又一村"的新境界。就在批评商品经济的高潮中，新的变局正在酝酿。

（二）计划管理体制改革的分歧和突破

1983 年，中共中央、国务院准备从全局上推进"宏观先改"方略。宏观先改的切入点选在哪里？就选在了"产品计划经济体制的指令性计划体系"，即计划管理体制。计划管理体制驾驭计划经济体制全局，所以，首先改革计划管理体制就成为从全局上推进宏观先改方略的切入点。

1983 年 8 月到 12 月，在中共中央书记处领导下成立了计划管理体制改革领导小组，下设计划管理体制改革工作小组。工作小组的主要成员来自国家计委和国务院体改委，办公地点设在中南海的南区警卫大楼。计划管理体制改革工作小组的任务是提出改革方案。此项工作从 1983 年 8 月到 12 月，因为讨论中意见不一致，而且不同意见之间距离很大，所以大部分时间是进行相互辩论。

大辩论中，具有代表性的意见是两种：

第一种意见，国营企业要扩大生产经营自主权，扩大市场调节范围，实行企业自负盈亏。这就要缩小指令性计划的范围，相应缩小国家定价产品的范围。

第二种意见主要强调两点：（1）凡是关系国民经济的重要产品，不管是短缺还是过剩，都要实行指令性计划。指令性计划范围不能缩小，也不该缩小。（2）国营企业不能实行自负盈亏制，也不能实行相对的自负盈亏责任制。理由是国营企业实行自负盈亏制，就不愿意接受低价的指令性生产计划与产品调拨计划。

争论是很激烈的，也是很深入的。参加过这次讨论的经济学家王琢还特别回忆了发生在讨论过程中的几件事：

第一件事，号称匈牙利改革之父的涅尔什到中国访问。他到国家计委访问时，计委的一些人向他提出：匈牙利是不是真正取消了指令性计划？对此，在场的一些人明显表示怀疑。涅尔什到物资部和其他部委访问时，一些单位也提出类似的问题，流露出对匈牙利取消指令性计划的怀疑态度。涅尔什为此深感困惑，他到了国务院体改委就提出：贵国一些部委，为什么不相信匈牙利取消指令性计划的改革？他对此表示遗憾！这件事表明，当时的中央各部委相当普遍地不同意缩小指令性计划的改革，更不赞成取消指令性计划的改革。

第二件事，在一次有部委领导同志参加的汇报会上，有人指名说王琢在讨论中提出商品生产的论点。当时，谁主张发展商品生产，谁就被视为异端。王琢正准备发言回答。国务院体改委的廖季立当即保护了王琢，他说，不是这么回事，就把那位同志的攻击性意见挡了回去。王琢也就没有必要再发言了。

第三件事，在同一次会上，一位有点名气的经济学家在会上发言表示不赞成缩小指令性计划范围的改革。会后，一些同志议论纷纷，指责他是口头改革派，一遇到"政治风向"变了，马上就随风倒而改变自己原来的论点。

第四件事，原在计划管理体制改革工作小组内部开会讨论的几种不同意见，后来，会外的同志知道了，据此，中共中央政策研究室有人向中共中央领导同志写信，说现在又有人重新挑起指令性计划的争论。这原本是改革问题的是非之争，却被人涂上政治色彩，使这场有益的大辩论没有能够取得预期的成果。

计划管理体制改革工作小组经过几个月的工作，最后拿出一份两种意见相妥协的文稿。会后又经多次修改，终未形成像样的文件。但是，宏观先改方略并未失败，大辩论也未结束。1984年，这项中国改革系统工程又继续进行了，而且取得了突破性重大成果。这就是1984年10月20日中国共产党第十二届中央委员会第三次全体会议通过的《中共中央关于经济体制改革的决定》。这个决定首次承认中国实行的是"有计划的商品经济"。

（三）《中共中央关于经济体制改革的决定》

党的十二届三中全会通过的《中共中央关于经济体制改革的决定》（简称《决定》），阐明了加快以城市为重点的整个经济体制改革的必要性、紧迫性，规定了改革的方向、性质、任务和各项基本方针政策。

该决定最突出的贡献，就是突破了把计划经济同商品经济对立起来的传统观念，确认中国的社会主义经济是"公有制基础上的有计划的商品经济"；中国的改革是社会主义制度的自我完善和发展；改革的基本任务，就是要逐步建立起具有中国特色的、充满生机和活力的社会主义经济体制，促进社会生产力的发展。

围绕改革的基本任务，该决定明确提出了需要解决的主要问题，即建立充满生机的社会主义经济体制；要把增强企业活力作为经济体制改革的中心环节；建立自觉运用价值规律的计划体制，发展社会主义商品经济；建立合理的价格体系，充分重视经济杠杆的作用；实行政企职责分开，正确发挥政府机构管理经济的职能；建立多种形式的经济责任制，认真贯彻按劳分配原则；积极发展多种经济形式，进一步扩大对外的和国内的经济技术交流；起用一代新人，造就一支社会主义经济管理干部的宏大队伍；加强党的领导，保证改革的顺利进行。

这个决定使中国改革的方向、任务和要求等一系列基本问题更加明确，是指导中国全面开展经济体制改革的纲领性文件。虽然它在改革目标上还没有提出建立社会主义市场经济体制的问题，但公有制基础上的有计划的商品经济目标的提出，已经蕴含了明确的市场取向，这是社会主义经济理论上的重大突破。邓小平对此给予很高的评价，认为"是马克思主义基本原理和中国社会主义实践相结合的政治经济学"。①

实践证明,党的十二届三中全会决定的发布和实施,是对广大干部和群众思想的又一次解放。这次全会之后,以城市为重点的经济体制改革开始围绕扩大企业的自主权、开展股份制试点、改革所有制结构、改变用工制度、实行厂长负责制等方面陆续展开。

四、进行全面整党和提出干部"四化"方针

中国的改革开放和社会主义现代化建设能否达到预期目标,有多方面的因素,但是其中最重要的一个因素还在于作为执政党的中国共产党的状况。十一届三中全会以来,中国共产党在领导改革和经济建设的同时,紧紧抓住加强党的自身建设这个关键环节,在加强党的思想建设、政治建设的同时,下大力气抓党的组织建设和作风建设,逐步走上了以制度建设加强党的建设的新路子。

(一)有计划有步骤地进行全面整党

随着改革开放的推进,经过几年的整顿,党的组织得到了初步发展,党的思想和作风状况都有了改善。但是,由于拨乱反正和经济建设任务相当繁重,所以"文化大革命"以来党内存在的思想、作风、组织等一些深层次的问题还没有得到全面解决,于是全面进行一次整党就成了当时形势发展的客观需要。

1. 全面整党的背景和任务

从 1983 年冬起到 1987 年 3 月止,大约用了 3 年半时间,中

---

① 《邓小平文选》第 3 卷,人民出版社 1993 年版,第 83 页。

国共产党内部开展了一场全面的，有计划、有步骤的整党工作。这是由党的十二大所确定的任务。

第一，这次整党的历史背景。经过几年的恢复和整顿，党的状况有了很大的改善，党的威信正在恢复和提高，这是主导方面。"但是，由于十年内乱的流毒至今还没有完全肃清，也由于在新的情况下各种剥削阶级思想的腐蚀作用有所增长，目前我们党确实存在思想不纯、作风不纯和组织不纯的问题，党风还没有根本好转。一些党组织领导工作中的软弱涣散现象还严重存在。一些基层组织缺乏应有的战斗力，甚至陷于瘫痪状态。有少数党员和干部，或者对工作极不负责，官僚主义严重；或者生活特殊化，利用职权谋取私利；或者闹无政府主义、极端个人主义，破坏党的组织纪律；或者顽固地进行派性活动，严重损害党的利益。个别党员和干部甚至堕落到贪污腐化，营私舞弊，进行严重的经济犯罪活动。还有林彪、江青反革命集团的极少数残余分子窃据着某些领导职位，伺机兴风作浪。这些现象严重地损害了党的威信。"① 因此，中央决定从 1983 年下半年开始，用 3 年时间分期分批对党的作风和党的组织进行一次全面整顿。

第二，这次整党的必要性和基本方针。1983 年 10 月中共中央召开第十二届二中全会，讨论通过了《中共中央关于整党的决定》（以下简称《决定》）。② 这个决定正确地估计了党内状况：既充分肯定了党的队伍的主流的纯洁性和战斗力；同时，也从思想理论上、作风上、纪律观念上和组织上的严重不良表现说明了进行这次全面整党的必要性和紧迫性。胡耀邦在整党的报告中也

① 中共中央文献研究室编：《十二大以来重要文献选编》（上），人民出版社 1986 年版，第 55—56 页。

② 中共中央文献研究室编：《十二大以来重要文献选编》（上），人民出版社 1986 年版，第 390 页。

明确指出，党风问题是关系执政党生死存亡的问题。因此，这次整党无疑是中国共产党的一件头等大事，必须十分慎重地对待，十分周到地准备，有计划、有步骤地进行。做好这项工作的中心一环，是在党内普遍深入地进行一次思想教育。要结合学习和执行十二大报告和新党章，学习《关于建国以来党的若干历史问题的决议》和《关于党内政治生活的若干准则》，对全党进行关于马克思列宁主义、毛泽东思想基本理论的教育，关于共产主义理想和党的路线方针政策的教育，关于党的基本知识和共产党员标准的教育。要着重使每一个党员认清党的性质、地位和作用，认清一切党员都只有勤勤恳恳为人民服务的义务，而没有任何利用职权占国家的"便宜"和群众的"便宜"的权利。在组织领导方面，要由领导机关和领导干部带头，自上而下地整顿好各级领导班子，然后再领导下级组织和基层组织进行整顿。决不容许坏人利用机会诬陷好人和打击好人。要继承和发扬延安整风的精神，本着"惩前毖后，治病救人"和"既要弄清思想又要团结同志"的方针，开展认真的批评和自我批评，并采取适当方式听取党外群众的意见。最后，要进行党员登记，严格按照新党章的规定，把那些经过教育仍然不合格的党员开除出党或者劝其退党。同时，还要切实改进各级党组织的领导状况，提出加强和改善党的领导的具体办法。

第三，这次整党的总的目的、要求和任务。这次整党的总的目的和要求就是：在马克思列宁主义、毛泽东思想的指导下，依靠全党同志的革命自觉性，运用批评和自我批评的锐利武器，执行党的纪律，揭露和解决党内存在的思想、作风和组织严重不纯的问题，实现党风的根本好转，提高全党的思想水平和工作水平，更加密切党和人民群众的关系，努力把党建设成为领导社会主义现代化事业的坚强核心。

《决定》还规定了整党的任务，即：统一思想，整顿作风，加强纪律，纯洁组织。① 《决定》指出：统一思想，就是进一步实现全党思想上政治上的高度一致，纠正一切违反四项基本原则、违反十一届三中全会以来党的路线的"左"的和右的错误倾向。《决定》强调，十一届三中全会以来党的路线、方针和基本政策，是纠正"左"的错误，反对右的错误，适应社会主义现代化建设要求，把四项基本原则同当前历史条件下的具体实践相结合的产物，这经过实践检验证明是正确的，得到了广大党员的衷心拥护。党的每一个组织和每一个党员必须在坚持四项基本原则，坚持十一届三中全会以来的党的路线的基础上同中央保持一致，这是党的政治纪律。能否做到这一点，是衡量党组织和党员的思想、政治和纪律状况的主要标志。整顿作风，就是发扬全心全意为人民服务的革命精神，纠正各种利用职权谋取私利的行为，反对对党对人民不负责任的官僚主义。《决定》指出，党风问题关系到执政党生死存亡的问题。正是因为党的地位发生了变化，党的一举一动都关系到人民的利益和国家的命运；党如果脱离了群众而不坚决改正，就必然会由于失去群众的信任和支持而失败。但是，现在有些党员和干部根本忘记了全心全意为人民服务的宗旨，千方百计地为自己谋取私利。他们向党伸手，争地位，闹待遇。他们公然违反财经纪律，截留税收利润，巧立名目，侵吞国家和集体财物。他们还在住房、调整工资和子女亲友的就业、升学、提干、安排工作，以及涉外工作等方面，利用职权搞特殊化，侵害国家利益和群众利益。他们无视国家法律，袒护、包庇犯罪分子，甚至直接参与走私贩私、贪污受贿、投机倒把等犯罪活动。还有些担任领导职务的党员干部，官僚主义严重，对群众疾苦漠不关心，对生产的发展、体制的改革、精神文

---

① 中共中央党史研究室：《中国共产党新时期历史大事记》，中共党史出版社 2002 年版，第 144 页。

明建设漠不关心，在工作中严重失职，使党和国家在政治上和经济上蒙受巨大损害。《决定》强调，这些不正之风和腐朽现象，对社会主义现代化建设起着严重的破坏作用，挫伤了党内外广大群众对社会主义制度的优越性和共产主义的光辉前途的信念。这次整党必须下决心解决这些问题，坚决扫除这些歪风。加强纪律，就是坚持民主集中制的组织原则，反对无组织无纪律的家长制、派性和无政府主义、自由主义，改变党组织的软弱涣散状况。《决定》指出，保持党的严格的组织纪律性，坚持民主集中制，是实现党的纲领和任务，提高党的战斗力的重要保证。现在在党的不少组织和党员中，违反民主集中制的现象还相当严重。一方面，有些领导干部凌驾于组织之上，集体领导徒具虚名，实际上是个人说了算；有的甚至把自己主管的单位，变成可以任意支配的领地，称王称霸。另一方面，有一部分党员和党员干部无视党的组织原则和党的纪律，无政府主义、自由主义、本位主义、宗派主义相当严重。十年内乱中产生的派性在一部分党员和党员干部中尚未克服，以派画线，排除异己，结帮营私，严重危害党的团结统一，妨碍党的路线、方针、政策的贯彻执行。不少党组织的组织生活不健全，不能开展批评与自我批评，不能严格执行党的纪律，有些领导干部不但不能同不良现象做斗争，反而处处回避矛盾，有的甚至压制批评，打击报复。《决定》强调，这些现象，在这次整党中一定要彻底改变。经过整党，在党组织内部，特别是领导班子内部，要养成批评与自我批评的风气，形成既有民主又有集中，团结一致，生动活泼，纪律严明的局面。纯洁组织，就是按照党章规定，把坚持反对党、危害党的分子清理出来，开除出党。《决定》指出，纯洁组织是这次整党的一个重要目的。"三种人"（包括造反起家的人，帮派思想严重的人和打砸抢分子），除经过长期考验、确已悔改者外，其余的原则上要开除出党。对党员和党员干部在"文革"中发生的错误和问题，对一般性错误不再追究，对有严重错误的人，凡属未做结论和处理的，在这次整党中要做出结论和处理。顽固抗拒十一届三中全会以来中央路线的人，在经济上和其他刑事问题上严重犯罪的人，以及其他严重违法乱纪的人，都必须开除出党。

《决定》对党的各级领导干部专门提出了要求，即：除了必须符合新党章规定的党员标准和党员干部六项条件外，还提出要提高马克思列宁主义、毛泽东思想的理论政策水平，增强革命事业心和政治责任感，勇于同一切破坏社会主义的敌对势力做斗争，同资产阶级腐朽思想和制造精神污染的行为做斗争，同滥用职权、谋取私利的行为做斗争，为广大党员做出榜样，引导人民群众努力做到有理想、有道德、有文化、守纪律。

第四，这次整党的步骤和基本方法。《决定》规定，这次整党的步骤是：从中央到基层组织，自上而下、分期分批地进行。每个单位党组织的整顿，也要自上而下，先领导班子、领导干部，后党员群众。基本方法是：在认真学习文件，提高思想认识的基础上，开展批评和自我批评，分清是非，纠正错误，纯洁组织。在整党过程中，自始至终都要加强思想教育，着眼于提高广大党员的思想觉悟。《决定》强调，学习文件，提高认识，是为解决党内矛盾创造必要的条件，而正确地进行批评与自我批评是解决党内矛盾的有效方法。但是，一定要坚持从团结的愿望出发，实事求是，把批评与自我批评的严肃性、尖锐性同科学性结合起来，达到既要弄清思想、纠正错误，又要团结同志共同进步的目的。《决定》要求，这次整党必须走群众路线，但不能重复过去"群众整党"，由非党群众决定党内问题的错误做法。

2. 全面整党的基本过程

党的十二大闭幕之后，各地党组织经过整党试点，进一步了解了党组织和党员的状况，也取得了一些整党的初步经验。在此基础上，1983年10月11日在北京召开的中共十二届二中全会，选举产生了以胡耀邦为主任，万里、余秋里、薄一波、胡启立、王鹤寿为副主任，王震、杨尚昆、胡乔木、习仲勋、宋任穷为顾问的中央整党工作指导委员会，并通过了《中共中央关于整党的决定》，同时各级党委也都建立了指导整党的专门组织和相应机构。在各方面工作做了充分准备之后，全面整党工作从 1983 年冬开始到 1987 年 5 月基本结束，历时 3 年半。这次整党大体上是分为三期，每一期都以学习文件、对照检查、边整边改三个阶段来进行的。

第一期整党。这一期整党是在中央、国家机关各部委和各省、自治区、直辖市以及解放军各大单位的领导机关中展开的。为了加强对整党工作的领导，中央整党委员会和中央军委派出了有 850 人参加的 90 个整党工作联络员小组和中央、国家机关 10 个口的整党工作指导小组。① 为了切实推动整党工作的开展，1983 年 10 月 21 日、11 月 4 日、11 月 19 日、12 月 10 日、12 月 16 日，中共中央整党工作指导委员会先后发出 5 个通知。第一号通知公布了《整党必读》目录。第二号通知公布了《十一届三中全会以来重要文献简编》和《毛泽东同志论党的作风和党的组织》两本学习文件目录，并决定该阶段整党的中心任务是学习文件，方法是边学边议边整边改。第三号通知发布了关于在整党中要充分听取党外朋友和党外群众的意见的若干规定。第四号通知决定向各省、市、自治区和中央、国家机关部委派出联络员小组，以便及时了解和掌握整党工作的进展情况和问题，加强上下联系，交流整党工作的经验和加强对整党工作的统一领导。第五号通知要求所有第一期整党单位的党委、党组必须组成两套班子，一套班子主要抓整党工作，一套班子主要抓经济工作和本部

① 《关于整党的基本总结和进一步加强党的建设》，《人民日报》1987 年 6 月 1 日。

门的业务工作，以保证整党工作同经济工作及其他工作两不误，并且互相促进。随着五个通知的发出，第一期整党开始铺开。

参加这期整党的共 159 个单位，38.8 万多名党员①，占党员总数的 2.5%，其中担任领导工作的党员干部人数较多。针对这一特点，在整党中强调了统一思想，解决在思想上政治上同党中央保持一致的问题，在提高思想认识，分辨是非，展开批评与自我批评当中，克服"左"的和右的错误倾向。同时，在第一期整党中还着重纠正了以权谋私和严重的官僚主义等不正之风，具体解决群众意见较多的有些领导干部在住房、调整工资和子女就业、升学、提干等方面搞特殊化，以及违法乱纪，侵害国家和群众利益等问题。

在整党工作全面铺开以后，1984 年 1 月 1 日、3 月 4 日和 6 月 30 日，中央整党工作指导委员会又发出第六号通知、第七号通知和第九号通知。第六号通知强调边整边改是这次整党的一项重要方针，要贯穿于整党的各个阶段。边整边改的重点应放在纠正严重的不正之风上。主要抓两条：一条是抓纠正利用职权和工作条件谋取私利的歪风；一条是抓纠正对党对人民不负责任的官僚主义作风。② 第七号通知就对照检查阶段必须注意的若干事项做出规定，提出整党单位文件学习阶段已达到标准的可以转入对照检查阶段，在对照检查阶段必须加强上下监督，对边整边改的工作必须抓紧。第九号通知要求各整党单位在对照检查阶段结束后，要集中 3 个月左右的时间深入地进行整改，再转入下一阶段。在整改阶段要着重抓好四个方面的工作：一是要端正业务工作指导思想；二是要切实消除派性，增强党性；三是要深入查处

---

① 薄一波：《一年来的整党工作》，《中国共产党》1984 年 12 期。

② 中共中央党史研究室：《中国共产党新时期历史大事记》，中共党史出版社 2002 年版，第 152—153 页。

造成国家经济上、政治上重大损失的严重官僚主义和利用职权谋取私利的问题；四是认真解决领导班子中存在的重大问题。7月31日，中共中央又发出《关于清理"三种人"若干问题的补充通知》，要求在清理"三种人"问题上，既不要漏掉，又不要扩大化。清理"三种人"要抓住重点，关键是防止"三种人"进入各级领导班子、要害部门和第三梯队，已进入的要坚决清除出去。① 11月22日，中央整党工作指导委员会又发出第十号通知，提出各整党单位在基本上完成整改任务后，即可转入下一阶段，认真作好组织处理和党员登记工作。

在上述通知精神的指导下，第一期整党工作按期完成了任务。

第二期整党。这期整党是从1984年冬开始到1986年冬，先后经过近两年的时间。1984年下半年，中央整党工作指导委员会制定了《中指委关于第一期整党工作的情况和第二期整党的部署意见》，并上报中央。11月15日，中共中央书记处举行会议，讨论并原则上同意了《中指委关于第一期整党工作的情况和第二期整党的部署意见》（简称《意见》）。《意见》对第二期整党工作的安排是：从1984年冬到1985年，进行和完成地、县以及相当于这两级的企事业、大专院校、科研机构等单位的整党，从1985年冬到1986年，进行和完成县以下单位的整党。地和相当于地级的单位有300多个，共有党员约355万名，县和相当于县级的单位有3万多个，共有党员约1000万名（军队相当于这两级的单位及其党员数不包括在内）。这两级单位的整党工作安排，原则上是先地后县，部署上可有一段交叉，每一级的整党时间可比第一期整党单位短一些，大体6个月为宜。第二期整党工作，由

① 中共中央党史研究室：《中国共产党新时期历史大事记》，中共党史出版社2002年版，第165页。

省、自治区、直辖市和国家机关各部委的党委、党组统一领导。中央和中央整党工作指导委员会通过发布有关通知和派遣巡视员等方式，在重大方针政策和其他重大问题上加以指导。军队的第二期整党工作由中央军委根据上述精神，具体部署。

在这个时期中，党的十二届三中全会通过《中共中央关于经济体制改革的决定》，经济体制改革的重点由农村转入城市。改革开放的深入发展向党的建设提出的挑战，使第二期整党的环境发生了重大变化。几股新的不正之风开始袭击党政机关，一时间，党政机关和党政干部经商办企业；倒买倒卖进口机电产品和国家紧缺物资；炒买炒卖国家外汇；乱涨价，乱放款，乱发行彩券；巧立名目滥发钱物；挥霍公款公物请客送礼；突击提职提级，干扰工资改革；搞形式主义，刮浮夸风等肆意漫延。针对这一党的建设所面临的新考验，1985年2月28日，中央整党工作指导委员会在北京召开了第二期整党工作会议。胡启立在会上传达了中央书记处关于第二期整党的意见，确定整党必须同改革紧密结合，为改革和发展经济服务的指导思想，并要求把纠正新的不正之风、增强党性、加强纪律作为第二期整党的突出重点；同时要继续认真做好清"左"、端正业务指导思想，彻底否定"文化大革命"，核查"三种人"，调整领导班子等项工作。4月10日，中央整党工作指导委员会发出第十二号通知，要求第二期整党单位在完成整党任务中要注意突出重点，着重解决好增强党员的党性、纠正新的不正之风问题。同时，通知还明确提出增强党性观念要从四个方面着手：一是增强全心全意为人民服务的观念。二是进一步树立共产主义的远大理想。三是增强全局观念。四是增强组织纪律性。① 接着，中央整党工作指导委员会又于6

---

① 吕澄等主编：《党的建设七十年纪事》，中共党史出版社1992年版，第560页。

月 28 日、7 月 9 日至 15 日、9 月 20 日至 26 日，先后召开中央、国家机关整党工作指导小组和各部委党委、党组负责人会议，六省、自治区第二期整党工作汇报会和八地（市）委书记整党工作座谈会。1986 年 1 月底至 2 月初，中央整党工作指导委员会又在北京召开整党巡视员小组工作会议。通过这一系列会议，不断总结经验，纠正偏差，推动着第二期整党工作不断向前发展。正是在中央整党工作指导委员会的有力指导下，第二期整党工作得到了健康发展，到 1986 年第一季度第二期整党基本全部结束。

第三期整党。这期整党从 1985 年冬开始到 1987 年 4 月基本结束。1985 年 11 月 24 日，中央整党工作指导委员会发出《关于农村整党工作部署的通知》，要求这期整党在步骤上原则上先乡（设区的地方为先区、乡）后村，分期分批地进行。基本要求是：努力提高党员对党的根本宗旨的认识；进一步正确认识党在农村的改革和发展经济的各项政策；认真处理极少数犯有严重错误的党员；切实抓好领导班子建设。这期整党总的来说，就是根据中央关于整党的决定提出的统一思想、整顿作风、加强纪律、纯洁组织四项任务，切实解决上述几个方面的问题。这期整党的范围，包括县以下农村基层党组织和城镇基层党组织（县以下企事业单位和街道党组织），其中又分为区、乡级和农村支部两个层次。区、乡级党组织多在 1986 年夏秋两季进行，农村支部则利用冬季农闲时间。在这期整党期间，各省、区、市派出宣讲员 63 万人，深入农村帮助整党。这一期是参加人数最多（约 2800 万党员），规模最大的一期整党。

这期整党工作开始后，中央整党工作指导委员会还分别于 1986 年 5 月 8 日至 16 日、5 月 23 日至 29 日、6 月上旬召开沿海六省、市整党工作会议；南方七省、区整党工作座谈会；少数民族和边远地区整党工作座谈会，结合前两期整党工作的经验，对农村整党工作进一步做出安排。在中央整党工作指导委员会的有力推动下，本期整党约在 1987 年春季按期结束。

3. 整党的成绩及其经验教训

这次整党历时 3 年半，三期整党，参加整党的正式党员共约 4200 万人。总的来看，这次整党取得了很大的成绩，主要表现是全党在思想、作风、纪律、组织四个方面都有了进步，党内存在的思想不纯、作风不纯和组织不纯的状况，已经有所改变。从而为新时期党的建设的加强和发展，奠定了一个较好的基础。

第一，在统一思想方面，取得的主要成绩是：（1）全党通过学习整党文件，澄清了不少模糊认识，加深了对十一届三中全会以来党的路线、方针、政策的理解，进一步提高了贯彻执行这些方针政策的自觉性。（2）通过开展彻底否定"文化大革命"的教育，使广大党员、干部认识到"文化大革命"以及"无产阶级专政下继续革命"理论的错误，从而为从根本上否定"文化大革命"、进一步消除派性和"左"的流毒，为增强党的团结，深入贯彻十一届三中全会以来的路线、方针、政策，奠定了更坚实的思想政治基础。（3）通过普遍进行党性、理想和党的宗旨的教育，使广大党员和干部提高了思想觉悟，坚定了对共产主义理想的信念和为人民服务的观念。

第二，在整顿作风方面，取得的进展主要是：（1）各地查处了一批党员干部和党员严重违法乱纪、以权谋私和严重不负责任的官僚主义案件，基本刹住了党政机关干部办企业等新的不正之风。（2）促进了各级领导机关工作作风的转变，官僚主义有所减少，为基层服务的思想得到加强。（3）在农村整党中大都进行了清理财务的工作，使党员干部拖欠公款、公物的情况有所扭转。在整党期间，许多整党单位从抓典型案例入手，对利用职权谋取私利的行为和对党对人民不负责任的严重官僚主义问题，作了认真查处。据有关资料初步统计，截止 1984 年 8 月底，29 个省、自治区、直辖市、中央和国家机关、军队的第一期整党单位，因上述问题立案审查的 5900 多起（其中包括第二期整党单位查处的案件），已结案的 3300 多起，其中被开除党籍的 685 人，受其他组织处分的有 2031 人。党员干部利用职权多占住房和走后门安排子女工作这两股歪风，在整党单位可以说基本刹住了。

第三，在加强纪律性和纯洁组织方面，取得的成效主要是：（1）在以前清查的基础上，这次整党期间全国（不包括广西壮族自治区）又清理出"三种人" 5449 名，犯有严重错误的 43074 名。在这次整党中，广西共清查出严重违法乱纪分子 27919 名（其中干部 6042 名），犯有严重违法乱纪错误的 13154 名，① 其中定为"三种人"的计 5400 多人。（2）通过党员登记和组织处理，对一批有严重问题和不合格的党员进行了处理，其中开除党籍的共有 33896 人，不予登记的共有 90069 人，缓期登记的共有 145456 人，受到各种党纪处分的共有 184071 人。② （3）对一批有问题和软弱涣散的领导班子进行了调整和整顿。县级以上的领导班子一半左右进行了不同程度的充实和加强，一批党性强、作风正派，有相当工作能力并在群众中有一定影响的中青年党员参加了各级领导工作，加强了领导班子的建设。

但是，这次整党工作的发展是不平衡的。在这次整党中，有一部分党组织，包括一些中高级党政领导机关，并没有全面完成整党的基本任务，有的甚至是走了过场，遗留下一些问题，主要有：一是在清理"左"的错误倾向当中忽视了对右的错误倾向的批判和斗争，没有加强关于坚持四项基本原则的教育和宣传，在部分党员和干部当中资产阶级自由化的思想和情绪有

---

① 《关于整党的基本总结和进一步加强党的建设》，《人民日报》1987 年 6 月 1 日。

② 《关于整党的基本总结和进一步加强党的建设》，《人民日报》1987 年 6 月 1 日。

所滋长，妨碍了全党思想的统一；二是党风的整顿也不彻底。由于各种"关系网"、派性残余、封建余毒和以言代法等现象的存在，干扰了对以权谋私、严重违法乱纪等问题的查处。至于人事方面的一些不正之风的问题更没有得到根本上的解决；三是在有些单位中党员和党的干部纪律松弛的现象依然存在，一些中高级领导班子的软、散现象也没有得到根本上的扭转。特别是有些组织和单位仍然存在"上有政策，下有对策"的问题，并且有所发展，影响了全党的集中统一，影响了党的政策的全面贯彻执行，特别是影响了党的领导在改革中求发展，在开放中求巩固，在探索中求前进的能力，反而出现了在新的形势下党的领导被削弱的状况。

这次整党也提供了在新的历史条件下搞好党的自身建设有益的经验教训。整党经验是：第一，没有采取过去通常采取的，放手发动群众，大搞压倒一切的政治运动的方法，成功地避免了在群众运动中很难避免的一套"左"的做法和过激行为，从而为在社会主义现代化建设当中如何进行党的建设创造了一个有益的先例。这是很可贵的。第二，这次整党始终注意了正确处理整党工作同改革和经济建设的关系，做到了互相结合、互相促进。这对今后党的建设发展的正确方向有重要的借鉴价值。这次整党的教训是：第一，不少部门和单位的领导由于受到了片面强调"端正业务指导思想"和"经济检验整党"的影响，没有全面贯彻整党的基本要求，影响了整党的效果。第二，任何时候，党的工作都要从实际出发，有"左"反"左"，有右反右，不能顾此失彼。整党开始后不久，反对"精神污染"的斗争就被中断了，使得这种错误思潮的泛滥日益严重。

（二）提出干部"四化"方针和调整各级领导班子

毛泽东同志在谈到党的干部队伍建设的重要性时曾说："政

治路线确定之后，干部就是决定的因素。"在毛泽东的一生中，最重视培养党的干部。陈云曾经说过，从遵义会议到抗日战争胜利，毛泽东同志的一个无可比拟的功绩是培养了一代人，包括我们在内以及"三八式"的一批干部。

党的十一届三中全会后，以邓小平为核心的中共中央第二代领导集体逐步找到了有中国特色社会主义的建设道路，形成了一整套正确的方针、政策，开创了社会主义现代化建设的新局面。邓小平并没有因此而陶醉，而是把思维的触角伸得更深更远，即怎样才能保证老一辈革命家开创的事业后继有人。

早在1980年8月18日，邓小平在中共中央政治局扩大会议上讲话时，就提出干部要"四化"。同年12月25日，邓小平在中央工作会议上以《贯彻调整方针，保证安定团结》为题发表讲话，明确提出了干部的"四化"标准。他说：要在坚持社会主义道路的前提下，使我们的干部队伍年轻化、知识化、专业化，并且要逐步制定完善的干部制度来加以保证。提出年轻化、知识化、专业化这三个条件，当然首先是要革命化，所以说要以坚持社会主义道路为前提。

1981年7月2日，邓小平在省、自治区、直辖市党委书记座谈会上发表讲话，题目就是《老干部第一位的任务是选拔中青年干部》。他在分析提拔中青年干部的重要性后，提出了要确立培养和选拔中青年干部的目标与计划。他说：我建议，请同志们议一下，我们提出五年计划好不好？最好是四年，到1985年为期。干部问题，我建议订两个计划：一个五年计划，一个十年计划。头五年要选到比如五万人，把他们放到适当的工作岗位上锻炼。这五年，我们部的领导成员，司局一级的成员，省、市、自治区一级的成员，50岁左右的，40岁左右的，逐步做到各占多大的比重，提出一个要求。到第二个五年，我们又要做到哪一级领导成员（比如省、市、自治区级，部长级），除特殊情况以外，不超过多少年龄。

在中共十二大上，邓小平致开幕词。他把实现干部队伍的"四化"放在当前工作的首位。在这次代表大会上，"革命化、年轻化、知识化、专业化"作为建设有中国特色干部队伍的目标，写进了十二大通过的新党章。

干部队伍"四化"建设，是把德才兼备、又红又专的原则具体运用到干部队伍建设上来，反映了中国社会主义现代化建设事业的客观要求。革命化，就是要求干部必须拥护十一届三中全会以来的政治路线和思想路线，讲党性，不讲派性，坚持社会主义道路，有强烈的事业心和责任感。年轻化，是在革命化的前提下，把大批优秀中青年干部选拔到各级领导岗位，使党和国家各级领导机关的干部形成梯队结构，充满活力，保持旺盛的生机。知识化和专业化要求领导干部必须具有一定的文化程度和知识水平，能够掌握和运用现代自然科学、社会科学和管理科学知识，对社会主义现代化建设进行科学的领导与管理。这就从根本上改变了过去在领导干部选拔标准上重家庭出身、党龄长短、资历深浅的倾向。

要实现干部队伍的"四化"，就必须废除领导干部职务终身制。这是一个关键，这是一个难点。对此，党和国家在废除干部的终身制方面采取了以下四条措施：

一是建立干部职务任期制。五届全国人大五次会议通过的《中华人民共和国宪法》（简称《宪法》）以国家根本大法的形式废除了干部职务终身制。《宪法》规定各种国家最高领导职务的每届任期为五年，连选连任不得超过两届。

二是建立老干部退休制度。1982年，中共中央作出了《关于建立老干部退休制度的决定》，规定：担任中央、国家机关部长级和省级的主要负责同志，正职年龄不超过65岁，副职年龄不超过60岁，司局级的干部，一般不超过60岁。个别未到退休年龄，因身体不好可提前退休。干部退休后，政治生活待遇不变。根据决定精神，到 1982 年底，中共中央直属机关和中央国家机关有 7260 多名老干部办理了离休手续。1982 年 8 月，在中共十一届七中全会上，刘伯承、蔡畅退出领导岗位。1985 年 9 月，在中共十二届四中全会上，叶剑英、邓颖超、徐向前、聂荣臻等 64 位老同志请求不再担任中央委员和候补中央委员；李井泉、肖劲光、何长工等老同志请求不再担任中顾委委员；黄克诚、王从吾等老同志不再担任中纪委委员。

力主废除领导职务终身制的邓小平，早就希望自己在政治舞台上逐渐消失。因为他认识到名誉太重对自己是个负担，个人的分量太重对党和国家也是负担。因为许多国家把对华政策放在他是不是病了或死了上面，把一个国家的命运建立在一两个人的威望上是很不正常的，也是很危险的。那样，只要这个人有变动就会出现不稳定，不出事便罢，一出事便不可收拾。邓小平不希望身后出现这种局面。因此，早在 1979 年 11 月 2 日，他在一次高级干部会议上说：我自己就有这个想法，如果党允许我今天退休，我马上就退休。这是真话，不是假话。

1986 年 9 月 2 日，邓小平在会见美国记者华莱士时说：我提倡废除终身制，而且提倡建立退休制度。你也知道，我同意大利记者法拉奇谈话时说，我干到 1985 年就行了，现在超过一年了。我正在考虑什么时候退休。就我个人来说，我是希望早退休。

1987 年，在党的十三大召开前，邓小平为了身体力行地废除干部领导职务终身制，正式提出了退休的愿望。此时，中共中央反复考虑邓小平本人和党内外的意见，决定他除留任党和国家的军委主席职务外，同意他辞去其他职务。此后，他不再过问中央日常工作，实现了半退。

三是减少副职和兼职。1980 年 8 月华国锋不再兼任国务院总理，邓小平、李先念、陈云、王震、王任重不再兼任副总理。

1982 年，中央和国务院机构改革时就减少了副职的职数。国务院副总理由 13 人减为 2 人。据 38 个部、委的统计，除兼职的部长、主任以外，共有正副部长、正副主任 167 人，比原有的 505 人减少 338 人，减少 67%；他们的平均年龄为 58 岁，比原来减少 6 岁；具有大学文化水平的干部原来占 37%，现在提高到了 52%。据 28 个部、委的统计，原设有司、局机构 720 个，现在减少到 488 个，减少 32%；正副司局长原有 2450 人，现在减少到 1398 人，减少 43%；他们的平均年龄原来是 59 岁，现在减少到 54 岁；具有大学文化水平的干部原来占 36%，现在提高到了 49%。①

四是建立顾问制度。邓小平于 1981 年再次提出建立顾问制的设想：除了中央委员会以外，还要设立顾问委员会，"容纳一些老同志"，顾问不任现职，这样可以把位子让给年轻人，顾问同时又是一种职务，而且它级别不低于同级党委成员，让老同志把位子移到这种地方，工作比较好做。当然，顾问不单单是安慰，还有"传帮带"的作用，这就是"扶上马，送一程"。邓小平的这一层用意很深，因为中国的领导不仅有老化的问题，而且还有一个继承的问题。解决这两方面的问题，建立顾问制是个好办法。1982 年 9 月中央顾问委员会正式成立，邓小平当选为顾委会主任。

中央顾问委员会的成立，在历史转折关头，为保证党和国家的长治久安，做出了历史性的贡献。中顾委成立后，协助党中央维护党的团结和社会稳定，推动改革开放和现代化建设做了大量卓有成效的工作。

邓小平预计再经过 10 年，最多不要超过 15 年，取消这个顾

---

① 《赵紫阳说国务院机构改革进展顺利》，《人民日报》1982 年 4 月 27 日。

问委员会。中央顾问委员会从 1982 年到 1992 年，正好 10 年。10
年来，党的新老干部合作与交替进展顺利。同时顾问委员会历时
两届，委员们都年事已高，作为一种过渡性措施，其使命已经完
成。鉴于此，中央顾问委员会向党的十四大提出，十四大以后不
再设中央顾问委员会。中共中央经过认真而充分的讨论，决定不
再设党的中央顾问委员会和省、市、自治区顾问委员会。

　　上述一些措施为选拔中青年干部，实现党的干部队伍"四
化"目标创造了有利条件。中共中央抓住这一时机，加快党的干
部队伍"四化"建设。

　　1984 年到 1985 年，中央比较集中地调整了各级领导班子。
在这一年多时间里，中央、国务院新任命的部长、主任以及直属
局局长共 47 人，副部长、副主任和直属局副局长 80 名，其中新
选拔了近百名中青年干部。国务院系统 81 个部门的领导班子调
整前正职的平均年龄为 56.6 岁，调整后下降 5 岁，55 岁以下的
比例从 10%上升到 30%，大专文化程度比调整前增长 27.5%，达
到 71%。同期，29 个省、自治区、直辖市党委常委和正副省长、
主席、市长的平均年龄由 57 岁下降到 53 岁，55 岁以下的占
90%，大专文化程度上升到 80%。同期，全国 3000 个大中型骨干
企业的领导班子调整后，形成梯形结构，40 多岁的干部成为主
体。据对其中 2900 个企业统计，1.8 万名领导干部中，40 岁以
下的占 20%，41 岁到 50 岁的占 63%，平均年龄为 45 岁。具有大
专以上文化程度的占 74%，其中厂长中具有大专以上文化程度的
占 89%，比调整前增加了 40%，党委书记中大专以上文化程度的
达 81%，比调整前上升了 70%。为了加快实现干部队伍的年轻
化，1985 年召开了党的全国代表会议。这是一次重点解决干部年
轻化问题的会议。在这次会议上，131 名老资格领导人退出党的
主要领导机构，同时选出 179 名新领导人。新增选的中央委员，

新上任的部长、省委书记，一般是 50 多岁，有的才 40 岁出头。[①]这是中国共产党历史上一次空前的权力新陈代谢。邓小平说，这件事在党的历史上值得大书特书。

鉴于各级领导班子在一段时间内还有相当一部分老干部要陆续退出现职，如果没有必要数量的新人作后备力量，就会出现脱节现象。为此，中央决定建立后备干部制度，建立一支 50 岁以下特别是 40 岁左右的优秀中青年干部为主体的后备干部队伍，把他们放到实践中去锻炼，用实实在在的工作成绩，接受组织和群众的进一步检验，政绩优异的及时得到提拔使用。

通过加强干部队伍的"四化"建设，中国干部队伍开始呈现一种新的面貌。在革命化前提下，大批中青年干部走上了领导岗位，形成了一支梯队配备，老中青结合，既有丰富经验又生机勃勃的干部队伍，其战斗力和凝聚力都得到加强。当然干部队伍的"四化"建设任重道远，还有许多工作要做，还有许多矛盾等待克服。

（三）纠正党内各种不正之风

党风是党的精神风貌的集中反映，直接关系到党在人民群众中形象的好坏，关系到党在人民中的威信的高低。因此，在改革开放过程中出现的各种不正之风，党中央高度重视，一直努力认真加以解决。

第一，禁止党政干部、党政干部的子女、配偶经商办企业，搞不正之风。党的十二届三中全会后，中国改革重点由农村转向城市，进入了全面改革的阶段，经济发展进入了新一轮增长期，全国出现经商热，一些党政机关和党政干部自觉或不自觉地卷入其中，成为经济生活中的奇特景观。1988 年全面整顿公司前，国

---

① 《邓小平文选》第 3 卷，人民出版社 1993 年版，第 145—146 页。

内注册的公司有 47 万多个。在众多的公司中，有党政军各部门和全国性群众团体办的"中央级公司"，有各地区办的"太子公司"，有离退休老干部办的"余热公司"。其中有相当一部分公司政企不分，官商不分，转手倒卖，牟取暴利。一些公司经营混乱和脱离中国实际搞高工资、高福利，少数人利用手中的职权贪污、盗窃、投机倒把、行贿受贿，严重干扰了为政清廉和建立健全社会主义经济秩序，加剧了社会分配不公的矛盾，影响了社会安定。

对于党政机关经商办企业的状况，以及由此带来的严重危害，中共中央从一开始就保持着清醒的认识。1984 年 12 月 3 日，中共中央、国务院发出了《关于严禁党政机关和党政干部经商、办企业的决定》，明确各级党政领导机关特别是经济部门及其领导干部要正确发挥领导和组织经济建设的职能，要坚持职责分开、官商分离的原则，发扬清正廉明、公道正派的作风，决不允许运用手中的权力，违反党和国家的规定去经营商业，兴办企业，谋取私利，与民争利。中央要求各级党政领导机关和领导同志务必保持清醒的头脑，采取鲜明的态度，坚决杜绝腐败现象。

但是，在禁止党政机关和党政机关在职干部经商办企业后，又出现了新情况，一些领导干部的子女、配偶参与经商办企业，来势之猛，是始料未及的。党中央发现这个问题后，1985 年 5 月 23 日，中共中央、国务院发出了《关于禁止领导干部的子女、配偶经商的决定》，规定，凡县、团级以上领导干部的子女、配偶，除在国营、集体、中外合资企业以及在为解决职工子女就业而兴办的劳动服务性行业工作者外，一律不准经商。同年 7 月 9 日，中共中央办公厅、国务院办公厅又发出了《关于党政机关干部不兼任经济实体职务的补充通知》，做出了有关规定。

在一段时间里，党政机关办的企业大部分停办或者同党政机关脱钩；参与经商办企业的党政干部，大部分回到机关或辞去党政领导职务。但这股不正之风犹如一片荒草，"野火烧不尽，春风吹又生"，有的党政机关和党政干部仍然采取各种手法继续经商办企业；有的党政干部还继续兼任企业职务；有的家属利用领导干部的关系和影响经商办企业；经商办企业中的一些严重违法行为，特别是牵涉到某些领导干部的问题，得不到应有的解决。

为了坚决刹住党政机关和党政干部经商办企业之风，1986 年 2 月 4 日，中共中央、国务院发出《关于进一步制止党政机关和党政干部经商、办企业的规定》，要求：各级党委和政府要坚决贯彻落实中央规定，做到令行禁止。对拒不执行的，要严肃处理，并追究领导责任。各级纪委、工商行政管理机关要与组织、人事、审计、税务、银行、司法等部门密切配合，监督执行。

通过贯彻这个文件的精神，党政机关和党政干部经商办企业的问题得到了初步的解决。

第二，查处党政干部受贿索贿问题。在禁止党政干部经商办企业，搞不正之风的过程中，还对党政干部受贿索贿问题进行了查处。

在商品经济开始趋于活跃，而行政行为、市场行为和企业行为尚未通过法制形式严密规范的时候，权力和金钱交换等腐败行为最容易滋生蔓延。针对新形势党风廉政建设的新特点，1987 年 6 月 30 日，中纪委发出了《关于坚决查处共产党员索贿问题的决定》（简称《决定》）。《决定》指出：近年来，在我们对外经济活动中，封建社会、资本主义社会司空见惯的受贿、索贿的丑恶行为，在一些地方和部门滋长蔓延。此种状况引起党内外、国内外的强烈不满。这必须引起全党高度重视，我们要采取坚决措施，严厉查处受贿、索贿违纪行为。为此，中央纪律检查委员会做出了 3 条决定：（1）共产党员，特别是领导干部，不管是谁，因受贿、索贿而触犯刑律的，一律开除党籍，无论采取什么方式索贿的党员，都必须主动交代问题，否则，一经查出，不论情节轻重，一律清除出党。（2）对经济活动中正常的"回扣"，任何人不得以任何理由和借口窃为己有，一律上缴国家或集体，违者按党纪法纪严肃处理。（3）各级党组织，包括纪律检查机关，要切实加强对党员的教育、管理和监督，绝不允许拿党的原则做交易。对那些有索贿、受贿问题的党员，必须坚决查处，如果姑息迁就，不予处理，就要追究其所在党组织的领导责任。

经过一段时间的努力，由于措施有力，受贿、索贿的不正之风基本被刹住，但未能根治，所以中共中央要求全党坚持不懈地同这种腐败现象作斗争。

第三，狠刹选拔任用干部和干部在出国问题中的不正之风。十一届三中全会后，选拔任用干部取得很大成绩。但也存在一些问题，突出表现为：有些领导干部，不遵守党的原则，违反组织人事纪律，他们有的凭个人的好恶、恩怨取人，或以对自己有利无利为尺度用人，或从封建的宗族观念和宗派观念出发选人；有的通过各种手段，为提拔任用子女、亲友"走后门"；有的拿职位送人情，搞交易；有的不按政策规定，为本系统、本单位干部争级别待遇，给所属单位升格；有的做组织人事工作的同志放弃职守，不讲原则，甚至以权谋私，等等。

为了刹住选拔任用干部的不正之风，1986年1月6日，中共中央对选拔任用干部提出了八条规定：（1）领导干部必须在用人方面模范地遵守党的原则，维护组织人事工作纪律；（2）选拔任用干部必须严格按照民主推荐，广泛听取意见，提出选拔对象，组织人事部门考查，党委集体讨论决定后按干部管理权限上报，报上级组织部门进一步考查，然后提请党委讨论审批；（3）选拔任用领导干部必须充分走群众路线；（4）决定提拔干部前，必须按拟任职务所要求的德才条件进行严格考查；（5）选拔干部必须由党委集体讨论决定，不准个人说了算；（6）提拔干部应从经过实践锻炼的同志中择优任用；（7）严格禁止擅自增设机构、提高机构规格和增加领导干部职数；（8）各级组织人事部门必须认真履行职责，当好党委的参谋和助手。

从1986年初开始，中央组织部做了大量的调查研究工作，就建立党政干部回避制度的问题提出了一些设想和原则意见：一是任职回避，在党委、政府和纪委、公安、法院、检察院担任正副领导职务的干部，其配偶、子女、亲戚不得与领导干部有直接上下级关系，不得担任该领导干部所在机关办公厅（室）、组织、人事、监察部门和同级纪检机构领导职务。二是公务回避，党政领导干部不得参与有关本人的任免、档案管理与传递等各项业务工作，也不得指使、暗示他人施加影响，进行干预。在干部任免调配、调整工资、入党、评定和聘任专业技术职务、查处违法违纪案件、选派出国出境人员，以及招工招干、大中专毕业生分配、军队转业干部安置工作中，凡涉及领导干部亲属的，领导干部本人应主动向组织说明并实行回避，不得参加考查、调查、讨论、审批，不得指使和暗示他人进行干预。领导干部的配偶、子女、亲戚和身边工作人员，不得以领导干部的名义或利用工作上的方便，参与上述应该回避的公务。三是地区回避，县（市）委书记、县（市）长、县（市）纪委书记、组织部长、人事局长、公安局长、法院院长、检察长，不得由本地区籍干部担任，本地干部担任了上述职务的，任期满一届的，不能继续在原地连任。

干部在出国问题上的不正之风，是在中国改革开放过程中出现的一种特殊的腐败现象。改革开放以来，中国因公因私出国人员大幅度地增加。但是，在出国问题上也产生了不正之风，主要表现为：党政干部出国组团过多过滥，重复考察、轮流出国、以党政干部代替专业干部出国等现象时有发生，还有一些党政干部，借考察为名，到国外观光旅游等，这就导致了外汇支出的增加，浪费严重，在国内外造成不良影响。

为制止这股不正之风，1987年7月4日，中共中央、国务院发出了《关于严格控制党政机关干部出国问题的若干规定》，申明凡与出国任务无直接关系、不主管有关业务的党政机关干部，一律不得借故出访；凡专业人员可完成的出国任务，党政机关干部不得参加。党政机关和其他业务主管部门的干部，不得以上下级关系或某种工作关系为由，公开或暗示要求参加企、事业单位的出国团组。企、事业单位组派出国团组，也不应为"照顾关系"或达到某种目的而邀请与出国任务无直接关系的党政机关和其他业务主管部门的干部参加。规定要求有出国审批权的地方人民政府和中央、国家机关各部门，在审批党政干部出国事项时，要根据中央和国务院有关规定，对出国团组进行严格认真的审查。对不符合规定的，要坚持原则，一律不予批准。对已经批准出国的，如在出发前发现有不合规定的问题，上级审批机关应及时责成原审批机关予以纠正，必要时可以调案重批。这个文件下发后，干部出国问题上的不正之风得到初步制止。

中共中央在抓党风廉政建设时，通过抓大案要案为重点，来促进党风的好转。

福建省晋江地区一些企业大量制造假药，并用各种行贿手段销往各地。1985 年 7 月 13 日，中纪委就此事发出了致晋江地委、行署党组的公开信，要求他们对此案按党纪法纪查处，并报中央。7 月 27 日，中纪委听取中共福建省委、省纪委的汇报后，对当事人依法做了处理，并决定将参与制造销售假药、从中牟利的晋江县委常委、纪委书记撤职查办。

1986 年初至 1989 年 4 月，铁道部机关和郑州铁路局少数领导干部，乘铁路运输能力不能满足运量的需要，车皮紧张，利用职权，采取多种手段，以车谋私，贪污受贿。后经查明，这个案件牵涉铁道部郑州铁路局科以上干部共 48 人，铁道部副部长 1人，局级干部 15 人，处级干部 19 人；犯罪金额为 96 万多元。铁道部运输局以各种名义违反规定向货主或下级单位非法索要和收受各种款额达 76 万多元。中纪委对这个案件做了严肃处理。国务院撤销了受贿和对下属受贿索贿负有领导责任的铁道部副部长罗云光的职务，检察机关对罗云光以受贿罪立案侦查。中纪委同时决定开除铁道部运输局原局长徐俊、副局长贾霜、胡均乐，局长助理魏国范（局级待遇），调度处马鸣山（局级待遇）和郑州铁路局原局长何志钜、党委书记刘德民、副局长潘克明等 8 人的党籍，他们触犯刑律的问题，分别由司法机关审理。

1987 年 5 月 6 日至 6 月 2 日，大兴安岭发生特大森林火灾，使国家财产和人民生命遭受重大损失，有些损失无法以金钱计算。林业部部长杨钟严重丧失了党员领导干部应具有的党性原则，对党对人民的事业缺乏高度的政治责任感，犯有严重官僚主义和重大失职错误。分管护林防火工作的副部长董智勇，在护林防火工作上缺乏应有的责任感，犯有严重的官僚主义和失职行为，对于大兴安岭森林火灾事故也负有重要的责任。经中共中央批准，中纪委做出决定，撤销杨钟林业部党组书记的职务。国务院提请全国人大常委会批准，撤销杨钟林业部部长职务，撤销董智勇林业部副部长职务，并责成黑龙江省政府做出深刻的检查。

中共中央通过抓大案要案，教育全党，使全党受到深刻的党风教育，促进全党形成对党风问题齐抓共管的局面。但是，反腐倡廉和纠正不正之风的斗争是长期的，贯穿于改革开放和现代化建设的全过程，因此这一工作还有很长的路要走。

第九章　城乡改革的全面展开

一、城市经济体制改革的全面展开

党的十二届三中全会的召开以及《中共中央关于经济体制改革的决定》的通过，如一石激起千层浪花，万道涟漪，各地城市的改革全面铺开。从 1984 年至 1988 年，中国城市经济体制进行了关系全局的四个方面的重大改革。

（一）抓好城市经济体制改革的中心环节

国营企业改革的主要内容是，继续简政放权，加强企业内部的配套改革。

1984 年 5 月，国务院发布《关于进一步扩大国营工业企业自主权的暂行规定》，在国营工业企业在生产经营计划、产品销售、产品价格、物资选购、资金使用、资产处置、机构设置、人事劳动管理、工资奖金、联合经营等十个方面，进一步赋予企业更大的自主权。

在中国传统体制下，"中梗阻"的弊端十分严重，当中央出台好的政策时，容易出现层层截面，甚至存在"歪嘴和尚念正经，把经念歪"的现象。在落实企业自主权的问题上，同样存在这种危险。为了解决这个问题，党中央和国务院采取了有力措施：在商业企业中，取消总店或中心店，减少中间环节；在工业方面，主要是调整行政性工业公司，使其由行政管理型转变为经营服务型，对那些不必要的公司则坚决撤销；中央各部和各省的所属企业，除少数部门和行业有特殊需要外，原则上下放给所在城市管理。城市经济管理部门也必须改革。1985年，一些城市撤销了各工业局，加强综合管理部门，实行政企职能分开。

为加强企业内部配套改革，国家一方面分步将企业利润留成制度改为利改税，为搞活企业提供动力，另一方面实行多种形式的经济责任制，逐步完善企业的经营机制。

经济责任制是伴随扩大企业经营自主权而发展起来的。因为扩大企业自主权着重解决的是国家与企业的利益分配关系，还没有全面地解决国家与企业之间的责、权、利关系，也没有解决企业与职工，以及职工与职工之间的经济关系。因此，根据某些扩权企业在内部解决职工吃企业"大锅饭"的办法，国务院决定在国营企业中推行经济责任制。这标志着企业管理体制改革从扩权又进入了新的阶段。

全国各地充分发挥主动性和创造性，出现了以下几种经营形式：

（1）双保一挂式：即保上缴利润，完不成包干指标要用企业自有资金补足，保"七五"期间国家已经批准的技术改造任务，工资总额与经济效益挂钩。

（2）上缴利润递增包干式：即企业上缴产品税（或增值税）后，在核定上缴利润基数的基础上，逐年按规定的递增率向财政上缴利润。

（3）上缴利润基数包干式：也叫超收分成式，即确定企业上缴利润基数，对超收部分按合同进行比例分成或分档分成。

（4）微利、亏损企业的定额包干和亏损包干式：即根据不同的情况确定包干基数，有的超收（或减亏）全部留给企业，按规定比例分成。

（5）行业投入产出包干式：在石油、煤炭、有色金属、铁路、邮电、化工和民航等部门实行这个办法。

通过推行上述经济责任制，企业的改革取得了较好的效果：提高了经济效益，增加了国家的财政收入；促进了企业的技术进步和新产品的开发；促进了企业的经营机制的转变，调动了经营者和生产者的积极性；促进了企业结构的优化组合，救活了一批亏损或微利企业；涌现了一大批坚持改革、勇于创新的企业典型和企业家。当然，推行经济责任制过程中也存在这样或那样的问题，有待于在以后的改革中克服这些问题。

国营企业内部围绕经济责任制改革的一个重要内容是改革企业领导体制，全面实行厂长负责制。

《中共中央关于经济体制改革的决定》明确指出："现代企业分工细密，生产具有高度的连续性，技术要求严格，协作关系复杂，必须建立统一的、强有力的、高效率的生产指挥和经营管理系统。只有实行厂长（经理）负责制，才能适应这种要求。"按照中共中央和国务院的部署，北京、天津、上海、沈阳、大连、常州等6个城市被确定为实行厂长负责制的试点城市，同时在全国其他各地也进行了试点。

1986年，中共中央、国务院正式颁布了全民所有制工业企业的三个条例，即《全民所有制工业企业厂长工作条例》《中国共产党全民所有制工业企业基层组织工作条例》《全民所有制工业企业职工代表大会条例》，把厂长负责制作为企业的基本制度肯定下来。随后国家经委、中共中央组织部、全国总工会于1987年联合召开全面推行厂长负责制的工作会议，促进了企业领导体制的改革，加快了推行厂长负责制的步伐，从而使改革企业领导体制、实行厂长负责制由试点进入全面推行的新阶段。到1987年12月底，已有4.4万个全民所有制工业企业实行厂长负责制，占同类企业总数的77%。1988年，全部全民所有制的工业企业都实行了厂长负责制。

对企业原有的劳动人事制度进行改革，实行按劳分配的原则，也是企业改革的一项重要工作。

长期以来，中国企业劳动管理权限与人事管理权限分属企业行政和企业党委，把管工人和管干部分开又使管人和用人脱节。为改变这种状况，保证厂长负责制能全面落实，1984年，国务院在关于扩大国营工业企业自主权的十条规定中明确规定，厂长（经理）、党委书记分别由上级主管部门任命，而厂级行政副职由厂长提名，报主管部门批准，厂内中层行政干部由厂长任免。同时，企业可以根据需要从外单位、外地区招聘技术、管理人员，并自行确定报酬。企业还可以根据需要从工人中选拔干部。

随着承包制和租赁制的广泛推行，国家把竞争机制引入企业，很多企业采取了招标、投标的办法，择优选择经营者。对企业内部的中下层行政领导干部，也采取了招标制、聘任制或选举制，从而使企业的人事制度改革又前进了一步。

在工资奖励制度方面，实行企业工资总额与经济效益挂钩浮动。与此同时，国家还逐步扩大企业工资分配的自主权。1986年底，国务院颁布深化企业改革的规定，规定企业在规定的工资总额（包括增资指标）和政策范围内，对企业内部工资、奖金分配的具体形式和办法，由企业自主决定。随着企业分配自主权的扩大和经济责任制的完善，许多企业从实际出发进行了内部分配制度的改革，实行多种形式的内部分配制度，如浮动工资、计件工资、岗位工资、承包工资、提成工资，等等，其中许多是具有创造性的。特别是1986年企业工资套改后，许多企业针对奖金减少、经济责任制受到冲击的问题，从职工基本工资中分出一部分同奖金捆在一起，实行效益工资。有的企业实行了结构工资制。所有这些分配形式，都是按经济责任制严格考核，按劳分配，多劳多得。

由于抓住企业改革这个中心环节，从 1984 年开始的以城市改革为重点的全面改革出现了明显的成效和喜人的景象。而企业改革的深入又带动了其他方面的改革。

（二）改革物价，开放市场，搞活流通

20 世纪 80 年代中期前后的中国城市经济体制改革，一个核心内容就是价格体制改革，邓小平曾用"险关"来形容物价改革的风险。有关价格体制问题，这里只概要说明这个阶段主要的价格改革措施。

价格改革，在 1984 年前以计划调整价格为主，兼顾放开价格。1984 年以后，则以放开价格管理权限为主，同时继续调整价格。重大的措施有：

一是工业生产资料实行价格双轨制。1984 年 5 月 20 日，国务院规定：工业生产资料属于企业自销的部分和完成国家计划后的超产部分，一般在不高于或低于国家定价 20% 的幅度内，企业有权自定价格，或由供需双方在规定的幅度内协商定价。1985 年 1 月 24 日，国务院又规定，工业生产资料属于企业自销和完成国家计划后的超产部分的出厂价格，取消原定的不高于国家定价 20% 的规定。从此开始，中国出现了同种产品计划内部分由国家统一定价和计划外部分实行市场调节价的双轨制价格。到 1988 年，双轨制价格已经辐射全部生产资料种类的 40%，交易额占生产资料总额的 75% 以上，主要生产资料如煤炭、钢材、木材的市场价格供应比例已超过 50%，水泥非计划供应比例高达 85%。

二是改革农产品购销体制。1985 年初，国家决定除个别品种外，国家不再向农民下达农产品统购派购任务，按不同情况，分别实行合同定购和市场收购，放开城市蔬菜、肉类等主要副食品和除粮、棉、油合同定购以外的主要农产品的收购价格。这是一个大胆的改革决定。从此，农副产品按国家定价收购部分大大缩

小，只及 1/3。其余部分，都转为国家指导价、议价和市场价收购。

三是放开部分工业产品的价格。1986 年 8 月底，国家决定放开自行车、黑白电视机、电冰箱、洗衣机、收录机、中长纤维、80 支以上纯棉纱及其制品等 7 种工业消费品价格。继 1982 年、1983 年、1984 年后，再次放开小商品价格，逐渐放开了绝大部分工业消费品价格。

以上可谓物价改革的三板斧。其功过是非待以后评说。但有一点是可以肯定的，即价格改革中，党和国家的领导人其胆量之大，其魄力之大，是令世人佩服的。

在改革物价的同时，国家还进行市场管理改革，开辟和扩大了消费品市场、技术市场、建筑市场。在消费品市场中，改变了过去固定销售对象、固定销售地区、固定作价方式的传统制度，实行放开购销对象、放开经营范围、放开经营方式、放开作价方式和放开服务领域，打破一、二、三级批发站的分配制度，促进消费品市场的发展。

（三）改革财政、金融、税收体制，加强宏观控制

从 1985 年起，全国改革了"划分收支，分级包干"的财政体制，实行"划分税种、核定收支、分级包干"的新财政管理体制。盈利性企业事业单位的投资主要运用自有资金和通过合资、集资、银行贷款等办法筹集；非盈利性事业单位的基础设施的投资由财政拨款；周期长的建设项目由财政贴息。

在金融制度方面，一是发展多种金融机构，建立以人民银行为中心、各专业银行为主导的多层次、多功能、多成分的金融体系；二是开放多种信用工具，如开展科技开发贷款、票据贴现和承兑业务，发展采用多种信用工具，扩大同域票据交换的地域范围，开办旅行支票异地通兑等；三是发展多种金融服务；四是银

行实行"统一计划、划分资金、实贷实存、相互融通"的信贷资金管理办法，充分发挥银行监督资金运用，交流信息，调节宏观经济和管理金融市场的作用。

在税收制度方面，全面实行第二步利改税和工商税收制度改革，设置若干新税种，恢复了一些原有的税种，以引导各类产业、事业的发展符合扬长避短的原则和适应社会的需要，合理调节国家、集体和个人收入。

通过上述改革，中国的宏观经济管理初步实现了三个方面的转变：在管理内容上，逐步由过去管钱管物的直接控制转变为运用经济杠杆和法律手段进行间接控制和管理；在管理方式上，逐步实现了由过去单纯依靠行政手段进行领导，转变为依靠多种手段引导企业行为符合社会全局利益和长远利益的要求；在管理方法上，逐步实现了由过去搞运动的办法来纠正不良行为，转变为加强经济立法和司法机构，进行经常性的检查和监督。

（四）深化对外贸易体制改革

从新中国成立起，中国对外贸易就实行国家统制，进出口业务完全由外贸专业公司经营。这种体制被实践证明不适应对内搞活、对外开放的新形势。中共十一届三中全会以来，对外贸易体制进行了初步的改革。主要是一些省、自治区、直辖市和国家工业部门下放外贸经营权，进行多种形式的工贸、技贸、进出口结合；开展多种形式的"三来一补"（即来样、来图、来料加工和补偿贸易）的灵活贸易；创办中外合资合作企业等。这些改革措施取得了一定成效，但没有从根本上消除原有外贸体制的政企不分，责、权、利不统一；经营上统得太死，限制太多，工贸脱节；财务上由国家统负盈亏，吃"大锅饭"，存在经济效益差等弊端。

从 1984 年起，中共中央、国务院采取措施深化外贸体制改革：

一是实行政企分开，简政放权。国家经贸部和省、市、自治区经贸厅（委）专司对外贸易的行政管理，外贸企业独立经营进出口业务，独立核算，自负盈亏。经贸部运用行政和经济手段管理全国外贸工作和各类外贸企业。各类外贸公司从原来所属的行政部门中独立出来。

二是实行进出口代理制，由外贸企业提供服务，代生产、订货部门办理进出口业务，外贸部门收取一定的费用，盈亏由出口商品企业和进口商品用户自负。

三是实行工贸、技贸结合，在外贸领域中，把生产与流通直接联系起来，让生产部门和企业直接面对国际市场，直接进出口，直接核算盈亏。在技贸结合上，以进口成套设备或大宗商品为筹码，引进尖端技术，对外承包工程，带动和扩大出口，同时引进技术，改造出口产品的生产企业，以促进出口产品的更新换代，改善出口产品的结构。

通过以上各方面以及其他方面的改革，中国城市经济生活出现了前所未有的活跃局面。虽然在着重强调放开搞活和增强企业活力的时候，加强和改善国家宏观管理的措施没能及时跟上，在配套改革等问题上也缺少经验，在改革过程中出现了一些混乱现象，但总的来说，改革的方向是对的，改革是成功的。通过改革和开放，中国的社会生产力上了一个大台阶，综合国力上了一个大台阶，人民生活水平上了一个大台阶。

二、乡镇企业的异军突起和小城镇模式的出现

20世纪80年代中国农村改革带来的另一个变化，是乡镇企业的迅速发展。它不但促进了农村经济的发展，提高了农民的收

入水平，而且它在整个国民经济中也占有重要的地位。

（一）乡镇企业发展基础的形成

农村改革的不断深入，为乡镇企业开辟了十分广阔的前景，创造了非常有利的条件。一是由于改革，从农业中分离出大量的剩余劳动力。1980年至1983年从农业分离出来的剩余劳动力达3000多万人。二是积累了办企业所必需的资金。1983年农户储蓄存款达300多亿元。三是改革了不适应农村经济发展的政社合一体制，以利于农村发展社会主义商品经济和农民勤劳致富，实施了撤销农村人民公社建立乡政府，相应撤销生产大队建立村民委员会的改革。这些都是发展乡镇企业的有利条件。

在城乡经济环境日益宽松的情况下，一些地区开始出现了农民个人集资或联合集资办企业的热潮。1983年12月，中共中央召开了全国农村工作会议，肯定了社队企业在振兴农村经济中的重要作用。社队企业的迅速发展，无论形式和内容都突破了原公社、大队办企业的范围，各种联营企业和自营企业逐步向小集镇集中。继续使用社队企业这一名称，已经不能反映新的发展状况，因此国务院同意批准原社队企业称为乡镇企业。从此，乡镇企业进入了一个新阶段。

1987年，全国乡镇企业发展到1750多万个，比1984年增加了近两倍，总收入达到了4600亿元，比1984年增加了两倍多，纯利润达到405亿元，上交国家的税金220多亿元。更可喜的是，1987年全国乡镇企业就业人数已达到8800多万人。应该说，这是乡镇企业发展取得的最有意义的业绩。8800多万农民闯入陌生的产业领域，开始了新的生活。兴起了大批乡镇企业，大批小城镇，同时出现了大批新工人、农民企业家，乡村面貌为之一新。

乡镇企业的迅速发展，倾注了党的第二代领导集体及其核心邓小平的大量心血。邓小平称赞乡镇企业的异军突起，是农村改革中"意想不到的成就"，发展乡镇企业是实现农村致富奔小康的重要途径。乡镇企业的发展实践确确实实证明了邓小平论断的科学性。

实践证明，乡镇企业是振兴农村经济的必由之路。根据国民经济发展的总体战略，农业必须翻番，那么，靠什么来实现这一战略呢？现实已给了我们回答，这就是大力发展乡镇企业。由于乡镇企业的迅速发展，它已经成为了农村经济的支柱产业，全国乡镇企业产值在农村社会总产值中的比重，到1987年首次超过农业总产值，成为名副其实的"半壁江山"。一些经济发达的省、市农村，乡镇企业的总产值，早已大大超过了农业总产值，成为农村经济的主要支柱。以1986年为例，乡镇企业总产值在农村社会总产值中的比重，上海农村占75.3%，北京农村占69.2%，天津农村占65%，河北农村占60%，辽宁农村占61.6%，江苏农村占60.3%，浙江农村占60.6%，山西农村占57.4%。1986年与1984年相比，全国农村社会总产值净增部分，其中75.8%来自乡镇企业。

（二）乡镇企业迅速发展的作用和影响

乡镇企业的发展，优化了农村产业结构。乡镇企业的发展，给原来比较单一的农村经济结构注入了裂变因子，改变了以往农村经济只在种植业和第一产业内部变动的格局，促进了农村社会分工的深化和商品经济的发展。到1987年，乡镇企业超过农业总产值的比重后，农村社会总产值中各业的比重也发生了重大变化。1987年与1978年相比较，农业由68.6%下降到48.6%，工业由19.4%上升到35.7%，建筑业由6.6%上升为7.2%，交通运输业由1.3%上升为3.9%。农村经济多元化结构已初步形成，中国农村工业化向前大大推进了一步。

乡镇企业的发展，促进了农业生产的发展。随着人口的不断增长，耕地的不断减少，在现有耕地上增加产量，需要大量的投入。在国家拿不出大量资金的情况下，乡镇企业"以工补农""以工建农"，1978年至1987年的10年间，仅乡村集体企业税后利润用于农业生产的资金达150亿元（不包括税前列支用于补农资金），相当于"六五"期间国家财政用于农业基本建设的拨款。同时，乡镇企业还兴办了一批为农业生产服务的中小型农机、农用化工、农机修理、农用建材等农用工业企业。乡镇企业中的一部分利润还用于补贴务农人员的收入。1978年至1985年，仅乡镇企业税后利润用于补贴务农人员收入累积达210亿元。实践表明，乡镇企业的发展，不仅促进了当前农业的发展，还为中国农业生产增强了后劲，为早日实现中国的农业现代化增强了实力。

乡镇企业的发展，增加了农民的收入，提高了农民的生活水平。随着乡镇企业的发展，农民的人均纯收入不断增加，1987年比1978年农民人均净增329元，平均每年增加36.5元。农民的年纯收入，来自乡镇企业工资部分达650亿元，平均每个农民得到收入80多元，占农民人均净增部分的25%；1987年，农民比1986年增加收入39元，其中50%来自乡镇企业。乡镇企业的发展，为解决农民的温饱问题、脱贫致富做出了极大的贡献。从1985年到1987年，全国农村人均年纯收入200元以下的低收入人口从1.02亿人减少到7064万人，下降30.7%，占农村人口比重由12.2%下降为8.24%，其中人均150元以下的贫困人口从3840万人减少到2786万人，下降了27.4%，占农村总人口的比重由4.6%下降为3.25%。

乡镇企业的发展，为中国找到了安置农村剩余劳动力的根本出路。中国的最大特点和国情是：10多亿人口，8亿在农村，而且人多地少。乡镇企业的发展，为解决这一难题找到了一条路子。到1987年，乡镇企业从业人员已达到8800多万人，占农村总劳动力的比重由 1978 年的 9%上升到 1987 年的 23%。不仅如此，而且它还造就了一代新型农民和农民企业家。中国乡镇企业的蓬勃发展，使近 9000 万农民离开了世代耕种的土地，进入了一个新的生产领域，他们边干边学，并通过各种方式和途径进行职业培训。这提高了他们的文化科学和技术水平、生产经营管理水平，造就了一代新型农民。从中又涌现出一批农民企业家、农民工程师、农民会计师等。他们已经成为提高全体农民素质的中坚力量和农村社会主义建设的带头人。

乡镇企业，成为增加国家财政收入、农业现代化和国家工业化积累资金的重要来源之一。从农村土地上走出来的近 9000 万农民，已成为中国第二支产业大军，为乡镇企业积累了 2098 亿元的固定资产和 1000 多亿元的流动资金。1979 年至 1989 年的 10 年间，乡镇企业共向国家缴纳税金 1144.9 亿元，还提供各项事业建设资金、支农建设资金 846.8 亿元，其中以工补农资金一项就达 162.8 亿元，高于"六五"期间国家财政用于农业基本建设的拨款。乡镇企业上交税金占国家财政收入的比重，已由 1978 年的 1.9%，上升到 1986 年的 8%，1987 年，乡镇企业向国家缴纳税金已达 221 亿元，占同期国家各项税收的 10.4%，比 1985 年上缴税金净增 84 亿元，占同期国家各项税收净增 94 亿元的 89.4%。1988 年，国家财政收入的 14%来自乡镇企业。在一些乡镇企业发展好的地方，乡镇企业上缴的税金已占到地方财政收入的 70%以上。

乡镇企业还成为国家出口创汇的一支重要力量。乡镇企业以勇敢的姿态跻身于世界经济舞台。到 1987 年，乡镇企业出口产品交货额已占全国出口产品收购额的近 1/6，出口创汇超过 50 亿美元，直接生产出口商品的创汇企业近 2 万家，中外合资、合作企业 2400 多家，还有 1 万多家"三来一补"企业，产品出口 100 多个国家和地区。乡镇企业在发展中国对外贸易经济中，已成为了一支重要的新的生力军。

乡镇企业的发展，为沟通城乡关系、工农关系提供了桥梁。党的十一届三中全会前，中国经济产业结构的地区布局一般是城市从事工业，农村从事农业。由此造成80%的农村人口所创造的产值，仅占全国社会总产值的30%左右，城乡关系长期处在失调状态。乡镇企业的发展，突破了这种二元经济结构和布局，使城市工业和农村工业的比例关系发生了重大变化。1987年，乡镇企业工业总产值达到3243亿元，占全国工业总产值的1/4，相当于1975年全国工业总产值。

（三）农村小城镇振兴与发展

随着大量剩余劳动力转入乡镇企业、商品流通和服务领域，原有的小城镇得到了振兴与发展，大批新兴农村小城镇蓬勃兴起。

小城镇的振兴与发展，不仅对促进中国农业现代化、发展农村商品经济产生巨大影响，而且对于促进全国城乡科技、文化、教育、卫生等事业的发展，缩小城乡差别，实现农村生活现代化，加快乡村城镇化的进程起着重要的作用。星罗棋布的小城镇，犹如撒在农村大地的珍珠，在历史的变革中，在祖国广袤的土地上，闪烁着耀眼的光芒。小城镇的发展，从根本上改变了中国农村的面貌。

新中国成立以来，中国农村小城镇建设也走过了一段漫长而又曲折的历程。

新中国成立后不久即在全国广大城乡开展土地改革与民主改革运动，大大解放了生产力，迅速恢复了遭受多年战争破坏的国民经济，农业与城市经济得到了迅速的恢复，农村手工业也相应有所发展，广大农村小城镇从而恢复了生机，呈现出趋向繁荣的局面。但从1953年起，全国在对城市工商业实行社会主义改造的同时，对小城镇也实行了行业合作化和店组集体化，许多个体工商户因缺乏原料和市场而停业，小城镇的店铺大大减少。这种局面使农村的集市贸易和商品经济的发展受到很大影响。小城镇的数量明显减少。

1958 年以后，在人民公社"一大二公""政社合一"政策影响下，全国乡镇撤区并乡，建立政社合一的体制。这一时期的小城镇建设，在公社所在地一级的集镇，由于行政管理机构的设置与加强、社队企业的兴建，又有了较快的发展，很多公社开展了全面建设规划，公共设施如幼儿园、托儿所、敬老院、小学、文化站等的建设也有了较大发展。可惜的是，由于"左"的错误和脱离实际的主观主义的影响，以及自然灾害的影响，其发展遇到了严重困难。1962 年后，小城镇的很多手工业者和个体商贩下放农村，弃商务农，广大农村的商品生产趋于停顿，商品流通活动濒于消失。同时，由于片面强调"以粮为纲"，农村开始处于单一经济结构的状态之中。一度繁荣起来的小城镇又冷落下来。

"文化大革命"十年内乱，农村小城镇再次受到冲击，集市贸易被关闭，个体工商户被取缔，广大乡镇经济更加萧条，不少小城镇公共设施荒芜，一些历史上形成的闻名古镇，也失去了昔日光彩和繁荣热闹的景象。小城镇的数量进一步减少。据 1953 年 6 月 30 日第一次全国人口普查时统计，全国当时已建制镇 5402 个，但到 1978 年底，却只剩 2850 个，几乎减少了一半，平均每年减少 102 个。70 年代初，虽然有一部分公社兴办乡镇企业，给小城镇的建设与发展带来了一线生机与希望，但从全国来看，并没有形成普遍的现象。

党的十一届三中全会后，国家在农村推进以家庭承包为主的生产责任制，促进了农村经济的发展，农村的社会主义商品经济迅速发展，集市贸易空前活跃，乡镇企业蓬勃兴起，农村小城镇建设也呈现一派欣欣向荣的新气象。

随着农村经济体制改革的进一步深化，80 年代初，中国集市贸易得到了迅速恢复与发展。到 1988 年，中国集市贸易已有 5 万多处。农村集市贸易兴旺发达，规模也日益扩大，交易内容日益丰富，成交额日益增多，参加交易的成员不仅跨村、跨区，还常常跨县、跨省。集市贸易的发展和扩大，既为农村商品生产的发展提供了广阔的市场条件，又为农村小城镇的建设提供了物质条件。

随着乡镇企业的蓬勃兴起，小城镇的就业结构与产业结构发生了深刻的变化。许许多多的农村小城镇，由过去的单纯商业消费型转变为农工商结合、生产与消费相结合的新型小城镇。地处长江三角洲和珠江三角洲的商品经济发达地区，出现了不少工农业产值超过 10 亿元的县，涌现了一大批亿元乡镇。江苏有 4 个县工农业总产值超过 20 亿元，苏州、无锡、常州郊县出现了 26 个工农业总产值超亿元的乡镇。温州桥头镇，拥有"亚洲最大的纽扣市场"，该镇有 700 多个纽扣摊位，从业人员 2000 多人，有 800 多名推销员和 1000 多名采购员，产品销售全国 29 个省、自治区、直辖市，年营业额超亿元。

为加强对农村小城镇建设的指导，1982 年，国家成立了城乡建设环境保护部，下设乡村建设局，主管村镇的规划、建设和管理工作。同年 12 月，在镇江召开全国村镇建设工作汇报会，交流了村镇建设工作的经验，研究讨论了迫切需要解决的一些政策性问题，要求各地切实解决好滥占地建房的问题；要求搞好村镇规划建设试点，总结试点经验，要求健全机构，继续补充完善各项法规，以保证村镇建设工作的持续健康发展。

1983 年至 1984 年，中国农村以家庭承包为主的生产责任制日趋完善，各种专业户和经济联合体大量涌现。商品经济的更快发展，提出了加快农村小城镇建设的要求，以形成农村的经济中心、科技中心、文化中心、服务中心、交通枢纽，特别是商品流通中心。1984年，国家在北京召开全国村镇建设经验交流会，强调在继续抓好农房和村庄建设的同时，要加强各种类型小城镇的建设，以适应广大农村社会主义商品经济发展的需要。

随着中国乡镇企业的发展和城乡交流的加强，中国农村小城镇建设以惊人的速度向前发展。1983年至1986年，全国建制镇增加7750个，平均每年增加1937个；1987年至1991年新增建制镇1737个，平均每年增加347个。一座座小城镇拔地而起，旧貌换新颜。许多小城镇在改造与更新的过程中，按照科学规划的蓝图统一筹划、统一建设，使房屋建设、基础设施和环境建设同步地协调进行，取得了很好的效果。许多小城镇在短短的几年内，一改过去破旧的面貌，建成了设施配套、市场繁荣、环境优美舒适的新型小城镇。

中国农村小城镇建设和发展，呈4种主要模式：

第一种是苏南模式。这种模式是乡镇工业主导型，是最主要的模式，遍及沿海、内地中心城市和大型工矿区的城郊。如辽东城郊带，天津、北京辐射的环渤海地区，沪、宁、苏、锡、常等辐射的苏南地区等。这一地区的乡镇企业，起步早，发展快。其特点是在所有制形式上，以乡镇、村两级集体所有制为主；在产业结构上，以工业为主，尤其以非农副产品加工业为主；在城乡关系上，与城市企业、科研单位有着紧密联系，城乡经济相互依存和渗透；在流通结构上，以市场调节为主。苏南模式形成于人多地少、人地矛盾较为尖锐的地区，但这些地区却是中国商品经济的发祥地，又处在城市经济的近距离辐射之中。中国最大的工业城市上海，可以经常给这些乡镇企业以技术、设备和加工任务等支持。从而使这一模式优势明显，发展较快。其特点是因集体经济兴办的乡镇企业集中，它推动了劳动力转移。

第二种是温州模式。这种模式是市场导向型，主要以浙江温州地区为代表。其特点是以非公有经济为主，以专业市场为龙头，使之成为万商云集的商品集散地，从而演化成各项配套服务设施齐备的城镇。浙江乐清市柳市镇，由于电器专业市场的繁荣，从一个几千人的集镇发展成有 10 万多人的"中国第一电器城"。因纽扣、阀门、胶鞋生产闻名的桥头镇、瓯北镇、仙降镇，也出现了类似情况。据 1985 年的统计，全市登记发证的个体工商户已超过 13 万户，其中农村占 80%，城镇占 20%。在产业结构上，以日用小商品生产为主导，兼营门类齐全的社会化服务业。在流通结构上，充分运用市场机制来联结生产循环过程，形成了小商品市场和生产要素市场的组合方式。在城乡关系上，形成以小城镇为依托的商品生产群体。温州模式的出现，得益于温州历史上各种家庭手工业十分发达，小商小贩众多，在农村改革不断深入的环境下，温州的传统手工业优势，在家庭工业、联户企业的载体上得到了充分发挥。

第三种是耿车模式。这是经济不发达地区乡镇企业的一种模式。它是以江苏省北部宿迁县耿车乡发展乡镇企业的格局而得名的。该乡从起点低的户办企业开始，进而同乡、村、联户一起，四个轮子一齐转，形成多种所有制、多样化产业、多渠道服务的乡镇企业模式。耿车乡创办大小一起上的乡镇企业，从 1983 年试点，1984 年全乡推开，运行两年就取得了可喜成绩。到 1986 年，全乡乡办企业 18 个，村办企业 29 个，联户办企业 98 个，个体办企业 5249 个。全乡大小企业的总产值达到 4691.13 万元，比 1983 年增长近 4 倍；农民人均纯收入 446 元，按 1980 年不变价格计算，比 1983 年增长了 73%。① 耿车模式的成因是从贫困落后的实际出发，以"无农不稳、无工不富"思想为指导，在坚持农业为基础的前提下，从开发本地传统手工技术做起，发挥劳动

① 陈吉元主编：《乡镇企业模式研究》，中国社会科学出版社 1989 年版，第 120 页。

力众多的优势，以劳动密集方式分户经营小手工艺品、小商品，进而形成联户办、村办、乡办的复合式乡镇企业。

第四种是珠江模式。这种模式是外向推进型乡镇企业，在地域上指珠江三角洲经济开放区的佛山市、中山市、江门市、东莞市和顺德、宝安等13个县。这种乡镇企业的特点是：在所有制上，以乡（镇）村两级集体经济为主，形成五个轮子（乡办、村办、农民联户办、个体办和其他合作形式办）一齐转的多层次结构；在经营形式上，以集体经营为主，积极发展包括同外商合资、合作经营在内的多形式的横向联营；在产业结构上，以第二产业（工业）为主，积极发展包括创汇型、"三来一补"型和中外合资、中外合作型企业；在企业营销目标上，面向国际、国内两大市场，扩大产品外销比重，多出口，多创汇；在企业资金来源上，采取积极引进外资、社会集资、银行贷款等多渠道办法。其特点是城镇利用地缘亲缘关系，以吸引外资大力发展"三资"企业的外向型经济为主。"三资"企业的迅速发展，外来"打工仔""打工妹"急剧增加，加快了当地城镇化进程。深圳市宝安县，当地只有30多万人，而外地来此工作的却达90多万人，昔日的农业县一跃成为工贸发达的中等城市。珠江三角洲的东莞、顺德、中山、佛山等地，各类企业已容纳了500万外来打工者，这些外来人口成为大小村镇的常住人口，过去的小城镇也就变得日益城市化。该地区建制镇已增加到430多个，城市化人口已占该地区45%。珠江模式的成因，主要是发挥了毗邻港澳，与海外华侨、港澳同胞联系广泛的优势，大力引进外资、引进国外先进技术设备，从而创造出"外向型"经济的乡镇企业模式。同时，这些地区优越的自然条件和较高素质的劳动力，也给发展外向型乡镇企业提供了坚实的基础。

除上述三种类型外，小城镇还包括：农副产品加工型、地方港口型、旅游度假型、卫生城镇型、行政管理型、交通枢纽型及工矿服务型。

农村的小城镇建设，促进了农村的工业化和农村的城镇化。1978 年至 1992 年，全国建制市从 216 个增加到 517 个，建制镇从 2374 个增加到 15000 个。如果说，1978 年以前的中国工业化，主要是依靠城镇工业化来推动的。那么可以说，1978 年以后，则主要是依靠乡村工业化来推进的。从 1978 年到 1992 年，中国农村劳动力从事非农产业的人数，从 3150 万人增加到 9765 万人，新增 6615 万人，加上因招工、招生和由征地及落实政策而"农转非"的 3000 万人，农村劳动力转移到非农产业的人数共 9615 万人，平均每年转移 600 多万人。

以上情况表明，改革开放以来，中国农村剩余劳动力向非农产业的转移，有 70% 是依靠就地实现的，30% 是由城镇吸纳的。同期，中国乡镇企业职工人数，由 1734 万人，增加到 6336 万人，占农村劳动力的比重，由 5.7% 上升到 14.5%，占全国工业劳动者的比重由 28% 上升到 62%。农村工业化的过程，实质上是农村城市化的过程，这是中国农村经济发展和社会发展的必然结果，是广大农民对中国社会进步所做出的巨大贡献。

三、对外开放领域的进一步扩大

邓小平作为中国改革开放的总设计师和建立经济特区的倡导者，从经济特区建立之日起，就一直关注着它们的建设和发展情况。1981 年，国家正处于国民经济调整时期，特区建设因缺少资金而面临种种困难。邓小平语重心长地对广东省负责人说："经济特区要坚持原定方针，步子可以放慢一些。"邓小平的话，既体谅到了特区所面临的困难，又鼓励和要求特区要坚定不移地办下去。

（一）邓小平特区视察与对特区的肯定

特区建设过程中的困难，不仅是资金缺少，还有人们对特区的开放措施存在着不同认识并由此产生的争论。

经济特区改革开放的不断深入，引起了国内外各界人士的广泛关注。绝大多数人对特区所采取的改革开放措施表示理解和支持，但也有一些人由于不了解特区的情况，或者是用传统的思维方式、僵化的思想和方法来看待和评价特区，因而出现种种不同的意见，有的人甚至对特区的改革措施进行指责。这种种议论和责难，虽然没有阻挡住特区建设的步伐，却给特区的建设者们造成了思想上和精神上的压力和负担。

在这种情况下，对特区的建立和发展是肯定还是否定？特区所实行的一系列改革开放政策是对了还是错了？特区还能不能办下去？这些都已成为特区的建设者们、特别是广大党员和干部所急切盼望得到回答的问题。

邓小平关注着特区的发展情况，关注着人们对特区的不同看法。他坚定地支持特区的建设。当得知深圳蛇口工业区准备聘请外籍人士当经理的想法遭到一些人的非议时，他明确表示：可以聘请外国人当经理，这不是卖国。

然而，要对大家所关切的问题做出回答，却是一件极需慎重的事情。邓小平看到了报纸对特区成就的报道，也审阅了有关部门呈送来的关于特区情况的一份份汇报材料。但是，他不满足于这些。他要亲自去特区了解那里的情况，要用自己的目光去评判特区建设和发展的事实。更重要的是，他还要用特区探索出来的经验，进一步启迪自己的思路，完善在他的头脑里已逐渐清晰的中国对外开放的大格局。

1984 年 1 月 24 日，邓小平在王震、杨尚昆等人的陪同下，到达深圳。

列车还在广州车站，邓小平就对广东省委书记说："办特区是我倡议的，中央决定的，办得怎么样，能否成功，我要亲自看一看。"

下午，深圳市委书记向邓小平汇报了深圳特区的自然概貌以及4年多来引进外资、基础设施建设和推进改革等方面的情况。当他汇报到几年来特区的工农业生产总值、财政收入增长很快，1982年工业总产值为3.6亿元，1983年达到7.2亿元时，邓小平忍不住插话道："那就是一年翻了一番啦！"梁湘说："是翻了一番。比办特区前的1978年增长了十倍多。财政收入也比4年前增长了十倍，去年达到3亿多。"

邓小平聚精会神地听着汇报，不时插话进行询问。汇报结束时，市委负责人请邓小平作指示。但是，邓小平感到还只是听到了汇报，没亲自看到深圳变化的实况。他只是说："这个地方正在发展中，你们谈的这些我都装在脑袋里，我暂不发表意见。"接着，他们一行驱车来到刚刚竣工开业的国际商业大厦，俯瞰深圳的新貌和建设情况。

第二天上午，邓小平来到上步工业区中航电脑公司，参观车间设备，听取关于电脑技术和软件开发情况的介绍。他在看完人与计算机下象棋的表演后，说："美国搞电脑软件编制的都是一批娃娃、学生，我们全中国有那么多娃娃、学生，搞软件是完全有条件的。"

之后，邓小平又来到深圳河畔的渔民村，参观村民住宅区和村党支部书记吴柏森的家。这是一幢180平方米的两层别墅式楼房，有两个客厅、六间卧室、饭厅、厨房、卫生间，彩电、收音机、冰箱、煤气灶、洗衣机等一应俱全。村里有这样的别墅32幢，是渔民村人在党的改革开放政策指引下，依靠集体力量于1981年统一兴建的。

邓小平看后，问吴柏森："你现在什么都有了吧？"

　　吴柏森高兴得合不拢嘴："都有了，都有了，做梦也没有想到有今天这样的好日子。群众都说，感谢党的富民政策。"接着，他汇报了渔民村的收入情况：1983 年全村纯收入达 47 万元，人均年收入 5970 元，平均每月 497.5 元。

　　这时，陪同人员对邓小平说："比您的工资还高呢。"邓小平微微一笑，随即感叹："全国农村要过上这样的生活，恐怕还要100 年。"

　　26 日，邓小平视察招商局蛇口工业区，听取了董事长袁庚关于工业区建设情况的汇报。蛇口在 1979 年还是一片荒滩，经过几年建设，如今已是道路四通八达、厂房林立，一个现代化的工业区已经初步形成规模。工业区的建设，没花国家一分钱，证明了中央改革开放政策的巨大威力。

　　听完汇报，邓小平参观了中外合资企业——华益铝材厂，向企业负责人询问了资金和技术的引进、产品的销路、职工的收入和人才的培训等情况。袁庚还请邓小平一行到一艘由客轮改装而成的海上游乐中心——"海上世界"做客。邓小平高兴地登上顶层甲板，并为游乐中心题写了"海上世界"四个大字。

　　经过两天的实地考察，包括听汇报、下车间、访村问户，掌握了大量的第一手材料，邓小平对深圳特区几年来的建设和发展成就非常满意，但仍不露声色，未作评判。26 日下午，他便离开深圳，登上海军舰艇，前往珠海特区进行考察。

　　珠海特区位于珠江口的西面，隔河与深圳特区相望，1980 年开始筹建。经国务院批准，1983 年特区面积由原来的 6.81 平方公里扩大到 15.16 平方公里。特区有与港澳及内地便利的海、陆、空地理交通优势，加上良好的投资环境，高效率的管理和特殊的优惠政策，很快吸引众多外商前来办厂兴业。短短的两三年间，与外商签订的合资经营合同达 18 项。到 1984 年初，已有香洲毛纺厂、狮山电子厂、拱北毛衫厂等一批企业建成投产。有的企业已具备了与港澳企业开展竞争的实力。

邓小平对珠海的港口、机场、工厂等进行了视察和参观。1月28日，他在中山温泉会见港澳知名人士霍英东、马万祺等人时，高兴地说："办特区是我倡议的，看来路子走对了。"

第二天，邓小平欣然提笔，为珠海特区题词：珠海经济特区好！

邓小平对珠海特区的肯定，使珠海人万分高兴。消息传到深圳，深圳领导人在心理上却感到了莫大的压力。因为深圳是全国第一批经济特区中的头号特区，许多大胆的改革实验和尝试，都是从深圳开始的。当时，国内国际舆论对特区的评价还没有形成共识，许多争论的焦点大都是对准深圳的。而邓小平视察深圳之行，却没有做出评价，更使深圳市领导人心里难以平静。

大年三十，深圳市委、市政府派一位接待处处长直抵广州。邓小平的女儿见到了这位深圳市的接待处处长，感到纳闷和奇怪："大年三十，你怎么还不回去过春节？"这位处长道出了个中缘由，说："完不成任务，我回不去呀！"女儿乘邓小平休息的空暇，说了这件事。邓小平听着笑了，提笔在纸上写下了一行遒劲的大字：深圳的发展和经验证明，我们建立经济特区的政策是正确的。

邓小平特地将题词的日期写在他离开深圳的那天——1984年1月26日，这充分表明，题词的内容是他在深圳经过两天全面而深入的调查研究后得出的结论。这一题词，不仅是对深圳特区建设成就和发展经验的肯定，也不仅是对深圳特区在改革开放中实行的一系列新政策和新的措施的称赞，而且是对十一届三中全会以来党和国家的改革开放政策及其所取得的巨大成就的充分肯定和高度概括。这一题词不仅坚定了深圳特区和其他特区广大干部、群众进一步搞好改革开放的信心和决心，调动和鼓舞了他们加速特区建设的积极性和创造性，稳定和鼓励了外国投资者在特区的投资，而且在国内外引起了巨大的反响；不仅消除了那些对深圳特区所持的种种怀疑、议论和责难，而且使沿海各地乃至全国各地迅速兴起了改革开放的热潮。

1984年2月7日，邓小平坐火车又来到福建厦门经济特区进行视察。

8日上午，邓小平在福建省及厦门市负责人的陪同下，连续视察了已建成投产的东渡港码头和集装箱、渔业码头，还有已开始启用的厦门国际机场。

福建省委书记项南，在向邓小平汇报特区建设情况和今后的计划时，说："厦门特区现在实际只有2.5平方公里，实在太小了，太束缚手脚了，即使很快全部建成，也没有多大的实际意义。"

邓小平听了，目光注视着在座的省市领导，问："你们的意思是……"

项南说出了省委的想法："把特区扩大到全岛！使整个厦门岛都开放。这对引进外资和技术，对改造全岛的老企业，对加强海峡两岸的交往，都可以起到更大的作用。"

邓小平拿起地图，认真地察看着，深思了一会儿，说："我看可以，这没得啥子问题嘛。"

项南接着又说："现在台湾同胞到大陆，都不是直来直去，要从香港或日本绕道来，这太麻烦了。如果把离台湾、金门最近的厦门变成自由港，实行进出自由，这对海峡两岸的交往，会起到很大的促进作用。"

邓小平表示："可以考虑。"他又问："自由港实行哪些政策呢？"

项南回答说："人员自由往来，货币自由兑换，货物自由进出。"

9日上午，邓小平一行前往湖里工业区进行考察。湖里工业区位于厦门岛的西北部，是在 1980 年 10 月辟为经济特区的。1981 年 10 月 15 日才开始破土动工，在当时的四个特区中是开发较晚的一个。到 1983 年底，虽然完成了"四通一平"的基础设施建设，但引进的项目还不多。举目望去，除特区管委会办公所在地的综合大楼外，其他建筑物很少。

刚在深圳和珠海考察过的邓小平，明显感到这里与深圳、珠海特区的建设和发展有很大差距。当厦门市市长兼厦门特区管委会主任邹尔均拿出事先准备好的纸张、笔墨，请邓小平题词留念时，他略一沉思，即提笔写道：把经济特区办得更快些更好些。

这一题词，表达了邓小平同志对加速特区建设和发展的希望，也表达了他对特区人民的期望、鞭策和鼓励。

特区之行，给邓小平留下了深刻的印象。而特区建设和发展的实践，完全证明了邓小平对特区的看法："特区是个窗口，是技术的窗口，管理的窗口，知识的窗口，也是对外政策的窗口。"

对广东、福建两省实行特殊政策，深圳、珠海、汕头、厦门经济特区的建设和发展，为中国进一步对外开放积累了有益的经验。在此基础上，党和国家决定继续推动沿海地区和全国的对外开放。

邓小平结束对特区的视察回到北京后，很快便召集中央几位负责同志进行座谈，并就扩大开放等问题发表了重要意见。他说："最近，我专门到广东、福建，跑了三个经济特区，还到上海，看了看宝钢，有了点感性认识。今天找你们来谈谈办好经济特区和增加对外开放城市的问题，请大家讨论一下。我们建立经济特区，实行开放政策，有个指导思想要明确，就是不是收，而是放。"

在谈话中，邓小平谈了特区在技术、管理、知识和对外政策等方面的窗口作用。他指出："从特区可以引进技术，获得知识，学到管理，管理也是知识。特区成为开放的基地，不仅在经济方面、培养人才方面使我们得到好处，而且会扩大我国的对外影响。听说深圳治安比过去好了，跑到香港去的人开始回来，原因之一是就业多，收入增加了，物质条件也好多了。可见精神文明说到底是从物质文明来的嘛！"

邓小平在谈话中还提出了两条建议。

一是扩大厦门特区。他说："厦门特区地方划得太小，要把整个厦门岛搞成特区。这样就能吸收大批华侨资金、港台资金，许多外国人也会来投资，而且可以把周围地区带动起来，使整个福建省的经济活跃起来。厦门特区不叫自由港，但可以实行自由港的某些政策，这在国际上是有先例的。只要资金可以自由出入，外商就会来投资。我看这不会失败，肯定益处很大。"

二是增加开放港口城市。他说："除现在的特区之外，可以考虑再开放几个港口城市，如大连、青岛。这些地方不叫特区，但可以实行特区的某些政策。我们还要开发海南岛，如果能把海南岛的经济迅速发展起来，那就是很大的胜利。"

邓小平的倡议，当即得到了在座的几位中央领导同志的一致赞同。不久，中央书记处和国务院开始筹备召开全国沿海部分城市座谈会，对邓小平提出的倡议进行具体安排和部署。

（二）对外开放范围的进一步扩大

1984 年 3 月 18 日，中共中央总书记胡耀邦在会见日本客人时，郑重宣布：中央决定厦门经济特区由湖里的 2.5 平方公里，扩大到厦门全岛 131 平方公里。

3 月 26 日至 4 月 6 日，中央书记处和国务院在中南海怀仁堂召开了全国沿海部分城市座谈会，会议重点研究了沿海部分城市如何进一步开放的问题。

这次沿海部分城市座谈会的成果，形成了一份《沿海部分城市座谈会纪要》（简称《纪要》）。这个文件确定进一步开放沿海的天津、上海、大连、秦皇岛、烟台、青岛、连云港、南通、宁波、温州、福州、广州、湛江和北海等 14 个城市，同时进一步开发建设海南岛。这是中国坚持对外开放政策、实现党的十二大提出的奋斗目标的又一个重大步骤和举措。这些城市是中国经济比较发达的地区，科技水平比较高，交通运输比较方便，有开展对外经济贸易的经验，也有对内进行经济协作的网络。同时，这些城市中有不少是中国的工业中心。加速这些企业的技术改造，也是实现中国现代化的关键性问题。

《纪要》进一步肯定了经济特区的发展经验，并对特区今后一段时间的工作重点和发展方向，做了明确的规定，指出："当前，必须下很大的力量加强先进技术的引进，特别要致力于引进技术密集、知识密集型的项目，抓紧时机，把先进的工艺技术和先进的管理经验拿进来，经过消化创新向内转移。特区的工农业，要尽可能采用先进科技成果，加强专业分工和协作，尽快搞出一批适销对路、有竞争力的'拳头'商品，进入国际市场。特区的商业、旅游服务业，要瞄准国际先进经营管理水平，使之越办越兴旺。"

《纪要》还提出了特区建设的原则，这就是"特事特办、新事新办、立场不变、方法全新"。同时，还要求按照这一原则推广蛇口工业区的管理经验，跳出国内现行的不适应特区的管理体制和管理机构，要下功夫努力掌握信息技术，逐步建立信息系统，使特区的工作能够对国际市场的频繁变化做出灵敏反应，获得最佳经济效益。

对如何着手建设厦门特区的问题，《纪要》提出："为了搞好特区扩大到全岛的各项过渡工作，要充分考虑到目前厦门的经济发展水平，从老市区有二三十万人口这一实际情况出发，对市场、物价的管理和工资制度等方面，制定一套加强管理并逐步改革的办法。厦门处于前线，还必须保证防务安全，军事设防地带根据需要进行调整后划为禁区。对以上这些问题，福建省和厦门市要制定切实可行的具体方案，报请中央和国务院审批后，提请全国人大常委会审议批准公布。"

1984年5月4日，中共中央、国务院发出了《关于批转〈沿海部分城市座谈会纪要〉的通知》（即中发〔1984〕13号），要求各地特别是沿海城市贯彻落实这一《纪要》精神。

《纪要》的批转和落实，迅速使中国的改革开放出现了向广度和深度发展的新局面，使经济特区的建设进入了一个新阶段。实践证明，全国沿海部分城市座谈会，是经济特区发展史上的一座里程碑，而且也是中国改革开放历程中的一个重要里程碑。

为了更好地贯彻落实《纪要》精神，同时也为了进一步总结特区几年来的经验和教训，国务院于1985年5月26日至6月1日，在深圳召开了全国第一次特区工作会议。中央书记处书记、国务委员谷牧主持了这次会议。参加会议的有广东、福建两省的负责人和各特区的负责人。此外，中国社会科学院、国家体改委、中国人民银行、国务院特区办等单位的有关负责同志也参加了会议。

谷牧在会上指出：前段时间同志们干得不错，得到中央的肯定，人民的赞扬。下一步的困难更大，今后的担子更重了，14个城市盯着你们，全国也在盯着你们。要教育全体干部戒骄戒躁，把步子迈得更踏实，为国家做出更大的贡献。

沿海部分城市座谈会及第一次特区工作会议召开后，各特区建设很快出现了一个新局面。

厦门市委、市政府根据中央和国务院关于把厦门特区扩大到全岛的指示，很快向福建省委、省政府呈报了《厦门经济特区扩大到全岛的实施方案》（简称《实施方案》），然后由省委、省政府转报党中央和国务院，国务院也很快作了批复。

《实施方案》根据当地情况，提出了加快厦门经济、政治、社会综合配套改革，加快培育和发展与国内外市场相结合的市场体系，相应进行宏观经济调节体系和企业经营机制配套改革，努力建立起适应发展外向型经济的新体制框架。

此后，福建省人大常委会公布实施了一批关于厦门经济特区改革开放和管理的法规，对厦门特区建设予以极大扶持。福建省委还做出了将厦门经济特区管理委员会与厦门市政府合并的决定，由厦门市政府行使管理经济特区的职能。厦门市委、市政府向全市人民发出了"全面开创特区建设新局面"的号召。

深圳特区也加快了建设步伐。

他们首先根据中央提出的特区要发挥"四个窗口"和对内对外两个扇面辐射作用的新要求，结合本区发展的实际情况，修订和完善了城市总体规划。在修订城市规划的过程中，深圳市委和市政府考虑到本区规划的重要性和意义已不局限于本省本市，而是关系到全国的发展战略问题，要设计出让全国人民满意的深圳特区经济发展蓝图。为此，他们请了中国最权威的规划部门——中国城市规划设计院，来深圳参与规划设计的工作。1984年9月，深圳市规划局和中国城市规划设计院开始酝酿编制《深圳经济特区总体规划1985—2000》，同年11月，规划的编制工作全面铺开。经过一年的努力，新的总体规划编制工作完成。

新的总体规划，确定深圳经济特区将是一个以工业为重点的外向型、多功能、产业结构合理、科学技术先进、高度文明的综合性经济特区。工业发展方向以"轻、小、精、新"为主。在城市建设方面，根据特区东西连绵49公里、南北平均宽7公里的狭长带状形的特点，采用了带形城市多中心组团式结构布局，将整个特区用地规划为6个组团，即罗湖、上步组团，福田组团，沙河组团，南头组团，沙头角、盐田组团，妈湾组团。这次规划还将城市交通问题作为重点，对特区的交通预测、发展目标、交通规划以及罗湖、上步区交通建设等做了全面系统的规划。上述布局体现了高标准和高起点、因地制宜、把城市规划与经济建设相结合的特点。同时，还注意到了规划的严肃性与灵活性，为城市今后的进一步发展、变化和调整留有余地。从 1989 年下半年开始，深圳的城市规划又根据改革开放深入的需要，结合规划工作的现实情况，对规划的层次和内容进行了改革，逐步形成了完整的规划原则体系，并建立了相应的审批制度。

深圳特区的规划和建设，得到了国内外有关人士和专家的称赞。英国规划专家瓦特·鲍尔感叹说："这么短的时间，这么大的规模，有这么多宏伟建筑，而又保持这么优美的城市环境和景观，这在世界上也是少有的。"

深圳在修订城市规划的同时，开展了大规模的城市建设热潮。

深圳特区仅在 1984 年就设计了高层大厦 49 幢，罗湖大厦、国际大酒店、华兴大厦、金通大厦、中航大厦、华侨大酒店等一批造型新颖美观的建筑拔地而起，罗湖车站联检大楼、深圳大剧院，以及总投资达 17 亿港元、面积达 20 万平方米的华城工程，相继开始兴建。到 1985 年底，深圳特区已有 100 多幢 18 层至 52 层的高层楼动工兴建，其中 40 多幢高层楼竣工并交付使用。此外，深圳特区的能源、电讯、交通建设也逐步得到了配套。

这些基本建设为特区各行各业的发展创造提供了有利的条件，为吸引外商投资和进一步对外开放创造了比较好的环境，同时也使深圳特区的城市面貌发生了迅速而巨大的变化。到 1985 年底，深圳特区有"三资"企业 929 家，有 23 家外资银行在深圳设立了分支机构。"六五"期间，深圳特区直接利用的外资约占全国直接利用外资额的 1/6。外商协议投资 35.6 亿美元，实际利用外资 9.37 亿美元。

根据经济特区发展形势的新变化，国务院从 1985 年 12 月 25 日至 1986 年 1 月 5 日，在深圳特区召开了全国第二次特区工作会议。国务院 29 个部、委的负责人以及广东、福建两省和深圳、珠海、汕头、厦门 4 个特区的负责人参加了会议。1986 年 2 月 7 日，国务院批转了《经济特区工作会议纪要》（简称《会议纪要》）。《会议纪要》强调：在"七五"期间，特区应坚决贯彻中央和国务院的指示精神，进一步做好外引内联的工作，努力建立以工业为主、工贸结合的外向型经济，充分发挥"四个窗口"和"两个扇面"的作用。特区产业结构应以具有世界先进技术水平的工业为主，工业投资以吸引外资为主，引进应以先进技术为主，产品以出口为主。《会议纪要》还强调：特区领导的指导思想和工作重点，要放在建立以工业为主的外向型经济上，要从前几年的铺摊子、打基础转到抓生产、上水平、求效益方面来。围绕这个重点，特区要认真进行改革，切实加强管理，使各项工作更上一层楼，实现发展战略重点的转变。

为了适应发展战略的重点转移，从 1986 年下半年开始，深圳特区开始进行了机构调整和公务员制度、劳动制度的试点改革，并在全国率先进行股份制经济改革，颁发了《深圳经济特区国营企业股份化试点暂行规定》。1987 年深圳特区很快组建了深圳发展银行等 4 家股份制企业。此外，还成立了全国第一家外汇调剂中心，进行了证券市场的大胆试验。这一系列改革的进行，不但为特区发展战略重点的转移提供了条件，而且对全国改革开放的深入起到了示范和推动作用。

（三）设立城市经济技术开发区

邓小平视察广东、福建的经济特区后，在 1984 年、1985 年两年之内，国务院先后批准在大连、秦皇岛、天津、烟台、青岛、连云港、南通、宁波、福州、广州、湛江 11 个沿海城市，设立经济技术开发区。1986 年、1988 年批准将上海的闵行、虹桥和漕河泾列入经济技术开发区。

为了尽快形成吸收和利用外资的良好环境，引进先进技术，兴办外商投资的生产、科研项目，增加出口创汇，并向内地传播新技术和管理经验，国家对经济技术开发区实行了一系列的优惠政策。

经济技术开发区的管理不同于经济特区。后者是一个相对独立的行政区域，而前者则是在所在市人民政府直接领导和具体管辖下的一块实行某些特殊政策的开放区域。

在经济结构上两者也有一定的区别。经济特区是以工业为主、工贸结合的外向型的综合性经济；经济技术开发区则以发展先进的工业生产、科研为主，第三产业主要依托所在城市。虽然在必要时可在区内设立外贸、金融、商业、仓储、运输、生活设施，但这些都只为本区的生产、经营和生活提供服务。

另外，在优惠政策方面，经济特区的外商投资企业，不论生产性或非生产性的，都是一律按15%的税率征收企业所得税；而在经济开发区内，只有生产、科技性企业，才可享受这一待遇。在减免关税时，经济特区在管理线内进口的生活消费品和市场物资，多数是免征或减征关税；经济技术开发区，则一律照章征收关税。

由于经济技术开发区所实行的一系列优惠政策，加上逐渐建立起了相对完善的投资环境，因而大大增强了吸引外资的能力，各开发区的建设得到了迅速发展。外资投资踊跃，工业总产值和财政收入都迅速增加。

位于大连市东北部大孤山半岛的大连经济技术开发区，依山傍海，风景优美，交通便利。1984年10月15日，开发区破土兴建，规划用地20平方公里，首期开发面积为10平方公里。经过近8年的建设，到1991年底，开发区先后建成了50公里长的区内道路和跨海公路，建成日供水5万吨的净水厂、6.3万千伏安的中心变电所、年供5200吨的液化气站，4000门程控电话交换机也投入使用，其他一些基础设施也相继建成。同时，学校、公寓、写字楼、住宅区、宾馆、别墅、生活服务中心、商业旅游中心、物资交易中心等，也先后建成并开始服务。在管理方面，开发区建立了精干的行政管理机构，实行"一个口子"对外，提供一揽子服务，并制定了较为完备的法规和规定，为中外客商的经营和行政机关的依法管理提供了法律服务。到1992年6月，全区累计批准外商投资企业347个，项目投资12亿美元，合同利用外资7.7亿美元，实际利用外资4.8亿美元。开发区形成了以建材、机电、医药、轻纺、电子、石油、化工等为主的工业门类。

秦皇岛经济技术开发区的地理位置十分优越，交通便利，与中国著名的不冻港和世界上最大的能源输出港——秦皇岛港，相隔仅1.5公里。开发区于1985年开始动工建设，规划面积1.9平方公里。经过几年的建设，开发区在0.62平方公里的起步区内建成了配套的、完善的基础设施，并建起了一套相应的生活设施。开发区管委会设立了工商局、税务局、财政局、各专业银行、律师事务所、保险公司、海关办事处等，实行"一个窗口"对外服务，提高了办事效率。到1992年6月底，前来开发区投资建厂的有日本、美国、澳大利亚、德国、新加坡、韩国等国家和香港、台湾地区的客商。项目总投资达2.97亿美元，合同利用外资1.87亿美元，实际利用外资4605万美元。累计批准"三资"企业62家，累计实现工业产值7.8亿元。据统计，开发区内生产的产品，近半数填补了国家和地区工业产品的空白，有些已接近国际先进水平。

位于天津塘沽区内、紧靠天津港的天津经济技术开发区，规划面积达33平方公里，于1984年12月经国务院批准兴建。该区在建设中采取开发一片、收益一片、滚动发展的方针，在3平方公里的起步区和1.2平方公里的生活区，共投入3.93亿元进行基础设施的建设。开发区在建设中坚持以工业为主、以利用外资为主、以出口创汇为主的方针。至 1992 年 6 月底，已有 20 多个国家和地区的外商在开发区投资。共批准外资企业 484 家，项目总投资 9.11 亿美元，合同利用外资额达 3.42 亿美元，实际利用外资 1.1 亿美元。各企业累计实现工业总产值 51 亿元，出口创汇 3.76 亿美元，实现利税 12.4 亿元。开发区形成了建筑材料、轻工纺织、机械电子、医疗药品、精细化工等工业门类。

山东省的烟台经济技术开发区和青岛经济技术开发区，都是在 1984 年经国务院批准，于 1985 年 3 月开始动工兴建的。烟台开发区地处烟台市区西部，北与大连隔岸相望，南与青岛陆地相连。开发区规划面积 10 平方公里，首期开发面积 2 平方公里。经过 7 年的建设，建成了一批基础设施和生活服务设施。在管理方面，精简机构，实行"公开、平等、竞争、择优"原则的人事制度；还先后制定外商投资企业管理、涉外经济合同管理等 60 多个管理办法。到 1992 年 6 月，开发区外引内联合同 212 个，其中"三资"项目 94 个，实际利用外资 6169 万美元。出口创汇的企业占 80%。

青岛经济技术开发区位于胶州湾西岸，交通便利，水电资源充足。规划面积 15 平方公里，经过 7 年的建设，3 平方公里的起步区全部开发完毕。整个开发区已初步形成了一个设施配套、环境良好的投资环境。在项目审批上，实行"一条龙"和"一个窗口"的优质配套服务，先后制定了近 50 项开发区行政管理法规，初步形成了开发区的法制体系和依法治区的环境。到 1992 年 6 月，开发区共有项目 377 个，其中"三资"项目 90 个，合同利用外资额 3.41 亿美元，实际利用外资 7413 万美元，实现利税 2.9 亿元，创汇 1.1 亿美元。

江苏省的连云港经济技术开发区和南通经济技术开发区，都是 1984 年经国务院批准，于 1985 年开始动工建设的。规划面积分别为 3 平方公里和 5.02 平方公里。经过 7 年的建设，建成了一批水电、通讯等基础设施。两个开发区的"三资"项目分别为30 个和 26 个，到 1992 年 6 月实际利用外资分别为 2403 万美元和 3610 万美元，出口创汇分别为 2151 万美元和 8885 万美元。

上海市有三个经济技术开发区，即闵行、虹桥、漕河泾。

闵行开发区位于上海市西南和黄浦江上游的闵行区西部。从1983 年开始建设公用基础设施，1986 年 8 月经国务院批准为经济技术开发区。由于该区紧靠闵行机电老区，能利用原有的市政基础设施，这大大加快了开发区的建设速度。经过几年的建设，当地迅速具备了较为完善的投资环境。

虹桥开发区位于上海市区西部，距市中心 6.5 公里，交通方便，环境幽静，是进行对外贸易的黄金地段。1985 年该区正式对外提供建设用地，第二年经国务院批准为经济技术开发区，规划面积 0.65 平方公里。经过几年的建设，开发区的市政公用设施已完善齐备。开发区由上海虹桥联合发展有限公司负责开发建设和利用，以发展第三产业为主，为整个上海市发展对外贸易、旅游事业服务，为外商提供商务、办公、展览、居住生活条件。

漕河泾开发区位于上海市西南徐汇区内，是在漕河泾仪表电子工业区和漕河泾微电子工业区、生物工程基础地的基础上扩建起来的。在开发区内有 20 多所高等院校和 120 多个科研单位，这使开发区具备雄厚的高新技术开发力量。1988 年 6 月，国务院正式批准该区为新兴技术开发区。当时，它是全国经济技术开发区中唯一的新技术开发区，也是上海市高技术科研、开发、生产、经营、培训、服务的综合基地。开发区规划面积为 5 平方公里，由上海市与香港多家银行合资进行土地开发和经营。开发区在建设中坚持以吸引外资、引进高新技术项目为主。开发区内的外商企业中，世界知名的高技术公司办的项目占有相当的比例。另外，开发区还与国内有关单位联合，建立了一批高技术企业。

到 1992 年 6 月底，上海的闵行、虹桥和漕河泾三个开发区，合同利用外资分别为 2.64 亿美元、3.87 亿美元和 3.20 亿美元，实际利用外资分别为 1.37 亿美元、2.48 亿美元和 7149 万美元。

浙江省的宁波经济技术开发区，是 1984 年经国务院批准，于 1985 年 7 月动工兴建的。位于宁波市区的东北面，距市中心 20 公里。规划面积 5.44 平方公里。经过 7 年的建设，到 1992 年，当地已形成了良好的投资环境。在首期开发的 2.38 平方公里内，共投入了建设资金 2 亿元。开发区制定了各种法规、规章和规定达 55 个之多，它们涉及土地、项目、人事、劳资、税收、工商及公共事业服务、城市管理等各个方面，对调整和规范开发区的涉外经济活动、保障投资者的正当权益，起到了十分重要的作用。1988 年 5 月，宁波开发区管委会与中国五金矿产进出口总公司，本着"共享利益，共担风险，长期合作，共同发展"的原则，合资建立了宁波经济技术开发区联合发展有限总公司，总投资 2.8 亿元。总公司的成立，不但引进了开发资金，而且也引进了管理人才和经验，还可以利用子公司遍及海内外的优势，沟通国际市场销售渠道和信息渠道。到 1992 年上半年，开发区已签约批准项目 123 个，其中利用外资项目 77 个，总投资 2.29 亿美元，合同利用外资 1.26 亿美元，实际利用外资 2414 万美元。

位于闽江下游北岸马尾的福州经济技术开发区，是 1985 年 1 月国务院批准兴建的。规划面积达 4.4 平方公里。在建设过程中，开发区努力按国际惯例办事，简化投资审批程序，提高办事效率，积极为投资者创造一个依法经营、依法获利、方便舒适的投资环境。到 1992 年上半年，该区共引进项目 150 多个，总投资 4 亿多美元。其中外商投资项目到 1993 年上半年达 125 个，合同利用外资达 1.74 亿美元，实际利用外资 9956 万美元。在建设过程中，开发区逐步确立了"科技兴区"的指导思想，专门开辟了面积为 0.4 平方公里的科技园区，建立了"科理高技术工业园""清华工业园"，以及外商独资兴办的"泰安工业园""泛太平洋工业园"等。园内所生产的产品，有的弥补了国内短缺，有的达到了国际先进水平。同时，随着海峡两岸经济交流的不断发展，开发区在吸收台资投资方面，也显示出了特有的地理和人文方面的优势。

广东省在 1984 年由国务院批准兴建了广州经济技术开发区和湛江经济技术开发区。广州开发区位于广州市黄埔区的珠江主干流与东江北干流交汇处；湛江开发区位于湛江市霞山、赤坎两个老城之间，交通十分便利。至 1992 年 6 月，两个开发区分别引进外商投资项目 122 个和 73 个，合同利用外资为 3.57 亿美元和 1.7 亿美元，实际利用外资分别达到 1.87 亿美元和 2453 万美元。

从上面 14 个经济技术开发区的情况看，它们都位于交通十分便利的城区或城郊区，经过几年的建设，都建成了一套较为完善的基础设施，进行了高标准、高效率的管理，法制建设和各项规章制度都比较完备。在 1986 年，各开发区的工业总产值只有 3 亿元，1991 年达到了年产值 148.3 亿元。到 1992 年上半年，各开发区工业总产值累计实现 430 亿元，实现利税 80 亿元，出口创汇累计 30 亿美元。其中天津、上海闵行、大连、广州、宁波等开发区，具备了自我滚动发展的能力。

经济技术开发区在经济技术得到发展的同时，也日益显示出它的社会效益。它们在利用外资、引进先进技术和先进管理经验，以及在开拓对外贸易市场等方面，均发挥了"窗口"和"桥梁"的作用，也为沿海城市发展外向型经济、调整老市区的工业结构和经济发展，起到了推动和促进作用。随着开发区的发展，开发区逐步形成了所在城市开展对外经济活动的重要阵地。

四、教育、科技、文化、医疗卫生、社会保障体制改革

党的十一届三中全会开启了改革开放新时期后，中国社会的各项事业建设也掀开了新的历史篇章。教育、科技、文化、医疗卫生等各项事业随着经济体制的改革和发展，也都获得了较快发展。

（一）教育体制改革与发展

百年大计，教育为本。社会主义现代化建设对人才的大量需要，使教育在经济建设、社会发展和科技进步中的作用越来越突出。从经济社会发展对人才的迫切需要出发，党中央、国务院逐步明确了新时期发展教育事业的战略构想和基本方针，并不断推进教育事业的改革与发展。

1. 尊师重教渐成风气

新时期教育事业的改革与发展是从恢复高考制度开始的。随后，在邓小平的大力倡导下，全国尊师重教又渐成风气。从 1977 年 10 月起，全国近 60% 的教职工不同程度地增加了工资。在高等学校恢复教师职务的同时，教育部从批准北京市 3 名小学教师为特级教师开始，建立了中小学教师可以评高级教师的制度。1985 年，国家规定每年的 9 月 10 日为教师节。尊师重教风气的形成，极大地激发了广大教师的工作积极性。

在高考制度的恢复和教师待遇初步得到调整的基础上，教育事业各种规章的恢复工作紧接着便提上日程。1980 年 2 月 12 日，第五届全国人民代表大会常务委员会第十三次会议通过《中华人民共和国学位条例》，规定中国的学位分为学士、硕士、博士三级。同年 12 月，国务院设立学位委员会，负责领导全国的学位

授予工作。同年 12 月，中小学学制由"文化大革命"中的 10 年恢复为 12 年，并在中小学重新建立重点学校制度。

1980 年 5 月，邓小平为《中国少年报》和《辅导员》杂志题词，第一次提出了"四有"的培养目标，即"有理想、有道德、有知识、有体力"。这一表述后来发生了微妙的变化，在 1983 年的中共十二大政治报告中，改为"有理想、有道德、有知识、守纪律"。到 1985 年，正式改为"有理想、有道德、有知识、有纪律"。邓小平特别强调"这四条里面，理想和纪律特别重要"。培养"四有人才"成为 20 世纪 80 年代教育事业培养人才的重要口号。1983 年，他为景山学校题词"教育要面向现代化，面向世界，面向未来"，正式提出了教育现代化"三个面向"的任务。"四有"和"三个面向"构成了改革开放时期教育发展的两个重要方向。当重视对青年学生的政治教育时，强调"四有"；重视改革教育、造就优秀人才时，强调"三个面向"。这就使新时期教育事业在人才培养目标方面有了明确的政治和业务标准。

2. 教育体制的改革

教育事业经过了一段时间的拨乱反正，各方面逐步得到恢复之后，教育体制的改革便随之提上日程。1980 年 5 月，中央书记处听取教育部党组关于《教育工作汇报提纲》和教育部部长蒋南翔对该提纲的说明时，明确提出："中等教育结构非改不可。高等教育结构也有改革的问题。教育制度的改革，要跟劳动制度、干部制度的改革紧密结合起来。"[①] 同年 10 月 7 日，国务院批转教育部、国家劳动总局《关于中等教育结构改革的报告》，提出："应当实行普通教育与职业、技术教育并举，全日制学校与半工

---

① 中共中央党史研究室：《中国共产党新时期历史大事记》，中共党史出版社 2009 年版，第 35 页。

半读学校、业余学校并举，国家办学与业务部门、厂矿企业、人民公社办学并举的方针"。① 12 月，中共中央、国务院在《关于普及小学教育若干问题的决定》中又提出，普及小学教育"必须坚持'两条腿走路'的方针，以国家办学为主体，调动社队集体和厂矿企业等各方面办学的积极性"。② 1983 年 4 月 28 日，国务院批转了教育部、国家计委《关于加速发展高等教育的报告》，5 月 6 日，中共中央、国务院发出《关于加强和改革农村学校教育若干问题的通知》，5 月 9 日，教育部、劳动人事部、财政部、国家计委联合发出《关于改革城市中等教育结构、发展职业技术教育的意见》，分别对改革高等教育内部结构、改革农村和城市的中等教育结构、发展职业教育提出明确要求。

经过上述关于教育体制改革的初步探索，1984 年 10 月，在党的十二届三中全会《中共中央关于经济体制改革的决定》中宣布要起草的一个关于教育体制改革的文件。在起草过程中，经过多次反复修改，广泛征求意见，又经过中央书记处的几次讨论，1985 年 5 月形成了《中共中央关于教育体制改革的决定（草案）》。15 日至 20 日，全国教育工作会议在北京隆重举行。会议认真讨论了《中共中央关于教育体制改革的决定（草案）》，并结合各地和各部门的实际情况，研究了实行教育体制改革的步骤和措施。会议期间，邓小平发表了《把教育工作认真抓起来》的重要讲话。经过全国教育工作会议上的讨论，并经过了认真修改之后，5 月 27 日，颁布了《中共中央关于教育体制改革的决定》（简称《决定》）。《决定》明确提出中国的教育事业和教育体制

---

① 中共中央党史研究室：《中国共产党新时期历史大事记》，中共党史出版社 2009 年版，第 47 页。

② 中共中央党史研究室：《中国共产党新时期历史大事记》，中共党史出版社 2009 年版，第 49 页。

还存在许多弊端和问题，主要表现为：（1）在教育事业管理权限的划分上，政府有关部门对学校主要是对高等学校统得过死，使学校缺乏应有的活力；而政府应该加以管理的事情，又没有很好地管起来。（2）在教育结构上，基础教育薄弱，学校数量不足、质量不高、合格的师资和必要的设备严重缺乏，经济建设大量急需的职业和技术教育没有得到应有的发展，高等教育内部的科系、层次比例失调。（3）在教育思想、教育内容、教育方法上，从小培养学生独立生活和思考的能力很不够，发扬立志为祖国富强而献身的精神很不够，生动活泼地用马克思主义思想教育学生很不够，不少课程内容陈旧，教学方法死板，实践环节不被重视，专业设置过于狭窄，这不同程度地脱离了经济和社会发展的需要，落后于当代科学文化的发展。[①] 为从根本上改革这一状况，中央提出教育体制改革要遵循"教育必须为社会主义建设服务，社会主义建设必须依靠教育"的指导思想；教育体制改革的根本目的，"是提高民族素质，多出人才、出好人才"。为此，要从教育体制入手，有系统地对教育体制进行改革。"改革管理体制，在加强宏观管理的同时，坚决实行简政放权，扩大学校的办学自主权；调整教育结构，相应地改革劳动人事制度。还要改革同社会主义现代化不相适应的教育思想、教育内容、教育方法。经过改革，要开创教育工作的新局面，使基础教育得到切实的加强，职业技术教育得到广泛的发展，高等学校的潜力和活力得到充分的发挥，学校教育和学校外、学校后的教育并举，各级各类教育能够主动适应经济和社会发展的多方面需要。"[②] 这一《决定》

---

① 中央文献研究室编：《改革开放三十年重要文献选编》（上），中央文献出版社 2008 年版，第 382 页。

② 中央文献研究室编：《改革开放三十年重要文献选编》（上），中央文献出版社 2008 年版，第 382—383 页。

的发布，标志着教育体制的改革已被纳入到改革开放和社会主义现代化建设的总体设计当中。在《中共中央关于教育体制改革的决定》发布之后，1986年4月，六届人大四次会议通过《中华人民共和国义务教育法》（简称《教育法》），对发展中国基础教育、提高民族的文化素质，做出了明确的法律规定。在党的方针政策指导下，特别是在《决定》和《教育法》的指导之下，中国教育体制的改革逐步全面展开。

在教育管理体制的改革上，遵照中央《决定》提出的关于动员各方面办学积极性的要求，改变过去集中过多、统得过死的现象，改善党和政府对教育工作的领导，1985年成立了国家教育委员会，统筹整个教育事业的改革和发展。通过简政放权，强化地方政府对发展教育事业的权力和责任，明确把发展基础教育的责任交给地方。不少地方开始把发展教育事业纳入地方经济和社会发展规划之中，要求中等城市和县以下教育工作的重点是办好基础教育和职业技术教育，对基础教育、中等职业技术教育和成人教育统筹规划，为当地经济建设和社会发展服务。

3. 教育事业的发展

在中等教育方面，通过改革，调整中等教育结构、发展职业技术教育的目标得到了较好实现。到1990年，全国高中阶段普通教育和职业技术教育在校生的比例大致达到了1∶1。

在高等教育方面，扩大了高等学校的办学自主权，对高校招生和毕业分配制度进行了改革，一些院校逐步实行了校长负责制。1988年4月，国家教委下发《关于高等学校逐步实行校长负责制意见》，积极推进这一制度的实施。至1989年初，已有100多所高等学校实行了校长负责制（1989年后，100余所试行校长负责制的高等学校陆续恢复了原有体制）。

在教育经费保障方面，做出"两个增长"的决定，即要求"中央和地方政府的教育拨款的增长要高于财政经常性收入的增长，并使按在校学生人数平均的教育费用逐步增长"；并决定地方政府可征收教育费附加，为义务教育增加了一项资金来源。

在党中央、国务院的重视和全国人民的支持下，在改革开放的推动下，教育事业出现了蓬勃发展的局面。1983 年 8 月，教育部在《关于普及初等教育基本要求的暂行规定》中对初等教育的入学率、在校学生的巩固率、毕业班学生的毕业率和初等教育的普及率提出具体要求。据有关资料显示，1991 年全国已有 76% 的县基本普及了小学教育，如连同城市在内，小学教育的普及已覆盖占全国人口 91% 的地区。据统计，1990—1991 学年，中国小学学龄儿童入学率已达 97.8% 以上。中国多数城市都已基本普及初中教育，全国城乡小学毕业生入学率业已达到 77.7% 左右。"通过普及初等教育检查验收的县达 1459 个，初中在校学生 3868.7 万人"。[①]

在中国各类教育中变化最为显著的是职业技术教育。职业技术教育的迅猛崛起使中国中学教育结构发生了深刻变化。据初步统计，1981 年，职业学校、职业班、农业中学、技工学校和中等专业学校在校生总数 155 万人，约占整个高级中等教育阶段在校学生总数的 21.86%。1985 年实施教育体制改革后，职业技术教育进入快速发展时期。1990 年各类职业技术学校在校生人数 519.4 万人，占高中阶段在校生比重已达 72.41%。[②] 1991 年，中国高中阶段职业技术学校招生人数比上年增长 10.9%，职业技术学校在校生占整个高中阶段在校生总数的 46.6%，比上年增加 1个百分点。1991 年 10 月，国务院发布《关于大力发展职业技术

① 欧阳雪梅主编：《中华人民共和国文化史（1949—2012）》，当代中国出版社 2016 年版，第 234 页。

② 国家统计局：《中国统计年鉴（1991）》，中国统计出版社 1991年版，第 686—687 页。

教育的决定》，要求各级政府把职业技术教育纳入当地经济和社会发展的总体规划，使经济建设真正转到依靠科技进步和提高劳动者素质的轨道上来。职业技术教育从此进入新的发展阶段。

高等教育有了较快发展，高等教育的层次结构、科类结构得到了改善。80 年代，普通高等学校净增 400 所，增幅近 60%，本专科学生数增加 91.9 万人，增幅达 80%；研究生数增加 71414 人，是 1980 年的 3.3 倍。普通高等学校中研究生、本科生的比例，1981 年为 2∶100∶21，到 1989 年，其比例已变成 7.6∶100∶58，层次结构趋向合理化。在科类结构方面，逐步提高了应用文科、财经、政法类的比例。[1]

成人教育 1991 年也在调整中迅速发展。成人高等学历教育经过治理整顿，规模得到控制，而各种非学历教育的岗位培训则广泛展开。其中最令人瞩目的是农民技术培训活动。据不完全统计，1991 年数千万农民从农民技术学校结业，接受各种短期适用技术培训的农民更是数不胜数。中国大部分农村已初步形成了县、乡、村三级农民技术培训网络。到 1991 年，全国有 70% 以上的城市取消了小学升初中的考试，高中会考改革也在逐步推广，高等与中等专业学校的招生和分配制度的改革也有所进展。尤其值得一提的是农村教育体制改革围绕着促进经济发展这一轴心正在深化，"农、科、教结合"，普通教育、职业技术教育和成人教育"三教统筹"，对克服农村教育脱离当地实际需要，促进农村经济发展起到了积极的作用。[2]

经过全面调整和改革，九年制义务教育得到普及，中等职业

---

[1] 金一鸣主编：《中国社会主义教育的轨迹》，华东师范大学出版社 2000 年版，第 487 页。

[2] 《办学条件改善　改革步伐加大　我国教育事业稳步发展》，《人民日报》1992 年 2 月 8 日。

技术教育、成人教育、技术培训迅速发展，高等教育初步形成多层次、多形式、学科门类比较齐全的态势。各类教育总体上适应社会主义现代化建设需要，并形成了教育体系。国家教育经费总投入从 1982 年的 157.65 亿元，增加到 1991 年的 731.5 亿元，增长 3.6 倍。其中 1991 年国家财政预算内教育经费 482.18 亿元，比 1982 年增长 2.9 倍。社会捐资助学资金不断增加。1981 年至 1991 年，通过社会集资、捐资等各种渠道筹措的教育经费累计达 708 亿元。[①] 教育经费得到了基本保证。

（二）科技体制改革与发展

1978 年以来，中国共产党在对社会主义现代化建设的各项事业进行总体部署的同时，对科技事业给予了高度重视，并做出了一系列重大决策，有力地推动了科技体制改革，促进了科技事业的蓬勃发展。

1. 科技体制改革的逐步展开

党的十一届三中全会以后，随着改革开放的逐步展开，科技与经济相脱节的传统体制性弊端日益突出，这不利于科学技术成果迅速转化为现实生产力，束缚了科研人员的智慧和创造才能的发挥，也制约着科学技术的发展。1985 年，中共中央发布《关于科学技术体制改革的决定》（简称《决定》），中国科技体制进入全面改革阶段。《决定》明确指出，"科学技术体制改革的根本目的，是使科学技术成果迅速广泛地应用于生产，使科学技术人员的作用得到充分发挥，大大解放科学技术生产力，促进经济和社会发展"。科技体制改革的主要内容是："在运行机制方面，要改革拨款制度，开拓技术市场，克服单纯依靠行政手段管理科学技

---

① 《当代中国教育》编辑委员会：《当代中国教育》，当代中国出版社、香港祖国出版社 2009 年版，第 100 页。

术工作，国家包得过多、统得过死的弊端；在对国家重点项目实行计划管理的同时，运用经济杠杆和市场调节，使科学技术机构具有自我发展的能力和自动为经济建设服务的活力。在组织结构方面，要改变过多的研究机构与企业相分离，研究、设计、教育、生产脱节，军民分割、部门分割、地区分割的状况；大力加强企业的技术吸收与开发能力和技术成果转化为生产能力的中间环节，促进研究机构、设计机构、高等学校、企业之间的协作和联合，并使各方面的科学技术力量形成合理的纵深配置。在人事制度方面，要克服'左'的影响，扭转对科学技术人员限制过多、人才不能合理流动、智力劳动得不到应有尊重的局面，造成人才辈出、人尽其才的良好环境。"①

根据《决定》关于改革的精神，中国的科技体制改革工作紧紧抓住了促进科技与经济有机结合这一基本问题，从科技系统内部改革起步，以运行机制改革为重点，带动组织结构的调整和管理制度的改革。为了保障科技体制改革的顺利进行，国家相继颁布了一系列政策、规定，开辟技术市场，加强知识产权保护，完善科学奖励体系，建立实验装备支持系统和科学基金制度，鼓励民办科技机构的发展等，在培育和完善适应经济建设所需要的科技体制方面不断向前迈进。

从1989年开始，以技术成果商品化为改革突破口，改革拨款制度，开拓技术市场，鼓励科技人员到生产第一线进行有偿技术服务和技术经济承包，引导独立科研院所成为面向社会、自主经营的研究开发实体。90年代初，按照"稳住一头，放开一片"的改革思路，展开结构调整和人才分流，鼓励科研机构以多种形式进入经济、长入经济，具有研究开发优势并已形成自我发展能

---

① 中共中央文献研究室编：《十二大以来重要文献选编》（中），人民出版社1986年版，第674、662—663页。

力或具备产业开发实力的科研机构，可以兴办企业或直接转变为企业，具备条件的科研机构直接进入企业或开展多种形式的合作。

2. 科技逐步进入经济建设主战场

进入 80 年代，党中央逐渐形成了"科学技术主要为经济建设服务"的思想。1985 年，在《中共中央关于科学技术体制改革的决定》中，明确提出了"经济建设必须依靠科学技术，科学技术工作必须面向经济建设"的战略方针，明确指出"科学技术门类很多，应当为多方面服务，但主要应为经济建设服务"，这就进一步为促进科技与经济的结合指明了方向。在这一方针指引下，国务院成立了科技领导小组，从宏观和战略方面统率全国科技工作；各地区、各单位陆续选拔了一批优秀的科技干部充实到各级领导岗位上。将科技工作的发展思路，调整为解决国民经济和社会发展中的重大科技问题、提升中国产业技术水平和转变发展方式上来。

1982 年，国家决定由国家计委会同国家科委、原国家经委，针对国民经济发展中的重大关键性技术难题和对经济发展具有重大影响的带方向性、基础性、综合性的课题，推出了国家重点科技攻关计划，下决心把全部经济工作转移到以提高经济效益为中心的轨道上来。

1982 年底，在国民经济还未完全调整到位的情况下，全国人民代表大会批准通过了第一次把科技计划作为重要内容的"六五"国民经济和社会发展计划。这是中国计划体制的一次大的变革，是人们对科学技术认识的一次大的飞跃。

紧接着，原国家经委于 1982 年推出了以消化吸收先进技术和新工艺为重点的"新技术新产品开发计划"；国家计委又于 1984 年先后实施了以改善科学实验条件为目的的"国家重点实验室计划"、以加强科技成果向生产转移为宗旨的"国家重点工业性试验计划"；国家科委于 1985 年、1986 年、1988 年先后推出了以振兴农业经济为目的的"星火计划"①、以跟踪国际高技术发展为中心任务的"863 计划"②、以促进高技术研究成果向商品化产业化转化为目的的"火炬计划"；1986 年国务院还批准成立了以基金形式推进基础研究的国家自然科学基金委员会。

这样，中国以"科技攻关计划"为先导，在科技体制改革中建立起了结构比较合理的国家科技计划格局，为科学技术面向经济建设开辟了一条崭新的道路。有人把这种格局比作"一体两翼"。"一体"是指被纳入国家经济和社会发展计划的国家重大科技攻关计划，这是一个具有国家意志的指令性计划。"两翼"，一翼是指为加强基础研究及应用基础研究而设立的"国家重点实验室计划""国家自然科学基金项目计划"和以高技术应用基础研究、开发性研究为主的"863 计划"；另一翼是指以开发推广应用为目的的"国家重点工业性试验计划""星火计划""火炬计划"③"新技术新产品开发计划"以及有关部委的推广性计划。"主体"与"两翼"紧密围绕中国 2000 年科技进步的总目标，把国务院各产业部门、国家教委、中国科学院、军工系统、省市地方各路科技大军、近千万科技人员，有机地组织起来，在世界竞

①　"星火计划"：1985 年，国家科委拟订的第一个面向农村的指导性科技计划。这一科技计划，旨在向农村、向乡镇企业、向中小企业输送适用的先进技术，振兴地方经济。之所以将这一计划命名为"星火计划"，是取"星星之火，可以燎原"的寓意。

②　"863 计划"：1986 年 3 月，王淦昌、陈芳允、杨嘉墀、王大珩上书中共中央，提出"要全面追踪世界高技术的发展，制定中国高科技的发展计划"的建议；邓小平亲自批示"宜速作决断，不可拖延"。同年 11 月，党中央正式批准实施"863 计划"。

③　"火炬计划"：1988 年，党中央、国务院批准实施的旨在发展中国高新技术产业的指导性计划。

争的大潮中形成一个有力的整体，推动行业、产业、企业互相配合、互相协调，形成了巨大的合力。

3. 推动了行业、产业技术进步

国家一直把具有为国家意志的科技攻关计划基点放在自力更生的基础上，可以集中精锐科技队伍，解决带有全局性的跨地区、跨行业的重大问题，可以集中物力和财力，突破带有全局性的重大科技问题，所以在推动行业、产业技术进步方面很快取得成效。

据统计，国家"六五"科技攻关计划投入了 15 亿元资金，重点抓了 8 个方面、38 个科学技术项目，取得 3896 项重要科技成果，其中 80% 以上在"六五"结束时就用于重点建设和技术改造，直接创造经济价值 127 亿元，并为国民经济的主要部门建成122 条生产试验线、297 个中试基地、168 个农作物区域试验点。如果说"六五"科技攻关计划只有 3 年时间，带有重点突破的性质，那么，"七五"科技攻关就是全线展开了。"七五"期间共选定 76 个项目，筹集了约 67 亿元资金，投入了 13 万科技战线的精锐之师，取得成果 1.1 万项，其中 58% 属于国际 80 年代水平，80% 以上系填补国内空白或处于国内领先地位，80% 的成果已在生产建设中推广应用，直接创造经济价值 400 多亿元。通过"七五"科技攻关，建成了试验生产线 1339 条、工业试验基地 872个、农业试验基地 2513 个。各类专用数据库 42 个，国家农作物种子资源库 1 个。① 这些基础设施的建立和完善大大加强了中国科学研究的后劲。

实践证明，科技攻关通过"六五""七五"的连续实施，已经为国家重点建设、技术改造提供了一批重要技术和装备，各主要产业部门的设备水平和生产能力跨上了新的台阶，开发了一大

---

① 《1986—2000 年国家科技攻关计划》。

批更新换代的新产品，并且在若干高技术领域、一些重要理论问题和方法技术研究方面，取得了重大突破，使中国整体的科学技术水平在原有的基础上有了显著的提高。经济界权威人士分析，中国的科技攻关计划，无论是在推动经济、社会发展方面，在组织规模、研究领域方面，都显示了自己的特色，其意义不亚于欧洲的"尤里卡计划"。①

（三）文化体制改革与发展

广义的"文化"范畴，包括教育、科学、文学艺术、新闻出版、广播影视、卫生、体育、文物、图书馆、博物馆等。鉴于党和国家对教育、科技、卫生等领域的改革都有专门部署，本书也专门加以叙述，因此本节所涉及的"文化体制改革"，主要是指由国家文化部系统、广播电视总局系统和新闻出版总署系统所管辖的文学艺术、新闻出版、广播影视、文物、图书馆、博物馆等事业、群众文化和艺术教育等。文化体制改革涉及的点多面广，系统庞大，全国仅专业艺术表演团体就有 3523 个、从业人员 24.5 万多人。

1978 年至 1991 年，中国的文化体制改革基本处于酝酿和初步展开阶段。在这个阶段，改革的任务虽已提出，但由于思想不够解放、改革措施不配套等原因，成效还不够明显。

1. 文化体制改革的必要性

自进入改革开放新时期，作为"文化大革命"的重灾区，文化领域也逐步开始由"以阶级斗争为纲"向以经济建设为中心转变。在这一过程中，文化事业出现了复苏与初步繁荣的局面。不过，从 1978 年到 1983 年，文化发展的首要任务是进行拨乱反正，

---

① 《集精锐之师　攻科技难关——关于国家重点科技攻关计划的由来》，《人民日报》1991 年 8 月 17 日。

恢复和重建"文化大革命"期间受到严重破坏的文化体制。文化主管部门虽然也提出了文化体制改革的任务，如 1980 年 2 月文化部主持召开的全国文化局长会议提出要"坚决地有步骤地改革文化事业体制，改革经营管理制度"，1983 年 6 月六届全国人大一次会议《政府工作报告》提出"文艺体制需要有领导有步骤地进行改革"①，但由于整个国家的改革开放正处于起步阶段，这个时期文化体制改革的紧迫性并不突出，因此在实践上也没有取得多少进展。

1984 年之后，随着经济体制改革的全面展开以及文化娱乐市场、书刊发行第二渠道、演出穴头和演员走穴等现象的出现，原有文化体制的弊端逐渐暴露出来，越来越不适应文化事业进一步发展的需要。这些弊端主要包括：在所有制方面，片面追求"一大二公"，全部文化事业由国家直接经营，统包统揽，排斥社会和个人兴办文化事业；在管理体制方面，与行政管理体制相对应，层层建立专业文艺团体，机构臃肿，人浮于事，文化机构行政化、机关化，严重违背文化事业发展规律；在分配体制方面，平均主义的"大锅饭""铁饭碗"现象严重，干与不干、干多干少一个样，缺少竞争和激励机制，影响了集体和个人积极性的发挥，等等。在这种情况下，改革文化体制已成为推动文化事业繁荣与发展的一项重要任务。

2. 文化体制改革的整体推进

从 1984 年到 1991 年，在中国改革开放整体推进的过程中，文化体制改革逐步展开，并在以下方面取得进展：

第一，改革国家统包统管的旧模式，调整艺术部门和艺术团体的布局。1985 年中共中央办公厅、国务院办公厅批转了文化部

---

① 中共中央文献研究室编：《十二大以来重要文献选编》（上），人民出版社 1986 年版，第 347 页。

《关于艺术表演团体的改革意见》，明确指出艺术表演团体存在五个方面急需改革的问题：布局不够合理；人浮于事，机构臃肿；领导体制和管理体制不适应艺术生产的需要；分配上的平均主义、"大锅饭"；鼓励、推动艺术创作、评论、研究的制度、措施不得力、不健全。因此，应当"遵循调整、改革、整顿、提高的方针，在体制上和领导管理上进行较大的改革"。在宏观方面，改革的目标是调整艺术表演团体的布局和品种结构，改变不根据群众需要和实际情况，按行政区划层层设立政府主办的艺术表演团体的状况。在微观方面，提出要增强艺术表演团体自身的生机与活力，使其逐步成为"独立性较强的社会文化团体"。根据这一文件的精神，经过10多年的改革，全国专业艺术表演团体由1980年的3523个减少到1990年的2787个；专业艺术从业人员由1980年的245659人减少到1990年的170000人，并且由于吸收了大批新生力量，使人员结构更趋合理。①

第二，借鉴农村改革经验，实行"承包责任制"。文化体制改革始于艺术表演团体和电影，并有所突破。20世纪80年代前期，改革主要是在内部机制方面，以承包经营为主。部分艺术表演团体早在1979年就率先进行过经营机制市场化改革的尝试。1981年，以著名京剧表演艺术家赵燕侠承包北京京剧团为发轫，"承包制"在全国许多院团中推行开来。福建省在大部分地、县剧团实行"四定一奖"②责任制，上海等地艺术院团实行承包经营责任制。1982年1月，文化部召开直属艺术院团负责人会议，讨论体制改革问题。3月12日，文化部召开九省、市艺术表演团

---

① 康式昭主编：《中国改革全书（1978—1991）》文化体制改革卷，大连出版社1992年版，第4页。

② 指定创作任务、定演出场次、定演出收入、定补贴金额和完成任务奖励。

体整顿、改革座谈会，讨论剧团设置、布局、人事管理、经济管理等问题，交流情况与经验。

1983 年 12 月底，文化部党组在给中共中央宣传部的《关于艺术表演团体实行承包经营责任制情况的报告》中指出，1983 年以来，"全国除新疆、西藏等部分少数民族地区以外，各省、市、自治区文化部门大多以戏曲剧团为重点，试行了多种形式的承包经营责任制的改革"。实行经营责任制的剧团，主要是县级、地区级剧团，省、市、自治区、中央级只是少数剧团搞了试点。报告指出，一些试行承包经营责任制做得比较好的剧团，主要有以下特点：第一，改革目的明确，通过消除现有的弊端，充分发挥演职人员积极性创造性，出人出作品，而不是为了多捞钱或谋私利；第二，做到了责、权、利相结合；第三，坚持按劳分配，克服平均主义；第四，注意建立和健全符合社会主义艺术生产规律特点的规章制度；第五，加强思想政治工作。报告认为，在经营管理上实行承包责任制对全国许多艺术表演团体是可行的，要在认真总结经验的基础上，从各地实际出发，有领导有步骤地推广。

各地在实行中，根据自己的实际情况，创造了承包经营的多种形式，主要有：（1）国家经费补贴包干，演出队分配实行基薪加分红的办法，如北京京剧院赵燕侠演出试点队。（2）几包几定、定额补贴、节余分成的承包责任制。如江苏省对省直艺术表演团体实行的"两定（新剧目创作、演出场次）两包（基本工资和离退休人员工资及副食补贴、医疗费）三补贴（为少儿演出、演出现代戏、下乡演出）、结余分成提奖"等。（3）全民所有，集体经营，独立核算，自负盈亏。如上海杂技团魔术队、广州魔术团、河北省曲艺团等。（4）北京、四川一些剧团试行浮动工资制。有的是以部分工资，有的是以全部工资加各项补贴、奖金作为浮动部分，按演职员的政治表现、劳动态度、艺术高低、贡献大小确定工资等级。到 1985 年上半年，全国有三分之二以上的专业艺术表演团体实行过承包经营责任制。

第三，广泛开展各种有偿服务和"以文补文"活动。有偿服务、"以文补文"活动，最早出现在 1978 年。当时，广东、广西、湖北、安徽、河北等省区，把公社办的电影队、影剧场、体育场等文化设施划归公社文化站统一管理，文化站举办的某些文化活动，可以酌量收费，意即取之于"文"，用之于"文"。后来，这一经验逐渐被推广，并从群众文化事业延伸到剧团、影剧院、图书馆、博物馆、文化馆等文化事业，提法也越来越多，"以副养文""以商养文""以文养文""以农养文""以工养文"，等等，最后规范为"以文补文"。1980 年，中宣部等部门在《关于活跃农村文化生活的几点意见》中，第一次使用了"以文补文"的提法。"以文补文"的形式多种多样，包括编印各种文化科技艺术资料、书画展销、文物复制、乐器维修和租赁、艺术摄影、广告装潢、兴办文化企业和各种服务公司等。据统计，1988 年，全国文化事业单位开展有偿服务和"以文补文"活动的网点达 11458 个，全年纯收入 1.8 亿元，相当于当年国家所拨文化事业经费的 12% 左右；1989 年全年纯收入达到 2.3 亿元，约相当于国拨经费的 16% 左右；1990 年又上了一个档次，分别达到 2.7 亿元，占 18.2% 左右。[①]"以文补文"的方式促进文化事业的发展，在文化经费十分紧缺的情况下，对发展农村文化事业起到了非常有益的作用。

第四，实行艺术表演团体经营方式的"双轨制"改革。1988 年 5 月，全国文化工作会议讨论了《关于加快和深化艺术表演团体体制改革的意见》，提出了实行"双轨制"的具体改革意见。

---

① 康式昭主编：《中国改革全书（1978—1991）》文化体制改革卷，大连出版社 1992 年版，第 36 页。

所谓"双轨制"，是指在艺术表演团体的组织运行机制上改变由国家统包统管的旧体制，采取少数需要国家扶持的团体由政府文化主管部门主办，多数可以实行多种所有制形式的团体由社会主办的新体制。对于文化体制的"双轨制"，文化部的总体设想是："由政府文化主管部门主办的艺术表演团体，应当是代表国家和民族艺术水平的、或带有实验性的、或具有特殊的历史保留价值的、或少数民族地区的专业团体，它们可以实行全民所有制形式；还可以采取由政府文化主管部门聘任的院（团）长全面负责制，或由政府文化主管部门公开招聘的院（团）长合同承包制等经营方式。对这些艺术表演团体和艺术表演人员要采取要求从严、待遇从优的方针，鼓励他们进行优胜劣汰的竞争，不吃'大锅饭'，不捧'铁饭碗'。由社会主办的艺术表演团体，可以采取由艺术表演人员自愿结合、集体组团、自主经营，或由艺术表演人员个人组团、自主经营，或由演出经纪人临时性组团、自主经营等经营方式。这些艺术表演团体在党的文艺方针、政策的指导下，在国家现行的法律、法规和规章制度允许的范围内，在业务活动和经营活动中有充分的自主权，可以依法进行任何营业性的创作和演出活动。"① 实行"双轨制"政策之后，大量民间职业剧团涌现出来并日益活跃。至 1990 年，仅福建省漳州市就组建了民间职业剧团 50 多个，涌现了李少楼、姚九婴、宋占美等著名芗剧艺人。广州杂技团飞车走壁队和环球飞车队等转型为自主经营、独立核算的民间职业剧团后，也取得了显著的经济效益。

第五，承认文化市场的合法地位，加强对文化市场的引导。1979 年，广州东方宾馆开设了国内第一家音乐茶座，成为新时期中国文化市场兴起的标志。随后，深圳、珠海经济特区的歌厅、

① 《我国艺术表演团体将逐步实行"双轨制"》，《人民日报》1988年 9 月 29 日。

舞厅、录像放映厅等文化娱乐方式也相继出现，并很快风靡大江南北。1987年2月9日，文化部、公安部、国家工商局联合发出《关于改进舞会管理问题的通知》，"要求各机关、团体和企事业单位，根据需要有组织地为职工、青年办好集体舞会、交际舞会。大中城市中的大宾馆、大饭店、国际俱乐部等，可举办对外宾开放的营业性舞会。营业性舞会要把社会效益放在首位。各级文化主管机关要加强对营业性舞会（厅）的领导和管理，制定舞场、乐队管理制度，并根据各地实际情况制定出具体管理办法"。① 至此，正式解除了对曾引起众多争议的营业性舞会（厅）的禁令，赋予其合法地位。1988年2月，文化部、国家工商行政管理局又联合发布《关于加强文化市场管理工作的通知》，明确使用了"文化市场"的概念，规定了文化市场的管理范围、任务、原则和方针。由于"文化市场"的合法地位得到了承认，此后，台球、卡拉OK、电子游戏机等一系列在西方广为流行的娱乐方式开始进入中国，掀起一阵又一阵文化热潮。1989年国务院批准在文化部设置文化市场管理局，全国文化市场管理体系开始建立。

第六，大力加强文化立法和执法工作。十一届三中全会以来，文化部门根据国务院法制局的要求而制定的"七五"立法规划、"八五"立法规划，以及年度立法计划，有计划、有步骤地制定了一批新的文化法规、规章。据统计，从1986年至1990年，文化部制定的规章和法规性文件达83件，约占1985年前的35年的15%。这些法规在调整政府与公民、法人之间，公民之间，法人之间以及公民与法人之间的权利与义务关系，划分政府部门之间管理权限方面，取得明显进展。加上地方人大或地方政府制定

---

① 康式昭主编：《中国改革全书（1978—1991）》文化体制改革卷，大连出版社1992年版，第571页。

的地方性文化法规、规章在内，可以说，在调整人们的社会文化关系以及文化事业管理的一些重要方面，已实现了"有法可依"和"有章可循"。① 在执法方面，1983 年，深圳市率先在市文委内专设了文化市场管理处，建立专职的文化市场稽查队，由市、区（县）文化部门统一指挥，消除公安、工商、税务、文化、广播多头管理，有时重复、有时空档的现象。到 1991 年，据统计，像深圳市这样已初步建立了文化执法队伍的，全国已有 10 余个省市初步建立了文化执法队伍，仅湖南一省，就有 50 个市县成立了文化市场稽查队，配备专职或兼职稽查人员近 500 人。②

以上各项改革措施的落实，拉开了 80 年代中国文化体制改革的帷幕，也在一定程度上促进了文化事业的发展。文化的市场地位得到国家层面的明确确认，全国文化市场管理体系建设步入依规有序发展阶段。但是，必须指出，和经济、科教等其他领域的改革相比，这个阶段的文化体制改革也存在明显的问题，突出的是思想不够解放，理论准备不足，许多文化主管部门的领导对改革被动适应，左顾右盼，仓促上阵，急功近利，对改革的复杂性艰巨性估计不够充分，改革也缺乏总体布局和规划，各种改革措施不协调、不配套，有些方面改来改去又回到老路上去，这些都阻碍了文化体制改革的进一步深化。

3. 文化事业的发展

在这一时期，文学艺术、出版传媒、竞技体育的发展都比较快，呈现繁荣态势。文学艺术引领着时代风尚，成为中国走向现代化的精神风向标。艺术创作呈现爆发态势，文学、戏剧、电

---

① 康式昭主编：《中国改革全书（1978—1991）》文化体制改革卷，大连出版社 1992 年版，第 38 页。

② 康式昭主编：《中国改革全书（1978—1991）》文化体制改革卷，大连出版社 1992 年版，第 38 页。

影、美术、音乐、竞技体育等百花争艳。

第一，文学艺术的发展。新时期文学艺术呈现为题材随着时代的发展而演进。伤痕文学拉开了序幕，进而拓展为反思小说，之后出现汪曾祺的《受戒》、贾平凹的商州系列、李杭育的"葛川江小说"系列、韩少功的《爸爸爸》和王安忆的《小鲍庄》等反思和追寻传统文化之根的寻根文艺潮流。同时真切反映时代的改革文学涌现，如柯云路的《新星》、张洁的《沉重的翅膀》、张贤亮的《龙种》、李国文的《花园街 5 号》等小说，深刻地反映改革时代尖锐的思想冲突和社会矛盾。还有以姚雪垠的《李自成》、凌力的《少年天子》、徐兴业的《金瓯缺》、杨书案的《孔子》为代表的历史题材小说。表现在创作方法、艺术技巧的探索和实验上，"朦胧诗"和"意识流小说"在艺术实践上首开先河，对新时期文坛的震荡力度是空前的。

第二，全国各地文化事业单位，如文联，纷纷创办通俗性的、综合性的报纸、期刊，有的党报、党刊也开始创办通俗性的副刊。以群众文化系统为例，全国各省市群众艺术馆、文化馆都创办以刊登娱乐性通俗文艺作品为主、以赢利为目的的文艺刊物，或者将原有的刊物改版为通俗文艺期刊。仅广西一省，通俗文艺期刊就达 53 种。1985 年仅湖北省就有 4 家期发 20 万至 30 万字、期发行量达几十万至 200 多万份的大型通俗文学期刊，流行音乐磁带的发行量更为巨大。成立于 1979 年的太平洋影音公司，1980 年生产 800 万盒磁带，1983 年已达数千万盒。80 年代中期，全国音像制作单位从只有几家增长为二三百家，每种制品发行量高达十几万至几十万盒。①

第三，故事片产量稳步上升。1979 年 65 部、1980 年 82 部，

① 欧阳雪梅主编：《中华人民共和国文化史（1949—2012）》，当代中国出版社 2016 年版，第 224 页。

1981 年至 1992 年，电影产量一直在 100 部以上，1992 年达到 166 部。① 农村题材、都市题材、历史题材、革命战争题材、军事题材、名著改编等各种题材的优秀之作层出不穷。如《庐山恋》《法庭内外》《血，总是热的》《高山下的花环》《喜盈门》《月亮湾的笑声》《西安事变》《芙蓉镇》《老井》《南昌起义》《陈毅市长》《开国大典》《伤逝》《骆驼祥子》《红楼梦》《雷雨》等电影中的各种银幕形象，很受观众欢迎。

第四，美术、音乐创作多样化发展。从 1979 年的"星星画展"、1980 年的"同代人画展"、1985 年的"85 美术新潮"，到 1989 年的"现代艺术大展"，充满着新旧艺术观念的分歧甚至冲突。以突破传统和技巧实验为特征的"新潮音乐"，也体现了变革时代音乐创作及理论的大胆探索。新潮美术、音乐、现代派文学创作，存在着脱离时代和民族传统、实验和艺术至上的严重缺欠，并引发理论界"毁誉"参半的评价。这些都是文艺发展过程中痛苦的历程，也成为文艺创作多样化发展的历史积累。

第五，出版传媒得到极大发展。出版传媒是文化传承和文化建设的重要载体，长期得到党和政府的高度重视。古籍是中华文化的历史遗存，中国历来重视古籍传承整理。1981 年 9 月 17 日，中共中央发出《关于整理我国古籍的指示》。12 月 1 日，国务院恢复直属机构古籍整理出版规划小组，办公机构设在中华书局。1982 年，国务院批准古籍整理出版规划小组提出的 1982 年至 1990 年古籍整理出版规划，确定整理出版基本古籍及重要参考书 3100 多种。② 地方陆续成立了相应机构。1982 年全国整理出版古

---

① 陈播主编：《中国电影编年纪事》总纲卷（下），中央文献出版社 2005 年版，第 888 页。

② 《源流不乱　古籍生辉——两年来我国古籍整理出版工作述评》，《人民日报》1984 年 3 月 5 日。

籍 231 种，重印读者急需的古籍 100 多种。1983 年，全国整理出版古籍 280 多种，重版古籍 161 种。同年 9 月，教育部成立全国高等院校古籍整理研究工作委员会，办公机构设在北京大学。

中共中央和国务院的重视，推动了古籍整理出版工作。从 1982 年到 1990 年，共整理出版《甲骨文合集》《古逸丛书三编》《永乐大典》《康有为大同书手稿》《宋人佚简》《清史稿》《中华大藏经》《全宋文》《全宋词》《中国地方志集成》等古籍 4000 余种。1984 年，国务院委托国家民委成立全国少数民族古籍整理出版规划小组。1986 年 6 月，全国少数民族古籍整理出版规划会议制定《一九八六——一九九〇年全国少数民族古籍整理出版规划（草案）》。到 1990 年，22 个省、自治区建立相应的组织，出版发行民族典籍 1000 多种。①

第六，民间文化的搜集、整理和研究工作日益恢复。1979 年，文化部和中国音乐家协会决定联合主持编辑《中国民间歌曲集成》《中国民族民间器乐曲集成》《中国曲艺音乐集成》《中国戏曲音乐集成》《中国琴曲集成》5 种民族音乐集成。1986 年 6 月 7 日，文化部召开全国艺术学科规划领导小组会议，将五部集成扩展为十大民族民间文艺集成，增加《中国民族民间舞蹈集成》《中国民间故事集成》《中国谚语集成》《中国歌谣集成》《中国戏曲志》，《中国琴曲集成》改为《中国曲艺志》，由文化部、国家民委和中国文联共同组织编纂，按省分卷。

第七，竞技体育有了跨越式发展。1978 年 1 月、1979 年 2 月和 1980 年 1 月，国家体委连续 3 次召开全国体育工作会议，确定进一步广泛开展群众性体育活动、加速发展体育事业、尽快提高竞技体育水平的体育工作方针。

---

① 欧阳雪梅主编：《中华人民共和国文化史（1949—2012）》，当代中国出版社 2016 年版，第 240 页。

　　1978 年，中国恢复在国际业余田径联合会和国际体操联合会的合法席位。1979 年 3 月，中国奥委会向国际奥委会正式提出关于解决中国合法席位的建议。10 月 25 日，国际奥委会执委会在日本名古屋奥委会执委会上通过一项建议案：一是确认以"中国奥委会"的名称承认设在北京的奥委会。二是以"中国台北奥委会"的名称维持对设在台北的奥委会，条件是后者采用的歌曲和旗帜有别于迄今使用的"中华民国"的国歌和国旗，史称《名古屋决议案》。1978 年拥有 9 亿多人口的中华人民共和国在时隔 21 年后重返国际奥运大家庭。

　　在恢复奥委会合法席位后，国家体委将乒乓球、羽毛球、田径、游泳、跳水、体操、举重、足球、篮球、排球、射击、射箭、速度滑冰 13 个传统优势项目列为发展竞技体育的重点项目。1980 年上半年，中国运动员在乒乓球、跳水、排球、羽毛球、体操、射击、举重、射箭、田径、游泳等项目的国际比赛中，共获得 167 个冠军。1984 年 7 月，231 名中国运动员第一次①参加在美国洛杉矶举办的第 23 届奥运会，中国体育代表团以 15 枚金牌位列世界第四。当时 27 岁的中国选手许海峰以 566 环的成绩获男子手枪 60 发慢射冠军，成为该届奥运会第一枚金牌得主，开启中国竞技体育和奥运历史的"新时代"。

　　在单项比赛中，中国女排异军突起，连续在 1981 年、1982 年、1984 年、1985 年、1986 年举办的世界杯、世界锦标赛和奥运会排球比赛中夺得冠军，是世界上第一个获得"五连冠"的排球队，成为中国体育运动史上的精彩篇章。

　　1990 年 9 月 22 日至 10 月 7 日，北京成功举办第 11 届亚洲运动会。17 个国家和地区的 6039 名运动员参加，中国队以总数 183

---

　　①　1952 年，中国曾组队参加第 15 届赫尔辛基奥运会，但此时，国际奥委会尚未承认中华人民共和国在国际奥委会中的合法席位。

枚金牌位列本次运动会第一名。这是中国首次承办大型综合性国际体育赛事。这一体育赛事，以优美激昂的宣传曲《亚洲雄风》风靡全球。

1989 年 8 月 30 日，中国奥委会主席、国家体委副主任何振梁当选国际奥委会副主席。1991 年 2 月 26 日，北京市人民政府向中国奥委会第一次正式提出申办 2000 年第 27 届奥运会的书面申请。

（四）医疗卫生体制改革与发展

医疗卫生制度是人民健康的最基本保障，中国的医疗卫生制度在新中国成立后为全体人民提供了最基本的医疗服务。改革开放以来，在国家综合实力大幅度提升的基础上，中国的医疗卫生事业也取得了长足的进步。同时也应看到，由于在一定发展阶段上存在"经济腿长、社会腿短"的现象，医疗卫生体制改革经历了曲折的历程。人民群众"看病难、看病贵"的问题仍然相当突出，大力发展医疗卫生事业和加快深化医疗卫生体制改革仍是全社会高度关注的问题。

1. 医疗卫生制度的恢复与探索性改革

中国卫生事业单位为社会提供医疗卫生服务的能力大幅度提升，服务范围和服务数量也得到相应增长。从 1978 年到 1992 年，卫生人员数量（包含卫生技术人员、执业助理医师、医师和注册护士）从 310.6 万人增长到 514 万人，增长幅度达到 65.5%；卫生机构数量（不包括村卫生室，包括综合医院、中医医院、专科门诊以及疗养院）从 16.98 万个增长到 20.48 万个，增长幅度为 20.6%；卫生机构床位数量（包括综合医院、中医医院和专科医院）从 107.9 万张增长到 199.3 万张，增长幅度为 84.7%。从 1980 年到 1992 年，城市医疗机构（包括妇幼保健院、专科疾病防治院）的诊疗人次从 1980 年的 10.53 亿次增长到 1992 年的

15.35 亿次，增长幅度为 45.8%。[1]

从 1978 年至 1984 年底，卫生部门工作重心主要是恢复正常的医疗卫生制度。十年"文化大革命"导致中国的财政基础非常薄弱，卫生经费极度紧缺，医疗卫生队伍青黄不接，技术水平差，工作效率低。从 1979 年开始，卫生部门将卫生工作的重点转移到为四个现代化建设服务的轨道上，鼓励医务工作者抓业务、抓技术、抓经济管理。注重提高当时现有医疗机构的医疗质量，而不在于发展数量，主要采取了两个方面的改革措施：一是培养医疗卫生工作人员，注意人力资源的可持续；二是加强对医疗卫生机构的管理。

在医疗卫生工作人员的培养方面，落实党的知识分子政策，注重发挥他们的聪明才智，保障每周至少有 5/6 的时间进行业务学习。在医学的正规化教育方面，根据实际需要调整专业设置，对农村卫生人员的培养以集中办班代培的方式进行。在医疗卫生机构的经济管理方面，1979 年卫生系统在县级以上的医院试行"全额管理、定额补助、结余留用"，给医院经营管理一定的自主权。1981 年 3 月，卫生部颁布了《医院经济管理暂行办法（修改稿）》和《关于加强卫生机构经济管理的意见》，将重点放在如何在不依靠财政拨款的基础上提高经济效益，提出了扩大医院的医疗服务范围、增加合理的业务收入以及逐步按成本收费的构想。具体表现在卫生总费用构成上，从 1978 年到 1984 年，政府预算卫生支出占卫生费用总支出的比例由 32.2% 上升到 37.0%，个人现金卫生支出构成比例由 20.4% 上升到 31.5%，政府预算卫生支出的增长不到 5 个百分点，而个人现金卫生支出却增长了

---

① 宋晓梧主编：《中国社会体制改革 30 年回顾与展望》，人民出版社 2008 年版，第 241 页。

11. 1 个百分点。①

从 1984 年到 1989 年，中国对医疗卫生服务体制改革开始了初步探索。党的十二届三中全会通过了《中共中央关于经济体制改革的决定》，这标志着城市经济体制改革的全面展开，也推动了医疗卫生体制改革的初步探索。1985 年 4 月国务院批转了卫生部《关于卫生工作改革若干政策问题的报告》，成为这一阶段卫生部进行改革的指导性文件，其中对发展全民所有制卫生机构的方针、扩大全民所有制卫生机构的自主权、积极发展集体卫生机构、个体行医、在职人员应聘和业余收费、设立农村村一级卫生机构、农村医疗机卫生工作的改革、医疗收费制度改革等方面做出了明确规定。在该文件的指导下，各地卫生部门和医疗卫生机构结合本地实际情况探索不同于以往的办医方式，比较有代表性的是院、所、站长负责制，具体规定院长和书记的职权范围。

1989 年国务院批转了卫生部、财政部等五部门发布的《关于扩大医疗卫生服务有关问题的意见》，主要包括五个方面内容：一是积极推行各种形式的承包责任制；二是开展有偿业务服务；三是进一步调整医疗卫生服务收费标准；四是卫生预防保健等单位开展有偿服务；五是卫生事业单位实行"以副补主"和"以工补医"。该文件的出台进一步推动了卫生系统，由单一依靠国家财政拨款向多层次、多渠道办医转变，由偏重福利性质向兼顾经济效益转变。表现在卫生总费用构成比例上，从 1985 年到 1989 年，政府预算卫生支出在卫生总费用中所占的比例迅速下降，由 38.6% 降至 27.3%，下降了 11.3 个百分点；个人现金卫生支出在卫生总费用中所占的比例持续上升，从 28.5% 上升至 34.1%，

---

① 宋晓梧主编：《中国社会体制改革 30 年回顾与展望》，人民出版社 2008 年版，第 243 页。

增长了 5. 6 个百分点。① 这些政策，一方面调动了各级卫生工作
人员的积极性，另一方面也促使一些医疗机构出现片面追求经济
效益的现象。

从 1990 年到 1992 年春，中国对卫生事业进行了治理整顿，
进一步推动医疗卫生体制改革。1990 年卫生部和国家中医药管理
局制定了《中国卫生发展与改革纲要 1991—2000》（简称《纲
要》），《纲要》将卫生事业的性质表述为"公益性的福利事
业"，提出卫生工作的战略重点是改善农村卫生、加强预防保健
和振兴中药，主要措施包括界定各级政府的职责范围和卫生投
入，建设卫生队伍，依靠科技进步加强卫生法律建设、医德医风
建设和全民健康教育等。并强调要进一步深化卫生体制改革，扩
大对外开放。这一阶段，深化医疗卫生体制改革主要集中在两个
方面：一是保持当时改革政策的稳定性和连续性，已经出台的政
策都要贯彻执行；二是前瞻性的改革，主要为卫生工作走区域化
发展道路、卫生全行业管理以及健康保障制度的改革和完善。
《纲要》总结了中国卫生事业发展和改革以往的经验，提出了进
一步改革与发展的规划，对中国卫生事业应该走什么样的道路、
建立什么样的模式进行了探讨和研究。

2. 农村医疗卫生体制改革

随着经济体制改革的逐步深入，尽管三级卫生机构在形式上
仍然存在，但由于社会环境和农村居民的卫生需求均发生重大变
化，农村医疗卫生体制和内容都发生了不同程度的变化，县、
乡、村卫生机构各自为战，以预防为主的三级卫生服务体系受到
了巨大冲击。

由于农村集体经济的解体，以集体经济为依托的村级卫生组

---

① 宋晓梧主编：《中国社会体制改革 30 年回顾与展望》，人民出版
社 2008 年版，第 245 页。

织受到严重冲击，三级卫生网络出现断裂，具体表现为县级有关部门缺乏对乡镇卫生院相应的管理监督，乡镇卫生院忽视对村卫生室的技术指导和培训，由以往的协调关系演变为相互竞争的关系。在这种竞争格局中，各级卫生机构从各自的利益出发，截留病人，不愿意转诊，三级卫生网络的功能作用大打折扣。从1981年到1991年，乡镇卫生院的诊疗人次从14.38亿次降至1991年的10.82亿次；入院人数从2123万人降至2016万人。虽然中间有过短暂回升，但总体上处于下降趋势。

从县级医院、卫生院的医疗服务提供能力来看，从1985年到1990年，县级医院、卫生院的床位数由126.71万张减少至123.74万张；市级医院、卫生院的床位数由96.21万张上升至138.67万张；县级卫生技术人员从173.73万人下降至171.26万人；市级卫生技术人员从167.73万人上升至218.53万人。[①]

在经济体制改革过程中，国家财政一度大大削减了对农村医疗机构的费用补偿。20世纪80年代后期，县卫生医疗机构的财政拨款难以维持机构业务支出，国家允许其对疾病预防和妇幼保健的一部分业务试行有偿服务。90年代后期，全国县卫生防疫站和妇幼保健所的收入构成中，国家财政拨款所占的比例分别为37.3%和27%。在县卫生防疫站的业务收入中，37.5%来自于有偿服务，26.8%来自于从业人员体检，24.1%来自于卫生监督，只有11.6%来自于财政拨款。在县妇幼保健所的业务收入中，51.2%来自于门诊，38%来自于住院，3.4%来自于妇幼保健有偿服务，只有7.4%来自于国家财政拨款。[②]

---

① 宋晓梧主编：《中国社会体制改革30年回顾与展望》，人民出版社2008年版，第254页。

② 宋晓梧主编：《中国社会体制改革30年回顾与展望》，人民出版社2008年版，第255页。

3. 公共卫生体制改革

公共卫生体制是中国医疗卫生体制的一个重要组成部分，其职能变化从一个角度反映出中国的公共卫生体制在改革的浪潮中的变化。现代意义上的公共卫生至少包括传染病和非传染病的预防和控制、卫生监督、食品卫生和营养、环境卫生、职业和劳动卫生、妇幼保健等门类。这里探讨的公共卫生系统包括卫生监督、疾病预防控制和基层社区卫生服务机构，重点对机构的发展运行方式进行述评。

长期以来，中国的卫生监督和疾病预防控制职能主要由卫生防疫站来具体承担。1984年党的十二届三中全会拉开了经济体制改革的序幕，卫生防疫机构也随之由提供无偿的公共卫生服务向有偿服务转变。在计划经济体制下，公共卫生管理和筹资由中央与地方各级政府负责。财政包干体制实行后，地方政府成为卫生事业费用的主要承担者。进入20世纪80年代中期后，医疗卫生机构在人事、分配和业务等方面的自主权扩大，允许"卫生防疫、妇幼保健、药品检验等单位根据国家有关规定，对各项卫生检验、监测和咨询工作实行有偿服务的收入……在扣除必要的物质材料消耗和适当的仪器设备折旧后，用于改善职工的工作条件和生活待遇"。同时，卫生防疫机构的费用补偿逐渐从计划经济时期的全额拨款改为差额拨款，卫生防疫机构的日常运行经费主要依靠自身创收来解决。

这一时期，卫生立法工作得到了迅速发展，覆盖了几乎所有方面，卫生监督管理逐步形成了多层次的劳动卫生，食品安全，传染病、职业病防治，环境卫生，学校卫生，放射卫生和药品质量的监督网络。到1992年，中国共颁布了4项卫生法律和17项卫生法规，包括全国人大常委会相继颁布的《中华人民共和国食品卫生法（试行）》《中华人民共和国药品管理法》《中华人民共和国国境卫生检疫法》和《中华人民共和国传染病防治法》等，国务院先后颁布的《尘肺病防治条例》《公共场所卫生管理条例》《放射性同位素与射线装置放射防护条例》《化妆品卫生监督条例》《学校卫生工作条例》和《艾滋病监测管理的若干规定》等一批公共卫生行政法规。

在监督监测网络建设方面，一是把住卫生预防性监督关，对新建、改建、扩建的工矿企业、食品生产经营企业、公共场所、放射性工作场所等工程的选址和设计进行卫生审查和竣工验收，对生产经营部门和企业核发卫生许可证；二是通过定期监测、不定期抽查、巡回检查等多种方式开展大量经常性的卫生监督工作，有力地保护了人民群众正常的工作、学习和生活，取得了较好的社会效益和经济效益。

总之，80年代，中国的重大传染病防治取得了明显进展，妇女儿童的卫生保健水平得到进一步改善，人民健康水平不断提高。全国卫生资源总量得到迅速发展，公共卫生监督和疾病预防控制取得显著成效。但政府职能转变仍不到位，医疗卫生资源配置不合理，医疗费用上涨过快的问题仍很突出。医疗卫生部门要转变职能，调整医疗卫生资源总体布局，积极推进公立医疗机构改革，调整医疗机构收费。

（五）社会保障体制改革的酝酿和启动

社会保障是现代国家最重要的社会经济制度之一。建立健全与经济发展水平相适应的社会保障体系，是经济社会协调发展的必然要求，是社会稳定和国家长治久安的重要保证。

1. 改革开放前社会保障的制度基础

就新中国社会保障体制的形成来看，1951年建立的中国养老保障制度是一个源头，这个制度主要覆盖城镇企业职工。根据当时的《中华人民共和国劳动保险条例》，社会保险经办机构按职工工资总额的3%提取劳动保险基金，并在全国范围内调剂使用。

1955 年，国家建立了机关、事业单位工作人员的养老保险制度。1958 年，国家根据当时的实际情况，将企业和机关事业单位的两个养老保险制度在适当放宽养老条件和提高待遇标准的基础上做了统一规定。1969 年 2 月，财政部下发了《关于国营企业财务工作中几项制度的改革意见（草案）》，规定国营企业一律停止提取劳动保险金，企业职工养老金所需要的费用由企业自行负担，由此养老保险演变成"企业保险"或"单位保障"。1978 年由《关于工人退休、退职的暂行办法》和《关于安置老弱病残干部的暂行办法》所取代。这个历史阶段的社会保险的特点是，所有的个人福利与生老病死都由企业负担。从这个意义上讲，这个阶段的保险是"企业保险"，而不是"社会保险"。严格地说，1978 年以前"传统社会保障制度"并不是新中国独创的，它是在参照当时世界社会主义国家通行的惯例制定的，当然，它也是中国特殊历史条件下特殊经济体制的产物，是计划经济体制下不可避免的、具有保障支持作用的"子制度"，它为新中国的工业化发展立下了汗马功劳。

2. 巩固单位包办的社会保障体制模式

党的十一届三中全会扭转了中国社会经济的混乱局面，为社会保障制度改革提供了宽松的政治、社会条件。当然，改革开放初期的社会保障制度改革，不论从广度还是从深度上看，都不能与 20 世纪 90 年代以后的社会保障体制相提并论，但它确实为后来的改革做了相应的准备。

第一，1978 年 3 月 5 日，第五届全国人民代表大会第一次会议通过了《中华人民共和国宪法修正案》，尽管这部宪法是一部经历十年动乱后到改革开放的"过渡时期的宪法"，但也在第四十八、第四十九、第五十条分别对劳动者的福利、养老、疾病医疗或者丧失劳动能力的物质帮助以及对残废军人、烈士家属等的生活保障问题做出了原则规定。1982 年 12 月 4 日，第五届全国人民代表大会第五次会议通过了新的《中华人民共和国宪法修正案》，在第四十三条中规定了国家发展劳动者休息与休养的设施及休假等福利问题，第四十四条规定了国家机关与企事业单位职工的退休保障，第四十五条规定了公民在年老、疾病或者丧失劳动能力的情况下有从国家和社会获得物质帮助的权利（包括社会保险、社会救济、医疗卫生、优抚事业、各种社会福利等），第四十六条规定了公民受教育权利，第四十八条规定了妇女权益，第四十九条规定了老人、妇女、儿童受国家保护等。因此，1982年通过的《中华人民共和国宪法》对公民社会保障权益的规范是相当广泛的。

第二，国家重设民政部，主管全国社会救济、社会福利、优抚安置事务；劳动部门的工作亦开始恢复正常。这是非常重要的组织措施。民政部恢复后，迅速治理主管领域的混乱局面，在20世纪80年代中期更是高举社会保障的旗帜，成为当时推进社会保障制度建设与改革的重要力量。劳动部门恢复正常工作后，亦密切关注着全国劳动领域的变化与原有的劳动保险在实践中遭遇到的问题。

第三，颁布了一系列法规政策，内容涉及退休制度、收入分配制度、劳动制度等。例如，1978年5月，经第五届全国人民代表大会常务委员会第二次会议原则批准，国务院颁行了《关于安置老弱病残干部的暂行办法》《关于工人退休、退职的暂行办法》等法规，对于恢复被"文化大革命"破坏了的退休养老制度起到了重要作用。1980年4月，国务院发布了《关于试行国营企业计件工资暂行办法》（草案）。1980年10月，国务院发布《关于老干部离职休养的暂行规定》，一种待遇特殊的退休制度——离休制度由此确立，并与一般退休制度一起构成了中国的退休养老制度。1981年1月，国务院发布了《关于正确实行奖励制度，坚决制止滥发奖金的几项规定》。1982年2月，劳动人事部发布了《关于积极试行劳动合同制的通知》，劳动合同制作为对"包办就业、终身铁饭碗"的矫正措施，开始出现。1984年10月20日，党的十二届三中全会通过了《中共中央关于经济体制改革的决定》，随后进行的城市经济体制改革，从根本上触动了传统的国家—单位保障制的经济基础，也动摇着赖以支撑国家—单位保障制的行政体系和单位组织结构。因此，在国家正式决定推进经济体制改革后，与计划经济体制相适应的国家—单位保障制也只能走上制度变革的必由之路。

第四，个别地区尝试改进传统的国家—单位保障制度。由于经济体制改革的推进，在原有的单位保障制下，由于制度的封闭运行，同时又加入了与效益挂钩的因素，部分老国营企业日益难以承受职工医疗费用负担与养老负担，而新成立的国营企业在这方面的负担轻松，新老企业之间在收益分配与职工福利方面的差距随之出现，因此，一些老国营企业开始尝试让职工分担部分医疗费用，一些地区对某些行业（如纺织等）的退休费用进行统筹，这些试验在当时并不被人接受，甚至被认为直接损害了职工的权益。然而，它揭示了原有的国家—单位保障制确实已经难以为继了，我们需要寻找新的出路。

3. 社会保障体制改革实质性展开

随着20世纪80年代中后期经济改革步伐的加快，整个社会经济结构也发生了越来越大的变化，包括国家—单位保障制在内的各种与计划经济相适应的制度安排，均面临着改革的问题。因此，中国社会保障制度改革也自20世纪80年代中期开始进入真正意义上的改革年代，这就是对原有的国家—单位保障制从制度模式上进行重大而深刻的变革，并将之逐渐向国家—社会保障制转变。

需要指出的是，对于中国社会保障制度改革的起始标志与进程的确认，说法不一，多数人认为应从1978年算起或者与经济改革同步。这一流行观点其实与实际情形并不吻合，因为社会保障制度的重大变革需要以相关政策的重大变革为标志，经济、社会环境的变革通常只构成社会保障制度变革的时代背景或促进因素甚至是决定因素，但还不能直接成为社会保障制度变革的标志。从世界范围考察，可以发现社会保障政策的调整均表现出滞后于经济政策调整的特征。在中国经济体制进行革命性变革的条件下，社会保障作为涉及广大人民切身利益的制度安排，也不可避免地要滞后于经济改革的进程。因此，中国的社会保障制度改革在实践中不可能真正与经济体制改革同步。

如果全面考察中国改革开放以来重要的社会保障政策法规文献，以与社会保障直接相关的重大事件或者重大政策变革（而不是以这种政策的实施结果）作为评判的标志，就可以发现，1986年前的社会保障政策变革只是为了延续原来的国家—单位保障制，进入1986年后才真正出现了社会保障制度进入重大变革时期的明显迹象，虽然这种迹象并未像其他国家那样立即全面地变成客观事实，但社会保障制度确实从此发生着根本性的变化。因此，以1986年作为中国社会保障制度真正进入转型时期，即由国家—单位保障制迈向国家—社会保障制的标志性年份，无疑具有合理性。

1986年4月12日，第六届全国人民代表大会第四次会议通过的《国民经济和社会发展第七个五年计划》作为施政大纲，不仅首次提出了社会保障的概念①，还阐述了社会保障的改革与社会化问题。社会保障社会化作为国家—单位保障制的对立物被正式载入国家发展计划。7月12日，国务院颁布《国营企业实行劳动合同制暂行规定》和《国营企业职工待业保险暂行规定》，前

---

① 在1986年前，中国其实没有社会保障的概念，有关社会保障政策通常由劳动保险、社会救济、公费医疗等多个概念分别表述。

者不仅明确规定国营企业用劳动合同制取代"铁饭碗"，而且规定了合同制工人的退休养老实行社会统筹，并由企业与个人分担缴纳保险费的义务；后者虽然还未成为真正有效的失业保险制度安排，但它却满足了企业破产和职工失业期间生活保障的需要，并借此推进了劳动力的市场化和人的社会化，从而具有明显的制度重构与制度创新的象征意义。上述两个法规标志着中国社会保障制度在法规政策上发生了根本性的变革。11月10日，劳动人事部颁发《关于外商投资企业用人自主权和职工工资、保险福利费用的规定》，强调外资企业必须缴纳中方职工退休养老基金和待业保险基金。这就意味着国家对劳动者社会保障权益的维护，此举消除了社会保障单位化的烙印。因此，国家在这一阶段提出了社会保障社会化原则，并通过中央政府的推动不断取得进展，国家责任得到适度的控制和调整，改变单位包办社会保障事务的做法成为这一制度改革中的重要内容，个人也开始承担有象征意义的缴费责任等。这些变化预示着国家—单位保障制走到了尽头，社会保障社会化开始取代单位化，从而可以理解为新型社会保障制度开始生长。

上述重大事件均与国营企业改革尤其是国营企业的劳动体制改革密切相关，它一方面标志着原有的国家—单位保障制开始被取代，另一方面不可避免地使社会保障改革打上为国营企业改革配套的烙印。这一阶段社会保障改革的主要目标，就是在城镇强调社会保障要为国营企业改革配套，在农村则是通过大规模的扶贫运动来消除普遍贫困现象。1986年国家"七五"计划首次提出社会保障概念，但仍"坚持社会化管理与单位管理相结合"的提法，国务院先后颁发的《国营企业实行劳动合同制暂行规定》、《国营企业职工待业保险暂行规定》、《关于企业职工养老保险制度改革的决定》，均是直接为国营企业改革服务的。在农村，扶贫运动进入中央政府主导下的全方位、多层次扶贫阶段；其他各项社会保障制度在社会化方面亦取得了相应的成效，如发行福利彩票即成为社会保障制度新的筹资渠道，等等。因此，这一阶段社会保障改革的重点，在总体上是为国营企业改革配套和缓解乡村贫困问题，尽管在"渐进式改革"与"摸着石头过河"的年代采取为国营企业改革配套和缓解乡村贫困的取向是难以避免的，但正是这种的取向，造成了社会保障制度改革日益滞后于经济改革与社会发展的需要，因为社会保障制度不可能只为某项改革配套，也不可能只为国营企业和国营企业职工服务，而是必须成为独立的社会制度安排，为整个经济社会发展进步服务。

4. 建立失业保险和养老保险制度

改革开放初期，关于社会主义初级阶段是否存在失业，社会上争论较大，但是国营企业改革已经把失业问题尖锐地提上了议事日程。

第一，失业保险制度的建立。1986年有两个相关文件出台，一个是国务院颁布了《国营企业实行劳动合同制暂行规定》，要求企业对新招收的职工实行劳动合同制，以改变长期实行的终身就业体制。这就产生了劳动合同制职工合同期满后可能面临的失业问题；另一个是1986年通过的《中华人民共和国企业破产法（试行）》，规定国家通过各种途径妥善安排破产企业职工重新就业，并保证他们重新就业前的基本生活需要。这就必然产生破产企业职工可能面临的失业问题。尽管这一年颁布的《国营企业职工待业保险暂行规定》只适用于职工中很小一部分人，但它却开启了中国失业保险的先河。

1989年劳动部发布了《国营企业职工待业保险基金管理办法》。1990劳动部年又发布了《关于使用职工待业保险基金解决部分关停企业职工生活问题的通知》。1991年劳动部和国务院生产办公室下发了《关于对关停企业被精简职工实行待业保险的通知》。其中规定了经省、直辖市、自治区人民政府及其授权的市人民政府，或国务院有关产业主管部门批准关停的，已缴纳待业保险基金的企业中被精简的职工，比照《国营企业职工待业保险暂行规定》有关对濒临破产企业法定整顿期间被精简职工的规定，实行失业保险。上述关停企业在法定整顿期间，为组织职工开展生产自救和转业训练确需失业保险基金扶持的，国家可以给予扶持。这些失业保险的规定，一是失业保险从建立之日起就对失业人员进行培训，比较好地促进了就业工作；二是初步建立起了一支管理人员队伍，同时建立了各种规章制度，从而使失业保险工作有了某种规范和制度；三是坚持"足额收缴、及时入库"，保证失业保险基金的发放和合理使用；四是加强了对失业人员的管理，对国营企业改革和保持社会稳定发挥了一作用。

第二，养老保险制度的建立。退休费用由企业支付，由于企业大量产生亏损，已无法保障退休人员的生活。针对上述情况，开始探索养老保险制度。

一是建立劳动合同制职工的养老保险问题。1986年，国务院发布了改革企业劳动制度的规定，"决定国营企业新招工人一律实行劳动合同制，并规定劳动合同制工人退休后的养老保险办法。企业按劳动合同制工人工资总额的15%左右、劳动合同制工人按不超过本人标准工资的3%缴纳退休统筹养老费"①。这项政策的实行，保障了劳动合同制职工退休后的生活，解除了劳动合同制职工的后顾之忧。

二是建立企业补充养老保险。一些地区在20世纪80年代初期就开始探索。最初一些地方，为了解决集体企业职工的养老问题，设立了企业补充养老保险。比如，1991年，福建、四川、广西等省、自治区提出了企业补充养老保险办法，规定了企业建立

---

① 宋晓梧主编：《中国社会体制改革30年回顾与展望》，人民出版社2008年版，第128页。

补充养老保险的条件、补充养老保险的最高限额、资金来源等，具体办法由企业自行确定。这些探索对后来构建中国的三层次养老保险体系起到了重要作用。

三是实行退休费用由国家、企业和职工个人三方负担。1983年，有关部门提出开展全民所有制企业退休费社会统筹。1984年，在江苏省泰州市，广东省东莞市、江门市和辽宁省黑山县等地区开始推行退休费社会统筹的改革试点，恢复养老保险的统筹调剂功能。1986年1月，国家体改委、劳动人事部联合印发了《转发无锡市实行离退休职工养老保险统筹制度的通知》，要求各地扩大试点。同年，全国在县、市一级基本实现了养老保险费统筹管理，并开始推进省级统筹。1991年，国务院发布《国务院关于企业职工养老保险制度改革的决定》，明确实行养老保险社会统筹，费用由国家、企业、职工个人三方负担，基金实行部分积累，并首次提出发展企业补充养老保险。

5. 建立医疗保险制度

20世纪80年代中期，国营企业逐步实行自主经营、自负盈亏，虽按规定企业可以按工资总额的一定比例提取医疗费，但效益差的企业采取低额包干做法，如每月给职工3元或5元作为医疗包干费用，或者拖欠职工医疗费，职工的基本医疗得不到保障。尤其是困难企业，医疗费严重不足，职工以及离退休人员的医药费无法报销。面对传统医疗保险制度难以适应企业改革需要的状况，中国迫切需要建立企业医疗保险制度。

第一，实行职工就医适当负担部分医疗费用。1984年卫生部、财政部发布的《卫生部、财政部关于进一步加强公费医疗管理的通知》指出："公费医疗制度的改革势在必行，在保证看好病、不浪费的前提下，各种改革办法都可进行试验，并注意总结经验。在具体管理办法上，可以考虑与享受单位、医疗单位或个人适当挂钩。"一些地区在部分医疗单位试行医疗费用与个人适当挂钩的办法，后来不少企业也试行了劳保医疗费用与个人挂钩。比如，门诊医疗费采取定额包干使用或门诊、住院时个人自付一定比例的医药费。各地对个人负担比例的规定不同，同时还规定了自付限额。1989 年后这一办法逐步在全国推广并加以完善。

第二，改革公费医疗管理办法。在公费医疗管理方面，各地探索了一些新的办法，由原来公费医疗管理部门统一管理经费发展到多种管理形式，试行经费分配、管理、使用相联系的费用控制机制。主要有三种形式：一是将医疗费用包给医院直接管理；二是由享受单位管理医疗经费；三是由享受单位、医院、公医办、市县财政共同管理医疗费用，共同承担责任。多数地区采取将公费医疗费用包给医院的办法。

第三，部分地区实行离退休人员社会统筹。1989 年以前，只有极少数地区实行企业离退休人员医疗费用社会统筹。1989 年之后，随着国营企业改革的深入，统筹的覆盖面逐年扩大。实行离退休职工医疗费用社会统筹的市、县 1992 年为 88 个。实行离退休人员医疗费用社会统筹的办法体现了社会保险的互助互济性。

第四，试行职工大病医疗费社会统筹。1989 年国务院批转国家体改委关于《1989 年经济体制改革要点》，并决定在丹东、四平、黄石和株洲 4 个城市开始试行大病医疗费用的社会统筹，之后逐年在部分地区推广。1992 年劳动部发布《劳动部关于试行职工大病医疗费用社会统筹的意见的通知》，要求各地结合实际情况试行。大病统筹是根据医学上划分大病的种类，结合当时企业经济承受能力，选择某些医疗费用开支较大的大病病种，由企业主管部门在一定范围内筹措"大病统筹医疗基金"，对大额费用的疾病或住院医疗费用给予补助。大病统筹使"企业保险"向"社会保险"前进一大步。

这一阶段的社会保障，主要是国营企业迫切要求养老保险制度、医疗制度进行改革，并推动建立失业保险制度。在与国营企业改革相联系的一些项目上突破了计划经济的束缚，逐渐承认了社会主义社会的失业现象，使失业保险初步建立，这在为国营企业改革排除障碍的同时，也拉开了社会保障制度改革的序幕。

第十章　初级阶段基本路线和"三步走"战略

一、党的十三大的筹备和召开

党的十二大至十三大期间，全党全国人民在十二大精神的指引下，努力开创社会主义现代化建设的新局面，经过探索和努力取得了一定的进展。在此基础上，1987 年党的十三大胜利召开，以这次大会为标志，党在初级阶段的基本路线正式确立。

（一）邓小平为十三大定基调

1986 年 9 月 28 日，中共十二届六中全会在北京举行，按照十二大制定的党章规定，每五年举行一次全国代表大会。在十二届六中全会上，通过了在 1987 年第四季度召开党的第十三次全国代表大会的决议。由胡耀邦总书记负责大会的筹备工作。1986 年底，北京、合肥等地发生了一场学潮，胡耀邦因在学潮中反对自由化上表现消极，于 1987 年 1 月被迫辞去总书记职务。1 月 16 日中央政治局扩大会议推选赵紫阳代理中央总书记，党的十三大的准备工作便由赵紫阳接替负责。

在 1 月中央政治局扩大会议上，从党的事业和国家的长治久安着想，会议决定徐向前、聂荣臻、邓颖超、彭真从领导岗位上退下来，邓小平、李先念、陈云半退，中国要进一步加快实现中央及各级领导班子的年轻化，中央政治局常委基本上由年富力强的同志组成。

对于十三大政治报告的起草工作，邓小平给了很大关注和重要指导。他不止一次强调，报告要阐明中国的改革开放是巩固与完善社会主义，而不是搞资本主义。这样就可以把全党和全国人民的认识统一起来，更加积极大胆地投入改革。他还一再指出，加快和深化改革，尤其是进行政治体制改革，应该是十三大政治报告的主题和基调。

十一届三中全会以来，在进行经济体制改革过程中，政治体制改革也起步了。1980年邓小平发表《党和国家领导制度的改革》讲话后，中国在探索政治体制改革上取得了一定进展。然而，由于主客观条件的限制，邓小平的讲话精神并没有付诸实施。1982—1984年的精简机构也没有取得预期的成功，原有体制并没有从根本上受到触动。在经济体制改革逐步深入的形势下，政治体制的许多弊端日益明显地暴露出来，成为现代化建设的阻力。党的建设与精神文明建设中的不少问题，也与此有着密切关系。新中国成立以来，中国没有建立一套有效的体制和机制使执政党和国家干部处于人民群众和法律的监督之下，对国家公务人员缺乏一种公正、有效的奖惩制度，人民在很多重大问题上不能行使主人和公民应有的权利。作为国家最高权力机构的全国人民代表大会未能充分发挥其作用，立法不全，执法不严，党和国家的政治生活在不少方面与现代化建设不相适应。政治体制改革势在必行。

1986年6月10日，邓小平在听取经济情况汇报时指出，"现在看，不搞政治体制改革不能适应形势……我们要精兵简政，真正下放权力，扩大社会主义民主，把人民群众和基层组织的积极性调动起来"。他还说，不进行政治体制改革，"机构庞大，人浮于事，官僚主义，拖拖拉拉，互相扯皮，你这边往下放，他那边往上收权，必然会阻碍经济体制改革"。1986年9月，邓小平在会见日本公明党委员长竹入义胜时说："现在经济体制改革每前进一步，都深深感到政治体制改革的必要性。不改革政治体制，就不能保障经济体制改革的成果，不能使经济体制改革继续前进，就会阻碍生产力的发展，阻碍四个现代化的实现。"邓小平接着指出，政治体制改革太困难，需要审慎从事，先从一两件事上着手，不能一下子大干，那样就乱了。政治体制改革的目的，是消除官僚主义，发展社会主义民主，调动人民和基层单位的积极性。

1986 年 9 月 13 日，邓小平在听取中央财经领导小组汇报时又谈到，政治体制改革的内容，首先是党政要分开，党委不要设经济管理部门，那些部门的工作应该由政府去管。其次是权力下放，处理好中央与地方的关系。不仅下放中央权力，地方各级也都要实行权力下放。此外还应精简机构。

1987 年 7 月 4 日在会见孟加拉国总统艾尔沙德时，邓小平说中国即将召开的党的十三大，主要有两个内容：第一，把政治体制改革提到议事日程上来；第二，使我们领导层更年轻化一些。这两件事都不容易，但是非干不可。领导层的年轻化只是比较年轻化。改革不是一年两年的事情，政治体制改革如能在十年内搞成功就很了不起了。实现领导层的年轻化恐怕也要十年时间。

1987 年 9 月 5 日在会见日本自民党二阶堂进一行人时，邓小平又说，十三大实际上应该叫作改革、开放的大会，要加快改革步伐，深化改革。政治体制改革的问题几年前就提出来了，但过去把重点放在经济体制改革上。这次才把政治体制改革提到议事日程上来。十三大要作的报告将从理论上阐述改革和开放的重要性、必要性，这是十三大的主题。政治体制改革要做的第一件事是使党和国家的领导层逐步年轻化。十三大选出的中央委员会、政治局、政治局常委会的成员都将比较年轻一些。领导层年轻化是 9 年前党的十一届三中全会确定的，但做起来不容易。年轻化是很重要的一件事，第一要保持政治的活力，第二要保持方针政策的连续性和稳定性，不年轻不行。中国的领导层年轻化问题，现在只能做到比较年轻，真正做到年轻化恐怕需要 10 年，再经过两次代表大会。在这个问题上，十三大将走一大步，但还是第一步。这是政治体制改革的重要问题之一。政治体制改革涉及的问题很多，比经济体制改革复杂得多，难度也大得多。每一个措施都牵动成百万成千万人，所以每一个措施都要慎重、稳妥。要加深改革，步子要放快，但也要一步一步地走。

根据邓小平的建议，中共中央在 1986 年 9 月决定成立中共中央政治体制改革研讨小组，研究设计政治体制改革问题。同时，组织了各方面从事理论工作和实际工作的人员，就党政分开、党内民主、机构改革、干部人事制度、社会主义民主、社会主义法制改革的基本原则等专题进行了调查研究与论证工作。在各专题研讨小组和理论界广泛研究的基础上，形成了政治体制改革设想的初步方案，于 1987 年 10 月提交给中共十二届七中全会讨论。经过充分讨论，中共十二届七中全会原则同意了《政治体制改革总体设想》，决定将其主要内容写入中共十三大报告。

1987 年报告起草小组负责人赵紫阳就关于草拟十三大报告大纲的设想向邓小平作了书面汇报和请示，提出了关于起草政治报告的具体的初步的设想。报告拟要写七个部分：（1）讲三中全会以来，包括十二大以来，中国出现了哪些历史性的变化。（2）讲三中全会以来的路线，是从中国国情出发的马克思主义的路线。着重指出我国正处在社会主义的初级阶段，这是中国所以必须采取现在这样的方针政策而不是采取别的方针政策的基本根据。（3）由此而来的经济建设的发展战略。（4）由此而来的发展社会主义商品经济的任务和中国经济体制改革的方向。（5）由此而来的建设社会主义民主政治的任务和中国政治体制改革的原则。（6）由此而来的加强和改善党的领导的任务，包括执政党的领导体制、党内民主和对党的领导人的监督、党的干部、党的风气。
（7）由此而来的在理论和思想指导上避免"左"右两种倾向的
必要性，着重阐明三中全会以来路线的两个基本点是坚持四项基
本原则和坚持改革开放搞活，指出在新的实践中必须进行创造性
的理论探索。

该设想还提出十三大政治报告拟以社会主义初级阶段作为立
论的根据。为什么要以社会主义初级阶段理论作为立论根据？该
设想提及：确认中国处在社会主义初级阶段，一是明确提出中国
是社会主义，不能倒回去搞资本主义，全盘西化是害国害民的；
二是明确指出中国是初级阶段的社会主义，只能循序渐进，不能
急于求成，也不能"急于求纯"。看来，以社会主义的初级阶段
立论，有可能把必须避免"左"右两种倾向这个大问题说清楚，
也有可能把中国改革的性质和根据说清楚。如能这样，对统一党
内外认识很有好处，对国外理解中国政策的长期稳定性也很有
好处。

4 天之后，邓小平即作了批示："这个设计好。"

1987 年 8 月 29 日，邓小平在和意大利共产党领导人谈话时
讲，中国共产党的十三大要阐述中国社会主义是处在一个什么阶
段，就是处在初级阶段，是初级阶段的社会主义。一切都要从这
个实际出发，根据这个实际来制订规划。

中共十二届七中全会讨论并通过了《中央委员会向党的十三
次全国代表大会的报告》，讨论并通过了《中国共产党章程部分
条文修正案》，一致同意将这两个文件提请党的第十三次全国代
表大会审议。

大会另一项重要的准备工作是选出出席十三大的代表。根据
1986 年 9 月中国共产党十二届六中全会《关于召开党的第十三次
全国代表大会的决议》、1986 年 11 月《中共中央关于党的十三
大代表选举工作的通知》和 1987 年 2 月《中共中央关于做好党

的十三大代表选举工作的补充通知》，全国各省、自治区、直辖市，中共中央直属机关、中央国家机关和人民解放军划分了 33 个选举单位。人民解放军又按照各总部、各军兵种、各大军区，分成 17 个选举单位。由这些选举单位，召开党代表会议或党代表大会选举产生十三大代表。整个十三大代表的选举工作在 1987 年 8 月上旬完成。

根据十二届六中全会有关决议，党的第十三次全国代表大会的代表名额为 1950 人。中央要求：代表的构成要具有广泛性。少数民族党员和妇女党员应有适当比例。特别要注意选举一定数量在社会主义现代化建设和各项改革中成绩卓著的中青年党员。

通过民主选举，选出了具有广泛代表性的 1936 名代表。其中各级干部占 75.7%，经济、科学技术、文化教育、体育卫生等各方面人员占 18.9%，著名劳动模范和战斗英雄占 5.4%。妇女占 14.9%，少数民族占 10.8%。具有大专以上文化程度的占 59.5%。代表中，建党初期到解放战争各个时期入党的老党员各占有一定的比例，新中国成立后入党的占大多数。代表中有老一辈无产阶级革命家，也有朝气蓬勃的中青年优秀党员，55 岁以下的占 58.8%。[①]

至此，中共第十三次全国代表大会准备工作完全就绪。

1987 年 10 月 25 日，是党的十三大召开的日子。在这一天，很多老同志怀着激动的心情来参加这次代表大会。

（二）党的十三大的召开

1987 年 10 月 25 日，中国共产党第十三次全国代表大会在人民大会堂隆重开幕。

---

① 《党的十三大代表全部选出　经过无计名投票差额选出 1936 人》，《人民日报》1987 年 9 月 30 日。

邓小平主持大会并宣布大会开幕。赵紫阳代表第十二届中央委员会作政治报告。

政治报告共分 7 个部分：（1）历史性成就和这次大会的任务；（2）社会主义初级阶段和党的基本路线；（3）关于经济发展战略；（4）关于经济体制改革；（5）关于政治体制改革；（6）在改革开放中加强党的建设；（7）争取马克思主义在中国的新胜利。

报告明确提出和阐述了社会主义阶段的理论，即：第一，中国社会已经是社会主义社会。中国必须坚持而不能离开社会主义。第二，中国的社会主义社会还处在初级阶段。中国必须从这个实际出发，而不能超过这个阶段。中国所处的社会主义初级阶段，不是泛指任何国家进入社会主义都会经历的起始阶段，而是特指中国在生产力落后、商品经济不发达条件下建设社会主义必然要经历的特定阶段。这个阶段至少持续上百年时间。

报告根据社会主义初级阶段理论，制定了党在社会主义初级阶段的基本路线，即：领导和团结全国各族人民，以经济建设为中心，坚持四项基本原则，坚持改革开放，自力更生，艰苦创业，为把中国建设成为富强、民主、文明的社会主义现代化国家而奋斗。

报告概括了建设有中国特色的社会主义理论的 12 个基本观点，即：（1）解放思想，实事求是，以实践作为检验真理的唯一标准；（2）建设社会主义必须根据本国国情，走自己的路；（3）在经济文化落后的条件下，建设社会主义必须有一个很长的初级阶段；（4）社会主义社会的根本任务是发展生产力，集中力量实现现代化；（5）社会主义经济是有计划商品经济；（6）改革是社会主义社会发展的重要动力，对外开放是实现社会主义现代化的必要条件；（7）社会主义民主政治和社会主义精神文明是社会主义重要特征；（8）坚持四项基本原则同坚持改革开放的总方针这两个基本点相互结合、缺一不可；（9）用"一个国家、两种制度"来实现国家统一；（10）执政党的党风关系到党的生死存亡；（11）按照独立自主、完全平等、互相尊重、互不干涉内部事务的原则去发展同外国共产党和其他政党的关系；（12）和平与发展是当代世界的主题。

报告正式制定了"三步走"的经济发展战略，第一步，实现国民生产总值比 1980 年翻一番，解决人民的温饱问题；第二步，到 20 世纪末，使国民生产总值再增长一倍，人民生活达到小康水平；第三步，到 21 世纪中叶，人均国民生产总值达到中等发达国家水平，人民生活比较富裕，基本上实现现代化。

报告还制定了加快经济体制、政治体制改革的行动纲领，把政治体制改革正式提上了全党议事日程。关于经济体制改革，围绕转变企业经营机制这个中心环节，分阶段地进行计划、投资、物价、财政、金融、外贸等方面体制的配套改革，逐步建立起有计划商品经济新体制的基本框架。进行政治体制改革，就是要兴利除弊，建设有中国特色的社会主义民主政治。改革的长远目标，是建立高度民主、法制完备、富有效率、充满活力的社会主义政治体制。政治体制改革的近期目标，是建立有利于提高效率、增强活力和调动各方面积极性的领导体制。

此外，报告还明确提出了生产力标准，即用是否有利于解放和发展社会生产力作为检验改革措施和党的其他方针、政策的标准。

经过 8 天紧张而有序的工作，党的第十三次全国代表大会圆满完成了各项任务，大会选举了第十三届中央委员会、第二届中央顾问委员会、中央纪律检查委员会。大会通过有关决议，于 11 月 1 日在民主、团结的气氛中闭幕。

大会号召，全党同志在建设有中国特色的社会主义的伟大旗帜下，在十三届中央委员会领导下，坚持党的基本路线，牢牢掌握这条基本路线所规定的"一个中心，两个基本点"，加强党的团结，加强党与全国人民的密切联系，同心同德，振奋精神，埋头苦干，开拓进取，为实现社会主义现代化的宏伟目标而努力奋斗。

大会强调，全党要坚决贯彻大会制定的党在社会主义初级阶段的基本路线，认真执行大会通过的各项决议，努力完成大会提出的各项任务，领导各族人民继续沿着有中国特色的社会主义道路前进。大会期间，很多国家的政党和组织来电对大会表示祝贺，国内各民主党派和无党派爱国民主人士的代表也向大会表示祝贺，大会主席团谨向他们表示感谢。

11月2日，举行了中共十三届一中全会，会议选举产生了中央政治局委员万里、田纪云、乔石、江泽民、李鹏、李铁映、李瑞环、李锡铭、杨汝岱、杨尚昆、吴学谦、宋平、赵紫阳、胡启立、胡耀邦、姚依林、秦基伟，中央政治局候补委员丁关根；中央政治局常务委员会委员赵紫阳、李鹏、乔石、胡启立、姚依林；中央委员会总书记赵紫阳；中央书记处书记胡启立、乔石、芮杏文、阎明复，候补书记温家宝；决定邓小平任中央军事委员会主席、赵紫阳任第一副主席、杨尚昆任常务副主席。全会批准陈云为中央顾问委员会主任，副主任薄一波、宋任穷；乔石为中央纪律检查委员会书记，副书记陈作霖、李正亭、肖洪达。

引人注目的是，在新中央委员会中，选进了一大批比较年轻的同志，而一批有卓越贡献、德高望重的老一辈无产阶级革命家则退了出来，这是中国共产党的事业兴旺发达，后继有人的生动体现，是中国共产党的正确路线持续稳定地贯彻下去的可靠保证。

同上一届中央领导机构相比，中央政治局、政治局常委会和中央书记处的平均年龄都明显下降。十二届中央委员和候补中央委员当选时的平均年龄是59.1岁，十三届是55.2岁，充分显示

了中国共产党的事业兴旺发达，生机勃勃，后继有人。在这次大
会上，邓小平、李先念、陈云等老一辈无产阶级革命家从党的中
央委员会和政治局退出来，为中央领导的进一步年轻化，为领导
层的新老交替起了十分重要的作用。

这次大会是一次民主的大会，团结的大会，开放的大会，全
面推进改革和建设大业的大会，也是使中国共产党更加充满生机
和活力的大会。

（三）一切都要从"社会主义初级阶段论"出发

正确认识中国社会现在所处的历史阶段，是建设有中国特色
的社会主义的首要问题，是中国制定和执行正确的路线和政策的
根本依据。

中国要建设有中国特色的社会主义，首要的问题，当然是认
清中国国情。在这个问题上，苏联和中国都有极深刻的教训。

苏联是世界上第一个社会主义国家。它的最大功绩就在于把
社会主义由理论变为了现实。但在苏联这样的国家，如何建设社
会主义，也没有给中国提供现成的成功经验。当时苏联的处境十
分恶劣，国内的敌对势力要推翻苏维埃政权，国际的敌人要扼杀
尚未站稳脚跟的社会主义制度。面对内外压力，苏联人民在苏联
共产党的领导下，终于战胜了各种困难，社会主义不仅站稳了脚
跟，而且呈现出一派欣欣向荣的气象。列宁在实践的基础上，提
出：从共产主义的观点看来，否认政党就意味着从资本主义崩溃
的前夜（在德国）跳到共产主义的最高阶段而不是进到它的低级
阶段和中级阶段。我们在俄国（推翻资产阶级以后的第三年）还
刚处在从资本主义向社会主义即向共产主义低级阶段过渡的最初
阶段。列宁逝世后，刚过 12 年，斯大林于 1936 年宣布：苏联社
会已经做到基本上实现了社会主义，建立了社会主义制度，即实
现了马克思主义者又称为共产主义第一阶段或低级阶段的制度。

3 年以后，斯大林又宣布："我们正向共产主义前进。"这一做法显然是冒进的。斯大林逝世后，赫鲁晓夫把急于向共产主义前进的冒进思想推向极端。继苏共二十一大提出全面展开共产主义社会建设之后，赫鲁晓夫在 1961 年苏共二十二大上提出苏联要用 20 年时间基本上建成共产主义社会。苏共二十二大通过的新纲领是："我们这一代人将在共产主义制度下生活。"赫鲁晓夫在吹嘘这个纲领的意义时说："苏共的三个纲领好比一支三级火箭。第一级使我们脱离了资本主义世界，第二级使它上升到社会主义，第三级的任务则是引入共产主义轨道。"

20 年过去了，规划完全落空，成为泡影，说明了苏联对社会发展阶段的估计并不符合实际。直到 80 年代，苏联和东欧一些国家才开始对自己所处的社会发展阶段重新评估。

中国共产党在认识中国所处的历史阶段也走过一段弯路。

中国共产党经过 28 年的努力，取得了新民主主义革命的伟大胜利，又在较短的时间内恢复国民经济和实现社会主义改造，在中国建立起社会主义制度。对于中国国情，毛泽东在七届二中全会上是这样分析的：中国的工业和农业在国民经济中的比重，就全国范围来说，在全国抗日战争前，大约是现代性的工业占 10% 左右，农业和手工业占 90% 左右。这是帝国主义制度和封建制度压迫中国的结果，这是旧中国半殖民地和半封建社会性质在经济上的表现，这也是在中国革命的时期内和在革命胜利以后一个相当长的时期内一切问题的基本出发点。从这一点出发，产生了中国共产党一系列的战略上、策略上和政策上的问题。

毛泽东根据这一分析，提出了中国共产党七届二中全会以后应当执行的重大经济政策。新中国成立后，在社会主义改造过程中，中国共产党根据新的情况，对七届二中全会提出的某些政策做了调整，基本精神得到了贯彻。但是，在社会主义改造基本完成以后，中国放松了对新的国情的调查和分析。对中国社会当时处在什么发展阶段，本应从 10%的现代性的工业和 90%的农业和手工业出发，得出应有的结论。可惜，中国当时对社会主义改造的胜利过于兴奋，脱离了实际，走了一条曲折的路。

党的十一届三中全会是中国历史的重大转折。随着拨乱反正的展开，党在分析新中国成立以来走过的曲折道路和发展失误的原因时，开始涉及中国所处的社会发展阶段问题。1979 年，叶剑英在国庆三十周年大会上的讲话指出："与已经有了三四百年历史的资本主义制度相比，社会主义制度还处在幼年时期。""我国现在还是发展中的社会主义国家。"这里面已经包含了初级阶段的思想。

1981 年中共十一届六中全会通过的《关于建国以来党的若干历史问题的决议》中第一次明确指出：中国的社会主义制度还是处于初级的阶段，但是毫无疑问，我国已经建立了社会主义制度，进入了社会主义社会，任何否认这个基本事实的观点都是错误的。

1982 年党的十二大的政治报告中说：我国的社会主义社会现在还处在初级发展阶段，物质文明还不发达。

1986 年中共十二届六中全会通过的《关于社会主义精神文明建设指导方针的决议》写道：我国还处在社会主义的初级阶段，不但必须实行按劳分配，发展社会主义的商品经济和竞争，而且在相当长的历史时期内，还要在公有制为主体的前提下发展多种经济成分，在共同富裕的目标下鼓励一部分人先富裕起来。

这三个重要文献，都提出了我国处在"社会主义初级阶段"这个重大的理论命题，并做了明确的科学的阐述，但都没有发挥。

党的十三大的政治报告，首次从理论上系统地阐述了这个具有重大理论和实践意义的问题，并把它作为整个报告立论的依据，明确肯定我国正处在社会主义初级阶段，阐明了社会主义初级阶段的两层含义：第一，我国社会已经是社会主义社会。我们必须坚持而不能离开社会主义。第二，我国的社会主义社会还处在初级阶段。

我国的社会主义初级阶段，其内容不仅仅是指一般所说的发展顺序上的第一个阶段或最先阶段，而主要是指我国这样一个经济文化不发达的国家，社会主义社会成熟程度上的一个特殊的发展阶段。其含义有两层：其一是从社会性质来说，我国已经是社会主义社会，而不是过渡时期，因而必须坚持社会主义方向和道路，不能倒退回去搞资本主义，搞什么"全盘西化"，补什么"资本主义的课"，任何倒退和走回头路，偏离社会主义轨道的倾向，都是同社会主义性质不相容的；其二是从发展程度来看，我国社会主义社会的成熟程度还很低，仅是初级阶段，而不是较高阶段，因而中国必须从这个最基本的最重要的国情和客观实际出发，搞建设和改革，而不能要求过高，求之过急，急于求成，做超越阶段的事情。社会主义初级阶段这一科学论断的提出，既同过渡时期划清了界限，又和社会主义的较高阶段划清了界限，这就把中国共产党的路线、方针、政策置于科学的基础之上，从而避免了重蹈过去超越阶段的"左"的错误。

我国处在社会主义初级阶段，是由我国生产力水平决定的。十三大的政治报告是这样分析的：一方面，以生产资料公有制为基础的社会主义经济制度、人民民主专政的社会主义政治制度和马克思主义在意识形态领域中的指导地位已经确立，剥削制度和剥削阶级已经消灭，国家经济实力有了巨大增长，教育科学文化事业有了相当发展。另一方面，人口多，底子薄，人均国民生产总值仍居于世界后列。突出的景象是：10 亿多人口，8 亿在农村，基本上还是用手工工具搞饭吃；一部分现代化工业，同大量落后于现代水平几十年甚至上百年的工业，同时存在；一部分经济比较发达的地区，同广大不发达地区和贫困地区，同时存在；

少量具有世界先进水平的科学技术，同普遍的科技水平不高，文盲半文盲还占近四分之一的状况，同时存在。生产力的落后，决定了生产关系方面，发展社会主义公有制所必需的生产社会化程度还很低，商品经济和国内市场很不发达，自然经济和半自然经济占相当比重，社会主义经济制度还不成熟；在上层建筑方面，建设高度社会主义民主政治所需的一系列经济文化条件很不充分，封建主义、资本主义腐朽思想和小生产习惯势力在社会上还有广泛影响，并且经常侵袭党的干部和国家公务员队伍。这种状况说明，中国今天仍然远没有超出社会主义初级阶段。

中国的社会主义初级阶段是一个相当长的历史阶段。正如十三大政治报告指出：中国从 50 年代生产资料私有制的社会主义改造基本完成，到社会主义现代化的基本实现，至少需要上百年时间，这段时期都属于社会主义初级阶段。

在这个阶段中，中国面临的主要矛盾，是人民日益增长的物质文化需要同落后的社会生产之间的矛盾。因此，为了解决主要矛盾，必须把解放和发展社会生产力放在最突出的位置，始终以经济建设为中心。

中国处在社会主义初级阶段，不是泛指，而是特指。所谓不是泛指，就是说不是任何国家进入社会主义社会以后所经历的初始阶段。发达资本主义国家和中等发展水平的资本主义国家进入社会主义社会以后是不需要经历这样的"初级阶段"。所谓特指，是说像中国这样原来经济文化落后的国家进入社会主义社会以后所必须经历的特定历史阶段，才是"初级阶段"。那么，中国社会主义的初级阶段，是一个什么样的历史阶段呢？十三大政治报告作了回答：

总起来说，中国社会主义初级阶段，是逐步摆脱贫穷、摆脱落后的阶段；是由农业人口占多数的手工劳动为基础的农业国，逐步变为非农业人口占多数的现代化的工业国的阶段；是由自然经济半自然经济占很大比重，变为商品经济高度发达的阶段；是通过改革和探索，建立和发展充满活力的社会主义的经济、政治、文化体制的阶段；是全民奋起，艰苦创业，实现中华民族伟大复兴的阶段。

从社会主义初级阶段的实际出发，中国必须集中力量进行现代化建设；必须坚持全面改革；必须坚持对外开放；必须以公有制为主体，大力发展有计划的商品经济；必须以安定团结为前提，努力建设民主政治；必须以马克思主义为指导，努力建设精神文明。①

中国共产党重新认识中国处在社会主义初级阶段的判断，具有重大的理论和实践意义。在理论上，它丰富和发展了马克思主义关于社会主义发展阶段的学说，为中国共产党制定正确的路线和政策提供了科学依据。在实践上，它指引中国的改革开放和建设事业沿着科学社会主义的轨道胜利前进，有助于中国防"左"和防右。如果看不到中国已经是社会主义，有可能犯右的错误。如果不承认中国处在社会主义初级阶段，有可能犯"左"的错误。"左"和右的认识根源，都是出于脱离实际，脱离国情，没有认清中国处在社会主义初级阶段。

（四）"一个中心，两个基本点"的深刻阐发

十三大政治报告在做出中国正处在社会主义初级阶段判断的基础上，提出了党的社会主义初级阶段的基本路线，这就是："领导和团结全国各族人民，以经济建设为中心，坚持四项基本原则，坚持改革开放，自力更生，艰苦创业，为把我国建设成为富强、民主、文明的社会主义现代化国家而奋斗。"

---

① 《赵紫阳在报告中阐述 社会主义初级阶段实际出发确立党的基本路线和长远方针》，《人民日报》1987 年 10 月 26 日。

这条基本路线来之不易。

基本路线或总路线，是指党在一个大的历史阶段的总的全局性的根本指导方针。其他的方针政策都必须服从于和服务于基本路线或总路线。正因为基本路线关系重大，因此党的最高领导人都十分重视基本路线的制定。

在民主革命时期，以毛泽东为核心的中共中央第一代领导集体制定了正确的总路线，即："无产阶级领导的，人民大众的，反对帝国主义、封建主义和官僚资本主义的革命。"

在这条总路线的指引下，中国共产党领导全国人民赶走了日本侵略者，打垮了蒋介石，成立了新中国。

中华人民共和国的成立，标志着新民主主义革命的基本结束，也标志着社会主义革命的开始。这个时期，中国处在由新民主主义向社会主义过渡的时期。党在过渡时期的总路线是："从中华人民共和国成立，到社会主义改造基本完成，这是一个过渡时期。党在这个过渡时期的总路线和总任务，是要在一个相当长的时期内，逐步实现国家的社会主义工业化，并逐步实现国家对农业、对手工业和对资本主义工商业的社会主义改造。"实践证明，这条总路线是正确的。通过贯彻这条总路线，中国社会主义制度得以确立，中国社会主义工业化迈出了可喜的步伐。

中国进入社会主义社会后，中国共产党提出了"鼓足干劲、力争上游、多快好省地建设社会主义的总路线"。对于这一条总路线，1981年通过的《关于建国以来党的若干历史问题的决议》做了如下评价："一九五八年，党的八大二次会议通过的社会主义建设总路线及其基本点，其正确的一面是反映了广大人民群众迫切要求改变我国经济文化落后状况的普遍愿望，其缺点是忽视了客观的经济规律。"这个评价是实事求是的。通过贯彻这条总路线，中国出现了急于发展生产力的"大跃进"和急于改变生产关系、急于过渡的人民公社化。结果欲速则不达。违反了经济规律，受到了规律的惩罚。在这以后，中国一方面取得了一定的成就，另一方面造成了失误，栽了跟头，拉大了中国同发达国家的差距，影响了社会主义优越性的发挥。

"文化大革命"中，党的九大提出的党在整个社会主义历史阶段的基本路线，是"以阶级斗争为纲"的"左"倾错误，它不是什么"生命线"，而是导致国家走向崩溃、走向动乱的"死亡线"。

以史为镜，可知兴替。党在历史上的几条基本路线或总路线，有成功的经验，也有失败的教训。面对历史，党在思考，党的领导人在思考。一条路线为什么会引向胜利，另一条路线为什么会导致失败，原因在哪里？思考的结果，无疑对党在社会主义初级阶段的基本路线的形成具有重要的意义。它的直接结果就是使党在总结以往历史经验的基础上逐步形成了党在社会主义初级阶段的基本路线。

早在"社会主义初级阶段"这个概念提出之前，周恩来在1964年12月召开的三届全国人大一次会议上的《政府工作报告》中，所提出的实现四个现代化和分两步走的方针，就已为这条基本路线的形成奠定了最初的基础。周恩来在报告中指出：今后发展国民经济的主要任务，总的说来，就是要在不太长的历史时期内，把中国建设成为一个具有现代农业、现代工业、现代国防和现代科学技术的社会主义强国，赶上和超过世界先进水平。为了实现这个伟大的历史任务，从第三个五年计划开始，中国的国民经济发展，可以分两步来考虑：第一步，建立一个独立的比较完整的工业体系和国民经济体系；第二步，全面实现农业、工业、国防和科学技术的现代化，使中国经济走在世界的前列。

这个设想在"左"倾错误的干扰下未能变为现实，但它的历史地位不能低估。1978年底召开的中共十一届三中全会，重新确立了正确的思想路线，否定了过去"以阶级斗争为纲"的"左"

倾错误，坚持把工作重点转移到经济建设上来，并制定了改革开放的基本方针，这就为党在社会主义初级阶段基本路线的制定奠定了坚实的基础。

中共十一届三中全会后，党一再强调要抓住经济建设这个中心不放，要坚持四项基本原则，要进行改革开放。在拨乱反正任务胜利完成后，党的十二大提出了党在新的历史时期的总任务，即：团结全国各族人民，自力更生，艰苦奋斗，逐步实现工业、农业、国防和科学技术现代化，把中国建设成为高度文明、高度民主的社会主义国家。

1986年9月，党的十二届六中全会提出了社会主义现代化建设的总体布局：以经济建设为中心，坚定不移地进行经济体制改革，坚定不移地进行政治体制改革，坚定不移地加强精神文明建设，并且使这几个方面互相配合，互相促进。这一"总体布局"已包容了十三大概括的基本路线的主要内容，但还欠完整。

1987年1月28日，中共中央在《关于当前反对资产阶级自由化若干问题的通知》中指出：十一届三中全会以来的路线，就是从中国的实际出发，建设具有中国特色的社会主义。这个路线的基本点是两条：一条是坚持四项基本原则，一条是坚持改革、开放、搞活的方针。这"两个基本点"的提出，为基本路线的最终形成做了最直接的准备。

党的十三大就是在这样的条件下，在提出社会主义初级阶段理论的基础上，明确提出和概括了党在社会主义初级阶段的基本路线。

党在社会主义初级阶段基本路线的要点，就是"以经济建设为中心，坚持四项基本原则，坚持改革开放"，即"一个中心，两个基本点"。"一个中心，两个基本点"，浸透了邓小平的心血，也浓缩了邓小平的兴邦之策。中共十一届三中全会，邓小平领导实施了战略中心大转移，并决定了改革开放的基本国策。从此，把中国这艘巨轮引向了新领域和新时期。根据当时的中国国内外形势，邓小平在1979年初的理论工作务虚会议上，又及时提出要坚持四项基本原则。之后，邓小平始终扭住经济建设这个中心环节不放，抓住两个基本点，促进中国社会持续健康发展。当有人把党在社会主义初级阶段的基本路线概括为"一个中心，两个基本点"时，邓小平表示赞赏，认为概括得好。

"一个中心，两个基本点"，是相互贯通，相互依存，缺一不可的。"以经济建设为中心"，贯穿了完成社会主义的根本任务的全过程，是发展社会生产力的红线。它不仅揭示和规定了经济建设在党和国家全部工作中的中心地位，而且规定和要求其他各项工作必须服从和服务于经济建设这个中心，以保证发展社会生产力。为什么要坚持以经济建设为中心？这是因为社会主义的根本任务是发展生产力，特别是由于中国社会主义制度不是脱胎于发达的资本主义社会，也不是脱胎于俄国那样资本主义有了相当发展的社会，而是脱胎于半殖民地半封建社会，底子薄、基础差，新中国成立以来虽然在发展生产力方面取得很大成就，但比起发达国家仍然十分落后，因此必须坚持以经济建设为中心，搞社会主义现代化，集中力量发展生产力。"坚持改革开放"和"坚持四项基本原则"这两个基本点，是紧紧围绕经济建设这个中心的，也就是围绕发展生产力这个中心任务的。社会主义初级阶段的基本特征是：生产力不发达，生产关系不成熟，上层建筑不完善。因此必须坚持改革。改革开放是中国发展社会生产力和实现社会主义现代化的必由之路。四项基本原则则是发展社会生产力和社会主义现代化的根本保证。"两个基本点"又是坚持社会主义方向与社会主义制度自我完善和发展的统一。

"一个中心，两个基本点"又是相互制约，相互促进的。以生产力发展的客观要求为基准，中心是发展生产力，"两个基本点"犹如机之两翼，对中心位置上的主体机身起平衡作用。两个基本点在受"一个中心"制约的同时，自身相互制约。

党在社会主义初级阶段的基本路线，不但规定了一个中心、两个基本点，而且规定了中国的奋斗目标。这就是"为把我国建设成为富强、民主、文明的社会主义现代化国家而奋斗"。富强、民主、文明，实际上包括经济、政治、思想文化三个方面的要求，这既是一个三位一体的现代化目标，又是有中国特色的社会主义的三个重要方面。

"富强"是社会经济领域的目标与要求。社会主义社会必须是富裕的而不是贫穷的。中共十三大第一次把"富强"写进了党的奋斗目标。

"民主"是政治建设的目标与要求。社会主义民主在实质上远远高于资本主义民主。社会主义民主要求广大人民群众参加国家和社会管理，真正做到"当家做主"。

"文明"指的是精神文明，这是社会思想文化领域的目标与要求。社会主义精神文明是社会主义的一个重要特征。建设有中国特色的社会主义，必须消除旧社会遗留下来的种种愚昧和落后的状态。在过去一个很长的时期，中国对社会主义的认识不完全清醒，没有制定一个科学的符合中国国情的奋斗目标，是这种不清醒的一个重要表现。

富强、民主、文明三位一体的奋斗目标，集中反映了中国对社会主义的新认识，是党的十一届三中全会以来对中国国情和社会主义再认识所取得的重大成果。

党在社会主义初级阶段的基本路线规定了实现奋斗目标的依靠力量。这就是"领导和团结各族人民"。由于所有制的社会主义改造基本完成后，剥削阶级作为一个阶级已经被消灭，除极少数敌对分子外，共产党领导下的全国各族人民都是完成社会主义初级阶段各项任务的依靠力量。

党在社会主义初级阶段的基本路线提出了完成各项任务在精

神状态方面的要求，即"自力更生，艰苦创业"。中国要发展靠什么？中国要实现富强、民主、文明三位一体的目标靠什么？外援固然重要。但它不是中国的基点。中国的基点是自力更生。也就是说，主要依靠人民群众自己的力量，依靠人民群众的积极性、创造性。

中国人民具有光荣的传统，他们在困难面前不屈不挠，他们正是依靠这种艰苦奋斗的精神，才战胜了困难，争取一个又一个胜利。这种精神在革命战争年代中是克敌制胜的法宝。要实现富强、民主、文明三位一体的目标同样需要这种精神。完成社会主义初级阶段实现中华民族伟大复兴的历史重任，要求中国各族人民，必须以主人翁的态度，积极投身于改革和建设的洪流。只有这样，才能跻身于世界文明民族之林。

（五）"三步走"发展战略的制定

从 1979 年起，邓小平开始设计中国现代化的具体蓝图，并逐渐形成了分"两步走"，到 20 世纪末实现"翻两番"，达到"小康水平"和再花 30 年到 50 年时间，接近发达国家的水平的战略构想。

中共十一届三中全会肩负起历史的重托，确定把全党工作的着重点和全国人民的注意力转移到社会主义现代化建设上，重申在 20 世纪内实现四个现代化的目标，并提出要"正确解决实现四个现代化的具体道路、方针、方法和措施"。应该说，党的十一届三中全会已经确立了"实现四个现代化"这个经济发展战略的总体目标，并提出了实现这一目标的基本原则。然而，"四个现代化"的蓝图究竟是什么样呢？通过怎样的途径和步骤来实现呢？当时在认识上还比较抽象和笼统。

1. 对中国现代化发展战略的思考

党的十一届三中全会后，以邓小平为核心的第二代中央领导集体对于如何实现中国的现代化开始了认真的思考和艰辛的探索。1979 年 3 月，邓小平在《坚持四项基本原则》的讲话中提出："过去搞民主革命，要适合中国情况，走毛泽东同志开辟的农村包围城市的道路。现在搞建设，也要适合中国情况，走出一条中国式的现代化建设道路。"他还提出，"中国式的现代化，必须从中国的特点出发"。邓小平概括了要使中国实现现代化至少必须看到的两个重要特点：一是底子薄；二是人口多，耕地少。邓小平指出的这两个特点就决定了中国进行现代化建设的起点是很低的，因而实现现代化的时间就会较长，中国只能在这个低起点的基础上有步骤分阶段地去逐步实现现代化。之后，中共中央政治局和国务院对于中国究竟怎样实现社会主义现代化进行了议论和研究，认为"我们搞现代化，一定要从中国的国情出发"。1979 年 4 月召开的中央工作会议分析了中国的国情，指出：中国是一个有 9 亿多人口的大国，其中百分之八十以上是农民，中国革命胜利 30 年，但经济还很落后，人民的生活水平还很低。中国穷，搞现代化需要大量资金，人民又要改善生活，这就是矛盾；搞现代化，用人少，而中国有大量劳动力需要就业，这又是矛盾。中国只能在这样的矛盾下搞"四化"，这就是现实的情况，是中国规划建设蓝图时必须考虑的基本出发点。

正是以中国现实国情为基本出发点，邓小平开始了对中国现代化具体蓝图的构想。这是现代化建设的需要，也是邓小平思想认识逻辑发展的必然结果。1979 年 12 月 6 日，邓小平与前来中国访问的日本首相大平正芳举行会谈，在回答大平首相关于中国现代化的蓝图是如何构思的这一问题时，邓小平说："我们要实现的四个现代化，是中国式的四个现代化……到本世纪末，中国的四个现代化即使达到了某种目标，我们的国民生产总值人均水平也还是很低的。要达到第三世界中比较富裕一点的国家的水平，比如国民生产总值人均一千美金，也还得付出很大的努力。

就算达到那样的水平，同西方来比，也还是落后的。所以，我只能说，中国到那时也还是一个小康的状态。"邓小平在这里第一次将四个现代化的目标具体化为达到"一千美元"的水平，进入"小康"状态。"一千美元"和"小康"这两个概念也是在这次谈话中形成的。一个多月后，邓小平在谈到他对大平首相提问的回答时说，"这个回答当然不准确，但也不是随意说的"。邓小平分析说，现在中国只有两百几十元美金，如果达到 1000 美元，就要增加 3 倍。新加坡、香港都是 3000 多美元。中国达到那样的水平不容易。因为地广人多，条件很不一样。但是应该说，如果中国的生产总值真正达到每人平均 1000 美元，那中国的日子比他们要好过得多，比他们 2000 美元的还要好过。

如果说邓小平与大平首相的谈话是首次与外宾谈起他对未来20 年的设想，那么，1980 年 1 月他在《目前的形势和任务》的讲话中虽然还只是转述他与大平首相的谈话，但这是首次向全党提出了他的设想。他指出：要把实现中国式的四个现代化规划为上下两个十年来完成。因此，80 年代是很重要的，是决定性的，这个 10 年把基础搞好了，加上下一个 10 年，在今后 20 年内实现中国式的四个现代化，就可靠，就真正有希望。

根据邓小平的构想，1981 年 6 月党的十一届六中全会提出要"有步骤分阶段地实现现代化的目标"。1981 年 11 月，五届全国人大四次会议将"小康水平"规定为中国经济发展的前景。会议认为，"六五"期间经济的发展速度不可能很快，"七五"的发展速度有希望比"六五"高，再过 10 年的发展速度有希望更高一些。会议提出，要力争用 20 年的时间使工农业总产值翻两番，使人民的生活达到小康水平。到 1982 年 9 月党的十二大，邓小平提出的"小康水平"就被作为全党和全国人民到 20 世纪末的战略目标被正式提出和确定下来。党的十二大报告指出，从 1981 年到 20 世纪末的 20 年，中国经济建设总的奋斗目标是，在不断提高经济效益的前提下，力争使全国工农业的年总产值翻两番，即由 1980 年的 7100 亿元增加到 2000 年的 28000 亿元左右，人民的物质文化生活达到小康水平。为了实现 20 年的奋斗目标，在战略部署上要分两步走，前十年主要是打好基础，积蓄力量，创造条件，后十年要进入一个新的经济振兴的时期。

到 20 世纪末分"两步走"实现"小康"的目标提出后，邓小平从 1984 年起开始进一步设想到 21 世纪中叶中国的经济发展目标，从而逐步形成了完整的"三步走"的经济发展战略目标。

2. "三步走"发展战略的酝酿和阐发

"三步走"的发展战略，在 1984 年之前即开始了酝酿。原来的提法是到 20 世纪末实现四个现代化。后来，党逐渐认识到这个任务到 20 世纪末是不可能完成的，因此，使用了"达到小康水平"这一提法。尽管有时还仍然使用"在本世纪末实现四个现代化"的提法，但其含义已逐渐有所变化，不再从完成的意义而是从阶段的意义上来使用。在这种情况下，1982 年 9 月党的十二大提出了翻两番的目标。既然到 20 世纪末只能实现小康水平，因而要达到实现现代化的水平就还需要一段时间。1980 年 12 月，邓小平在《贯彻调整方针，保证安定团结》的讲话中提出，达到小康水平以后，"继续前进，逐步达到更高程度的现代化"。1981年 11 月，五届人大四次会议的政府工作报告中指出，到 20 世纪末人民生活达到小康水平时，中国的经济就可以从新起点出发，比较快地达到经济比较发达国家的水平。可见，这时已开始酝酿分几步达到比较发达国家水平的目标。然而，1984 年之前明确提出"三步走"的发展目标的条件还不具备，因为"小康"目标能否实现尚待检验。党的十二大会议结束不久，1982 年 10 月 14日，邓小平即找国家计委负责同志谈话，说：到 20 世纪末翻两番"靠不靠得住？党的十二大说靠得住，我也相信是靠得住的，但究竟靠不靠得住，还要看今后的工作……现在要聚精会神把长远规划搞好，长远规划的关键，是前十年为后十年做好准备。准备有个抢时间的问题，不能不认真对待"。邓小平这一段话即是说，如果不抢时间，不认真对待，翻两番就有落空的危险。

1982 年党的十二大提出翻两番目标后，一直摆在邓小平脑子里的问题是："我们提出的到本世纪末翻两番的目标能不能实现，会不会落空？"从 1982 年到 1984 年，中国经济发展很快，大大超过了"六五"计划规定的经济增长速度，农村改革取得重大突破，1984 年中国粮食生产达到历史最高水平，城市改革也开始起步，全国形势喜人。1983 年初，邓小平到江南视察。他经江苏、浙江再到上海，一路上看到情况很好，人们喜气洋洋，新房子盖得很多，市场物资丰富，干部信心很足。看到这些生动的景象，邓小平认为，"看来，四个现代化希望很大"。回到北京后，邓小平同中央几位负责同志谈话时即提出，到 20 世纪末实现翻两番，要有全盘的更具体的规划，各个省、自治区、直辖市也都要有自己的具体规划，做到心中有数。1984 年 3 月，邓小平在和日本首相中曾根康弘谈话时明确表示，翻两番的目标不会落空。6 月，邓小平会见第二次中日民间人士会议日方委员会代表团时充满自信地说，中国经济照这样发展下去，"到本世纪末翻两番的目标一定能够实现"。10 月 1 日，在中华人民共和国成立 35 周年庆祝典礼上，邓小平庄严宣告，最近几年的情况，表明十二大提出的翻两番的宏伟目标是能够达到的。

考虑到在 20 世纪末实现"小康"已经成为一个现实的目标，邓小平从中华民族的未来和长远利益着想，开始对中国经济发展战略进行跨世纪的思考，设计中国 21 世纪发展的宏伟蓝图。

1984 年 4 月 18 日，邓小平会见英国外交大臣杰弗里·豪。在此之前，邓小平已明确指出到 20 世纪末达到小康社会还只是四个现代化"最低的目标"。那么，还要花多长时间才能达到四个现代化的"大目标"即基本实现现代化呢？他在同杰弗里·豪谈话时首次对这一问题提出了设想。他说，同中国的大目标相比，这几年的发展仅仅是开始。达到小康水平以后，中国还要在21世纪30年到50年内，接近发达国家水平。此后邓小平一再提到这个设想。5月29日，邓小平会见巴西总统菲格雷多时说：现在中国还很穷，国民生产总值人均只有300美元。但中国有雄心壮志，到20世纪末，人均达到800美元。800美元对经济发达国家来说不算什么，但对中国来说，这是真正的雄心壮志。更重要的是，在这样一个基础上，再发展30年到50年，中国就可以接近发达国家的水平。随后，在同年6月30日、10月6日、10月22日的三次谈话中，邓小平又用大致相同的语言陈述了他的设想，即20世纪末国民生产总值人均达到800美元，而不是1000美元。这是因为他考虑到20世纪末时中国人口不只10亿了，大体上要控制到12亿左右。如果国民生产总值翻两番，而人口增长到12亿，那么，国民生产总值人均就是800美元多一点。后来，邓小平又采用了"800至1000美元"这样灵活的说法，但有时仍然说"800美元"或"1000美元"。此外，这时邓小平所提目标是"接近发达国家水平"，所需时间说的是"30年到50年"，这与他后来的说法还不完全相同。

时间进入1985年，邓小平"三步走"的构想也前进了一步。他在1985年3月7日全国科技工作会议上的讲话中指出，中国奋斗了几十年，就是为了消灭贫困。第一步，20世纪末达到小康水平，就是不穷不富，日子比较好过的水平。第二步，再用三五十年的时间，在经济上接近发达国家的水平，使人民生活比较富裕。这是大局。邓小平的这段话与1984年的谈话相比有几点新的东西：第一，他使用了"第一步""第二步"的说法，这为后来概括出"三步走"做了准备；第二，他对"小康水平"做了解释，即不穷不富，日子比较好过；第三，他把"使人民生活比较富裕"与接近发达国家水平并列，作为奋斗目标；第四，指出这是全党全国的"大局"。1985 年 3 月 25 日，邓小平会见美国新闻界人士时的谈话和同年 4 月 15 日会见坦桑尼亚副总统姆维尼时的谈话中说，第一步，到 20 世纪末达到小康水平。从 1979 年底提出这个目标时到 20 世纪末，有 20 年时间。在年国民生产总值达到一万亿美元的基础上，再花 30 到 50 年时间，更准确地说，再花 50 年时间，有可能使中国接近发达国家的水平，实现中国第二步的目标。办好这件事，要花 70 年时间。邓小平在这两次谈话中，把中国经济发展战略的时间跨度明确地由 20 年延伸至 70 年，把发展目标分为两步走，从而使战略目标和战略部署越来越清晰。1985 年 9 月，中国共产党召开全国代表会议。邓小平在会上指出：现在人们说中国发生了明显的变化。我对一些外宾说过，这只是小变化。翻两番，达到小康水平，可以说是中变化。到 21 世纪中叶，能够接近世界发达国家的水平，那才是大变化。邓小平在这里用了"小变化""中变化"和"大变化"的说法，这"三个变化"清楚地呈现出了经济发展的三个阶段，与他后来概括的"三步走"的提法已非常接近和类似了。

到 1987 年，邓小平"三步走"的战略构想就完整形成了。1985 年、1986 年经济发展的良好态势显示，中国"七五"计划的主要指标大都能够提前完成，这意味着到 1990 年实现第一个翻番的战略目标能够提早实现。这使邓小平更加胸有成竹，对未来经济发展的构想也更加明确和清晰。1987 年 3 月 8 日，邓小平对来访的坦桑尼亚总统姆维尼说，8 年来，我们取得了建设的经验和可喜的成果。"第一个十年，一九八一年到一九九〇年，国民生产总值翻一番估计不成问题，可以提前完成。第二个十年，即从一九九一年到本世纪末，再翻一番，从发展趋势看也是可靠的。十一届三中全会以来的八年中人民生活确有明显改善。到本世纪末，尽管我们人均国民生产总值八百到一千美元不算多，但是年国民生产总值将超过一万亿美元。有了这个基础，再争取达到中等发达国家的水平是有希望的。"① 邓小平在这里实际已经提出了"三步走"的战略构想，只是没有明确使用"第一步""第二步""第三步"的说法罢了。而且在这里邓小平将中国到21世纪中叶的发展战略目标由"接近发达国家水平"改为"达到中等发达国家的水平"。同年4月16日，邓小平在会见香港特别行政区基本法起草委员会委员时的讲话中再次用了"中等发达的国家"的标准，并首次将这一目标量化为"人均四千美元"和"国民生产总值六万亿美元"，从而使中国到21世纪中叶的战略目标清晰可见。同年4月30日，邓小平会见西班牙政府副首相格拉时，第一次对"三步走"经济发展战略目标做了明确而又完整的表述。邓小平指出："我们原定的目标是，第一步在八十年代翻一番。以一九八〇年为基数，当时国民生产总值人均只有二百五十美元，翻一番，达到五百美元。第二步是到本世纪末，再翻一番，人均达到一千美元。实现这个目标意味着我们进入小康社会，把贫困的中国变成小康的中国。那时国民生产总值超过一万亿美元，虽然人均数还很低，但是国家的力量有很大增加。我们制定的目标更重要的还是第三步，在下世纪用三十年到五十年再翻两番，大体上达到人均四千美元。做到这一步，中国就达到中等发达的水平。这是我们的雄心壮志。"②

至此，邓小平对中国现代化建设"三步走"的经济发展战略目标的构想完整形成。

3. "三步走"发展战略的确立

根据邓小平的构想和中国社会主义初级阶段的基本国情，1987年10月召开的中共十三大正式制定了社会主义现代化建设"三步走"的经济发展战略目标。十三大报告提出："党的十一届

① 《邓小平文选》第3卷，人民出版社1993年版，第212页。
② 《邓小平文选》第3卷，人民出版社1993年版，第226页。

三中全会以后，我国经济建设的战略部署大体分三步走。第一步，实现国民生产总值比一九八○年翻一番，解决人民的温饱问题。这个任务已经基本实现。第二步，到本世纪末，使国民生产总值再增长一倍，人民生活达到小康水平。第三步，到下个世纪中叶，人均国民生产总值达到中等发达国家水平，人民生活比较富裕，基本实现现代化。然后，在这个基础上继续前进。""三步走"的经济发展战略的制定，解决了中国现代化建设的目标、步骤等关系全局的重大问题，对中国未来几十年的发展将产生久远而深刻的影响。

同以往中国的发展战略相比，社会主义现代化建设"三步走"的经济发展战略的特点在于：第一，它是切合实际的。同"十五年超英赶美"和"到本世纪末实现四个现代化"的目标相比，这是一个低目标，但确是切合实际的目标。"三步走"的第一步战略目标的提前实现就是有力的证明。第二，它是以提高人民物质文化生活水平为出发点和落脚点的。用"温饱""小康""富裕"来作为现代化的目标，使人民能更生动、直观地认识和切身感受到这个目标的实现过程，能调动人民的积极性，坚定人民的信心，是符合社会主义的根本目的的。第三，它是明确的、具体的、定量化的。将目标定量化为"一千美元""四千美元"，使目标非常明确、具体，便于操作和衡量。第四，它是与世界经济相联系的。这个目标以"美元"为计量单位，是把中国经济放在世界这个广阔的范围内进行考虑和比较的，使中国和发达国家的差距一目了然，并将中国经济置身于世界经济发展之中。第五，它既是经济目标，又是政治目标。社会主义的根本任务是发展生产力，进行现代化建设是中国最大的政治，能否实现"三步走"的战略目标关系社会主义的前途命运。因此，它不单是经济发展目标，而且同时又是政治目标。

实现"三步走"的战略目标意义重大。这是一个使中国逐步摆脱贫穷、走向富裕的战略目标。实现这一战略目标，不但可以使中国综合国力大大增强，人民生活明显提高，中国的国际影响大大增强，对人类做出较大贡献，而且更加能够体现出社会主义制度的优越性。邓小平指出，"要证明社会主义真正优越于资本主义，要看第三步，现在还吹不起这个牛"。中国人口多，如果到21世纪中叶，人口达15亿，人均4000美元，年国民生产总值就达到60000亿美元，这大大超过美国1987年4.97万亿美元的国内生产总值。"这不但是给占世界总人口四分之三的第三世界走出了一条路，更重要的是向人类表明，社会主义是必由之路，社会主义优于资本主义。"

"三步走"的经济发展战略目标构成了建设有中国特色的社会主义理论的一个重要组成部分，是社会主义现代化建设这一中心任务的具体实施方案和根本体现。建设有中国特色的社会主义的一些重大原则和方针政策都是围绕和服务于这一发展战略的。这一发展战略为社会主义初级阶段建设有中国特色的社会主义指明了方向。可以预见，只要继续沿着有中国特色的社会主义道路走下去，邓小平所设计的现代化建设"三步走"的发展战略目标就必定能够实现。

（六）干部队伍要"四化"

党的十三大报告对推进干部队伍的"四化"提出了一系列重要的原则和方针。这些原则和方针主要有：（1）坚持革命化，最重要的是看他是否坚决贯彻执行党的基本路线；（2）坚持四项基本原则，坚持改革开放，都要看实绩，要以此为标准评价干部的功过是非；（3）要爱护和支持在改革中勇于探索、创新的干部；（4）实现领导干部的年轻化，当前的重点是中央领导机构成员的年轻化；（5）坚持干部知识化、专业化，要注意不同工作岗位的不同要求。

党的十三大报告指出，60多年来，在马克思主义与中国实践相结合的过程中，有两次历史性的飞跃。第一次飞跃发生在新民主主义革命时期，中国共产党人通过总结成功和失败的经验，找到了适合中国情况的农村包围城市、武装夺取政权的革命道路，把新民主主义革命引向了胜利；第二次飞跃发生在十一届三中全会以后，中国共产党人在总结新中国成立30多年来正反两方面经验的基础上，在研究国际经验和世界形势的基础上，开始找到一条建设有中国特色的社会主义的道路，开创了社会主义建设的新阶段。沿着这条道路前进，是把中国的事业引向胜利的根本保证。

党的十三大报告对十一届三中全会后党在建设有中国特色的社会主义的事业中的新的探索和理论成果做了总结，主要包括12条：第一条，关于解放思想，实事求是，以实践作为检验真理的唯一标准的观点；第二条，关于建设社会主义必须根据本国国情，走自己的路的观点；第三条，关于在经济文化落后的条件下，建设社会主义必须有一个很长的初级阶段的观点；第四条，关于社会主义社会的根本任务是发展生产力，集中力量实现现代化的观点；第五条，关于社会主义经济是有计划的商品经济的观点；第六条，关于改革是社会主义社会发展的重要动力，对外开放是实现社会主义现代化必要条件的观点；第七条，关于社会主义民主政治和社会主义精神文明是社会主义重要特征的观点；第八条，关于坚持四项基本原则同坚持改革开放的总方针这两个基本点互相结合、缺一不可的观点；第九条，关于用"一个国家，两种制度"实现国家统一的观点；第十条，关于执政党的党风关系到党的生死存亡的观点；第十一条，关于按照独立自主、完全平等、互相尊重、互不干涉内部事务的原则，发展同外国共产党与其他政党的关系的观点；第十二条，关于和平与发展是当代世界的主题的观点。这些观点，初步回答了中国社会主义建设的阶段、任务、动力、条件、布局和国际环境等基本问题，规划了党和人民前进的道路，在哲学、经济学、科学社会主义等多方面丰富和发展了马克思列宁主义、毛泽东思想。

从 10 月 25 日下午至 10 月 27 日各代表团对政治报告进行分组讨论。11 月 1 日，大会通过了《中国共产党第十三次全国代表大会关于十二届中央委员会报告的决议》。

大会认为，党的十三大报告是党和人民集体智慧的结晶。报告坚持毛泽东同志倡导的实事求是的思想路线，把马克思主义基本原理同中国建设和改革的具体实际紧密结合起来，论证了中国社会仍处于社会主义的初级阶段。这个正确的论断对于防止和纠正"左"的和右的干扰，把建设有中国特色的社会主义的伟大事业不断推向前进，具有重大的深远的历史意义。

报告提出了党在社会主义初级阶段的基本路线，这就是：领导和团结全国各族人民，以经济建设为中心，坚持四项基本原则，坚持改革开放，自力更生，艰苦创业，为把中国建设成为富强、民主、文明的社会主义现代化国家而奋斗。大会认为，这条基本路线是十一届三中全会以来路线的继续、丰富和发展，符合中国国情，是完全正确的。这条路线和根据这条路线进一步提出的经济建设、经济体制改革、政治体制改革、党的建设的基本方针，为中国的建设和改革规划了基本蓝图。

大会指出，十三大的中心任务是加强和深化改革。中国共产党在建设和改革中已经取得的成就是巨大的，但面临的问题和困难还很多，今后的路程更长，任务更加艰巨，需要全党同志加倍努力。

大会高度评价邓小平同志在十一届三中全会以来党的路线方针政策的形成和发展中做出的重大贡献。

大会号召，全党同志在建设有中国特色的社会主义的伟大旗帜下，在十三届中央委员会领导下，坚持党的基本路线，牢牢掌握这条基本路线所规定的一个中心、两个基本点，加强党的团结，加强党与全国各族人民的密切联系，同心同德，振奋精神，埋头苦干，开拓创新，为实现社会主义现代化的宏伟目标而努力奋斗。

1987 年 10 月 25 日至 11 月 1 日召开的中国共产党第十三次全国代表大会，在认识国情和总结实践经验的基础上，系统地阐明了关于社会主义初级阶段的理论和党在社会主义初级阶段的基本路线，提出了推进和深化改革、尤其是政治体制改革的一系列措施。关于党的建设，十三大的论述虽无大的突破，也有一些新意。这是中国共产党人对科学社会主义的重要贡献。

二、《中国共产党章程部分条文修正案》与党的建设新要求

党的十三大通过了《中国共产党章程部分条文修正案》，并对党的建设提出新要求。

（一）《中国共产党章程部分条文修正案》

1987 年 11 月 1 日，中国共产党第十三次全国代表大会确定对《中国共产党章程》部分条文作修改：

1. 第十一条第一段中："可以经过预选产生候选人名单，然后进行正式选举。也可以不经过预选，采用候选人数多于应选人数的办法进行选举。"改为："可以直接采用候选人数多于应选人数的差额选举办法进行正式选举。也可以先采用差额选举办法进行预选，产生候选人名单，然后进行正式选举。"

2. 第十六条第一段："党组织讨论决定问题，必须执行少数服从多数的原则。对于少数人的不同意见，应当认真考虑。如对重要问题发生争论，双方人数接近，除了在紧急情况下必须按多

数意见执行外，应当暂缓作出决定，进一步调查研究，交换意见，下次再议。如仍不能作出决定，应将争论情况向上级组织报告，请求裁决。"改为："党组织讨论决定问题，必须执行少数服从多数的原则。决定重要问题，要进行表决。对于少数人的不同意见，应当认真考虑。如对重要问题发生争论，双方人数接近，除了在紧急情况下必须按多数意见执行外，应当暂缓作出决定，进一步调查研究，交换意见，下次再表决；在特殊情况下，也可将争论情况向上级组织报告，请求裁决。"

3. 第十九条末增加一段："党的全国代表会议的职权是：讨论和决定重大问题；调整和增选中央委员会、中央顾问委员会和中央纪律检查委员会的部分成员。调整和增选中央委员及候补中央委员的数额，不得超过党的全国代表大会选出的中央委员及候补中央委员各自总数的1/5。"

4. 第二十一条第一段中"党的中央政治局、中央政治局常务委员会、中央书记处和中央委员会总书记，由中央委员会全体会议选举"。改为："党的中央政治局、中央政治局常务委员会和中央委员会总书记，由中央委员会全体会议选举。"第二十一条第三段："中央书记处在中央政治局和它的常务委员会领导下，处理中央日常工作。"改为："中央书记处是中央政治局和它的常务委员会的办事机构；成员由中央政治局常务委员会提名，中央委员会全体会议通过。"第二十一条第五段："党的中央军事委员会组成人员由中央委员会决定。中央军事委员会主席，应从中央政治局常务委员会委员中产生。"改为："党的中央军事委员会组成人员由中央委员会决定。"

5. 第二十二条第二段中："中央顾问委员会每届任期和中央委员会相同。它的常务委员会和主任、副主任，由中央顾问委员会全体会议选举，并报中央委员会批准。中央顾问委员会主任必须从中央政治局常务委员会委员中产生。"改为："中央顾问委员会每届任期和中央委员会相同。它的常务委员会和主任、副主任，由中央顾问委员会全体会议选举，并报中央委员会批准。"

6. 第三十条第一段："工厂、商店、学校、机关、街道、人民公社、合作社、农场、乡、镇、人民解放军连队和其他基层单位，凡是有正式党员三人以上的，都应当成立党的基层组织。"改为："工厂、商店、学校、机关、街道、合作社、农场、乡、镇、村、人民解放军连队和其他基层单位，凡是有正式党员三人以上的，都应当成立党的基层组织。"

7. 第三十三条第一段前面增加一段："企业和实行行政首长负责制的事业单位中党的基层组织，对党和国家的方针政策在本单位的贯彻执行实行保证监督。这些基层党组织应以主要精力加强党的建设，做好思想政治工作和群众工作；支持行政负责人按规定充分行使职权，并对重大问题提出意见和建议。"第三十三条原第一段中："企业事业单位中党的基层委员会，和不设基层委员会的总支部委员会或支部委员会，领导本单位的工作。"改为："尚未实行行政首长负责制的事业单位中党的基层委员会，和不设基层委员会的总支部委员会或支部委员会，领导本单位的工作。"

8. 第四十三条第三段中："党的中央纪律检查委员会全体会议，选举常务委员会和书记、副书记，并报党的中央委员会批准。党的地方各级纪律检查委员会全体会议，选举常务委员会和书记、副书记，并由同级党的委员会通过，报上级党的委员会批准。党的中央纪律检查委员会的第一书记必须从中央政治局常务委员会委员中产生。"改为："党的中央纪律检查委员会全体会议，选举常务委员会和书记、副书记，并报党的中央委员会批准。党的地方各级纪律检查委员会全体会议，选举常务委员会和书记、副书记，并由同级党的委员会通过，报上级党的委员会批准。"

9. 第四十六条中："在中央和地方国家机关、人民团体、经济组织、文化组织或其他非党组织的领导机关中成立党组。"改为："在中央和地方各级人民代表大会、政治协商会议、人民团体和其他非党组织的经选举产生的领导机关中，可以成立党组。"

10. 第四十八条："在需要对下属单位实行高度集中统一领导的国家工作部门中，党组的职权和工作任务，以及是否把这些部门的党组改为党的委员会，由中央另行规定。"改为："在需要对下属单位实行高度集中统一领导的国家工作部门中，是否建立党委，党委的职权和工作任务，由中央另行规定。"

（二）十三大对党的建设提出新要求

为了胜利完成党的十三大所确定的各项任务，更好地担负起领导建设有中国特色的社会主义的伟大历史责任，十三大提出要研究新形势下党建的理论和实践，进一步转变不适应新形势需要的观念和做法，切实加强党的建设。党的建设的总指导思想，是要使"党的一切工作，都必须保证党的基本路线的贯彻执行"，也就是说党的一切工作，都必须保证党的社会主义初级阶段基本路线的贯彻执行；在党的建设的具体道路上，要走"不靠政治运动的办法治党"，而是靠改革和制度建设的新路子来治党。用十三大报告的话说，那就是"党的自身建设也必须进行改革，以适应改革开放的新形势。党的思想建设、组织建设、制度建设和作风建设，都应当体现这个指导思想"。①

（1）在党的思想建设上，十三大强调要努力创造适应新形势的各种有效形式和具体途径，使思想教育工作深入人脑，取得真正效果。为此，十三大强调要全面宣传党的基本路线，牢牢掌握

① 中共中央文献研究室编：《新时期党的建设文献选编》，人民出版社 1991 年版，第 364 页。

一个中心、两个基本点。十三大要求，党的各级组织和党校，要密切联系社会主义初级阶段的实际，经常地深入地向党员进行党的基本路线和党的基本知识教育，以党的基本路线统一全体党员特别是党的领导干部的思想和行动，使广大共产党员都成为自觉地为实现党的任务而斗争的先锋战士，成为有理想、有道德、有文化、有纪律的模范。为了达到上述要求，十三大报告明确提出，党的宣传工作和思想教育工作必须改革，要克服形式主义，讲求实效。在形势已经发生了很大变化的情况下，不可能禁止人们接触形形色色的思潮，更不能回避人们在建设和改革中产生的种种思想认识问题。在改革开放中，人们的思想异常活跃，这是件好事情，是合乎历史规律的现象。改革开放和发展社会主义商品经济的新形势，要求中国共产党必须重视、加强和改进党的思想政治工作。要改进和加强党的思想政治工作，就必须继承党的思想政治工作的好传统，抛弃空洞乏味的党八股，用群众切身的经验和喜闻乐见的形式进行宣传和教育，并且努力创造适应新形势的各种有效形式和具体途径，切实把思想政治工作贯穿于建设和改革的各个领域，激励人们的社会主义积极性、创造热情和献身精神，把全民族的力量凝聚到建设有中国特色的社会主义的宏伟事业中来。

（2）在党的组织建设上，十三大强调要改革党的各方面具体的组织制度。干部队伍的素质对于党的路线的贯彻执行，具有决定的意义。同十一届三中全会以来党的政治路线相适应，中国共产党提出的干部队伍革命化、年轻化、知识化、专业化的方针，实践证明是正确的。十三大在谈到干部的"四化"方针时认为，在评价干部问题上，坚持四项基本原则，坚持改革开放，都要看实绩，要以实绩为标准，评价干部的功过是非。坚持革命化，最重要的是看能否坚决贯彻执行党的基本路线。

在任用干部时，要重用德才兼备、公道正派即忠诚于党的路线并能够创造性地执行党的路线的干部，而不能重用那些只说空话，不干实事，对社会主义现代化事业缺乏热情和责任心的人。必须大胆起用那些为改革开放和社会主义现代化建设做出实际贡献，得到群众承认和信任的干部。对其中优秀的年轻干部，要敢于压重担子。要爱护和支持在改革中勇于探索、创新的干部，允许他们犯错误，帮助他们不断总结经验，增长才干，在实践中学习和成长。

在干部年轻化问题上，实现领导干部年轻化，重点是中央领导机构成员的年轻化，党的地方组织和基层组织的领导成员也要年轻化。领导班子内部的年龄结构，要注意梯次配备。坚持干部知识化、专业化，要注意不同工作岗位的不同要求。

（3）在党的作风建设上，十三大强调要通过改革党的领导制度等，来减少产生不正之风的土壤。执政党的地位容易在党内滋长脱离群众的倾向，而这种倾向对人民产生的危害也比执政以前大得多。十一届三中全会以来，中国共产党恢复和发扬了理论联系实际、密切联系群众、批评和自我批评的优良作风。党的路线和政策，代表了广大人民群众的最大利益，推动了社会生产力的发展。随着改革开放，过去那种高指标、瞎指挥的主观主义和强迫命令、动辄批斗惩罚等恶劣现象，已经大大减少。各级党组织和广大党员，绝大多数的党员干部，积极地忠诚地为人民服务，表现了很大的实干精神和创造力量。就这些方面而论，应该如实肯定，中国共产党和群众的联系是大大地加强了。改革经济和政治体制，实行党政分开，还将进一步防止党内官僚主义的滋生，使党成为同官僚主义做斗争的坚强力量。现在广大群众议论多、意见大的，是少数党员特别是某些领导干部以权谋私，损害群众利益，干扰改革开放的顺利进行，败坏党的声誉。这是特别需要高度重视和认真解决的严重问题。

（4）在党的制度建设上，十三大强调制度建设对于党的正确路线的巩固和发展，对于党的决策的民主化和科学化，对于充分发挥各级党组织和党员的积极性、创造性具有重要意义。党的十三大提出健全党的集体领导制度和民主集中制要从中央做起，建立中央政治局常委向中央政治局、中央政治局向中央全会定期报告工作的制度；适当增加中央全会每年开会的次数，使中央委员会更好地发挥集体决策作用；建立中央政治局、政治局常委会、中央书记处的工作规则和生活会制度，使集体领导制度化，加强对党的领导人的监督和制约。十三大除了对中央提出制度方面的要求以外，还对地方各级党组织提出了加强制度建设的要求。十三大报告提出，地方各级党组织要相应建立和完善有关的议事规则、表决制度和生活会制度。要改革和完善党内选举制度，规定党内选举的提名程序和差额选举办法，要把差额选举的范围扩大到各级党代会代表，基层党组织委员、书记，地方各级党委委员、常委，中央委员会委员。要切实保障党章规定的党员民主权利，制定保障党员权利的具体条例。要疏通党内民主渠道和健全民主生活，使党员对党内事务有更多的了解和直接参与的机会。

三、政治体制改革目标的初步明确

随着经济体制改革的深入发展，政治体制改革的任务更紧迫地摆上了党的议事日程。政治体制改革的任务，早在十一届三中全会前后，就开始引起了人们的关注。1980年，邓小平在中央政治局扩大会议上作的《党和国家领导制度的改革》讲话中，郑重提出了政治体制改革的重大任务。中央本准备从此开始逐步实施政治体制改革，但由于种种原因，直到1986年，政治体制改革还没有全面实施。

（一）政治体制改革重要性的认识

随着形势的发展，政治体制改革不可避免地再次被提上了议事日程。1986 年 6 月 10 日，邓小平在听取中央负责同志汇报当前经济情况时，明确指出：现在看，不搞政治体制改革不能适应形势。改革，应该包括政治体制的改革，而且应该把它作为改革向前推进的一个标志。邓小平还强调，所有的同志特别是中央书记处的同志，要考虑一下政治体制改革问题，要找人理一下，理出个头绪来。他要求在十三大前做到：理顺党政关系；明确政治体制改革的内容，确定政治体制改革的范围；制定政治体制改革的蓝图。

邓小平提出的一系列设想，为政治体制改革的研讨和方案框架的设计奠定了基础。中共中央于 1986 年决定成立中央政治体制改革研讨小组。这个小组由中央书记处、中央顾问委员会、国务院、全国人大常委会的负责人共 5 人组成，在中央政治局常委会直接领导下开展研讨工作。

中央政治体制改革研讨小组组织有关部门的实际工作者和各方面的理论工作者，设立了 7 个专题小组，就党政分开、党内民主、机构改革、干部人事制度改革、社会主义民主、社会主义法制建设、改革的基本原则等进行专题研讨和论证。同时，中央政治体制改革研讨小组要求中央党校也成立研讨小组，同上述专题小组并行开展深入的调查研究，广泛听取了政协、群众团体以及其他各方面的意见，认真研究新中国成立以来政治体制方面的历史经验，特别是十一届三中全会以来改革的实践经验，并结合中国实际研究借鉴外国政治体制结构和运行的经验，提出了各个专题的研讨报告。

中央政治体制改革研讨小组在专题小组提出的专题研讨报告和吸收理论界研究成果的基础上，逐步形成了政治体制改革总体设想的方案。这个方案经中央政治局原则同意，于 1987 年 10 月提交十二届七中全会。全会经过充分讨论，原则同意了《政治体制改革总体设想》，决定将设想的基本内容写进中央委员会十三大的报告，提交代表大会讨论。

党的十三大报告，依据社会主义初级阶段中国的实际和社会主义现代化建设的需要，在深刻分析政治体制改革的必要性和紧迫性的基础上，阐述了改革的目标、任务和应把握的原则，提出了中国政治体制改革的蓝图。

（二）政治体制改革目标的确立

关于改革的目标。十三大把政治体制改革的目标分为长远目标和近期目标。十三大规定的政治体制改革的长远目标是：建立高度民主、法制完备、富有效率、充满活力的社会主义政治体制。近期目标是：建立有利于提高效率、增强活力和调动各方面积极性的领导体制。关于改革的主要内容，十三大提出进行 7 个方面的改革：

第一，实现党政分开和加强党的制度建设。政治体制改革的关键是党政分开。党的领导是政治领导，即政治原则、政治方向、重大决策的领导和向国家政权机关推荐重要干部。党对国家事务实行政治领导的主要方式是：使党的主张经过法定程序变成国家意志，通过党组织的活动和党员的模范作用带动广大人民群众，实现党的路线、方针、政策。为了实现党政分开，必须调整党的组织形式和工作机构，必须加强党的制度建设，必须提高全党对实现党政分开的认识，只有这样，才能达到预期目的。

第二，进一步下放权力。权力过分集中的现象不仅表现为行政、经济、文化组织和群众团体的权力过分集中于党委领导机关，还表现为基层的权力过分集中于上级领导机关。这既使领导机关陷于事务主义而不能自拔，又使基层缺乏自主权，人民群众的积极性难以被充分调动。十三大报告中提出确立下放权力的总原则是：凡是适宜于下面办的事情，都应由下面决定和执行。

第三，改革政府工作机构。政府机构庞大臃肿，层次过多，职责不清，互相扯皮，是形成官僚主义的重要原因。必须对政府机构自上而下地进行改革。改革的原则是贯彻精简、统一、效能。十三大建议国务院立即着手制定改革中央政府机构的方案，提请七届人大一次会议审批后实施。

第四，改革干部人事制度。改革的重点，是建立国家公务员制度，即制定法律和规章，对政府中行使国家行政权力、执行国家公务的人员，依法进行科学管理。与此同时，还要按照党政分开、政企分开和管人与管事既紧密结合又合理制约的原则，对各类人员实行分类管理。主要有：党组织的领导人员和机关工作人员，由各级党委管理；国家权力机关、审判机关和检察机关的领导人员和工作人员，建立类似国家公务员的制度进行管理；群众团体的领导人员和工作人员、企事业单位的管理人员，原则上由所在组织或单位依照各自的章程或条例进行管理。

第五，建立社会协商对话制度。社会协商对话制度，既有利于正确处理和协调各种不同的社会利益和矛盾，又有利于促使各级领导机关的工作建立在倾听群众意见的基础上，接受监督，避免失误。建立社会协商对话的基本原则是：发扬"从群众中来、到群众中去"的优良传统，提高领导机关活动的开放程度，重大情况让人民知道，重大问题经人民讨论。

第六，完善社会主义民主政治的若干制度。这些制度包括：一是加强人民代表大会制度；二是完善共产党领导的多党合作和政治协商制度；三是加强群众团体的建设；四是完善选举制度；五是加强基层民主生活的制度化建设；六是进一步完善民族区域自治制度。

第七，加强社会主义法制建设。国家的政治生活、经济生活和社会生活的各个方面，民主和专政的各个环节，都应有法可依，有法必依，执法必严，违法必究。

从中共十三大提出政治体制改革的蓝图开始，中国政治体制改革由局部范围内的改革，逐步进入有目标有步骤的配套改革阶段。

1987年11月14日，新的一届中央政治局举行第一次全体会议，讨论通过了《十三届中央政治局工作规则（试行）》《十三届中央政治局常委会工作规则（试行）》和《十三届中央书记处工作规则（试行）》。这三个规则和后来国务院的工作规则，进一步理顺了中央政治局及其常委会与中央书记处、中央全会的关系，中央书记处成为办事机构而不再具有决策职能。中央政治局常委会定期向中央政治局报告，中央政治局定期向中央全会报告工作。中央全会的次数也有增加，由以往的一年一次，改为一年两次。同时，还明确了党中央机构和中央人民政府各自的职能、工作范围和工作方式，为党中央和国家最高行政机关的关系按照党政职能分开的要求形成合理的格局提供了初步规范。这是党内和国家民主建设的重要步骤。

与此同时，党内开始实现差额选举。根据中共中央规定的差额选举办法，党的十三大代表按20%、中央委员按5%、候补中央委员按12%实行差额选举。中共十三大选举的结果是，有10名中央委员候选人落选，候补中央委员有16人、中纪委委员有4人未预选上。在省一级，差额选举已在省委常委，省、自治区、直辖市的人大常委会主任、副主任，省长、副省长选举中实行。十三大后的省级换届选举中，有11个省、自治区、直辖市的人大常委会主任，8个省、自治区的省长、主席实行了差额选举，28个省、自治区、直辖市的人民代表推荐的候选人有99人列为正式候选人，其中12人当选，即4名人大常委会主任、2名副主任，5名副省长、副市长，1名高级法院院长。这是新中国成立以来人民政权选举史上没有先例的，在中国政治生活中引起了强烈的反响。

根据党政职能分开和改善党的领导原则的要求，1988年党中央直属机构进行了改革。党中央原有直属工作机构和事业单位26个，改革中撤销了8个，改建了3个，保留了15个，新组建5个。调整后党中央直属工作机构和事业单位共23个。在改革中注意划清党的工作部门和行政部门的职责，理顺党的工作机构和政府机构的关系，将应由政府部门承担的工作移交政府有关部门，同时不再设置与党中央、国务院部门重叠的领导小组和办事机构。各省、自治区、直辖市相应制定了一些规则，并在具体组织形式和工作方法上进行了改革，党委一般不设分管政府工作的专职书记，撤销了党委办事机构中的对口部，精简了党委机构，减少了专职干部。

在企业，按照全国七届人大一次会议通过的《中华人民共和国全民所有制工业企业法》规定：企业实行厂长（经理）负责制，厂长是企业的法定代表人，在企业处于中心地位，领导企业的生产经营管理，对企业的物质文明建设和精神文明建设负有全面责任。中国共产党在企业中的基层组织，对党和国家的方针、政策在本企业的贯彻执行实行保证监督。这些为企业党政职能分开提供了法律依据。企业法颁布实施后，全国企业普遍实行了厂长（经理）负责制，企业党政职能分开的格局基本形成。

（三）政府机构改革和干部人事制度改革的启动

根据十三大设计的政治体制改革蓝图，政府机构改革和干部人事制度改革提上了议事日程。1988年3月25日至4月14日召开的七届人大一次会议，批准了《国务院机构改革方案》（简称《方案》）。李鹏在《政府工作报告》中阐述了政府机构改革的目标、方针和重点。他说：政府机构改革的长远目标，是根据党政分开、政企分开和精简、统一、效能的原则，逐步建立具有中国特色的功能齐全、结构合理、运转协调、灵活高效的行政管理体系。实现这个目标，需要长期的努力。在 5 年内，要努力创造条件，逐步理顺政府同企事业单位和人民团体的关系、政府各部门之间的关系以及中央政府同地方政府的关系。

《方案》确定，部委一级机构撤销 12 个，新组建 9 个部委，保留 32 个，合起来由原来的 45 个调整为 41 个，新华社转为事业单位。此外，国务院直属机构由 22 个调整为 19 个，办事机构由 4 个调整为 7 个，由各部委归口管理的国家局由 14 个调整为 15 个，非常设机构由 77 个调整为 44 个。精简人员数为 20% 左右。

国务院的这次机构改革同 1982 年改革相比，最大的不同点是按照政治体制、经济体制改革进程的要求，以转变职能为关键，与政府内部的制度建设相配套，并结合推行国家公务员制度的准备工作进行的。在做法上，抓住转变职能这个关键，按照政企分开的原则分解职能，把直接管理企业的职能转移出去，把直接管钱、管物的职能放下去，而把决策、咨询、调节、监督和信息等属于中央政府的职能加强起来。同时，还加强了原来由党的部门承担而应由政府部门承担的社会管理职能。在此基础上，按照新的职能设置机构，确定人员编制。根据职能，把承担相同业务或相近业务的部门予以撤销，其业务由一个部门承担；综合经济部门一般不设对口专业机构，行业管理工作由主管部门承担；部委内部只设司、处两级，以减少部门内部的管理层次。这次国务院机构改革，促进了政府对企业由直接管理为主向间接管理为主的转变，对减少工作中职能交叉和机构的重叠状况，增强机构活力和提高工作效率都是一次不小的推动，为进一步改革和进行地方机构改革打下了良好基础。

中央政府机构改革也要求地方的改革相应衔接。因此，国务院机构改革办公室从 1988 年 8 月开始着手准备工作。此前的

1986年5月，地方机构改革的工作已在16个中等城市试点。1989年经国务院批准，确定哈尔滨、青岛、武汉、深圳4个计划单列市，河北箕城、山西原平、内蒙古卓资、浙江上虞、河南滑县、湖南华容、广东宝安、四川邛崃、甘肃定西9个县进行机构改革试点。在不同层次、不同类型的改革试点取得经验后，1991年又扩大试点。经过试点，不仅试点单位本身在机构改革上取得了一定的效果，而且使地方机构改革的思路进一步清晰。根据试点经验，国务院设想渐进式地推进地方机构改革，基本思想是，从理顺关系、转变职能入手，展开地方机构改革，包括理顺中央与地方的关系、地方各级政府之间的关系；合理划分职权，按照政企分开的要求转变各级地方政府的职能；进而努力实行行政决策体制的科学化、行政执行体制的完善化、行政监督体制的合理化，完善行政管理的运行机制。

建立国家公务员制度是十三大确定的干部人事制度改革的重点。根据十三大的部署，国家设立了人事部作为国家公务员管理机构。人事部成立后，一方面着手制定国家公务员管理条例，同时，在审计署、海关总署、国家统计局、国家税务局、国家建材局、国家环保局6个部门进行试点。1991年又选择哈尔滨、深圳两个市进行地方公务员制度的试点。国务院6个部门的试点是结合机构改革首先从职位分类开始的。政府职能的确定是机构设置的依据，也是建立公务员制度的前提。过去职能不清，因人设事，现在分清职能，就可以因事择人，这无疑是巨大的进步。这6个部门从1989年4月开始，在"三定"方案的基础上进行职位分类试点，到1990年6月底共完成2618个职位的调查、分析、评价以及拟定职位分类规范和职位列等归级等工作。

公务员制度的另一个方面的重要内容是公务员考试录用和培训制度。1987年到1988年，在政法、工商、税务等13个部门补充公务员中采用了以省为单位考试录用的办法。全国共有100多万人报名参试，录用了 8 万多人。1989 年 1 月，中央组织部、国家人事部发出了《关于国家行政机关补充工作人员实行考试办法的通知》，要求县及县以上行政机关补充工作人员必须先在行政机关内部调整，确实解决不了的实行考试考核办法。其程序包括：发布公告、公开报名、资格审查、笔试、面试、体检、考核、确定合格者和审批录取、张榜公布。考试制度在中国历史上就有过。几千年历史中形成的科举制度是中国选拔官员的主要途径。公务员的考试录用制度绝对不是传统的科举制度的复活，而是适合现代社会生活的需要，对过去的干部选拔制度的重要改革。这种面向社会、公开考试、择优录用的办法，对于干部人事管理中贯彻竞争原则，加强民主监督，防止用人方面的不正之风，保证录用人员的质量，产生了积极的影响。

企事业干部人事制度改革也迈出了较大步伐。1988 年 5 月，中央组织部、人事部制定了《关于全民所有制工业企业引入竞争机制改革干部人事制度的若干意见》，要求必须把竞争机制引进企业人事管理，通过公开招标选聘企业经营者；企业内部各级管理人员的任用，也要推行各种形式的聘任制，逐级聘用，择优而任；企业有聘任权和解聘权，个人有被聘权和辞聘权。1991 年，中央组织部、人事部印发了《全民所有制企业聘用制干部管理暂行规定》，对聘用、调动、退休、待遇等做了统一规定，使企业内部干部聘用制得到进一步完善。

实践证明，企业干部实行聘用制是比较成功的。因此，许多事业单位也采用类似企业招标选聘干部的办法产生本单位的领导人。在科技干部中则普遍实行了专业技术职务聘任制。

第十一章 治理整顿的开始和 一系列"两手抓"

一、价格双轨制的出现

改革的锋芒突破了计划经济体制的防线后,并不是顺势而下,步入坦途的。当触及到经济的核心——价格问题时,现实的矛盾日渐凸现,改革变得步履维艰。由于原有计划经济体制的严重弊端之一,是长期以来对生产资料实行单一的计划价格控制,许多生产资料的价格严重偏离价值,给扩大再生产造成很大约束和障碍。改革这种不合理的价格体系和管理制度势在必行。

(一) 价格双轨制的酝酿和提出

原来改革过程的方向设计是:除极少数重要生产资料外,绝大多数生产资料价格放开,实行市场调节。但考虑到如果一步到位,全面实行价格的完全市场化,会引起过大的社会震荡,各方面难以承受,因此就设想计划和市场两套机制并行,同时实行计划调节和市场调节两种运行机制。这就是在 1985 年中国正式形成的价格双轨制。

价格双轨制包括主要农产品收购价格、主要工业产品出厂价格、紧缺商品价格的双轨制,即同一城市、同种商品同时存在计划内、计划外两种价格的状态,国家计划任务内的实行国家牌价,超计划生产部分和按国家规定的比例允许企业自销部分实行市场价格，这是经济体制转换时期新旧体制并存的反映。另外，利率双轨制、汇率双轨制和其他广义价格的双轨制，都是从过去单一的计划价格转向未来的有控制的市场价格的过渡措施。

价格双轨制是中国经济体制改革中最具本国特色而他国无法复制的一项重大改革。虽然对于这一改革有着各种不同角度的评价，但是任何"事后诸葛亮"式的评价，都不能离开这项重大改革所发生时的特定历史背景。

对于价格双轨制改革来说，它与包产到户和温州的私人企业兴起有一个很大的区别，后者是在来自基层民间改革意愿的直接压力下突破体制缺口的，而前者则是由一群青年经济学者抱着对改革的一腔热血构想出来的，是带有一定先验性的改革。这不仅意味着价格双轨制可能会带来比包产到户这样的民众自发改革有更长远的社会后果，也意味着它有很大的历史偶然性。假如不是双轨制，而是另外一种价格改革的构想被实现了，改革进程会不会有很大的不同？这可能是中国价格双轨制留下的永远的历史之谜。

从1979年经济体制改革以来，计划经济的控制在其边缘上已经松弛，非国营经济开始受到市场需求的指引，价格也逐渐向市场化方向发展。随着企业自主权的扩大，国家开始允许国营企业超计划生产的产品有不超过20%的价格浮动权，这样更推动了价格多元化的发展。但由于没有统一、合法的市场渠道，计划外产品的价格浮动范围是有限的，而且呈扭曲的多元形态存在。

问题在于，在占统治地位的计划价格体系中，供需缺口相对较小的一般工业消费品，计划控制较弱，而对供需关系严重失衡的生产资料，计划控制尤其严格。因此，当时面对的现实情况是，生产资料在计划控制的低价格下供需关系极度失衡，因其对中下游产品的传导作用，导致整个价格体系严重扭曲。

价格信号的失真，使得扩大企业自主权等激励企业发展的各项措施失去导向。价格改革已成为城市改革乃至中国经济改革的一个要害问题。对此，国务院价格研究中心的田源等人提出了对严重扭曲的价格体系必须进行大步调整的建议；青年经济学者周小川、楼继伟、李剑阁等人在自己的研究中，则提出用"小步快调"的办法，主张不断校正价格体系，既减少价格改革过程的震动，又可以逐步逼近市场均衡价格，等等。

这时，从中央高层机构的青年学者那里传来核心的内部消息：中央领导受到农村改革成功的鼓舞，已经决定加快城市经济改革，但计划价格成为城市经济改革的"拦路虎"，中央急切需要一个可行的价格改革方案。这样，就为有志于改革的青年一代学者参与改革方案的讨论和建议，并加强与高层决策的互动，提供了一个重要的契机。

在这个背景下，1984年3月，《经济学周报》《世界经济导报》等单位发起，准备在秋天召开一次"全国中青年经济工作者讨论会"。当时决定，这次会议主要是"以文入会"，代表完全由论文水平确定。最终从1300篇论文中确定了与会代表124人。9月，这个会在浙江省德清县莫干山召开，价格改革是会议最主要的议题。这次会议后来被称为"莫干山会议"。

国家体改委宏观规划组处长徐景安出席了这次会议。会议讨论分成7个组，徐景安被分在第一组——价格组。徐景安回忆说：关于价格改革的小组讨论吵得热火朝天。田源是价格中心出来的，主张"调"；张维迎是按论文选来的，主张"放"，还举了一个例子：温度计中的水银柱，气温高了，水银上去了；气温低了，水银就下来。价格就是要按照市场供求关系变化，自动地升降。调价是什么意思呢？不是水银柱，而是铁柱子，要降价就得锯；要加价就得接。他讲的是市场经济的ABC，但在当时具有革命性意义。我们过去都是"调"的概念，没有"放"的概念。

在当时计划经济还占统治地位的情况下，"保护"和封闭存量（保护和赎买既得利益），培育和发展增量（市场和新生力量），走理想务实的增量渐进改革路线已经成为了会议讨论的主线。通过增量这个新轨的壮大，逐步解决存量这个旧轨，这就是"莫干山会议"上双轨制的含义。"这不是简单的中间派，而是一种第三条道路"。

当时各方面的担心是在计划经济为主的情况下，一下放开价格控制太不现实，容易引起社会动荡；同时市场发育也需要一个过程。在市场不完备时，市场均衡价既难以实现，也未必优化。会后，主张第三条道路的有关代表，被要求向当时在杭州的中央财经领导小组秘书长张劲夫汇报。为会议纪要写的单独报告《用自觉的双轨制平稳地完成价格改革》，提出从生产资料价格改革入手，用5年左右的时间实现和完成整个价格体系的调整和价格管理体制的改革。这是"双轨制"这一概念首次出现。

会后，徐景安根据会上的讨论，也撰写了一份报告，名字叫《价格改革的两种思路》。报告提出，能源、原材料调价之所以不易解决，是由于国家计划供应和统一分配的能源、原材料比重仍很大，煤炭占50%、钢材占70%左右。在这种情况下，较大幅度地提高能源、原材料价格，势必冲击整个国民经济。如果逐步缩小计划供应物资的范围，把统配煤、钢材的比重缩小到30%左右，再调整这部分物资的价格就容易决策了。

那么，怎么缩小计划供应物资的范围呢？具体办法是先选择供求平衡或供过于求的一般机械、轻工、纺织产品，取消指令性计划，改为指导性计划或市场调节；放开其价格，实行浮动价或议价；同时取消平价供应的煤、钢材。随着一个个行业的逐步放开，统配煤、钢材的比重就会缩小，供应钢铁厂的统配煤的比重也随之减少。这时较大幅度地提高能源、原材料价格，就不会对整个国民经济产生很大冲击。报告接着提出，在缩小统配物资比重的同时，要建立、扩大、疏通物资市场。

报告最后说：这种"先放后调，以放促调"的办法好处有三个：一是把价格改革这个十分复杂、难以决策的大系统，分解为一个个行业、一类类产品的小系统，改起来容易预测、决断和施行。二是利用指令性计划外的浮动价、议价创造的市场机制，促进计划价格的改革。这不仅调整了不合理的价格体系，又改革了僵化的价格管理体制。三是把计划、物资、价格统起来配套改革，既缩小了指令性计划，又搞活了物资购销，还改造了价格体系，为企业放活、简政放权、政企分开创造了条件。随着这些"老大难"问题的解决和突破，城市经济体制改革就能出现新的局面。

这份报告写出来后，由于具有很强的针对性和操作性，很快得到国务院领导的批复，成为中国价格改革的指导方针。

9月20日，张劲夫批示："中青年经济工作者讨论会上，提出的价格改革的两种思路，极有参考价值。"10月10日，国务院总理赵紫阳批示：价格改革的两种思路很开脑筋。总题目是如何使放、调结合，灵活运用；因势利导，既避免了大的震动，又可解决问题。广东的从改物价管理体制入手；江苏乡镇企业走过的路，协作煤价的下浮；粮棉油大量搞超购价的结果带来了比例价，实质上都是放、调结合的成功事例。

多年以后，围绕双轨制的"发明权"，经济学界有过一番争论。其实，这样重大的决策，必然是集体认知能力起决定性作用，是经济学者与高层决策沟通互动，群策群立的结果。如今，"双轨制"一词到底是谁先提出来的已经并不重要了，重要的是，双轨制使人们找到了由计划经济向有计划商品经济（后来是向社会主义市场经济）转轨过程中的过渡性价格形态，它是中国渐进式改革的一种特有现象，对于社会主义市场的发育和经济发展，有独到的作用。

（二）价格双轨制的影响

1985 年 3 月，国务院下文首次废除对计划外生产资料价格的控制，标志着价格双轨制改革开始正式实施。单一的国家定价改为国家定价、市场调节价和国家指导价并存，基本上适应了有计划商品经济发展的要求，大大缩小了农产品与工业品的剪刀差（比价），推动了农业生产的发展。农产品收购价格总水平，1986 年比 1978 年提高 77%，而工业品在农村的销售价格，1986 年与 1978 年相比只提高 14%。同量的农产品所能换到的工业品数量 1986 年比 1978 年大约增加 54%。这就极大地调动了广大农民发展商品生产的积极性。

调整工业品价格，促进了工业生产的协调发展。1986 年同 1978 年比较，采掘工业产品价格上升 55%，原材料工业产品价格上升 45%，加工工业产品价格上升 13%。基础原材料工业品价格的调整促进了基础工业生产的发展，长期供不应求的煤炭、水泥和线材等短线品种，供求已基本平衡，煤炭已出现买方市场。价格改革激活了商品经济，使商品供应状况有了较大改善。工业品和副食品供应，由于多数价格放开，促进了花色品种的增加和商品质量的提高。

不过，实行价格双轨制只能是一个过渡性的措施，有的经济学家将这个举措称为"是从计划体制到市场体制的'惊险一跃'"。但是，这"惊险一跃"之后，综合配套措施没有及时跟上，放调结合的双轨制在一段时间内变成了"只放没调、放也不畅"的跛足戏，双轨乃至多轨价格的存在和相应的倒卖投机活动导致了社会的不满。后来又出现了价格改革准备工作不足，未出台就诱发了抢购风潮和通货膨胀。这些弊端是在发展过程中才逐渐显现出来的。

二、经济体制改革矛盾的凸显

1988 年，当改革进入第十个年头的时候，许多深层次矛盾已经成为中国进一步改革所面临的突出障碍。

（一）"四过一乱"现象的出现

这个阶段最突出的问题主要表现在以下几个方面：

第一，国民经济中总需求与总供给的平衡问题并没有解决好，传统发展模式和传统体制模式中存在的普遍扩张冲动和有限的供给增长之间的矛盾，始终困扰着人们。直到 1986 年底，国民经济总需求与总供给不平衡的总量矛盾虽有好转但仍然存在，并突出表现为：财政还有赤字，银行信贷规模偏大，物价水平的上涨虽有控制而基础并不巩固。这一方面不利于经济的平稳发展，另一方面不利于改革的顺利进行。

第二，传统体制模式中的经济效益普遍低下的问题并没有解决。在农村，农民的积极性是调动起来了，但整个农村经济资源的利用并不理想。在城市工业中，还是把产值增长重于效益提高，不惜以高投入来保产值，造成种种浪费；能源上去了，加工工业上得更快，因缺电、缺运力而限制生产潜力发挥的状况还没有根本性改变；产品质量提高和品种变化，赶不上消费需求和消费结构的变化；技术改造和技术进步赶不上技术陈旧的速度，竞争能力还相当差。外贸亏损居高不下，换汇成本不断上升。从长远来看，由于不重视投资质量，不注重技术进步和主导产业在结构转换中的作用，整个经济发展缺乏后劲。

第三，搞活企业和改善经济运行机制的矛盾没能很好解决。通过简政放权，实行利润留成以及利改税，使企业有了较多的自主权；通过价格改革，流通渠道比过去通畅，企业有了一定的活力。但是，在企业内部还缺乏把长远利益和短期利益结合起来的机制，自我改造、自我发展的意识不强，对宏观经济和市场环境的适应能力差，出现了企业行为短期化的倾向。1988 年中国许多企业被抢购风潮的假象所迷惑，错误估计形势，大量地生产彩电、冰箱等家用电器，为后来的市场疲软和商品积压埋下了隐患。

以上几个方面的尖锐矛盾，集中起来就是"四过一乱"，即过旺的社会需求，过快的工业发展速度，过多的信贷和货币投放，过高的物价涨幅，经济秩序混乱。

由于上述诸多矛盾的存在，中央在考虑下一年经济工作时还是决定把步伐放慢一些。1987 年 9 月召开的计划会议和经济体制改革工作会议提出，1988 年经济工作的总方针是："收紧财政和信贷，控制需求，稳定物价，保持经济的平衡和稳定发展。"会议还提出了 1988 年具体的宏观控制目标：货币增发量控制在 170 亿元左右；财政赤字低于 80 亿元；市场零售物价指数低于 1987 年；外汇结存略高于 1987 年；农业生产速度保持 4%；工业生产在提高效益的基础上增长 8%；城乡人民的平均实际收入略高于 1987 年的水平。中共十三大以后召开的中央工作会议肯定了这些安排，确定 1988 年经济工作的方针是稳定经济，深化改革。

但是，对于 1987 年的经济形势，中央主持经济工作的赵紫阳有不同的看法，"稳定经济，深化改革"的方针在实际执行中未能得到很好贯彻。进入 1988 年后，赵紫阳进一步认为，1987 年的经济形势相当好，全面好，批评有的同志把经济形势看得过于严峻。1988 年 4 月，中央领导在新华社内参的一份材料上批示："客观指导方针，不能只注意稳住物价一头，而必须兼顾物价与发展两个方面……去年第四季度已开始紧缩银根，今后需要开始注意这方面的动向。"

这种认识对"稳定经济，深化改革"方针的贯彻产生了消极影响，并造成两个结果：一是从 1988 年初开始，又放松了对财政信贷的控制，本来在 1987 年第四季度得到控制的需求，又重新开始膨胀起来；二是在 1988 年的上半年，一系列重大的改革措施相继出台，其中影响最大的就是价格改革闯关。

（二）艰难的价格改革闯关

中央很早就酝酿了价格改革的问题。1984 年 10 月《中共中央关于经济体制改革的决定》即已指出："我国现行的价格体系，由于过去长期忽视价值规律的作用和其他历史原因，存在着相当紊乱的现象，不少商品的价格既不反映价值，也不反映供求关系。不改革这种不合理的价格体系，就不能正确评价企业的生产经营效果，不能保障城乡物资的顺畅交流，不能促进技术进步和生产结构、消费结构的合理化，就必然造成社会劳动的巨大浪费，也会严重妨碍按劳分配原则的贯彻执行。""价格是最有效的调节手段，合理的价格是保证国民经济活而不乱的重要条件，价格体系的改革是整个经济体制改革成败的关键。"这个认识无疑是正确的。但是，由于价格改革的牵动面广，风险较大，中央的态度十分谨慎，步子一直迈得不大。同时，也有些人主张绕过价格改革，把改革重点放在推行企业承包制上。

改革的实践证明，物价改革这一关是绕不过去的。这是因为，扭曲的价格体系和僵化的价格管理体制，与中共十三大提出的"国家调节市场，市场引导企业"的新经济体制是背道而驰的。一方面，在市场经济条件下，价格环境是企业生产经营最重要的外部条件，是反映资源稀缺程度的最基本的信号。但是，旧的价格体系所反映的信号却是歪曲的：越是紧缺的资源，价格管理部门管得越死，价格越不能动，亏损也越多。其结果是引导资源大量涌向价高利大的长线部门，使得长线越来越长，短线越来越短,导致产业结构恶化。另一方面,作为一种权宜之计,实行了几年的生产资料双轨制,尽管取得了一定的实践效果,但是问题也逐步暴露出来了,对经济持续、稳定增长和各方面改革进一步深化的消极影响日益显现。在双轨制条件下,一物多价使企业很难进行科学的经济核算,很难进行平等的竞争。

据估计,当时在双轨制运行下,每年的价差、利差和汇差总额达 2000 亿~3500 亿元,占国民生产总值的 20%~30%。既然有这么大的价差,就诱导一些企业不是靠改善管理来提高效益,而是下很大功夫去拉关系、走后门,低价进、高价出。长此以往,中国的国营企业将会在很大程度上丧失生机与活力,不仅难以参与国际竞争,就是在国内,也会逐渐失去优势。同时,如此大的价差与政府官员手中的权力紧密联系在一起,使得权力有价,"寻租行为"也由此泛滥。事实表明,价格双轨制已经成为导致经济秩序混乱的重要原因,要理顺经济关系,保持国民经济的健康发展,就必须进行价格改革,尽快建立起新的价格体制。

进入 1988 年后,同时暴露出来的几个方面的尖锐矛盾,愈发表明了改革不合理的价格体系和价格管理体制的必要性和紧迫性,中央对于坚决进行价格改革的意见也趋于一致。5 月 19 日,邓小平在会见朝鲜政府军事代表团时,对于价格改革的意义做了说明,他说:"理顺物价,改革才能加快步伐。……最近我们决定放开肉、蛋、菜、糖四种副食品价格,先走一步。中国不是有一个'过五关斩六将'的关公的故事吗?我们可能比关公还要过更多的'关',斩更多的'将'。过一关很不容易,要担很大风险。……但是物价改革非搞不可,要迎着风险、迎着困难上。"这是邓小平在公开场合第一次将价格改革称为"闯关"。

此后,邓小平和中央其他领导人多次强调价格改革的必要性。5 月 24 日,邓小平在会见美国大通·曼哈顿银行国际咨询委员会代表团时又谈到:中国现在还要过几个险关,主要的一个关是要理顺物价。过去物价都是靠国家补贴过日子。现在中国开始过第一个关。这一个关过了，还要过其他的关，这就是最大的风险。针对那种想要绕过价格改革的主张，他说，物价这个关不过不行，是绕不过去的。如果在 20 世纪剩下的 10 多年之内，不把物价理顺，21 世纪要达到目标就很困难。

邓小平把价格改革称之为"闯关"的意见无疑是正确的。既讲了进行这项改革的必要性，是"绕不过去的"，又清醒地指出了进行这项改革需要承担很大风险，需要慎重从事。可是，对这后一点，当时人们显然缺乏足够重视。

1988 年后，根据中央的要求，国务院相继出台了一系列调整物价的措施。4 月 1 日，经国务院批准，国家物价局、商业部决定调整部分粮、油的收购价格。4 月 5 日，国务院发出《关于试行主要副食品零售价格变动给职工适当补贴的通知》，主要副食品（肉、蛋、菜、糖）的价格补贴由暗补改为明补；从 5 月以后，彩色电视机实行浮动价格，国产的一般机型上浮 20%～30%；经国务院批准，从 7 月 28 日起放开名烟名酒的价格，同时提高部分高中档卷烟和粮食酿酒的价格。

与此同时，价格改革系统方案的制定也提上了日程。5 月 30 日至 6 月 1 日，中共中央政治局在北京召开第九次全体会议，讨论全国经济体制改革和经济形势问题。会议提出，价格和工资制度改革需要有统盘的考虑和系统的方案。价格和工资制度改革，既要理顺关系、促进生产，又要使大多数群众生活水平逐步有所提高。会议决定要制定价格、工资改革的系统方案。

会后，从 6 月 2 日起，中央责成专门机构，组织有关部门研究此后 5 年特别是 1989 年的价格、工资改革和配套措施问题，经过多次论证，有关机构提出了关于价格、工资改革的初步方案。7 月 11 日，中共中央总书记赵紫阳主持专门会议讨论这个方案。根据讨论意见，有关机构又进行了测算、修改。

8月5日至9日，国务院总理李鹏主持国务院第十六次常务会议，对初步方案进行了讨论。最后形成的准备提交中共中央政治局会议讨论、通过的方案，内容包括：价格、工资改革的必要性；改革需要遵循的主要原则；1989年至1993年改革的轮廓设想；1989年改革的初步方案；改革中可能遇到的主要风险和基本对策；必须采取的配套改革措施等等。

8月15日至17日，中共中央政治局在北戴河召开第十次全体会议，讨论并通过了《关于价格、工资改革的初步方案》。

会议认为，价格改革的总的方向是：少数重点商品和劳务价格由国家管理，绝大多数商品价格放开，由市场调节，以转换价格形成机制，逐步实现"国家调控市场，市场引导企业"的要求。根据各方面的条件和现实的可能，此后5年左右的时间，价格改革的目标是初步理顺价格关系，即解决对经济发展和市场发育有严重影响、突出不合理的价格问题。工资改革总的要求是：在价格改革过程中，通过提高和调整工资，适当增加补贴，保证大多数职工实际生活水平不降低，并随着生产的发展而有所改善，同时进一步贯彻按劳分配原则，解决工资分配中一些突出不合理的问题。会议认为，价格、工资改革实际上是改革的全面深化。会议决定，这个方案还要在党内外人士和有关专家中广泛征求意见，然后在9月份的中央工作会议和十三届三中全会上讨论、审议。会议还特别强调："目前我国经济正处于充满活力、蓬勃发展的时期。进行价格改革、工资改革，时机是有利的，尽管面临的问题不少，但克服困难的潜力和回旋余地很大。"

然而，随后发生的事件证明，这个估计是过于乐观了。

中共中央政治局讨论和通过这一重大改革方案的消息引起国内外的广泛关注。最早证实这一消息的是中共中央总书记赵紫阳。1988年8月16日下午，当政治局会议还在进行的时候，赵紫阳在北戴河会见日本共同社社长酒井新二时透露：正在召开的中共中央政治局第十次会议将讨论国务院的改革方案，这个方案在政治局原则通过以后，中国还将在更大范围内征求意见，并召开一系列会议进行部署，预计1988年年底前，中国将会对1989年的改革做好充分的准备。

在尚需进行继续论证、周密准备的时候，这个信息的透露使对物价改革"闯关"还来不及做好心理准备的人们立即受到震动，出现了始料未及的情况。

（三）价格改革闯关受挫

本来，在1988年初，投资需求和消费需求重新开始膨胀起来，物价涨幅已经很大，再加上一些大的价格改革措施集中出台，到7月份，物价上升幅度已达19.3%，创下历史的最高纪录。在这种情况下，尽管中央一再强调要"采取强有力措施综合治理通货膨胀"，但各阶层群众已经产生通货膨胀预期，中央政治局会议通过价格改革方案的消息一经传开，人们误以为9月1日物价要全面放开，新一轮前所未有的大幅度涨价即将开始。于是，价格改革方案的通过成为新中国成立以来最大的一场抢购风潮的导火索。

继4、5月份的抢购风潮之后，各大中城市又出现了一轮更为凶猛的抢购风潮。其特点，一是波及面广，从8月中旬开始，北京、上海、天津、重庆、西安、福州、成都等大城市和部分乡村都出现了抢购现象。二是涉及范围大，抢购的主要对象涉及50个大类500多种商品，大到几千元的高档商品，小到易消耗的便宜货，均在抢购之列。三是盲目性大，消费者的购买行为已经不是为了消费，而是为了保值。结果，很多商场积压多年的残次商品也在这次风潮中售出。四是卷入的人多，几乎遍布社会各阶层，而以有固定工资收入的居多。面对年初以来物价持续大幅度上涨的现象，各阶层群众普遍产生购物保值的心理，一有风吹草动，就会立即卷入到盲目的抢购风潮中去。

这场抢购风的后果，一是使社会零售商品总额激增，8 月份达 636.2 亿元，比 1987 年同期增加 38.6%，如扣除物价上涨因素，增加约 13%。其中粮食增销 30.9%，棉布增销 41.2%，绸缎增销 35.5%，洗衣机增销 130%，电冰箱增销 82.8%，电视机增销 56%。二是带来对银行储蓄存款的挤兑现象，不仅挤兑活期存款，而且挤兑未到期的定期存款，从而导致储蓄存款大滑坡的严重局面。8 月份城乡储蓄存款减少 26.1 亿元，其中定期减少 27.8 亿元，活期增加 1.7 亿元。这种情况，充分反映了老百姓普遍存在的对物价上涨的恐惧和持币抢购的心理状态。

人民群众对于物价上涨的恐惧心理和由此导致的抢购风潮，成为这次价格改革闯关难以逾越的障碍。面对这一情况，中央立即调整对策。8 月 30 日，国务院总理李鹏主持召开国务院第二十次常务会议。会议重提"稳定经济，深化改革"的方针，特别申明：价格改革方案中提到的"少数重要商品和劳务价格由国家管理，绝大多数商品价格放开，由市场调节"，指的是经过 5 年或更长一点时间的努力才能达到的长远目标。在这里，原来政治局会议所提出的"五年左右的时间"已经修订为"五年或者更长一点的时间"。会议还做出保证："目前改革方案还在进一步修订和完善之中。明年作为实现五年改革方案的第一年，价格改革的步子是不大的，国务院将采取有力措施，确保明年的社会商品零售物价上涨幅度明显低于今年。"

价格改革闯关受挫，原因是多方面的，但是，选择在通货膨胀较为严重的年份来搞这场难度最大的改革，无疑是最主要的原因之一。当时，对于价格改革的必要性在经济理论界和中央决策层已达成共识。然而，对于价格改革所必需的条件和时机，或者说，在通货膨胀严重的 1988 年全面铺开价格改革，究竟合适不合适，认识并不一致。

6月9日，《人民日报》发表的题为《改革有险阻　苦战能过关》的评论员文章，虽然正确地指出了价格改革是改革进程中难度最大的一个"陡坡"，但对于闯过这道关口，仍然感到很有把握。文章表明了闯关的决心和信心，在舆论准备方面起了重要作用。但是，7月1日，《人民日报》在《改革话题》栏目发表的题为《过关有风险　关后是平川——茅于轼副研究员谈价格改革的积极作用》的采访记，觉得这篇评论员文章还是不够劲，批评说"只强调价格改革如何困难、要冒风险，这恐怕不太全面……应该正面大讲特讲：价格改革可以产生巨大的经济效益和社会效益，不仅对经济体制改革是个推进，而且会对政治体制改革产生积极影响，消除人们对价格改革的过分紧张心理"。文章还认为，"经济增长速度较高时，调整难度较小，成功把握较大。近几年来，我国的经济增长速度都超过了5%，这就为现在进行物价调整提供了较好的条件"。

而实际情况却恰恰相反，尽管当时经济增长速度较高，但经济结构不合理的矛盾却较为突出，特别是作为国民经济基础的农业增长相对缓慢，价格改革的社会环境并不有利。上述意见，实际上反映了当时在价格改革方面急于求成的情绪。当时中央对于这种急于求成的宣传所造成的危害，缺乏足够的警觉。8月中旬的中央政治局会议也认为，当时进行价格改革，"时机是有利的"。这个判断，是一个重大的失误。1988年7月，不论是物价涨幅还是老百姓的通货膨胀预期，都已临近警戒线。在这种情况下，任何较大的价格改革措施出台，都可能引起更大的市场风潮。而这次会议和当时的舆论宣传却忽视了这个基本情况，仍然大张旗鼓地宣传"长痛"不如"短痛"，这显然是不合适的。以后的事实证明，正是这种急于求成的宣传，造成一种物价立即要全面大幅度上涨的紧张气氛，加重了群众的心理负担，致使价格闯关受挫。

另一种看法则比较冷静和客观。在国家计委召集的经济专家座谈会上，薛暮桥提出：不能靠通货膨胀来维持不正常的高速度，同时在通货膨胀下不可能理顺价格，改革也难以深化。他认为，唯一正确的办法是"釜底抽薪"，用3年时间压缩基建投资、降低货币发行量，抑制通货膨胀并逐步消化积存下来的"隐蔽性"通货膨胀，在此基础上再逐步理顺价格，建立社会主义商品经济新秩序，为深化改革铺平道路。这个意见，实质上就是主张在深化价格改革之前，必须首先治理好经济环境。但是，当时主张马上闯价格改革这一关的呼声甚高，薛暮桥的意见没有引起中央有关负责人的重视。

价格改革闯关受挫，致使上面所提到的几个方面的矛盾进一步激化。

首先，社会总需求超过总供给的矛盾进一步扩大。1988年，在花费很大力气压缩基建项目的情况下，全国固定资产的投资仍然增长18.5%，非生产性投资达到510亿元；全年社会商品零售总额比1987年增长27.8%，售予社会集团的消费品零售额增长20.3%。这种投资与消费的双膨胀，使社会供需差率由1987年的13.6%扩大到16.2%。

其次，在供求总量不平衡的同时，国民经济结构性矛盾更为突出。从整个国民经济的发展来看，工业和农业的增长极不协调。1988年，工业增长率高达20.7%，而农业增长率只有3.2%。在两大产业的内部，结构性矛盾也十分突出。在农业内部，牧、副、渔业增长较快，均超过10%，其中烤烟和甜菜分别增长了42.4%和63.2%；而种植业则下降0.5%，其中粮食下降2.2%，棉花下降1.1%，油料下降13.6%。在工业内部，以非农产品为原料的轻工业增长较快，各种高档耐用消费品增长得更快。而能源、原材料和交通运输能力的发展却明显滞后，原煤、原油、钢材的增长只在2.2%~5.2%，交通运输能力的增长不到

5%，与整个国民经济的高速发展很不协调。

再次，物价涨幅居高不下，通货膨胀日趋严重。1988年，零售物价指数比1987年平均上升18.5%，其中12月份比1987年同月上升26.7%，职工生活费用价格总水平平均上升20.7%。同时，全年货币超量发行，到9月底，货币净投放量已达395.4亿元，比1987年全年增发的货币量还多159.4亿元，市场流通货币量已达1900亿元。物价连月持续大幅度上涨，货币增发速度大大超过同期国民经济增长和物价上涨水平，两种情况互为因果，愈演愈烈，这在共和国的历史上是少见的。

最后，由于抢购风潮，经济秩序愈加混乱。许多单位插手生产资料的经营，钻国家计划内外、国内外差价的空子，抢购、囤积、加价、倒卖，致使生产资料的价格暴涨。当时有一家门窗厂的厂长反映，该厂加工制成的钢窗价格还不如不加工直接倒卖钢材合算。据1988年9月8日《人民日报》报道，"目前工厂不仅有囤积钢材、有色金属、化工、羊毛等原材料的；也有些工厂干脆把生产出来的产品存在仓库里，迟迟不肯投放市场，以等待'自然增值'"。保定居然出现一家停产半年多的企业"盈利"的怪事，原因就是因为囤积的原材料涨价所致。一些企业还利用原材料价格差异，刮起浮夸风，虚盈实亏，以多发工资和奖金。显然，在这种混乱的经济秩序下，党和政府不仅难以实施任何改革措施，而且也不可能真正赢得经济的稳定增长。

总之，在价格改革闯关受挫之后，中国的改革和经济建设所面临的形势是十分严峻的。更为严重的是，经济方面的尖锐问题如果任其发展下去，必然导致政治上的不稳定局面，过去已经有过这方面的教训。因此，采取什么方针、政策、措施渡过这一关口，就成为中央必须解决的关键问题。

三、治理整顿的全面展开

中共中央关于治理整顿、深化改革的决策，相对 1984 年以来的经济工作方针是一个比较重大的转折。

（一）"治理整顿，深化改革"方针的酝酿

1988 年新华社《瞭望》杂志从全国各分社抽调十几名精明强干的记者，组成若干小分队突击重大题材。广东分社的王志钢带着自己课题去北京。中央与地方的关系，各省之间的关系，愈演愈烈的"诸侯经济"，这些敏感的大题目构成这次采访的核心问题——经济"割据"。王志钢带着这个课题历时 70 天，奔波 8000 公里，采用"三者采访法"，即把对改革大势感受最深、最有发言权的三种人——省市领导者、专家学者、资深记者的观点、见解尽入囊中，写下了一份给中央的"陈情表"——《中国走势探访录》，大胆提出"治理改革环境，整顿改革秩序"的建议。

新华社兴奋异常，以最快的速度发出这份以"内参"形式上送的调查建议。8 月 28 日，中央办公厅一个电话打到新华社，请教一个"技术问题"：什么叫"马太效应"？王志钢解释说："'马太效应'源自圣经上的一个典故，材料上使用它，是为了说明'富者越富，穷者越穷'的问题。"中办工作人员透露："现在中央正在开会"。

这一天，中南海会议厅，中央财经领导小组正在开会。就在前两天，中央领导同志就将原为例会的这次会议的议题改为专门讨论新华社记者王志钢、夏阳采写的三篇调查材料所提出的问题。两位 30 多岁的年轻记者独立的思考，正与中央领导人考虑

的治理整顿方针不谋而合，并且提供了有力的论证。在这次会议上，中央负责同志就这组材料发表了一系列看法，强调要加强中央宏观调控的制衡机制，提出了"治理经济环境，整顿经济秩序"的方针。

9月6日，赵紫阳在会见美国客人时第一次公开使用"治理整顿"的提法。他说，中国将坚定不移地进行物价改革，但是物价改革不能孤军深入，要与治理环境和整顿秩序协调进行。治理环境和整顿秩序包括堵住流通领域中的漏洞，解决改革中党政机关的廉洁问题。赵紫阳认为，当时面临的重要问题是消除经济过热现象，压缩基本建设规模，控制经济发展速度。

这表明，在此前的中央财经领导小组会议上，中央决策层对于治理环境和深化改革的关系的认识已经有了重要的变化，放弃了那种认为物价改革可以孤军深入的观点，形成了关于治理整顿的比较明确的思路。13日至17日，中共中央在北京召开各民主党派负责人、无党派爱国人士民主协商会和在京经济专家座谈会，分别就《关于价格、工资改革的初步方案》征求意见。与会者对治理经济环境、整顿经济秩序、继续深化改革，提出了具体的建议。"治理整顿，深化改革"的方针开始取得大家的共识。

9月15日至21日，中共中央政治局召开中央工作会议。在这次会议上，中央政治局正式决定治理经济环境、整顿经济秩序、全面深化改革。会议指出，治理整顿，既是深化改革的必要条件，也是深化改革的重要内容。会议还提出了坚决抑制通货膨胀、深化改革的若干重要政策建议。24日，中央政治局又召开了第十二次全体会议，讨论并通过了中央政治局在中共十三届三中全会上的工作报告。这个报告的主要内容，就是阐述"治理整顿，深化改革"的指导方针。

1988年9月26日至30日，中共十三届三中全会在北京举行。这次全会确定，把1989年和1990年两年改革和建设的重点突出放到治理经济环境和整顿经济秩序上来。

全会对"治理经济环境，整顿经济秩序"方针做了解释：治理经济环境，主要是压缩社会总需求，抑制通货膨胀。主要措施是：第一，压缩全社会固定资产投资，对重点企业采取倾斜政策，对涉外项目采取保护政策，合理调整投资结构。第二，控制消费基金的过快增长，特别要坚决压缩社会集团购买力。第三，采取一系列措施稳定金融，严格控制货币发行，开辟多种渠道吸收社会游资，引导购买力分流。第四，克服经济过热现象，降低工业增长速度；整顿经济秩序，就是要整顿目前经济生活中特别是流通领域中出现的各种混乱现象。主要措施是：（1）坚决刹住乱涨价风，在全国范围内开展物价、财务、税收大检查。通过检查，进行教育，严肃法纪，堵塞漏洞，把物价、财务、税收监督制度和市场规则建立健全起来。（2）整顿公司，政企分开，官商分开，惩治"官倒"。（3）尽快确立重要产品的流通秩序。（4）加强宏观监督体系。（5）制止各方面对企业的摊派、抽头和盘剥。

中央要求，治理经济环境，整顿经济秩序必须同加强和改善新旧体制转换时期的宏观调控结合起来，必须同努力增加农副产品、适销的轻纺产品以及能源、原材料等方面的有效供给结合起来。治理经济环境和整顿经济秩序是长期要注意的大问题，最要紧的是 1988 年和 1989 年两年一定要抓出成效。1989 年价格改革的步子较小。务必确保 1989 年的物价上涨幅度明显低于 1988 年，1989 年一切工作都要服从这一点。

（二）治理整顿的逐步展开

按照党中央的决策，治理整顿工作在全国展开。这次治理整顿大体分为两个阶段。第一阶段为初步实施阶段。这一阶段治理整顿所要达到的目标是：（1）消除经济过热，把发展速度降到比较合理的水平。（2）遏制通货膨胀，使 1989 年物价上涨幅度明显低于 1988 年，1990 年以后的上涨幅度进一步下降。（3）压缩固定资产投资规模，使它同国力承担的可能相适应；控制消费基金的过快增长，使它同国民收入的增长相适应。（4）逐步缓解社会总需求大于总供给的矛盾，实现财政、信贷、物资、外汇的基本平衡。（5）认真调整经济结构，使粮、棉、油等主要农产品的产量有较多增加，使能源、交通、原材料供应的紧张状况有所缓和。（6）建立健全必要的经济法规以及宏观调控体系和监督体系，积极推进社会主义商品经济新秩序的建设。① 为达到上述目标，国务院和相关部门采取了一系列措施：

第一，清理整顿公司。1988 年物价上涨幅度太大，其中一个重要的原因是 1986 年以来出现一批由各级党政机关兴办起来的各类公司。这些公司对生产流通也起到了一定的作用，但其中有相当一部分公司政企不分，官商不分，转手倒卖，牟取暴利。这就是人们常说的"官倒"。对于这些"官倒"的破坏作用，人们有目共睹。任其发展下去，不排除会带来亡党亡国的严重危险。因此，党中央、国务院顺从民意，1988 年 10 月 3 日发出《关于清理整顿公司的决定》（简称《决定》）。《决定》的主要内容如下：（1）重点清理 1986 年下半年以来成立的公司，特别是综合性、金融性和流通领域的公司；（2）坚持纠正公司政企不分的问题，取消公司的政府行政职能；（3）各级机关（包括各级党的机关、国家权力机关、行政机关、审判机关，下同），均不得用行政费、事业费、专项拨款、预算外资金和银行贷款投资开办公司；（4）严格执行中央、国务院关于党和国家机关干部不得经商办企业的规定；（5）各类公司必须按照规定的经营范围依法经

---

① 见 1989 年 3 月 20 日国务院总理李鹏在七届全国人大二次会议上的政府工作报告。

营，严禁转手倒卖重要生产资料和紧俏耐用消费品，赚取非法利润；（6）所有公司都必须依法纳税；（7）严格公司审批手续。

1989年8月17日，中共中央、国务院发布《关于进一步清理整顿公司的决定》，更加明确具体地提出了进一步清理整顿公司的重点，砍掉各级党政机关开办的公司，清理流通领域中过多、过滥的从事商业批发、对外贸易、物资供应的公司和金融性公司。文件严肃指出，清理整顿公司，既是治理经济环境、整顿经济秩序、全面深化改革的重要内容，又是坚决惩治腐败、振奋党心民心的一项重要措施，不仅是经济领域的问题，而且是全国上下十分关注的政治问题。9月初，经中共中央、国务院批准，全国清理整顿公司领导小组成立。在成立后的第一次会议上，领导小组决定中央国家机关各部门要坚决撤并11类"实际注册资金、从业人员、经营场地、组织机构等不具备《企业法人登记管理条例》及其实施细则规定的开办条件的公司"。

在清理整顿公司的背景下，中国康华发展总公司在当时著名的五大公司中首当其冲。中国康华发展总公司，1987年初由国务院办公厅下文成立，为正部级大型国有公司；是由中国残疾人福利基金会派生出来，成立的目的很明确，就是用企业养事业，发展残疾人事业服务。组建康华的方针是：以贸易为先导，实业为基础，金融为依托，科技为支柱。

康华总公司最初只筹建了7个二级公司，都是正局级。当时中央各部委、国家机关都管着许多公司，国务院下文件要求脱钩。通过收编这些脱钩企业，康华在短短几个月里迅速滚大起来，跨行业，跨地区，外贸、金融、能源等许多业务范围互相交叉，各公司频繁"跑部"拉关系，用人脉，上天入地，各显神通，营业收入增幅很快，业绩惊人。"康华"的魅力是如此吸引人，仅打开半扇门，二级公司便从7个一下子猛增到60多个，这些二级公司又派生出连"大康华"自己也闹不清有多少的孙子辈"康华"，以致全面失去了控制。

在康华内部，更多的是数不清的地方、行业的"小康华"，它们倒批文，倒外汇指标，同铁路局联营做石油运输，每节油罐上印着"中国康华"四个大字，从齐齐哈尔一路隆隆驶向中原大地。与之有关的非法"劳务案""走私汽车案"等传闻，更激起老百姓对"官倒"的强烈不满。老百姓对"康华"的议论虽说有不实之处，但国务院对"康华"进行清理整顿和审计，却是有根有据的必要之举。

经过清理整顿和审计，国家工商局后来吊销了中国康华发展总公司的营业执照，一并撤销了以"康华"命名的中国康华实业有限公司、中国康华龙升公司、中国康华交通技术开发公司、中国康华民生实业公司、中国康华社会服务公司、中国康华新材料发展公司、中国康华能源综合开发公司、中国康华国际信托投资公司等十几家公司。这在当时是一件很轰动的大事。

第二，严格控制社会集团购买力。1988 年 10 月 6 日，国务院发布《关于从严控制社会集团购买力的决定》，提出 1989 年和 1990 年两年的社会集团购买力，要在 1988 年实际支出的基础上，按实际可比口径计算每年压缩 20%。对此，国务院还明确规定：凡属于社会集团购买力范围的支出，各地区、各部门、各单位都要从严控制，坚决压缩；对县以上单位实行直接控制，对县以下单位实行间接控制；把原来的 19 种专项控制商品扩大到 29 种，由社会集团购买力管理机关审批，并到指定商店购买；建立严格的管理制度；对直接控制的社会的集团购买力单位，各级财政部门和主管机关要根据集团购买力压缩指标，相应核减单位预算和企业管理费计划；实行首长负责制，对违规者从严处理。

第三，是加强物价管理，严格控制物价上涨。根据中共十三届三中全会的精神，1988 年 10 月 24 日，国务院发布了《关于加强物价管理严格控制物价上涨的决定》，要求：坚决稳定群众生活基本必需品的价格；坚决制止农用生产资料乱涨价；严格执行计划外重要工业生产资料的最高限价；对已经放开的工业消费品价格，也要进行管理和引导；整顿流通领域的价格，取缔中间盘剥；整顿城市公用事业和服务行业收费；严肃物价法纪，对违纪者严加查处。同时，国务院还提出了控制 1989 年物价上涨幅度的目标。

第四，压缩基建规模。国务院成立楼堂馆所清查工作小组清查了北戴河、南戴河、黄金海岸、辽宁兴城等地兴建的楼堂馆所，并根据不同的情况分别做出允许续建、缓建和停建的初步处理。1988 年 9 月 24 日，国务院发出《关于清理固定资产投资在建项目、压缩投资规模、调整投资结构的通知》，提出这次清理的总的要求是：既要压缩固定资产投资规模，又要调整投资结构，使国民经济发展有必要的后劲，使生产保持一定的、实在的发展速度，使建设项目的新增生产能力尽可能符合市场的需要。1989 年 1 月初，国务院又发出《关于进一步清理固定资产投资在建项目的通知》，决定 9 类项目在 1 月 10 日前一律停止施工，实行"先停后清"，不得以任何理由拖延。

第五，定期公布八项重要经济指标，以加强和改善国家对宏观经济的调控能力。为了加强和改进宏观经济控制，推动压缩社会总需求，抑制通货膨胀，逐步把各方面的注意力从盲目追求和攀比产值增长速度，引导到提高经济效益上来。国务院决定，从 1989 年 1 月起，由国家统计局、国家计委、财政部、中国人民银行联合定期公布八项重要经济指标资料。这八项经济指标是：固定资产投资额，银行贷款余额及增加额，职工工资总额，工业全员劳动生产率，工业销售利税率，工业资金利税率，工业可比产品成本降低率，工业能源消耗综合降低率。

第六，制定国家产业政策，作为调整产业结构的依据。1989 年 3 月 15 日，国务院发布《关于当前产业政策要点的决定》。文件指出，当前和今后一个时期制定产业政策、调整产业结构的基本方向和任务是：集中力量发展农业、能源、交通和原材料等基础产业，加强能够增加有效供给的产业，增强经济发展的后劲；同时控制一般加工工业的发展，使它们同基础产业的发展相协调。

第七，调整银行储蓄利率。中国人民银行根据国务院常务会议的决定，从 1988 年 9 月 10 日开始开办人民币长期保值储蓄存款，并于 9 月 1 日和 1989 年 2 月 1 日两次提高银行储蓄存款利息。这些调整措施对于群众的吸引力很大，1989 年前 9 个月的储蓄存款净增 1000 亿元，相当于 1988 年同期的两倍，为新中国成立以来吸收存款最多的一个时期。新增存款中 80% 是 3 年以上的保值储蓄。

（三）治理整顿的效果

经过一年左右的治理整顿，中国的经济形势发生了较大的变化。其中最显著的变化，就是过旺的社会需求得到有效的控制，过高的工业生产速度明显回落，市场开始降温，相当多的商品由原来供不应求的卖方市场转变为供大于求的买方市场。1989 年 1 至 9 月，工业生产速度回落到 8.9%；在国家信贷收支上比 1988 年前 9 个月少发放 377 亿元贷款；社会商品零售额 6073 亿元，名义上比 1988 年同期增长 12.3%，如扣除物价上涨因素，实际下降 8.2%。但是，以压缩社会需求为重点的治理整顿，由于刹车过猛，同时也带来了一些负效应，主要就是市场疲软，企业效益下滑。根据这种情况，中央对于治理整顿的侧重点和压缩力度及时做了调整，由此治理整顿也就进入了新的阶段。

四、一系列"两手抓"方针

随着改革开放的深入推进,经济体制深层矛盾日益凸显,社会风尚也呈现出许多新情况、新问题。在这种形势下,党中央明确提出了"两手抓"的方针。

(一)"两手抓"方针的提出

在社会主义现代化建设过程中,为什么要坚持"两手抓"的方针?这不是某一个人主观臆想的结果,而是中国社会主义现代化建设客观规律的体现。

中共十三大报告又明确提出,"两手抓"是建设有中国特色的社会主义的战略方针。所谓战略方针,有两个方面的含义:一是从重要性来讲,是指两个文明建设一起抓,关系到建设有中国特色的根本方向和根本道路的全局问题。因为只有"两手抓",才能使物质文明和精神文明一起全面地发展起来,以提高中国的综合国力;二是从长期性上讲,是指在整个社会主义初级阶段都要坚持两个文明建设一起抓,而不是只坚持一阵子或某个时期。如果说,党在社会主义初级阶段的基本路线一百年不变,那么,"两手抓"的方针也必须长期不变。坚持"两手抓",是对改革开放经验教训的深刻总结。为了推动社会生产力的发展,必须加快改革步伐。这场革命将在相当广阔的领域内和相当深度上展开。它关系到社会主义的前途,关系到亿万人民的利益,是一场极其复杂的、群众性的探索和创新事业,这不仅会引起人们经济生活、政治生活的重大变化,而且会引起人们的生活方式、思想方式和精神状态的巨大变化,因此也难免出现一些问题和消极现象。

从改革开放的实践过程来看，中国面临的问题大致有三种类型：第一种是新旧体制在转换过程中，不可避免地要出现一些新矛盾和新问题；第二种是由于改革者对中央的方针政策理解不准确不全面，或者因为缺乏经验、考虑不周，所以在大胆探索中出现了某些偏差和失误；第三种是一些人打着改革的旗号，钻改革的空子"发横财"，搞"官倒""私倒"，搞不正之风，甚至违法乱纪，搞经济犯罪和其他犯罪活动。对前两种情况，必须慎重，通过教育，提高人民群众，特别是党员干部的认识，保证改革开放的健康进行。对于第三种情况，要坚决按照党纪、政纪、法纪处理，特别是对那些严重的经济犯罪和其他犯罪活动，要依法严惩，坚决打击，决不手软，实践证明，改革越深入，越要坚持"两手抓"，否则，改革无法进行。

在对外开放过程中，一方面引进了先进技术、先进的设备和一些符合社会化大生产的管理经验与方法。另一方面，也难以避免泥沙俱下，外国资本主义腐朽的东西和生活方式以及资产阶级的某些反动政治观点和社会学说，也会渗透进来，甚至大量涌进，给中国的社会生活和人们精神世界带来严重危害。比如，在政治上，西方资产阶级的"自由化""民主化"和"多党制"等政治观点可能渗透进来，会诱发资产阶级自由化思潮；在经济上，西方资产阶级的唯利是图、损人利己、拜金主义的价值观和尔虞我诈、坑蒙拐骗、走私贩毒、行贿受贿、投机倒把等行为可能涌进来，它会诱发经济犯罪和其他犯罪活动发生；在思想文化上，海外一些淫秽录像、照片、电影和黄色文艺、书籍、音乐以及有毒的社会学说可能传进来，会污染人们的精神世界，腐蚀人们的灵魂。对于这种情况，邓小平早有预见。他说，实行对外开放，打开了窗户，放进了新鲜空气，也放进了蚊子苍蝇。面对这些，中国怎么办？关起门来，显然是不行的。唯一的选择，就是既坚持改革开放，又要反对资产阶级自由化和打击各种犯罪活动。

因此，在深入推进改革开放的历史进程中，坚持"两手抓"，是保证改革开放事业始终保持生机活力的重要条件，也是维护改革始终沿着正确道路发展的客观需要。

（二）"两手抓"方针的阐发

"两手抓"是新时期中国共产党在改革开放过程中总结出来的一条重要治国经验。所谓"两手抓"的方针，有着以下几个不同层次的内涵：一是一手抓物质文明建设，一手抓精神文明建设；二是一手抓改革开放，一手抓四项基本原则；三是一手抓改革开放，一手抓打击经济犯罪和其他犯罪活动；四是一手抓两个文明建设，一手抓民主法制建设。

"两手抓"的方针，是在中国改革开放的实践中产生、发展和丰富起来的。而改革开放的总设计师邓小平是党内最早提出和强调"两手抓"方针的领导人。

十一届三中全会后，邓小平在主持制定改革开放和现代化建设战略方针的同时，就开始注意"两手抓"的问题。1979年10月30日，他代表党中央向中国文学艺术工作者第四次代表大会致辞时第一次提出两个文明一起抓的思想。他说："我们的国家已经进入社会主义现代化建设的新时期。我们要在大幅度提高社会生产力的同时，改革和完善社会主义的经济制度和政治制度，发展高度的社会主义民主和完备的社会主义法制。我们要在建设高度物质文明的同时，提高全民族的科学文化水平，发展高尚的丰富多彩的文化生活，建设高度的社会主义精神文明。"①

1980年12月25日，中央工作会议在北京举行。邓小平在这次会议上发表了重要的讲话，系统阐述了物质文明建设和精神文

①　《邓小平文选》第2卷，人民出版社1994年版，第208页。

明建设的关系，进一步提出了"两手抓"的思想。他说："我们要建设的社会主义国家，不但要有高度的物质文明，而且要有高度的精神文明。……党和政府愈是实行各项经济改革和对外开放的政策，党员尤其是党的高级负责干部，就愈要高度重视、愈要身体力行共产主义思想和共产主义道德。"①

1981 年 3 月 27 日，中国人民解放军总政治部负责人向邓小平汇报军队坚持"两手抓"的做法，邓小平对此感到非常高兴。他说："最近有一件事做得好，就是大讲精神文明。这方面已有成效，要继续抓好。"②

随着改革开放的发展和深入，经济领域中的犯罪活动有蔓延之势。中共中央和国务院针对这一情况，通过调查研究，发布了《关于打击经济领域中严重犯罪活动的决定》（简称《决定》），开始对经济犯罪活动进行查处和惩治。

1982 年 4 月 10 日，中央政治局召开会议专门讨论了《决定》。邓小平在会上发表了重要讲话，明确提出了改革开放中要坚持"两手抓"的问题。他说："我们要有两手，一手就是坚持对外开放和对内搞活经济的政策，一手就是坚决打击经济犯罪活动。没有打击经济犯罪活动这一手，不但对外开放政策肯定要失败，对内搞活经济的政策也肯定要失败。有了打击经济犯罪活动这一手，对外开放、对内搞活经济就可以沿着正确的方向走。"③

由此可见，邓小平讲"两手抓"的含义有了新的发展，他不仅是指两个文明建设一起抓，而且还包括改革开放和打击经济犯罪活动这两手。因为这关系到改革开放政策的成败。

---

①　《邓小平文选》第 2 卷，人民出版社 1994 年版，第 367 页。
②　《邓小平文选》第 2 卷，人民出版社 1994 年版，第 382 页。
③　《邓小平文选》第 2 卷，人民出版社 1994 年版，第 404 页。

为了使全党都深刻认识"两手抓"的重要性、必要性和紧迫性，邓小平多次反复地强调这一方针。

1982 年 7 月 4 日，中央军委召开座谈会，邓小平在讲话中，提出了坚持社会主义制度、搞好现代化建设的四个保证：第一是体制改革；第二是搞好社会主义精神文明；第三是坚决打击经济领域的犯罪活动；第四是搞好党的建设，整顿党的组织和作风。他强调："我们必须坚持对外开放、对内搞活经济这一手。但是为了保证这个政策在贯彻执行过程中能够真正有利于四化建设，能够不脱离社会主义方向，就必须同时还有另外一手，这就是打击经济犯罪活动。没有这一手，就没有制约。……四个保证这四件事情都不能一次搞完，要长期搞下去。我们不搞运动，但是，随着四个现代化建设的进程，就要坚持四个保证，一天也不要丢掉，要把它变成一种经常性的工作和斗争。"①

1982 年 10 月召开的中共十二大，在邓小平"两手抓"的思想指导下，明确地把两个文明建设一起抓作为社会主义现代化建设的战略方针确立下来，以指导全党的工作。根据"两手抓"的方针，党在抓物质文明建设的同时，也加强精神文明建设，并取得了一定成绩。

然而，由于种种主观和客观的原因，中国精神文明建设没有取得预期的成效，甚至出现了"一手软、一手硬"的现象，精神文明建设出现恶化的趋势。具体表现为：

（1）腐败现象严重滋生，党内不正之风继续蔓延。党中央采取措施查处大案要案，取得了一定的成效，但未能巩固下来，加之改革不配套的状况依然没有改观，思想政治工作遭到削弱，致使党政官员以权换钱、以权谋私的违法乱纪现象明显增多，大吃大喝、索贿受贿现象有增无减，徇私情、走后门、拉关系几乎成

---

① 《邓小平文选》第 2 卷，人民出版社 1994 年版，第 409 页。

风，他们忘记了全心全意为人民服务的宗旨，引起了人民群众的极端不满。

（2）社会风气继续下滑，许多社会成员人心涣散。党内不正之风和腐败现象得不到有效遏制，严重影响了党和政府在群众中的威信和凝聚力。一些地区的封建迷信活动得不到打击，聚众赌博、嫖娼卖淫现象得不到有效治理，尤其是一度泛滥的黄色录像和出版物对青少年的思想和灵魂造成了严重危害。

（3）教育和科技事业出现了令人忧虑的情况。由于教育和科技体制改革在实践中遇到了一些困难和问题，也由于政府对教育科技事业的财政支持不够，致使广大教育科技工作者的收入长期偏低，脑体倒挂现象依然如故并有扩大趋势，教育和科研条件得不到应有的改善，严重影响了广大知识分子的积极性，一些地区出现日益增多的知识分子外流、"跳槽"现象。受这种情况影响，在校学生的学习积极性下降，"60分万岁"成了一些学生的口头禅，农村则出现学生中途辍学情况。中国的教育和科技事业又一次遇到严峻挑战。

对于这种"一手硬、一手软"的情况，党中央很快有所觉察。1985年9月23日，邓小平在党的全国代表会议上尖锐地批评这种错误。他说："社会主义精神文明建设，很早就提出了。中央、地方和军队都做了不少工作，特别是群众中涌现了一大批先进人物，影响很好。不过就全国来看，至今效果还不够理想。主要是全党没有认真重视。……这几年生产是上去了，但是资本主义和封建主义的流毒还没有减少到可能的最低限度，甚至解放后绝迹已久的一些坏事也在复活。我们再不下大的决心迅速改变这种情况，社会主义的优越性怎么能全面地发挥出来？我们又怎么能充分有效地教育我们的人民和后代？不加强精神文明的建设，物质文明的建设也要受破坏，走弯路。光靠物质条件，我们的革命和建设都不可能胜利。"①

　　为了引起全党，特别是中央领导同志的重视，邓小平于 1986 年 1 月 17 日在中央政治局常委会上再次讲了"两手抓"的问题，指出："搞四个现代化一定要有两手，只有一手是不行的。所谓两手，即一手抓建设，一手抓法制。……经济建设这一手我们搞得相当有成绩，形势喜人，这是我们国家的成功。但风气如果坏下去，经济搞成功又有什么意义？会在另一方面变质，反过来影响整个经济变质，发展下去会形成贪污、盗窃、贿赂横行的世界。所以，不能不讲四个坚持，不能不讲专政，这个专政可以保证我们的社会主义现代化建设顺利进行，有力地对付那些破坏建设的人和事。"他强调，抓精神文明建设，抓党风、社会风气好转，就是要从具体事件抓起；并强调越是高级干部子弟，越是高级干部，越是名人，他们的违法事件越要抓紧查处，抓住典型。因为这些人犯罪危害大，抓了，处理了，效果也大，表明中国下决心克服一切阻力抓精神文明建设和法制建设。他认为这件事抓好了，就可以真正促进改革和建设。这样下决心抓，至少也要奋斗 10 年，才能恢复到 50 年代最好时期的党风和社会风气。

　　从以上情况看，在党关于"两手抓"战略方针形成的过程中，邓小平做出了巨大贡献。为了坚定不移地坚持"两手抓"的方针，他曾经同各种错误思想进行了长期斗争。在这个重大原则问题上从不妥协、不让步。在同错误思想斗争过程中，邓小平也丰富和发展了"两手抓"的战略思想。

（三）"两手抓"方针的展开

　　党关于"两手抓"的思想随着改革开放的深入，在实践中也不断丰富和完善。全国上下在集中精力推进经济建设的同时，在

---

　　① 《邓小平文选》第 3 卷，人民出版社 1993 年版，第 143—144 页。

思想文化和其他领域也开始大力加强"另一手"。

1. 社会主义精神文明建设的逐步发展

十一届三中全会后，随着改革开放的起步和社会主义现代化建设的全面展开，党中央便把社会主义精神文明建设的任务逐步提上日程。

第一，精神文明建设思想的提出。1979年3月，邓小平在党的理论工作务虚会上所发表的《坚持四项基本原则》的讲话中，提出了要保持崇高的革命理想、提高全体人民的道德水平、转变社会风气和端正党风等问题。这实际上已经提出了建设社会主义精神文明的一些根本要求。同年9月，叶剑英在庆祝中华人民共和国成立30周年大会上的讲话中，首次提出了社会主义精神文明这一概念。他说："我们要在建设高度物质文明的同时，提高全民族的教育科学文化水平和健康水平，树立崇高的革命理想和革命道德风尚，发展高尚的丰富多彩的文化生活，建设高度的社会主义精神文明。这些都是我们社会主义现代化的重要目标，也是实现四个现代化的必要条件。"[1] 这段论述不仅明确提出了精神文明的概念，而且还概要地指出了社会主义精神文明的内容，即包括教育、科学、卫生、革命理想、革命道德风尚和文化生活等，把社会主义精神文明建设作为中国实现现代化的一个重要目标和必要条件明确地提了出来。

1980年12月20日，在中央工作会议上，当时中国社会科学院的负责人之一李昌专门给邓小平写了一封信，呼吁加强社会主义精神文明建设。邓小平在批复中写道：李昌同志这封信提出的问题，值得大家考虑。并提议印发此信给参加中央工作会议的同志阅读。12月25日，邓小平在这次会议的讲话中接受李昌的建

---

[1] 中共中央文献研究室编：《三中全会以来重要文献选编》（上），人民出版社1982年版，第234页。

议，把建设社会主义精神文明问题列为重要议题进行了论述，再一次强调了它的重要性。他说："所谓精神文明，不但是指教育、科学、文化（这是完全必要的），而且是指共产主义的思想、理想、信念、道德、纪律，革命的立场和原则，人与人的同志式关系，等等。"① 这里已经把社会主义精神文明建设概括为两个基本方面，即科学文化建设和思想道德建设，这使精神文明建设的内涵更加清晰。

1981 年 6 月，党的十一届六中全会通过的《关于建国以来党的若干历史问题的决议》，把精神文明作为中国社会主义现代化建设的十个基本点之一，而且第一次以党的中央全会决议的形式，把建设"现代化的、高度民主的、高度文明的社会主义强国"，确定为党在新的历史时期的奋斗纲领。②

第二，社会主义精神文明建设的逐步开展。1981 年 2 月，全国总工会、共青团中央、全国妇联等 9 个单位，为响应中央关于加强精神文明建设的号召，联合发出《关于开展文明礼貌活动的倡议》，提出在全国人民特别是青少年中开展以讲文明、讲礼貌、讲卫生、讲秩序、讲道德和心灵美、语言美、行为美、环境美为内容的"五讲四美"活动。2 月 28 日，中宣部、教育部、文化部、卫生部、公安部联合发出了《关于开展文明礼貌活动的通知》。根据通知要求，以"五讲四美"为主要内容的文明礼貌宣传教育活动在全国各地普遍展开。

1982 年初，中共中央办公厅转发了中宣部《关于深入开展"五讲四美"活动的报告》。这年春天，根据中央书记处部署，全国开展了"全民文明礼貌月"活动，各地围绕搞好环境卫生，重

---

① 《邓小平文选》第 2 卷，人民出版社 1994 年版，第 367 页。

② 中共中央文献研究室编：《三中全会以来重要文献选编》（下），人民出版社 1982 年版，第 784、788 页。

点解决"脏""乱""差"问题。1983 年 1 月，中宣部等 20 多个部门又提出，在"五讲四美"活动中，开展"热爱祖国、热爱社会主义、热爱人民"的教育活动，进一步丰富了精神文明建设活动的内容。

1982 年 9 月，党的十二大总结了十一届三中全会以来党对社会主义精神文明建设的认识成果，着重从理论上阐述了建设高度的社会主义精神文明的问题。十二大报告提出，"社会主义精神文明是社会主义的重要特征，是社会主义制度优越性的重要表现"，并把在建设高度的社会主义物质文明的同时，努力建设高度的社会主义精神文明，确定为中国社会主义现代化建设的一个战略方针。

根据十二大提出的努力建设社会主义精神文明的要求，1983 年 3 月，中共中央和国务院为加强"五讲四美三热爱"活动的领导工作，决定在中央和各省、自治区、直辖市成立"五讲四美三热爱"活动委员会，并设立了相应的办事机构。这一年，"创建文明城市"的活动在福建三明市开始兴起。河北保定等地还出现了军民共建文明村镇、文明街道活动。第二年，中央有关部门在福建三明市召开全国"五讲四美三热爱"活动工作会议，总结了全国大中城市开展"五讲四美三热爱"活动的经验，特别是总结了三明市的经验，要求全国向三明市学习，以推动城市精神文明建设工作。从此，"五讲四美三热爱"活动围绕着创造优美环境、建立良好秩序、搞好优质服务和建设文明单位等内容，在中国广大城乡有组织有领导地广泛展开。

第三，精神文明建设第一个指导方针的制定。1984 年以后，随着中国改革开放的全面展开，社会领域开始出现大量新的矛盾和问题，精神文明建设的任务较之以前更加紧迫。1984 年 10 月，党的十二届三中全会通过的《中共中央关于经济体制改革的决定》，对于精神文明建设也提出了相应的要求。1985 年 9 月召开的党的全国代表会议，又把"坚持在推进物质文明建设的同时，大力加强社会主义精神文明建设"，作为"七五"期间国民经济和社会发展必须遵循的基本指导原则之一。① 这是把精神文明建设问题第一次列入国民经济社会发展的规划，表明党已从发展战略和指导思想上思考精神文明建设问题。在此基础上，1986 年 9月召开的党的十二届六中全会，审议通过了《中共中央关于社会主义精神文明建设指导方针的决议》（简称《决议》）。这是中国共产党制定的第一个关于社会主义精神文明建设的纲领性文件。《决议》从全面建设社会主义的战略高度，从中国现代化建设的总体布局出发，对精神文明建设的指导方针和根本任务做出明确规定。

一是明确精神文明建设在中国社会主义现代化建设总体布局中的地位及作用。《决议》指出，中国社会主义现代化建设的总体布局是：以经济建设为中心，坚定不移地进行经济体制改革，坚定不移地进行政治体制改革，坚定不移地加强精神文明建设，并且使这几个方面互相配合，互相促进。

二是提出了精神文明建设的指导方针和根本任务。其指导方针是：精神文明建设必须推动社会主义现代化建设；必须促进全面改革和实行对外开放；必须坚持四项基本原则。其根本任务是：适应社会主义现代化建设的需要，培养有理想、有道德、有文化、有纪律的社会主义公民，提高整个中华民族的思想道德素质和科学文化素质。

三是对精神文明建设的具体内容做了更符合实际的阐述。《决议》提出要用建设有中国特色的社会主义的共同理想动员和团结全国各族人民，阐明了中国共产党的最高理想与现阶段中国

---

① 中央文明办组织编写：《改革开放以来社会主义精神文明建设大事记》，辽宁人民出版社 2001 年版，第 121—122 页。

各族人民的共同理想的关系，把先进性的要求同广泛性的要求辩证地结合起来；提出了社会主义道德建设的基本要求；强调要在全体人民中进行社会主义民主、法制和纪律的教育，鲜明地体现了中国所要建设的社会主义精神文明是革命精神和民主精神与科学精神的统一；强调要努力在全民族范围内扎扎实实推进教育、科学、文化的普及和提高。

《决议》还阐明了马克思主义在精神文明建设中的指导作用，明确了党组织和党员在精神文明建设中的责任。①《决议》坚持了中国共产党从十一届三中全会以来提出的关于社会主义精神文明建设的基本观点，同时在许多方面又有新的发展，标志着中国特色社会主义精神文明建设理论的初步形成。这一《决议》对于指导和推进社会主义精神文明建设，保证社会主义现代化建设的顺利开展，起到了重要的指导意义。

2. 清除思想领域的精神污染与反对资产阶级自由化

80年代初，在理论界，一些人在人道主义和异化问题上制造混乱，把社会上存在的一切问题都归咎于社会主义制度和共产党的领导；在新闻界，有人把党性和人民性对立起来；在文艺界，一些人否定毛泽东文艺思想，对中共中央提出的文艺为人民服务、为社会主义服务的口号表现冷漠，热衷于"写阴暗的、灰色的、以至胡编乱造、歪曲革命的历史和现实的东西"②，致使有些有严重错误倾向的作品甚至低级庸俗、黄色的书刊出现在银幕、舞台和书市。

针对这种情况，在1983年10月召开的中共十二届二中全会上，邓小平发表讲话提出"思想战线不能搞精神污染"，"精神污

---

① 《中共中央关于社会主义精神文明建设指导方针的决议》，《人民日报》1986年9月29日。

② 《邓小平文选》第3卷，人民出版社1993年版，第43页。

染的实质是散布形形色色的资产阶级和其他剥削阶级腐朽没落的思想，散布对于社会主义、共产主义事业和对于共产党领导的不信任情绪。……从长远看，这个问题关系到我们的事业将由什么样的一代人来接班，关系到党和国家的命运和前途。"① 对此，必须进行批评和纠正。

根据这次会议精神，各地开展了反对精神污染和资产阶级自由化的斗争。经过一系列工作，资产阶级自由化思潮的蔓延基本上得到了遏制，中国共产党对思想战线的领导也得到了加强。但是，对一次干扰的排除并不等于资产阶级自由化的干扰不再出现。

1986 年，方励之、刘宾雁、王若望等人，借研究政治体制改革的机会，肆意攻击中国共产党的领导和社会主义制度，引起了中国共产党的一些高层领导人，特别是邓小平的注意。1986 年 9 月，在中共十二届六中全会上，针对一些不赞成提反对资产阶级自由化的意见，邓小平明确表示："反对资产阶级自由化，我讲得最多，而且我最坚持。……自由化是一种什么东西？实际上就是要把我们中国现行的政策引导到走资本主义道路。……自由化本身就是资产阶级的，没有什么无产阶级的、社会主义的自由化，自由化本身就是对我们现行政策、现行制度的对抗，或者叫反对，或者叫修改。……看来，反对自由化，不仅这次要讲，还要讲十年二十年。"②

但是，邓小平的警告并没有引起人们足够的重视，特别是没有引起当时主持中央工作的领导同志的高度重视。1986 年下半年，自由化思潮再度泛滥。方励之、王若望、刘宾雁等人更加活

① 《邓小平文选》第 3 卷，人民出版社 1993 年版，第 39—40、45 页。

② 《邓小平文选》第 3 卷，人民出版社 1993 年版，第 181—182 页。

跃。他们将矛头指向中国的政治制度，声称新中国成立以来的社会主义事业是失败的，30多年来共产主义运动是失败的；全力否定中国共产党的领导，鼓吹实行多党制，攻击中国共产党的领导是封建统治的延续，是一党专政；美化资产阶级民主，主张抛弃人民民主专政；对马克思主义在中国革命和建设中的指导地位一贬再贬。

在这种形势下，党报党刊的宣传没有采取强有力的抵制措施，出现了导向上的失误，使资产阶级自由化思潮一度传播泛滥。1986年下半年，各种自由化思潮纷纷流入高等院校的讲坛。据不完全统计，1986年10月至12月下旬，北大、清华、北师大共举办有这些人参加的演讲、研讨会等20多场。这些报告对一些大学生的思想产生了很大的影响。

1987年1月，几位青年思想政治工作者对北京的几所重点高校部分大学生思想状况进行调查，发现大学生程度不同地卷入了政治体制改革研讨和文化反思热中。据调查显示，大学生有四个不满意：一是对改革速度不满，认为改革进展太慢，阻力大、收效小；二是对民主权利不满，认为工人、农民、知识分子实际上能行使的民主权利甚微；三是对党风不正不满，认为虽然抓了大案要案，但人们仍对以权谋私的现象愤愤不平；四是对知识分子政策落实状况不满，认为雷声大、雨点小。由这四个不满引出了大学生的四点反思：第一，对中国革命根本教训的反思。第二，对两种社会制度对比的反思。第三，对中华民族传统文化的反思。第四，对马克思主义的反思。①

"反思"产生了许多消极的东西，再加上1986年国际政治舞

---

① 参见王炳林：《反对"资产阶级自由化"的斗争》，载郭德宏等主编的《中华人民共和国专题史稿（卷四——改革风云（1976—1990））》，四川人民出版社2004年版，第431—465页。

台风云变幻，菲律宾前总统马科斯出逃，海地独裁政治瓦解等一系列重大事件。所有这些，都在不断地不冲击着学生们的价值观念。他们已不再满足于观念的变更和坐而论道。多数学生的情绪由不安转向不满而隐含着冲动，表现出极为强烈的参与意识。1986年下半年，在许多城市出现了不同规模的游行示威等活动。

针对上述现象，1986年12月30日，邓小平约见胡耀邦等中央领导同志，并在谈话中指明了坚持四项基本原则，反对资产阶级自由化，维护和发展安定团结的大好形势，坚持改革和对外开放，促进社会主义现代化建设，正确阐明了中央当前处理学生闹事问题的方针。核心是"四项基本原则必须讲"，"没有人民民主专政不行"，"中国没有共产党的领导、不搞社会主义是没有前途"，"民主只能逐步地发展，不能搬用西方的那一套"。坚决地"反对资产阶级自由化"，"中国才有希望"。邓小平的谈话，进一步坚定了中国共产党反对资产阶级自由化的决心，1987年1月6日，北京市各高校向全体学生传达了邓小平的上述谈话，并迅速处理了少数高校学生的闹事问题。

1月12日，中共中央、国务院决定改组中国科技大学领导班子。上海市纪委、安徽省纪委、中共《人民日报》社机关纪委分别于1月13日、17日、23日做出开除王若望、方励之、刘宾雁党籍的决定。

经过一系列工作，坚持了党对改革开放和社会主义现代化建设的正确领导，保证了中国特色社会主义事业的健康发展。

3. 严厉打击经济领域的犯罪活动

中共十一届三中全会后，党和国家确定和实行的以经济建设为中心、对外开放和对内搞活经济的方针政策，使中国经济建设得到了迅速的发展。但是，在改革开放过程中难免会带来一些不健康的因素。由于一些必要的管理措施未能及时跟上，对经济犯罪的重视不够、防范打击不力等多种原因，致使经济犯罪活动增加。一些国家机关工作人员思想受到腐蚀，利用职权或经济管理上的漏洞，肆意侵吞、盗窃、骗取国家财产，形成了一股经济犯罪风。"伴随着其他刑事犯罪严重发展的情况，走私、投机倒把、贪赃枉法、盗窃、扰乱市场等经济犯罪活动也在滋长泛滥。"

上述经济领域的犯罪活动，引起了中央的高度重视。1982 年1 月，中共中央发出关于打击严重经济犯罪活动的紧急通知，指出这是关系中国四个现代化建设和国家生死存亡的重大问题。3 月 8 日，五届全国人大常委会第二十二次会议通过了《关于严惩严重破坏经济的罪犯的决定》，加重了对严重经济犯罪的刑罚，其中包括对各种情节特别严重、性质特别恶劣的经济犯罪分子处以死刑。4 月 10 日，邓小平在中共中央政治局讨论《关于打击经济领域中严重犯罪活动的决定》的会议上指出：打击经济犯罪是伴随四个现代化建设的一个长期的经常的斗争，"这股风来得很猛。如果我们党不严重注意，不坚决刹住这股风，那末，我们的党和国家确实要发生会不会'改变面貌'的问题。……我们要有两手，一手就是坚持对外开放和对内搞活经济的政策，一手就是坚决打击经济犯罪活动。没有打击经济犯罪活动这一手，不但对外开放这一政策肯定要失败，对内搞活经济的政策肯定也要失败。有了打击经济犯罪活动这一手，对外开放、对内搞活经济就可以沿着正确的方向走。"①

1982 年 4 月 13 日，中共中央、国务院公布了《关于打击经济领域中严重犯罪活动的决定》（简称《决定》），《决定》尖锐地指出：打击经济领域的严重犯罪活动，进行反对腐化变质的斗争，关系到中国社会主义现代化建设的成败，关系到中国共产党和国家的盛衰兴亡，这场斗争必然是长期的持久的。根据中央的要求，全国上下进行了一场声势浩大的打击经济领域犯罪活动。

---

① 《邓小平文选》第 2 卷，人民出版社 1994 年版，第 403—404 页。

据 1983 年 7 月中共中央纪律检查委员会向六届全国人大常委会提交的《关于打击经济领域中严重犯罪活动工作的报告》显示：从 1982 年 1 月至 1983 年 4 月底，全国揭露并依据党纪国法立案审查的各类经济犯罪案件共约 19.2 万多件，案件中涉及党员 7.1 万多人；已结案 13.1 万多件，依法判刑近 3 万人，在案件所涉及的党员中被开除党籍的 8500 多人；全国投案自首、坦白交代各种经济违法犯罪问题的共有 2.44 万多人；追缴赃款赃物 4.1 亿多元。① 5 月 31 日，万里在中纪委召开的中央党政军机关负责干部会议上讲话，要求各单位认真开展打击经济领域严重犯罪活动。中纪委派出司局级以上干部 151 人，分赴各地充实、加强打击经济领域犯罪活动的办案力量，直接参与大案要案的调查处理工作。

根据中央的部署，中纪委对一些违反党纪、影响恶劣的大案要案进行了坚决查处。当时影响较大的主要有福建的"晋江假药"案件和"海南岛倒卖进口汽车事件"。

晋江地区（今泉州市）晋江县陈埭镇有些人为了打开白木耳饮料的销路，将它说成是感冒冲剂，印上"功能滋阴润肺，主治虚劳咳嗽"字样，并仿造药政部门的药政批文号，在省内外推销。从 1982 年 9 月到 1985 年 4 月，先后有 59 个乡镇企业的不法分子伪造卫生行政部门批准文号约 170 个，其中使用较多的有 62 个，制造假药 100 多个品种，总产量 10 万多箱，产值约 4000 万元人民币，这些假药销往全国 28 个省（区），在全国引起很大的震动，引起中央高层领导的重视。1985 年 7 月 13 日，中纪委发出致福建晋江地委、行署党组的公开信，就晋江地区一些企业大量制造假药并用各种行贿手段销往各地的案件，要求依法进行查

① 《关于打击经济领域中严重犯罪活动工作的报告》，《人民日报》1983 年 7 月 27 日。

处，并报中央。7月27日，中纪委常委听取了中共福建省委、省纪委的汇报后，对当事人依法做了处理，并决定将参与制造销售假药、从中牟利的晋江县委常委、纪委书记撤职查办。1986年9月，福建省高级人民法院和泉州市中级人民法院依法对"晋江假药案"中有关制造、贩卖假药的犯罪分子进行了宣判，案犯中被判处10年以上有期徒刑3名，1年6个月至8年有期徒刑的7名，有期徒刑缓刑的4名，免于刑事处分的3名。对"晋江假药案"的处理，严厉打击了经济领域不法分子的违法行为。

1984年1月1日至1985年3月5日，海南区党委、区政府主要领导同志违反党纪律和国家有关规定，利用中央给予的自主权，大量进口国家控制进口的商品，用来倒卖赚钱。进口的汽车已有1万多辆被倒卖出岛。其他进口物资大部分也被倒卖出岛。为了进口汽车等物资，海南岛有关干部违犯国家外汇管理规定，非法高价从岛外购进外汇5.7亿美元，这个数字是国家允许海南提留外汇的10倍。同时，用于进口汽车等物资的贷款，累计达42.1亿元，比海南1984年工农业总产值还多10亿元。许多贷款实际无力偿还，案发时尚有20.1亿元未还。① 这些做法不仅违反了国家的有关规定，冲击了国家计划，冲击了市场，破坏了信贷政策，而且也使海南刚刚兴起的、大规模的开发建设受到挫折。"汽车事件"发生后，由中纪委、国家审计署和国家经委、经贸部、国务院特区办、国家物资局、中共广东省委和广东省人民政府等单位组成的联合调查组，经过两个多月的调查，写出了《关于海南进口和倒卖汽车等物资问题的调查报告》。7月31日，中央、国务院批转这一调查报告。中纪委同意中共广东省委、省政府对于涉及这一违纪案件的当事人给予党纪处分。中共广东省

---

① 《海南岛大量进口和倒卖汽车事件真相大白》，《人民日报》1985年8月1日。

委、省政府也因此做了检查。

对上述经济犯罪案件的查处，有力地维护了党的纪律和国家法律的严肃性，在一定程度上保证了改革开放和现代化建设事业的健康发展。

第十二章 中央第三代领导集体的形成和治理整顿目标的实现

一、"八九"政治风波的平息

正当中国的治理整顿加紧进行的时候，与改革开放相悖的国际大气候和国内气候却正在形成，在这两种气候的作用下，中国国内最终便酿成了 1989 年的政治风波。这场风波无论是对中国共产党，还是对中国的改革开放事业都是一次严峻的考验。面对这场严峻的考验，中国共产党人冷静处置，沉着应对，最终化解了风波，使国内形势趋于稳定。

（一）国际大气候和国内小气候

1989 年爆发国内政治风波并不是偶然的，它是国际大气候和国内小气候导致的必然结果。1 月 6 日，主张全盘西化的代表人物方励之给邓小平写信，要求"在全国实行大赦，特别是释放魏京生以及所有类似的政治犯"。方励之声称：1989 年是中华人民共和国成立 40 周年，也是五四运动后的 70 年。这年恰好又是法国大革命的 200 周年，不论怎么看，由它所标志的自由、平等、博爱、人权已受到人类的普遍尊重。因此，他要求邓小平考虑他的建议，"给未来增添新的尊重"。2 月 16 日，"中国民联"成员陈军举行外国记者招待会，散发方励之致邓小平的信，以及陈军等 33 人致全国人大常委会和中共中央的信，要求实行大赦，释放魏京生等所谓"政治犯"。陈军公开宣称要通过台湾"最大最有影响力"的报纸，支持方励之等人，对中国政府形成"压力集团"。这两封信，事实上已经发出了一种信号……

对于这个信号，邓小平是有所警觉的。2月26日，邓小平在会见美国总统布什时说："中国的问题，压倒一切的是需要稳定。没有稳定的环境，什么都搞不成，已经取得的成果也会失掉。……中国正处在特别需要集中注意力发展经济的进程中。如果追求形式上的民主，结果是既实现不了民主，经济也得不到发展，只会出现国家混乱、人心涣散的局面。对这一点我们有深切的体验，因为我们有'文化大革命'的经历，亲眼看到了它的恶果。"① 3月4日，邓小平在同中央负责同志谈话时说："我们搞四化，搞改革开放，关键是稳定。我同布什谈了，中国的问题，压倒一切的是需要稳定。凡是妨碍稳定的就要对付，不能让步，不能迁就。不要怕外国人议论，管他们说什么，无非是骂我们不开明。多少年来我们挨骂挨得多了，骂倒了吗？总之，中国人的事中国人自己办。中国不能乱，这个道理要反复讲，放开讲。不讲，反而好像输了理。要放出一个信号：中国不允许乱。"② 邓小平的这些谈话，实际上也向国际上的敌对势力和国内极少数人发出了一个信号：中国不允许乱，不允许国外反华势力插手中国的内部事务。

然而，由于资产阶级自由化和坚持四项基本原则的对立。它的暴发是不可避免的，这正如后来邓小平所说："这场风波迟早要来。这是国际的大气候和中国自己的小气候所决定了的，是一定要来的，是不以人们的意志为转移的，只不过是迟早的问题，

---

① 《邓小平文选》第3卷，人民出版社1993年版，第284页。
② 《邓小平文选》第3卷，人民出版社1993年版，第286页。

大小的问题。"①

所谓国际大气候，主要是 80 年代社会主义各国为摆脱遇到的困难，先后推行改革措施，而西方国家却趁机加紧了对社会主义国家的意识形态攻势，企图使社会主义国家，尤其是东欧各国放弃社会主义，脱离苏联集团，纳入西方体系。80 年代末，东欧的社会主义各国因内外矛盾因素的加剧已积累了大动荡诱因。

对于中国来说，虽然与世界其他社会主义各国有所不同，但这种国际国内的矛盾变数也在潜滋暗长着。美国及西方势力对中国采取的办法虽然不像对其他社会主义各国那样明目张胆，但他们对中国的改革总有一种幻想，似乎只要中国坚持改革，迟早会发生"西化"。

及至 80 年代末，国际战略格局逐渐演变，美苏走向缓和，中苏关系也有重大改善。中美"联合对付苏联的威胁"的基础逐渐消失了。在这种情况下，美国政界一些人开始认为"美国从全球战略的角度制定对华政策的时期已经过去，现在的形势是，在制定对华政策时，有许许多多的问题有待重新考虑，例如武器扩散、技术转让和人权问题"。也就是说，在他们看来，战略合作的需要减少了，美国在意识形态上再也不必采取克制立场，"迁就"中国。

美国的意识形态攻势，主要武器是维护"人权"。80 年代后期，在中美关系中"人权"因素即已上升。而首先引发中美关系纠葛的是"西藏问题"。

1989 年 3 月上旬，在拉萨发生了一场严重的骚乱，少数人企图鼓动"西藏独立"。3 月 8 日，中国政府下令在拉萨市实行戒严。这本是中国的内政，却遭到美国的无端谴责。美国国务院发言人连续发表谈话，对"拉萨暴力事件"表示遗憾。3 月 16 日，

---

① 《邓小平文选》第 3 卷，人民出版社 1993 年版，第 302 页。

美国国会参议院通过一项决议，声称"关切西藏人权"，要求美国政府和国际组织插手西藏事务。对此，中国虽然表示出坚决反对的严正立场，美国的一些唯恐天下不乱的人却并未就此歇手。

1988年底1989年初以后，中国国内政治不稳定因素激增，正在酝酿一场更大风波。这种不稳定因素主要来自国内。但西方一些人尤其是西方传媒对此极感兴趣，总想利用中国的事态发展，促使中国纳入西方政治轨道。然而，中国政府的果断行动，一下子打破了一些"西化"分子的幻觉。西方传媒歪曲性的报道和渲染，也引发了一些国家并非理智的过激反应。在西方世界出现了一股反华浪潮。在这股反华浪潮的涌动下，一些西方国家的政治势力对中国加紧进行思想渗透和政治渗透、竭力扶植中国国内的反共反社会主义势力、极力支持和挑动中国国内极少数人制造动乱。这种国际势力的干扰和捣乱，助长了中国国内动乱因素的膨胀。如果没有当时这种特殊的国际大气候，中国的政治风波至少不会发展到如此激烈的程度。

（二）少数人借机发端，煽起动乱

4月15日，胡耀邦的逝世，成为极少数主张"全盘西化"的人制造动乱的一个契机。在悼念胡耀邦的活动中，极少数别有用心的人借机制造谣言，蛊惑人心，利用大小字报污蔑、谩骂、攻击党和国家领导人，鼓动反对共产党的领导和社会主义制度。北京和其他一些大城市出现了较大规模的学潮和动乱。

18日晚10时50分，一些人来到新华门，不顾值勤武警的拦阻，向新华门冲击，试图冲入中南海。19日凌晨3时45分左右，北京市人民政府在新华门前广播了政府"通告"，指出少数别有用心的人冲击新华门，击伤维护秩序的民警，是严重的违法行为，是法制不能允许的，已经不是正常的悼念胡耀邦的活动。"通告"要求在场的人群离开现场，以维护正常的工作秩序和交通秩序。"通告"警告蓄意肇事的少数人，如果继续一意孤行，一切后果由他们自负。5 时许，围聚在新华门前的人逐渐离去，西长安街交通恢复正常。

22 日，西安发生严重的打、砸、抢、烧事件。上午，一些高校学生聚集在新城广场悼念胡耀邦，社会上的一些不法分子也混在中间进行煽动和破坏。在追悼大会结束后，他们开始围攻、冲击陕西省政府，烧房子、砸商店、打民警，造成严重的混乱和损失。23 日，西安市人民政府发出紧急通告，提出：党政机关、邮电通讯、新闻单位是国家要害部门，不允许以任何借口干扰正常的工作秩序；城市中的供水、供电、供气、公共交通车辆、火车站、汽车站、机场等公用设施以及商店等，直接关系到广大人民群众的日常生活，任何人都不得冲击和破坏。

22 日晚至 23 日凌晨，长沙市也发生严重动乱。社会上一些不法分子在五一路、黄兴路一带成群结伙，殴打民警和群众，砸商店、抢东西。23 日长沙市人民政府发出通告，提出对打砸抢烧的犯罪分子必须坚决打击。这些情况说明，一场动乱已经发生并逐渐蔓延。

24 日下午，中共北京市委召开常委会议，讨论北京的局势。会议认为，当前北京学潮的形势已经非常严峻，如果继续发展下去，局势将更加严重，甚至不可收拾。为此，中共北京市委、市人民政府向中共中央提出对当前事态明确表明态度等建议。当日晚，中共中央政治局常委在李鹏的主持下召开会议讨论当前的事态。赵紫阳由于赴朝鲜访问未出席。政治局常委认为，一场有计划、有组织的反党、反社会主义的政治动乱已经摆在面前，决定成立中央制止动乱领导小组，由《人民日报》发表社论向全党和全国人民指出这场斗争的性质。25 日，邓小平发表重要谈话，对于中共中央政治局常委的决定表示完全赞同和支持，指出这不是一般的学潮，而是一场否定共产党的领导、否定社会主义制度的政治动乱。26 日，《人民日报》发表题为《必须旗帜鲜明地反对动乱》的社论。社论指出，在胡耀邦追悼大会后，极少数别有用心的人继续利用青年学生悼念胡耀邦同志的心情，制造种种谣言，蛊惑人心，利用大小字报污蔑、漫骂、攻击党和国家领导人；公然违反宪法，鼓动反对共产党的领导和社会主义制度；在一部分高等学校中成立非法组织，向学生会"夺权"，有的甚至抢占学校广播室；在有的高等学校中鼓动学生罢课、教师罢教，甚至强行阻止同学上课；盗用工人组织的名义，散发反动传单；并且四处串联，企图制造更大的事端。社论认为："这些事实表明，极少数人不是在进行悼念胡耀邦同志的活动，不是为了在中国推进社会主义民主政治的进程，也不是有些不满发发牢骚。他们打着民主的旗号破坏民主法制，其目的是要搞散人心，搞乱全国，破坏安定团结的政治局面。这是一场有计划的阴谋，是一次动乱，其实质是要从根本上否定中国共产党的领导，否定社会主义制度。这是摆在全党和全国各族人民面前的一场严重的政治斗争。"① 这篇社论表明了中共中央对于当前事态的态度，使绝大多数干部、群众明确了正在发生的事件的性质，也使得已经卷入动乱的学生认识到了问题的严重性。5 月 4 日以后，绝大部分罢课学生复课，北京和其他发生动乱的城市的局势趋于和缓。

但是，正在这一关键时刻，刚刚访问朝鲜归来的赵紫阳却突然改变了对邓小平 4 月 25 日谈话表示赞同的态度，指责 26 日《人民日报》社论定性错误，提出要加以纠正。5 月 4 日，赵紫阳在会见出席亚洲开发银行理事会第 22 届年会的亚行成员代表团团长及亚行高级官员时，发表了同中央的立场和方针完全不同的谈话。他说，现在北京和其他某些城市一部分学生的游行仍在

---

① 中共中央文献研究室编：《十三大以来重要文献选编》（上），人民出版社 1991 年版，第 510 页。

继续。但是，他深信，事态将会逐渐平息，中国不会出现大的动乱。他对此具有充分的信心。游行队伍中的绝大多数学生绝对不是要反对我们的根本制度，而是要求我们把工作中的弊病改掉。现在最需要的是冷静、理智、克制、秩序，在民主和法制的轨道上解决问题。赵紫阳的这篇谈话，否定了中央关于极少数人已经在制造动乱的判断，并把中央的内部分歧公之于众。极少数动乱的策划者从中受到鼓舞。此后，事态急转直下。

5月13日下午，北京高校数百名学生到天安门广场进行绝食。一份"绝食宣言"公然说，这次绝食是为了抗议政府对北京学生罢课采取冷淡态度，抗议政府拖延与北京高校对话代表团的对话。从15日开始至19日，爆发了大规模的声援学生绝食请愿的群众游行，上街人数由几万发展到几十万。外地也有数十万学生先后进京声援。北京已出现无政府状态。

（三）党中央果断平息政治风波

5月16日，中共中央政治局常委召开紧急会议。常委中多数人认为，面对险恶的形势，绝对不能退让，只能更加坚决地反对动乱，制止动乱。赵紫阳不听常委多数人的意见，坚持退让。

17日，中央政治局常委开会决定在北京部分地区实行戒严。

19日晚，根据中共中央政治局常务委员会的决定，中共中央、国务院召开中央和北京市党政军干部大会。大会由中共中央政治局常委乔石主持。中共北京市委书记李锡铭首先介绍了一个时期以来，北京市学潮发生和发展的情况，说明了已经发生的动乱对北京市各方面所产生的严重影响。中共中央政治局常委、国务院总理李鹏代表中共中央政治局常委会在大会上讲话，国家主席、中央军委副主席杨尚昆也讲了话。李鹏在讲话中揭露了这次绝食事件的实质，就是少数人拿绝食同学作为"人质"，要挟、强迫党和政府答应他们的政治条件。李鹏说，

"现在已经越来越清楚地看出，极少数极少数的人要通过动乱达到他们的政治目的，这就是否定中国共产党的领导，否定社会主义制度。他们公开打出否定反资产阶级自由化的口号，目的就是要取得肆无忌惮地反对四项基本原则的绝对自由。他们散布了大量谣言，攻击、污蔑、谩骂党和国家主要领导人，现在已经集中地把矛头指向为我们改革、开放事业做出了巨大贡献的邓小平同志，其目的就是要从组织上颠覆中国共产党的领导，推翻经过人民代表大会依法产生的人民政府，彻底否定人民民主专政；他们四处煽风点火，秘密串联，鼓动成立各种非法组织，强迫党和政府承认，就是要为他们在中国建立反对派、反对党打下基础。如果他们的目的得逞，什么改革开放，什么民主法制，什么社会主义现代化建设，都将成为泡影，中国将出现一次历史的倒退。一个很有希望很有前途的中国，就会变成没有希望没有前途的中国"。李鹏还进一步说明，"我们所以要旗帜鲜明地反对动乱，揭露极少数人的政治阴谋，一个重要的目的，就是要把广大青年学生同挑动动乱的极少数人区别开来，是出于对青年学生的爱护。前一段，我们在处理学潮问题上所以采取极其宽容、克制的态度，也正是出于这样的愿望和目的，不要伤害好人，特别不要伤害青年学生。而那些躲在背后策划和煽动动乱的极少数人，却以为党和政府软弱可欺，不断制造谣言，蛊惑群众，扩大事态，导致首都乃至全国许多地方的形势发展得越来越严峻，迫使我们不得不采取果断、坚决的措施来制止动乱"。李鹏代表党中央和国务院紧急呼吁："（1）还在天安门广场绝食的学生，希望立即停止绝食，离开广场，接受治疗，尽快恢复健康；（2）广大同学和社会各界，希望立即停止一切游行活动，并从人道主义出发，再也不要对绝食学生进行所谓的'声援'了。不管动机如何，再搞'声援'就是把他们推向绝路。"① 李鹏还指出，必须强调，即使在这样的情况下，仍然要坚持保护广大青年学生的爱国热情，把他们同制造动乱的极少数人严格区别开来，对他们在学潮中的过激言论不予追究。不但如此，党和政府同广大学生和各界人士之间的对话，包括同参加过游行、示威、罢课、绝食的学生之间的对话，还将通过多种层次、多种渠道和多种形式广泛积极地进行，以充分听取各方面的意见。对学生们提出的合理要求，我们将给予明确的答复，对他们提出的合理批评和建议，如惩治官倒、消除腐败、克服官僚主义，我们将认真听取并采纳，以切实改进党和政府的工作。杨尚昆说，我完全拥护李鹏同志代表中央政治局常委会所作的讲话。为了维护首都社会治安，恢复正常秩序，我们不得已，从外地调来了一部分人民解放军部队。这完全是为了协助首都武警、公安干警执行任务，绝对不是针对学生的。希望社会各界和广大人民群众，对此给予充分的理解和支持。

20 日，国务院总理李鹏签署中华人民共和国国务院关于在北京市部分地区实行戒严的命令。根据《中华人民共和国宪法》第 89 条第 16 项的规定，国务院决定：自 1989 年 5 月 20 日 10 时起在北京市部分地区实行戒严。

戒严命令发布后，动乱的策划者继续鼓动学生占据天安门广场，阻止解放军进入戒严岗位，使动乱不断升级。

6 月 3 日凌晨，部分解放军戒严部队奉命入城进驻一些重点保卫目标。在极少数人的煽动下，一些不明真相的人在各处设置路障，使一部分入城部队受阻，并发生了焚烧军车和杀害解放军战士的严重事件。北京的事态急转直下，一个多月以来极少数人制造的动乱，发展成为一场反革命暴乱。

---

① 中共中央文献研究室编：《十三大以来重要文献选编》（上），人民出版社 1991 年版，第 519—521 页。

3 日晚，中共中央、国务院、中央军委命令驻守在北京城区周围的戒严部队强行开进，平息暴乱。同时，为了避免伤害群众，北京市人民政府、戒严部队指挥部通过电台、电视台发出紧急通告，要求全体市民要提高警惕，不要到街上去，不要到天安门广场去。4 日凌晨 4 时半，戒严部队开始对天安门广场执行清场，约 5 时左右，广场上的学生开始撤离，戒严部队同时进驻天安门广场。到 5 时半，整个清场过程结束。以戒严部队完成天安门广场清场任务和全部到达戒严岗位为标志，北京政治风波被一举平息。

二、第三代中央领导集体的形成

1989 年春夏之交的政治风波暴露了党在领导工作方面的失误，并带来了严重后果。首都北京及部分城市的政治生活和社会秩序受到严重破坏，改革开放和社会主义现代化建设的进程受到严重干扰。这就使得重新选择适合客观形势变化需要的领导人成为必要。在这种客观形势下，以江泽民为核心的第三代党中央领导集体适时形成。

（一）政治风波平息的善后处理

政治风波平息后的 6 月 9 日上午，邓小平在中南海怀仁堂接见了首都戒严部队军以上干部。随同一起参加接见的中央领导人，还有李鹏、乔石、杨尚昆、万里、李先念、彭真、王震、薄一波等。邓小平发表了重要讲话，他深有感触地说："这次事件爆发出来，很值得我们思索，促使我们很冷静地考虑一下过去，也考虑一下未来。也许这件坏事会使我们改革开放的步子迈得更稳、更好，甚至于更快，使我们的失误纠正得更快，使我们的长处发扬得更好"。

邓小平认为改革开放以来的政策有两个方面必须肯定。第一，党的十一届三中全会制定的路线方针政策，包括我们发展战略的"三部曲"，现在至少不能说是失败的。不能因为这次事件的发生，就说我们的战略目标错了。第二，党的十三大概括的"一个中心、两个基本点"，没有错。四个坚持本身没有错，如果说有错误的话，就是坚持四项基本原则还不够一贯，没有把它作为基本思想来教育人民，教育学生，教育全体干部和共产党员。我们不是没有讲，而是缺乏一贯性，没有行动，甚至讲得都很少。

邓小平严肃地指出，近十年最大的失误是教育。在这里，邓小平所讲的教育，主要是思想政治教育，不是特指对学校、青年学生的教育，而是泛指对人民的教育。他认为，"对于中国是个什么样的国家，将要变成一个什么样的国家，这种教育都很少，这是我们很大的失误"①。在处理经济建设和思想政治教育这一问题时却"出现了明显的不足，一手比较硬，一手比较软。一硬一软不相称，配合得不好。……我们原来制定的基本路线、方针、政策，照样干下去，坚定不移地干下去。除了个别语言有的需要变动一下，基本路线和基本方针、政策都不变。……要认真总结经验，对的要继续坚持，失误的要纠正，不足的要加点劲。总之，要总结现在，看到未来"。②

邓小平这个讲话，即对"八九"政治风波定了性，又为未来的大方向定了调，具有很强的指导意义。因此，邓小平的这个讲话很快即传达到全国党、政、军各部门、各机关。6月28日《人民日报》对这一讲话又进行了全文发表。

---

① 《邓小平文选》第3卷，人民出版社1993年版，第306页。
② 《邓小平文选》第3卷，人民出版社1993年版，第306—308页。

时隔两个星期之后，中国共产党于6月23日至24日召开了十三届四中全会，以进一步做好平息政治风波的善后工作。

根据邓小平6月9日的讲话精神，党的十三届四中全会初步总结了"八九"政治风波的教训，明确了当前和今后一个时期党的方针和任务。全会强调，要继续坚决执行党的十一届三中全会以来的路线、方针和政策，继续坚决执行党的十三大确定的"一个中心、两个基本点"的基本路线。

全会要求全党当前要特别注意抓好四件大事：一是彻底制止动乱、平息反革命暴乱，严格区分两类不同性质的矛盾，进一步稳定全国局势；二是继续搞好治理整顿，更好地坚持改革开放，促进经济持续、稳定、协调地发展；三是认真加强思想政治工作，努力开展爱国主义、社会主义、独立自主、艰苦奋斗的教育，切实反对资产阶级自由化；四是大力加强党的建设，大力加强民主和法制建设，坚决惩治腐败，切实做好几件人民普遍关心的事情，决不辜负人民对党的期望。

全会通过了李鹏代表中央政治局所作的《关于赵紫阳同志在反党反社会主义的动乱中所犯错误的报告》（简称《报告》）。《报告》认为，赵紫阳在关系党和国家生死存亡的关键时刻犯了支持动乱和分裂党的错误，对动乱的形成和发展负有不可推卸的责任，其错误的性质和造成的后果是极为严重的。他在担任党和国家重要领导职务期间，虽然在改革开放和经济工作方面做了一些有益的工作，但是在指导思想上和实际工作中也有明显的失误。特别是他主持中央工作以来，消极对待坚持四项基本原则、反对资产阶级自由化的方针，严重忽视党的建设、精神文明建设和思想政治工作，给党的事业造成了严重的损失。鉴于赵紫阳的上述错误，全会决定：撤销他的中央委员会总书记、中央政治局常务委员会委员、中央政治局委员、中央委员会委员和中共中央军事委员会第一副主席等职务，对他的问题继续进行审查。同年

6月29日至7月6日召开的七届全国人大常委会第八次会议又撤销了他的中华人民共和国中央军事委员会副主席的职务。1992年10月5日至9日，中国共产党第十三届中央委员会第九次全体会议召开。全会同意中央政治局关于对赵紫阳在1989年政治风波中所犯错误继续审查情况的汇报，同意维持十三届四中全会对赵紫阳所犯错误的结论并结束审查。

全会对中央领导机构的部分成员进行了必要的调整：选举江泽民为中央委员会总书记；增选江泽民、宋平、李瑞环为中央政治局常务委员会委员；决定增补李瑞环、丁关根为中央书记处书记；免去胡启立的中央政治局常务委员会委员、中央政治局委员、中央书记处书记等职务，免去芮杏文、阎明复的中央书记处书记的职务。

新的中央领导集体组成后，刚刚当选的中共中央总书记江泽民，在全会上旗帜鲜明地宣布："我们党已经制定和形成了一条建设有中国特色社会主义的路线和一系列基本政策。概括地说，就是小平同志多次指出、最近再次强调的，以经济建设为中心，坚持四项基本原则，坚持改革开放。这是我们有信心做好工作的根本的、坚实的基础……必须继续贯彻执行。在这个最基本的问题上，我要十分明确地讲两句话：一句是坚定不移，毫不动摇；一句是全面执行，一以贯之"。

（二）中央领导层的平稳过渡

党的十三届四中全会产生了以江泽民为核心的党中央第三代领导集体。这一领导集体的产生绝不是偶然因素的结果，而是以邓小平为核心的党中央第二代领导集体新老交替思想长期酝酿的结果。

邓小平对新老交接、对培养接班人这个重大战略问题的思考，始于"文化大革命"结束前后。早在"文革"后期，1975

年邓小平主持全面整顿工作时，王洪文曾心怀不满地说："十年后再看。"王洪文这种"秋后算账"的论调，引起了邓小平的极大警觉。正如他后来所说，"'文化大革命'结束，我出来后，就注意这个问题……于是我们推荐别的人，真正要找第三代"。

培养第三代较早采取的一个重大举措，就是邓小平和陈云等老同志提出重新设立中央书记处，以便中央的日常工作由年轻一些的同志组成的书记处来处理。这样既有利于中青年干部接替在一线工作的老同志，也有利于培养新的中央领导集体成员，顺利实现党的领导层的交接班。

1980年2月，党的十一届五中全会决定设立中央书记处，相对年轻的胡耀邦当选为中央书记处总书记。同年秋，五届人大三次会议，决定华国锋不再兼任国务院总理，邓小平等一批老同志也不再兼任副总理。1981年6月，中共中央召开了十一届六中全会，华国锋辞去了中央委员会主席职务，胡耀邦被推举为中央委员会主席，邓小平当选为中央军委主席，从而既解决了"凡是派"的问题，又进一步实现了中央领导班子的平稳交接。

但是，这只是在中央高层迈出干部年轻化工作的第一步，接着中央组织部又发出了《关于贯彻执行中央对调整领导班子和选拔优秀中青年干部指示的几项工作的通知》，从而将选拔接班人的工作推向全国。

1980年8月，邓小平在中央政治局扩大会议上首次提到，中央正在考虑再设立一个中央顾问委员会，这样既可以充分利用老同志的经验，发挥他们的指导、监督和顾问的作用，同时又有利于年轻同志走上领导岗位。设立顾问委员会的问题，十二大召开前夕正式确定下来。党的十二大选举产生了以邓小平为主任的中央顾问委员会。这是又一个解决干部新老交接的重大举措。

之后，邓小平把目光投得更远，他和其他老同志反复考虑后，建议中共中央在十二大到十三大期间再召开一次全国代表会议，再选拔一批年轻高级干部，中心目的是实现干部队伍的年轻化。在这次会议后，先后有 141 名老同志退出政治局、中央委员会、顾问委员会。同时，在全国范围内有 180 多万老干部退休，330 万年轻干部被提拔到各级领导岗位。新老交接的工作迈出了实质性的步伐。

1985 年 9 月全国党代会后，邓小平又设想，彻底完成中央领导机构年轻化需要 10~15 年的时间，召开十三大可以使领导机构更年轻化一些，十四大再进一步实现年轻化的目标。党的十三大上，邓小平等一批老同志退出中央委员会（中央政治局、常委会）和顾问委员会，推荐一批年轻领导干部走上领导岗位。邓小平只保留军委主席，李先念退出国家主席，改任政协主席，陈云任顾委主任，彭真退出人大委员长，由万里接任；杨尚昆、王震分别担任国家主席和副主席。这样，十三大上老同志基本上都退出了党的领导核心。

1989 年中共十三届四中全会前后，由于国际、国内政治风波的发生，中国共产党又处于一个重大历史考验关头。值此关键时刻，在邓小平、陈云等老同志积极倡议下，1989 年 6 月 23 日至 24 日召开的中共十三届四中全会，选举江泽民为中央委员会总书记，增选了中央政治局常委。

在以江泽民为核心的党中央第三代领导集体卓有成效地开展工作之后，邓小平再一次提出退休问题。9 月 4 日，他致信中共中央政治局，请求辞去中共中央军事委员会主席的职务，并表示将向全国人民代表大会提出辞去中央军委主席的请求。邓小平恳切地希望中央批准他的请求。

同年 11 月 6 日至 9 日，中共十三届五中全会在北京召开。会议结束的第二天，11 月 10 日，《人民日报》公布了会议公报，宣布这次全会做出了两项重要决定：《中共中央关于进一步治理整顿和深化改革的决定》和《中国共产党十三届五中全会关于同意邓小平同志辞去中共中央军事委员会主席职务的决定》。同时，全会选举江泽民为中央军委主席。

党的十三届五中全会高度评价了邓小平的革命历史和卓著功勋。全会认为，邓小平同志从党和国家的根本利益出发，在自己身体还健康的时候辞去现任职务，实现他多年来一再提出的从领导岗位上完全退下来的夙愿，表现了一个伟大的无产阶级革命家的广阔胸怀。与会全体同志对他身体力行地为废除干部领导职务终身制做出的表率，表示崇高的敬意。《人民日报》还同时公布了邓小平同志请求辞去中央军委主席职务的信。

1990 年 3 月召开的七届全国人大三次会议，通过了关于接受邓小平辞去中华人民共和国中央军事委员会主席职务的请求的决定，同时选举江泽民为中华人民共和国中央军事委员会主席。1993 年 3 月，八届全国人大一次会议召开，在这次换届会议上，江泽民当选为中华人民共和国主席。至此，中国顺利地完成了党、国家、军队最高领导层的新老交替，实现了党中央第二代领导集体与第三代领导集体的交班和接班。

"邓小平同志为第二代中央领导集体向新的中央领导集体顺利过渡，保持党和国家的稳定，创造了充分的条件，发挥了决定性的作用。"[①] 对此，国内处传媒有很多较高的评价，就连美国前总统尼克松在 1988 年所著的《1999 不战而胜》一书中，也高度赞扬了邓小平"功成身退"的美德。他说："今天，邓依然很健康。但是，随着人生自古谁无死的感觉愈来愈明显，邓反而得以理解到领袖不朽的关键在于谦虚地承认其他人能够也必须代替他。邓以其一生中的许多辉煌业绩而将被人们所记忆。在历史上，很少有坚强的领袖能正视自己终将逝去，而不是被别人迫使

---

① 中共中央文献研究室编：《十四大以来重要文献选编》（下），人民出版社 1999 年版，第 2323 页。

他承认这一点。邓说：'我要在还未老糊涂之前退下来。'这句简单的话充分证明了他的伟大。"

（三）邓小平对中央第三代领导集体的政治交代

第二代领导集体在选择了以江泽民作为第三代领导核心以后，邓小平发表了多次重要谈话，也做了大量的工作，并对未来中国的发展向第三代中央领导集体诚恳地做了政治交代。作为以邓小平为核心的党的第二代中央领导集体向以江泽民为核心的党的第三代中央领导集体的政治交代，内容是多方面的，概括起来主要有以下四条。

第一，坚持十一届三中全会以来的路线、方针、政策不动摇。"八九"政治风波平息之后，新组成的党中央第三代领导集体将领导中国向何处去，这是一个举世瞩目的问题。

在"八九"政治风波尚未平息之时，邓小平就向李鹏、姚依林交代：改革开放政策不变，几十年不变，一直要讲到底。要继续贯彻执行十一届三中全会以来的路线、方针、政策，连语言都不变。十三大政治报告是经过党的代表大会通过的，一个字都不能动。对此，邓小平还曾专门征求过李先念、陈云的意见，他们也都表示赞成。

对于坚持党的十一届三中全会以来的路线、方针、政策问题，邓小平不仅向新的中央领导集体反复交代，而且也向来访的客人一再说明，以消除他们的疑虑和担忧。1989年9月16日，邓小平对来访的李政道教授说："中国在十年改革开放中制定的各项方针政策不会改变。十三大制定的路线不能改变，谁改变谁垮台。"①

10月31日，邓小平会见美国前总统尼克松。邓小平对尼克

---

① 《邓小平文选》第3卷，人民出版社1993年版，第324页。

松也讲道："我可以肯定地告诉你，谁也不能阻挡中国的改革开放继续下去。……不管我在不在，不管我是否还担任职务，十年来由我主持制定的一系列方针政策绝对不会改变。我相信我的同事们会这样做。"①

12月1日，邓小平在会见以樱内义雄为团长的日本国际贸易促进协会访华团时，又进一步坚定地说："我们国家的领导人换了代，现在事情归新一代领导人管了。他们主持全局已经五个多月了，可以看出，中国的发展战略和一系列方针政策，并没有因为我退下来而有任何变化。我们一直坚持党的十一届三中全会以来的路线和各项方针政策，不但这一届领导人要坚持，下一届、再下一届都要坚持，一直坚持下去。为什么这些方针政策不能变呢？因为十年来的实践证明，这一套方针政策是完全正确的，如果放弃改革开放，就等于放弃我们的根本发展战略。"②

第二，中央要有权威，考虑问题都要着眼于大局。党的十三届四中全会召开前后，邓小平曾多次郑重提出，任何一个领导集体都要有一个核心，没有核心的领导是靠不住的。第三代领导集体也必须有一个核心，要有意识地维护这个核心，也就是现在大家同意的江泽民同志。你们这个班子要搞好，关键是要形成集体领导。你们应该是一个合作得很好的集体，是一个独立思考的集体。中国的问题关键在于共产党要有一个好的政治局，特别是好的政治局常委会。只要这个环节不发生问题，中国就稳如泰山。

邓小平还嘱咐新的党中央领导集体，眼界和胸襟要非常宽阔，要着眼于长远和大局。中央政治局、政治局常委会、书记处的同志，都是管大事的人，考虑问题都要着眼于大局。许多小局必须服从大局，关键是这个问题。要从大局看问题，放眼世界，

---

① 《邓小平文选》第3卷，人民出版社1993年版，第332页。
② 《邓小平文选》第3卷，人民出版社1993年版，第347页。

放眼未来，也放眼当前，放眼一切方面。关于工作方法，邓小平提出，属于政策、方针的重大问题，国务院也好，全国人大也好，其他方面也好，都要由党员负责干部提到党中央常委会讨论，讨论决定之后再去多方商量，贯彻执行。

第三，抓住机遇、解决发展问题，做几件使人民满意的事情。邓小平语重心长地说，中国一定要有一个具有改革开放形象的领导集体，这点请你们特别注意。如果墨守成规，照过去的老框框一模一样地搞，没有一些试验、一些尝试，包括受一些挫折、有一些失败的尝试，肯定达不到改革开放的战略目标。经济发展问题一定要搞好，尤其是"经济不能滑坡，能够积极争取的发展速度还是要积极争取"。经济能不能避免滑坡，翻两番能不能实现，是个大问题。他说，使我们真正睡不着觉的，恐怕长期是这个问题。只靠我们现在已经取得的稳定的政治环境还不够，最根本的因素，还是经济增长速度，而且要体现在人民的生活逐步好起来。

为解决发展速度问题，邓小平交代了他的几点意见和看法：一是必须从理论上搞懂，资本主义与社会主义的区分不在于是计划还是市场这样的问题；二是改革开放不要怕冒一点风险；三是沿海要考虑如何帮助内地；四是上海是中国的王牌，把上海搞起来是一条捷径。

邓小平强调，在解决好经济发展问题的同时，还要注意清理和改正过去的失误，做几件使人民满意的事情，以取信于民。1989 年政治风波中有那么多的群众参加，这促使邓小平深思。他感到"我们确实有些事情要向人民交代"。

邓小平对李鹏、姚依林说，新的领导机要坚决惩治腐败，至少抓一二十件大案，透明度要高，处理不能迟。这次事件中，没有反对改革开放的口号，口号比较集中的是反对腐败。如果不消除腐败，特别是党内的高层的腐败，确实有失败的危险。因此，他要求新的领导集体要专门议一下惩治腐败的问题。要扎扎实实做几件事情，体现出中国共党是真正反对腐败的，不是假的。

第四，对外要把国家的主权和安全放在第一位，冷静观察、稳住阵脚、沉着应付，把中国自己的事情做好。邓小平以他丰富的斗争经验和卓越的智慧，精要地提出处理国际事务问题的原则。他说，要维护中国独立自主、不信邪、不怕鬼的形象。中国绝不能示弱。在国际事务中，中国坚决不当头，但要有所作为。不要当头，这是一个根本国策。这个头中国也当不起，自己力量也不够。当了绝无好处，许多主动都失去了。中国永远站在第三世界一边。中国永远不称霸，但是在国际问题上还是要有所作为。朋友还要交，但心中要有数。不随便批评别人、指责别人，过头的话不要讲，过头的事不要做。要冷静、冷静、再冷静，埋头实干，做好一件事，中国自己的事。

第五，常委会的同志要聚精会神地抓党的建设，这个党该抓了，不抓不行了。

邓小平的政治交代，精要、明确地为党的第三代中央领导集体指明了方向，这从而为把中国的改革开放事业推向新阶段奠定了基础。

（四）新领导集体的政治宣言和实践举措

1989年9月29日，江泽民在庆祝中华人民共和国成立40周年大会上发表讲话，代表中国共产党的第三代中央领导集体向全国人民、向全世界郑重承诺，中国改革开放的基本方针不变。他说："我们一定要正确地、更好地实行改革开放，使我国社会主义的经济体制和政治体制进一步完善起来，以促进国民经济和其他社会事业更好更快地发展。党中央和国务院已经宣布的有关改革开放的各项政策、措施，包括经济特区和沿海开放地区的基本政策、措施，要继续贯彻执行并在实践中逐步加以完善。已经确定试点的改革，正在进行综合改革试验的地区，要继续试点和试验，并认真总结经验。我们要进一步发扬勇于探索、勇于创新的精神，把改革开放事业继续推向前进。"①

江泽民的上述讲话，是党的第三代中央领导集体的政治宣言，它表明中国新一代中央领导将坚定不移地执行十一届三中全会以来的基本路线、方针、政策，并有决心、有信心把中国的改革开放事业继续推向前进。

按照邓小平关于切实做几件人民普遍关心的事情的政治嘱托，1989年7月，中共中央、国务院发表《关于近期做几件群众关心的事的决定》，提出做七件事：进一步清理整顿公司；坚决制止高干子女经商；取消对领导同志少量的"特供"；严格按规定配车，禁止进口小轿车，中央政治局、书记处成员和国务常务会议院组成人员一律使用国产车；严禁请客送礼；严格控制领导干部出国；严肃认真地查处贪污、受贿、投机倒把等犯罪案件，特别要抓紧查处大案要案。

根据中共中央、国务院1989年8月17日所发表的《关于进一步清理整顿公司的决定》精神，有关部门对中国康华发展总公司、中国国际信托投资公司、光大实业公司、中国工商经济开发公司和中国农村信托投资公司进行了严肃整顿。对这五大公司和其他公司的违纪、违法问题，根据不同情况做出不同的处置。

为加大反腐败的力度，取信于民，1990年11月4日党中央批转中央纪律检查委员会于1990年10月8日提出的《关于加强党风和廉政建设的意见》，要求各级党组织严肃执行党的纪律，认真查处党内存在的不正之风和消极腐败现象，扎扎实实、脚踏实地办好群众关心的事。"要说到做到，说一件办一件，办一件

---

① 中共中央文献研究室编：《十三大以来重要文献选编》（中），人民出版社1991年版，第618—619页。

成一件，务求见效，以取信于民。"① 根据这一精神，全国纪检监察机关严肃查处并公开曝光了一批有影响的大案要案。据统计，1989 年至 1990 年，全国纪检机关共立案查处党内违纪案件 40 多万件，结案率达 90% 左右；处分党员 32.8 万多人，其中开除出党的有 7.2 万多人。② 惩治腐败取得了初步社会效果。

汲取 1989 年政治风波中的教训，党的第三代中央领导集体把密切党和人民群众的联系摆在十分突出的位置。1990 年 3 月，十三届六中全会作出《关于加强党同人民群众联系的决定》（简称《决定》），强调坚持党的群众路线，保证决策和决策的执行符合人民的利益；各级领导干部要深入群众，体察民情；积极疏通和拓宽党同人民群众联系的渠道；强调坚定不移地加强党风廉政建设，克服消极腐败现象；建立和完善监督制度，加强对各级领导干部的监督；充分发挥党的基层组织和共产党员的战斗堡垒作用和先锋模范作用；要在全党普遍地进行马克思主义群众观点和群众路线的再教育。为切实落实这一《决定》精神，中央领导成员率先垂范，身体力行，分别深入实际，深入基层进行调查研究，解决群众迫切需要解决的问题。在中央的带动下，各级党政领导机关形成了到基层去为群众办实事的好风气，受到人民群众的赞扬。

根据江泽民关于"强化执政意识，提高执政本领"的要求，有关部门在这一期间还进一步调整了党、国家政权机关和其他社会政治组织之间的关系。1989 年 12 月，中共中央发出《关于加强和改善党对工会、共青团、妇联工作领导的通知》《关于坚持

---

① 中共中央文献研究室编：《十三大以来重要文献选编》（中），人民出版社 1991 年版，第 1293—1294 页。

② 中共中央党史研究室编：《中国共产党新时期历史大事记 (1978.12—2002.5)》［增订本］，中共党史出版社 2002 年版，第 331 页。

和完善中国共产党领导的多党合作和政治协商制度的意见》；1990年3月，江泽民在参加全国人大、全国政协两会的各党派负责人会议上发表《关于坚持和完善人民代表大会制度》的讲话；7月，中共中央又发出《关于加强统一战线工作的通知》。这些文件和讲话强调，必须坚持中国共产党的领导和社会主义的基本政治制度，同时必须继续改善党和国家的领导制度，不断推进社会主义民主和法制建设。其内容主要包括：完善人民代表大会制度；进一步发挥各民主党派参政、议政、监督和协商的作用，并对民主党派发挥作用的途径、程序和原则做出较之过去更为具体、明确的规定；在坚持中国共产党的领导的前提下，支持工会、青年团、妇联等社会政治团体独立自主地开展工作。通过全党的共同努力，党与人民群众的联系得到了改善和加强，从而为迎接90年代中国改革开放新阶段的到来创造了有利条件。

三、加强党的建设的通知和加强党群关系的决定

1989年6月党的十三届四中全会之后，以江泽民为核心的新的中央领导集体很快就开始了卓有成效的工作。为了把国内的事情做好，中共十三届四中全会强调大力加强党的建设，加强民主法制建设，坚决惩治腐败，切实做几件人民普遍关心的事情，决不辜负人民对党的期望。

（一）发出加强党的建设的通知

1989年7月，中共中央、国务院发布《关于近期做几件群众关心的事的决定》（简称《决定》），提出做七件事：进一步清理整顿公司；坚决制止高干子女经商；取消对领导同志少量的"特供"；严格按规定配车，禁止进口小轿车，中央政治局、书记处

成员和国务院常务会议组成人员一律使用国产车；严禁请客送礼；严格控制领导干部出国；严肃认真地查处贪污、受贿、投机倒把等犯罪案件，特别要抓紧查处大案要案。《决定》强调，这些规定，涉及领导干部的要求，首先从中共中央、国务院领导同志做起。这一决定体现了新的中央领导集体的精神风貌，表达了广大人民群众的心声。

1. 努力解决群众关心的热点问题

《决定》颁布后，中共中央、国务院的领导同志带头，从中央做起，各地各部门领导干部带头从自身做起。全国各省、自治区、直辖市都具体确定了各自近期要着手抓好的几件事。

为了确保干部下乡工作扎扎实实、富有成效，许多地方的领导加强了对下基层干部的管理教育和督促检查。河南省的省直和各地市普遍实行了定任务、定指标、定责任、定实施办法的"四定"考核办法；长春市下基层工作队把市委、市政府制定的工作队"十要十不准"原原本本地向基层群众宣读，主动请群众监督执行，从思想上、组织上保证下基层的同志真心实意地为人民办实事。有些省区还建立了干部下基层的制度，用制度来保证干部下基层，办实事。据不完全统计，从1990年初起，全国从中央到地方有97万党政机关干部，在负责同志的率领下，采取工作组、调研组、到基层挂职、现场办公等形式，深入农村、工厂、街道、学校等基层单位，听取群众的意见、建议和批评，热情地宣传党的方针政策，大力加强思想教育工作，努力为人民群众办好事、办实事。

一是解决群众日常生活中的忧和愁。广东省丰顺县的一位领导同志步行70多公里，深入革命老区调查研究，帮助调运安装水管，解决了当地乡亲祖祖辈辈吃水难的问题。贵州省民政厅的同志下到灾情严重、减产幅度大的铜仁地区，密切配合当地党政领导，深入农户调查，组织粮食的调运和供应工作，使缺粮群众的生活得到妥善安排。北京市西城区领导干部带领人员到二龙路街道调查，在 25 天内解决了 8 件群众关心的事。

二是下到厂矿的干部，着力帮助解决企业生产中的困难和停产半停产企业人员的安置问题。上海工业部门大批机关干部深入生产第一线，同广大职工共同开展"双增双节"活动，增产市场适销产品，扩大出口创汇，抓紧产业结构、产品结构的调整和企业集团的组建。福建三明市针对部分企业生产"滑坡"、职工思想不稳定等问题，主要领导干部带领有关部门的同志到 20 多家大中型企业现场办公，解决了资金、技改、销售等困难问题 50 多件，为 8 家企业解开了三角债，使全市停产半停产企业恢复了生产。

三是下到农村的干部，帮助群众克服社会矛盾，解决生产中出现的各种困难。许昌、三门峡、平顶山等市下去的干部，积极帮助村里加强思想工作，建立健全村规民约，处理民事纠纷和上访积案，查禁赌博，破除封建迷信，有效地促进了农村治安形势的好转。广西钦州市缺 10 万亩田的甘蔗种，下基层的干部发现后，立即向区糖业公司反映，给钦州调运了 2.5 万公斤蔗种。这些好事、实事，为广大基层群众解决了实际困难，受到了广大基层群众的好评。①

公司过多过滥，是这一时期群众反映比较强烈的问题之一。为了解决这一问题，1989 年 8 月 17 日，中共中央、国务院发布《关于进一步清理整顿公司的决定》。到 1990 年 3 月底，全国撤销各类公司 8 万多家，占公司总数的 27%，查处公司违法违纪案件 9 万多件，其中大案要案 2 万多件。流通领域公司过多、过滥

---

① 《满腔热情宣传党的政策　诚心诚意听取群众意见　近百万党政干部下基层办实事　体察到稳定压倒一切是亿万群众的共同愿望》，《人民日报》1990 年 5 月 30 日。

的情况初步得到治理，"公司热"开始降温。

腐败是"八九"政治风波中人民群众反映最为强烈的问题。为加大惩治腐败的力度，以取信于民，全党从解决群众最关心的事情做起，下大力气抓了党风党纪教育和反对腐败问题。

1989年8月15日，最高人民法院、最高人民检察院根据中共中央和国务院在近期做几件群众关心的事的决定中提出的建议和有关法律，发布了《关于贪污、受贿、投机倒把等犯罪分子必须在限期内自首坦白的通告》。这一通告下发后，很快即形成了一个群众性反贪污、反受贿的高潮。群众举报的数量急剧增加，很多犯罪分子向纪检监察部门投案自首。在通告下发后的半个多月时间内，群众举报贪污、贿赂的线索就达13万多条；到检察机关投案自首的贪污、犯罪分子达2.5万多人。对这些案件，各级检察机关依照法律和通告的规定，进行了认真的查证和处理。

1990年6月，中纪委公开通报了湖南省衡阳市南岳区副区长曹树华，广东省斗门县委书记麦小洲，吉林省靖宇县物价局局长张俊秋，宁夏回族自治区平罗县委常委、统战部部长马金山，原沈阳市农机汽车工业局副局长王庆海等一批党员干部违纪建私房和高标准装修住房的典型案件。通报中严厉指出，"近几年来，全国一些地方再度出现部分党员干部违纪建私房和高标准装修住房的歪风。部分党员干部违反有关规定，在建私房中多占、抢占土地，肆意侵占国家、集体和群众资财，损公肥私，有的甚至贪污受贿、挪用公款、投机倒把，严重违法犯罪"。这些腐败现象，"损害了党和政府的形象，败坏了党风和社会风气，也毁掉了自己。这类问题，已经成为当前群众议论最多，反映最强烈的消极腐败现象之一。因此，各级党委和纪委一定要按照党的十三届六中全会的精神，把严肃查处党员干部违纪建私房和高标准装修住房的问题，作为加强党风和廉政建设、密切党同人民群众的血肉联系的一件大事来抓，以惩治腐败的实际行动取信于民"。①

2. 发出关于加强党的建设的通知

1989 年的政治风波使中国共产党经受了一次严峻的考验。考验表明，中国共产党是坚强的，党的组织和党员总体上是好的和比较好的。但通过这次风波，也暴露出党内存在的一些问题。由于改革过程中一度一手比较硬一手比较软，党内的思想政治工作受到削弱，出现了思想混乱、组织涣散、纪律松弛的情况，经济上的失误也助长了腐败现象的滋生。问题集中表现在：

（1）以权谋私。以权谋私，虽然还只是党内的少数人，但这一问题却具有很大的危害性。其中，权钱交易是以权谋私的突出表现，其基本特征是以权力为资本，以人情为媒介，以金钱贪欲为诱饵，以谋取私利为目的。它直接侵害群众利益，是影响党政机关干部形象的突出问题。一些行业中的权力单位，利用工作之便，吃、拿、卡、要，有什么权谋什么私。这种不正之风，使得一些企业和群众，对他们"远了骂，近了怕，当面还得赔笑脸"，意见很大。

（2）领导干部超规定建私房和装修住房。违法违纪违章建造私房主要是县级以下干部的腐败行为；用公款装修豪华住房主要是地市以上领导干部的腐败行为。不少干部建房目的，不是为了解决住房困难，而是为了给自己的子孙后代留下一份产业；更有甚者，一些干部建房是为了出租、倒卖，从中牟利。这种现象在群众中影响很坏，被称之为"摆在马路边上的腐败现象，干部不廉洁的活标本"。

（3）官僚主义。有些领导干部不勤政、不敬业，当一天和尚

---

① 《通报党员干部违纪建私房和高标准装修住房典型案件 中纪委要求惩治腐败取信于民 各级党组织要采取坚决措施加强廉政建设》，《人民日报》1990 年 6 月 14 日。

撞一天钟，不求有功，但求无过；有些领导干部有权有利的事情伸手，没有实惠和油水的事甩手，担"风险"的事"缩手"，这就使得某些党政机关给人以"门难进，脸难看，话难听，事难办"的形象；有些领导干部高高在上，整天坐在办公室里，靠听汇报、发文件和开会来指导工作，很少下去搞调查研究。

（4）弄虚作假。有的党员和党的干部开假发票、假证明、假收据；有的党员和党的干部参与生产和销售假商品。有的党员领导干部搞假职称、假档案、假学历；有的党员领导干部虚报浮夸，报喜不报忧，用虚假"政绩"，骗取组织信任。

（5）大吃大喝、铺张浪费。这种不正之风屡禁不止，有时甚至变本加厉。尽管中共中央和国务院及有关部门对这个问题三令五申，多次做出严格规定，但某些地方和单位却仍然我行我素，搞"上有政策，下有对策"。群众对此十分不满，说大吃大喝之风，吃坏了党风，吃坏了胃，吃得党群感情都减退。

产生上述情况的原因主要出于党内。这些不正之风和腐败现象，带来了三个方面的社会危害：一是严重损害了党群关系，使人民群众对党产生了不满情绪；二是严重影响了社会风气，破坏了改革开放的良好社会环境；三是使得一些别有用心的人以此为口实来乘机攻击中国共产党。

上述种种情况使邓小平感到加强党的建设已成为当前党的工作中一项紧迫的任务。于是，1989 年 6 月 16 日，邓小平在同中央领导同志的谈话中就明确指出："常委会的同志要聚精会神地抓党的建设，这个党该抓了，不抓不行了。"① 在邓小平谈话一个月后，全国宣传部长会议于 7 月 17 日至 21 日在北京召开。各省、自治区、直辖市党委宣传部长和首都主要新闻、文化、出版单位的负责人出席了会议。会议明确提出今后宣传思想工作的方

① 《邓小平文选》第 3 卷，人民出版社 1993 年版，第 314 页。

针和任务就是按照中共十三届四中全会精神，大力加强宣传思想工作。接着，全国各省、自治区、直辖市组织部长会议于 8 月 18 日至 22 日在北京召开。会议的主题是，贯彻落实党的十三届四中全会精神，讨论加强党的建设问题。会上，宋平在讲话中强调，加强党的建设必须充分考虑国际国内的环境和党内党外的状况。他提出，当前党的思想建设要围绕全面、准确地宣传和贯彻实行党的基本路线来展开，突出地进行坚持四项基本原则、反对资产阶级自由化的教育，把被资产阶级自由化搞乱了的思想理论问题纠正过来。8 月 21 日，江泽民又在全国组织部长会议上就党的建设问题讲了五点意见：（1）要正确估计党组织和党员队伍的状况。我们党的队伍、党的组织总的来讲是好的，是经受住了考验的。但不能忽视党内存在问题的严重性。在分析党内状况时，一是不可低估国际敌对势力企图使社会主义国家"和平演变"对中国共产党造成的影响，二是不可低估赵紫阳的错误所造成的危害，三是不可低估资产阶级自由化泛滥对党的建设的破坏。（2）抓住时机，认真抓好清查、清理工作，保证党的队伍的纯洁性。在清理、清查工作中，要求领导重视，组织落实，政策明确，步骤稳妥，要防止走过场。（3）要同腐败现象、腐败分子进行斗争，密切党群的联系。（4）政治制度改革，要有利于加强和改善党的领导，决不能削弱和淡化党的领导。（5）要把思想建设放在党的建设的重要的突出的位置。特别是要用四中全会精神和邓小平几次讲话精神统一全党的思想。为贯彻落实上述几位中央领导人的讲话精神，切实推动党的建设工作，8 月 28 日，中共中央政治局举行全体会议，讨论并通过了《中共中央关于加强党的建设的通知》（简称《通知》）。《通知》明确指出：从现在起，各级党委必须按照党的基本路线的要求，聚精会神地抓党的建设，下决心解决好当前党的建设中的迫切问题。否则，不仅国家长期积累下来的各种严重问题不可能得到解决，而且会留下隐患。从这一认识出发，《通知》还就如何加强党的建设提出了八点要求：

第一，认真做好清查和清理工作，纯洁党的组织。清查、清理工作结束后，要按照从严治党的方针，认真进行做合格共产党员的教育，在部分单位进行一次党员重新登记。

第二，认真考察领导干部，加强领导班子建设。根据考察结果，对领导班子进行必要的调整。当务之急，是要选拔一批德才兼备、在制止动乱和平息反革命暴乱中表现好的优秀干部，放到领导岗位。要选拔党性强、有较高马克思主义理论素养和党的工作经验的干部，充实和加强各级党的部门、意识形态部门和大专院校的领导。

第三，切实搞好思想整顿，加强党的思想教育。要突出进行坚持四项基本原则、反对资产阶级自由化的教育。还要深入进行爱国主义、集体主义、独立自主、自力更生、艰苦奋斗的教育，并同社会主义、共产主义思想教育结合起来。在县（处）以上党政领导干部中普遍进行马列主义、毛泽东思想基本理论教育。

第四，发扬党的优良作风，克服消极、腐败现象。集中力量抓紧查处利用权势贪污、受贿、投机倒把等严重违法违纪案件，严厉惩治腐败分子。

第五，切实加强党的基层组织建设。进一步明确党在企业的基层组织处于政治核心地位、高等院校实行党委领导下的校长负责制、农村乡镇党委和村党支部要充分发挥核心领导作用。

第六，继续做好民主评议党员的工作。表彰优秀党员，妥善处置不合格党员。

第七，严格党员标准，确保发展党员的质量。认真贯彻"坚持标准，保证质量，改善结构，慎重发展"的方针。

第八，加强党建理论的学习、宣传和研究。

以上这八点要求，是1989年平息政治风波后，党中央根据当时形势的特点提出的加强党的建设的基本思路。会后不久，根据这一文件的精神，全国高等学校召开了党建工作会议，就高等学校如何加强党的建设问题做出部署。根据有关部署，到1990年9月全国已有20个省、自治区、直辖市建立了领导高校党建工作的专门机构，加强了具体指导。1989年12月5日至1990年1月5日，经中央批准，中共中央组织部、中共中央宣传部、中央政策研究室和中共中央党校联合在中共中央党校举办了一期党建理论研究班。参加这期研究班的分别是来自部分省、自治区、直辖市、中央国家机关、军队的有关负责同志和党建理论工作者，共44人。在研究班举办期间，江泽民向研究班成员做了题为《为把党建设成更加坚强的工人阶级先锋队而斗争》的讲话，强调加强党的建设的重要性、紧迫性；坚持党的工人阶级先锋队性质；坚持和加强党的执政地位和领导作用；切实把思想建设放在党的建设的首位；健全民主集中制，增强党的团结和统一；始终保持党同人民群众的血肉联系；确保各级领导核心由忠诚于马克思主义的人组成；高度重视马克思主义党建理论的学习、研究和传播等八个问题进行了深刻阐述。

这期研究班的举办和江泽民的讲话，对于各地各部门在政治风波平息之后就如何加强党的建设有了进一步的认识，从而对党的建设工作起到了推动作用，党的建设工作出现了可喜的变化。中央制定的县以上党和国家机关党员领导干部民主生活会的若干规定，加强了对领导干部的监督。各地通过建立党员目标管理、党建工作责任制等，推动了党建工作的落实；企业党组织的政治核心地位和党的工作得到加强，党政关系逐步理顺。企业党的工作机构和专职党务干部队伍得到恢复和充实；农村基层党组织的凝聚力、战斗力有了提高。浙江、河南、山东、黑龙江、北京5省市，通过对2.9万多个农村后进党支部的整顿，其中75%有明显变化；在第一线发展党员的工作日益受到重视。各级党组织认真贯彻发展党员的工作方针，积极培养和发展生产第一线工人、农民、知识分子中的优秀分子入党。据 1989 年底和 1990 年上半年的统计，全国发展的新党员中，生产、科研、教学、服务一线的占 54%。新党员中，各类先进模范人物约占 40%。注重在生产一线发展党员，使基层党组织的战斗力得到了提高。①

（二）做出关于加强党群关系的决定

加强党的建设，处理好党和人民群众之间的关系至关重要。针对十一届三中全会以来，特别是 1989 年政治风波以来党群关系的现状，为切实加强党同人民群众的联系，改善党群关系和干群关系，1990 年 1 月 14 日，中共中央、国务院发出《关于组织党政机关干部下基层的通知》（简称《通知》），确定这次党政机关干部下基层的任务，主要是三条：一是诚心诚意地倾听群众的意见、建议和批评，实事求是地回答群众关心的问题和疑难问题，耐心细致地进行思想政治工作；二是宣传党和政府的方针政策，进行国际国内形势教育，说明保持国家社会长期稳定的重要性，动员群众努力维护安定团结局面，积极完成今年的各项任务；三是同基层干部和群众一起商量，出主意、想办法，解决生产、工作和生活中的实际困难。《通知》认为，党政机关干部下基层，帮助基层群众解决问题，"这是当前发扬党的密切联系群众的优良传统，克服严重存在的官僚主义习气，转变机关作风，改进领导干部工作的基本一环"。② 3 月 9 日至 12 日，中共中央在北京召开的十三届六中全会，又就党同人民群众的联系问题进行了讨论，并做出决定。

---

① 《以江泽民同志为核心的党中央采取一系列措施　党建出现七个可喜变化》，《人民日报》1990 年 9 月 27 日。

② 中共中央文献研究室编：《新时期党的建设文献选编》，人民出版社 1991 年版，第 558 页。

全会认为，党在长期斗争中创造和发展起来的相信群众、依靠群众、从群众中来到群众中去的群众路线，是党的根本工作路线，是党的优良传统和政治优势。在党的十三届四中全会、五中全会所确定的工作已经全面展开，各项事业正在健康发展的时候，向全党郑重提出密切党同群众联系的要求，并做出相应的决定，不仅对于实现中国政治经济和社会进一步稳定发展具有重要的现实意义，而且对于实现党在新时期的总目标、总任务，推进有中国特色的社会主义的伟大事业，将产生深远的影响。

全会强调指出，90年代是中国发展关键的10年，是在80年代取得重大成就的基础上，继续沿着有中国特色的社会主义道路前进，并将取得重大成就的10年。虽然国际风云变幻，国内还存在暂时的困难，只要中国共产党不失时机地、聚精会神地领导人民把中国自己的事情办好，特别是把国民经济搞上去，党能立于不败之地。全会强调，全党同志特别是党的高中级干部，必须坚定地、全面地贯彻执行以经济建设为中心，坚持四项基本原则，坚持改革开放的基本路线，贯彻执行实事求是的思想路线和群众路线，调动一切积极因素，团结一切可以团结的力量，进一步搞好治理整顿，深化改革，促进国民经济持续稳定协调地发展，努力实现中国90年代政治经济和社会发展的战略目标。

全会的主要议题是审议通过《中共中央关于加强党同人民群众联系的决定》（简称《决定》）。《决定》明确指出，十一届三中全会以来，党群关系、干群关系总的说是好的。但是，这些年来在一些党员干部中滋长了官僚主义、主观主义、形式主义和消极腐败等严重脱离群众的现象。对此，全党同志必须保持高度警觉，并坚持不懈地同这些现象做斗争，尽一切努力恢复和发扬党密切联系群众的优良传统和作风。

鉴于历史和现实的经验，《决定》强调指出，今后必须从以下七个方面坚持不懈地努力加强党同人民群众的联系：

第一，坚持从群众中来、到群众中去，建立健全民主的、科学的决策和决策执行程序，保证决策和决策的执行符合人民的利益。

第二，坚持各级领导干部经常深入基层、深入群众，扎扎实实做好工作，把党的路线、方针、政策落到实处。

第三，坚持在深化政治体制改革中，推进社会主义民主和法制建设，积极疏通和拓宽党同人民群众联系的渠道。

第四，继续坚定不移地加强廉政建设，大力发扬艰苦奋斗精神，克服党内存在的消极腐败现象。

第五，建立和完善党内监督与党外监督制度，切实加强对各级领导机关和领导干部的监督。

第六，充分发挥党的基层组织的战斗堡垒作用和共产党员的先锋模范作用，宣传和组织群众，带领群众一道前进。

第七，在党内普遍深入地进行马克思主义群众观点教育，增强执行党的群众路线的自觉性。

全会要求，各级党组织要组织广大党员用整风精神认真学习和贯彻中央的决定，各地区、各部门都要根据各自的实际情况，制定实施细则，认真执行。当前特别要注意切实解决群众最为关心而又有条件解决的问题，以实际行动密切党群关系。

《决定》发布后，各地各部门根据中央的要求，开始认真部署落实。"全国近百万名党政机关干部下到基层，或进行专题调查、挂职锻炼，或定点联系、包村扶贫，帮助群众解决生产、生活中的问题。"① 对此，多数群众认为这一《决定》"顺民意，得民心"。当然，各地对这一《决定》的贯彻落实情况有所不同，

① 《党中央采取一系列重大措施加强党的建设 十三届四中全会以来党建工作成效显著 党内正气昂扬党的领导力更加坚强有力》，《人民日报》1991 年 6 月 24 日。

有的地区的贯彻落实情况还不够理想，中国共产党在密切党群关系这一重大问题上还需付出艰辛的努力。

（三）全面考察县处级以上干部和对党员进行重新登记

中共十三届四中全会以后，党的第三代中央领导集体在加强党的建设方面，采取了多项措施，全面加以推进。其中，在组织方面的措施就是考察和调整县（处）级领导干部，清理清查党员队伍，对党员进行重新登记。

1. 全面考察县处级以上领导干部

加强党的建设，抓好县处级以上党员干部这一环节至关重要。党的干部，特别是县处以上的党员领导干部，在整个党员队伍当中占有较大比重。截止 1989 年 9 月，全国各行各业已有干部 3000 万人。其中，党政机关的干部将近 600 万人，县处级以上干部 98 万人。县处级以上干部手中都掌握着一定的权力，在国家的各级政权中起着重要的作用。因此，这部分党员的状况如何，对国家的安定、社会的发展、人民的富裕，关系极大。

1989 年春夏之交的政治风波，党的各级领导干部经受了一场严峻的考验。在这场考验中，有些干部经不起考验，出现了这样和那样的问题。那么，究竟应该怎样认识和评估党的干部队伍，特别是县处级以上的党的干部队伍呢？对此，1989 年 8 月 28 日，中共中央政治局讨论通过的《中共中央关于加强党的建设的通知》（简称《通知》）中，明确提出"按干部管理权限，对县（处）级以上领导干部进行一次深入考察"。以此来全面了解党的干部队伍状况。

考察的内容，主要是"了解他们在这场政治斗争全过程中的思想认识和实际表现，考察他们在政治上、思想上、行动上是否同中央制止动乱、平息反革命暴乱的方针保持一致，在关键时刻是否坚定地站在党和人民的立场上，敢抓敢管，有没有支持、参与、组织策划动乱的行为。还要考察他们是否坚持四项基本原则，坚持改革开放，反对资产阶级自由化；是否廉洁奉公，勇于同腐败现象作斗争"。①

《通知》要求，通过这次考察，要根据考察结果，对领导班子进行必要的调整。对支持、参与、组织策划动乱的人，应撤销其领导职务，触犯法律和违反纪律的要依照国法党纪严肃处理；对政治立场暧昧、造成不良后果的人，要批评教育，有的要调离领导岗位；对长期坚持资产阶级自由化和支持、纵容搞资产阶级自由化的人，要坚决撤销领导职务；凡不适合在党政机关和要害部门工作的，也要做必要的调整。在这场斗争中犯有严重政治错误和政治上软弱无力的领导班子，要调整、充实、加强。

为了贯彻落实中共中央《通知》的上述精神，切实抓好对县处级以上党的干部的考察工作，1989年下半年，中共中央成立了干部考察领导小组，全国抽调3万多名干部准备对全国县处级以上的98万名干部进行一次较全面的考察。对于这次干部考察工作，中央政治局常委特别重视。1989年9月和1990年1月两次听取了中央干部考察领导小组的工作汇报，并做了重要指示。中央直属机关口、中央国家机关口、宣传口的干部考察领导小组及各省、自治区、直辖市党委和各部委，也多次召开会议，专门研究部署这次工作。

1990年2月16日至19日，全国组织部长会议在北京举行，这次会议的中心议题就是讨论和研究如何全面深入地搞好干部考察工作，切实加强各级领导班子建设，确保党和国家的各级领导权牢牢掌握在忠于马克思主义的人手里。会上，中共中央组织部长吕枫作了题为《进一步搞好干部考察工作，切实加强各级领导

---

① 中共中央文献研究室编：《新时期党的建设文献选编》，人民出版社1991年版，第448页。

班子建设》的主题报告。报告强调，维护和巩固党的领导地位，坚持社会主义制度，关键是建设好领导班子。当前，要特别考察干部在执行党的基本路线，坚持四项基本原则，坚持改革开放，反对资产阶级自由化、廉政勤政，全心全意为人民服务等方面的情况。对那些坚持资产阶级自由化观点和立场的人，在重大是非面前抱"骑墙"态度的人，弄权渎职、贪污受贿的人，不仅不能提拔重用，已经在领导班子内的，还要下决心调整下去。在调整领导班子时，要果断地将那些在制止动乱和平息暴乱的斗争中表现坚定，德才条件都好，群众拥护的干部，特别是比较年轻的优秀干部，提拔到领导岗位上来。这次会议进一步明确了考察县处级以上干部、加强各级领导班子建设工作的目的和要求。这次会议之后，考察县处级以上干部、加强各级领导班子建设的工作全面展开。

中央、国家机关部委及直属局一级领导班子和领导干部的考察工作，在中央干部考察领导小组领导下，组织了 38 个干部考察小组，考察了 90 个部委和直属机构的领导班子，约占领导班子总数的一半。同时，通过派干部考察组和巡视组等形式，对大多数省、自治区、直辖市一级党政领导班子和领导干部的情况，进行了初步的了解。中央、国家机关已考察局、处级干部 3.8 万多人，30 个省、自治区、直辖市考察厅、处级干部 37 万余人。

应该指出的是，在 1990 年全国组织部长会议之前，这项工作尚有较大差距。在全国 98 万名县处级以上干部中，有相当数量的干部没有列入考察范围。其中，省、自治区、直辖市的 66.7 万名县处级以上干部，列入考察范围的只有 42 万人；中央、国家机关和在京所属单位的处级以上干部有 6.7 万人，列入考察范围的只有 5.6 万人。这同实有县处级以上干部人数有较大差距。存在这种差距的原因，一方面是有些地方只对发生动乱地区的县处级以上干部进行了考察，其他的没有进行考察。另一方面，党的关系在地方的中央所属单位还有县处级以上干部 24 万人，只考察了一部分。有些双管单位的干部考察工作还没有很好地开展起来。针对这一情况，这次组织部长会议明确提出"要有针对性地进行补充考察"。

当然，尽管考察工作与中央的要求还存在着差距，但是通过这次大规模的考察，对已考察的 40 多万名县处级以上党的领导干部在政治风波中的表现，以及这些干部的廉洁和内部团结的情况，却有了比较全面的了解和掌握。从整个考察所掌握的情况来看，中国县处级以上的各级领导干部，绝大多数的表现是好的，他们不仅经受住了权力和地位变化的考验，经受住了金钱、美色和社会生活条件变化的考验，而且也经受住了政治风波的考验。在政治上是合格的，在业务方面是胜任的。中国改革开放以来之所以取得如此伟大的成就，与他们的努力是分不开的。但是，也应该看到，一些干部中的确还存在着这样那样的问题，有的还比较严重。主要有：一是有的干部对马列主义和社会主义的信念不够牢固，缺乏政治上的坚定性和敏锐性，在关键时刻、关键问题上，缺乏辨别是非的能力，把握不好方向。二是有的干部思想意识不端正，执政为民的意识不强，不同程度地存在着官僚主义，严重脱离群众。三是有些干部经不起执政的考验，在金钱、美色和生活作风上出问题。四是有些干部的组织领导能力和决策水平同他所担任的领导职务不称，难以胜任现职工作。在少数干部身上存在的这些问题，原因是多方面的，有的是在选拔过程中对标准的掌握不严，也有的干部是在地位变化之后发生了变化。

根据这次干部考察的情况，各级组织部门对一些干部做了必要的组织调整，免除了那些在政治风波中有严重问题的干部，对那些表现好的、德才兼备的优秀干部，选拔进各级领导班子。1990 年，有 10 多个省市换届，结合换届也调整了一些干部。

2. 清查和清理党员队伍

中国共产党到 1989 年已发展成为有 4800 多万名党员、近 300 万个基层组织的大党。作为这样一个大党，从 1989 年的这场政治风波来看，党的队伍、党的组织总的来讲是好的，是经受住了考验的。党能够通过自己的力量平息 1989 年春夏之交这场严重的政治风波，事实本身已经证明了这一点。但是，并不能因此而忽视有些党的组织确实存在严重不纯的问题。一些党员不同程度地卷入动乱，极少数党员甚至成为动乱的策划者、组织者、煽动者、指挥者。有的党组织软弱涣散，放弃领导，个别的甚至支持动乱，公开同党和政府相对抗。甚至有的党员还把非法组织摆到党组织之上。如"一个学生党员要上街游行，学校党组织不让他去，他说，我先是学生，然后才是党员，不能不去"。① 针对有些党组织和党员存在的严重不纯的问题，北京市委、北京市人民政府于 1989 年 6 月 14 日向中共中央、国务院发出《关于彻底清查、坚决镇压反革命暴乱分子工作方案的请示》（简称《请示》）。《请示》中把十种情况划为打击对象：（1）反革命暴乱的策划、组织者；（2）非法组织的头头和骨干分子；（3）进行反革命宣传煽动的人；（4）袭击、残害、绑架军警人员的人，抢夺枪支弹药和其他军警物资、器材的人，砸烧军用警用车辆的人；（5）在反革命暴乱期间进行其他打、砸、抢、烧、杀等严重危害社会治安活动的犯罪分子；（6）持有戒严部队散落的枪支弹药拒不交出或擅自处理的人；（7）包庇、窝藏反革命暴乱分子和其他刑事犯罪分子的人；（8）聚众冲击党政机关和要害部门、聚众堵塞交通或破坏交通秩序而造成严重后果的首要分子；（9）在反革命暴乱中犯有其他罪行的人；（10）对检举揭发上述罪行者实行

---

① 中共中央文献研究室编：《新时期党的建设文献选编》，人民出版社 1991 年版，第 436 页。

报复陷害的人。除上述十种打击对象外，《请示》还把与反革命暴乱的策划、组织者有联系的人；动乱、暴乱期间与国外、境外可疑人员有联系的人；参加非法组织的人；支持动乱、暴乱的人；参与冲击党政机关和要害部门、围堵解放军、设置路障堵塞交通的人；大量资助动乱、暴乱的人；泄露国家机密的人；有其他可疑情况需要查清的人列为内部清理对象。

北京市委、北京市政府的上述《请示》得到了中共中央和国务院的认可，于是中共中央和国务院于 6 月 30 日转发了这一《请示》，并就如何贯彻执行问题发出通知。在通知中要求，北京市和所有发生动乱的大中城市，都必须在党委、政府的统一领导下，由主要领导同志负责，组织专门班子，充分发动和依靠群众，从追查当地的重点事件、重点单位和重点对象的问题入手，深入开展清查工作。这项工作一般由本单位党政领导掌握进行，问题多的单位，可以组织专门班子，并发动群众检举揭发，号召有问题的人主动交代自己的问题。领导班子不纯的单位，由上级派专门小组帮助清理。对于党中央和国务院的这一通知精神，各地各部门都非常重视，许多单位和部门都建立了工作班子，主要领导亲自抓。然而，与中央的这一要求相反的是，中央文件下达以后，仍然有少数部门的党组织和领导人，或者继续包庇在动乱中有严重问题的人和事，或者大事化小、小事化了，很不严肃。

针对上述错误倾向，8 月 28 日，在《中共中央关于加强党的建设的通知》中，明确提出要"坚决防止和克服掩饰问题，大事化小、小事化了的错误倾向"，同时强调各单位的主要领导同志要亲自负责，切实做好清查、清理工作。为切实贯彻中央上述精神，切实克服清查、清理过程中的错误倾向，北京市清查领导小组从北京市的实际情况出发，制定了《关于对在动乱和反革命暴乱期间参加非法游行等问题的若干处理意见》（简称《若处理意见》）上报中央有关部门。在这一《若处理意见意见》中，北京市清查领导小组分别对"参加非法游行"，"与动乱、暴乱有关的捐款、捐物"，"呼吁书、请愿书、公开信和大小字报"，以及"其他问题"提出了具体处理意见。中央纪委和中央组织部认为，《若干处理意见》有利于解脱、教育、团结大多数群众，推动清查、清理工作的深入开展。因此，于9月11日，转发了这一《若干处理意见》。在转发《若干处理意见》的通知中，要求中央和国家机关各部委、各人民团体，应按这个文件精神办理相关事务；各省、自治区、直辖市可结合本地的实际情况，参照这个文件的精神，制订具体规定。

《若干处理意见》转发给各地、各部门后，清查、清理工作有了更加明确的依据，于是这一工作得以顺利进行。

3. 进行党员重新登记

在部分单位进行党员重新登记，与考察县处级以上领导干部，清查、清理党员队伍相互联系，都是第三代中央领导集体形成后所采取的加强党的建设的重要措施。考察县处级以上领导干部，清查、清理党员队伍，为党员重新登记工作创造了条件。因此，在前两项工作结束以后，中共中央发出通知，要求在中央和地方部分单位的约400万党员中进行重新登记。这项工作，是中共中央针对政治风波中党内暴露出来的问题所做出的一项重要决定。为了把党员重新登记工作做好，1989年9月，中央以1989年10号文件的形式发出《关于在部分单位进行党员重新登记工作的意见》（简称《意见》）。《意见》对党员重新登记的有关问题做出了明确的规定。

第一，明确阐述了进行党员重新登记的目的。《意见》指出，这次进行党员重新登记的目的，就是要清除党内的敌对分子、反党分子，清除政治隐患；清除党内的腐败分子；妥善处置不合格党员，保持党的纯洁性和先进性，增强党的战斗力。

第二，确定了党员重新登记的范围。这次进行党员重新登记主要在三个大的范围内进行：（1）中央和省、自治区、直辖市机关的党员。中央机关包括：党中央各工作部门及直属事业单位，中央顾委、纪委机关，国务院各部门及直属企事业单位，全国人大常委会、全国政协常委会机关，最高人民法院、最高人民检察院机关，全国总工会、共青团中央、全国妇联、全国文联、作协、科协、记协、台联、侨联等群众团体的领导机关，以及上述各部门直属的新闻出版、科学研究、文艺团体等单位。省、自治区、直辖市机关包括：省委各部门及直属事业单位，省顾委、纪委机关，省政府各部门及直属企事业单位，省人大常委会和省政协常委会机关，省高级人民法院、高级人民检察院机关，工会等群众团体的省级领导机关，以及上述各部门直属的新闻出版、科学研究、文艺团体等单位。（2）省、自治区、直辖市党委认定的发生动乱的大中城市的机关（所含单位的范围与省级机关相同）和大专院校的党员。（3）在发生动乱的大中城市中，由市委认定的有清查、清理任务的单位的党员。

第三，确定了准予登记和不予登记的界限。经过 1989 年政治斗争考验，符合党员条件的，准予登记。凡属下列情况之一者，不予登记：（1）散布、鼓吹资产阶级自由化思想，反对四项基本原则而不改正错误者；（2）《中共中央、国务院转发中共北京市委、北京市人民政府〈关于彻底清查、坚决镇压反革命暴乱分子的工作方案的请示〉的通知》规定的内部清理对象中不符合党员条件者；（3）抵制中央关于制止动乱、平息反革命暴乱的方针、政策，教育后仍不改变者；（4）共产主义信念动摇，对党丧失信心者；（5）提出退党要求者；（6）以权谋私、严重官僚主义、损害国家和群众利益以及其他腐败行为，虽不够开除党籍，但已丧失党员条件者；（7）革命意志衰退，不履行党员义务，长期消极落后经教育没有转变，不起党员作用者；（8）没有正当理由连续 6 个月以上不参加党的组织生活，或不交纳党费，或不做党所分配的工作者；（9）在规定的期限内，本人不提出登记申请者。上述（7）（8）两项中，愿意接受党的教育决心悔改者，可暂缓登记，暂缓登记时间为一年。期满后，符合党员条件的，准予登记；仍然不符合党员条件的，不予登记，取消党员资格。

第四，方法和步骤。这次党员重新登记工作一般分为四个步骤：

（1）学习教育。党员登记开始时，各级党组织重点组织学习《中国共产党章程》《关于党内政治生活的若干准则》、党的十三届四中全会文件和邓小平关于坚持四项基本原则反对资产阶级自由化的论述。

（2）个人总结，自我评价，重温入党誓词，填写党员登记表，申请登记。

（3）召开党小组或党支部会进行民主评议，采取适当方式听取非党群众意见。然后，进行支部大会讨论并对每个党员是否予以登记做出决议。

（4）上级党委审批。凡不予登记者，上级党组织派人同本人进行谈话。上级党组织认为支部处理不当的，有权予以否决。必要时县级或县级以上党委有权直接对党员做出准予登记或不予登记的决定。

党员重新登记工作自 1989 年底开始到 1990 年底，在中央和地方部分单位的 375 万党员中进行了重新登记。到 1990 年底，已在 370 万党员中结束登记工作，占列入登记范围党员总数的 98.67%。在党员登记过程中，对少数不合格党员进行了妥善处理，对违纪党员进行了纪律处分。受到组织处理的党员共 2.8 万人，占 0.76%，其中开除出党的 6000 多人，占 0.17%。

参加登记的党员，总结了在制止动乱、平息反革命暴乱斗争中的经验教训，开展了批评和自我批评，收到了较好的效果。但也有少数单位的党员重新登记工作，流于形式，"走了过场"。学习教育不深入，个人总结公式化，民主评议不敢触及矛盾，没有收到预期目的。

（四）完善中国共产党领导的多党合作和政治协商制度

中国共产党领导的多党合作和政治协商制度是中国的一项基本政治制度。如何坚持和完善中国共产党领导的多党合作和政治协商制度，是改革开放新时期中国政治体制改革的一项重要内容。进一步完善中国共产党领导的多党合作和政治协商制度，对于实现党在新时期的各项战略任务意义重大。

1. 《关于坚持和完善共产党领导的多党合作和政治协商制度的意见》（简称《意见》）的酝酿和起草

中国共产党领导的多党合作和政治协商制度是在长期革命、建设和改革的实践中逐步形成并发展起来的。在中国人民的革命斗争中，中国各民主党派与中国共产党结成了团结合作、相互支持的政治同盟关系。新中国成立后，各民主党派在中国共产党的领导下，参加国家政权和各项经济文化建设，对社会主义建设起到了重要的推动作用。

中共十一届三中全会以后，随着改革开放事业的不断推进，中国共产党领导下的多党合作制度得到了进一步发展。发展的主要表现就是：第一，进一步科学地界定了民主党派的性质、地位和作用。这种地位和作用，也就是邓小平1979年6月在全国政协五届二次会议上所说的："我国各民主党派在民主革命中有过光荣的历史，在社会主义改造中也作了重要的贡献。这些都是中国人民所不会忘记的。现在它们都已经成为各自所联系的一部分社会主义劳动者和一部分拥护社会主义的爱国者的政治联盟，都是在中国共产党领导下为社会主义服务的政治力量。"[1] 这一性

---

[1] 《邓小平文选》第2卷，人民出版社1994年版，第186页。

质、地位和作用的界定，为进一步摆正中国共产党与各民主党派的关系、进一步完善中国共产党领导的多党合作和政治协商制度奠定了坚实的基础。第二，进一步发展了中国共产党与民主党派关系的方针。鉴于新中国成立后民主党派一贯的政治立场和政治表现以及各民主党派在中共十一届三中全会以后积极拥护中国共产党的路线、方针和政策，致力于改革开放和祖国统一等社会主义事业的情况，1982 年党的十二大进一步提出"长期共存、互相监督、肝胆相照、荣辱与共"的方针，使共产党同各民主党派的关系发展成为工人阶级的先锋队同一部分社会主义劳动者之间的关系。十六字方针是八字方针在新的历史条件下的深化和发展，反映了新时期共产党与民主党派在根本利益一致基础上结成的战友和诤友关系。第三，1987 年中国共产党第十三次全国代表大会正式提出了"共产党领导下的多党合作和政治协商制度"的概念，并且把完善这项制度作为政治体制改革的一项重要内容。

中共十三大提出完善在共产党领导下的多党合作和政治协商制度这项改革任务以后，引起了包括民主党派在内的社会各界方方面面的关注。不少民主党派成员和有关专家学者通过各类会议、报纸杂志对此展开热烈讨论。这场讨论一方面反映出对民主党派在中国多党合作政治格局中的定位的不明确，已引发了对民主党派参政议政认识的模糊。这些问题的存在，既不利于发挥民主党派的政党作用，也不利于发展共产党领导的多党合作和政治协商制度；另一方面也反映出民主党派对坚持和完善共产党领导的多党合作和政治协商的热情。这都是具有积极意义的。然而，其中也有一些人出于种种目的，贬低民主党派在国家政治生活中的地位，淡化民主党派在国家政治生活中的作用，有的人甚至还试图将民主党派说成是"在野党""反对党"，造成民主党派同共产党在政治上的对立，借以"否定共产党的领导地位，用资产阶级共和国取代社会主义的人民共和国"。① 正反两方面的情况客观上都要求中国共产党对民主党派在国家政治生活中的地位、作用等问题，从政策上、法律上乃至宪法上予以明确的界定，以完善中国共产党领导的多党合作和政治协商制度，科学地体现中国共产党与各民主党派的关系。

恰在此时，北京市部分民主党派成员和无党派人士对"多党合作"问题提出了他们的看法和意见。他们的看法和意见被刊载在中共中央统战部的内部刊物上，1989 年 1 月 2 日，邓小平阅读他们的看法和意见，并批示道："可组织一个专门小组（成员要有民主党派的），专门拟定民主党派成员参政和履行监督职责的方案，并在一年内完成，明年开始实行。"② 根据邓小平的批示，专门小组于 1 月中旬组成，由民主党派领导和全国人大常委会、国务院、全国政协，中央组织部、中宣部、统战部等有关部门负责人参加。经过多次研讨，这个专门小组于 1989 年 5 月起草了文件初稿。1989 年春夏之交的政治风波，使这一工作暂时停顿。十三届四中全会以后，专门小组又进行了几次重要的修改，先后由政治局常委李瑞环、江泽民主持座谈会，征求各民主党派和全国工商联负责人及无党派人士的意见，对文件做了几次重要修改。12 月 26 日，中共中央委托政治局常委李瑞环、政治局委员丁关根，再次邀请各民主党派、全国工商联负责人和无党派人士代表在中南海就文件的内容进行座谈，征求了意见。12 月 30 日，由江泽民主持，中共中央政治局全体常委参加，邀请各民主党派、全国工商联主要负责人和无党派代表人士，就当时国际国内

① 《在庆祝中华人民共和国成立四十周年大会上　江泽民总书记的讲话（一九八九年九月二十九日）》，《人民日报》1989 年 9 月 30 日。

② 中共中央文献研究室编：《邓小平年谱（1975—1997）》（下），中央文献出版社 2004 年版，第 1262 页。

形势和文件的内容进行协商。与会人士一致拥护中共中央这一文件，一致同意由中共中央正式公布并于 1990 年起实施，于是这一文件便以中共中央名义发出。1990 年 2 月 8 日，《人民日报》全文发布了《意见》。可以说，《意见》是在中共中央领导下和各民主党派共同研究的基础上制定的，《意见》本身就是多党合作和政治协商的产物。

2.《意见》的主要内容

《意见》分别就中国共产党与各民主党派之间的合作和协商；发挥民主党派成员和无党派人士在人民代表大会中的作用；举荐民主党派成员和无党派人士担任各级政府和司法机关的领导职务；发挥民主党派在人民政协中的作用；加强民主党派党的建设等问题做了规定。

第一，关于政治协商的形式。《意见》总结了新中国成立以来中国共产党与民主党派之间行之有效的经验，认为应采取以下几种协商形式：（1）中共中央主要领导人根据形势需要，不定期地邀请民主党派主要领导人和无党派的代表人士举行高层次、小范围的谈心活动，就共同关心的问题自由交谈、沟通思想、征求意见。（2）由中共召开民主党派、无党派人士座谈会，通报或交流重要情况，传达重要文件，听取民主党派、无党派人士提出的政策性建议或讨论某些专题。（3）除会议协商以外，各民主党派和无党派人士可就国家大政方针和现代化建设中的重大问题向中共中央提出书面的政策性建议，也可约请中共中央负责人交谈。

第二，关于发挥民主党派在人大中的作用的问题。进一步发挥民主党派成员、无党派人士中的人大代表在人民代表大会中的作用，是民主党派参政议政的一个重要方面。为使这一作用得到保证，《意见》规定：民主党派成员、无党派人士中的人大代表在全国人大代表、人大常委会委员和人大常设专门委员会委员中占有适当比例，并可聘请有相应专长的民主党派成员、无党派人士担任专门委员会顾问。在省、自治区、直辖市的人大中应保证民主党派成员、无党派人士占适当比例。在市、州、县人大中应保证无党派人士占适当比例。在有民主党派组织的市、州、县应保证民主党派成员在人大中占适当比例。

第三，关于民主党派成员和无党派人士担任各级政府和司法机关的领导职务问题。《意见》认为，民主党派成员和无党派人士担任国家和政府的领导职务，是实现中国共产党领导的多党合作的一项重要内容。应采取切实措施，选配民主党派成员、无党派人士担任国务院及其有关部委和县以上地方政府及其有关部门的领导职务。要推举符合条件的民主党派成员和无党派人士担任检察、审判机关的领导职务。聘请一批符合条件和有专门知识的民主党派成员、无党派人士担任特约监察员、检察员、审计员和教育督导员等。政府监察、审计、工商等部门组织的重大案件的调查，以及税收等检查，可吸收民主党派成员、无党派人士参加。

第四，关于民主党派在人民政协中的作用问题。人民政协是中国爱国统一战线组织，也是中国共产党领导的多党合作和政治协商的一种重要组织形式。人民政协应当成为各党派、各人民团体、各界代表人物团结合作、参政议政的重要场所。因此，《意见》明确规定，在政协的各种会议上，要切实保障政协委员提出批评的自由和发表不同意见的自由。要保证民主党派和无党派人士在政协常委和政协领导成员中占有一定比例。政协各专门委员会要有民主党派和无党派人士参加，政协机关中应有一定数量的民主党派和无党派人士担任专职领导干部，并真正做到有职、有权、有责。

3.《意见》的主要贡献

中共中央制定这一《意见》的宗旨，就是进一步发挥民主党派在参政议政和民主监督方面的作用，完善中国共产党领导的多党合作和政治协商制度。根据这一宗旨和要求，《意见》对民主党派参政议政的一系列问题都做出了明确规定。

第一，明确提出了参政党参政的目的。《意见》提出，中国共产党和各民主党派的共同任务，就是坚持社会主义初级阶段的基本路线，为把中国建设成为富强、民主、文明的社会主义现代化国家，为统一祖国、振兴中华而奋斗。

第二，明确指出了中国共产党领导的多党合作和政治协商制度与西方多党制的区别。《意见》明确指出，中国实行的共产党领导、多党合作的政党体制是中国政治制度的特点和优点。它根本不同于西方资本主义国家的多党制或两党制，也有别于一些社会主义国家实行的一党制。它是马克思列宁主义同中国革命与建设相结合的一个创造，是符合中国国情的社会主义政党制度。

第三，明确界定了中国共产党与各民主党派的关系。《意见》指出，中国是人民民主专政的社会主义国家。中国共产党是社会主义事业的领导核心，是执政党。各民主党派是各自所联系的一部分社会主义劳动者和一部分拥护社会主义的爱国者的政治联盟，是接受中国共产党领导的，同中共通力合作、共同致力于社会主义事业的亲密友党，是参政党。中国的多党合作必须坚持中国共产党的领导，必须坚持四项基本原则，这是中国共产党同各民主党派合作的政治基础。"执政党"与"参政党"的提法，既清楚地阐明了中国共产党与民主党派的关系，也比较完整、准确地概括了民主党派在国家政治生活中所处的地位，符合中国现有政党关系的实际情况。

第四，进一步明确了中国共产党同民主党派合作的基本方针。《意见》明确指出，"长期共存、互相监督、肝胆相照、荣辱与共"，是中国共产党同民主党派合作的基本方针。中共处于执政党的地位，领导着国家政权，非常需要听到各种意见和批评，接受广大人民群众的监督。各民主党派是反映人民群众意见、发挥监督作用的一条重要渠道。充分发挥和加强民主党派参政和监督的作用，对于加强和改善共产党的领导，推进社会主义民主政治建设，保持国家长治久安，促进改革开放和现代化建设事业的发展，具有重要的意义。

第五，指出了民主党派参政的基本点。民主党派作为参政党，其参政主要参与四个大方面的政治事务，即"四参一监"。四参是：参加国家政权；参与国家大政方针和国家领导人选的协商；参与国家事务的管理；参与国家方针、政策、法律、法规的制定执行。一监是，参政党与执政党相互监督。民主党派参政的基本点，对"参政党"这一新的概念做出了具体界定。

第六，规定了发挥民主党派监督作用的总原则。《意见》明确指出，发挥民主党派监督作用的总原则就是：在四项基本原则的基础上，发扬民主，广开言路，鼓励和支持民主党派与无党派人士对党和国家的方针政策、各项工作提出意见、批评、建议，做到知无不言，言无不尽，并且勇于坚持正确的意见。

第七，规定了民主党派的活动准则。《意见》规定，中国共产党和各民主党派都必须以宪法为根本活动准则，负有维护宪法尊严、保证宪法实施的职责。民主党派享有宪法规定的权利和义务范围内的政治自由、组织独立和法律地位平等。中共支持民主党派独立自主地处理自己内部事务，帮助他们改善工作条件，支持他们开展各项活动，维护本组织成员及其所联系群众的合法利益和合理要求。决不允许存在反对四项基本原则、危害国家政权的政治组织。这些规定，在确认民主党派参政党地位及其权利义务的同时，将其活动纳入了宪法和法律的轨道，为从宪法上和法律上进一步完善中国共产党领导的多党合作的政党制度奠定了基础。

综观《意见》的全部内容不难看出，它贯穿了两条主线。一条主线是加强和改善共产党对各民主党派的领导。中国的多党合作必须坚持中国共产党的领导，坚持四项基本原则，这是中国共产党同各民主党派合作的政治原则和政治基础，也是坚持和完善这项制度的根本政治原则，这与资产阶级国家的多党制或两党制根本不同。《意见》规定，中国共产党对民主党派的领导是政治领导，即"政治原则、政治方向和重大方针政策的领导"。这种政治领导主要是通过民主协商和思想政治工作的方式来实现。中共各级党委都要加强对民主党派的领导，进一步加强和发展同民主党派的合作，支持民主党派充分发挥积极作用。中共各级党委负责人既要认真听取民主党派的意见、批评、建议，以利于改进党和政府的工作；也要对民主党派工作中的重大工作问题，本着互相监督的精神，在方针政策和思想上给予诚恳的帮助，这样才能不断巩固和发展中国共产党同民主党派的团结合作。《意见》同时指出，中国共产党要支持民主党派独立自主地处理自己的内部事务。各民主党派都是中国的合法政党，享有宪法规定的权利和义务范围内的政治自由、组织独立和法律地位平等。必须尊重其自身组织的独立性，尊重民主党派的上下级关系，中共不包办民主党派的内部事务。

另一条主线是发扬社会主义民主，发挥民主党派参政和监督作用。《意见》充分肯定了民主党派参政议政和监督的重要性。文件规定了民主党派参政的基本点和发挥民主党派监督作用的总原则，并结合中国的实际情况，做了具体规定。

《关于坚持和完善中国共产党领导的多党合作和政治协商制度的意见》，是中国共产党和各民主党派几十年长期合作实践经验的结晶，是中国共产党同民主党派合作共事共同遵守的准则。《意见》的制定和贯彻，是推进中国政治体制改革，加强社会主义民主政治建设的重要步骤。它对于进一步发挥民主党派在国家政治生活中的积极作用，对于团结各界人士、巩固和发展统一战线、稳定国内政治局势，对于在坚持四项基本原则的前提下，充分发挥中国共产党及其领导下的社会主义制度的特点和优势，发展社会主义民主和法制，都有重大和深远的意义。

《意见》下达和发表后，引起各地党委的高度重视，并开始积极加以宣传和贯彻落实。江西省委召开省委各部门、省政府各厅局和统战系统的中共党员负责干部会议，要求各部门从战略高度重视和做好统战工作。北京市委召开各区、县、局、总公司、高等院校党政主要领导干部会议，就加强党对统战工作、多党合作的领导向各级党委提出了要求。四川省委召开了有省委、省人大常委会、省政府、省政协中共党员领导干部以及所有厅局长、高校党委书记等人参加的会议，就学习、贯彻《意见》做出部署。黑龙江、广西等其他一些省区也召开了相关会议，讨论了贯彻实施《意见》的问题。

各地党委和政府在认真学习贯彻《意见》的同时，还普遍召开了民主党派、无党派人士座谈会，认真听取了他们的意见。对于这一《意见》，民主党派成员和无党派人士反响强烈，主要有十个方面的意见：（1）《意见》的发表表明，中国坚决捍卫社会主义，坚定不移地走社会主义道路。（2）《意见》把政治体制改革向前推进了一步，表明中国共产党和中国政府要继续进行政治体制改革的决心和信心。（3）文件对民主党派在国家政治生活中的作用给予了高度评价，第一次明确了各民主党派作为参政党的地位，为此各民主党派人士普遍感到鼓舞，认为这对今后加强对民主党派作用的宣传，更好地发挥其参政作用有了切实保证。（4）对许多重大原则问题有了明确的说法，如肯定共产党领导的多党合作和政治协商制度是中国的一项基本政治制度，提出民主党派参政的基本点，发挥监督作用的总原则，明确了中国共产党和民主党派各自基层组织的相互关系等。这样，今后做工作方向明确了，心中有数了。（5）文件是多年来共产党领导的多党合作的实践经验的总结，是中国共产党关于多党合作思想的必然发展。因而，广大民主党派成员感到很亲切，对贯彻落实文件精神也有信心。（6）文件指出中国共产党和各民主党派共同负有保卫国家安全、维护安定团结的责任，不允许有反对四项基本原则、危害国家政权的政治组织，一经发现，应依法取缔。绝大多数民主党派人士称赞这条规定，认为有了这一条，就同政治多元化、多党制从根本上划清了界限，是国家长治久安的重要保证。（7）有些人对把过去讲的民主党派是"一支重要的依靠力量"改为"重要力量"，去掉"依靠"两字，反映强烈，认为重要力量很多，等于一般力量，有一种失落感。（8）许多人特别是中年人，对民主党派的建设的现状不满意，认为文件对民主党派要求高、希望大，而民主党派年龄老化、机构不健全，难以成为名副其实的参政党。（9）对履行民主监督职能，发挥民主监督作用，缺乏信心。有的认为，自己一不知情，二说了没用，三有顾虑，提出不同意见，在基层怕被穿小鞋，日子难过。（10）民主党派人士对文件公布后中共的舆论宣传普遍感到满意，认为规模之大，持续时间之长，前所未有，为推动文件的贯彻实施开了一个好头。但也有人对文件在基层能否真正落实感到缺乏信心。

这一文件的制定和公布，成为中国政治生活中的一件大事，也是统一战线工作的一件大事。它是中国共产党和各民主党派长期合作的纲领性文件和共同行动的准则，是中国共产党领导的多党合作和政治协商制度经过长期的革命和建设实践的正反两方面的经验总结，是在中国共产党领导的多党合作与政治协商制度逐步走向制度化、规范化的一个标志。

（五）干部交流制度的建立及其实践探索

1990年7月，中共中央做出实行党和国家机关领导干部交流制度的决定，要求从中央、国家机关各部委和省、自治区、直辖市一级做起，在各级党和国家机关实行领导干部交流制度。这是中共中央在新的历史条件下，为密切党群关系、干群关系，加强领导班子建设，促进干部健康成长所做出的一项重大决策。

1. 干部交流制度的由起

改革开放以来，党的各级组织选拔了成千上万的中青年干部进入各级领导岗位，这使党的干部队伍和各级领导班子的成分发生了历史性的变化。据中央组织部的统计，1978 年至 1990 年，全国新增加干部 1500 多万人。截至 1991 年 6 月，全国全民所有制干部总数已达 3300 万人（其中聘用制干部 303 万余人），比 1978 年增长了 90.7%。自 1983 年中央决定建立干部离退休制度起，到 1991 年 6 月，全国已有 186.3 万名老干部办理了离休手续，25 万多名中青年干部被选拔到县级以上党政群机关领导岗位。全国省、地、县三级党政领导班子的年龄，分别由 1982 年的 62 岁、56 岁和 49 岁，下降到 54.9 岁、50.1 岁和 45.5 岁。领导班子内部的知识结构和专业结构也日趋合理，省、地、县三级党政班子中，具有大专以上文化程度的已分别占 73.6%、66.5% 和 64.2%，比 1982 年提高了 3 至 8 倍。[①]

大批中青年干部走上各级领导岗位，一方面大大推进了干部年轻化进程，为干部队伍增添了新鲜血液和活力，但同时也带来了另一方面的问题。在这大批中青年干部中，有许多人缺乏担任领导干部的经验，加之有不少人是越级提拔，缺乏台阶式锻炼，特别是其中还有一些没有基层工作经历的"三门"（从家门到校门，再到机关门）干部。他们的视野显得比较狭窄，综合水平相对弱，特别是与老一辈革命家们相比，两者差距更为明显。针对

---

① 《干部队伍实现"四化" 干部素质大大提高 中共党的组织工作成绩巨大 314 万个基层党组织充分发挥战斗堡垒作用》，《人民日报》1991 年 6 月 6 日。

干部队伍的这一现状，党中央结合历史上干部交流工作的经验，设想通过干部交流制度来提高干部队伍的素质。对此，中央政治局常委宋平说，我经常想，怎样使我们的干部能够全面地发展，能够更快地增长才干、成长起来？干部交流，岗位轮换，恐怕是一种很重要的形式。他回顾说，据说西方有些发达国家大学里的研究机构一般不留或少留本校毕业的学生，他们担心"近亲繁殖"，本校的学生包括最好的研究生都要送出去，同时从别的学校里招收研究人才，以便吸收别人的经验来丰富自己。他说，这个做法值得参考，因为，"近亲繁殖"终究是要造成退化的。干部交流也是这个道理。不管是跨地区的交流，还是在不同岗位上交流，都有好处。干部在一个岗位上长期工作，就熟悉本职工作来说，有他的好处，但是也有缺陷，交流一下，可以开阔眼界，也可起到知识互补的作用。

实行干部交流制度，在中国共产党的历史上是有着悠久的传统。早在 1942 年，中央军委就曾提出干部交流的建议，并进行了上级与下级的交流，前方与后方的交流，军队与地方的交流。党在全国执政以后，也一直十分重视干部交流工作。1962 年，中共中央曾决定有计划有步骤地交流各级党政主要领导干部，但由于"文化大革命"的干扰破坏，没有坚持执行下来。进入新时期以后，随着干部制度改革工作的开展，1982 年冬，陕西省委的两位同志给当时的中组部部长宋任穷写了一封信，建议建立县以上干部定期交流制度。来信以榆林地区为例，分析了领导干部长期在一地工作或在本地工作所带来的弊端，认为建立干部交流制度是关怀、培养干部的好办法，也是恢复和发扬党的优良传统、争取党风根本好转的重要措施。11 月 25 日，陈云在中央组织部的一份情况反映上看到了这封来信的摘要后，做了重要批示："交流制度很好。一个干部长期在一个地方工作并不好，容易形成帮派。县级以上也应该轮换。"① 1983 年 11 月，中央组织部和省市自治区机构改革指导小组就省、地两级领导班子调整的情况向中央汇报时，也认为这次配备班子，在那些长期受派性和宗派影响的地方，如果干部调整的步子迈得再大一些，该交流的干部坚决交流，领导班子中疙疙瘩瘩的事就会比现在少一些，新班子同心同德、倾注全力干"四化"就会有更可靠的组织保证。因此，他们建议，要逐步建立和完善干部交流制度。陈云的批示和中央组织部、省市自治区机构改革指导小组的建议，得到了中共中央的认同。1983 年 12 月 1 日，中共中央、国务院在《关于县级党政机关机构改革若干问题的通知》中，明确提出"要结合机构改革，对县级主要领导干部有计划地进行交流。继续留任的县委正副书记、正副县长中，至少应有三分之一的人在省、市、自治区或地区范围内交流。特别是在一个县工作时间长的同志，要首先交流。县级工作部门的正副职领导干部和公社（乡）党委正副书记、正副主任可在地、县范围内交流。这样做，有利于干部开阔眼界，增长才干，也有利于一些干部摆脱派性和宗派影响，工作不超脱的干部，尤其要果断地进行交流"。在中央这一文精神的指引下，许多地方从当地的实际出发，结合领导班子的调整，有计划、有步骤地对地、县两级党委、政府以及部分职能部门的领导干部实行了异地交流。据有关部门统计，在机构改革中，河北、山东、河南、黑龙江、山西、上海、福建、广西等省、自治区、市，继续担任县委正副书记、正副县长的干部有 1/3 进行了交流。经过交流，县级党政领导班子中在原籍任职和长期在一地任职的干部大为减少。山东省从 1983 年到 1988 年交流的县级党政领导干部 469 人，占全省县（市）党政正副职总数的 45.8%。

---

① 中共中央文献研究室编：《陈云年谱》下卷，中央文献出版社 2000 年版，第 312 页。

其中，党政正职符合交流条件的已基本交流一遍。山西省到 1986 年为止，共交流厅级领导干部 204 人，占厅级领导干部总数的 46%。交流地、市党政领导干部 51 人，占地、市领导干部总数的 35.8%。交流县级领导干部 417 人，占县级干部总数的 43.3%。① 河北省在 1983 年开始的机构改革和调整领导班子中，即对部分县以上党政领导干部进行了易地交流，取得了良好效果。在此基础上，河北省委于 1987 年、1988 年先后发布《关于党政机关领导干部实行定期交流的暂行规定》和《关于党政司法机关领导干部实行定期交流的暂行规定》。此后，河北省委和各地、市、县委按照这两个文件要求，结合换届选举和调整领导班子，有计划、分步骤地对乡以上党政机关领导干部进行了交流和回避。② 到 1988 年，全国有近 10 个省、自治区、直辖市在实践的基础上初步建立了党政领导干部交流制度，并通过干部交流，有效地改善了领导班子的整体结构。

2. 党和国家机关领导干部交流制度的决定

多年的实践证明，实行领导干部交流制度，有利于领导干部在更广阔的范围内经受锻炼，开阔眼界，丰富经验，增长才干，提高领导水平。也有利于领导干部在新的环境中大胆放手地工作，振奋精神，转变作风，深入调查研究，密切联系群众。同时，也便于对领导班子的结构进行合理调整，增强领导班子的整体功能。但是对干部交流制度也存在着不同认识。有的地方和部门没有把培养和锻炼干部作为干部交流的根本目的。有的地方把交流干部混同于调整不称职干部，通过交流去调整不胜任现职的

---

① 陈凤楼著：《中国共产党干部工作史纲（1921—2002）》，党建读物出版社 2003 年版，第 258 页。

② 中共中央组织部、中共中央政策研究室、中共中央宣传部编：《全国党建理论讨论会论文选》，改革出版社 1991 年版，第 623 页。

领导干部的工作。这无疑给干部交流工作带来了负面影响。有的地方干部交流过于频繁，缺乏长期观念和稳定观念，从而助长了一些干部的临时观念和短期行为。另外，还有相当一部分人对干部交流的积极意义缺乏应有的认识，甚至还有误解，认为被交流的干部是因为在原来的地方干不下去了。这在某种程度上影响着干部交流工作的正常进行。

为了切实推动干部交流工作，使领导干部的交流制度化、经常化，1990年7月，中共中央发布《关于实行党和国家机关领导干部交流制度的决定》（简称《决定》）。《决定》从七个方面对党和国家机关领导干部的交流制度作出规定。

第一，中央和国家机关各部委，各省、自治区、直辖市党委、政府和法院、检察院的领导干部，在一个地区或部门工作时间较长的，应当进行交流；在同一岗位工作时间较长的，可在本地区的同级岗位之间进行交流。

第二，中央和国家机关各部委，各省、自治区、直辖市的省（部）级领导干部，可以在中央与地方之间进行交流，也可以在不同地区之间进行交流，有的还可以在中央各部门之间进行交流。特别要注意从经济比较发达的地区交流一部分领导干部到经济相对落后的地区任职。

第三，干部交流要有领导、有计划、有步骤地进行，并尽可能地同换届选举、调整领导班子结合起来。如换届选举时需要交流的干部过于集中，可分期分批地进行。一个地区的党政主要领导干部，一般不要同时交流，以保持领导班子的相对稳定。

第四，中央和国家机关各部委，各省、自治区、直辖市中，属中央管理的干部，由中央组织部负责拟定交流方案，经中央批准后实施。

全国总工会、共青团中央、全国妇联等人民团体，以及中央和国家机关所属事业单位的主要领导干部的交流，由中央组织部参照本决定精神办理。

中央和国家机关各部委，各省、自治区、直辖市党委和政府下属领导干部的交流，由中央和国家机关各部委，各省、自治区、直辖市党委，参照本决定精神做出具体规定，报中央组织部备案。

第五，为了加强中青年干部的培养锻炼，中央组织部应会同中央和国家机关各部委，各省、自治区、直辖市党委，有计划地抽调部分司（局）、厅（部）、地（市）级干部，在中央与地方之间及中央各部门之间进行交流。

第六，领导干部交流是一项重要而又细致的工作，各级党委（党组）要统筹规划，周密安排，认真做好思想政治工作。安排干部交流要出以公心，坚持"五湖四海"，改变某些地方和部门存在的干部调不出、派不进的状况，克服地域观念和排斥外来干部的不良倾向。各级党和国家机关都要为干部交流工作的顺利进行，创造良好的环境和条件。

第七，各级领导干部要充分认识进行干部交流的重要意义，正确对待这种正常的工作变动，自觉珍惜这一锻炼成长的好机会。在组织上未决定交流前，应安心工作，恪尽职守；一旦决定进行交流时，要坚决服从组织调动，并在指定的期限内报到就职。

实行党和国家机关领导干部交流制度，是中国干部制度的一项重要改革，需要在实践中不断地加以完善。各级党委及其组织部门，要注意调查研究，总结经验，把领导干部交流制度逐步地健全完善起来，并坚持下去。

3. 干部交流制度的全面推进

1990 年 7 月，《关于实行党和国家机关领导干部交流制度的决定》下发到各地、各部门，在这一《决定》精神的指导下，全国干部交流工作进一步展开。

　　1990 年初，湖北省委在总结几年来干部交流工作经验的基础上，制定了《关于做好县市党政领导干部易地交流工作的意见》，并下发给各地区、各部门。到 1991 年 2 月，在近一年的时间里，湖北省已有 253 名地县级干部打破地域岗位局限，交流到条件比较艰苦的单位工作，其中省直厅局级干部 34 人、地市州党政领导 19 人、县市级正副职 200 人。① 吉林省 1990 年结合领导干部换届，在 8 个市地、州，59 个县市、区交流了 248 名县级党政领导干部，占同级干部的 32.6%。② 1991 年，中组部、人事部从中央国家机关 60 个部委抽调 102 名司局级干部交流到地方或京外下属单位挂职锻炼或任职，推动了干部交流工作的开展。到 1992 年 2 月，中央国家机关各部委已选调 2000 多名处和处以下干部交流到地方或基层单位工作。③

　　1991 年春，经中国扶贫基金会和曾在陕西省工作过的老同志搭桥牵线，在中央组织部的支持下，江苏 7 个市和陕南 4 个地市开始实行干部互派、对口交流。他们通过各级干部自愿报名，根据双向对口的原则，分别挑选了省级干部 4 人、地市级干部 8 人、副县级干部 62 人、企事业干部 72 人，合计 146 名干部。这些干部经过培训之后进行互派交流。江苏派往陕西工作的干部，主要任务是帮助当地政府和企业沟通信息，外引内联，东西互助，发展经济。陕西派往江苏的干部，主要任务是学习江苏的先进经验，增强改革开放意识和商品生产观念。在任职和待遇上，

---

　　① 《湖北推进地县级干部异地交流　253 人奔赴新岗位》，《人民日报》1991 年 2 月 28 日。

　　② 《全国干部交流工作有新进展　中央国家机关部委抽调一百零二名司局级干部交流到地方》，《人民日报》1992 年 2 月 20 日。

　　③ 《全国干部交流工作有新进展　中央国家机关部委抽调一百零二名司局级干部交流到地方》，《人民日报》1992 年 2 月 20 日。

本着"有职有权，用其所长"的原则。江苏支援陕西的干部，在各地、市、县政府或党委部门担任相当于原来职务的实职领导，负责经济和扶贫开发工作。这些干部不占当地领导班子的职数。由省、地、县委按照干部管理权限和法律规定的程序，办理任免手续。陕西派往江苏挂职学习的干部，由江苏参照本人现有职级，安排相应的助理职务。两省互派的干部，由接收地区按干部管理权限进行管理。两省互派交流的干部，经过培训，分别于1991年4月初和6月初走上了新的工作岗位。两省通过互派交流的办法，在苏南与陕南之间，结成62个对子县、218个姊妹村或乡，228个工厂企业建立了兄弟关系。① 苏陕两省互相交流干部，是干部交流工作中的有益尝试。通过这种交流，对于培养人才，开拓市场，增强优势互补，促进经济发展，都具有积极作用。

江苏、陕西两省互派干部的做法，在社会上引起了热烈反响。经济比较发达、富裕的地区，同经济相对落后、贫困的地区之间，分期分批地交流干部，这是干部交流工作的新发展和新创造，具有示范作用。在苏陕两省的带动下，有些省市之间也开始结对互派干部交流。如山东与陕西的延安、榆林地区；天津与甘肃、四川已经起步。北京与云南、上海与山西之间已开始酝酿。其他一些省区市之间也在做准备。

1990年7月到1991年5月，全国已有21个省区市和部分国家机关建立了干部交流制度，其他省区市和部委正结合本地区本部门的实际情况，抓紧建立干部交流制度。

通过各级党政领导干部合理的交流，促进了各级领导班子结构的合理调整，增强了领导班子整体功能，使被交流的领导干部在更广阔的范围内经受了锻炼，较快地弥补了由于阅历单纯、缺

---

① 《沿海与内地实现共同富裕的新尝试——关于苏陕干部交流的调查》，《人民日报》1992年4月26日。

乏不同环境和多种岗位锻炼所带来的视野不宽、经验不足、组织领导能力不强等方面的缺陷，宏观决策和解决重大政治经济社会问题的能力得到明显提高，从而使干部的特长和积极性得到了充分发挥，有效地增强了班子的凝聚力和战斗力，提高了领导水平。

四、发展睦邻关系，打破西方"制裁"

1989 年春夏之交，中国政府为稳定政局采取了果断措施，平息政治风波，这本是中国的内政。然而，西方一些国家却纷纷对中国实施"制裁"，中国同美国及西方一些国家的关系顷刻之间跌入谷底。"制裁"是一柄双刃剑，在"制裁"中受到损害的不仅仅是中国，也包括美国和西方国家自己在内。在美国和西方国家受到利益损害之后，他们开始认为"制裁"是一招错棋，加之中国在"制裁"中冷静观察国际形势，顶住压力，处变不惊，沉着应付变局，最终"制裁"被打破，中国与美国和西方国家的关系重新得到修复。

（一）顶住"制裁"压力，冷静应对变局

当政治风波爆发之后，中国政府不仅没有屈从于西方国家的压力，而且还采取坚决措施平息了这场政治风波。然而，令人遗憾的是，1989 年下半年，国际局势加剧了动荡，尤其在 9 月以后，东欧国家发生剧变。这些国家的共产党纷纷垮台，社会主义在那里改变了颜色。苏联国内的动荡也呈加剧之势，"8·19"之后苏联解体，社会主义在全世界面临着挑战。对此，以美国为首的西方国家似乎觉得"和平演变"中国的"时机"已到，于是便对中国进一步施加压力，加紧施行"以压促变"的策略。还在

政治风波刚刚被平息之时，美国和西方国家一些政府首脑即纷纷开始"谴责"中国。

6月4日，英国首相撒切尔夫人发表声明，指责中国政府"枪杀手无寸铁的人民"。法国总统密特朗说，中国政权"没有前途"，中国平息风波是"违背历史潮流的死路"。西德总理科尔表示反对"野蛮使用暴力"，"衷心同情争取更多的民主的大学生"。美国一些有影响的国会议员"呼吁美国对中国采取强硬态度"。

6月5日，撒切尔夫人再次发表声明称："文明世界"各国"显然不可能继续与中国当局保持正常来往"，都在"单独地并共同地设法研究"，"如何最有效地以实际行动向中国政府表明这一点"。日本三家大报就北京局势发表社论，说中国的"国际形象遭到破坏"，"中国已站在严重的十字路口"。"美国之音"更是发表了大量虚假的报道。一时间谴责之声蜂起。

同日，美国总统布什发表声明，宣布对中国采取五项所谓"制裁"措施：（1）暂停政府对政府的一切武器销售和商业性武器出口；（2）暂停美中军事领导人之间的互访；（3）同情地重新研究中国留美学生要延长逗留时间的请求；（4）通过红十字会向那些在突然袭击中受伤的人提供人道主义的医疗援助；（5）在中国的事态不断揭开的同时重新研究美中双边关系的其他一些方面。随后，美驻华使馆接受方励之夫妇在美使馆寻求"避难"。中国政府对此表示"极大的遗憾"，推迟了钱其琛外长原定6月12日对美国的访问。6月7日和8日，中国外交部发表谈话，对美国向中国施加压力表示绝对不能接受，对美使馆给予方励之夫妇"保护"一事提出严正抗议。中美关系由此而严重地恶化了。

接着，美国连续采取了单方面恶化关系的举动，包括允许旅美中国公民滞留美国，放宽中国公民去美国的签证限制，中断美中签署的一项改良中国55架歼-8飞机的合同，暂停美中科学交流活动，中止纽约和华盛顿与北京姊妹城市关系，取消向中国销售核电厂装置的出口许可证。更为严厉的是 6 月 20 日宣布的布什的两项指示：（1）"美国政府停止参加与中华人民共和国政府官员的所有高层接触"；（2）"寻求国际金融机构推迟考虑向中国提供新的贷款。"根据美国的要求，世界银行推迟考虑对中国的贷款，其金额约为 7.8 亿美元。

与布什政府相比，美国国会的对华态度更显得咄咄逼人。6月 29 日和 7 月 14 日，美国国会众议院和参议院分别通过关于制裁中国的修正案。美国国会这两个修正案歪曲中国制止动乱的事实真相，对中国政府进行没有根据的污蔑和攻击，并提出一系列对华"制裁"措施。此后，美国众、参两院不顾中国政府的多次反对和交涉，分别于 11 月 15 日和 16 日通过关于制裁中国的国务院授权法修正案。修正案不仅表示支持美国政府 6 月 5 日宣布的对中国的一系列"制裁"措施，而且要求政府中止向"贸易发展办公室"与中国有关的活动提供资金。修正案还威胁说，如果中国的"镇压"措施继续深入，总统就应"重新审查"给中国的贸易最惠国待遇、所有贸易协定及中国在关贸总协定中的观察员地位等。修正案还建议由联合国"谴责"中国，要求美国对华政策应"明确地同西藏的局势联系起来"。这是美国国会干涉中国内政、进一步恶化两国关系的又一恶劣行为。

然而，美国国会并未就此罢休。11 月 19 日和 20 日，众、参两院分别通过了《1989 年紧急放宽中国移民法案》（简称《移民法案》）。该法案以所谓保护中国留学人员不受"迫害"为由，决定豁免全部持 J-1 签证的中国留学生学业期满后必须回国服务两年的限制。这项法案违背了中美之间达成的有关协议。

中国政府对美国国会的做法十分愤慨。11 月 19 日，中国外交部副外长刘华秋约见美大使李洁明，针对国务院授权法修正案提出强烈抗议。11 月 21 日，美国总统布什以其他理由否决了"国务院授权法修正案"，其中对华制裁修正案等也一并被否决搁置。

11月24日，针对《移民法案》刘华秋再次约见李洁明大使进行交涉。美国总统布什为避免中美关系进一步恶化，于11月30日搁置并否决了这项法案，但却声明说，要通过行政手段实施国会法案中的全部措施。

在美国的带动下，西方20多个发达国家参与了对中国的"制裁"。6月5日，英国外交大臣杰弗里·豪宣布中止中英间两项部长级访问。许多议员要求中止中英香港问题谈判。6月6日，法国总理罗卡尔宣布："冻结同中国的各级关系。"6月7日，法国外长迪马宣布，把驻华外交代表减少到最低限度。6月15日，联邦德国议院要求政府把与中国的合作降低到最低程度。

7月14日至16日，法国、美国、英国、联邦德国、日本、意大利、加拿大等七国首脑和欧洲共同体委员会主席在法国巴黎举行会议，他们在发表的政治宣言中宣称，要对中国采取中止高层政治接触及延缓世界银行的贷款等"制裁"措施。在政治风波之后的一段时间内，中国同西方国家的官方交往几近中断。

由于美国政府横加干涉中国的内政，致使中美关系跌到了自1979年建交以来的最低点。这种情况，是中国政府和中国人民不愿意看到的。中美两国发展正常的国家关系，不仅符合中国的利益，而且也符合美国的利益。但是美国的一些政治家却错误地估计了形势，认为只有中国才能从两国关系的发展中获得好处，而对美国却无关紧要，所以他们认为采取所谓的"制裁"，就可以迫使中国政府放弃原则，向强权屈服。邓小平在1981年初即已批评了这种错误认识。1981年1月4日，邓小平在会见美国客人时指出，美国报刊和一些人的言论中有四种错误观点如果不加以改正，很可能导致中美关系的倒退。邓小平所列举的四种观点，其一，认为"中国现在有求于美国，美国无求于中国"。美国报刊中不止一次地出现过这种议论。对此，邓小平说，中国是很穷，但有一个长处，就是中国本身的生存能力比较强，还有就是穷日子过惯了。现在如果一切国际通道都切断了，我们也能够生存。即使现在世界发生大的动乱和各种难测的变化，中国自己也能够活下去。以为中国有求于人的判断，会产生错误的决策。果然不出邓小平的预料，在这种错误判断的基础上，美国终于在1989年制定了错误的"制裁"中国的决策。

（二）不卑不亢，在缓和中争取主动

邓小平对当时复杂、严峻的国际形势，做了冷静、透彻的分析。6月16日，他在与中央几位负责同志谈话时说："整个帝国主义西方世界企图使社会主义各国都放弃社会主义道路，最终纳入国际垄断资本的统治，纳入资本主义的轨道。现在我们要顶住这股逆流，旗帜要鲜明。因为如果我们不坚持社会主义，最终发展起来也不过成为一个附庸国，而且就连想要发展起来也不容易。……现在国际舆论压我们，我们泰然处之，不受他们挑动。"① 9月4日，邓小平在同几位中央负责同志谈话时又指出："中国自己要稳住阵脚，否则，人家就要打我们的主意。世界上希望我们好起来的人很多，想整我们的人也有的是。我们自己要保持警惕，放松不得。要维护我们独立自主、不信邪、不怕鬼的形象。我们绝不能示弱。你越怕，越示弱，人家劲头就越大。并不因为你软了人家就对你好一些，反倒是你软了人家看不起你。……没有改革开放就没有希望。这十年的成绩哪里来的？是从改革开放得来的。中国只要这样搞下去，旗帜不倒，就会有很大影响。当然，发达国家会对我们戒心更大。不管怎么样，我们还是友好往来。朋友还要交，但心中要有数。……对于国际局势，概括起来就是三句话：第一句话，冷静观察；第二句话，稳

---

① 《邓小平文选》第3卷，人民出版社1993年版，第311—312页。

住阵脚；第三句话，沉着应付。不要急，也急不得。要冷静、冷静、再冷静，埋头实干，做好一件事，我们自己的事。"① 邓小平的这些论述，包含了两个要点：第一，对于西方国家所谓"制裁"这股逆流，一定要顶住，绝不能示弱；第二，斗争要讲究策略和艺术，朋友还要交，但心中要有数。

根据邓小平所阐述的策略方针，中国政府对以美国为首的西方国家所施加的种种压力，进行了坚决的和有理、有利、有节的斗争，在复杂的国际政治风云中逐渐站稳了脚跟，并开辟了对外开放工作的新局面。6 月 7 日，中国外交部发言人就美国总统布什"指责"中国局势一事发表谈话指出，中国政府曾多次说过，中国目前发生的事情，完全是中国的内政。中国政府是稳定的，并完全有能力平息目前在北京发生的暴乱。希望一切同中国保持友好关系的国家、组织和人士不要以任何方式进行干涉。美国政府公然对纯属中国的内部事务横加指责，并单方面采取损害两国关系的行动，对中国政府施加压力，这是中国绝对不能接受的。发言人宣布，中国政府将继续坚持改革开放政策和独立自主的和平外交政策，这两项基本政策是不会改变的。任何以这种或那种手段来向中国政府施加压力的企图，都是不明智的，也是短视的。中国希望美国方面能以中美关系大局为重，从两国关系的长远利益出发，不要做任何不利于两国关系的事情。

11 月 20 日，全国人大外事委员会发表《关于美国国会通过制裁中国的修正案的声明》（简称《声明》）。《声明》说，6 月 29 日和 7 月 14 日，美国国会众议院和参议院先后通过制裁中国的修正案，肆意歪曲中国制止动乱和平息反革命暴乱的事实真相，污蔑和攻击中国政府，并提出一系列对中国的"制裁"措施。对美国国会这种粗暴干涉中国内政、严重伤害中国人民感情

---

① 《邓小平文选》第 3 卷，人民出版社 1993 年版，第 319—321 页。

的行为，中国政府表示极大的遗憾。《声明》指出，在国家的命运和人民的利益受到严重威胁的紧急情况下，根据本国的法律采取必要措施，这是一个国家主权范围之内的事情，是一个国家的内部事务，任何外国政府、议会、组织和个人都无权以任何方式进行干涉。

11 月 22 日，全国政协外事委员会发表《关于美国国会通过制裁中国的修正案的声明》，对美国国会无视中国国家主权和人民意愿，粗暴干涉中国内政和严重伤害中国人民感情的反华行径，表示极大的愤慨。《声明》说，中国的改革开放政策不会变，中国独立自主的和平外交政策也不会变。中国人民政治协商会议将一如既往地支持中国政府按照和平共处五项原则进一步发展同外国的经济、文化交流的方针，积极开展人民外交，发展同一切友好国家、友好组织的联系和合作，共同维护世界和平；同时，也将一如既往地同一切敌视中国，干涉中国内政的反动势力进行坚决的斗争，维护自己国家的主权、独立和尊严。以上的谈话和声明，公开表明了中国政府和中国人民的基本态度：绝不允许任何国家、组织和个人以任何借口干涉中国的内政。

西方国家对中国的所谓"制裁"，好像一把"双刃剑"，在给中国的改革开放和经济建设造成严重困难的同时，也严重损害了他们自己的切身利益。在这种情况下，中国和西方都清楚地看到，和则两利，斗则两伤。因此，不仅中国方面希望打破"制裁"，争取恢复和发展同西方国家的正常关系，以利于改革开放事业的进一步发展，而且以美国为首的西方诸国在看到中国政局稳定下来之后，也在寻找打破僵局的机会。

还在 7 月份，美国总统布什就派出他的国家安全事务助理斯考克罗夫特作为特使秘密来中国访问，同行的还有副国务卿伊格尔伯格。7 月下旬，在巴黎召开关于柬埔寨问题的国际会议期间，美国国务卿贝克又三次会见中国外长钱其琛。贝克表达了布什关于希望维持 12 年来双方培育起来的中美关系的愿望。8 月 8 日，美国新任驻华大使李洁明专程赴天津，参加美国 MGM 商业公司在天津租借土地划片开发的合同签字仪式。8 月 9 日，美国国务院宣布批准 260 名驻华使馆人员的家属返回中国。8 月 10 日，中共中央政治局常委、书记处书记李瑞环在天津会见了美国 MGM 公司总裁马利克波尔，强调中国改革开放政策不会变，对李洁明大使专程来天津参加合同签字仪式表示赞赏。

在美国已有活动气息的情况下，邓小平也几次向外界传递信息，希望美国和西方国家正确地判断中国局势。9 月 16 日，他在会见美籍华裔学者李政道时说："我这里主要讲两点。第一，中国目前局势是稳定的。……第二，中国人吓不倒。我们不想得罪人……但谁要干涉或吓唬我们，都会落空。中国人有自信心，自卑没有出路。"邓小平说："请你告诉美国所有对我们友好的和不友好的人，在判断中国局势的时候，这两点是必须看清楚的根本的两点。"

为了尽快推动中美关系走出困境，1989 年 9 月 28 日，中国外长钱其琛在纽约参加联大会议期间，再次会晤美国国务卿贝克。10 月 2 日，钱其琛外长应邀到美国对外关系委员会发表演讲。他在演讲中指出，当前中美关系"正处于十字路口"，两国关系的恢复，"取决于美国政府的政策和行动"。钱其琛外长阐明了改善中美关系的四点意见：第一，要承认和尊重差异，寻求和发展共同点，意识形态、社会制度和价值观念不同，不应成为发展国家关系的障碍；第二，不能把另一国的国内政治作为恢复和发展关系的先决条件；第三，要努力增加相互了解和相互信任；第四，处理好台湾问题十分重要。

10 月 28 日至 11 月 2 日，应中国政府的邀请，美国前总统理查德·尼克松和前国务卿基辛格先后来中国进行友好访问。中国对这次访问活动非常重视，邓小平、江泽民、李鹏、李瑞环、杨尚昆、钱其琛、邓颖超分别会见了尼克松。

10月31日上午，中共中央军委主席邓小平在会见尼克松时说，请你告诉布什总统，结束过去，美国应该采取主动，也只能由美国采取主动。美国是可以采取一些主动行动的，中国不可能主动。因为强的是美国，弱的是中国。要中国来乞求，办不到。哪怕拖一百年，中国人也不会乞求取消"制裁"。如果中国不尊重自己，中国就站不住，国格没有了，关系太大了。中国任何一个领导人在这个问题上犯了错误都会垮台的，中国人民不会原谅他的。邓小平还说，中美关系有一个好的基础，就是两国在发展经济、维护经济利益方面有相互帮助的作用。中国市场毕竟还没有充分开发出来，美国利用中国市场还有很多事情能够做。中国欢迎美国商人继续进行对华商业活动，这恐怕也是结束过去的一个重要内容。

尼克松、基辛格的先后来访，表明美国政府也有意恢复官方交往，但美国人认为，中国应走第一步。尼克松访华回国后，对美国总统布什说，恢复中美高级官员之间的交往，不应要求中国先行采取行动，美国应当主动。因为从美国的战略利益出发，美国应当恢复与中国的良好关系。尼克松列举了在防止核扩散方面、在平衡日本和苏联在远东的力量方面、在与日本人和欧洲人争夺中国这一巨大市场方面、在解决全球问题等方面，美国都有与中国合作的战略利益。对此，布什也有认同感。

（三）加强对话，弥合国际裂痕

12月9日至10日，受布什总统派遣，美国总统特使、总统国家安全事务助理斯考克罗夫特以通报美苏首脑会晤情况为由访问中国。这是在美国对中国实施"制裁"后，首位官方高层人士访华。9日下午，中国外交部长钱其琛与斯考克罗夫特举行会谈。斯考克罗夫特向钱其琛通报了在马耳他举行的美苏首脑会晤的情况。钱其琛对他的通报表示感谢，并向客人介绍了中国对于一些国际问题的看法。双方还谈了双边关系问题。10日上午，邓小平在人民大会堂会见斯考克罗夫特。邓小平说："你这次访问是非常重要的行动。中美两国之间尽管有些纠葛，有这样那样的问题和分歧，但归根到底中美关系是要好起来才行。这是世界和平和稳定的需要。尽快解决六月以来中美之间发生的这些问题，使中美关系得到新的发展，取得新的前进，这是我们共同的愿望。"邓小平还提出："两国相处，要彼此尊重对方，尽可能照顾对方，这样来解决纠葛。只照顾一方是不行的。双方都让点步，总能找到好的都可以接受的办法。恢复中美关系要双方努力，不要拖久了，拖久了对双方都不利。"① 邓小平的话，充分体现了中国方面对于恢复和发展中美关系的诚意；而美国总统特使访华这一举动，实际上也是美国方面对邓小平在与尼克松谈话时提出的"美国应该采取主动"这个建议的反应。西方七国首脑会议提出的"制裁"措施中，有"中止高层政治接触"一条，美国总统特使访华这一举动，实际是对此条措施的破解。

1989年12月19日，美国总统布什批准向中国出口三颗美制通讯卫星。同一天，布什做出决定，取消美国进出口银行暂停对美国同中国进行商业活动给予资助的禁令。1990年1月10日，美国政府宣布将不再反对世界银行对中国提供的所有贷款。这表明美国已开始放松对中国的"制裁"。

美国的上述松动，除了战略考虑外，还有一个现实的经济利益因素。美中贸易从1979年的30亿美元，已增加到1989年的180亿美元，美国在华投资从零增加到40亿美元。中国的经济增长势头不减，美国不愿放弃中国这块前景广阔的市场。这正如尼克松向布什所陈述的那样："难道我们希望我们被排除在外面，

① 《邓小平文选》第3卷，人民出版社1993年版，第351页。

把那个市场留给日本人和欧洲吗?"其实,打入中国市场,这是西方国家共同的利益目标。即使是在宣布"制裁"时,很多国家也都没有想中断同中国的经济、贸易往来。就在西方宣布"制裁"中国期间,日本以樱内义雄为团长的国际贸易促进协会大型访华团于 1989 年 12 月 1 日抵达中国访问。

在美国方面有了松动的反映之后,中国也做出了回应。针对美国对核扩散的担心,中方声明,中国没有向任何中东国家出售过中程导弹,今后也不出售。1990 年 1 月 11 日,中国政府宣布解除在北京部分地区的戒严。对于这一决定,美国总统布什表示欢迎。他还重申,他不愿采取不接触的办法来孤立中国,不愿使时钟倒退。

在争取与西方国家缓和关系的同时,中国也在及时调整对外关系布局,稳定周边,立足亚太,积极开展对第三世界国家的外交。1990 年 8 月,中国同印度尼西亚恢复了中断达 23 年的外交关系。不久,中国同新加坡正式建交。再过不久,中国又同文莱正式建交。至此,中国同东盟六国全面建交并保持了友好合作关系。

由于中国国内政局的稳定和周边外交的成功,这使西方政治上孤立中国的企图徒劳无功。于是,西方政界和商界于 1990 年夏季呼吁松动对华"制裁"的声音日渐高涨。1990 年 6 月 8 日,美国前国务卿基辛格接受记者采访时明确表示:"我一直反对制裁中国。制裁将证明是错误的。"6 月 13 日,西班牙中国经贸理事会两主席之一的巴克在上海盛赞中国改革开放的成就,呼吁欧共体尽快取消对华经济"制裁"。6 月 20 日,美国国家安全委员会工作班子成员帕尔呼吁继续同中国保持建设性的关系。

对于日本来说,无论从地缘政治看,还是从经济利益看,"制裁"中国都对它极为不利。因此,在西方七国中,解除对中国"制裁"日本最积极。由于日本是发达国家,又是西方一员,因此它不能不与西方国家协商立场；但日本又是一个亚洲国家，它不能孤立于亚洲国家之外，尤其是在韩国日益向中国做出和解姿态的情况下，日本就更担心它在中国的位置被韩国所取代。

1990年7月，西方七国首脑会议在日内瓦召开，在会议所发表的政治宣言中，有允许各国自行判断取消或维持对华"制裁"的字样。在这次会议上，由于日本的坚持，会议同意日本向中国提供冻结了一年多的相当于421亿港元的贷款。以此为契机，日本率先恢复了对华贷款，双方各层次的交往也逐渐恢复。事实上，西方七国组织的其他成员国都在悄悄地与中国修复关系和寻求发展经贸合作。7月15日，香港《南华早报》评论说：七国首脑会议代表着西方国家同中国关系的分水岭，"坚冰已经打破，不久就会解冻"。

事实的确如此。1990年9月25日，世界银行总裁科纳布尔宣布：恢复向中国提供6.5亿美元贷款。10月22日，欧共体12国外长在卢森堡举行会议，决定立即取消在政治、经济和文化方面对中国实行的"制裁"。10月25日，法国也宣布将恢复与中国进行新贷款谈判。10月30日，德国议会通过决议取消对中国的"制裁"。11月2日，亚洲银行官员表示，打算年底前恢复对华贷款。12月10日，世界银行宣布，对华贷款将恢复到1989年政治风波以前的水平。这表明世界银行将全面恢复对华贷款。

在这之前，西班牙、英国、法国和意大利等西欧国家的外长们相继访问了中国。9月2日，英国首相梅杰偕外交大臣赫德访华。

总之，在1989年春夏之交的政治风波平息之后，中国坚持改革开放和独立自主的和平外交方针，顶住了以美国为首的西方国家所施加的种种压力。这一时期，苏联解体，两大阵营冷战局面结束，霸权主义和强权政治依然存在，世界进入多极化的错综复杂的国际形势，以江泽民为核心的党中央根据邓小平的嘱托，完整地形成了处理国际问题的 28 字方针，即：冷静观察，稳住阵脚，沉着应付，善于守拙，决不当头，韬光养晦，有所作为。贯彻这一新形势下的策略方针，奉行独立自主的和平外交政策，中国在风云变幻的世界格局中，在一系列国际重大问题上，坚持了客观公正的立场，采取了不以意识形态划线的务实态度，在和平共处五项原则的基础上从容地同世界各国保持和发展友好合作关系，不仅顶住了苏联和东欧剧变带来的巨大压力和强烈的冲击，打破了以美国为首的西方国家的"制裁"，维护了国家的主权和安全，而且增强了中国在多极世界中的地位和作用，为逐步建立公正、平等的国际政治、经济新秩序做出了应有的贡献。

五、治理整顿目标的胜利实现

十三届四中全会后，党中央把被因国内政治风波而延误的治理整顿工作重新提上日程，同时，针对治理整顿中暴露的经济结构不合理和经济体制不适应等问题，逐渐加大改革力度，实行了一系列深化改革和扩大开放的新举措，把治理整顿和深化改革紧密结合，使经济建设重新回到了健康发展的轨道。

（一）继续贯彻治理整顿、深化改革方针

1989 年 9 月 29 日，江泽民在庆祝中华人民共和国成立 40 周年大会上发表讲话时明确提出："当前必须坚定不移地继续贯彻治理整顿、深化改革的方针，力争用三年或者更多一些时间，从根本上缓解社会总需求超过总供给的矛盾，逐步消除通货膨胀，

使国民经济走出困境。"① 这表明，治理整顿的部署已经由原定的1989年和1990年两年，调整为三年或更长一些时间，体现了新一届党中央对经济形势的认识更为清醒。

同年11月6日至9日，中共十三届五中全会在北京召开。全会审议并通过了《关于进一步治理整顿和深化改革的决定》（简称《决定》）。《决定》对经济形势做出了清醒的判断，对存在的矛盾做出了比较深入的分析。《决定》指出，当前的经济困难是多年积累下来的深层次问题的集中反映，目前存在的困难和问题很多，解决起来难度很大。这些问题主要是：社会总需求远远超过社会总供给，现有国力和社会生产能力已支撑不了庞大的建设规模和严重膨胀的社会消费需求；工农业比例关系严重失调，现有农业已支撑不了过大的工业生产规模；基础工业、基础设施与加工工业的比例关系严重失调，能源、交通、原材料的供应能力已支撑不了过大的加工工业；资金、外汇、物资的分配权过度分散，国家宏观调控能力严重削弱；生产、建设、流通领域中普遍存在着高消耗、低效益，高投入、低产出，高消费、低效率的现象，各方面浪费严重。基于这一判断，《决定》提出：治理整顿不能急于求成，时间短了不行。中央决定，包括1989年在内，用三年或者更长一些时间，努力缓解社会总需求超过社会总供给的矛盾，逐步减少通货膨胀，使国民经济基本上转入持续稳定协调发展的轨道，为到20世纪末实现国民生产总值翻两番的战略目标打下良好的基础。

进一步治理整顿的主要目标是：逐步降低通货膨胀率，使全国零售物价上涨幅度逐步下降到10%以下；扭转货币超经济发行的状况，逐步做到当年货币发行量与经济增长的合理需求相适

① 中共中央文献研究室编：《十三大以来重要文献选编》（中），人民出版社1991年版，第619页。

应；努力实现财政收支平衡；在着力提高经济效益、经济素质和科技水平的基础上，保持适度的经济增长率；改善产业结构不合理状况，力争主要农产品生产逐步增长，能源、原材料、供应紧张和运力不足的矛盾逐步缓解；进一步深化和完善各项改革措施，逐步建立符合计划经济与市场调节相结合原则的，经济、行政、法律手段综合运用的宏观调控体系。通过治理整顿，在控制总量的前提下，适当调整紧缩力度，争取经济适度发展，并逐步把重点放在调整产业结构，提高经济效益方面，由速度型逐步向效益型过渡。

治理整顿必须抓住的四个重要环节是：（1）继续压缩社会总需求，坚持执行紧缩财政和信贷的方针，解决好国民收入超额分配的问题；（2）大力调整产业结构，增加有效供给，增强经济发展后劲；（3）认真整顿经济秩序，继续下大力气清理整顿各种公司特别是流通领域的公司，克服生产、建设、流通、分配领域的严重混乱现象；（4）深入开展增产节约、增收节支运动，下功夫改进企业的经营管理，挖掘内部潜力，提高科技水平，走投入少、产出多、质量高、效益好的经济发展路子。

在深化改革方面，《决定》提出，要继续进行企业承包经营责任制、财政包干体制、金融体制、外贸承包制、物资管理体制、价格体系与价格管理体制、计划管理体制等方面的改革。在1990年以煤炭市场的整顿为突破口，逐步解决生产资料价格"双轨制"的问题。同时，继续坚持对外开放，使对外开放和治理整顿相互促进，坚持把教育和科技放在优先发展的战略地位。

《决定》还指出："无论是治理整顿期间还是治理整顿任务完成之后，都必须坚持长期持续、稳定、协调发展的方针……任何时候都坚持从我国的基本国情出发……坚决防止片面追求过高的发展速度，始终把不断提高经济效益放到经济工作的首要位置上来。"① 这是十一届五中全会提出的发展经济的一条重要指导方针。

（二）治理整顿和深化改革的全面展开

十一届五中全会后，治理整顿工作全面展开。这一阶段的治理整顿大体分两步进行：第一步是在调整经济结构的同时，以启动市场，争取经济适度发展为侧重点；第二步是将治理整顿、深化改革的重点逐步转到调整产业结构、提高经济效益上来。为实现第一步的任务，党中央和国务院主要采取了三个方面的措施：

第一是调整产业结构，加大对农业、能源、交通等比较薄弱的基础产业的投入。第二是在坚持控制总量的前提下，适当调整紧缩力度，以启动市场。第三是继续整顿经济秩序，为生产的正常运转和经济的持续、稳定发展创造良好环境。这项工作主要有三方面内容：一是进一步清理整顿公司；二是开始清理"三角债"；三是对生产资料的价格进行结构性调整。

经过一年的努力，治理整顿取得明显成效。物价上涨过快的局面得到扭转，1990 年头十个月物价上涨幅度仅为 4% 左右，全国商品零售价格指数上升幅度由 1989 年的 17.8% 下降到 1990 年的 2.1%，低于计划要求的目标，通货膨胀得到控制。过高的工业发展速度明显回落，工业生产由一度滑坡转到逐步回升，1990 年工业总产值增长达 6%。基本建设规模得到控制，消费市场由疲弱渐趋复苏。调整经济结构的工作有了良好的开端，工业生产内部结构也朝合理方向优化。经济秩序混乱的状况有了很大改观，从 1990 年起，国务院及各部门以煤炭市场为突破口，清理整顿各类利用生产资料价格"双轨制"而转手倒卖、牟取暴利的

---

① 中共中央文献研究室编：《十三大以来重要文献选编》（中），人民出版社 1991 年版，第 681—687 页。

公司，到年底，已撤并公司 10 万多个，占原有各类各级公司总数的 35.2%，经济流通秩序明显好转。

（三）通过十年规划和"八五"计划

1990 年是治理整顿阶段的关键一年，也是中国实施"七五"计划的最后一年。尽管在治理整顿期间中国经济发展的速度有所放慢，但有了前几年的加速发展和治理整顿中的适度发展，到 1990 年底，"七五"计划所规定的国民经济和社会发展的各项指标，绝大部分都已完成或超额完成。"七五"期间，国民生产总值平均每年增长 7.8%，工农业总产值平均每年增长 11.3%。国民收入平均每年增长 7.5%，都超过了计划规定的指标。中国工业生产能力扩大，技术水平提高，主要工业产品平均年产量，都比"六五"时期有较大幅度增长。教育、科技和各项社会事业也获得进一步发展。"亚洲一号"通讯卫星和"长征二号"大推力捆绑式火箭发射成功，五兆瓦低温核供热试验堆建成并投入正常运行，大秦线万吨级组合列车运行试验成功，标志着中国又一批科学技术成果达到国际先进水平。1990 年中国还成功地承办了第十一届亚运会，振奋了民族精神，推动了社会主义现代化建设。人民生活水平进一步提高。全国绝大多数地区解决了温饱问题，开始向小康社会过渡。中国现代化建设"三步走"发展战略的第一步目标已经提前实现，并且为实现第二步战略目标奠定了良好的基础。

虽然已取得上述成效，但中国经济仍然面临以下几个方面的困难：一是市场有所复苏，但结构性疲软状况没有改变，国内市场仍呈平淡景象，各方面的需求很不平衡；二是资金投放和占压并存，流动资金紧张；三是产品结构和产业结构的调整进展缓慢，产品技术层次较低；四是经济效益差的状况尚未好转；五是产品质量问题严重，已经成为工业发展的致命弱点；六是国家财政仍存在较大的困难。

鉴于上述情况，中共中央、国务院决定开始实施治理整顿的第二步，即将治理整顿、深化改革的重点逐步转移到调整产业结构、提高经济效益方面来。根据这一部署，1990 年 12 月 1 日，国务院总理李鹏在全国计划会议上宣布，国务院决定 1991 年在全国范围内开展"质量、品种、效益年"活动。各地区、各部门都必须切实把全面提高经济素质和效益放在各项工作的首位，所有企业特别是工业企业都必须千方百计提高产品质量，改进产品性能，开发新产品，增加品种规格，降低单位产品的能源、原材料消耗，加速资金周转，减少资金占用，提高经济效益，使各项经济效益指标有比较明显的改善。

提高经济效益的关键是搞活国营大中型企业。为此，从 1990 年底开始，国务院先后采取了一系列增强企业活力的政策措施，有重点地搞活国营大中型企业。这些措施主要包括：适当增加企业技术改造的投入；酌情减少部分企业的指令性计划任务；扩大企业的产品自销权；适当提高部分企业的折旧率，逐步完善折旧制度；适当增加新产品开发基金；补充部分企业的自有流动资金；适当降低贷款利率；给部分企业以外贸自主权；切实减轻企业负担，降低国营工业企业的所得税率，实行多种经济成分公平税负，等等。这些措施的实行，为大多数企业特别是国营大中型企业的发展提供了有利的外部环境，促进了企业经济效益的改善。

在实施治理整顿第二步任务时，党中央和国务院在完成"七五"计划的基础上，结合"八五"计划和十年规划的研究制定，进一步贯彻了持续稳定协调的经济指导方针，并把调整产业结构、提高经济效益放到突出位置。

1990 年 12 月 30 日，党的十三届七中全会审议通过了《中共中央关于制定国民经济和社会发展十年规划和"八五"计划的建议》（简称《建议》）。

关于未来十年的主要奋斗目标，《建议》提出：在中国社会主义现代化建设的历史进程中，20 世纪最后十年是非常关键的时期。从 1991 年到 2000 年，中国要实现现代化建设的第二步战略目标，把国民经济的整体素质提高到一个新的水平。在大力提高经济效益和优化经济结构的基础上，使国民生产总值按不变价格计算，到 20 世纪末比 1980 年翻两番。实现上述目标，要求今后十年国民生产总值平均每年增长 6% 左右；人民生活水平从温饱达到小康，生活资料更加丰裕，消费结构趋于合理，居住条件明显改善，文化生活进一步丰富，健康水平继续提高，社会服务设施不断完善；发展教育事业，推动科技进步，改善经济管理，调整经济结构，加强重点建设，为 21 世纪初叶中国经济和社会的持续发展奠定物质技术基础；初步建立适应以公有制为基础的社会主义的有计划商品经济发展的、计划经济和市场调节相结合的经济体制和运行机制；社会主义精神文明建设达到新的水平，社会主义民主和法制进一步健全。

关于国民经济和社会发展的基本指导方针，《建议》指出：坚持走建设有中国特色的社会主义道路，是实现第二步战略目标的根本保证。根据十一届三中全会以来的基本实践和基本经验，《建议》把中国特色社会主义的基本理论概括为十二条主要原则：（1）坚持工人阶级领导的以工农联盟为基础的人民民主专政，不断完善社会主义的基本制度；（2）坚持把发展社会生产力作为社会主义的根本任务；（3）通过改革不断完善社会主义的经济、政治体制和其他领域的管理体制；（4）采取多种形式不断扩大对外开放；（5）坚持以社会主义公有制为主体的多种经济成分并存的所有制结构；（6）积极发展社会主义的有计划商品经济；（7）实行以按劳分配为主体、其他分配方式为补充的分配制度；（8）坚持以马克思列宁主义、毛泽东思想为指导，建设社会主义精神文明；（9）建立和发展平等互助、团结合作、共同繁荣的社会主义民族关系；（10）按照"一国两制"的构想和实践促进祖国统一大业的逐步实现；（11）坚持独立自主的和平外交政策，在和平共处五项原则基础上发展同一切国家的友好关系；（12）坚持共产党的领导，使党始终成为社会主义事业的坚强领导核心。这些原则，有的是几十年来党一贯坚持的，在新的历史条件下又有新的发展，补充了新的内容；有的则是十多年来现代化建设和改革开放新鲜经验的总结。这些原则是全党和全国各族人民智慧的结晶，其中凝结着邓小平在新的历史条件下继承和发展毛泽东思想的卓越贡献。总结和概括出这十二条原则，标志着党对中国特色的社会主义道路在认识上的进一步深化。

根据上述原则，《建议》提出：全面落实党的建设有中国特色社会主义的各项方针政策，关键在于坚定不移地实行改革开放。为此，必须坚持国民经济持续、稳定、协调发展，始终把提高经济效益作为全部经济工作的中心；必须坚持自力更生、艰苦奋斗、勤俭节约；必须坚持物质文明建设和精神文明建设一起抓的方针；必须处理好集中与分散的关系，充分发挥各个方面的积极性，更好地体现社会主义制度的优越性和推进现代化建设；必须处理好治理整顿与经济发展的关系。《建议》还提出，要继续进行治理整顿和深化改革，在治理整顿中求发展。要集中精力抓好经济工作，解决好突出矛盾和关键问题，特别是搞活国营大中型企业和保持农业稳步发展的问题，要把全部经济工作切实转到提高经济效益的轨道上来。

根据十三届七中全会通过的《建议》，国务院制定了《中华人民共和国国民经济和社会发展十年规划和第八个五年计划纲要》。1991年4月9日，七届全国人大四次会议批准了这个纲要。

（四）治理整顿的主要目标基本实现

当"八五"计划开始实施时，治理整顿也进入了最后阶段。经过 1991 年的进一步努力，治理整顿的各项措施均得到较好的落实，并取得明显成效。其具体表现是：

第一，整个经济基本恢复了正常的发展速度。国内生产总值的增长速度由 1989 年的 4.1%、1990 年的 3.8%，恢复到 1991 年的 9.2%。

第二，投资需求和消费需求双膨胀的局面明显缓解，严重的通货膨胀得到有效的控制。治理整顿的 3 年，社会总需求超过总供给的平均供需差率由 1985 年至 1988 年的 11.8%，缩小到 8% 左右。商品零售物价指数由 1988 年的 118.5 逐步降至 1989 年的 117.8、1990 年的 102.1 和 1991 年的 102.9。

第三，流通领域的混乱现象得到整顿，经济秩序明显好转。经过清理整顿，党政机关所办的各种公司绝大多数已经撤销或同机关脱钩，一批在公司中兼职的国家机关工作人员从公司中退出。价格混乱现象也得到比较有效的治理。

第四，对外开放取得较大进展，突出表现在外贸和利用外资方面。1984 年到 1989 年，中国进出口贸易虽均处于持续的增长之中，但连续 6 年出现较大逆差。1990 年全国外贸进出口总额在继续增长的同时，首次实现顺差 87.4 亿美元，国家结存外汇由此进入了持续增长时期。1989 年至 1991 年，中国实际利用外资额达到 318.02 亿美元，是改革开放后的 13 年中利用外资最多的阶段。

第五，产业结构调整取得一定的成绩。在治理整顿期间，农业、能源、交通、原材料等产业部门均获得不同程度的发展，而一直处于长线的加工工业则受到一定的限制，国民经济各部门发展不平衡的状况得到改善。1989 年和 1990 年粮食生产都获得丰收，从而结束了农业生产从 1985 年到 1988 年连续 4 年徘徊不前的局面。

第六，一些领域的改革取得新的进展。价格体系和价格管理体制、国营企业经营机制、外贸管理体制、农村双层经营体制等方面的改革，都得到进一步推进，金融、财税、社会保险、住房制度、医疗制度等方面的改革试点也逐步展开。

上述情况表明，治理整顿的主要目标已经基本实现。1992 年 3 月 20 日，在七届全国人大五次会议上，李鹏在《政府工作报告》中正式宣告："我国目前的经济状况表明，治理整顿的主要任务已经基本完成，作为经济发展的一个特定阶段可以如期结束。"

经过 3 年治理整顿，不但扭转了一度相当严峻的经济形势，恢复了经济发展的势头，而且创造了一个相对宽松的经济环境。在治理整顿期间形成的持续、稳定、协调发展的指导方针，不仅为此后中国经济的健康发展，而且也为经济体制改革的进一步推进，提供了有效的保证。

在宣布治理整顿阶段结束的时候，党中央也清醒地认识到，调整产业结构、提高经济效益，作为治理整顿中的一项主要任务，还并未取得明显的成效。在贯彻治理整顿方针过程中，由于新的宏观调控机制尚未建立，因而较多地采用了强制性的行政手段，一些必要的改革措施也有所放缓。这说明，继续推进深化改革，调整产业结构，切实提高经济效益，仍是一项长期的和艰巨的任务。

但是从总体上看，在治理整顿期间，中国的改革开放并没有停顿，某些领域还在深化改革方面取得了重大突破。

农村在巩固和完善家庭联产承包责任制的基础上，发展了农业社会化服务体系和农产品市场。国营大中型企业在推行承包经营责任制的同时，又采取了一系列改善外部环境、转换内部机制的措施，并继续扩大了实行股份制、租赁制和组建企业集团等试点。非公有制经济在国民经济中的比重持续上升，对推动经济增长发挥了积极作用。在价格改革方面，国家调整了 25 年基本没有动过的城镇居民定量平价粮油销售价格，提高了长期偏低的部分基础工业产品价格，部分产品实行了计划内、外两种价格的并轨或缩小差距，逐步朝取消价格"双轨制"的市场定价靠拢。外贸企业逐步实行自主经营、自负盈亏的新体制，促进了对外贸易和对外经济技术交流。

在经济体制改革方面，带有突破性的举措是证券交易所的建立。1990 年 11 月 26 日，经国务院授权、中国人民银行批准，上海证券交易所正式成立。这是中华人民共和国成立以来在大陆开业的第一家证券交易所。随后，1991 年 7 月 3 日，深圳证券交易所正式开业。这两个交易所的运营实现了股票的集中交易，形成了全国性的证券交易市场，有力地推动了股份制的发展。在外部世界看来，这是中国继续实行改革开放政策的一个引人注目的信号。

治理整顿的完成和改革的进一步深化，标志着中国的改革开放和社会主义现代化建设已经成功地走出了 1989 年以来的困境，即将进入一个新的发展阶段。

自 1976 年粉碎"四人帮"到 1992 年十四大召开，中国的社会主义现代化建设正好走过了 16 个年头。16 年来，中国共产党坚持党的基本路线，通过改革开放，解放和发展生产力，建设中国特色社会主义。在这段历史进程中，就其引起社会变革的广度和深度来说，是开始了一场新的革命；就其基本目标来说，是要从根本上改变束缚中国生产力发展的经济体制，建立充满生机和活力的社会主义新经济体制，同时相应地改革政治体制和其他方面的体制，以推动中国社会主义现代化的实现。

改革开放的伟大事业，是在以毛泽东为核心的党的第一代中央领导集体，领导全党和全国人民，在探索社会主义建设规律并取得宝贵经验的基础上进行的。改革开放以来，以邓小平为核心的党的第二代中央领导集体，领导全党和全国人民开始的又一次伟大革命，是要进一步解放和发展生产力，经过长期奋斗，把中国由不发达的社会主义国家变成富强、民主、文明的社会主义现代化国家，使社会主义优越性在中国充分发挥出来。这场新的革命，是社会主义制度的自我完善和发展，是经济体制的根本性变革。16 年改革带来的最深刻的变化，就是摆脱了许多思想上和体制上的禁锢，调动起广大人民群众的积极性，使社会主义的中国不断释放出活力。

刚刚粉碎"四人帮"后，"文化大革命"遗留下来的政治、思想、组织和经济上的混乱还极其严重。那时要摆脱困境，打开局面并不容易。1978 年召开的十一届三中全会和全会形成的以邓小平为核心的中央领导集体，承担起艰巨的使命，实现了伟大的历史性转折，开启了中国社会主义事业发展的新时期。

在历史转折关头，以邓小平为核心的党的第二代中央领导集体毅然抛弃"以阶级斗争为纲"这个不适用于社会主义社会的"左"的错误方针，把党和国家的工作中心转移到经济建设上来。这是政治路线的拨乱反正。在确定工作中心转移的同时，做出了实行改革开放的伟大决策，并针对拨乱反正过程中出现的错误思潮，旗帜鲜明地强调必须坚持社会主义道路、坚持人民民主专政、坚持中国共产党的领导、坚持马克思列宁主义和毛泽东思想。"一个中心、两个基本点"的思想开始形成，从而形成了新时期党的基本路线的基础。

根据历史转折的新要求，中国共产党大力加强党的组织建设，逐步调整和充实各级领导班子，提出干部队伍革命化、年轻化、知识化、专业化的方针，废除干部领导职务实际存在的终身制，实行新老干部的合作与交替。以正确的组织路线保证了正确的思想路线和政治路线的贯彻执行。

在拨乱反正的过程中，中国共产党对重大历史是非做了认真的清理。采取一系列措施，平反冤假错案，落实了有利于增强党的团结和调动一切积极因素的各项政策。通过平反冤假错案和解决历史遗留问题，全面调整了党内关系和社会关系，使亿万人民能够全心全意、同心同德地投入社会主义现代化建设的伟大事业。1981 年党的十一届六中全会专门做出关于新中国成立以来党的若干历史问题的决议，根本否定了"文化大革命"和"无产阶级专政下继续革命"的理论，同时坚决顶住否定毛泽东和毛泽东思想的错误思潮，维护了毛泽东的历史地位，肯定了毛泽东思想的指导作用。随着国内局势的发展和国际局势的变化，越来越显示出党做出这个重大决策的勇气和远见。

改革开放启动后，在经济方面，影响最大的一是推行农村家庭经营承包制度，二是创办经济特区。改革从农村开始，这是符合中国国情的战略决策。实行家庭联产承包责任制，是中国农民的伟大创造。党中央尊重群众愿望，积极支持试验，花了几年在全国推开。废除人民公社，又不走土地私有化道路，而是实行家庭联产承包为主，统分结合、双层经营，解决了中国社会主义农村体制的重大问题。兴办深圳、珠海、汕头、厦门四个经济特区以及后来的扩大开放，是中国对外开放的重大步骤，是利用国外资金、技术、管理经验来发展社会主义经济的崭新试验，取得了很大成就。在政治方面，开始改革党和国家领导体制，加快民主法制建设，以此为各领域的改革开放创造条件。到 1982 年之前的6 年，如邓小平所说，实现了党的工作中心"从以阶级斗争为纲转到以发展生产力为中心，从封闭转到开放，从固守成规转到各方面的改革。……开辟了建设有中国特色社会主义的全新的事业"[①]。

---

① 《邓小平文选》第 3 卷，人民出版社 1993 年版，第 269 页。

在拨乱反正基本完成的基础上，1982 年中国共产党召开了第十二次全国代表大会。这次大会提出"把马克思主义的普遍真理同我国的具体实际结合起来，走自己的道路，建设有中国特色的社会主义"的思想，确定分两步走，在 20 世纪末实现国民生产总值翻两番的目标。随后又提出第三步到 21 世纪中叶基本实现社会主义现代化的战略。中国共产党举起了一面引导全国各族人民迈向 21 世纪的伟大旗帜。1984 年党的十二届三中全会通过了关于经济体制改革的决定。这个决定提出中国社会主义经济是公有制基础上的有计划商品经济，突破把计划经济同商品经济对立起来的传统观念，发展了马克思主义的政治经济学，为全面经济体制改革提供了新的理论指导。接着，党在继续推进农村改革与发展，不断加大对外开放的同时，决定将改革的重点由农村转到城市，并相继决定对科技体制、教育体制、医疗卫生体制等进行改革，并进一步提出政治体制改革的目标和任务。

1987 年召开了党的第十三次全国代表大会。这次大会的主要历史功绩，是比较系统地论述了中国社会主义初级阶段的理论，明确概括和全面阐发了党的"一个中心、两个基本点"的基本路线。大会高度评价了十一届三中全会以来中国开始找到有中国特色的社会主义道路的伟大意义，强调指出，这是马克思主义与中国实践相结合的过程中，继找到中国新民主主义革命道路、实现第一次历史性飞跃之后的第二次历史性飞跃。大会明确阐述了中国要分"三步走"实现社会主义现代化的战略目标。

十三大以后，中国沿着有中国特色的社会主义道路继续前进。在国际国内的复杂情况下，党团结和领导全国各族人民，克服重重困难，实现了经济发展。中国经济从 1984 年到 1988 年经历了一个加速发展的飞跃时期，展现了农业和工业、农村和城市、改革和发展相互促进的生动局面，整个国民经济提高到一个新水平。同时在前进中也出现了一些问题，主要是物价波动大了一点，重复建设比较严重。党决定用一段时间治理经济环境、整顿经济秩序，以利于更好地推进改革和建设。1989年春夏之交发生了一场政治风波，党和政府依靠人民，很快予以平息，捍卫了社会主义国家政权。1989年6月召开的党的十三届四中全会选出了新的中央领导集体。党中央全面坚持党的基本路线，继续抓住经济建设这个中心，努力纠正"一手比较硬，一手比较软"的现象，加强思想政治工作和党的建设工作。在国际局势剧变的情况下，党按照冷静观察、沉着应付的方针，坚持把注意力集中在办好中国自己的事情上，相继做出关于加强廉政建设的决定，关于进一步治理整顿、深化改革的决定，关于加强党同人民群众联系的决定，关于开发开放上海浦东的决策，关于国民经济和社会发展十年规划和"八五"计划的建议，关于搞好国营大中型企业的决定，关于进一步加强农业和农村工作的决定。在这一阶段，通过进一步深化改革开放和党在历史关键时刻做出的这些重大决策，使中国改革开放的市场化导向日趋明确，经济社会发展在不断克服各种困难的基础上逐步驶入良性发展的轨道。

1992年初邓小平发表南方谈话①，精辟地分析了当前国际国内形势，科学地总结了十一届三中全会以来党的基本实践和基本经验，明确回答了这些年来经常困扰和束缚人们思想的许多重大认识问题。"谈话"强调基本路线要管一百年，动摇不得，要求人们思想更解放一点，改革开放的胆子更大一点，建设的步子更快一点。1992年3月中央政治局召开全体会议，完全赞同邓小平的重要谈话，认为"谈话"不仅对当前的改革和建设，对开好党的十四大，具有十分重要的指导作用，而且对

————————

① 邓小平南方谈话，笔者本应在这里做个介绍，但考虑到它是下一卷的重点内容，所以就没有展开。

整个社会主义现代化建设事业具有重大而深远的意义。接着，党中央和国务院做出关于加快改革开放和经济发展的一系列决定。以邓小平南方谈话和党的十四大为标志，中国的历史进入新的发展阶段。

回顾16年来的历史，可以说是成就辉煌，变化显著，但工作中也发生过失误和偏差，接下来的发展还面临着很多困难和问题，人民群众还有不少意见和不满意的地方。但是总的来说，这16年是全国上下真正集中力量进行社会主义现代化建设的16年，是人民生活水平提高比较快的16年。中国共产党之所以能够取得这样的成绩，根本原因是在这16年的伟大实践中，坚持把马克思主义基本原理同中国具体实际相结合，逐步形成和发展了中国特色社会主义理论，并坚持用这一理论指导实践。16年的伟大实践经验，集中到一点，就是毫不动摇地坚持以中国特色社会主义理论为指导，坚持党的基本路线，这是中国特色社会主义事业能够经受风险考验，不断向前发展的最可靠的保证。

主要参考文献

1. 中共中央文献研究室编:《毛泽东年谱（1949—1976）》第6卷, 中央文献出版社 2013 年版。

2.《邓小平文选》第2卷, 人民出版社 1994 年版。

3.《邓小平文选》第3卷, 人民出版社 1993 年版。

4. 中共中央文献研究室编:《邓小平年谱（1975—1997）》（上）, 中央文献出版社 2004 年版。

5. 中共中央文献研究室编:《邓小平年谱（1975—1997）》（下）, 中央文献出版社 2004 年版。

6. 中共中央文献研究室编: 《邓小平思想年谱（1975—1997）》（上）, 中央文献出版社 2004 年版。

7. 中共中央文献研究室编: 《邓小平思想年谱（1975—1997）》（下）, 中央文献出版社 2004 年版。

8. 中共中央文献研究室编:《陈云年谱》下卷, 中央文献出版社 2000 年版。

9. 谷牧:《谷牧回忆录》, 中央文献出版社 2009 年版。

10. 中共中央文献研究室编:《三中全会以来重要文献选编》（上）, 人民出版社 1982 年版。

11. 中共中央文献研究室编:《三中全会以来重要文献选编》（下）, 人民出版社 1982 年版。

12. 中共中央文献研究室编：《十二大以来重要文献选编》（上），人民出版社 1986 年版。

13. 中共中央文献研究室编：《十二大以来重要文献选编》（中），人民出版社 1986 年版。

14. 中共中央文献研究室编：《十二大以来重要文献选编》（下），人民出版社 1986 年版。

15. 中共中央文献研究室编：《十三大以来重要文献选编》（上），人民出版社 1991 年版。

16. 中共中央文献研究室编：《十三大以来重要文献选编》（中），人民出版社 1991 年版。

17. 中共中央文献研究室编：《十三大以来重要文献选编》（下），人民出版社 1991 年版。

18. 中共中央文献研究室编：《十四大以来重要文献选编》（上），人民出版社 1999 年版。

19. 中共中央文献研究室编：《十四大以来重要文献选编》（中），人民出版社 1999 年版。

20. 中共中央文献研究室编：《十四大以来重要文献选编》（下），人民出版社 1999 年版。

21. 国家统计局：《中国统计年鉴（1983）》，中国统计出版社 1983 年版。

22. 国家统计局：《中国统计年鉴（1991）》，中国统计出版社 1991 年版。

23. 中共中央文献研究室编：《新时期党的建设文献选编》，人民出版社 1991 年版。

24. 中共中央党史研究室：《中国共产党新时期历史大事记》，中共党史出版社 2002 年版。

25. 中共中央党史研究室编：《中国共产党新时期历史大事

记（1978.12—2002.5）》［增订本］，中共党史出版社 2002 年版。

26. 房维中主编：《中华人民共和国经济大事记》，中国社会科学出版社 1984 年版。

27. 当代中国的经济管理编辑部：《中华人民共和国经济管理大事记》，中国经济出版社 1986 年版。

28. 当代中国的计划工作办公室：《中华人民共和国国民经济和社会发展计划大事辑要（1949—1985）》，红旗出版社 1987 年版。

29.《天津经济年鉴》编辑部：《天津经济年鉴（1989）》，天津人民出版社 1989 年版。

30. 中共中央党史研究室科研管理部编：《拨乱反正》中央卷（上），中共党史出版社 1999 版。

31. 中央文明办组织编写：《改革开放以来社会主义精神文明建设大事记》，辽宁人民出版社 2001 年版。

32. 吕澄等主编：《党的建设七十年纪事》，中共党史出版社 1992 年版。

33.《两个历史问题的决议及十一届三中全会以来党对历史的回顾（简明注释本）》，中共党史出版社 2013 年版。

34. 程中原等著：《1976—1981 年的中国》，中央文献出版社 1998 年版。

35. 武力主编：《中华人民共和国经济史》（下），中国经济出版社 1999 年版。

36. 欧阳雪梅主编：《中华人民共和国文化史（1949—2012）》，当代中国出版社 2016 年版。

37. 中共中央组织部、中共中央政策研究室、中共中央宣传部编：《全国党建理论讨论会论文选》，改革出版社 1991 年版。

38. 中共安徽省委党史研究室编：《安徽农村改革口述史》，

中共党史出版社 2006 年版。

39. 中共安徽省委党史研究室编：《中国共产党历史资料丛书——中国新时期农村的变革》安徽卷，中共党史出版社 2006 年版。

40. 中共中央党史研究室第三研究部编：《中国沿海城市的对外开放》，中共党史出版社 2007 年版。

41. 《当代中国教育》编辑委员会：《当代中国教育》，当代中国出版社、香港祖国出版社 2009 年版。

42. 《彻底批判"四人帮"，掀起普及大寨县运动的新高潮》，山西人民出版社 1976 年版。

43. 钱其琛著：《外交十记》，世界知识出版社 2003 年版。

44. 韩念龙主编：《当代中国外交》，中国社会科学出版社 1988 年版。

45. 李瑞环著：《学哲学用哲学》，中国人民大学出版社 2006 年版。

46. 李岚清：《突围——国门初开的岁月》，中央文献出版社 2008 年版。

47. 陈吉元主编：《乡镇企业模式研究》，中国社会科学出版社 1989 年版。

48. 康式昭主编：《中国改革全书（1978—1991）》文化体制改革卷，大连出版社 1992 年版。

49. 金一鸣主编：《中国社会主义教育的轨迹》，华东师范大学出版社 2000 年版。

50. 顾明远主编：《改革开放 30 年中国教育纪实》，人民出版社 2008 年版。

51. 郑启荣主编：《改革开放以来的中国外交（1978—2008）》，世界知识出版社 2008 年版。

52. 谢益显主编：《中国当代外交史（1949—2001）》，中国青年出版社 2002 年版。

53. 陈凤楼著：《中国共产党干部工作史纲（1921—2002）》，党建读物出版社 2003 年版。

54. 杜润生著：《杜润生自述：中国农村体制变革重大决策纪实》，人民出版社 2005 年版。

55. 陈播主编：《中国电影编年纪事》总纲卷（下），中央文献出版社 2005 年版。

56. 宋晓梧主编：《中国社会体制改革 30 年回顾与展望》，人民出版社 2008 年版。

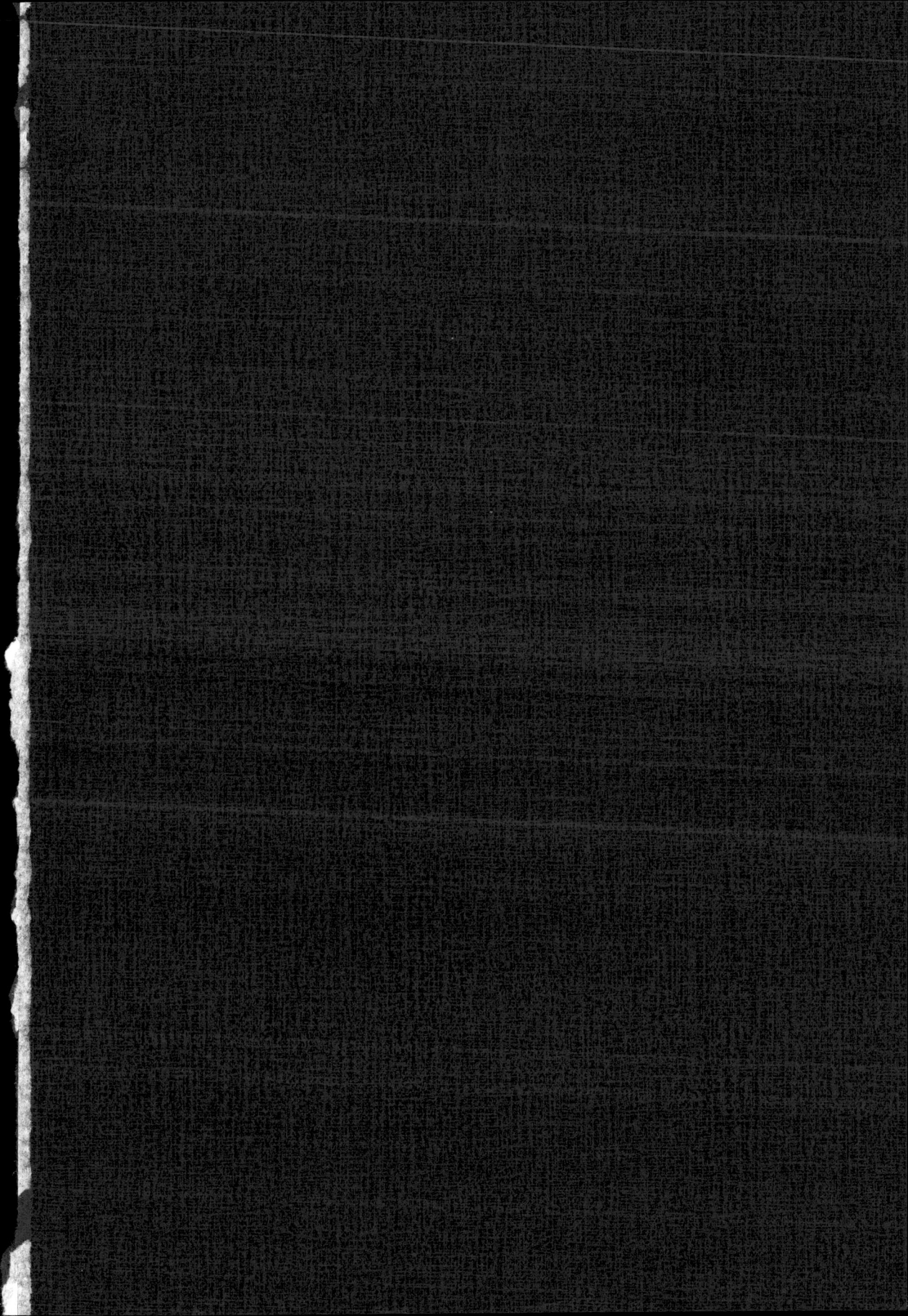